Friedmund Skorzenski, Dagmar Köllner, Heinz Möhlmeier, Manfred Quahl, Heike Stohanzl, Gregor Wurm

Wirtschafts- und Sozialprozesse

Kaufleute für Spedition und Logistikdienstleistung

3. Auflage

Bestellnummer: 7020

Bildungsverlag EINS – Stam

www.bildungsverlag1.de

Gehlen, Kieser und Stam sind unter dem Dach des Bildungsverlages EINS zusammengeführt.

Bildungsverlag EINS
Sieglarer Straße 2, 53842 Troisdorf

ISBN 3-8237-**7020**-9

Vorwort

Liebe Leserin, lieber Leser,

Grundlage für „Wirtschafts- und Sozialprozesse" sind die bundeseinheitlichen Anforderungen der neuen „Verordnung über die Berufsausbildung zum/zur Kaufmann/ Kauffrau für Spedition und Logistikdienstleistung" vom 28.07.2004.

Das Buch folgt der im Rahmenlehrplan vorgegebenen Gliederung nach Lernfeldern.

Lernfeld 1:   Die Berufsausbildung mitgestalten
Lernfeld 2:   Im Speditionsbetrieb mitarbeiten
Lernfeld 8:   Betriebliche Beschaffungsvorgänge planen, steuern und kontrollieren
Lernfeld 14:   Marketingmaßnahmen entwickeln und durchführen
Lernfeld 15:   Speditionelle und logistische Geschäftsprozesse an wirtschaftichen Rahmenbedingungen ausrichten

Handlungsorientierte Ausbildung in Schule und Spedition stellt Auszubildende und Ausbilder sowie Lehrerinnen und Lehrer vor neue Herausforderungen. In den letzten Jahren haben sich die Anforderungen an die Kaufleute für Spedition und Logistik- dienstleistung stark gewandelt. Die Vermittlung von Schlüsselqualifikationen rückt zuneh- mend in den Vordergrund der pädagogischen Arbeit. Zu den benötigten Qualifikationen zählen die „soft skills" wie Kommunikations- und Kooperationsfähigkeit, Teamfähigkeit, Medienkompetenz und die Fähigkeit, sich selbstständig neues Wissen anzueignen und sich schnell in neuen Arbeitssituationen zurechtzufinden.

Die angestrebte berufliche Handlungskompetenz findet dabei ihre wichtigste Abstützung in einem breiten fachlichen Wissen und Können. Nur auf der Grundlage einer hohen Fachkompetenz erwächst die Fähigkeit und Bereitschaft, Aufgaben und Probleme ziel- orientiert, sachgerecht, methodengerecht, selbstständig und selbstbewusst lösen zu können.

Die berufsspezifischen Lernfelder der Leistungserstellung in Spedition und Logistik, die von beruflichen Aufgabenstellungen und Handlungssituationen ausgehen, werden im Fach Wirtschafts- und Sozialprozesse in ihren rechtlichen und gesamtwirtschaftlichen Bezugsrahmen eingebunden. Betriebswirtschaftliche, rechtliche und volkswirtschaft- liche Grundkenntnisse sind Voraussetzung für einen qualifizierten Umgang mit den Speditionskunden. Aus diesem Grund werden im vorliegenden Buch diejenigen Grundlagen dargestellt, die benötigt werden, um sich am Markt sicher zu bewegen, die geschäftspolitischen Entscheidungen der Speditionen zu verstehen und die Einflüsse der Wirtschaftspolitik zu erkennen und zu beurteilen.

„Wirtschafts- und Sozialprozesse" soll

- die Themengebiete strukturieren,
- als Informationsmedium bei der selbstständigen Erarbeitung der Inhalte dienen,
- helfen, individuell geeignete Arbeits- und Lerntechniken zu entdecken und einzuüben,
- durch einen umfangreichen Aufgabenteil zur Anwendung und Überprüfung des Gelernten anregen,
- die im Unterricht behandelten Inhalte zusammenfassen,
- zeigen, wie man sicher und effektiv Arbeitergebnisse präsentiert,
- eine optimale Vorbereitung auf die bundeseinheitliche Abschlussprüfung sicherstellen.

Dem Buch ist das Kapital „Lern-, Arbeits- und Präsentationstechniken" vorangestellt. Die Aufgaben am Ende der einzelnen Kapital nehmen immer wieder Bezug darauf, sodass eine fortlaufende Einübung der „Lern-, Arbeits- und Präsentationstechniken" möglich ist.

Wir bedanken uns für die Anregungen, die uns von Auszubildenden, Praktikern, Lehrerinnen und Lehrern zugegangen sind. Wir sind offen für Kritik und freuen uns über Verbesserungsvorschläge.

Die Verfasser

Inhaltsverzeichnis

Lern-, Arbeits- und Präsentationstechniken

1	**Einflüsse auf das Lernen**	11
1.1	Äußere Einflüsse	12
1.1.1	Ordnungssystem	12
1.1.2	Arbeitsplatzgestaltung	12
1.1.3	Arbeits- und Zeitplanung	13
1.2	Innere Einflüsse	13
1.2.1	Lerntypen	13
1.2.2	Motivation und Konzentration	14

2	**Lern- und Arbeitstechniken**	15
2.1	Aktives Zuhören und Mitschreiben	15
2.2	Richtiges Lesen, Markieren und Exzerpieren	15
2.3	Das Behalten fördern	16
2.3.1	Inhalte visualisieren	16
2.3.2	Mit Inhalten wiederholt arbeiten	17

3	**Präsentationstechniken**	18
3.1	Vorbereitung	18
3.2	Visualisierung und Medieneinsatz	19
3.3	Durchführung und Präsentationsverhalten	20
3.3.1	Eröffnung des Vortrags	20
3.3.2	Hauptteil des Vortrags	20
3.3.3	Ende des Vortrags	21

Lernfeld 1: Die Berufsausbildung mitgestalten

1	**Berufsausbildung**	25
1.1	Duale Ausbildung	26
1.2	Rechtsgrundlagen der Berufsausbildung	26
1.3	Berufsausbildungsvertrag	30
1.4	Berufsausübung	31
1.5	Fort- und Weiterbildung	32

2	**Arbeitsschutz und Arbeitssicherheit**	34
2.1	Sozialer Arbeitsschutz	36
2.1.1	Arbeitszeit	36
2.1.2	Jugendarbeitsschutz	36
2.1.3	Schutzbestimmungen für weibliche Arbeitnehmer	38
2.1.4	Erziehungsgeld/Elternzeit	40
2.1.5	Wehrdienstleistende	40

2.1.6 Schwerbehinderte 40
2.2 Technischer Arbeitsschutz 41
2.2.1 Unfallschutz 41
2.2.2 Sicherheits- und Gesundheitsschutzkennzeichnung 42

3 Mitwirkung und Mitbestimmung der Arbeitnehmer 44
3.1 Gesetzliche Grundlagen 44
3.2 Beteiligungsrechte auf der Ebene des Arbeitsplatzes 45
3.3 Beteiligungsrechte auf der Ebene des Betriebes 45
3.4 Beteiligungsrechte auf der Ebene der Unternehmensleitung . . . 48

Lernfeld 2: Im Speditionsbetrieb mitarbeiten

1 Grundlagen der Organisation 51
1.1 Organisationsbegriff 52
1.2 Verfahren der Aufbauorganisation 53
1.2.1 Aufgabenanalyse 53
1.2.2 Aufgabensynthese 53
1.2.3 Betriebshierarchie 55
1.2.4 Leitungssysteme 55
1.3 Verfahren der Ablauforganisation 59

2 Grundlagen des Personalwesens 61
2.1 Personalplanung 62
2.2 Personalbeschaffung 63
2.3 Personaleinsatz 65
2.4 Personalführung 66
2.4.1 Führungstechniken 66
2.4.2 Führungsstil 67
2.4.3 Mitarbeitermotivation 68
2.5 Personalbeurteilung 68

3 Aufgaben und Grundlagen des Arbeitsrechts 72
3.1 Individualarbeitsrecht 73
3.1.1 Arbeitsvertragsrecht 73
3.1.2 Pflichten und Rechte aus dem Arbeitsverhältnis 76
3.1.3 Beendigung des Arbeitsverhältnisses 77
3.1.4 Besondere Formen des Arbeitsverhältnisses 83
3.2 Kollektivarbeitsrecht 84
3.2.1 Tarifverträge 86
3.2.2 Betriebsvereinbarungen 88
3.2.3 Tarifkonflikte 89

4 Soziale Sicherung 94
4.1 Entwicklung der Sozialpolitik 94
4.2 Zweige der sozialen Sicherung 95
4.2.1 Gesetzliche Krankenversicherung 95
4.2.2 Gesetzliche Rentenversicherung 99
4.2.3 Arbeitslosenversicherung 102

4.2.4	Gesetzliche Pflegeversicherung	105
4.2.5	Gesetzliche Unfallversicherung	106
4.3	Risiken im Netz der sozialen Sicherheit	109

5	**Eigeninitiative zur Absicherung von Lebensrisiken**	111
5.1	Private Krankenversicherung/Pflegeversicherung	112
5.2	Altersvorsorge nach dem Altersvermögensgesetz *(AVmG)*	113
5.3	Lebensversicherung	116
5.4	Private Unfallversicherung	117
5.5	Haftpflichtversicherung	117

6	**Vergütung und Abrechnung der Arbeitsleistung**	119
6.1	Entlohnung der Arbeit	120
6.1.1	Entlohnungsformen	120
6.1.2	Vermögensbildung in Arbeitnehmerhand	123
6.2	Gehaltsabrechnung	124
6.2.1	Gehaltsermittlung	124
6.2.2	Lohnsteuer	125
6.2.3	Sozialversicherung	126
6.2.4	Abrechnung	126
6.3	Einkommensteuererklärung der Arbeitnehmer	127
6.3.1	Steuerpflicht	128
6.3.2	Einkunftsermittlung	129
6.3.3	Ermittlung des zu versteuernden Einkommens	129
6.3.4	Ermittlung der Einkommensteuerschuld	135
6.3.5	Antragsveranlagung	135

7	**Grundlagen des Handelsrechts**	140
7.1	Überblick über das Handelsrecht	141
7.2	Gründung und Anmeldung der Unternehmung	142
7.3	Kaufmannseigenschaft	143
7.4	Firmenrecht	145
7.5	Öffentliche Register	147
7.5.1	Handelsregister	147
7.5 2	Andere öffentliche Register	149
7.6	Vollmachten	150
7.6.1	Handlungsvollmacht	150
7.6.2	Prokura	151
7.6.3	Generalvollmacht	153

8	**Unternehmensformen**	155
8.1	Einzelunternehmung	157
8.2	Personengesellschaften	159
8.2.1	Personenvereinigungen nach dem BGB	160
8.2.2	Offene Handelsgesellschaft	160
8.2.3	Kommanditgesellschaft	166
8.2.4	Stille Gesellschaft	170
8.3	Kapitalgesellschaften	171
8.3.1	Gesellschaft mit beschränkter Haftung	171

8.3.2   Aktiengesellschaft 175
8.3.3   GmbH & Co KG 181

9   Finanzkrisen und Auflösung der Unternehmung 187
9.1   Sanierung 189
9.2   Insolvenzverfahren. 190
9.3   Freiwillige Liquidation 193

Lernfeld 8: Betriebliche Beschaffungsvorgänge planen, steuern, kontrollieren

1   Rechtsgrundlagen 195
1.1   Die Rechtsordnung als Bestandteil der Gesellschaftsordnung. . 195
1.2   Rechtsquellen und Rechtsnormen 196
1.3   Rechtsprechung 198

2   Rechtssubjekte und Rechtsobjekte 203
2.1   Rechtssubjekte 204
2.1.1   Geschäftsfähigkeit. 205
2.1.2   Deliktfähigkeit 209
2.2.   Rechtsobjekte 209
2.2.1   Sachen 209
2.2.2   Rechte. 211
2.2.3   Eigentum und Besitz 212
2.2.4   Eigentumserwerb an beweglichen Sachen 212
2.2.5   Eigentumsübertragung von Grundstücken 213

3   Rechtsgeschäfte 216
3.1   Arten und Zustandekommen von Rechtsgeschäften 217
3.2   Form der Rechtsgeschäfte 218
3.3   Nichtigkeit und Anfechtbarkeit von Rechtsgeschäften 221
3.4   Zustandekommen eines Vertrages 223
3.5   Vertragstypen des BGB. 224

4   Der Kaufvertrag 227
4.1   Die Anbahnung des Kaufvertrages 228
4.1.1   Beschaffungs- und Bedarfsplanung 228
4.1.2   Bezugsquellenermittlung. 230
4.1.3   Von der Anfrage zum Angebotsvergleich 231
4.2   Inhalt des Kaufvertrages 231
4.3   Zustandekommen eines Kaufvertrages. 240
4.4   Störungen bei der Erfüllung des Kaufvertrages 243
4.4.1   Pflichtverletzungen des Verkäufers. 243
4.4.2   Pflichtverletzungen des Käufers 249
4.5   Außergerichtliches und gerichtliches Mahnverfahren 254
4.6   Klageverfahren 257
4.7   Verjährung 258
4.7.1   Verjährungsfristen 259
4.7.2   Hemmung und Neubeginn der Verjährung 259

5   Verbraucherschutz 265
5.1   Verbraucherschutzrechte 268
5.2   Verbraucherinsolvenzverfahren 272

6   Zahlungsverkehr 276
6.1   Zahlungsmittel – Zahlungsformen 277
6.2   Barzahlung 278
6.3   Bargeldloser Zahlungsverkehr 279
6.3.1   Überweisung 281
6.3.2   Überweisungsvertrag 284
6.3.3   Sonderformen der Überweisung 284
6.4   Scheck 288
6.5   Sparkassencard/Bankcard (Maestro-Karte) 293
6.6   Zahlung mit Kreditkarte 297

7   Investition und Finanzierung 300
7.1   Investition 301
7.2   Finanzierungsarten 303
7.2.1   Innenfinanzierung 304
7.2.2   Außenfinanzierung 308
7.2.3   Sonderformen der Finanzierung 310
7.3   Kreditarten 313
7.3.1   Kontokorrentkredit 313
7.3.2   Ratenkredite 315
7.4   Kreditsicherungen 318
7.4.1   Bürgschaft 318
7.4.2   Pfandrecht 320
7.4.3   Sicherungsübereignung 321
7.4.4   Sicherungsabtretung 323
7.4.5   Grundpfandrechte 325

Lernfeld 14: Marketingmaßnahmen entwickeln
                  und durchführen

1   Acht Trends in der Logistikbranche 331

2   Marketing in der Logistik 335

3   Preispolitik 337
3.1   Nachfrageorientierte Preissetzung 337
3.2   Wettbewerbsorientierte Preissetzung 337
3.3   Kostenorientierte Preissetzung 338
3.4   Preispolitische Strategien 338

4   Kommunikationspolitik 339
4.1   Werbung 340
4.2   Verkaufsförderung (Sales Promotion) 345
4.3   Öffentlichkeitsarbeit (Public Relations) 345

4.4 Persönlicher Verkauf 346
4.5 Kundenklassifizierung durch ABC-Analyse................ 348

5 Produktpolitik 349
5.1 Einteilung nach Marktsegmenten 351
5.2 Produktlebenszyklus....................................... 352
5.3 Analyseinstrument Portfolio-Analyse 353
5.4 Qualitätsmanagement im Rahmen der Produktpolitik 354

6 Distributionspolitik 358
6.1 Unternehmenseigene Absatzorgane....................... 358
6.2 Unternehmensfremde Absatzorgane 359
6.3 Marktveranstaltungen 360

Lernfeld 15: Speditionelle und logistische Geschäftsprozesse an wirtschaftlichen Rahmenbedingungen ausrichten

1 Ökonomisches Handeln und ökologische Verantwortung .. 363
1.1 Bedürfnisse und Güter 364
1.2 Das ökonomische Prinzip 369
1.3 Ziele der Wirtschaftssubjekte 370
1.4 Volkswirtschaftliche Arbeitsteilung 372
1.5 Nachhaltiges Wirtschaften – Sustainable Development 376
1.6 Umweltpolitik.. 378
1.6.1 Speditionen und Umweltschutz 380
1.6.2 Umweltregeln 382
1.7 Unternehmensleitlinien – Corporate Identity............... 383
1.8 Der Wirtschaftskreislauf 383

2 Produktionsfaktoren 392
2.1 Arbeit... 392
2.2 Boden 394
2.3 Kapital 396
2.4 Grundbegriffe betriebswirtschaftlicher und volkswirtschaftlicher Leistungsmessung 400

3 Markt und Preisbildung............................... 405
3.1 Bestimmungsgründe des Nachfrageverhaltens 408
3.2 Bestimmungsgründe des Angebotsverhaltens.............. 410
3.3 Vollkommener Markt 413
3.4 Preisbildung auf vollkommenen Märkten 414
3.5 Unvollkommene Märkte 416
3.6 Funktionen des Marktpreises 417
3.7 Eingriffe des Staates in die Preisbildung.................. 419

4 Wettbewerbspolitik.................................. 428
4.1 Unternehmenszusammenschlüsse........................ 429
4.1.1 Formen der Kooperation 430

4.1.2	Formen der Konzentration.	433
4.2	Ziele und Maßnahmen staatlicher Wettbewerbspolitik	436
4.3	Europäisches Wettbewerbsrecht	439
5	**Geld und Währung.**	**443**
5.1	Eigenschaften und Funktionen des Geldes.	444
5.2	Währungen	445
5.3	Binnenwert des Geldes	446
5.4	Außenwert des Geldes	450
5.4.1	Wechselkurssysteme.	451
5.4.2	Auf- und Abwertung	456
6	**Konjunktur und Steuerungskonzepte**	**459**
6.1	Konjunkturindikatoren	461
6.2	Darstellungsmöglichkeiten konjunktureller Schwankungen	462
6.3	Der Konjunkturzyklus und seine Merkmale	463
6.4	Staatshaushalt.	465
6.5	Nachfrage- und angebotsorientierte Wirtschaftspolitik	468
7	**Hauptziele der Wirtschaftspolitik – das Magische Viereck**	**477**
7.1	Preisniveaustabilität	480
7.1.1	Inflation	480
7.1.2	Deflation	485
7.1.3	Stagflation	486
7.2	Hoher Beschäftigungsstand	487
7.2.1	Ursachen und Folgen der Arbeitslosigkeit	487
7.2.2	Grenzen der Arbeitsmarktstatistik.	492
7.2.3	Arbeitsmarktpolitische Instrumente	494
7.3	Außenwirtschaftliches Gleichgewicht	498
7.3.1	Bedeutung der Außenwirtschaft	498
7.3.2	Europäische Wirtschafts- und Währungsunion (EWWU)	502
7.3.3	Internationale Organisationen in der Außenwirtschaft	503
7.3.4	Zahlungsbilanz	506
7.4	Angemessenes und stetiges Wirtschaftswachstum	508
7.4.1	Inlandsprodukt als Messgröße für das Wirtschaftswachstum	509
7.4.2	Vom Bruttoinlandsprodukt zum verfügbaren Einkommen	514
7.5	Zielerweiterungen	519
7.6	Zielkonflikte im Magischen Viereck	520
8	**Geldpolitik im Europäischen System der Zentralbanken (ESZB).**	**525**
8.1	Europäische Zentralbank	528
8.2	Deutsche Bundesbank im ESZB.	529
8.3	Die geldpolitischen Instrumente der EZB	529
	Abkürzungsverzeichnis	534
	Stichwortverzeichnis	536

Lern-, Arbeits- und Präsentationstechniken

Die Empfehlungen zu erfolgreichem Lernen, Arbeiten und Präsentieren sind zahlreich. Daher werden im Folgenden nur solche grundlegenden Einflussfaktoren und Techniken aufgezeigt, die für Sie als Lernende (im Berufskolleg) und als junge Mitarbeiter im Betrieb brauchbar sind.

Das Erlernen von Techniken und Methoden ist nur anhand von Inhalten sinnvoll. Zu diesem Zweck bieten Ihnen die Aufgaben im Anhang zu diesem und anderen Kapiteln Möglichkeiten, das zunächst theoretisch und mit Beispielen Vorgestellte auf Ihre persönliche Situation anzuwenden und auf seine Tauglichkeit hin zu erproben.

1 Einflüsse auf das Lernen

Unser Lernen unterliegt einer Vielzahl von Einflüssen, die zum Teil durch die äußeren Bedingungen ausgelöst werden, zum Teil aber auch in uns selbst liegen und individuell unterschiedlich sind. Durch die günstige Gestaltung der äußeren Arbeitsbedingungen können Sie Ihre inneren Bedingungen positiv beeinflussen. Die folgende Abbildung gibt Ihnen einen Überblick über diese Zusammenhänge:

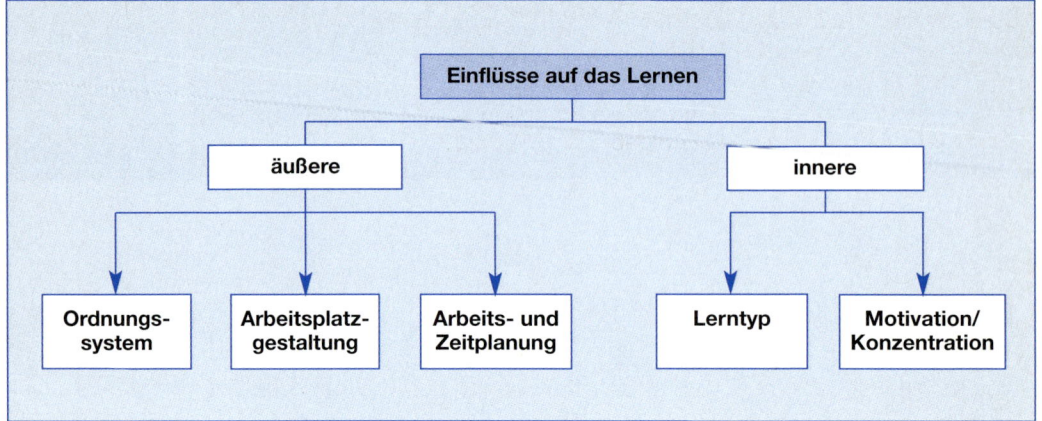

1.1 Äußere Einflüsse

1.1.1 Ordnungssystem

Erfolgreiches Lernen (z. B. zur Prüfungsvorbereitung) ist nur möglich, wenn es Ihnen gelingt, jederzeit den Überblick über alle Materialien zu bewahren. Dies wird umso leichter, je vollständiger und strukturierter die Unterlagen vorliegen. Dazu empfiehlt es sich, einen Ordner anzulegen und zu beschriften. Bevor Sie Unterlagen abheften, sollten Sie sich sorgfältig überlegen, nach welchem System Sie die Materialien ordnen wollen (z. B. nach Lernfeldern bzw. Unterrichtsfächern, dann nach Themen in ihrer chronologischen Abfolge). Dieses System sollten Sie mit Registerblättern im Ordner deutlich sichtbar machen und ggf. durch verschiedene Farben unterstützen.
Auch sollten Sie dafür sorgen, dass alle Lern- und Arbeitsutensilien (wie z. B. Stifte, Lineal, Papier, Karteikarten und -kasten, Notiz-/Klebezettel, Taschenrechner, Gesetzestexte, Atlas, Wörterbuch/Duden, Terminkalender, Schere, Klebstoff) stets vollständig und griffbereit sind.
✎ Überprüfen Sie nun Ihre eigenen Lern- und Arbeitsunterlagen, indem Sie Aufgabe 1 auf Seite 21 bearbeiten!

1.1.2 Arbeitsplatzgestaltung

Neben einem optimalen Ordnungssystem ist die günstige Gestaltung des Arbeitsplatzes wichtig für Ihren Lernerfolg. Ein Merkmal eines gut gestalteten Arbeitsplatzes – die Verfügbarkeit aller Arbeitsmittel – wurde bereits angesprochen. Ihr Arbeitsplatz sollte ferner groß genug (mindestens 100 x 50 cm gut geordnete Arbeitsfläche) und mit einem verstellbaren Arbeitsstuhl ausgestattet sein. Sie sollten an Ihrem Arbeitsplatz für ein gutes Raumklima (gute Belüftung, ca. 19 °C Raumtemperatur, ausreichende Luftfeuchtigkeit) und optimale Lichtverhältnisse (möglichst Tageslicht, richtiger Standort der Schreibtischleuchte: bei Rechtshändern links der Arbeitsfläche, nicht zu grelles und nicht zu schwaches Licht) sorgen. Entfernen Sie vor Lernbeginn alle Dinge von Ihrem Arbeitsplatz, die nichts mit dem Lernen zu tun haben. Sie vermeiden so

Ablenkungen. Musik hören beim Arbeiten ist nicht grundsätzlich störend, sollte aber bei der Lösung sehr schwieriger Aufgaben oder beim Erarbeiten neuer Lerngegenstände vermieden werden.

✍ Inwieweit genügt Ihr eigener Arbeitsplatz diesen Anforderungen? Nutzen Sie bitte den Fragenkatalog aus Aufgabe 2 auf Seite 21!

1.1.3 Arbeits- und Zeitplanung

Selbst bei optimaler Arbeitsplatzgestaltung haben Sie sicher oft das Gefühl, Ihr Pensum einfach nicht zu schaffen. Meistens werden Sie dies auf zu wenig Zeit zum Lernen zurückführen. Um dieses subjektive Empfinden zu objektivieren, hat es Sinn, in einer typischen Woche eine Zeitanalyse durchzuführen, d. h. grob aufzulisten, womit Sie die Zeit verbracht haben. Wenn Sie so Ihren „Ist-Zustand" ermittelt haben, prüfen Sie bitte, ob die Verteilung Ihrer Zeit auf die verschiedenen Aktivitäten Ihren Prioritäten entspricht (z. B. ein guter/eine gute Kaufmann/Kauffrau für Spedition und Logistikdienstleistung zu werden, die Abschlussprüfung gut zu bestehen, mit Freunden auszugehen, Sport zu treiben, fernzusehen usw.) und nehmen Sie ggf. zeitliche Umschichtungen vor, indem Sie Tages- und Wochenpläne aufstellen, in denen Sie deutlich zwischen Arbeits- und Freizeit unterscheiden. Wenn die ausgewiesenen Arbeitszeiten ausreichend bemessen sind (lieber häufiger und kürzer lernen!), können Sie Ihre Freizeit auch ohne schlechtes Gewissen genießen.

Vermeiden Sie es bei der Gestaltung Ihres Arbeitsplans, sehr ähnliche Inhalte unmittelbar nacheinander zu lernen, denn das kann zu Verwechslungen und Unschärfen führen (Ähnlichkeitshemmungen).

Planen Sie Ihre Arbeits- und Freizeiten auch unter Berücksichtigung Ihres persönlichen Biorhythmus , denn jeder Mensch hat Tageszeiten, zu denen er leistungsfähiger ist als zu anderen. Planen Sie auch von vornherein Pausen ein. Machen Sie die Pausen bereits dann, wenn Sie noch lernfähig sind, nicht erst, wenn Sie erschöpft sind – das erleichtert die Informationsaufnahme und erhöht den Lernerfolg (Vermeidung von Intervallhemmungen).

Insbesondere bei der langfristigen Vorbereitung auf Prüfungen ist es vorteilhaft, Zeitreserven einzuplanen und so stressbedingte Lernhemmungen auszuschließen. Unmittelbar vor Prüfungen sollten Sie nichts Neues mehr lernen, denn das kann die Wiedergabe zuvor erworbenen Wissens stören (Wiedergabehemmungen).

✍ Nutzen Sie nun Aufgabe 3 auf Seite 22 zur Optimierung Ihrer eigenen Arbeits- und Zeitplanung!

1.2 Innere Einflüsse

1.2.1 Lerntypen

Individuelle Unterschiede beim Lernen wurden im Hinblick auf den persönlichen Biorhythmus bereits angesprochen. Aber wir unterscheiden uns auch hinsichtlich der besten Eingangskanäle für den Input von neuem Wissen in unser Gehirn. Der eine behält Gesehenes am besten, der andere lernt am besten beim Zuhören, der Dritte möchte Dinge „begreifen" (= etwas mit den

Dingen tun), wieder andere empfinden das Lernen über Geruchs- oder Geschmackswahrnehmungen am nachhaltigsten. Demzufolge unterscheidet man vier grundsätzliche Lerntypen:

Lerntyp	Bester Eingangskanal
visuell	lernt am besten über das Sehen
auditiv	lernt am besten über das Hören
kinästhetisch	lernt am besten über das Tun (Fühlen)
olfaktorisch/	
gustatorisch	lernt am besten über Geruchs- oder Geschmacksempfindungen

Sie sind sicher keiner dieser Lerntypen in Reinform. Vielmehr sind wir alle „Mischtypen" und können uns mehr oder weniger gut an verschiedene Lernbedingungen anpassen. Sobald Sie aber wissen, welcher Lerntyp Sie tendenziell sind, können Sie selbstständig dafür sorgen, sich Informationen in der für Sie am lernförderlichsten Weise zu beschaffen und aufzubereiten.
&✐ Ermitteln Sie anhand von Aufgabe 4 (Seite 22), welchem Lerntyp Sie tendenziell entsprechen und wie Sie am lernwirksamsten Informationen aufnehmen können!

1.2.2 Motivation und Konzentration

Neben der Wahl der günstigsten Eingangskanäle hängt Ihr Lernerfolg auch davon ab, ob, wie stark und wie nachhaltig Sie motiviert und konzentriert sind zu lernen. Gerade wenn Ihre innere Motivation bei bestimmten Lerngegenständen nicht sehr stark ist, ist es sinnvoll, motivationsfördernde Maßnahmen zu ergreifen.
Dazu gehört neben der Arbeits- und Zeitplanung und der Arbeitsplatzgestaltung (häuslicher, betrieblicher, schulischer) auch, Lernfortschritte sichtbar zu machen (z. B. haken Sie in der Gliederung Ihres Buches die Inhalte ab, die Sie bereits beherrschen) und sich selbst Belohnungen auszusetzen (z. B. eine schöne Freizeitaktivität nach dem Fertigstellen der WSP[1]-Aufgaben).
Wenn Sie auf ein Ziel hinarbeiten, das noch sehr weit in der Zukunft liegt (z. B. die IHK-Abschlussprüfung) und/oder sich Lerngegenstände aneignen wollen, die Sie nicht unmittelbar anwenden können, kann es hilfreich sein, sich an die Motive zu erinnern, die Sie in diese Lernsituation gebracht haben (z. B. Sie wollen gute Ergebnisse in der Abschlussprüfung erzielen, um als Kaufmann/ Kauffrau für Spedition und Logistikdienstleistung arbeiten zu können), sich Zwischenziele zu setzen (z. B. mindestens ein „gut" in der nächsten WSP[1]-Klausur erreichen) und/oder den Sinn Ihres Lernens zu ergründen (z. B. wenn ich günstige Lerntechniken beherrsche, kann ich jederzeit neue Informationen schnell aufnehmen und gut behalten).
Lernförderlich ist es auch, aktiv zu werden. Bringen Sie Fragen und Ideen in den Unterricht ein, das begünstigt Ihr Lernen. Finden Sie Mitstreiter (z. B. indem Sie eine WSP[1]-Arbeitsgemeinschaft gründen). Gerade wenn Sie ein auditiver Lerntyp sind, wirkt sich die Kommunikation mit anderen positiv auf Ihren Lernerfolg aus.

---

[1] *WSP = Wirtschafts- und Sozialprozesse*

Stellen Sie Bezüge zwischen dem von Ihnen erworbenen Wissen und anderen Lernfeldern/Unterrichtsfächern bzw. der Praxis her. Derart vernetztes Wissen ist besser im Gehirn verankert und flexibler abrufbar. Wenden Sie Ihr Wissen gezielt an (z. B. nehmen Sie sich vor, beim nächsten englischsprachigen Telefonanruf im Betrieb die im Englischunterricht erlernten Redewendungen einzusetzen).

✍ Bearbeiten Sie nun Aufgabe 5 auf Seite 23!

2 Lern- und Arbeitstechniken

Aus der Vielzahl der Lern- und Arbeitstechniken werden Ihnen im Folgenden solche Verfahren vorgestellt und zur Erprobung angeboten, die für Lerner Ihres Alters geeignet sind, Informationen möglichst leicht aufzunehmen und nachhaltig zu lernen. Wir können Informationen aus gesprochener Sprache (z. B. Vorträge) oder geschriebener Sprache (Texte) gewinnen.

2.1 Aktives Zuhören und Mitschreiben

Besonders dann, wenn Sie kein auditiver Lerntyp sind, kann die Informationsaufnahme aus gesprochener Sprache schwierig für Sie sein. Aktives Zuhören kann Ihnen hierbei helfen. Aktiv zuhören heißt störungsfreies Zuhören (keine Gespräche mit dem Nachbarn, kein Schweifenlassen des Blicks) und Konzentration auf den Inhalt, nicht auf die Art und Weise des Vortrags. Stellen Sie Ihre eigene Meinung beim Zuhören zunächst zurück, sonst laufen Sie Gefahr, ein Urteil zu fällen und möglicherweise gar nicht weiter zuzuhören. Versuchen Sie, die wichtigsten Punkte des Gehörten mitzuschreiben und anschließend in eigenen Worten zusammenzufassen. Dabei werden Verständnisprobleme deutlich, die Sie durch Nachfragen beheben können. Achten Sie beim Mitschreiben darauf, dass Ihre Notizen weder zu umfangreich (Sie verpassen dann den Anschluss im Vortrag) noch zu knapp sind (die Mitschrift genügt später nicht zur Vorbereitung auf die Klausur oder Prüfung oder wird unverständlich). Hilfreich ist es, stichpunktartige Notizen unter Verwendung von Abkürzungen, Symbolen und eigenen Zeichen anzufertigen. Mitschriften stellen eine erste Auseinandersetzung mit dem Lerngegenstand dar. Überarbeiten Sie Ihre Notizen, um sie klarer und übersichtlicher zu gestalten. Tun Sie dies möglichst noch am selben Tag. Der Vortrag ist dann noch frisch in Ihrem Gedächtnis und Sie können Lücken auffüllen oder Unverständliches klären.

2.2 Richtiges Lesen, Markieren und Exzerpieren

Auch wenn Ihnen Informationen schriftlich vorliegen, wollen Sie sie möglichst leicht aufnehmen, verarbeiten und behalten. Hierfür eignet sich die 5-Stufen-Lesemethode (oder SQ3R-Methode für Survey – Question – Read – Recite – Review).

Die einzelnen Schritte (Stufen) werden Ihnen im folgenden Schaubild erläutert:

	5. Stufe Review	Wiederholen Sie die wichtigsten Aussagen des Textes als Gesamtzusammenfassung. So sorgen Sie für eine bessere Verankerung des Gelesenen im Gedächtnis.
	4. Stufe Recite	Verkürzen Sie den Text auf das Wesentliche, indem Sie zentrale Aussagen gedanklich oder schriftlich zusammenfassen und Ihre Fragen (Stufe 2) beantworten. So prüfen Sie, was Sie verstanden und behalten haben.
3. Stufe Read	Lesen Sie den Text gründlich und konzentriert, markieren Sie Schlüsselbegriffe und bringen Sie Zeichen am Rand an (z. B. ?, !). So filtern Sie Kernaussagen heraus und verstehen relevante Zusammenhänge.	
2. Stufe Question	Stellen Sie für sich relevante Fragen an den Text! Sie setzen sich so Ziele und bereiten das Lesen vor.	
1. Stufe Survey	Überfliegen Sie Inhaltsverzeichnis, Überschriften, Grafiken, Text und verschaffen Sie sich so einen Überblick!	

Markieren/unterstreichen (Stufe 3) Sie gezielt und sparsam; nur so fällt Ihnen das wirklich Wichtige später auf einen Blick wieder ins Auge. Beispielhaft wurden für Sie wichtige Schlüsselwörter im Abschnitt 1.1.3 markiert.

Für die Vorbereitung von Referaten und Prüfungen ist es ratsam, zusätzlich wichtige Inhalte aus dem Text „herauszuschreiben" (= zu exzerpieren). Verwenden Sie dafür Karteikarten im A5-Format, auf denen Sie am oberen Rand einen Oberbegriff bzw. ein Suchstichwort angeben. Danach folgt die exzerpierte Information, am unteren Rand geben Sie die Informationsquelle an. Ordnen Sie die so angelegten Karten nach Oberbegriffen in einen Karteikasten ein, und fügen Sie im Laufe der Zeit weitere Informationen hinzu. Sie erhalten so eine Lernkartei (siehe auch 2.3.2).

✍ Bearbeiten Sie jetzt bitte Aufgabe 6 auf Seite 23!

2.3 Das Behalten fördern

Haben wir Informationen aufgenommen, so geht es nun darum, sie auch zu behalten. Wir behalten besser, wenn wir Inhalte visualisieren (= sie ins Bild setzen, ihnen Gestalt geben) und „etwas mit ihnen tun" (= wiederholt mit ihnen arbeiten).

2.3.1 Inhalte visualisieren

Die Möglichkeiten, Inhalte ins Bild zu setzen, sind vielfältig. Sie haben im Verlauf dieses Kapitels beispielhaft bereits einige kennen gelernt. So zeigt Ihnen die Abbildung auf Seite 12 ein Begriffsnetzwerk, die Abbildung auf Seite 185 ein Beispiel für eine Matrix, und die 5-Stufen-Lesemethode wird für Sie in einem Schaubild (siehe oben) visualisiert. Die verschiedenen Arten von Diagrammen (Säulen-, Kreis-, Kurven-, Flussdiagramm) können Sie sich auf den Seiten 89, 105, 108, 183 dieses Buches ansehen.

Eine weitere Visualisierungs- und Strukturierungsmethode ist das Erstellen einer „gedanklichen Landkarte" (= Mindmap). Dabei steht das Thema der Mindmap umrandet in der Mitte des Blattes/der Tafel/des Whiteboards/ der Wandzeitung/der Folie. Von diesem Mittelpunkt zweigen Hauptäste ab, die sich in Nebenäste und diese wiederum in Unteräste verzweigen. Auf jedem dieser Äste steht (möglichst nur) ein Schlüsselwort, mit dem der Verfasser der Mindmap bestimmte Gedanken verbindet und so das Thema übersichtlich strukturiert und immer weiter konkretisiert. Die gedankliche Landkarte ist beliebig erweiterbar; spontane Gedanken können jederzeit aufgenommen werden und durch Farben, Zeichen und Symbole angereichert werden. Die folgende Abbildung stellt Ihnen eine mögliche Mindmap zum Thema „Lernen" vor.

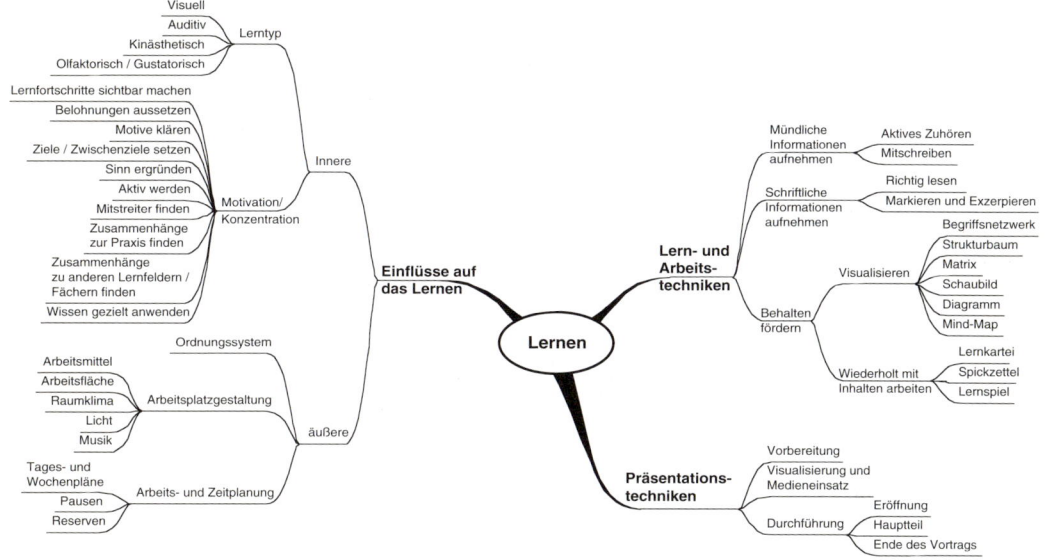

✍ Bearbeiten Sie jetzt bitte Aufgabe 7 auf Seite 23!

2.3.2 Mit Inhalten wiederholt arbeiten

Ein Beispiel für das „Tun", das Arbeiten mit Informationen, ist die Lernkartei, die Ihnen im Zusammenhang mit dem Exzerpieren bereits vorgestellt wurde. In einer Lernkartei sollten sich jedoch nicht nur wörtlich übernommene Zitate befinden, sondern vor allem Ihre eigenen Zusammenfassungen auch in visualisierter Form.

Schon das Zusammenfassen von Inhalten auf Karteikarten fördert Ihr Lernen; vollen Nutzen können Sie daraus langfristig ziehen, wenn Sie wiederholt mit der Kartei arbeiten und sich auf Prüfungen vorbereiten.

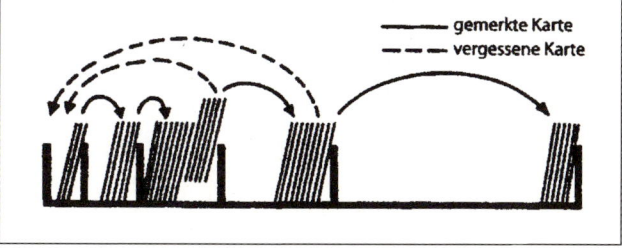

Der Karteikasten, den Sie für Ihre Lernkartei benötigen, sollte fünf Fächer haben. In das erste Fach fügen Sie die neuen Karteikarten ein. Die beim ersten Wiederholen gekonnten Karten wandern in das zweite Fach (dahinter), die nicht gekonnten verbleiben im ersten Fach. Sobald sich das zweite Fach etwas gefüllt hat, überprüfen Sie die Karten erneut. Die gekonnten wandern nun ins dritte Fach, die nicht gekonnten wandern zurück ins erste Fach usw. Die besonders schwierigen Fragen sammeln sich also bald im ersten Fach! Wenn die Karteikarten endlich im fünften Fach angekommen sind, haben Sie die betreffenden Inhalte in Ihrem Langzeitgedächtnis verankert!

✑ Bitte bearbeiten Sie nun Aufgabe 8 auf Seite 23!

Der „kleine Bruder" der Lernkartei ist der „Spickzettel". Die behaltensfördernde Wirkung des „Spickzettels" ist Ihnen aus eigener Erfahrung sicher bekannt. Wann immer Sie sich die Mühe gemacht haben, für eine Klassenarbeit die wichtigsten Inhalte so herauszuschreiben, zusammenzufassen und/oder zu visualisieren, dass sie auf einem „Spickzettel" Platz finden, konnten Sie vermutlich in der Prüfungssituation auf das unerlaubte Hilfsmittel verzichten, weil sich die Inhalte ohnehin in Ihr Gedächtnis eingeprägt hatten. Die Sammlung und systematische Ablage der „Spickzettel" ist prinzipiell dasselbe wie eine Lernkartei.

Wenn Sie das Lernen in der Gruppe vorziehen, können Sie das Behalten über Lernspiele fördern. Basteln Sie (wenn möglich mithilfe Ihres PCs) Kreuzworträtsel zu bestimmten Themen, die Sie untereinander austauschen und lösen. Erfinden Sie Ihr eigenes „Trivial Pursuit"-, „Tabu"- oder „Wer-wird-Millionär?"-Spiel. Sie lernen nicht nur beim Lösen der fremden Aufgaben, sondern bereits beim Erstellen der eigenen Fragen und der dazugehörigen Musterlösungen!

3 Präsentationstechniken

So wie es bei den Lern- und Arbeits-techniken um das Aufnehmen und Behalten von Informationen (Informations-Input) geht, lernen Sie im Folgenden Techniken kennen, die es Ihnen ermöglichen, Informationen wirksam an andere weiterzugeben (Informations-Output). Am Beispiel des mediengestützten Vortrags wird Ihnen aufgezeigt, was Sie berücksichtigen sollten, um (z. B. ein Vorhaben in Ihrem Speditionsbetrieb) wirksam zu präsentieren.

3.1 Vorbereitung

Die sorgfältige Vorbereitung Ihrer Präsentation sollte fünf Forderungen erfüllen, die Ihnen in der folgenden Checkliste erläutert werden:

1. Setzen Sie sich klare Ziele!
   ✓ Ist Ihr Ziel Wissensvermittlung oder
   ✓ wollen Sie andere überzeugen und zu bestimmten Aktionen motivieren?
2. Analysieren Sie die Zielgruppe!
   ✓ Wie groß ist die Zielgruppe,
   ✓ wer sind die Teilnehmer und
   ✓ welches Vorwissen/welche Interessen bringen sie mit?
3. Wählen Sie die Inhalte sorgfältig aus! (Weniger ist oft mehr!)
   ✓ Welche Inhalte sind für Ihre Zielsetzung und die Interessen der Zuhörer wichtig?
   ✓ Was ist den Zuhörern bekannt, was neu?
   ✓ Was kann in der verfügbaren Zeit präsentiert werden?
4. Bereiten Sie den Ablauf Ihrer Präsentation gut vor!
   ✓ Wie eröffnen Sie Ihre Präsentation?
   ✓ Wie erzeugen Sie Aufmerksamkeit und Neugier?
   ✓ Welchen „Fahrplan" geben Sie den Teilnehmern bekannt?
   ✓ Ist diese Gliederung klar und nachvollziehbar?
   ✓ Beschränken Sie sich auf das Wesentliche?
   ✓ Sind die Inhalte so einfach wie möglich und anregend gestaltet?
   ✓ Verwenden Sie Visualisierungen?
   ✓ Wie können Sie Ihre Zuhörer an der Präsentation beteiligen? (Fragen und Beispiele der Zuhörer einbeziehen, Lösungsmöglichkeiten gemeinsam entwickeln und bewerten, am Ende des Vortrags mithilfe eines Spiels oder Lückentextes prüfen, wie viel die Zuhörer behalten haben)
   ✓ Wie beenden Sie Ihre Präsentation (Zusammenfassung, Appell an die Teilnehmer, ggfs. Überleitung in eine Diskussion)?
5. Stellen Sie eine gute Organisation sicher!
   ✓ Raum und Sitzordnung?
   ✓ Medienausstattung?
   ✓ Dauer der Präsentation? Pausen?
   ✓ Unterlagen für die Teilnehmer?

3.2   Visualisierung und Medieneinsatz

In den vorangegangenen Abschnitten haben Sie bereits zahlreiche Visualisierungsmöglichkeiten kennen gelernt. Je nachdem, für welche Medien Sie sich zur Stützung Ihrer Präsentation entscheiden (z. B. Pinnwand/Wandzeitung/Flipchart/Tafel/Projektor mit Folien/PC-gestützte Präsentation), gibt es einige Grundsätze, deren Beachtung maßgeblich zum Gelingen Ihrer Präsentation beiträgt:

1. Beschränken Sie sich beim Visualisieren auf Wesentliches und bieten Sie dies klar und der Zielgruppe angemessen dar!
2. Stehen Sie nicht im Bild!
3. Achten Sie auf gute Lesbarkeit und Übersichtlichkeit!
   • Projektor mit Folien (analog PC-gestützte Präsentationen)
     – Folie hat maximal sechs bis neun Zeilen mit maximal 50 Zeichen pro Zeile

– Schriftgröße 16
– Verwenden Sie maximal drei Farben (bei Einsatz des Beamers leicht getönter oder dunkler Hintergrund mit weißer oder hellgrauer Schrift – keine Komplementärfarben!)
– Arbeiten Sie mit einem Zeigestift (nicht mit dem Zeigefinger!)!
– Schalten Sie den Projektor nur ein, wenn er benötigt wird!
– Nummerieren Sie Ihre Folien, wenn Sie mehrere verwenden!
• Pinnwand/Wandzeitung/Flipchart
– Verwenden Sie Stifte mit einer Strichbreite von ca. 5 mm!
– Verwenden Sie maximal drei Farben (schwarz ist am besten lesbar)!
– Schreiben Sie in Groß- und Kleinbuchstaben (nicht ausschließlich in Großbuchstaben)!
– Schreiben Sie eng- und blockartig (nicht weit auseinander)!
– Schreiben Sie möglichst gerade (nicht übertrieben schräg)!
– Schreiben Sie in Druckschrift (nicht in Schreibschrift)!
4. Lassen Sie Ihren Zuhörern Zeit, Ihre Visualisierung zu erfassen, bevor Sie sie erläutern!
5. Sprechen Sie nicht das Medium, sondern Ihre Zuhörer an!
6. Wenn Sie mehrere Medien verwenden, laufen Sie nicht hektisch zwischen ihnen hin und her!

3.3 Durchführung und Präsentationsverhalten

3.3.1 Eröffnung des Vortrags

Fast jeder Redner kennt das Lampenfieber zu Beginn seines Vortrags. Es lässt sich nicht völlig vermeiden, Sie können sich jedoch sicherer fühlen, wenn Sie gut vorbereitet sind, vor Beginn Ihres Vortrags nochmals alle Hilfsmittel und Materialien überprüfen und ganz bewusst Blickkontakt mit Ihren Zuhörern aufnehmen, bevor Sie zu sprechen beginnen.
Mit der Eröffnung Ihres Vortrags versuchen Sie, eine Beziehung zu Ihren Zuhörern herzustellen, ihre Aufmerksamkeit zu wecken und sie zum Thema hinzuführen. Verwenden Sie dazu z. B. einen Fall aus der Praxis, eine Pressemeldung oder aktuelle Zahlen. Sie können auch eine Frage aufwerfen und/oder an die Erfahrungen der Zuhörer anknüpfen. Eine heitere Bemerkung zu Beginn kann die Atmosphäre auflockern.
Teilen Sie anschließend die Gliederung Ihres Vortrags mit. Meistens ist eine Visualisierung des Aufbaus sinnvoll (z. B. auf Flipchart), weil Sie im Verlauf Ihres Vortrags immer wieder auf diesen „roten Faden" hinweisen können. Informieren Sie Ihre Zuhörer auch darüber, ob Sie Materialien ausgeben werden. In der Regel ist ein Verteilen der Unterlagen erst nach dem Vortrag sinnvoll, damit das Studium der Papiere die Zuhörer nicht von Ihrem Vortrag ablenkt. Stellen Sie ebenfalls klar, wann Sie Fragen zu Ihrem Vortrag beantworten möchten.

3.3.2 Hauptteil des Vortrags

Haben Sie die Eröffnungshürde Ihres Vortrags überwunden, so kommt es für das weitere Gelingen nun entscheidend darauf an, wie Sie die von Ihnen ausgewählten und aufbereiteten Inhalte an Ihre Zuhörer vermitteln. Bilden Sie kurze und verständliche Sätze, das erleichtert das Verständnis. Achten Sie darauf, dass Sie Fachbegriffe in Abhängigkeit von den Vorkenntnissen Ihrer Zuhörer verwenden. Lesen Sie dem Publikum nicht wörtlich Ihr Manuskript vor. Bereiten Sie stattdessen eine Mindmap oder Karteikarten mit Stichpunkten zu Ihrem Vortrag vor, auf die Sie hin und wieder schauen, damit Sie nichts vergessen. Sprechen Sie ansonsten frei, und stellen Sie immer wieder Blickkontakt mit Ihren Zuhörern her. Indem Sie auf die Reaktionen Ihrer Zuhörer achten, können Sie feststellen, ob Ihr Vortrag verstanden wird.

Betonen Sie wichtige Punkte oder Überleitungen, indem Sie das Sprechtempo und Ihre Stimmlage verändern und gezielt Pausen einsetzen. Auch mit Ihrer Körpersprache können Sie Ihren verbalen Vortrag unterstützen, etwa indem Sie Ihre Gestik (Reden mit den Händen), Mimik (Gesichtsausdruck) und Körperhaltung einsetzen. So signalisiert z. B. der gehobene Zeigefinger „Achtung – wichtige Information", hochgezogene Augenbrauen drücken Erstaunen aus, und vor der Brust verschränkte Arme vermitteln Unsicherheit und Abgrenzungsbemühen des Redners.

3.3.3 Ende des Vortrags

Beenden Sie Ihren Vortrag gezielt (indem Sie den Schluss ankündigen, z. B. mit Formulierungen wie „Abschließend …" oder „Zum Schluss …"), nicht abrupt („Das war's"). Sie erhöhen damit nochmals kurz die Aufmerksamkeit Ihrer Zuhörer und können das von Ihnen Vorgetragene mit einer kurzen Zusammenfassung oder einem Ausblick auf mögliche zukünftige Entwicklungen abrunden.

Bitte erproben Sie dies nun anhand von Aufgabe 9 auf Seite 23!

Aufgaben

1. Überprüfen Sie bitte Ihre Lern- und Arbeitsunterlagen im Hinblick auf Ihr Ordnungssystem und bessern Sie bei jeder „Nein-Antwort" nach.
   a) Verfügen Sie über einen haltbaren, gut beschrifteten Ordner?
   b) Haben Sie die Materialien in Ihrem Ordner gut strukturiert? Register vorhanden?
   c) Sind Ihre Unterlagen im Register richtig abgelegt, vollständig und leserlich (evtl. andere Lerner oder Lehrer um Hilfe bitten)?
   d) Sind Ihre übrigen Arbeitsmittel vollständig und am Arbeitsplatz griffbereit?

2. Bitte überprüfen Sie Ihren Arbeitsplatz und überlegen Sie, wie Sie Ihre Arbeitsbedingungen optimieren können.
   a) Ist Ihre Arbeitsfläche groß genug?
   b) Ist Ihr Arbeitsplatz ausreichend beleuchtet?
   c) Lüften Sie an Ihrem Arbeitsplatz oft genug?
   d) Räumen Sie vor Arbeitsbeginn ablenkende Gegenstände weg?
   e) Schalten Sie bei anspruchsvollen Aufgaben die Musik aus?

3. LERNTYPEN-TEST

Im Folgenden finden Sie verschiedene LERNWEGE. Tragen Sie mit Bleistift in die zugehörigen Kästchen rechts eine ③ ein, wenn Sie auf dem jeweiligen Lernweg viel behalten; eine ②, wenn Sie einiges behalten und eine ①, wenn Sie wenig behalten! Berechnen Sie anschließend für die unten angegebenen Lerntypen „Auditiv", „Visuell" und „Kinästhetisch" die entsprechenden Zahlenwerte.

LERNWEGE

a	Ich mache mir zu einem Sachtext eine Tabelle	☐
b	Der Lehrer hält einen Vortrag zum Unterrichtsthema	☐
c	Ich sammle für das Thema Marketing Werbeanzeigen von Speditionen	☐
d	Wir sehen in AWL einen Zeichentrickfilm zum Thema Arbeitslosigkeit (ohne Kommentar) an	☐
e	Eine Mitschülerin liest einen Text aus dem Schulbuch vor	☐
f	Ich schaue mir die Bilder und Zeichnungen im Schulbuch an	☐
g	Ich fertige mir zu einem Lernstoff eine Zeichnung an	☐
h	Ich höre mir eine Diskussion zum Thema Kündigungsschutz auf Kassette an	☐
i	Der Lehrer zeigt uns Folien zum Thema Handelsregister	☐
j	Der Lehrer erklärt mir, wie der Betriebsrat gewählt wird	☐
k	Ich schreibe mir zur Vorbereitung auf die AWL-Arbeit einen Spickzettel	☐
l	Ich schaue mir im Zollmuseum eine Ausstellung an	☐
m	Ich lese mir einen Text im Schulbuch durch	☐
n	Eine Mitschülerin trägt das Ergebnis ihrer Arbeitsgruppe vor	☐
o	Ich führe im Unterricht eine Umfrage zum Thema Nachfrage durch	☐
p	Ich höre im Radio eine Reportage zum Thema Einkommensteuer	☐
q	Ich schaue mir in einem Bildband Geldscheine aus der Zeit der Großen Depression an	☐
r	Ich schreibe mir zu einem Text das Wichtigste heraus	☐

☞ Addieren Sie die oben eingetragenen Ziffern!

♦ Lerntyp Auditiv: Ziffern (b) + (e) + (h) + (j) + (n) + (p) = _____
♦ Lerntyp Visuell: Ziffern (d) + (f) + (i) + (l) + (m) + (q) = _____
♦ Lerntyp Kinästhetisch: Ziffern (a) + (c) + (g) + (k) + (o) + (r) = _____

Aufgabe:
Welche Möglichkeiten schlägt der Lösungsschlüssel für Ihren Lerntyp vor, um am lernwirksamsten Informationen zu beschaffen und aufzubereiten?

4. Erstellen Sie für eine typische Arbeitswoche eine Zeitanalyse nach anliegendem Schema. Markieren Sie für jeden Tag berufliche Aktivitäten mit einem blauen, schulische Aktivitäten mit einem grünen und private Aktivitäten mit einem roten Textmarker. Überprüfen Sie kritisch, ob Ihre beruflichen und schulischen Aktivitäten in gesundem Verhältnis zu „was habe ich gelernt?" stehen. Kontrollieren Sie schließlich anhand der Erläuterungen in 1.1.3, ob und inwieweit sich eine langfristige Tages- und Wochenplanung von Ihren tatsächlichen Wochenaktivitäten unterscheiden

müsste, da Sie mehr Zeit fürs Lernen aufbringen müssen. Stellen Sie einen entsprechenden Plan auf.

Tag:

Zeit	Aktivität (beruflich/ schulisch/privat)	was habe ich gelernt?
8–9		
9–10		
10–11		
11–12		
13–14		
…		
…		

5. Warum ist es sinnvoll, sich im WSP-Unterricht über den Kaufvertrag zu informieren? Führen Sie Beispiele aus Ihrem privaten und beruflichen Lebensumfeld an.

6. Üben Sie nun „richtiges Lesen", indem Sie den Abschnitt 2.3 nach der SQ3R-Methode lesen.

7. Entwickeln Sie eine Mindmap zum Thema „Vorbereitung unserer Klassenfahrt"! Ergänzen Sie Ihre Mindmap ggf. um Ideen Ihrer Mitschüler.

8. Legen Sie eine Lernkartei zum Thema „Lern- und Arbeitstechniken" an. Benutzen Sie dazu 5 Karteikarten mit folgenden Oberbegriffen:
   1. Aktives Zuhören
   2. Mitschreiben
   3. Richtig lesen
   4. Markieren und Exzerpieren
   5. Visualisieren

9. Präsentieren Sie Ihre Mindmap zum Thema „Vorbereitung unserer Klassenfahrt" im Plenum.

Im Verlauf seiner Entwicklung hat der Mensch stets versucht, seine Arbeit durch technische Hilfsmittel und organisatorische Maßnahmen produktiver zu gestalten.

Die Erfindung neuer Maschinen und Produktionsverfahren ermöglichte im 19. Jahrhundert den Übergang von den handwerklichen zu den industriellen Herstellungsverfahren und leitete den tiefgreifenden Wandel von einer Agrar- in eine **Industriegesellschaft** ein. Fabriken in den Städten ersetzten die alten Handwerksbetriebe. Die notwendigen Arbeitskräfte fanden sich in der vom Land in die Städte strömenden arbeitslosen Bevölkerung.

Die **Maschinisierung und Mechanisierung der Arbeitswelt** führte nicht nur zu einer grundlegenden Veränderung der traditionellen Arbeits- und Produktionsverfahren, sondern auch zu einer hochgradig arbeitsteiligen Wirtschaft mit industrieller Massenproduktion. Hierbei ist der Mensch der technischen Apparatur zugeordnet, er bedient die Maschine und stellt sich auf ihren Takt ein. Bei der **Fließbandarbeit** verrichtet er am vorbeilaufenden Werkstück bestimmte Handgriffe, meist nach vorgegebener Zeiteinteilung. Durch diese Produktionsweise wurde eine erhebliche Steigerung der Arbeitsproduktivität erreicht.

In der 2. Hälfte des 20. Jahrhunderts stand die Entwicklung der industriellen Produktion im Zeichen der **Automatisierung des Arbeitsprozesses**. Unter der Automation versteht man technische Verfahren, die darauf abzielen, die Produktion von selbstständig arbeitenden Maschinen durchführen zu lassen. Menschliche Arbeit wird dadurch nicht überflüssig, aber sie ändert sich in ihrer Qualität und Quantität. Dem Menschen kommt vorrangig die Aufgabe der Planung, Lenkung und Kontrolle des Produktionsprozesses zu. Die aufgrund der Automation freigesetzten Arbeitskräfte finden zunehmend Beschäftigung im **Dienstleistungsbereich** der Wirtschaft.

Der Wandel in der Arbeitswelt blieb und bleibt nicht ohne Folgen für die soziale Situation des Menschen. Das anfängliche Fehlen sozialen Schutzes führte im 19. Jahrhundert zu gesellschaftlichen Missständen:

- mangelnde Fürsorge bei Krankheit und Arbeitslosigkeit
- keine Alterssicherung
- niedrige Masseneinkommen
- Kinderarbeit
- unzureichende Ernährung
- schlechte Wohnverhältnisse

Ausgehend von Zusammenschlüssen der Arbeiterschaft bildeten sich Mitte des 19. Jahrhunderts die **Gewerkschaften** und **politischen Parteien**, die eine Verbesserung der Arbeits- und Lebensbedingungen forderten.

Mithilfe einer entsprechenden Gesetzgebung gelang es nach und nach, die negativen Begleiterscheinungen und Fehlentwicklungen der Industrialisierung zu korrigieren. Heute ist der einzelne Arbeitnehmer durch eine umfangreiche **Arbeits- und Sozialgesetzgebung** geschützt.

1   Berufsausbildung

Einstiegssituation

Die 17-jährige Auszubildende Sabrina Maler möchte nach dem Besuch der Höheren Handelsschule eine Berufsausbildung als Kauffrau für Spedition und Logistikdienstleistung bei der Kühne & Nagel AG & Co. beginnen. Der Berufsausbildungsvertrag, ein Formular der zuständigen Industrie- und Handelskammer (IHK), wird von

- dem Ausbildungsbetrieb, der Kühne & Nagel AG & Co.,
- der Auszubildenden, Sabrina Maler,
- dem gesetzlichen Vertreter der Auszubildenden, ihren Eltern Ludwig und Lotti Maler, unterzeichnet.

Beurteilen Sie folgende Sachverhalte:

1. *Nach Ablauf der Probezeit möchte die Auszubildende das Ausbildungsverhältnis auflösen, um einen anderen Beruf zu erlernen. Klären Sie die rechtlichen Voraussetzungen für die Auflösung des Ausbildungsverhältnisses aus der Sicht der Auszubildenden und des Ausbildenden.*
2. *Die Auszubildende berichtet in Ihrem Freundeskreis über die schleppende Zahlungsweise gegenüber Lieferanten und den ständigen Überziehungen des laufenden Bankkontos ihres Ausbildenden. Dieser erlangt Kenntnis von den Aussagen seiner Auszubildenden. Welche Möglichkeiten stehen dem Ausbildenden zur Verfügung, das Verhalten der Auszubildenden zu sanktionieren.*
3. *Der Ausbildungsvertrag endet laut Vertrag am 31. Juli 04. Die schriftliche Prüfung findet am 22. und 23. April 04 und die mündliche Prüfung am 28. Juni 04 statt. Um 17 Uhr des 28. Juni 04 teilt der Prüfungsvorsitzende des Prüfungsausschusses der Auszubildenden das hervorragende Prüfungsergebnis mit und überreicht eine vorläufige Bescheinigung. Am 10. Juli 04 wird in einer Feierstunde offiziell das Prüfungszeugnis überreicht. Klären Sie, ab welchem Tag Anspruch auf das Gehalt als Angestellte besteht.*
4. *Laut Tarifvertrag gilt für die Auszubildende eine wöchentliche Arbeitszeit von 37 Stunden; montags bis donnerstags je 8 Stunden, freitags 5 Stunden. Der Arbeitsbeginn ist 8:00 Uhr. Die Auszubildende arbeitet nach dem Berufsschulunterricht (dienstags 8:00 bis 13:00 Uhr) nach Rückkehr in den Ausbildungsbetrieb und Inanspruchnahme der Mittagspause von 30 Minuten von 14:00 bis 18:00 Uhr. Prüfen Sie, ob der Auszubildenden eine Mehrarbeitsvergütung vom Ausbildenden zusteht.*

1.1   Duale Ausbildung

In Mitteleuropa entwickelte sich seit dem Mittelalter eine durch Zünfte und Innungen streng überwachte Ausbildung in den Betrieben für handwerkliche Berufe. Der Meister führte den Lehrling durch Mitarbeit und Anschauung in die Gewerbekunst ein.

Mit der ersten industriellen Revolution entstanden größere Produktions-, Handels- und Dienstleistungsbetriebe, die einer zweckmäßigen Organisation und Verwaltung bedurften. Erfahrene Kaufleute nahmen junge kaufmännische Lehrlinge nach dem Muster der handwerklichen Ausbildung auf.

Im Gegensatz dazu bestanden seit dem 18. Jahrhundert in einigen europäischen Ländern rein private Schulen, die die kaufmännischen Lehrfächer vermittelten. Erst nach erfolgreichem Abschluss nahmen die schulisch vorgebildeten Jugendlichen eine Arbeitstätigkeit auf. Noch heute erfolgt die kaufmännische Ausbildung in vielen Ländern so *(z. B. England, Frankreich, Spanien, USA)*.

Dagegen hat sich in Deutschland seit über 150 Jahren eine duale[1] Berufsausbildung entwickelt.

Definition — **Berufsbildung umfasst die Berufsausbildung, die berufliche Fortbildung und Umschulung. Es gelten die normalen arbeitsrechtlichen Regelungen, soweit das Berufsbildungsgesetz *(BBiG)* keine abweichenden Vorschriften beinhaltet.**

Berufsausbildung		
Berufsausbildung	**Berufliche Fortbildung**	**Berufliche Umschulung**
• berufliche Grundbildung • Erwerb von Berufserfahrung sowie fachlichen Fertigkeiten und Kenntnissen	Erhaltung und Erweiterung beruflicher Kenntnisse und Fertigkeiten	Befähigung zu einer anderen beruflichen Tätigkeit
Lernort: Praxis/Berufsschule[2]		

Definition — Die Berufsausbildung in Deutschland erfolgt im **dualen Ausbildungssystem**. Die praktische Ausbildung wird im *Ausbildungsbetrieb* durchgeführt. Parallel dazu erfolgt die Vermittlung der theoretischen Kenntnisse in der *Berufsschule* in Form von Teilzeit- oder Blockunterricht.

1.2   Rechtsgrundlagen der Berufsausbildung

Rechtliche Grundlagen für die Berufsausbildung zum/zur Kaufmann/Kauffrau für Spedition und Logistikdienstleistung sind:
- das **Berufsbildungsgesetz** *(BBiG)* vom 14. August 1969,
- die **Ausbildungsordnung** vom 28. Juli 2004,

---

[1] *Lat. duo = zwei*
[2] *In NRW seit 1998 „Berufskolleg"; in den folgenden Ausführungen wird vereinfachend von „Berufsschule" gesprochen.*

- der **Rahmenlehrplan** auf Bundesebene und die **Lehrpläne** der Länder,
- die Regelungen der **berufsständischen Einrichtungen** *(z. B. Prüfungsord-nungen der einzelnen IHKs),*
- der **Berufsausbildungsvertrag**,
- sonstige **Schutzvorschriften** *(z. B. JArbSchG).*

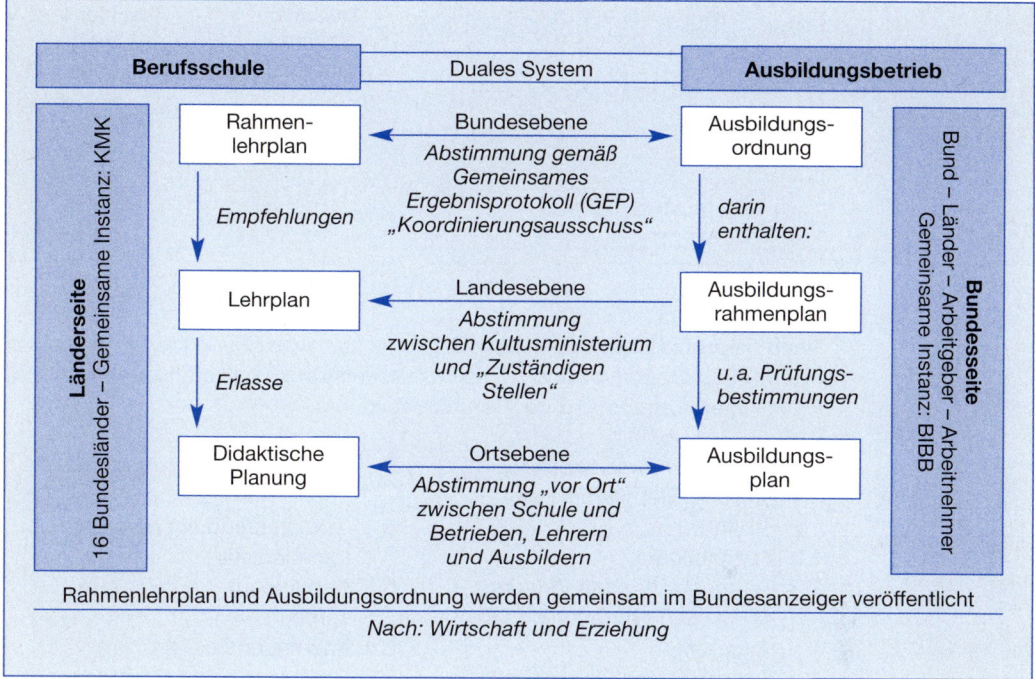

Berufsbildungsgesetz

Das Berufsbildungsgesetz bildet die gesetzliche Grundlage für die Ausbildung im dualen System. Die Einzelvorschriften konkretisieren die Eignung der Ausbildungsstätte, die persönliche und fachliche Eignung der Ausbilder, die Entstehung und die Inhalte des Berufsausbildungsvertrages, die Ordnung der Berufsausbildung, das Prüfungswesen und die Regelung sowie die Überwachung der Berufsausbildung.

Ausbildungsordnung

Die Ausbildungsordnung regelt Dauer und Inhalt der Ausbildung sowie die Prüfungsanforderungen. Sie wird von den Ministerien erlassen und durch die zuständigen Kammern überwacht.

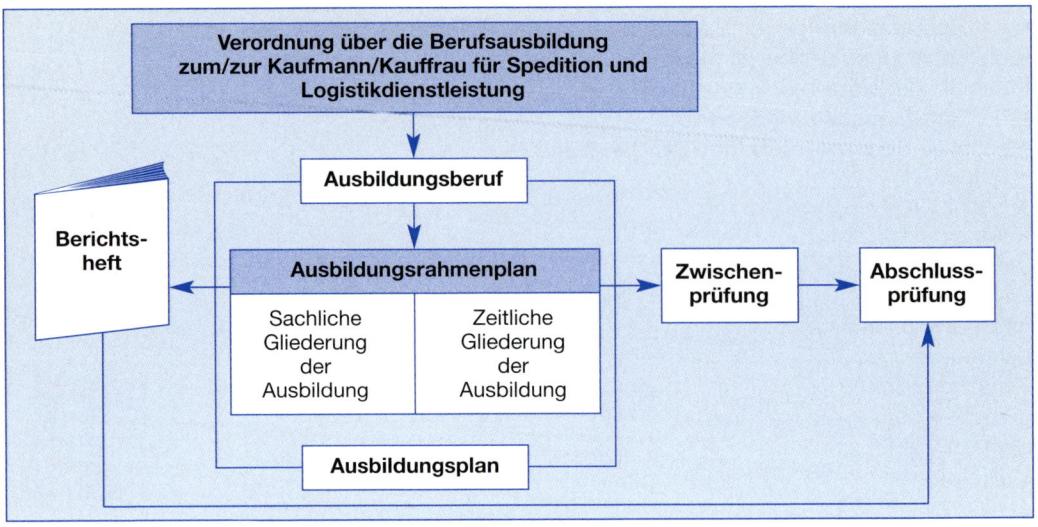

Nach dem **Ausbildungsberufsbild** sind für den Ausbildungsberuf Kaufmann/ Kauffrau für Spedition und Logistikdienstleistung folgende Kenntnisse und Fertigkeiten Gegenstand der Berufsausbildung:

1   Der Ausbildungsbetrieb:
1.1 Stellung, Rechtsform und Struktur
1.2 Berufsbildung
1.3 Personalwirtschaft, arbeits-, sozial- und tarifrechtliche Vorschriften
1.4 Sicherheit und Gesundheits- schutz bei der Arbeit
1.5 Umweltschutz
2   Arbeitsorganisation, Informa- tion und Kommunikation:
2.1 Arbeitsorganisation
2.2 Teamarbeit und Kommunikation
2.3 Informations- und Kommunika- tionssysteme
2.4 Datenschutz und Datensicher- heit
3   Anwenden der englischen Sprache bei Fachaufgaben
4   Prozessorientierte Leistungs- erstellung in Spedition und Logistik

5   Speditionelle und logistische Leistungen:
5.1 Güterversendung und Transport
5.2 Lagerlogistik
5.3 Sammelgut- und System- verkehre
5.4 Internationale Spedition
5.5 Logistische Dienstleistungen
6   Verträge, Haftung und Versicherungen
7   Marketing
8   Gefahrgut, Schutz und Sicherheit
9   Kaufmännische Steuerung und Kontrolle:
9.1 Zahlungsverkehr und Buchführung
9.2 Kosten- und Leistungs- rechnung, Controlling
9.3 Qualitätsmanagement

Der Ausbildende hat unter Zugrundelegung des Ausbildungsrahmenplanes für die/den Auszubildende(n) einen **Ausbildungsplan** zu erstellen.

Außerdem ist vom Auszubildenden ein **Berichtsheft** in Form eines Ausbildungsnachweises zu führen.

In der Mitte des zweiten Ausbildungsjahres wird eine schriftliche **Zwischenprüfung** an Hand praxisbezogener Fälle oder Aufgaben in einer Prüfungsdauer von höchstens 180 Minuten in den Prüfungsgebieten

- betriebliche Leistungserstellung
- Rechnungswesen
- Wirtschafts- und Sozialkunde

durchgeführt. Sie erstreckt sich auf die im Ausbildungsrahmenplan für das erste Ausbildungsjahr aufgeführten Kenntnisse und Fertigkeiten sowie auf den im Berufsschulunterricht entsprechend dem Rahmenplan zu vermittelnden Lehrstoff, soweit er für die Berufsausbildung wesentlich ist. Das Ergebnis der Zwischenprüfung hat keinen Einfluss auf die Dauer der Ausbildung. Die Zwischenprüfung dient allein der Ermittlung des Ausbildungsstandes und soll dem Auszubildenden sowie dem Ausbildenden Gelegenheit geben, festgestellte Mängel bis zur Abschlussprüfung zu beseitigen.

Am Ende der Ausbildungszeit legt der/die Auszubildende vor dem Prüfungsausschuss der zuständigen IHK die **Abschlussprüfung** ab, die sich auf alle im Ausbildungsrahmenplan angegebenen Kenntnisse und Fertigkeiten sowie auf die im Berufsschulunterricht für die Berufsausbildung notwendigen Lerninhalte bezieht.

Die **Zulassung** zur Abschlussprüfung setzt voraus:

- absolvierte Ausbildungszeit oder eine nicht später als 2 Monate nach dem Prüfungstermin endende Ausbildungszeit,
- Teilnahme an der Zwischenprüfung,
- geführtes Berichtsheft (Ausbildungsnachweis),
- eingetragenes Berufsausbildungsverhältnis.

Die **schriftliche Abschlussprüfung** erstreckt sich auf folgende Prüfungsfächer:

- Leistungserstellung in Spedition und Logistik (Bearbeitungszeit höchstens 180 Minuten),
- Kaufmännische Steuerung und Kontrolle (Bearbeitungszeit höchstens 90 Minuten),
- Wirtschafts- und Sozialkunde (Bearbeitungszeit höchstens 90 Minuten).

Im **mündlichen Prüfungsfach** „Fallbezogenes Fachgespräch" mit einer Dauer von höchstens 30 Minuten soll der Prüfling auf der Grundlage einer von zwei ihm zur Wahl gestellten Aufgaben aus dem Gebiet „Speditionelle und logistische Leistungen" zeigen, dass er betriebliche und wirtschaftliche Zusammenhänge versteht sowie speditionelle Problemstellungen lösen kann. Dabei soll der Prüfling auch zeigen, dass er in der Lage ist, Gespräche mit Kunden systematisch und situationsbezogen vorzubereiten und zu führen. Hierbei sind die betrieblichen Ausbildungsschwerpunkte zugrunde zu legen. Dem Prüfling ist eine Vorbereitungszeit von höchstens 20 Minuten einzuräumen.

Ergänzungsprüfung: Sind in der schriftlichen Prüfung die Prüfungsleistungen in bis zu zwei Prüfungsfächern mit „mangelhaft" und in den weiteren Prüfungsfächern mit mindestens „ausreichend" bewertet worden, so ist auf Antrag des Prüflings oder nach Ermessen des Prüfungsausschusses in einem der mit „mangelhaft" bewerteten Prüfungsfächer die schriftliche Prüfung durch eine mündliche Prüfung von etwa 15 Minuten zu ergänzen, wenn diese für das Bestehen der Prüfung den Ausschlag geben kann. Das Prüfungsfach ist vom Prüfling zu bestimmen. Bei der Ermittlung des Ergebnisses für dieses Prüfungsfach sind die Ergebnisse der schriftlichen Arbeit und der mündlichen Ergänzungsprüfung im Verhältnis 2:1 zu gewichten.

Zum Bestehen der Abschlussprüfung müssen im Gesamtergebnis sowie in mindestens drei Prüfungsbereichen, darunter dem Prüfungsbereich Leistungserstellung in Spedition und Logistik, ausreichende Leistungen erbracht werden. Werden die Prüfungsleistungen in einem Prüfungsfach mit „ungenügend" bewertet, so ist die Prüfung nicht bestanden.

1.3 Berufsausbildungsvertrag

Ein **Berufsausbildungsverhältnis** als privatrechtliches Verhältnis zwischen dem Auszubildenden (bei Minderjährigen dem gesetzlichen Vertreter: Vater, Mutter, Vormund) und dem Ausbildenden wird durch Vertrag begründet *(§ 3 Abs. 1 BBiG)*. Der **Berufsausbildungsvertrag** kommt durch die Einigung der Vertragsparteien zustande und ist in **schriftlicher** Form abzufassen *(§ 4 Abs. 1 BBiG)*.

Ausbildender ist derjenige, der einen anderen zur Berufsausbildung einstellt. Vom Ausbildenden ist derjenige zu unterscheiden, der die Ausbildung durchführt. Das kann der Ausbildende selbst oder ein von ihm beauftragter **Ausbilder** sein. Der **Auszubildende** ist derjenige, der ausgebildet wird.

Als **Mindestangaben** muss der Berufsausbildungsvertrag folgende Angaben enthalten *(§ 4 Abs. 2 BBiG)*:
- Art, sachliche und zeitliche Gliederung sowie Ziel der Berufsausbildung, insbesondere die Berufstätigkeit, für die ausgebildet werden soll,
- Beginn und Dauer der Berufsausbildung,
- Ausbildungsmaßnahmen außerhalb der Ausbildungsstätte (Besuch der Berufsschule),
- Dauer der regelmäßigen täglichen Ausbildungszeit,
- Dauer der Probezeit, mindestens 1 Monat, maximal 3 Monate,
- Zahlung und Höhe der Vergütung,
- Dauer des Urlaubs,
- Voraussetzungen, unter denen der Berufsausbildungsvertrag gekündigt werden kann.

Die Beteiligten (Ausbildender, Auszubildender, Erziehungsberechtigte) übernehmen mit dem Abschluss des Berufsausbildungsvertrages **Pflichten**, die

Pflichten der Vertragsparteien	
Auszubildender	Dienstleistungspflicht, Gehorsamspflicht, Sorgfaltspflicht, Schweige- und Treuepflicht, Berufsschulpflicht, Lernpflicht, Führung des Berichtsheftes, Haftpflicht
Ausbildender	Ausbildungspflicht, Fürsorgepflicht, Vergütungspflicht, Zeugnispflicht, Meldepflicht
Erziehungsberechtigte	Unterstützungspflicht, Haftpflicht

gleichzeitig die **Rechte** der anderen Vertragspartner sind *(§§ 6–12, 20–24 BBiG).*

Die **Ausbildungsdauer** beträgt grundsätzlich 3 Jahre. Verkürzungsmöglichkeiten nach dem BBiG bleiben jedoch hiervon unberührt.
Die Ausbildungszeit soll zwei Jahre nicht unterschreiten. Der Auszubildende kann nach Anhörung des Ausbildenden und der Berufsschule **vor Ablauf** seiner Ausbildungszeit zur Abschlussprüfung zugelassen werden, wenn seine Leistungen dies rechtfertigen.
Andererseits ist auf Antrag des Auszubildenden die Ausbildungsdauer zu **verlängern**, wenn die Verlängerung erforderlich ist, um das Ausbildungsziel zu erreichen.
Die **Ausbildungsdauer endet**
- mit Ablauf der vereinbarten Ausbildungszeit oder
- mit dem Tage der Feststellung des Prüfungsergebnisses (kann vor oder nach dem Ablauf der vereinbarten Ausbildungszeit liegen).

Besteht der Auszubildende die Abschlussprüfung nicht, **so verlängert** sich das Ausbildungsverhältnis auf sein Verlangen bis zur nächstmöglichen Wiederholungsprüfung, im Falle des Nichtbestehens der Wiederholungsprüfung bis zu einer evtl. zulässigen erneuten Wiederholungsprüfung, höchstens jedoch um ein Jahr.

1.4 Berufsausübung

Die beruflichen **Tätigkeitsbereiche** von Kaufmännern/-frauen für Spedition und Logistikdienstleistung umfassen im Wesentlichen die kaufmännischen Aufgabenbereiche der Speditions- und Transportwirtschaft.
Die Aufgaben des/der Kaufmanns/-frau für Spedition und Logistikdienstleistung erfordern selbstständige und kundenorientierte Sachbearbeitung in Form funktionsübergreifender und zum Teil komplexer Fall- bzw. Vorgangsbearbeitung sowie Team- und Gruppenarbeit. Dabei werden die modernen Informations- und Kommunikationstechniken im Rahmen computergesteuerter und computergestützter Sachbearbeitung aufgabengerecht genutzt. Wegen des Angebots internationaler Dienstleistungen ist die Beherrschung fachspezifischer fremdsprachlicher Termini unerlässlich.
Traditionell wurde unter dem Begriff **Qualifikation** die Gesamtheit der Kenntnisse, Fähigkeiten, Fertigkeiten und Werthaltungen verstanden, über die Speditionskaufleute für die Ausübung der beruflichen Tätigkeiten verfügen müssen. Heute wird Qualifikation sehr viel weiter definiert – nämlich als Voraussetzung für eine ausreichende Breite in der beruflichen Einsetzbarkeit. Die Akzentverschiebung geht dabei deutlich in Richtung Schlüsselqualifikation.

Schlüsselqualifikationen in der Spedition	
• Eigenaktivität/Selbstverantwortung	• Flexibilität/Kreativität
• Persönliche Leistungsfähigkeit	• Kommunikations-/Kooperationsfähigkeit
• Unternehmerisches Denken	• Persönliches Erscheinungsbild
• Teamfähigkeit	• Problemlöse-/Entscheidungsfähigkeit

1.5 Fort- und Weiterbildung

Möglichkeiten beruflicher Fort- und Weiterbildung von Kaufleuten für Spedition und Logistikdienstleistung

Für die Mitarbeiter in Speditions- und Logistikunternehmen gilt heute mehr denn je die Forderung nach lebenslangem Lernen. Berufliche Fortbildung und die damit erworbenen Qualifikationen bestimmen wesentlich die Aufstiegschancen. Im Folgenden wird ein Überblick über die Möglichkeiten der fachbezogenen beruflichen Fortbildung von Kaufleuten für Spedition und Logistikdienstleistung gegeben. Für die einzelnen Bildungsangebote werden Studienziel, Studienaufbau und Zulassungsvoraussetzungen dargestellt.

1. Verkehrsfachwirt/-in (IHK)
Der Deutsche Industrie- und Handelskammertag in Berlin (DIHK) entwickelte Anfang der 70er Jahre für die Industrie- und Handelskammern, die zuständigen Stellen auch für die Prüfungen im Bereich der kaufmännischen Erwachsenen-Weiterbildung, zunächst eine Grundkonzeption kaufmännischer Aufstiegsbildung. Wichtigstes Ziel dieser DIHK-Konzeption war es, Berufsqualifikationen zu definieren, für die Prüfungsabschlüsse zu fordern sind. Dem Weiterbildungswilligen, aber auch der Wirtschaft sollten Anhaltspunkte dafür gegeben werden, welche beruflichen Qualifikationen angestrebt und erreicht werden können. Dabei ging es in der damals erarbeiteten Konzeption ausschließlich um Maßnahmen, die den Aufstieg in die mittlere Führungsebene fördern sollen. Basis für die berufliche Aufstiegsbildung sind demnach eine abgeschlossene kaufmännische Grundausbildung sowie einige Jahre Berufserfahrung. Zielsetzung ist die Erweiterung der beruflichen Kenntnisse in einer Branche (Wirtschaftszweig) für den Einsatz als mittlere Führungskraft.

2. Betriebswirt/-in in der Fachrichtung Verkehr, DAV Bremen
Kaufleute für Spedition und Logistikdienstleistung, die sich durch Weiterbildung auf Positionen und Aufgaben im gehobenen oder oberen Führungsbereich vorbereiten wollen, bietet die **Deutsche Außenhandels- und Verkehrsschule (DAV)** in Bremen ein betriebswirtschaftliches Studium an. Die DAV in Bremen ist eine Gründung der Handelskammer Bremen und damit ein Institut der Wirtschaft. Träger ist der gemeinnützig arbeitende FÖRDERKREIS WIRTSCHAFT e.V., dem Verbände, Firmen und Einzelpersönlichkeiten angehören.

3. Betriebswirt/-in für Transportwesen und Logistiker/in für Transport, Gotha
Die **Staatliche Fachschule für Bau, Wirtschaft und Verkehr in Gotha** bietet eine Weiterbildung zum/zur staatlich geprüften Betriebswirt/-in in den Schwerpunkten Transportwesen sowie Logistik und eine Weiterbildung zum/zur staatlich geprüften Logistiker/in in den Schwerpunkten Produktions- und Transportlogistik an. Die gesamte Wertschöpfungskette mit ihren Verflechtungen zwischen den Hauptbereichen Beschaffung, Produktion und Absatz erfordert zu ihrer Beherrschung neben ganzheitlichen Herangehensweisen auch die Spezialisierungen auf einzelnen Gebieten. Die Ausbildung zum/zur staatlich geprüften Logistiker/in zielt im Schwerpunkt Transportlogistik auf die Vermittlung fundierter Fachkenntnisse. Diese beinhalten eine zweiübergreifende Planung und Steuerung und setzen deshalb bei den Durchführenden ein hohes Maß an Kenntnissen und Fähigkeiten, insbesondere auf technisch-technologischem und betriebswirtschaftlich-rechtlichem Gebiet, voraus. Der/die staatlich geprüfte Logistiker/in erhält eine Ausbildung als gehobene Fachkraft, um Arbeitsaufgaben im Transport-/Speditionswesen sowie in Logistikbereichen der Wirtschaft selbständig und verantwortlich wahrzunehmen, eine Befähigung zur Übernahme von Führungsaufgaben ist darin eingeschlossen.

4. Studiengang Verkehrsbetriebswirtschaft, Fachhochschule Heilbronn
Die Fachhochschule Heilbronn, Hochschule für Technik und Wirtschaft, bietet neben technischen Disziplinen drei betriebswirtschaftliche Fachbereiche an
- Fertigungsbetriebswirtschaft
- Verkehrsbetriebswirtschaft
- Touristikbetriebswirtschaft.

Für weiterbildungsfähige und -willige Kaufleute für Spedition und Logistikdienstleistung mit Fachhochschulreife bietet sich das achtsemestrige Studium im Bereich Verkehrsbetriebswirtschaft, Schwerpunkt Güterverkehr und Logistik, an.

5. Studiengang Transportwesen, Hochschule Bremerhaven
Die Hochschule Bremerhaven bietet ein sechssemestriges Hochschulstudium mit dem Studiengang Transportwesen an.
Grundlegend für die Gestaltung des Studiengangs war die Einsicht, dass Transportketten technisch-organisatorische Systeme sind. Das erstellte Studienkonzept beinhaltet deshalb ganz bewusst die simultane Ausbildung in den relevanten technischen, ökonomischen und rechtlichen Fachbereichen. Dadurch wird das in diesem weiten Berufsfeld geforderte Denken sowohl in technischen als auch in ökonomischen Kategorien von Anfang an im Studium erlebte Realität.

6. Verkehrsbetriebswirt EUVA, Europäische Verkehrsakademie, Duisburg
Die EUVA bietet ein mit der privaten Verkehrswirtschaft abgestimmtes Studienprogramm mit dem Abschluss „Verkehrsbetriebswirt EUVA" an. In diese Ausbildung ist die Teilnahme am wirtschaftswissenschaftlichen Grundstudium der Universität Duisburg einbezogen. Dieses Ausbildungs-Modell sichert eine gleichermaßen praktisch wie theoretisch hochrangige Qualifizierung der Absolventen. Das Studium an der EUVA umfasst fünf Semester. Es handelt sich um ein Intensiv-Studium, das ergänzend zum Grundstudium der Universität mit gezielten Praxisanteilen den unmittelbaren Einsatz in Führungspositionen der Verkehrswirtschaft ermöglicht.

7. Studiengang Logistik und Transportwesen und Studiengang Betriebslogistik, Fontys Fachhochschule für Logistik, Venlo
Der integrierte Studiengang über acht Semester in deutscher Sprache umfasst neben dem theoretischen Teil mehrere Praktika und Team-Projekte. Nach dem ersten Studienjahr entscheiden sich die Studenten für den mehr marketingorientierten Studiengang Betriebslogistik, der zum niederländischen Diplom Bakkalaureus „Logistik en Economie" führt, oder für den Ingenieurstudiengang Logistik und Transportwesen mit dem niederländischen Diplom-Abschluss zum „Ingenieur Logistiek en Technische Vervoerskunde". Die Diplomarbeiten werden in Unternehmen im Rahmen konkreter Praxisprojekte geschrieben.

Adressen
Interessierten Firmen, Instituten, Schulen, Verbänden und Nachwuchskräften stehen die genannten Institute unter folgenden Adressen für nähere Angaben zur Verfügung:

Deutsche Außenhandels- und Verkehrsakademie (DAV)
Marktstr. 2
28195 Bremen

Deutscher Industrie- und Handelskammertag (DIHK)
Breite Straße 29
10178 Berlin

Staatliche Fachschule für Bau, Wirtschaft und Verkehr Gotha
Trützscherplatz 1
99867 Gotha

Fachhochschule Heilbronn
Max-Planck-Str. 39
74081 Heilbronn

Hochschule Bremerhaven
Bürgermeister-Smidt-Str. 20
27568 Bremerhaven

Berufsbildungswerk des DGB GmbH
Schimmelbuschstraße 55
40699 Erkrath

Universität Duisburg
Europäische Verkehrsakademie e.V.
Akademie für Wirtschaft und Technik
Geibelstr. 41
47057 Duisburg

Bildungswerk der DAG e.V.
Deutsche Angestellten-akademie e.V.
– Zentrale –
Holstenwall 5
20355 Hamburg

Fontys Fachhochschule für Logistik
Hulsterweg 2–6
5803 AA Venlo

Deutscher Speditions- und Logistikverband (DSLV)
Weberstraße 77
53113 Bonn

Aufgaben

1. Der 19-jährige Peter Schneider beginnt am 01.08.20.. bei der Rasant GmbH Internationale Spedition, Bachstr. 12, 50858 Köln, eine Ausbildung zum Kaufmann für Spedition und Logistikdienstleistung. Als verantwortliche Ausbilderin hat die Rasant GmbH Marianne Post benannt. Die Ausbildungszeit beträgt 3 Jahre, eine Verkürzung ist nicht vorgesehen. Die Anmeldung bei der IHK zu Köln erfolgte am 20.04.20.. Die regelmäßige tägliche Ausbildungszeit beträgt 7,5 Stunden.
   a) Welches Gesetz regelt das Ausbildungsverhältnis?
   b) Wie kommt der Ausbildungsvertrag zustande?
   c) Wer sind die Beteiligten an diesem Ausbildungsverhältnis und wie lauten die gesetzlichen Bezeichnungen?
   d) Die Rasant GmbH möchte eine Probezeit von 6 Monaten vereinbaren. Klären Sie die Zulässigkeit. Begründen Sie Ihre Aussage.

e) Welche Aufgaben übernimmt die IHK zu Köln im Rahmen dieses Ausbildungsverhältnisses?

f) Was bedeutet „Duales System" der Berufsausbildung und wie ist die
Aufgabenteilung geregelt?

g) Nennen Sie für dieses Ausbildungsverhältnis wichtige Inhalte der
Ausbildungsordnung.

h) Im Frühjahr nächsten Jahres erhält Peter Schneider unerwartet die Zusa-
ge für einen Studienplatz im Fach Betriebswirtschaftslehre. Unter welchen
Bedingungen könnte er das Berufsausbildungsverhältnis kündigen?

i) Gesetzt den Fall, Peter Schneider hätte sein Berufsausbildungsverhältnis
ordnungsgemäß fortgesetzt: Wann würde es enden?

j) Unter welchen Voraussetzungen kann Peter Schneider während der
Ausbildung gekündigt werden?

k) Peter leidet unter großer Prüfungsangst und möchte vorsorglich wissen,
ob und wie oft er die Abschlussprüfung wiederholen darf. Informieren
Sie ihn mithilfe des BBiG.

2. Legen Sie eine Lernkartei zum Thema „Berufsausbildung" an. Benutzen Sie
dazu 5 Karteikarten mit den Überschriften „Rechte und Pflichten des
Auszubildenden/Ausbildenden", „Inhalte des Berufsausbildungsvertrags",
„Beendigung des Berufsausbildungsverhältnisses", „Duales System" und
„Sonderbestimmungen nach dem Jugendarbeitsschutzgesetz".

2 Arbeitsschutz und Arbeitssicherheit

Einstiegssituation

Juliane Klatt ist Mitarbeiterin der „Speditrans e. K., Bielefeld". Ihre Arbeitszeit
beträgt 40 Stunden je Woche und 8 Stunden täglich. Wegen des erhöhten
Arbeitsanfalls im November und Dezember durch Arbeitsunfähigkeit ihrer
Arbeitskollegin soll Frau Klatt in der Woche eine Stunde pro Tag länger
arbeiten und an drei aufeinander folgenden Wochenenden ebenfalls sams-
tags und sonntags je 5 Stunden zusätzlich arbeiten. Am 20.12. teilt sie dem
Arbeitgeber mit, dass sie schwanger ist und voraussichtlich laut ärztlichem
Attest am 15. Juni des nächsten Jahres entbindet. Frau Klatt erkundigt sich
vorsorglich über die Möglichkeit der Erziehungszeitmodelle nach der
Mutterschaftszeit, den finanziellen Folgen und dem Kündigungsschutz.

Nehmen Sie ausführlich Stellung zu dem dargestellten Sachverhalt und
machen Sie Vorschläge, wie sich Frau Klatt
1. wegen der Mehrarbeit,
2. während der Schwangerschaft,
3. der Mutterschaftszeit,
4. der Erziehungszeit und
5. der nachgeordneten Beschäftigungsaufnahme
gegenüber dem Arbeitgeber verhalten soll, um eine ausreichende finanzielle
Absicherung zu erhalten.

Arbeitsschutzbestimmungen dienen dem Schutz von Arbeitnehmern, um eine nachteilige Gestaltung der Arbeitsbedingungen für Mitarbeiter zu vermeiden.

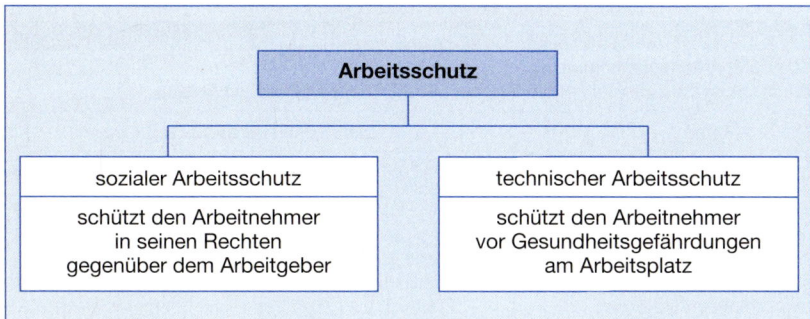

Die Arbeitsschutzvorschriften beinhalten Gebote und Verbote, zu deren Beachtung der Arbeitgeber verpflichtet ist. Die wichtigsten Vorschriften sind den Mitarbeitern in den betroffenen Betrieben durch Auslegung oder Aushang zugänglich zu machen.

Aus wirtschaftlichen Überlegungen können Unternehmen geneigt sein, soziale und technische Arbeitsbedingungen zum Nachteil der Mitarbeiter zu verändern. Um dem zu begegnen, gibt es in Deutschland eine Vielzahl besonderer Arbeitsschutzvorschriften.

Gesetzlicher Arbeitsschutz		
Allgemeine Schutzvorschriften	**Sonderschutzvorschriften**	**Überwachungsorgane**
• Bürgerliches Gesetzbuch • Kündigungsschutzgesetz • Arbeitszeitgesetz • Bundesurlaubsgesetz • Gewerbeordnung	• für Jugendliche • für Mütter • für Schwerbehinderte • für langjährig Beschäftigte • für Wehrdienstleistende	• Gewerbeaufsichtsämter[1] • Berufsgenossenschaften • Technischer Überwachungsverein

---

[1] *Soweit regional das Staatliche Amt für Arbeitsschutz und das Staatliche Umweltamt als Nachfolgeinstitutionen für das Gewerbeaufsichtsamt eingerichtet sind, übernimmt als Überwachungsorgan das Staatliche Amt für Arbeitsschutz die Aufgaben.*

2.1   Sozialer Arbeitsschutz

2.1.1   Arbeitszeit

Schutzbestimmungen nach dem Arbeitszeitgesetz (ArbZG)	
– gilt für alle Arbeitnehmer über 18 Jahre in Betrieben und Verwaltungen – Arbeitszeit ist die Zeit vom Beginn bis zum Ende der Arbeit ohne Ruhepausen	
Tägliche Arbeitszeit	**Sonn- und Feiertagsarbeit**

• höchstens 8 Stunden
Ausnahme:
Die tägliche Arbeitszeit kann auf bis zu 10 Stunden verlängert werden, wenn die Verlängerung innerhalb eines Ausgleichszeitraums von 6 Monaten auf durchschnittlich 8 Stunden ausgeglichen wird.
• wöchentliche Arbeitszeit nicht über 48 Stunden
• ununterbrochene Mindestruhezeit von 11 Stunden nach Beendigung der täglichen Arbeitszeit
• Ruhepausen:
  – mindestens 30 Minuten bei einer Arbeitszeit von über 6 bis 9 Stunden
  – mindestens 45 Minuten bei einer Arbeitszeit über 9 Stunden
Eine Aufteilung der Ruhezeiten in jeweils 15 Minuten ist möglich
	• Grundsätzlich für alle Beschäftigungsbereiche verboten
	• *16 Ausnahmetatbestände* insbesondere in folgenden Fällen:
	  – technische Erfordernisse machen eine ununterbrochene Produktion erforderlich
	  – internationale Konkurrenz zwingt nachweislich zur Produktion auch an Sonn- und Feiertagen, damit die Arbeitsplätze gesichert bleiben
	  – im Dienstleistungsbereich wie Gaststätten, Hotels, Krankenhäusern, Pflegeeinrichtungen, Verkehrsbetrieben
	Für die betroffenen Arbeitnehmer gilt:
	  – mindestens 15 Sonntage im Jahr beschäftigungsfrei
	  – für jeden arbeitspflichtigen Sonn- und Feiertag zwingend ein Ersatzruhetag
	  – mindestens einmal wöchentlich zusammenhängend 35 Stunden Ruhezeit
	  – Arbeitszeit maximal 8 Stunden (verlängerbar auf 10 Stunden, wenn innerhalb von 6 Monaten ein Ausgleich erfolgt)

Diese Grundnormen des ArbZG sind immer nur Mindestregelungen. Von den Tarifvertragspartnern können zugunsten der Arbeitnehmer in Betriebsvereinbarungen günstigere Arbeitszeitregelungen vorgesehen werden.

2.1.2   Jugendarbeitsschutz

Beispiel

Der 17-jährige Auszubildende Gabriel Frey soll wegen des erhöhten Arbeitsanfalls ab dem 1. Oktober täglich 10 Stunden arbeiten.

Der Jugendliche ist wegen der noch nicht abgeschlossenen körperlich-geistig-seelischen Entwicklung nur begrenzt leistungsfähig. Deshalb gewährt ihm das **Jugendarbeitsschutzgesetz** *(JArbSchG)* einen besonderen Schutz und will den Einstieg in die Arbeitswelt erleichtern. Die Gewerbeaufsichtsämter sind für die Überwachung der Einhaltung des *JArbSchG* zuständig.

Schutzbestimmungen des Jugendarbeitsschutzgesetzes (JArbSchG)	
Geltungsbe-reich	• alle Arbeitgeber, die Jugendliche beschäftigen, soweit diese mindestens 15 Jahre, aber noch keine 18 Jahre alt sind (Auszubildende, Arbeiter, Angestellte). • Die Beschäftigung Jugendlicher im Familienhaushalt sowie geringfügige Hilfeleistungen fallen nicht unter das *JArbSchG*.

Arbeitszeit	• höchstens 8 Std. täglich, 40 Std. wöchentlich bei einer verbindlichen 5-Tage-Woche
	  Ausnahme: 8,5 Std. täglich, wenn freitags nur 6 Stunden gearbeitet wird. Soweit Tarifverträge längere Arbeitszeiten vereinbaren, muss innerhalb von 2 Monaten ein Ausgleich erfolgen.
	• samstags: keine Beschäftigung
	  Ausnahme: Betriebe mit Samstagsarbeit, jedoch Ausgleich an einem Wochentag; zwei Samstage sollen mindestens im Monat beschäftigungsfrei bleiben.
	• an Sonn- u. Feiertagen: grundsätzlich Beschäftigungsverbot
	  Ausnahme: wie samstags, jedoch müssen mindestens zwei Sonntage im Monat beschäftigungsfrei bleiben.

Arbeitsbeginn/-ende Freizeit, Ruhepausen	• keine Beschäftigung vor 06:00 Uhr und nach 20:00 Uhr *Ausnahme:* über 16-Jährige in Bäckereien, Hotel-, Gaststätten-, Landwirtschafts-, Binnen-fischerei-, Schichtbetrieben • mindestens 12 Std. täglich Freizeit • bei 4,5 bis 6 Std. Arbeitszeit: mindestens 30 Minuten Pause • bei mehr als 6 Arbeitsstunden: mindestens 60 Minuten Pause • nach 4,5 Std. spätestens erste Pause • Mindestdauer je Pause: 15 Minuten

Bezahlter Urlaub	• Alter des Jugendlichen zu Beginn des Kalenderjahres
	  – unter 16 Jahre: 30 Werktage
	  – unter 17 Jahre: 27 Werktage
	  – unter 18 Jahre: 25 Werktage

Beschäftigungs-verbot	• Arbeiten, die objektiv die physische und psychische Leistungsfähigkeit übersteigen *(z. B. Akkord- und Fließbandarbeit mit vorgegebenem Arbeitstempo)*
	• gefährliche Arbeiten (Gefahrstoffe, biologische Arbeitsstoffe)
	  Ausnahme: zulässig bei Jugendlichen über 16 Jahren zu Ausbildungszwecken
	• Beschäftigung Minderjähriger bis zur Vollendung des 15. Lebensjahres und Beschäftigung Vollzeitschulpflichtiger (Kinderarbeitsverbot)
	  Ausnahme: die nicht mehr der Vollzeitschulpflicht unterliegenden Minderjährigen 7 Std. pro Tag und 35 Std. in der Woche
	• ein Arbeitstag vor der schriftlichen Abschlussprüfung

Berufsschul-besuch	• Anrechnung der Berufsschulzeit auf Ausbildungs- und Arbeitszeit
	• Freistellung für den Berufsschulunterricht
	  Beschäftigungsverbot:
	  – soweit der Unterricht vor 09:00 Uhr beginnt (dies gilt auch für Personen, die über 18 Jahre alt und noch berufsschulpflichtig[1] sind)
	  – an einem Berufsschultag pro Woche mit mehr als 5 Unterrichtsstunden
	  – in Berufsschulwochen mit mindestens 25 Std. planmäßigem **Blockunterricht** an mindestens 5 Tagen
	• Volljährige Berufsschulpflichtige[1] müssen im **Anschluss** an den Berufsschulunterricht (auch bei Blockunterricht) auf Verlangen des Arbeitgebers wieder in den Betrieb. Überschreitet die Dauer des Berufsschulunterrichts die an diesem Tag zu leistende Ausbildungszeit im Betrieb, so ist bei Volljährigen die darüber hinaus aufgewendete Zeit für den Berufsschulunterricht **nicht** auf die wöchentliche Ausbildungszeit anzurechnen.

Ärztliche Untersuchung	• erste Untersuchung frühestens 14 Monate vor Beginn der Beschäftigung • Nachuntersuchung in den letzten 3 Monaten des ersten Ausbildungsjahres

---

[1] *Die Berufsschulpflicht Volljähriger ist nicht bundeseinheitlich geregelt, sondern unterliegt höchst unterschiedlichen landesgesetzlichen Bestimmungen.*

2.1.3 Schutzbestimmungen für weibliche Arbeitnehmer

Die früheren **Beschäftigungsverbote** und **-beschränkungen** für **Frauen** sind mit Ausnahme des Beschäftigungsverbots für Frauen im Bergbau unter Tage **aufgehoben** worden. Damit können nun Frauen alle anerkannten Ausbildungsberufe erlernen und ausüben.

Zum Schutz und zur Vorsorge bei gesundheitlichen Belastungen gelten die gesetzlich normierten Regelungen gleichermaßen für Frauen und Männer:

- arbeitsmedizinische Untersuchungen
- Umsetzungsanspruch auf einen Tagesarbeitsplatz bei gesundheitlicher Gefährdung sowie bei Betreuung von Kindern unter zwölf Jahren und schwerpflegebedürftigen Angehörigen im Rahmen der betrieblichen Möglichkeiten.

Es gelten für **weibliche Arbeitnehmer** besondere Vorschriften, um einen höheren Schutz durch Begrenzung der Arbeitszeit und die Ausübung eingeschränkter Beschäftigungsarten/-formen während der Schwangerschaft und für die Zeit nach der Geburt eines Kindes zu gewährleisten. Art. 6 GG garantiert jeder Mutter den Anspruch auf den Schutz und die Fürsorge der Gemeinschaft. Dem trägt das **Mutterschutzgesetz** und das **Bundeserziehungsgeldgesetz** Rechnung.

Schutzvorschriften			
Kündigungs-schutz	**Beschäftigungs-verbot**	**Gefahrenschutz**	**Mutterschaftshilfe**
• keine Kündigung während der Schwangerschaft und 4 Monate nach der Geburt • Kündigungsschutz während der Elternzeit	• Beschäftigungsverbot für 6 Wochen vor[1] und 8 Wochen nach der Geburt (Mutterschutzfrist) • Verbot bei Gefahr von Berufskrankheiten • Verbot schwerer körperlicher Arbeit • Verbot der Mehrarbeit, Sonntags- und Nachtarbeit	• keine Arbeiten, die das Leben und die Gesundheit der Mutter und ihres Kindes gefährden • Arbeitsplatzgestaltungsvorschriften bei schwangeren und stillenden Müttern	• Anspruch auf ärztliche Betreuung und Hebammenhilfe • Anspruch auf Mutterschaftsgeld während der Schutzfrist in Höhe des bisherigen Nettoeinkommens • Anspruch auf Elternzeit und Erziehungsgeld

---

[1] *Auf ausdrücklichen Wunsch der Mutter ist eine Beschäftigung möglich (§ 3 Abs. 2 MuSchG).*

Mutterschutz[1]	
Rechtsgrundlagen	• Grundgesetz *(Art. 6 Abs. 4 GG)* • Gesetz zum Schutz der erwerbstätigen Mutter *(MuSchG)* • Bundeserziehungsgeldgesetz *(BErzGG)*
Beginn des Schutzes	• Ab Tag der Kenntnisnahme über die Schwangerschaft durch den Arbeitgeber; der Arbeitgeber kann auf seine Kosten ein schriftliches Attest verlangen. • Die Beschäftigung einer werdenden Mutter ist dem Gewerbeaufsichtsamt mitzuteilen.
Gestaltung des Arbeitsplatzes	• Bei der Einrichtung des Arbeitsplatzes sind alle Vorkehrungen und Maßnahmen zum Schutz von Leben und Gesundheit der werdenden Mutter zu treffen *(§ 2 Abs. 1 MuSchG)*. • Bei stehenden oder sitzenden Tätigkeiten ist der Arbeitnehmerin eine Sitzgelegenheit zum kurzen Ausruhen bereitzustellen *(§ 2 Abs. 2 MuSchG)*. Bei ständig sitzender Tätigkeit muss eine Gelegenheit zu kurzen Unterbrechungen ihrer Arbeit gegeben werden.
Beschäftigungs-verbote	Schwangere dürfen nicht beschäftigt werden, wenn • nach ärztlichem Zeugnis bei Fortführung der Arbeit Leben oder Gesundheit von Mutter und/oder Kind gefährdet sind *(§ 3 Abs. 1 MuSchG)*, • diese schweren körperlichen Arbeiten, Arbeiten mit gesundheitsgefährdenden Stoffen, Strahlen, Staub oder Dämpfen, Arbeiten in Hitze, Kälte oder Nässe, Erschütterungen oder Lärm ausgesetzt sind *(§ 4 Abs. 1 MuSchG)*, • Arbeiten mit einem erhöhten Unfallrisiko oder der Gefahr von Berufserkrankungen vorliegen *(§ 4 Abs. 2 MuSchG)*, Akkordarbeit, Fließbandarbeit mit vorgegebenen Tempo gegeben ist.
Arbeitszeit-beschränkungen	• keine Nachtarbeit (zwischen 20 Uhr und 6 Uhr) • keine Mehrarbeit (max. 8,5 Std. je Tag, 90 Stunden in 2 Wochen) • Freistellung in den letzten 6 Wochen vor der voraussichtlichen Entbindung *(§ 3 Abs. 2 MuSchG)* • Freistellung zur Durchführung der notwendigen ärztlichen Untersuchungen *(§ 16 MuSchG)*
Schutz vor und nach der Entbindung	• 6 Wochen **vor** dem wahrscheinlichen Geburtstermin sind werdende Mütter freizustellen, sie können freiwillig während dieser Zeit weiterarbeiten, • für mindestens 8 Wochen **nach** der Entbindung besteht ein Beschäftigungsverbot, dieses wird für Früh- oder Mehrlingsgeburten auf 12 Wochen verlängert. Für Frauen nach Frühgeburten ist die Schutzfrist um den Zeitraum zu verlängern, um den sich die Mutterschutzfrist vor der Frühgeburt verkürzt hat.
Lohnfortzahlung	• Bei Beschäftigungsverbot oder Beschränkungen der Arbeitszeit nach den Vorschriften des MuSchG ist vor Beginn oder nach Ende der Mutterschutzfristen der volle Lohn zu zahlen *(§ 11 MuSchG)*. • Der Mutterschutzlohn richtet sich nach dem Durchschnittsverdienst der letzten 13 Wochen oder letzten 3 Monate vor Beginn der Schwangerschaft.
Mutterschaftsgeld	• Ab Beginn der Schutzfrist (6 Wochen vor der mutmaßlichen Entbindung) wird Mutterschaftsgeld bei Arbeitnehmerinnen in Höhe von 13,00 EUR je Tag (Monat = 30 Tage) gezahlt; ist der kalendermäßige Nettoverdienst höher als 13,00 EUR je Tag, so muss der Arbeitgeber den Unterschiedsbetrag zahlen. • Mutterschaftsgeld ist einkommensteuerfrei *(§ 3 Abs. 1 d EStG)*, allerdings unterliegen die Bezüge dem Progressionsvorbehalt *(§§ 13, 14 MuSchG)*.
Kündigung	• Die Kündigung einer Arbeitnehmerin ist während der Schwangerschaft und bis zu 4 Monate nach der Entbindung unzulässig, wenn dem Arbeitgeber die Schwangerschaft oder Entbindung bekannt war oder innerhalb von 2 Wochen nach Kündigung mitgeteilt wird *(§ 9 Abs. 1 S. 1 MuSchG)*. • Einer werdenden Mutter kann in dem Zeitraum von 280 Tagen vor dem ärztlich festgestellten voraussichtlichen Geburtstermin nicht gekündigt werden *(BAG vom 07.05.1998)*. • Eine Kündigung während des Erziehungsurlaubs ist unzulässig *(§ 18 BErzGG)*. • Ausnahmsweise kann aus besonderen Gründen, die nicht anlässlich der Schwangerschaft oder der Entbindung entstanden sind, gekündigt werden *(§ 9 MuSchG, § 18 BErzGG)*. • Zum Ende des Erziehungsurlaubs kann die Arbeitnehmerin das Arbeitsverhältnis nur unter Einhaltung einer Kündigungsfrist von 3 Monaten kündigen *(§ 19 BErzGG)*.

[1] *Vgl. Möhlmeier, Nath u. a.: Allgemeine Wirtschaftslehre für Steuer- und wirtschaftsberatende Berufe, S. 14*

2.1.4 Erziehungsgeld/Elternzeit

Erziehungsgeld	Elternzeit
für Mütter oder Väter	
• die ihr Kind selbst betreuen • die keine oder eine Erwerbstätigkeit bis 30 Wochen-stunden ausüben (auch Auszubildende und Arbeitslose haben Anspruch auf Erziehungsgeld)[1] • ist steuerfrei nach *§ 3 Nr. 67 EStG* **Höhe des Erziehungsgeldes** max. 24 Mon. mtl. 300,00 EUR[2]; • in den ersten sechs Lebensmonaten des Kindes *Einkommensgrenzen:* Alleinstehende bis 23 000,00 EUR Verheirateten bis 30 000,00 EUR • ab dem siebten Lebensmonat des Kindes wird das Erziehungsgeld stufenweise bis auf null gemindert, wenn das zu berücksichtigende Einkommen bei Alleinstehenden 13 500,00 EUR Verheirateten, Lebenspartnern 16 500,00 EUR übersteigt Die Einkommensgrenzen erhöhen sich um jeweils 3 140,00 EUR für jedes weitere Kind. Bei Überschreiten der Einkommensgrenzen verringert sich das Erziehungsgeld um 5,2 % von der übersteigenden Einkommenshöhe (bei 1-jähriger Bezugszeit um 7,2 %).	• die ihr Kind nach Ablauf der Mutterschutzfrist selbst betreuen • die Arbeitnehmer sind **Dauer der Elternzeit (durch Mutter oder Vater oder beide gleichzeitig)** • im Anschluss an die Mutterschutzfrist bis zu 36 Monaten nach der Geburt des Kindes • ein Jahr kann mit Zustimmung des Arbeitgebers bis spä-testens zum 8. Lebensjahr aufgespart werden

2.1.5 Wehrdienstleistende

Wehrpflichtige Arbeitnehmer sind während der **Wehrdienstzeit**, d. h. von der Zustellung des Einberufungsbescheids bis zur Beendigung des Grundwehr-dienstes nicht kündbar *(§ 2 ArbPlSchG)*. Davon ausgenommen sind die frist-lose Kündigung aus wichtigem Grund und die Kleinbetriebe mit weniger als 6 Arbeitnehmern (ohne Auszubildende). Diese können eine ordentliche Kündi-gung aussprechen, da für sie die Wehrdienstzeit des Arbeitnehmers einen wichtigen Grund zur Kündigung darstellt.

2.1.6 Schwerbehinderte

Schwerbehinderte bedürfen eines **besonderen Schutzes im Arbeitsleben**, weil sie sich in der Regel nicht wie Gesunde im Wettbewerb um einen Arbeits-platz behaupten können. Insoweit verwirklicht das *SGB IX* das ausdrückliche **Diskriminierungsverbot** des Grundgesetzes.

---

[1] *Den Rechtsanspruch auf Teilzeit erhalten Arbeitnehmer in Unternehmen mit mehr als 15 Mitarbeitern.*

[2] *Es besteht ein Wahlrecht auf eine 1-jährige Bezugszeit mit einem mtl. Erziehungsgeld von 450,00 EUR.*

2.2 Technischer Arbeitsschutz

2.2.1 Unfallschutz

In Betrieben erfolgt der Unfallschutz im Rahmen des Arbeitsschutzes durch die gesetzlich vorgesehenen Sicherheitsbeauftragten und -ingenieure, ferner im Rahmen der gesetzlichen Unfallversicherung[1] durch die technischen Aufsichtsbehörden der Berufsgenossenschaften *(z. B. Berufsgenossenschaft für Fahrzeughaltungen)* und durch die Beauftragten der Gewerbeaufsichtsämter bzw. des Staatlichen Amtes für Arbeitsschutz oder des Staatlichen Umwelt-amtes.

**Satzung der Berufsgenossenschaft
für Fahrzeughaltungen**

Die Vertreterversammlung der Berufsgenossenschaft für Fahrzeughaltungen hat auf Grund des § 34 Abs. 1 Satz 1 Sozialgesetzbuch (IV. Buch) die folgende Satzung beschlossen:

Abschnitt I
Name, Sitz, Rechtsstellung, Aufgabe, Zuständigkeit, Bezirksverwaltungen

§ 1
Name, Sitz, Rechtsstellung

(1) Die Berufsgenossenschaft führt den Namen Berufsgenossenschaft für Fahrzeughaltungen und hat ihren Sitz in Hamburg.

(2) Sie ist eine bundesunmittelbare Körperschaft des öffentlichen Rechts mit Selbstverwaltung; sie ist befugt den Bundesadler im Dienstsiegel zu führen.

§ 2
Aufgaben

(1) Die Berufsgenossenschaft ist Träger der gesetzlichen Unfallversicherung.

(2) Aufgabe der Berufsgenossenschaft ist es,

1. mit allen geeigneten Mitteln Arbeitsunfälle und Berufskrankheiten sowie arbeitsbedingte Gesundheits-gefahren zu verhüten,

2. nach Eintritt von Arbeitsunfällen oder Berufskrankheiten die Gesundheit und die Leistungsfähigkeit der Versicherten mit allen geeigneten Mitteln, insbesondere durch die Wiederherstellung der Erwerbsfähigkeit und berufsfördernde Leistungen zur Rehabilitation, wiederherzustellen und sie oder ihre Hinterbliebenen durch Geldleistungen zu entschädigen.

§ 3
Sachliche Zuständigkeit

(1) Die Berufsgenossenschaft ist sachlich zuständig für Unternehmen folgender Gewerbszweige:

1. das gesamte straßengebundene Verkehrsgewerbe mit seinen Einrichtungen,

2. den Flugverkehr mit seinen Einrichtungen

und die jeweils artverwandten Unternehmen.

…

■ Unfallverhütungsvorschriften

Unfallverhütungsvorschriften sind Mindestnormen für eine unfallsichere Einrichtung der Betriebe und Betriebsanlagen sowie ein unfallsicheres Verhal-ten. Die Berufsgenossenschaften erlassen genehmigungspflichtige Unfallver-hütungsvorschriften

---

[1] *Vgl. zur gesetzlichen Unfallversicherung Seite 106 ff.*

- zu Maßnahmen der Unternehmer und dem Verhalten der Versicherten zur Verhütung von Arbeitsunfällen,
- zur ärztlichen Untersuchung besonders gefährdeter Arbeitnehmer.

Bei allen Unfallverhütungsmaßnahmen ist der Betriebsrat mitbestimmungsberechtigt. Er kann über die gesetzlichen Vorschriften hinausgehende Betriebsvereinbarungen abschließen und ist verpflichtet, sich für die Durchsetzung der Unfallverhütungsvorschriften einzusetzen *(§§ 87–89 BetrVG)*.

Unfallverhütungsvorschriften (Auszug)

...

§ 14 Die Versicherten haben alle der Arbeitssicherheit dienenden Maßnahmen zu unterstützen. Sie sind verpflichtet, Weisungen des Unternehmers zum Zwecke der Unfallverhütung zu befolgen, es sei denn, es handelt sich um Weisungen, die offensichtlich unbegründet sind. Sie haben die zur Verfügung gestellten persönlichen Schutzausrüstungen zu benutzen. Die Versicherten dürfen sicherheitswidrige Weisungen nicht befolgen.

§ 15 Die Versicherten dürfen Einrichtungen nur zu dem Zweck verwenden, der vom Unternehmer bestimmt oder üblich ist.

§ 16 (1) Stellt ein Versicherter fest, dass eine Einrichtung sicherheitstechnisch nicht einwandfrei ist, so hat er diesen Mangel unverzüglich zu beseitigen. Gehört dies nicht zu seiner Arbeitsaufgabe oder verfügt er nicht über Sachkunde, so hat er den Mangel dem Vorgesetzten zu melden.

...

2.2.2 Sicherheits- und Gesundheitsschutzkennzeichnung

Auf Gefahren und Risiken, die trotz sicherheitstechnischer (GS-Zeichen = geprüfte Sicherheit) oder sicherheitsorganisatorischer Maßnahmen *(z. B. Tragen von Sicherheitsschuhen)* verbleiben, ist am Arbeitsplatz durch auffällige Sicherheitskennzeichnung hinzuweisen.

Des Weiteren besteht die Kennzeichnungspflicht bei allgemeinen Sicherheitsrisiken auf dem Betriebsgelände und bei der Beförderung gefährlicher Güter zu Lande, zu Wasser und in der Luft.

Beispiele:

Verbotszeichen	Warnzeichen	Gebotszeichen	Rettungszeichen

Feuer, offenes Licht und Rauchen verboten	Warnung vor gefährlicher elektrischer Spannung	Schutzschuhe tragen	Erste Hilfe Richtungsangabe zu Erste-Hilfe-Einrichtungen

Aufgaben

1. Julia Nachweh (17 Jahre) hat ihre Ausbildung zur Kauffrau für Spedition und Logistikdienstleistung begonnen. Ihre Berufsschultage sind Dienstag und Donnerstag. Gleich am ersten Tag in der Spedition wird sie mit den Arbeitsbedingungen vertraut gemacht. Ihre Arbeitszeit ist täglich (sofern sie nicht Berufsschulunterricht hat) von 7:30 bis 17:00 Uhr. Gegen 9:00 Uhr hat sie eine 10-Minuten-Pause. Die Mittagspause wird um 14:00 Uhr eingelegt, da vorher ein hoher Arbeitsanfall zu verzeichnen ist. Dienstags beginnt der Berufsschulunterricht erst zur 2. Stunde (um 9:00 Uhr). Daher soll Julia vorher bis 8:30 Uhr in der Spedition arbeiten. Sie kann dann noch rechtzeitig in der Schule sein. Einmal monatlich beginnt sie mittwochs später mit ihrer Arbeit, da sie bis 21:00 Uhr arbeiten soll. Da sie in der Berufsschule an beiden Tagen jeweils 6 Unterrichtsstunden hat, werden ihr diese wie Arbeitszeit bezahlt. Im Anschluss an den Berufsschulunterricht soll sie von 14:00 bis 17:00 Uhr im Betrieb arbeiten. Sie erhält während der Ausbildung einen Jahresurlaub von 22 Werktagen.
   Klären Sie mithilfe des JArbSchG, ob die geschilderten Bedingungen rechtlich zulässig sind.

2. Maria Schmittermeier, 26 Jahre, arbeitet im Lager eines Versandhauses, wo sie im Akkord Pakete packt. Anfang Februar erfährt sie von ihrem Arzt, dass sie schwanger ist.
   Nehmen Sie zu den folgenden Punkten unabhängig voneinander Stellung.
   a) Welche Pflicht hat sie gegenüber ihrem Arbeitgeber nach dem Mutterschutzgesetz?
   b) Welche Rechte hat Maria vor bzw. nach der Entbindung gegenüber ihrem Arbeitgeber?
   c) Da ihr die Arbeit zu schwer wird und sie nicht dauernd stehen kann, möchte sie ab dem 4. Monat in der Betriebskantine arbeiten.
   d) Sie möchte auf eigenen Wunsch bis drei Wochen vor der Entbindung arbeiten.
   e) Vier Wochen nach der Geburt erhält sie die Kündigung. Begründung: Die Stelle kann nicht weiterhin freigehalten werden, da sonst zu viel Arbeit liegen bleibt.

3. Erläutern Sie anhand des Schwerbehindertengesetzes, warum Schutzbestimmungen für bestimmte Arbeitnehmergruppen wie ein Bumerang wirken können.

4. Bereiten Sie eine OHP-Folie vor, anhand derer Sie den technischen Arbeitsschutz in Ihrem Ausbildungsbetrieb vorstellen.

3 Mitwirkung und Mitbestimmung der Arbeitnehmer

Einstiegssituation

Bei der Regiotrans AG stehen Wahlen zum Betriebsrat und zur Jugend- und Auszubildendenvertretung (JAV) an. Die Speditionsunternehmung beschäftigt folgende Mitarbeiter/innen:

Auszubildende		Angestellte	
Alter	Anzahl	Alter	Anzahl
16 Jahre	5	17 Jahre	4
17 Jahre	4	18–24 Jahre	35
18 Jahre	10	ab 25 Jahre	190
19–20 Jahre	15		
25 Jahre	1		

Alle Arbeitnehmer gehören der Regiotrans AG mehr als 6 Monate an.

1. *Erläutern Sie die Begriffe „aktives" und „passives Wahlrecht".*
2. *Stellen Sie fest, wie viele Personen das aktive Wahlrecht*
   a) *für den Betriebsrat*
   b) *für die JAV*
   besitzen.
3. *Stellen Sie fest, wie viele Personen das passive Wahlrecht*
   a) *für den Betriebsrat*
   b) *für die JAV*
   besitzen.
4. *Stellen Sie fest, wie viele Mitglieder die JAV aufweisen muss.*
5. *In der nächsten Sitzung des Betriebsrats sollen u. a. folgende Tagesordnungspunkte behandelt werden:*
   a) *Festlegung neuer Kernarbeitszeiten innerhalb der Gleitzeit*
   b) *Gestaltung eines Aufenthaltsraumes für die Belegschaft*
   c) *Gestaltung eines regelmäßigen „Azubi-Info-Nachmittags"*
   Stellen Sie jeweils fest, ob ein Mitglied oder mehrere Mitglieder der JAV bei der Behandlung dieser Punkte teilnahme- bzw. stimmberechtigt ist/sind.

3.1 Gesetzliche Grundlagen

Die Forderung nach Mitwirkung und Mitbestimmung der Arbeitnehmer beruht auf der Erkenntnis, dass die Produktionsfaktoren Arbeit und Kapital für die Erstellung der betrieblichen Leistungen erforderlich sind. Daraus wird abgeleitet, dass neben den Eigentümern des Unternehmens auch die **Arbeitnehmer Anspruch auf Mitwirkung und Mitbestimmung** bei betrieblichen Entscheidungsprozessen haben.

Mitwirkung und Mitbestimmung der Arbeitnehmer		
auf der Ebene des Arbeitsplatzes Beteiligungsrechte durch den Arbeitnehmer	**auf der Ebene des Betriebes** Beteiligungsrechte durch den Betriebsrat	**auf der Ebene der Unternehmensleitung** Kontrolle durch Sitze im Aufsichtsrat bei Kapitalgesellschaften
Rechtsgrundlagen		
Betriebsverfassungsgesetz *(BetrVG)* von 1952, 1972 und 2001		Betriebsverfassungsgesetz Mitbestimmungsgesetz *(MitbestG)* von 1976 Montan-Mitbestimmungsgesetz *(Montan-MitbestG)* von 1951

3.2 Beteiligungsrechte auf der Ebene des Arbeitsplatzes

Dem Arbeitnehmer stehen auf der Ebene des Arbeitsplatzes individuelle **Mitwirkungs- und Beschwerderechte** *(§§ 81–86a BetrVG)* zu:

Recht
* auf Unterrichtung über Aufgaben (Tätigkeit, Verantwortung) seines Arbeitsbereiches,
* auf Unterrichtung über Gesundheits- und Unfallgefahren an seinem Arbeitsplatz,
* auf Anhörung, soweit er persönlich in betrieblichen Angelegenheiten betroffen ist,
* auf Erörterung seiner Leistungsbeurteilung,
* auf Einsicht in seine Personalakte,
* zur Beschwerde wegen Benachteiligung durch Arbeitgeber oder Arbeitskollegen,
* zum Vorschlag von Beratungsthemen an den Betriebsrat.

3.3 Beteiligungsrechte auf der Ebene des Betriebes

Das Betriebsverfassungsgesetz regelt auf der Betriebsebene die Zusammenarbeit zwischen Arbeitgeber und Arbeitnehmern. Zum Zwecke des gerechten Interessenausgleichs kann in Unternehmen mit mindestens fünf wahlberechtigten und mindestens drei wählbaren Arbeitnehmern ein Betriebsrat mit einer Amtszeit von vier Jahren gewählt werden. Der Betriebsrat ist geschlechterspezifisch im zahlenmäßigen Verhältnis der Belegschaft zu besetzen, wenn der Betriebsrat aus mehr als 3 Personen besteht.
Auf einer ersten **Wahlversammlung** wird ein Wahlvorstand gewählt. Eine Woche später wird auf einer zweiten Wahlversammlung der Betriebsrat geheim und unmittelbar gewählt (zweistufiges Wahlverfahren). Wahlberechtigt sind alle volljährigen Arbeitnehmer und außerdem Leiharbeitnehmer, die länger als 3 Monate im Betrieb eingesetzt werden. Wählbar sind alle Wahlberechtigten mit einer Betriebszugehörigkeit von mindestens 6 Monaten.

Der Betriebsrat übt als gesetzliche Vertretungsmacht für die Arbeitnehmerschaft eines Betriebes Beteiligungsrechte aus (betriebliche Mitbestimmung).

Stellung des Betriebsrates nach dem BetrVG

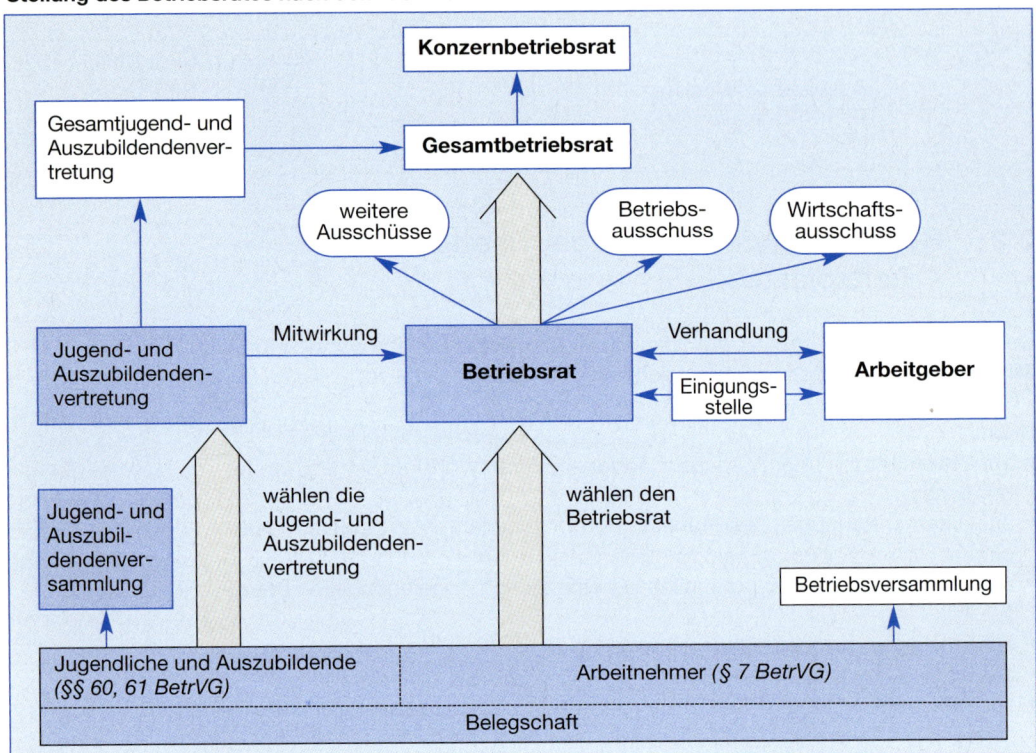

Zusammensetzung des Betriebsrates		
Wahlberechtigte	**Betriebsratsmitglieder**	
5 – 20	ein Betriebsobmann	Bei über 9 000 Wahlberechtigten
21 – 50	3 Mitglieder	kommen je angefangene 3 000 zwei
51 – 150	5 Mitglieder	Betriebsratsmitglieder hinzu.
151 – 300	7 Mitglieder	Der Betriebsrat bildet ab 9 Mitglie-
301 – 600	9 Mitglieder	dern einen **Betriebsausschuss,** der
601 – 1 000	11 Mitglieder	die Geschäfte des Betriebsrates führt.
1 001 – 2 000	15 Mitglieder	Bei Betrieben mit mehr als 100 Ar-
2 001 – 3 000	19 Mitglieder	beitnehmern können nach Maßgabe
3 001 – 4 000	23 Mitglieder	einer mit dem Arbeitgeber zutreffen-
4 001 – 5 000	27 Mitglieder	den **Rahmenvereinbarung** Aufgaben
5 001 – 7 000	29 Mitglieder	auf **Arbeitsgruppen** übertragen wer-
7 001 – 9 000	31 Mitglieder	den.

Aufgaben des Betriebsrates

Sozialer Bereich	Personeller Bereich	Wirtschaftlicher Bereich	
Mitbestimmung	**Mitwirkung**		
	Widerspruchsrecht	Beratungsrecht	Informationsrecht
• Soziale Angelegenheiten *(§ 87 BetrVG)* – Betriebsordnung – Urlaubsregelung – Beginn und Ende der Arbeitszeit – Zeit, Ort, Art der Entgeltzahlung – Entlohnungsgrundsätze – Akkord- u. Prämiensätze – Vorschlagwesen – Pausenregelung – Soziale Einrichtungen, Kantine, Aufenthaltsraum, sanitäre Anlagen, Überstunden • betriebliche Bildungsmaßnahmen *(§ 98 BetrVG)* • Sozialplan bei Betriebsveränderung *(§§ 112, 112 a BetrVG)* • betrieblicher Umweltschutz • Fremdenfeindlichkeitsfragen	• Personelle Einzelmaßnahmen *(§ 99 BetrVG)* – Versetzung – Ein- u. Umgruppierungen – Kurzarbeit – Einstellungen (bei Betrieben mit mehr als 20 Arbeitnehmern) • Kündigungen *(§ 102 BetrVG)*	• Wirtschaftliche Angelegenheiten *(§ 106 BetrVG)* (Beratungsrecht zwischen Wirtschaftsausschuss und Unternehmen) – wirtschaftliche und finanzielle Lage, – Produktions- und Absatzlage – Einführung neuer Arbeits- und Rationalisierungsmethoden • Arbeitsplatzgestaltung *(§ 90 BetrVG)* – Baumaßnahmen – technische Anlagen – Arbeitsablauf, Arbeitsverfahren • Personalplanung, Förderung betrieblicher Bildung *(§§ 92 ff. BetrVG)* • Betriebsänderungen, Stilllegung, Aufstellung eines Sozialplanes *(§§ 106, 111 BetrVG)*	• Einstellung leitender Angestellter *(§ 105 BetrVG)* • Einsichtnahme in die Personalakte einzelner Mitarbeiter *(§ 83 BetrVG)*
wenn der Betriebsrat nicht zustimmt:	wenn der Betriebsrat nicht angehört wird:	der Betriebsrat muss angehört werden, aber wenn er widerspricht:	mit Beratung, aber ohne Zustimmung des Betriebsrates: / ohne Zustimmung des Betriebsrates:
unwirksam		**wirksam**	

Zusammenarbeit

Betriebsversammlung
(§§ 42 ff. BetrVG)

• Einberufung jedes Quartal mit Einladung an die Arbeitgeberseite

• Gewerkschaft und Arbeitgeberverband können beratend teilnehmen

• einmal jährlich Bericht des Arbeitgebers über die wirtschaftliche Lage des Unternehmens

Einigungsstelle
(§ 78 BetrVG)

• bei Bedarf oder auf Dauer eingerichtete Stelle mit einer vom Arbeitgeber und Betriebsrat bestellten gleichen Anzahl von Mitgliedern sowie einem unparteiischen Vorsitzenden zur Beilegung von Meinungsverschiedenheiten

• die Möglichkeit einer Klage vor dem Arbeitsgericht bleibt unberührt

Wirtschaftsausschuss
(§ 106 BetrVG)

• Beratung von wirtschaftlichen Angelegenheiten zwischen Ausschuss und Arbeitgeber mit anschließender Unterrichtung des Betriebsrates

• Besetzung bei mehr als 100 Beschäftigten mit drei, maximal sieben sachverständigen Personen, von denen mindestens eine Person Betriebsratsmitglied sein muss

---

Jugend- und Auszubildendenvertretung

Zusammensetzung	Mitwirkung
• **aktives Wahlrecht:** Wahl alle 2 Jahre zwischen dem 1. Okt. und 30. Nov. durch alle Jugendlichen, die das 18. Lebensjahr oder Auszubildende, die das 25. Lebensjahr noch nicht vollendet haben.	• Maßnahmen in Fragen der Berufsbildung und der Übernahme in ein Arbeitsverhältnis sowie der tatsächlichen Gleichstellung beim Betriebsrat beantragen
• **passives Wahlrecht:** wählbar sind alle Arbeitnehmer, die das 25. Lebensjahr noch nicht vollendet haben	• Überwachung der Einhaltung der zum Schutz der Jugendlichen und Auszubildenden dienenden Gesetze
• **Zahl der Jugend- und Auszubildendenvertreter:** – hängt ab von Mitarbeiteranzahl dieser Personengruppe – mindestens ein Vertreter, höchstens 15 Vertreter	• Weiterleitung der von Jugendlichen und Auszubildenden gegebenen Anregungen
	• Entsendung eines Jugend- und Auszubildendenvertreters zu Betriebsratssitzungen
	• Teilnahme der gesamten JAV an Betriebsratssitzungen und Stimmrecht, wenn es um Angelegenheiten Jugendlicher und Auszubildender geht
	• Abhaltung von Sprechstunden

Besonderer Schutz von Betriebsratsmitgliedern und Mitgliedern des Wahlvorstandes nach dem BetrVG:

- Unkündbarkeit bis einschließlich ein Jahr nach ihrer Tätigkeit als Betriebsratsmitglied oder als Mitglied des Wahlvorstands (nur außerordentlich kündbar mit Zustimmung des Betriebsrates oder des Arbeitsgerichts, § 15 KSchG)
- Weiterzahlung des Arbeitsentgelts bei der Interessenvertretung
- Betriebsratskosten trägt der Arbeitgeber
  Wahlkosten (§ 420 Abs. 3 BetrVG), Kosten und Sachaufwand für Tätigkeit und Sprechstunden (§ 40 BetrVG), Kosten der Einigungsstelle (§ 76a BetrBG)
- Recht der Betriebsratsmitglieder auf dreiwöchigen bezahlten Bildungsurlaub
- Schutz vor Versetzung, wenn dies zum Verlust des Mandats oder der Wählbarkeit führen würde.

3.4 Beteiligungsrechte auf der Ebene der Unternehmensleitung

Die Arbeitnehmer haben nach dem Betriebsverfassungsgesetz **Mitbestimmungsrechte durch Beteiligung im Aufsichtsrat** (Unternehmensmitbestimmung). Die auch als **wirtschaftliche Mitbestimmung** bezeichnete Unternehmensmitbestimmung erfährt ihre Rechtfertigungsgründe in dem

- Schutz der Persönlichkeit der Mitarbeiter,
- Interessenausgleich zwischen „Arbeit" und „Kapital" und „der Kontrolle unternehmerischer Macht",
- Demokratisierungsprinzip im Unternehmensbereich.

■ Mitbestimmung nach dem Montan-Mitbestimmungsgesetz von 1951

Die Montan-Mitbestimmung für Unternehmen des Bergbaus sowie der eisen- und stahlverarbeitenden Industrie lässt sich als **gleichgewichtige Mitbestim-**

mung bezeichnen. Der Aufsichtsrat ist **paritätisch** besetzt. Die Anteilseigner können ihre Ziele im Gegensatz zum *MitbestG* nicht ohne die Zustimmung mindestens eines Teils der Gegenseite oder des **„neutralen Mannes"** durchsetzen. Das Gleiche gilt für die Zielsetzung der Arbeitnehmerseite. Ein **Kräftegleichgewicht** ist vollzogen.

Der neutrale Mann wird auf Vorschlag der übrigen Aufsichtsratsmitglieder mit Mehrheit aller Aufsichtsratvertreter gewählt. Es bedarf jedoch der Zustimmung von mindestens je 3 Arbeitnehmer- und Anteilseignervertretern.

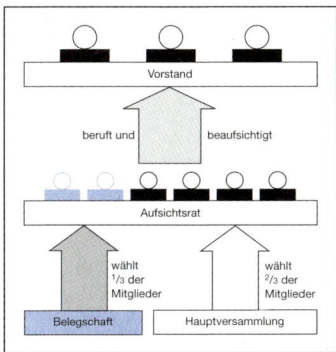

■ Mitbestimmung nach dem Betriebsverfassungsgesetz von 1952

Nach dem *BetrVG* wird der Einfluss der Arbeitnehmer neben der allgemeinen Mitbestimmung durch den Betriebsrat auch durch die Verpflichtung, bei Gesellschaften mit beschränkter Haftung mit mehr als 500 Arbeitnehmern einen Aufsichtsrat zu bilden, und durch die Entsendung von Arbeitnehmern in den Aufsichtsrat von Kapitalgesellschaften geregelt.

Wegen des Aufteilungsverhältnisses zwischen den Sitzen der Anteilseigner und der Arbeitnehmervertreter im Aufsichtsrat spricht man von einer **„Drittelparität"**.

■ Mitbestimmung nach dem Mitbestimmungsgesetz von 1976

Nach dem *MitbestG* setzt sich der Aufsichtsrat in mitbestimmten Unternehmen (Kapitalgesellschaften mit mehr als 2 000 Arbeitnehmern) **paritätisch** aus der gleichen Zahl von Mitgliedern der Anteilseigner und der Arbeitnehmer zusammen.

Es herrscht trotzdem kein **völliger Kräfteausgleich**, weil

- die Stimme des Aufsichtsratsvorsitzenden bei Abstimmungen mit Stimmengleichheit den Ausschlag gibt,
- den Arbeitnehmervertretern zwingend ein leitender Angestellter angehören muss (sachliche Nähe seines Tätigkeitsbereiches zur Unternehmensleitung),
- die Anteilseigner auch gegen den Willen der Arbeitnehmer den Aufsichtsratsvorsitzenden bestimmen können.

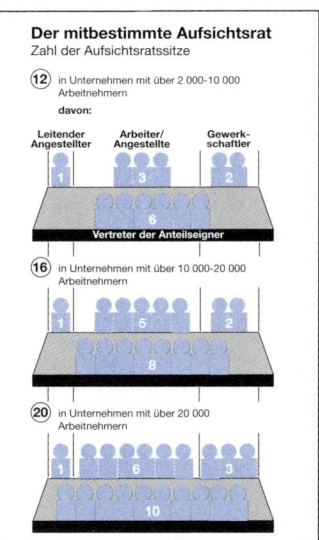

Aufgaben

1. Anika Swik ist sauer! Schon wieder Stau auf dem Kölner Autobahnring und jetzt macht auch noch ihre Ausbilderin Frau Nowak Stress, weil Anika schon zum dritten Mal in diesem Monat zu spät im Betrieb erscheint: „Das gibt eine Eintragung in Ihre Personalakte, und wenn Sie nicht aufpassen, ist Ihre Lehrstelle in Gefahr!" In der Mittagspause klagt Anika ihrem Kollegen Hans Weyer ihr Leid: „Ich möchte ja bloß mal wissen, was die Nowak sonst noch alles in meine Personalakte geschrieben hat!" – „Dann sieh doch nach", rät ihr Hans.
   a) Warum darf man Anika die Einsicht in ihre Personalakte nicht verweigern?
   b) Welche Mitwirkungs- und Beschwerderechte stehen Arbeitnehmern gemäß §§ 81–85 BetrVG außerdem zu?

2. Sie arbeiten für die Schubert & Müller Kurier GmbH. Dort sind zurzeit 5 Auszubildende tätig, davon ein Auszubildender im Alter von 17 Jahren, die übrigen zwischen 18 und 20 Jahren. Von den 30 weiteren Arbeitnehmern sind 6 teilzeitbeschäftigt und 4 unter 25 Jahre alt. Alle Mitarbeiter sind mindestens seit Juli letzten Jahres im Unternehmen tätig.
   a) Klären Sie die Möglichkeit der Betriebsratsgründung.
   b) Welche Mitarbeiter sind zur Wahl eines Betriebsrates berechtigt und welche Mitarbeiter können Mitglied des Betriebsrats werden?
   c) Wie muss sich dieser Betriebsrat zusammensetzen?
   d) Inwieweit genießen die Mitglieder des Betriebsrats besonderen Schutz, sodass sie Ihre Interessen wirksamer vertreten können?
   e) In welchen Angelegenheiten unterstützt Sie der Betriebsrat?
   f) Mit welchen anderen Gremien arbeitet der Betriebsrat zusammen?
   g) Über welches Gremium wird der Informationsfluss zur Belegschaft gewährleistet?
   h) Ist es ebenfalls möglich, in der Schubert & Müller Kurier GmbH eine Jugend- und Auszubildendenvertretung (JAV) zu bilden?
   i) Welche Personen sind hier wahlberechtigt bzw. können gewählt werden?
   j) Genießen auch diese Mitarbeiter einen besonderen Schutz?
   k) Welche Aufgaben hat die JAV?

3. Ergänzen Sie Ihre Lernkartei um 5 Karteikarten mit den Überschriften
   - „Beteiligungsrechte auf der Ebene des Arbeitsplatzes"
   - „Wahl, Zusammensetzung und besonderer Schutz des Betriebsrats"
   - „Wahl, Zusammensetzung, besonderer Schutz und Aufgaben der JAV"
   - „Mitwirkungs- und Mitbestimmungsrechte des Betriebsrats"
   - „Modelle zur Mitbestimmung auf Unternehmensebene".

1 Grundlagen der Organisation

Einstiegssituation

Als Mitarbeiter der International Express GmbH sind Sie in der Abteilung Organisation beschäftigt. Frau Schubert, die Geschäftsführerin, hat zu einer Besprechung eingeladen. Einziger Tagesordnunsgpunkt ist die Organisationsstruktur Ihres Unternehmens.

Frau Schubert teilt Folgendes mit:
„In der letzten Zeit sind verschiedene Mitarbeiter an mich herangetreten, die mich auf folgende organisatorische Probleme innerhalb unseres Unternehmens aufmerksam gemacht haben:

1. Im Bereich **Fuhrpark** kommt es zu Unstimmigkeiten zwischen Herrn Klinkhard und Frau Tietge. Tourenpläne werden unabhängig voneinander aufgestellt, sodass z. B. günstige Konditionen mit Frachtführern nicht als Rahmenverträge ausgehandelt werden. Zudem finden viele Fahrten als Leerfahrten statt.
2. Im Bereich **Auslandsverkehr** treten weitere Probleme auf. Die notwendigen Kenntnisse, die die Sachbearbeiter im osteuropäischen Transportgeschäft haben müssen, sind sehr umfangreich geworden. Der Abteilungsleiter Herr Hanke hat in der letzten Zeit auf gravierende Fachkenntnislücken aufmerksam gemacht, die zu Fehlentscheidungen und nicht ordnungsgemäßen Frachtunterlagen geführt haben.
3. Im Bereich **Luftfracht** sind die Sachbearbeiter verunsichert, da sie des Öfteren von den Regionalstandorten Hamburg und Berlin unterschiedliche Vorgaben erhalten.

Aufgrund der Expansion unseres Unternehmens ist auch mein Aufgabenbereich sehr umfangreich geworden. Oftmals muss ich Entscheidungen ohne ausreichende Vorbereitung und unter Zeitdruck treffen. Das trifft vor allem für folgende Bereiche zu:

4. Im Rahmen der **Umweltpolitik** sind die rechtlichen Rahmenbedingungen kaum überschaubar.

5. Im Zuge der Marktorientierung müssen wir umgehend auf die von den Kunden stärker geforderten **Qualitätssicherungssysteme** (Zeitmanagement, Gefahrgut) reagieren.

Ein letzter Punkt, den ich anbringen möchte, betrifft den Wettbewerbsdruck, dem wir ausgesetzt sind:

6. Permanenter Wettbewerbsdruck bedeutet auch für uns, Kosten senken zu müssen, um auf dem Markt zu überleben. Eine schlanke **Organisationsstruktur** (Abbau von Hierarchien) und erhöhte Auslastung der Kapazitäten führt zur Senkung von Personalkosten und Transportkosten."

Nachdem Frau Schubert ihren Vortrag beendet hat, folgt eine lebhafte Diskussion. Als Mitarbeiter der Abteilung Organisation erhalten Sie den Auftrag, innerhab Ihres Teams umgehend einen Lösungsvorschlag für eine Veränderung der Organisationsstruktur zu erarbeiten.

1. *Bevor Sie den von Frau Schubert erteilten Arbeitsauftrag bearbeiten, ist es notwendig, dass Sie sich über die Möglichkeiten des Aufbaus von Organisationssystemen informieren. Halten Sie die wichtigsten Ergebnisse in einer Checkliste fest.*
2. *Erarbeiten Sie auf der Grundlage Ihrer gewonnenen Informationen ein Organigramm, das die beschriebenen Probleme berücksichtigt, und setzen Sie die Ergebnisse mit POWER POINT in ein präsentationsfähiges Dokument um.*
3. *Bereiten Sie sich darauf vor, Erläuterungen und Begründungen für die von Ihnen vorgeschlagene Organisationsstruktur zu geben.*

1.1 Organisationsbegriff

Wenn zwei oder mehrere Personen gemeinsam an einer Aufgabe arbeiten, bedarf es festgelegter Regeln, um die Zusammenarbeit und das Zusammenwirken im Hinblick auf die Aufgabenführung zu sichern.

Definition   **Organisation ist die planmäßige räumliche und zeitliche Zuordnung von Aufgabenträgern (Menschen und Sachmittel) zur bestmöglichen Erreichung der gesetzten Ziele.**

- Im Rahmen der **Aufbauorganisation** werden Aufgaben und Kompetenzen auf einzelne Mitarbeiter verteilt und diese in ein Beziehungsgefüge von Stellen und Abteilungen eingeordnet. Die Aufbauorganisation stellt den „Betrieb in Bereitschaft" dar.
- Im Rahmen der **Ablauforganisation** werden die innerhalb des Betriebes sich vollziehenden Arbeitsprozesse hinsichtlich ihres funktionalen, zeitlichen und räumlichen Ablaufs geregelt. Die Ablauforganisation stellt den „Betrieb in Aktion" dar.

1.2   Verfahren der Aufbauorganisation

1.2.1   Aufgabenanalyse

Am Beginn jeglicher organisatorischer Tätigkeit steht eine sorgfältige **Aufgabenanalyse,** d. h. eine Zerlegung der Gesamtaufgabe in ihre Teilaufgaben.

Die Gesamtaufgabe eines Speditionsbetriebes lässt sich nach verschiedenen Kriterien untergliedern. Das Ausmaß der Gliederungstiefe hängt von der Größe der Spedition und dem Grad der Arbeitsteilung ab.

Aufgabengliederung nach der Art der zu erstellenden Leistungen

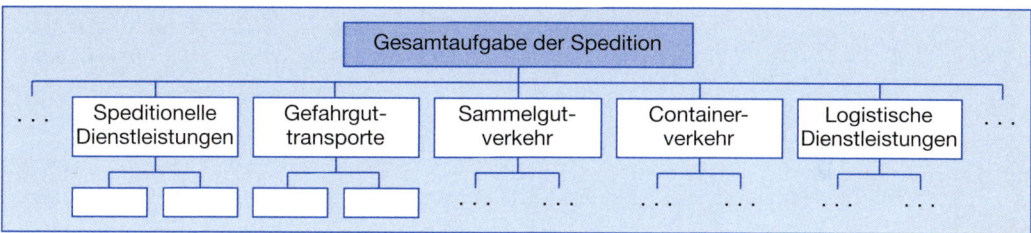

Dieses Gliederungsprinzip findet hauptsächlich in größeren Speditionen Anwendung.

1.2.2   Aufgabensynthese

Nach der Analyse der Gesamtaufgabe werden die Teilaufgaben zu **Stellen** zusammengefasst.

Die Stelle ist die kleinste organisatorische Einheit innerhalb der Spedition. Sie enthält so viele Teilaufgaben, wie ein Mitarbeiter bei normaler Arbeitsleistung bewältigen kann.   **Definition**

Die notwendigen fachlichen und persönlichen Anforderungen und Qualifikationen lassen sich für jede Stelle in einer **Stellenbeschreibung** (siehe folgende Seite) festlegen.

Die Zusammenfassung von sachlich zusammengehörigen Stellen führt zur Bildung einer Abteilung. Dabei stellt jede Abteilung innerhalb des Speditionsbetriebes einen einheitlichen und von anderen Abteilungen deutlich abgegrenzten Aufgabenkomplex dar.
Stellen mit Entscheidungs- und Anordnungsbefugnis heißen **Instanzen**, sie nehmen Führungsaufgaben (Leiten und Kontrollieren) wahr.
Dabei ist die **Instanzentiefe** (Zahl der Stufen der Betriebshierarchie) von der **Instanzenbreite** (Zahl der Instanzen auf einer Stufe der Betriebshierarchie) zu unterscheiden.
Die Unterstellungsverhältnisse und Aufgabenverteilung innerhalb der Spedition lassen sich mithilfe eines Schaubildes, einem Organigramm, darstellen.

Stellenbeschreibung

❏ Angestellter ❏ Arbeiter	**Stellenbeschreibung**		Name/Datum
Abteilung/Betrieb		Rangstufe	
Tarifgruppe		Gehalt/Lohn	
Einzelvertrag			
Stellenbezeichnung			
Der Stelleninhaber wird vertreten von:			
Der Stelleninhaber vertritt:			
Der Stelleninhaber berichtet direkt an:			
Der Stelleninhaber erhält direkt Bericht von:			
Der Stelleninhaber arbeitet laufend zusammen mit:			
Direkter Vorgesetzter des Stelleninhabers:			
Untergebene Personen bzw. Abteilungen des Stelleninhabers:			
Die Stelle verlangt: 1. Schulausbildung			
2. Berufsausbildung			
3. Berufserfahrung			
4. Spezialkenntnisse			
5. Körperliche Eigenschaften			
Persönliche Eigenschaften z. B. äußere Erscheinung, Umgangsformen, Sprachgewandtheit, Intelligenz, Zielstrebigkeit, Belastbarkeit, Kontaktfähigkeit, Führungseigenschaften, Genauigkeit, Verantwortungsbewusstsein, Teamwork usw.			
Einarbeitungszeit			
Probezeit			
Der Arbeitsauftrag umfasst: (kurze Zusammenfassung des Aufgabengebietes, Aufzählung der Haupttätigkeiten)			

Ein **Organigramm** zeigt die
• Stellengliederung und ihre Zusammenfassung zu Abteilungen,
• Rangordnung der Instanzen.

Beispiel

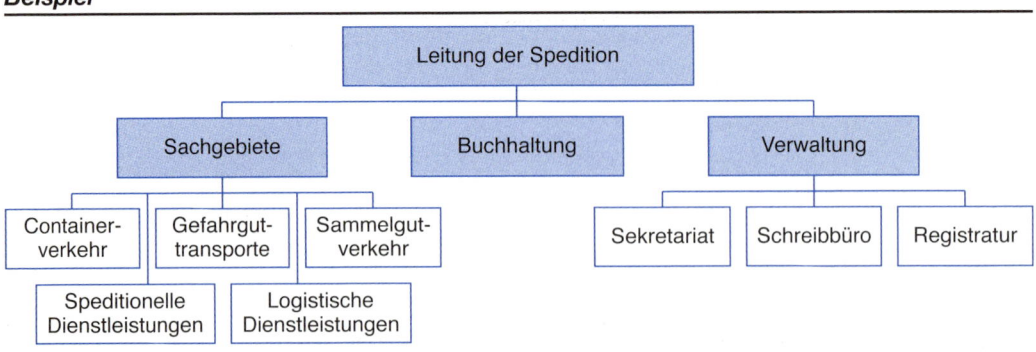

1.2.3 Betriebshierarchie

Die Stellung des Mitarbeiters zeigt, wie der Einzelne in der **betrieblichen Rangordnung,** der **Hierarchie,** eingebunden ist. Entscheidendes Kriterium für eine Beurteilung der Stellung im Unternehmen ist die Frage nach der **Anordnungsbefugnis.**

Aufgaben	Betriebshierarchieebenen	Stelle	Führungsauf-gabencharakter
Grundsatzent-scheidungen	oberes Mana-gement (TOP)	Unternehmungsleitung	hoch
Umsetzung der Grundsatzent-scheidungen in den Abteilungen	mittleres Management (MIDDLE)	Abteilungsleiter	mittel
Verantwortliche Durchführung und Steuerung	unteres Management (LOWER)	Gruppenleiter/Teamleiter • Verteilung der Tagesauf-gaben an die Sachbearbeiter • Kontrolle der Bestel-lungen vom Vortag	nied-rig
Ausführung	Ausführungsebene	Sachbearbeiter	–

Heutige Betriebshierarchien kommen mit immer **weniger** Hierarchiestufen (Instanzen) aus. Die Gründe liegen in konkreten Rationalisierungserfolgen, einer höheren und schneller zur Verfügung stehenden Informationsdichte sowie bessere Kommunikationstechniken. Ein Nachteil für die Mitarbeiter sind die drastisch reduzierten Aufstiegsmöglichkeiten.

1.2.4 Leitungssysteme

Im Rahmen der Organisation ist festzulegen, wer Anordnungen an die einzelnen Mitarbeiter erteilen kann. Je nach **Anordnungsbeziehung** lassen sich folgende Leitungssysteme unterscheiden:

■ Einliniensystem

Das Einliniensystem ist straff organisiert. Von der obersten bis zur untersten Stelle besteht eine eindeutige Linie der Auftragserteilung und Verantwortung. Dadurch soll verhindert werden, dass eine untergeordnete Stelle Anweisungen von verschiedenen Stellen erhält. Instanzen auf gleicher Ebene können nicht direkt miteinander verkehren, sondern nur über die nächste gemeinsame übergeordnete Stelle.

Das Einliniensystem ist besonders für kleinere Speditionen zweckmäßig, da es eindeutige Zuständigkeitsbereiche schafft. In größeren Speditionen kann ein derartiger Aufbau durch eine zu große Instanzentiefe (Entfernung der obersten von der untersten Stelle) zu Schwerfälligkeit führen.

Vorteile	Nachteile
• klare Anordnungs- und Entscheidungsbefugnisse • keine Kompetenzschwierigkeiten • gute Kontrollmöglichkeiten	• ggf. schwerfälliger Dienstweg • Arbeitskonzentration an der Unternehmensspitze • keine Spezialisierung der Vorgesetzten • fachliche Überforderung der Leitung

■ Stablinien-System

Das Stabliniensystem entspricht in seinem Aufbau dem Einliniensystem, d. h. jedem Mitarbeiter ist nur ein direkter Vorgesetzter übergeordnet. Der oberen Führungsebene sind jedoch zu ihrer Entlastung **Stabsstellen** zugeordnet, die für die jeweilige Führungsstelle Beratungs- und Unterstützungsaufgaben wahrnahmen. Die Stabsstellen selbst haben keine Weisungskompetenz gegenüber den Linienstellen.

■ Mehrliniensystem

Beim Einliniensystem hat jede nachgeordnete Instanz nur eine übergeordnete Instanz.

Definition

Beim **Mehrliniensystem** gibt es für eine untergeordnete Instanz mehrere übergeordnete Instanzen.

Das Mehrliniensystem erfordert eine enge Zusammenarbeit und gute Abstimmung der jeweiligen weisungsberechtigten Stellen. Die Gefahr von Kompetenzüberschneidungen ist jedoch groß und kann sich leicht leistungshemmend auf die ausführenden Mitarbeiter auswirken. Der Vorteil dieses Systems liegt hauptsächlich in dem kurzen und schnellen Instanzenweg. Dafür wird aber der Grundsatz der Einheit der Auftragserteilung geopfert, und es kann zu Abstimmungsproblemen zwischen den Instanzen kommen.

Vorteile	Nachteile
• Spezialwissen wird gefördert • bewusste Arbeitsteilung • kurzer Instanzenweg	• Kompetenzschwierigkeiten • mangelnde Koordination der anweisenden Stellen • keine alleinverantwortliche Stelle • mangelnde Information nach oben

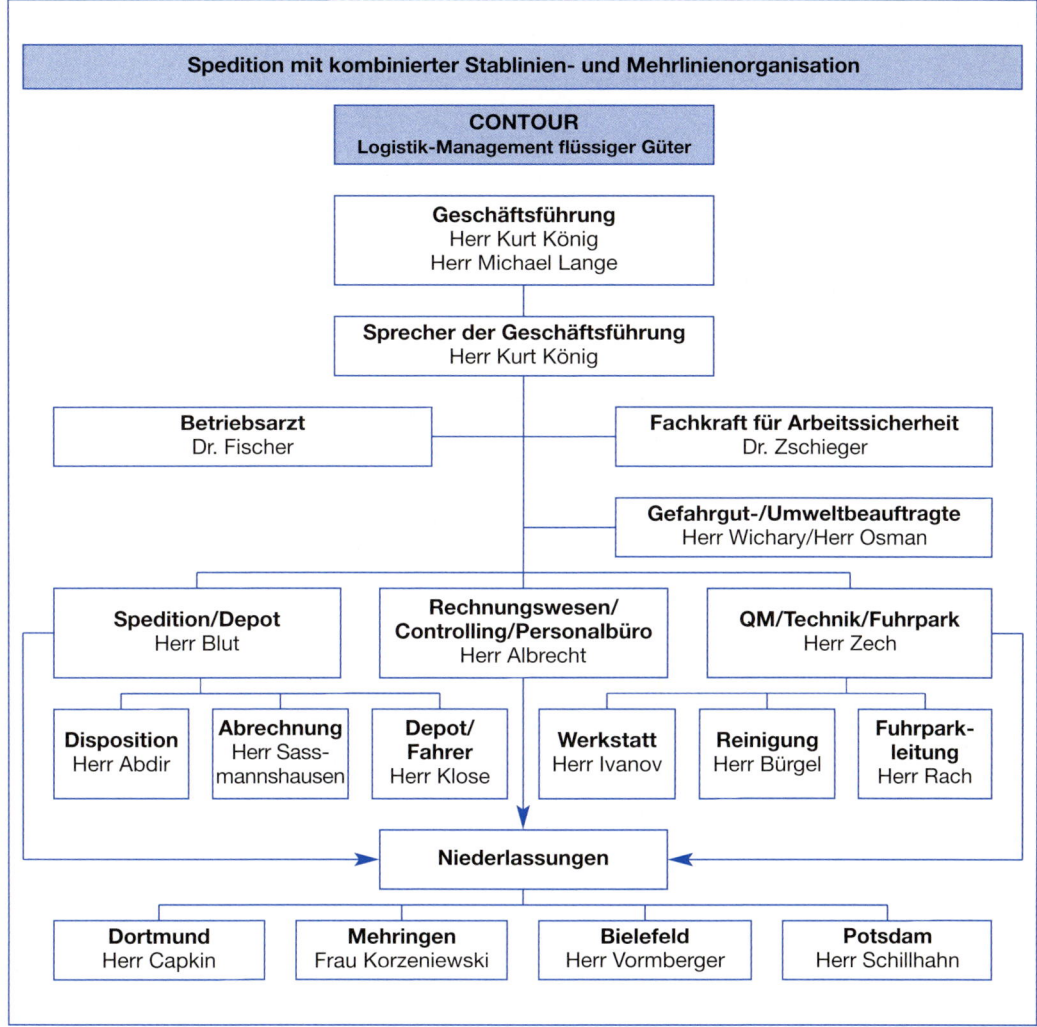

Spedition mit kombinierter Stablinien- und Mehrlinienorganisation

CONTOUR
Logistik-Management flüssiger Güter

Geschäftsführung
Herr Kurt König
Herr Michael Lange

Sprecher der Geschäftsführung
Herr Kurt König

Betriebsarzt
Dr. Fischer

Fachkraft für Arbeitssicherheit
Dr. Zschieger

Gefahrgut-/Umweltbeauftragte
Herr Wichary/Herr Osman

Spedition/Depot
Herr Blut

Rechnungswesen/
Controlling/Personalbüro
Herr Albrecht

QM/Technik/Fuhrpark
Herr Zech

Disposition
Herr Abdir

Abrechnung
Herr Sass-
mannshausen

Depot/
Fahrer
Herr Klose

Werkstatt
Herr Ivanov

Reinigung
Herr Bürgel

Fuhrpark-
leitung
Herr Rach

Niederlassungen

Dortmund
Herr Capkin

Mehringen
Frau Korzeniewski

Bielefeld
Herr Vormberger

Potsdam
Herr Schillhahn

■ Spartensystem (Divisionalisierung)

In den Unternehmen wird versucht, nicht mehr nach Funktionen, sondern nach **Objekten,** also Produkten oder Produktgruppen, zu gliedern. Die so zusammengefassten Produktgruppen werden **Sparten** oder **Divisionen** genannt. Daneben können funktionsorientierte Zentralbereiche existieren.

Die Divisionalisierung eignet sich für große und auch mittlere Unternehmen. Durch die Aufgliederung in wirtschaftlich selbstständige Unternehmensbereiche, die ihrerseits über alle notwendigen Abteilungen verfügen, wird die Ausrichtung auf bestimmte Produktziele ermöglicht. Der Spartenleiter verfügt über alle notwendigen Kompetenzen und ist verantwortlich für die Erreichung des Unternehmensziels. Dies betrifft vor allem das Budget und die Erreichung der geplanten Gewinne (Profit-Center).

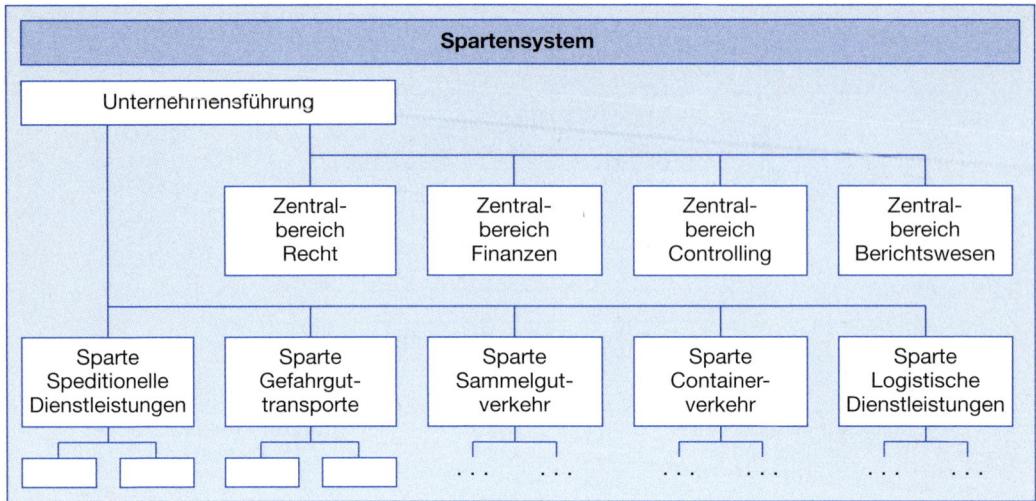

Spartensystem

(Organigramm: Unternehmensführung – Zentralbereiche Recht, Finanzen, Controlling, Berichtswesen – Sparten Speditionelle Dienstleistungen, Gefahrguttransporte, Sammelgutverkehr, Containerverkehr, Logistische Dienstleistungen)

Divisionalisierung	
Pro	**Contra**
• Die Struktur des Gesamtunternehmens wird deutlich. • Die Unternehmensleitung kann sich auf strategische Fragen konzentrieren, weil das operative Geschäft in den Sparten betrieben wird. • Gute Erfolgskontrolle der Spartenleiter. • Schnelle Informationsprozesse, da alle beteiligten Instanzen in der Sparte angesiedelt sind. • Hohe Flexibilität und Anpassungsfähigkeit an sich verändernde Marktbedingungen. • Entscheidungsfindung nach technologischen und marktseitigen Besonderheiten der Produktgruppen. • Ansammlung und Anwendung von produktbezogenem Spezialwissen. • Erhöhung der Wirtschaftlichkeit durch produktspezifischen Einsatz der Produktionsfaktoren.	• Die Divisionsmanager verfolgen vornehmlich die Ziele ihrer Sparten, was u. U. zu Lasten des Unternehmensziels geht. • Es kommt zu einem Konkurrenzverhalten zwischen den Sparten *(z. B. bei der Beschaffung von Investitionsmitteln oder bei Aktivitäten auf gemeinsamen Beschaffungs- und Absatzmärkten)* • Da Sparteninteresse über dem Gesamtinteresse steht, besteht die Gefahr einer verzerrten Informationsübermittlung aus den einzelnen Sparten. • Wenn zwischen den Sparten Leistungsbeziehungen bestehen *(z. B. gemeinsame Nutzung von Fahrzeugen, Maschinen oder Gebäuden)*, ist die Ermittlung der Verrechnungspreise problematisch. • Jobwechsel im Unternehmen wird erschwert. • Unnötiger Doppelaufwand, wenn bestimmte gleichartige Aufgaben in mehreren Sparten ausgeführt werden.

Hauptproblem der Spartenorganisation ist das Koordinationsproblem. In der Theorie und in der Praxis wurde dazu eine Anzahl von Kontroll- und Steuerungsinstrumenten entwickelt. Sie sollen helfen, die mangelnde Übereinstimmung zwischen der kurzfristigen Gewinnerwartung der Spartenmanager und den langfristigen Gewinn- und Rentabilitätszielen des zentralen Managements zu überwinden.

■ Teamsystem

Teamorganisation ist die **dauerhafte** Bildung von **Teams auf allen Ebenen der Betriebshierarchie.** In der Praxis ist sie in vielen Teilbereichen anzutreffen, in Reinform für das Gesamtunternehmen jedoch eher selten.

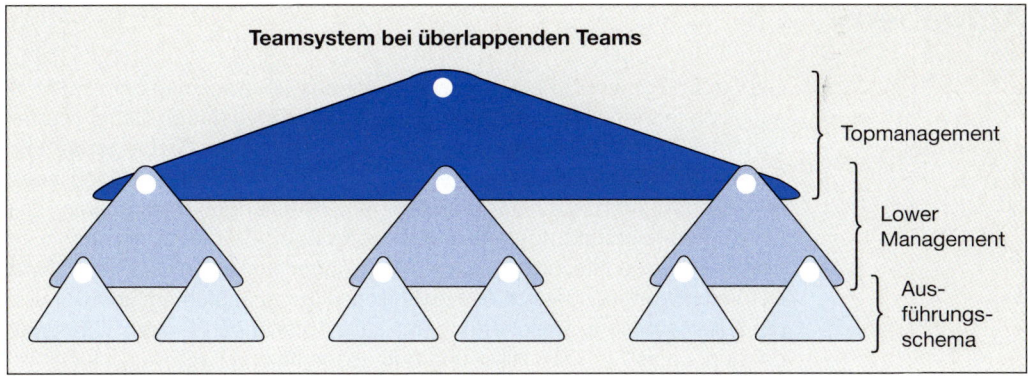

1.3 Verfahren der Ablauforganisation

Die Ablauforganisation will eine optimale Gestaltung des Arbeitsablaufes in einem Speditionsbetrieb erzielen. Hierzu werden zunächst alle anfallenden Arbeiten in ihrem Ablauf analysiert. Die **Analyse** eines Arbeitsvorgangs kann sich auf die Bestimmung und zweckmäßige Reihenfolge der einzelnen Arbeitsschritte (Funktionen) oder auf deren zeitliche oder räumliche Zuordnung konzentrieren. Die **Arbeitssynthese** beinhaltet sodann die Festlegung des Ablaufs der analysierten Arbeitsvorgänge.

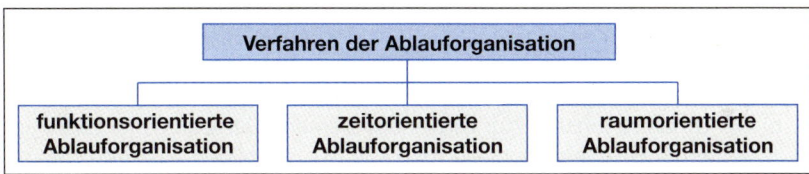

Die **Funktionsorientierung** lässt sich als **Arbeitsablaufdiagramm** bildlich darstellen. Eine Aufgabe wird in die einzelnen Arbeitsschritte zerlegt. Die Ablauforganisation hat nunmehr zu regeln, welche Arbeiten in welcher Reihenfolge auszuführen sind.
Die **Zeitorientierung** kann grafisch durch ein **Balkendiagramm** dargestellt werden. Der Ablauf eines Vorgangs wird als waagerechter Balken aufgezeichnet, die Länge des Balkens entspricht der Zeitdauer des Vorgangs.

Urlaubsplan für das 1. Quartal des Jahres

Mitarbeiter	Wochen												
	1.	2.	3.	4.	5.	6.	7.	8.	9.	10.	11.	12.	13
GF Müller										≡			
Abteilungsleiter Justus						≡	≡						
Teamleiter Paul								≡	≡				
Vertriebssachbearbeiter Stein													
Vertriebssachbearbeiter Buntz													
Azubi Klein								≡					

Die **raumorientierte** Ablauforganisation bildet die Grundlage für die Arbeitsraum- und Arbeitsplatzgestaltung in dem Speditionsbetrieb.

Aufgaben

1. Die Car Equipment GmbH ist ein bedeutendes Unternehmen der Kraftfahr-zeugzulieferindustrie. Zum Produktionsprogramm gehören Scheinwerfer, Leuchten, Schalter, Signalgeber, Relais, elektronische Steuergeräte und Schaltungen für die Kfz-Branche. Die Car Equipment GmbH ist gegliedert in Geschäftsführung, Hauptabteilungen, Abteilungen und Stellen. Der Leitungsbereich ist folgendermaßen aufgebaut: Das Unternehmen wird geleitet von einem technischen und einem kaufmännischen Geschäftsführer. Der Verantwortungsbereich des technischen Geschäftsführers umfasst u. a. die Hauptabteilung Beschaffung (mit den Abteilungen Einkauf, Material-prüfung, Lager für Roh-, Hilfs- und Betriebsstoffe und Lager für Zukaufteile) und die Hauptabteilung Fertigung (mit den Abteilungen Arbeitsvorberei-tung/Fertigungssteuerung, Konstruktion/Entwicklung, Qualitätskontrolle, Fertigwarenlager und den Produktionsstätten Werk Aachen, Werk Bonn, Werk Chemnitz und Werk Darmstadt). Zum Zuständigkeitsbereich des kauf-männischen Geschäftsführers, der durch einen Assistenten unterstützt wird, gehören die Hauptabteilung Vertrieb (mit den Abteilungen Vertriebsinnen-dienst, Werbung, inländische Verkaufshäuser und ausländische Verkaufs-niederlassungen) und die Hauptabteilung Verwaltung (mit den Abteilungen Allgemeine Verwaltung, Personalwesen, Rechnungswesen und Druckerei). Die Hauptabteilung Organisation/EDV (mit den Abteilungen allgemeine Organisation, Rechenzentrum und Systemanalyse/Programmierung) ist auf derselben hierarchischen Ebene angesiedelt wie die anderen Hauptabteilun-gen. Ihr Leiter erhält jedoch von beiden Geschäftsführern Anweisungen.

   a) Zeichnen Sie aufgrund der verbalen Beschreibung der Organisations-struktur das Organigramm der Car Equipment GmbH.

   b) Die Organisationsstruktur verwendet Elemente verschiedener Leitungs-systeme. Belegen Sie diese Aussage mit Beispielen aus dem Organi-gramm und begründen Sie die Verwendung der unterschiedlichen Leitungssysteme.

   c) Die Abteilung Druckerei druckt für die verschiedenen Stellen Vordrucke, Einbauanleitungen, Produktbeschreibungen, Aufkleber usw. Obwohl das Drucken aufgrund der guten technischen Ausstattung zügig abgewickelt wird, warten die Stellen meist mehrere Tage auf die Ausführung ihrer Aufträge. Nachforschungen haben ergeben, dass die Ursache im Ge-nehmigungsverfahren liegt.

      ca) Beschreiben Sie den Dienstweg, den ein Druckauftrag von einer Stelle in der Abteilung Konstruktion/Entwicklung bis zur Druckerei nimmt.

      cb) Machen Sie Vorschläge, wie das Genehmigungsverfahren beschleu-nigt werden kann, und beschreiben Sie die Auswirkungen Ihrer Vorschläge für die anfordernde Stelle und für die leitenden Stellen.

      cc) Welche andere Möglichkeit hat das Unternehmen, den Bedarf an Vervielfältigungen in den Abteilungen zu decken? Bewerten Sie Ihren Vorschlag.

2. Ergänzen Sie Ihre Lernkartei, indem Sie eine Definition sowie Vor- und Nachteile der Leitungssysteme erstellen.

2 Grundlagen des Personalwesens

Das Personalwesen ist die konkrete Organisationseinheit der Personalwirtschaft und umfasst folgende **Aufgabenbereiche:**

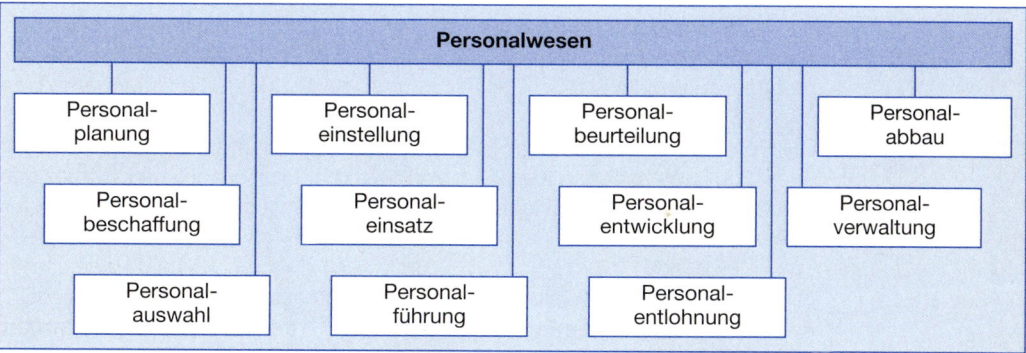

In der Unternehmenspraxis hat es sich nicht als sinnvoll erwiesen, Personal- und Sozialwesen voneinander zu trennen. Beide Aufgabenbereiche sind miteinander verknüpft. Im Mittelpunkt der gesamten Personalwirtschaft stehen damit **ökonomische** und **soziale Ziele.**

Ziele	
ökonomische Ziele	**soziale Ziele**

• optimierter Einsatz des Faktors „menschliche Arbeit" und effektivste Kombination mit den übrigen Einsatzfaktoren
• Kostenminimierung aller Einsatzfaktoren
• Steuerung der menschlichen Arbeitsleistung
• Nutzung der Mitarbeiterkreativität und -erfahrung
	• Arbeitszufriedenheit
	• Leistungsmotivation
	• Identifikation mit dem Unternehmen
	• humanitäre Ziele in Abhängigkeit von
	  – Arbeitsplatzgestaltung
	  – Arbeitsschutz
	  – Arbeitszeitgestaltung
	  – Entlohnung
	  – Führung
	  – Mitarbeiterentwicklung

Die sozialen Ziele stehen teilweise im Widerspruch zu den ökonomischen Zielen.

Heute erfordert die Globalisierung der Märkte Kenntnisse und Einsichten, über die der einzelne Verantwortliche nicht mehr alleine verfügen kann. Das betrifft im Wesentlichen die gegenseitigen Abhängigkeiten von Marktdaten, aber auch das Zusammentreffen weltweit unterschiedlicher Wirtschaftsmentalitäten. Die verstärkte Einführung von Projekt- und Teamstrukturen mit gleichzeitigem Abbau uneffektiv gewordener Hierarchiestufen ist die organisatorische Antwort auf diese Entwicklungen (lean production).

2.1   Personalplanung

Die Personalplanung wird immer mehr zum wesentlichen Bestandteil moderner Personalarbeit.

Ziel der Personalplanung ist es,
• für zukünftige Aufgaben
• das notwendige Personal
• mit der richtigen Qualifikation
• in der notwendigen Anzahl
• zum richtigen Zeitpunkt und
• am richtigen Ort
bereitzustellen.

Die Personalplanung verstetigt Entwicklungen und lindert Härten, beseitigt aber nicht das Arbeitsplatzrisiko, sondern gibt dem Mitarbeiter mittel- und langfristig die Sicherheit, nicht willkürlich unbeeinflussbaren Veränderungen ausgeliefert zu sein.

Gründe für eine Personalplanung ergeben sich aus der Notwendigkeit
• einer kontinuierlichen Personalbesetzung,
• eines veränderten Arbeitskräfteangebotes,
• einer höheren Qualifikation der Mitarbeiter,
• zur Anpassung an gesetzliche und tarifliche Bestimmungen und
• zur Personalkostenminimierung,
um für den ständigen technologischen Wandel personell gerüstet zu sein.

Die Personalplanung beschäftigt sich mit verschiedenen Teilaspekten.

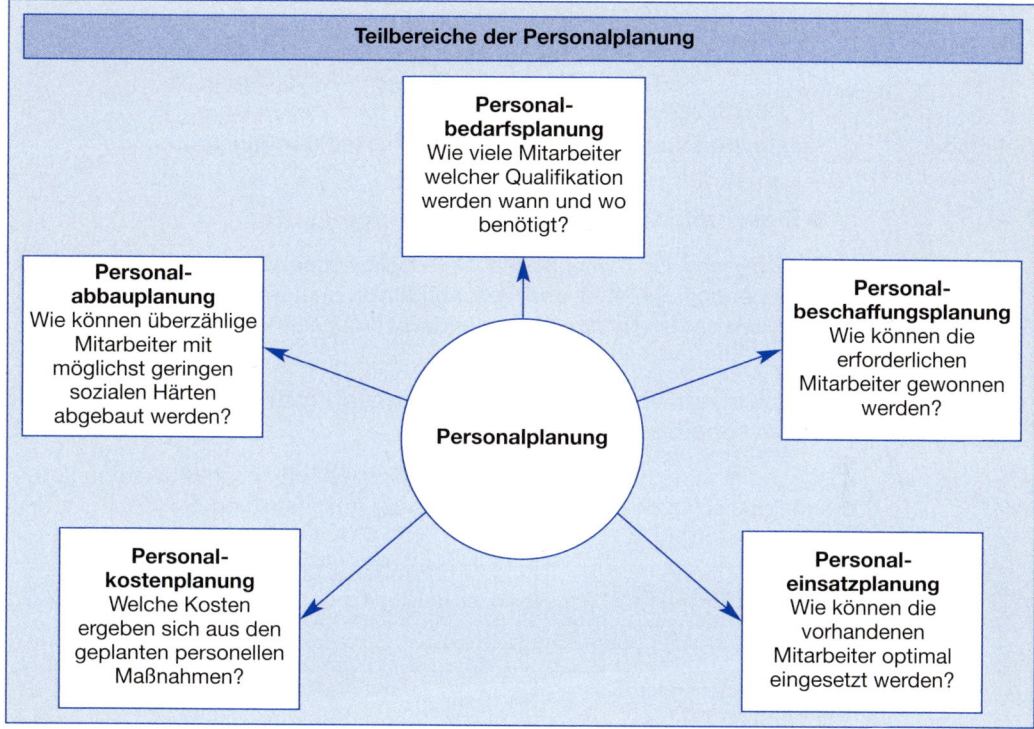

Die Teilbereiche der Personalplanung sind soweit wie möglich aufeinander abzustimmen, da sie vielfältige Überschneidungen und Abhängigkeiten aufweisen.

2.2 Personalbeschaffung

Das **Ziel** der Personalbeschaffung besteht allgemein darin, rechtzeitig die erforderlichen Mitarbeiter zur Abdeckung festgestellter personeller Unterdeckungen zu gewinnen. Im weiteren Sinne beschäftigt sich der Funktionsbereich Personalbeschaffung nicht nur mit der Anwerbung geeigneter Mitarbeiter, sondern es werden auch die Teilfunktionen **Mitarbeiterauswahl, -einstellung** und **-einführung** einbezogen.

Der Personalbeschaffung ist insofern besondere Bedeutung beizumessen, als in Zeiten rückläufiger Bevölkerungsentwicklung sowie großen Spezialistenbedarfs nicht jederzeit qualifizierte Mitarbeiter in ausreichender Anzahl an beliebigen Orten zur Verfügung stehen. Außerdem ist zu beachten, dass sich potenzielle Kandidaten für eine zu besetzende Stelle nicht mehr ausschließlich an materiellen Werten orientieren, sondern zunehmend andere Kriterien *(z. B. Unternehmenskultur und -image, Entwicklungsmöglichkeiten sowie Sozialleistungen, Wohnmöglichkeiten, Kulturangebot)* für ihre Entscheidung heranziehen. Vor diesem Hintergrund haben sich **Personalmarketingkonzepte** entwickelt, die davon ausgehen, dass sich das Unternehmen als Anbieter von Arbeitsplätzen regelrecht vermarkten muss. Dabei geht es im weiteren Sinne auch darum, die bereits Beschäftigten durch ein nach innen gerichtetes Marketing zu erhalten und an das Unternehmen zu binden.

Definition   **Personalmarketing ist bewerberorientiertes Denken und Handeln.**

■ Beschaffungsrelevante Vorüberlegungen

Die Einleitung von Personalbeschaffungsaktivitäten setzt voraus, dass der entsprechende Personalbedarf in quantitativer, qualitativer, zeitlicher und örtlicher Hinsicht als **Nettopersonalbedarf** vorgegeben ist.

■ Innerbetriebliche und außerbetriebliche Möglichkeiten der Personalbeschaffung

Wenn die benötigten Mitarbeiter **innerbetrieblich** beschafft werden sollen, ergeben sich zahlreiche Möglichkeiten der Ausgestaltung.

Innerbetriebliche Personalbeschaffung	
ohne Änderung bestehender Arbeitsverhältnisse	**mit Änderung bestehender Arbeitsverhältnisse**
• Anpassungsfortbildungen • Urlaubsverschiebungen • flexible Arbeitszeitgestaltung • Mehrarbeit • Erhöhung der Arbeitsintensität	• Umwandlung von Teilzeit- in Vollzeitarbeitsverhältnisse • Umwandlung von befristete in unbefristete Arbeitsverhältnisse • horizontale Versetzungen • vertikale Versetzungen • Übernahme von Auszubildenden

Im Rahmen der **außerbetrieblichen** Personalbeschaffung kommen als grundsätzliche Möglichkeiten die **Neueinstellung** von Mitarbeitern durch Arbeitsverträge sowie die Personalgewinnung im Rahmen von Leiharbeitsverhältnissen als **Personalleasing** in Betracht. Daneben gibt es auch noch die Möglichkeit, erforderlichen Personalbedarf durch den Abschluss von **Werkverträgen** zu decken.

Neueinstellungen

Bei der Neueinstellung von Mitarbeitern durch Arbeitsverträge können die gleichen arbeitsrechtlichen Differenzierungen vorgenommen werden wie bei den innerbetrieblichen Möglichkeiten. Im Zusammenhang mit **Teilzeitarbeitsverträgen** entsteht häufig das Problem, dass der Personalbedarf nur auf einen **Vollarbeitsplatz** ausgelegt ist. Hier ist beispielsweise zu prüfen, ob nicht durch Arbeitsplatzteilung *(Jobsharing)* die Anreizwirkung für potenzielle Kandidaten erhöht werden kann.

Personalleasing

Die Möglichkeit des Personalleasing, auch **Leiharbeit, Arbeitnehmerüberlassung** oder **Zeitarbeit** genannt, kann ähnlich wie das Aushilfsarbeitsverhältnis zur Überbrückung vorübergehender personeller Engpässe genutzt werden. Dies könnte beispielsweise bei saisonalen Beschäftigungsspitzen oder im Zusammenhang von Krankheits- bzw. Urlaubsvertretungen der Fall sein. Neben der seltener vorkommenden **echten Leiharbeit,** bei der Mitarbeiter vorübergehend und mit deren Zustimmung einem geschäftlich verbundenen Unternehmen überlassen werden, spielt in der Praxis die im Arbeitnehmerüberlassungsgesetz *(AÜG)* geregelte **gewerbsmäßige Arbeitnehmerüberlassung** die entscheidende Rolle.

Werkverträge

Der Bedarf an Personal kann letztlich auch dadurch gedeckt werden, dass die zu leistende Arbeit in Form von Werkverträgen an **Fremdfirmen** *(z. B. Subunternehmen)* vergeben wird.

In diesem Zusammenhang ist auf die zunehmende Praxis hinzuweisen, im Rahmen von **Outsourcing**-Maßnahmen Mitarbeiter durch Vertragsänderungen zu selbstständigen Unternehmern zu machen. Hier ist trotz vorhandener Kostenvorteile *(z. B. durch Einsparung sämtlicher Sozialleistungen)* zu bedenken, dass solche „Mitarbeiter" jeglicher Personalführung entzogen sind und damit letztlich die kontinuierliche Entwicklung einer langfristig wirkenden Unternehmenskultur verhindert wird. Desweiteren ist dabei die Frage der Scheinselbstständigkeit zu klären.

2.3   Personaleinsatz

Personaleinsatz ist als Planaufgabe zu verstehen, die weitgehend mit Daten arbeitet, also mit Vorgaben aus der Organisationsstruktur der Unternehmung, den vorliegenden Arbeitsverträgen und den rechtlichen Bestimmungen. Ein flexibler Personaleinsatz bedingt in einer dynamischen Wirtschaft eine Überarbeitung der Anforderungen an eine Stelle unter Beachtung der Fähigkeiten und Erwartungen der Mitarbeiter.[1]

Arbeitszeitregelungen sind unter Beachtung des *ArbZG,* der *GewO,* des *JArbSchG* und des *MuSchG* zu treffen. Wenn die Arbeitszeit hinsichtlich des Zeitpunktes der Leistungsabgabe festliegt, spricht man von **starren Arbeitszeiten.** Andererseits gibt es eine Fülle von **Variationsmodellen.**

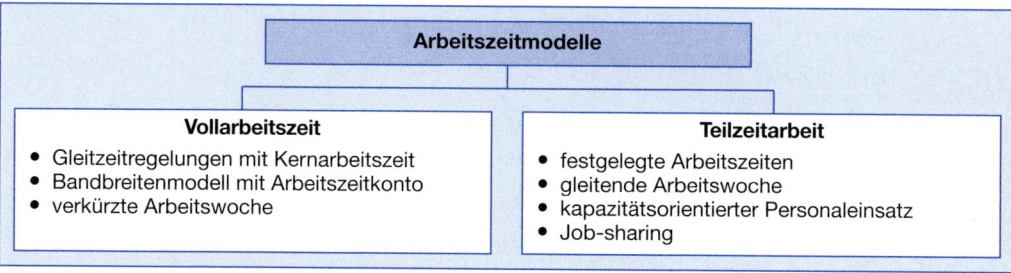

Arbeitszeitmodelle	
Vollarbeitszeit	**Teilzeitarbeit**
• Gleitzeitregelungen mit Kernarbeitszeit • Bandbreitenmodell mit Arbeitszeitkonto • verkürzte Arbeitswoche	• festgelegte Arbeitszeiten • gleitende Arbeitswoche • kapazitätsorientierter Personaleinsatz • Job-sharing

[1] *Vgl. Hentze, J., Personalwirtschaft 1, Seite 396*

Zur Flexibilisierung des Arbeitseinsatzes gehört die Einrichtung von **Arbeits-zeitkonten.** Die geleistete Arbeit, die ein ausrechenbares Wochensoll (vereinbarte Arbeitszeit abzüglich Feiertage und anrechenbare Freistellungen) übersteigt, wird dem Mitarbeiter gutgeschrieben. Ist die effektive Arbeitszeit geringer als die Sollvorgabe, wird das Arbeitszeitkonto belastet. Zum Kontenausgleich existieren vielfältige Möglichkeiten.

Beispiele

Bis Monatsende ist „abzufeiern" oder „aufzuholen"; Ausgleich am Jahresende; Guthaben bis Ende seines Arbeitslebens ansparen und dafür früher aus dem Erwerbsleben ausscheiden; ab einer bestimmten Höhe das Guthaben als Überstunden auszahlen lassen.

Um eine kontinuierliche Auslastung von Betriebsmitteln, Maschinen oder Fahrzeugen zu erreichen, sind **Schichtsysteme** möglich. Beim 3-Schicht-Modell gibt es die Frühschicht, Spätschicht und Nachtschicht mit den üblichen Schichtwechselzeiten 6, 14 und 22 Uhr. Besondere Regelungen gelten beim Einsatz von Kraftfahrern im Transportgewerbe (Lenkzeiten, Ruhezeiten, Schichtsysteme).

2.4 Personalführung

Der Personalführung werden umfangreiche Aufgaben zugeschrieben. Weil der motivierte und qualifizierte Mitarbeiter für die Zielerreichung eines Unternehmens ein entscheidender Faktor ist, wird die **Qualität der Personalführung** zum strategischen Wettbewerbsfaktor.

Die Bedeutung der Personalführung ist auf verschiedene **Entwicklungen** zurückzuführen:
- verkürzte „Halbwertzeit" der Informationen
- sich rasch wandelnde Informationstechniken
- komplexere und funktionsübergreifendere Aufgabenstruktur
- nachhaltiger Trend zur Globalisierung der Wirtschaftsbeziehungen mit der daraus entstehenden Verpflichtung interkultureller Zusammenarbeit
- differenziertere Bildungsstände der qualifizierten Mitarbeiter
- Wandel der Wertorientierungen und Lebensstile

2.4.1 Führungstechniken

Ausgehend von dem kooperativen Führungsstil sind eine Reihe von Methoden und Konzepten (Techniken) des Führungsverhaltens entwickelt worden, die sich danach unterscheiden, welche der **Führungsfunktionen** die Planung, Zielfindung, Entscheidung, Realisierung und Kontrolle im Führungsprozess besonders herausstellen. Statt Führungtechniken wird vielfach der Begriff der **Managementtechniken, -methoden** oder **-konzeptionen** verwendet.

Merkmale der Managementtechniken				
	Vorgesetzter	**Mitarbeiter**	**Hauptprobleme**	**Hauptkritik**
Management by exception	greift nur in Ausnahme- situationen ein	entscheidet und handelt selbstständig in Normalfällen	Festlegung von Normal- und Aus- nahmesituationen	keine besondere Managementtechnik, Gefahr des Manage- ment by surprise
Management by objectives	Vorgesetzter und Mitarbeiter vereinbaren gemeinsam Ziele für den Mitarbeiter, der den Weg der Zielerreichung vollkommen selbst- ständig bestimmen kann.		Vereinbarung exakter, angemessener und realistischer Ziele	bei sachgemäßer An- wendung leistungs- fähige Management- technik
Management by delegation	delegiert Aufgaben an den Mitarbeiter	übernimmt Aufgaben in eigener Entschei- dungs- und Handlungs- verantwortung	Klärung der Instru- mente, Festlegung des Kontrollsys- tems	Allgemeinplatz ohne wirksames Konzept zur Umsetzung in die Wirklichkeit

2.4.2 Führungsstil

Das tatsächliche **Führungsverhalten** ist geprägt durch Verhaltensmuster, die in der Person angelegt und nur durch längerfristige Entwicklungen veränder- bar sind. Dabei wird das Führungsverhalten, also die vorherrschende Verhal- tensweise des Führenden zur Durchsetzung seiner Ziele gegenüber dem Ge- führten, in Grundmuster eingeteilt. Diese werden als **Führungsstile** bezeichnet. Beim **autoritären** Führungsstil trifft der Vorgesetzte die Entscheidungen ohne Mitwirkung der untergeordneten Mitarbeiter; sie haben die Beschlüsse nur hin- zunehmen und umzusetzen. Der **kooperative** Führungsstil als anderes Extrem bezieht die betroffenen Mitarbeiter als Gruppe in die Entscheidungsfindung ein. Der Vorgesetzte ist Koordinator nach innen und außen *(z. B. Leitung der Gruppendiskussion, vertritt die Entscheidungen gegenüber vorgesetzten Stel- len)*.

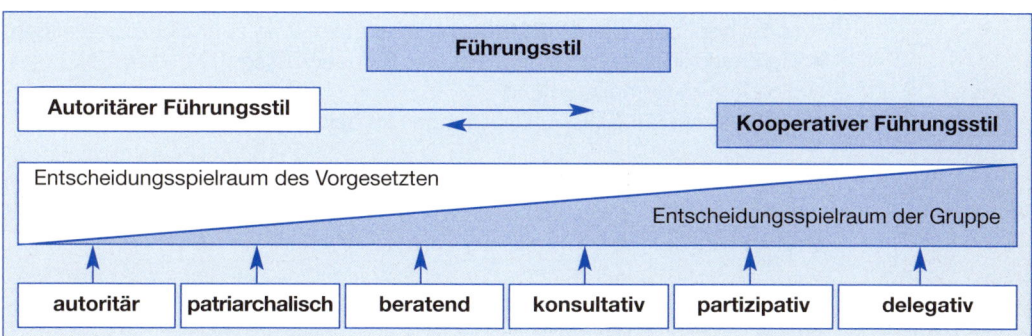

Nach heutigen Maßstäben wird ein **Vorgesetzter** gesucht, der
• durch vorbildliches Verhalten,
• authentischen Umgang mit anderen und
• kommunikative Kompetenz
• selbstbewusste Spezialisten zu koordinieren weiß,
• der sie gleichzeitig fördert,
• ihnen Perspektiven aufzeigt und sie dadurch motiviert und qualifiziert.

2.4.3   Mitarbeitermotivation

Um Energie dafür aufzubringen, mit Initiative und Interesse die betrieblichen Aufgaben zu erfüllen und regelmäßig am Arbeitsplatz zu erscheinen, muss der Mensch motiviert sein. Je stärker seine Motive sind, desto intensiver ist seine Bereitschaft, Kenntnisse, Fähigkeiten und Potenziale zur Zielerreichung einzusetzen. Die **Motivation** erfolgt durch Vorbilder, gute Arbeitsbedingungen und gutes Betriebsklima, aber hauptsächlich durch eine gute Bezahlung, die als angemessen empfunden wird.

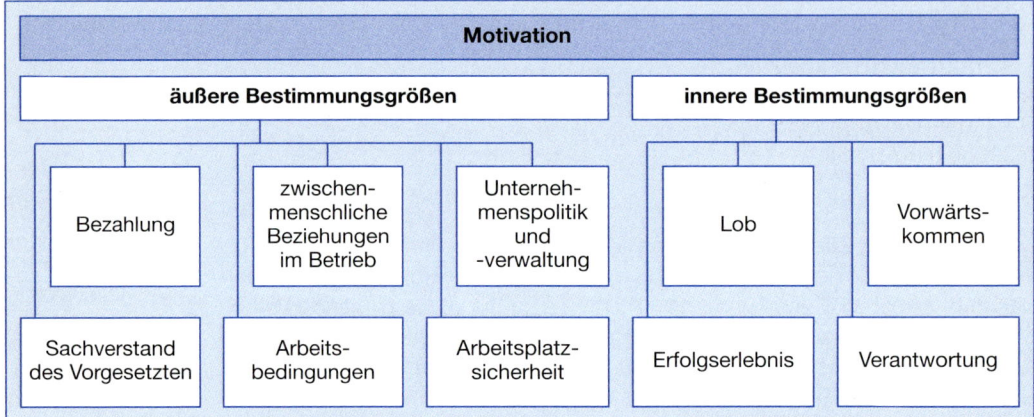

Unzufrieden werden Mitarbeiter, wenn sich die **Grundfaktoren,** also die äußeren Bestimmungsgrößen der Motivation verschlechtern.

Die **Aufgabe** des **Vorgesetzten** besteht darin,
- Wege zur Leistungserstellung aufzuzeigen,
- Mittel bereitzustellen und Hindernisse auf dem Weg zum Ziel zu beseitigen,
- die Erwartungen durch Informationen zu beeinflussen,
- die Ziele zu formulieren und
- bei Zielerreichung die Anstrengungen zu belohnen.

Dahinter steht der Grundgedanke, dass Handeln und sich Bewähren auch dann möglich und wertvoll sind, wenn ein vorgegebenes Ziel einmal nicht erreicht wird.

2.5   Personalbeurteilung

Definition

Die **Zielsetzung** der Personalbeurteilung liegt darin, Aussagen darüber zu treffen, ob Mitarbeiter hinsichtlich Leistung und Eignung den Unternehmensanforderungen entsprechen und welche Konsequenzen daraus zu ziehen sind.

Mit den vielfältigen Zwecken der Personalbeurteilung verbinden sich unterschiedliche **Ansprüche:**

- Der **Beurteiler** repräsentiert überwiegend das unternehmerische Interesse, was sich auf Standardisierung mit guter Verwertbarkeit für planerische Zwecke unter rein ökonomischen Gesichtspunkten bezieht.
- Der **Beurteilte** in der Mitarbeiterrolle hat ein Interesse an einem seiner Individualität gerecht werdenden Verfahren unter Beachtung seiner Persönlichkeitsrechte.

■ Beurteilungskriterien

Ansatzpunkt für die Beurteilung ist die **individuelle Leistung** des Mitarbeiters. Die individuelle Leistung des Mitarbeiters wird beeinflusst durch die Größen *Leistungsfähigheit, Leistungsbereitschaft, Anforderungen* und *Leistungsbedingungen*. Weil Leistung an sich nicht fassbar ist, muss zwangsläufig bei der Personalbeurteilung auf Indikatoren zurückgegriffen werden, die in einem funktionalen Verhältnis zur Leistung stehen.

■ Verfahren der Personalbeurteilung

Um die Personalbeurteilung durchzuführen, sind die personellen Zuständigkeiten festzulegen, die Beurteilungsmerkmale aufzustellen und die Beobachtungen zu sammeln, zu dokumentieren und zu bewerten.
Methodisch unterscheidet man bei der Personalbeurteilung die *freie Beurteilungsform* und die *gebundene Beurteilung*.

Freie Beurteilungsform

Der Beurteiler muss seine Einschätzungen mit eigenen Worten nach selbst gewählten und gewichteten Kriterien in **freier Gutachterform** formulieren. Dieses ist grundsätzlich ohne jegliche Vorgaben möglich.

Gebundene Beurteilungsform

Der Beurteiler wird durch **feste Vorgaben** so gelenkt, dass er weitgehend nur noch anzukreuzen braucht. Die traditionellen **Grundformen** (standardisierte Verfahren genannt) werden unterschieden nach *Kennzeichnungsverfahren, Rangordnungsverfahren* und *Einstufungsverfahren*. Die Praxis verwendet fast ausschließlich Einstufungsverfahren mit frei zu formulierenden Teilen (Anmerkungen, Besonderheiten, Zielvereinbarungen, Entwicklungsmaßnahmen).

Weiterentwickelte Personalbeurteilungsverfahren beziehen sich auf verhaltensbezogene Merkmale *(z. B. Assessment-Center-Verfahren)* oder persönlichkeitsbezogene Merkmale *(z. B. biografische Fragebögen, psychobiologische Verfahren)*.

Verhaltenssteuernde Wirkung entfaltet die Personalbeurteilung erst durch die Diskussion über die Soll-Ist-Abweichungen einschließlich etwaiger Ursachen zwischen Mitarbeiter und Vorgesetztem in einem **Beurteilungsgespräch.**

Inhalte von Beurteilungsgesprächen und ihre Funktionen

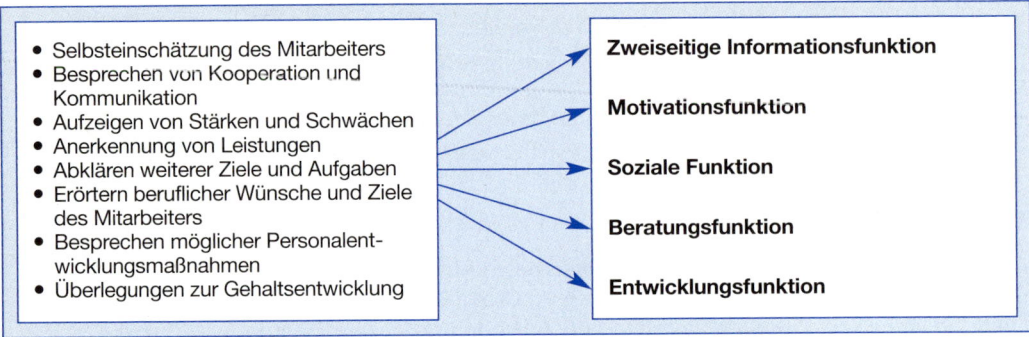

- Selbsteinschätzung des Mitarbeiters
- Besprechen von Kooperation und Kommunikation
- Aufzeigen von Stärken und Schwächen
- Anerkennung von Leistungen
- Abklären weiterer Ziele und Aufgaben
- Erörtern beruflicher Wünsche und Ziele des Mitarbeiters
- Besprechen möglicher Personalentwicklungsmaßnahmen
- Überlegungen zur Gehaltsentwicklung

Zweiseitige Informationsfunktion

Motivationsfunktion

Soziale Funktion

Beratungsfunktion

Entwicklungsfunktion

Gesprächsleitfaden für Beurteilungs- bzw. Qualifikationsgespräche

1. **Vorbereitung**

1.1 Information des Mitarbeiters
1.2 evtl. Räumlichkeiten reservieren
1.3 voraussichtliche Störungen verhindern
1.4 erforderliche Unterlagen bereitstellen
  – Qualifikationsblatt
  – evtl. weitere Angaben zur Person
  – Arbeitsprogramme
  – Stichworte für das Gespräch
1.5 Rücksprache mit dem nächsthöheren Vorgesetzten
1.6 Konzentration auf den Gesprächspartner

2. **Das eigentliche Qualifikationsgespräch**

2.1 Gesprächseröffnung
  – durch den Vorgesetzten
  – ist der Untergebene über die Ziele und Merkmale des Qualifikationssystems informiert
  – Gesprächsziele festlegen
  – Vorgehen klären
  – Aktivierung des Gesprächspartners
2.2 Gesprächskern
  – klare Strukturierung
  – Konzentration auf das Wesentliche
  – Beurteilungsresultate begründen
  – schrittweises Vorgehen: Möglichkeiten und Zeit für Fragen und Entgegnungen einräumen
2.3 Gesprächszusammenfassung
  – durch den Vorgesetzten
  – Einverständnis des Untergebenen
  – Dank

3. **Die Auswertung des Qualifikationsgesprächs**

3.1 Ergänzung des Beurteilungsformulars
3.2 Überprüfung der eigenen Gesprächsführung

Jede Beurteilung erfordert regelmäßig eine **schriftliche Dokumentation,** wobei der Vorgesetzte als Beurteiler wie auch der Mitarbeiter als Beurteilter eine Ausfertigung erhalten (weitere Stellen erhalten bei Bedarf Kopien). **Konsequenzen** aus der Personalbeurteilung können personaleinsatz-, stellen- sowie personalentwicklungsbezogen sein. Sie schlagen sich nieder in *Stellenbeschreibungen, Laufbahn-* bzw. *Nachfolgeplänen* und *Personal-Portfolios.* Dennoch ergeben sich **Probleme** bei der praktischen Anwendung von

Personalbeurteilungen, was sich in Akzeptanz- und Kompetenzproblemen, Beobachtungs- und Beurteilungsfehlern äußert. Nicht umsonst stehen bei Personalbeurteilungen **betriebsverfassungsrechtliche Beteiligungsrechte** dem Beurteilten und dem Betriebsrat zu.

Aufgaben

1. Die Spedition Trans-Log, München, möchte eine weitere Niederlassung in Kassel errichten. Florian Thorn soll Niederlassungsleiter werden und die Niederlassung aufbauen. Sie sind Mitglied in dem Team, das diese Aufgabe erfüllen soll.
   a) Welche Überlegungen müssen hinsichtlich der Personalplanung angestellt werden?
   b) Sie überlegen im Team, ob das Personal für die Niederlassung Kassel innerbetrieblich oder außerbetrieblich beschafft werden soll. Was spricht für die innerbetriebliche Personalbeschaffung?
   c) Einige Teammitglieder halten die Einführung von Arbeitszeitkonten in der Niederlassung Kassel für sinnvoll. Was spricht aus Ihrer Sicht dafür?
   d) Zwischen Florian Thorn und seinem Vorgesetzten wurden bestimmte Ziele, wie zukünftige Tätigkeitsfelder der Niederlassung, Kosten des Aufbaus der Niederlassung, Standort der Niederlassung, Qualitätsstandards usw., vereinbart. Der weitere Aufbau der Niederlassung bleibt Florian Thorn und seinem Team überlassen.
      da) Um welche Managementtechnik handelt es sich hierbei? Begründen Sie Ihre Aussage.
      db) Welchen Führungsstil wendet der Vorgesetzte von Florian Thorn an? Welche Vorteile sind damit verbunden?

2. Stellen Sie fest, welche Führungstechnik den folgenden Speditionen zuzuordnen ist!
   a) Spedition A: Führungsanweisung für Verkaufsleiter Seefracht:
      Der Stelleninhaber hat im Rahmen der allgemeinen Regelungen den Verkauf Seefracht durchzuführen. Dem Stelleninhaber werden monatlich Vergleichswerte über den durchschnittlichen Absatz der verschiedenen Abteilungen innerhalb der Spedition übermittelt. Bei einer Unterschreitung von mehr als 10 % dieser Durchschnittswerte hat der Stelleninhaber diese Abweichungen innerhalb von 8 Tagen schriftlich gegenüber seinem direkten Vorgesetzten zu begründen.
   b) Spedition B: Führungsanweisung für Verkaufsleiter Mayer:
      Nach den mit Ihnen geführten Unterredungen legen wir die für das nächste Geschäftsjahr anzustrebende Umsatzsteigerung im gegenseitigen Einverständnis auf +5 % gegenüber dem Ist-Umsatz des laufenden Jahres fest.
   c) Spedition C: Führungsanweisung für Verkaufsleiter Luftfracht:
      Der Stelleninhaber hat die Verkaufsgespräche selbstständig in eigener Verantwortung nach den allgemeinen Richtlinien für Verkaufsgespräche durchzuführen.

3. Nennen Sie Vor- und Nachteile dieser drei Führungstechniken.

4. Diskutieren Sie Ihre eigenen Erfahrungen mit der Personalbeurteilung hinsichtlich
   a) Form und Verfahren der Beurteilung
   b) Aussagekraft der Beurteilung

5. Ergänzen Sie Ihre Lernkartei um 5 Karteikarten mit den Überschriften „Personalplanung", „Personalbeschaffung", „Personaleinsatz", „Personalführung" und „Personalbeurteilung". Sammeln Sie unter diesen Überschriften die Ihrer Meinung nach wichtigsten Informationen.

3 Aufgaben und Grundlagen des Arbeitsrechts

Einstiegssituation

Die 38-jährige Kauffrau für Spedition und Logistikdienstleistung Gesine Beck wickelt seit vielen Jahren selbstständig Lkw-Verkehre mit Spanien ab. Nach Umsetzung der Harmonisierungsbestimmungen im europäischen Frachtverkehr und eines Arbeitsablaufs nach modernen DV-gestützten Workflow-Gesichtspunkten sollen die verbleibenden Tätigkeiten durch eine halbtags beschäftigte Mitarbeiterin erledigt werden. Der Arbeitgeber kündigt das Arbeitsverhältnis und beabsichtigt, eine Kauffrau für Spedition und Logistikdienstleistung einzustellen, die gerade ihre Berufsausbildung abgeschlossen hat. Frau Beck wehrt sich gegen die Kündigung und behauptet, die Kündigung sei sozial ungerechtfertigt, verstoße gegen das Kündigungsschutzgesetz und verletze die Grundprinzipien des Arbeitsrechts. Außerdem sei ihre Arbeit nicht wie vom Arbeitgeber behauptet, schludrig ausgeführt worden.

Beurteilen Sie, welche Möglichkeiten Frau Beck hat, gegen die Kündigung vorzugehen. Der bestehende Betriebsrat des Speditionsunternehmens wird zusätzlich zur Stellungnahme aufgefordert.

Definition

Das **Arbeitsrecht** gewährt dem Arbeitnehmer Schutz und sichert ihm die Wahrnehmung seiner Interessen gegenüber dem Arbeitgeber.

Arbeitsrecht	
Individualarbeitsrecht	**Kollektivarbeitsrecht**
Regelung der Beziehungen zwischen dem Arbeitgeber und dem einzelnen Arbeitnehmer	Regelung der Beziehungen zwischen dem Arbeitgeber und der Gesamtheit der Belegschaft bzw. den Arbeitgeberverbänden und Gewerkschaften
• Arbeitsvertragsrecht • Kündigungsschutzrecht	• Tarifvertragsrecht • Betriebsverfassungsrecht • Arbeitskampf-/Schlichtungsrecht • Arbeitsgerichtsbarkeit

Das **Arbeitsrecht** ist in keinem umfassenden Arbeitsgesetzbuch geregelt, sondern ergibt sich aus einer **Vielzahl von Einzelgesetzen**.

Individual- und kollektivarbeitsrechtliche Vereinbarungen
Arbeitsvertrag zwischen Arbeitnehmer und Arbeitgeber, Betriebsvereinbarungen zwischen Betriebsrat und Arbeitgeber, Tarifverträge zwischen Gewerkschaft und Arbeitgeber bzw. Arbeitgeberverband

Einzelgesetze
BGB, HGB, Gewerbeordnung, Kündigungs-, Mutter- und Jugendarbeitsschutzgesetz, Berufsbildungsgesetz, Schwerbehindertengesetz, Arbeitszeitgesetz, Bundesurlaubsgesetz, Tarifvertragsgesetz, Betriebsverfassungs-, Mitbestimmungs- und Montan-Mitbestimmungsgesetz

Verfassungsbestimmungen
Anspruch auf Unantastbarkeit der menschlichen Würde, freie Entfaltung, Gleichberechtigung von Mann und Frau, Meinungsfreiheit, Koalitionsfreiheit, freie Wahl von Beruf, Arbeitsplatz und Ausbildungsstätte

EU-Recht
EU-Vertrag, EU-Verordnungen, EU-Richtlinien

3.1 Individualarbeitsrecht

3.1.1 Arbeitsvertragsrecht

Der **Arbeitsvertrag (Einzelarbeitsvertrag) bildet die Rechtsgrundlage für ein individuell geschlossenes Arbeitsverhältnis zwischen dem einzelnen Arbeitnehmer und dem Arbeitgeber.** **Definition**

Der **Arbeitsvertrag ist ein Dienstvertrag** im Sinne des *§ 611 BGB*. **Arbeitnehmer** ist damit, wer für einen Arbeitgeber weisungsgebunden und fremdbestimmt Dienste leistet. Das Arbeitsverhältnis selbst stellt rechtlich gesehen ein auf Austausch von Arbeitsleistung und Vergütung gerichtetes Dauerschuldverhältnis zwischen Arbeitnehmer und Arbeitgeber dar.

Prinzipiell gilt für das Arbeitsvertragsrecht der **Grundsatz der Vertragsfreiheit** *(Art. 12 GG)* und die inhaltliche **Gestaltungsfreiheit,** die jedoch durch Arbeitsrechtsvorschriften eingeschränkt wird. Obwohl **Formfreiheit** für arbeitsrechtliche Vertragsabschlüsse besteht, war aus Beweisgründen allgemein die Schriftform üblich. Nach dem *„Gesetz über den Nachweis der für ein Arbeitsverhältnis geltenden wesentlichen Bedingungen – Nachweisgesetz"* haben grundsätzlich alle Arbeitnehmer einen **Anspruch** auf eine in Schriftform gehaltene Vertragsausfertigung. Der Arbeitgeber hat spätestens 1 Monat nach dem vereinbarten Beginn des Arbeitsverhältnisses die wesentlichen Vertragsbedingungen schriftlich niederzulegen, die Niederschrift zu unterzeichnen und dem Arbeitnehmer auszuhändigen *(§ 2 Abs. 1 S. 1 Nachweisgesetz)*. Verstößt der Arbeitgeber gegen diese Schriftformerfordernis, wird der Arbeitsvertrag allerdings nicht unwirksam, er ist auch ohne Einhaltung der Schriftform gültig. Der Arbeitnehmer kann allerdings seinen Arbeitgeber auf Fertigung und Herausgabe einer Niederschrift **verklagen**.

Bei Arbeitsverträgen mit Minderjährigen ist die Zustimmung des gesetzlichen Vertreters notwendig.

Mindestpflichten für den Arbeitgeber

In die **Niederschrift** muss der Arbeitgeber mindestens aufnehmen:

- Name und Anschrift der Vertragsparteien
- den Zeitpunkt des Beginns des Arbeitsverhältnisses
- bei befristeten Arbeitsverhältnissen die vorhersehbare Dauer
- den Arbeitsort oder, falls der Arbeitnehmer nicht nur an einem bestimmten Arbeitsort tätig sein soll, einen Hinweis darauf, dass der Arbeitnehmer an verschiedenen Orten beschäftigt werden kann
- die Bezeichnung oder allgemeine Beschreibung der vom Arbeitnehmer zu leistenden Tätigkeit
- die Zusammensetzung und die Höhe des Arbeitsentgeltes einschließlich der Zuschläge, der Zulagen, Prämien und Sonderzahlungen sowie anderer Bestandteile des Arbeitsentgeltes und deren Fälligkeit
- die vereinbarte Arbeitszeit
- die Dauer des jährlichen Erholungsurlaubs
- die Fristen für die Kündigung des Arbeitsverhältnisses und
- einen in allgemeiner Form gehaltenen Hinweis auf die Tarifverträge, Betriebs- oder Dienstvereinbarung, die auf das Arbeitsverhältnis anzuwenden sind

Bestehende Arbeitsverträge

Für bereits bestehende, mündliche Arbeitsverträge gilt das Nachweisgesetz nur bedingt. Nur dann, wenn der Arbeitnehmer ausdrücklich eine Niederschrift, also einen schriftlichen Arbeitsvertrag, verlangt, ist der Arbeitgeber verpflichtet, innerhalb von zwei Monaten eine solche Niederschrift, die im Wesentlichen einem Arbeitsvertrag gleicht, dem Arbeitnehmer auszuhändigen.

Ausnahmen gibt es auch

Arbeitet der Arbeitnehmer nur bis zu 400 Stunden im Jahr als vorübergehende Aushilfe oder ist er ausschließlich im Familienhaushalt tätig (Haushaltshilfe, Pflegehilfe), so ist ein schriftlicher Arbeitsvertrag nicht notwendig. Voraussetzung hierfür ist aber, dass nur geringfügig gearbeitet wird. Nur in diesen Fällen darf auch weiterhin auf mündlicher Vertragsbasis gearbeitet werden.

Der Arbeitgeber wird durch den Arbeitsvertrag **erheblich gebunden**. Aus diesem Grund steht dem Arbeitgeber ein **Fragerecht** zu. Der Arbeitnehmer hat zulässige Fragen zu seiner Ausbildung, zu seinen Fähigkeiten, zu seinen früheren Arbeitsverhältnissen, nach Ableistung von Wehr- oder Zivildienst und nach seinem Gesundheitszustand zu beantworten.

Das Fragerecht des Arbeitgebers bestimmt sich nach dem Umfang und den Grenzen des Aufgabenkreises, das dem Arbeitnehmer übertragen werden soll.

Beispiel

Die Frage nach einer bestehenden Schwangerschaft ist grundsätzlich unzulässig und braucht deswegen nicht beantwortet zu werden.

Als Gegenleistung kann der Arbeitnehmer umfassend Auskunft über Pflichten und Rechte seitens des Arbeitgebers erwarten. Der **Betriebsrat** hat Mitwirkungs- und Mitbestimmungsrechte vor und bei der Begründung des Arbeitsverhältnisses.

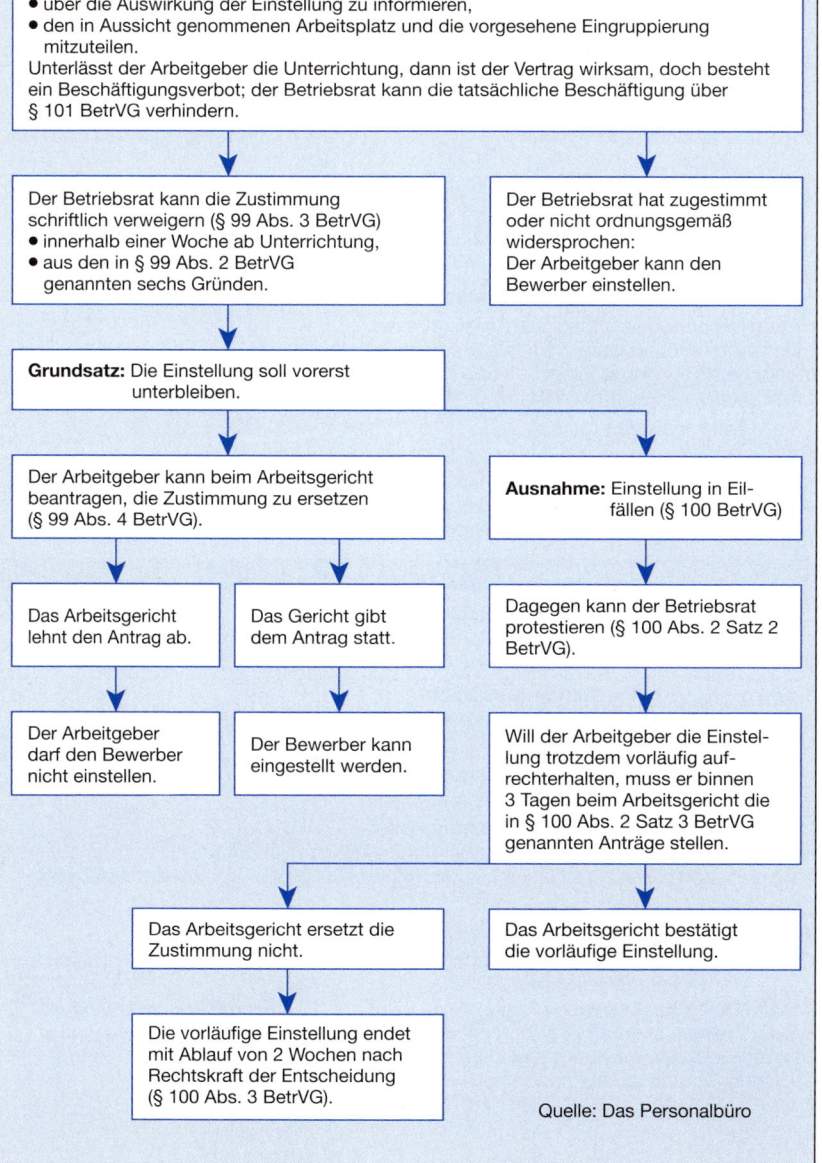

Mitwirkung des Betriebsrats bei Einstellungen
Geltungsbereich
Nur in Unternehmen mit mehr als 20 wahlberechtigten Arbeitnehmern.

Der Arbeitgeber muss den Betriebsrat von der geplanten Einstellung unterrichten und seine Zustimmung einholen (§ 99 Abs. 1 BetrVG). Hierbei hat der Arbeitgeber
- die Bewerbungsunterlagen aller Bewerber vorzulegen und über alle Bewerber Auskunft zu geben,
- über die Auswirkung der Einstellung zu informieren,
- den in Aussicht genommenen Arbeitsplatz und die vorgesehene Eingruppierung mitzuteilen.

Unterlässt der Arbeitgeber die Unterrichtung, dann ist der Vertrag wirksam, doch besteht ein Beschäftigungsverbot; der Betriebsrat kann die tatsächliche Beschäftigung über § 101 BetrVG verhindern.

Der Betriebsrat kann die Zustimmung schriftlich verweigern (§ 99 Abs. 3 BetrVG)
- innerhalb einer Woche ab Unterrichtung,
- aus den in § 99 Abs. 2 BetrVG genannten sechs Gründen.

Der Betriebsrat hat zugestimmt oder nicht ordnungsgemäß widersprochen:
Der Arbeitgeber kann den Bewerber einstellen.

Grundsatz: Die Einstellung soll vorerst unterbleiben.

Der Arbeitgeber kann beim Arbeitsgericht beantragen, die Zustimmung zu ersetzen (§ 99 Abs. 4 BetrVG).

Ausnahme: Einstellung in Eilfällen (§ 100 BetrVG)

Das Arbeitsgericht lehnt den Antrag ab.

Das Gericht gibt dem Antrag statt.

Dagegen kann der Betriebsrat protestieren (§ 100 Abs. 2 Satz 2 BetrVG).

Der Arbeitgeber darf den Bewerber nicht einstellen.

Der Bewerber kann eingestellt werden.

Will der Arbeitgeber die Einstellung trotzdem vorläufig aufrechterhalten, muss er binnen 3 Tagen beim Arbeitsgericht die in § 100 Abs. 2 Satz 3 BetrVG genannten Anträge stellen.

Das Arbeitsgericht ersetzt die Zustimmung nicht.

Das Arbeitsgericht bestätigt die vorläufige Einstellung.

Die vorläufige Einstellung endet mit Ablauf von 2 Wochen nach Rechtskraft der Entscheidung (§ 100 Abs. 3 BetrVG).

Quelle: Das Personalbüro

3.1.2 Pflichten und Rechte aus dem Arbeitsverhältnis

Die Pflichten und Rechte des Arbeitnehmers und Arbeitgebers ergeben sich inhaltlich aus den Arbeitsrechtsbestimmungen, es sei denn, im Arbeitsvertrag werden zulässige Abweichungen vereinbart. Aus den Pflichten des Arbeitgebers ergeben sich einerseits die Rechte des Arbeitnehmers und aus den Rechten des Arbeitgebers die Pflichten des Arbeitnehmers.

Pflichten des Arbeitgebers = Rechte des Arbeitnehmers

Vergütungspflicht *(§§ 614, 615, 616 BGB, 64 HGB)*
- Pünktliche Zahlung des Lohnes bzw. Gehaltes unter der Voraussetzung, dass die Arbeitsleistung tatsächlich erbracht wurde.
- Unverschuldete Verhinderung berechtigt nicht zur Kürzung der Entgeltzahlung *(z. B. Lohnfortzahlung im Krankheitsfall bis 6 Wochen, Ladung als Zeuge vor Gericht).*

Fürsorgepflicht *(§§ 617 f. BGB, 62 HGB)*
- Anmeldung des Arbeitnehmers bei der Krankenkasse und Abführung der Sozialversicherungsbeiträge.
- Schutz der Gesundheit des Arbeitnehmers sowie Beachtung der Unfallverhütungsvorschriften und der Arbeitsgesetze.
- Gleichbehandlungpflicht von Frauen und Männern, Teilzeit- und Vollzeitbeschäftigten.

Urlaub
- Gewährung bezahlten Urlaubs unter Beachtung der Mindestbestimmungen des *JArbSchG* und des Bundesurlaubsgesetzes, soweit der Arbeitnehmer dem Betrieb mindestens 6 Monate angehört.

Informations- und Anhörungspflicht *(§§ 81 – 85 BetrVG)*
- Unterrichtung über Aufgaben und Gestaltung des Arbeitsplatzes.
- Unterrichtung über Gesundheits- und Unfallgefahren am Arbeitsplatz.
- Erörterung der Leistungsbeurteilung und Einsicht in die Personalakte.
- Beschwerderecht bei ungerechter Behandlung oder Benachteiligung.

Zeugnispflicht *(§§ 630 BGB, 73 HGB, 109 GewO)*
- Ausstellung eines Zeugnisses über Art und Dauer der Beschäftigung; auf Wunsch des Arbeitnehmers sind Angaben über Führung und Leistung aufzunehmen.
- Inhaltlich muss das Zeugnis wahrheitsgemäß, aber wohlwollend sein; gute Leistungen sind zu erwähnen, schlechte nur, wenn sie schwerwiegend und wesentlich für die Tätigkeit sind.

Pflichten des Arbeitnehmers = Rechte des Arbeitgebers

Pflicht zur Arbeitsleistung *(§ 611 Abs. 1 BGB)*
Verrichtung der nach dem Arbeitsvertrag vereinbarten Arbeiten. Die Arbeit ist nach bestem Wissen und Gewissen zu erbringen. Bei schuldhafter Pflichtverletzung ist der Arbeitnehmer schadenersatzpflichtig.

Gehorsamspflicht
Der Arbeitnehmer hat die Weisungen des Arbeitgebers zu befolgen. Dem Arbeitgeber steht ein Weisungsrecht/Direktionsrecht zu.

Treue- und Verschwiegenheitspflicht
- Wahrnehmung und Vertretung der Interessen des Arbeitgebers.
- Verbot der Weitergabe von Geschäfts- und Firmengeheimnissen.
- Verbot der Annahme von Zahlungen zum eigenen Vorteil (Schmiergeldzahlungen).
- Schadenersatzpflicht bei Pflichtverletzung, Möglichkeit der fristlosen Kündigung oder ggf. strafrechtliche Verfolgung.

Pflicht zur Beachtung des Wettbewerbsverbots *(§§ 60, 61 HGB, 133 f. GewO)*
- Verbot der Geschäfte auf eigene oder fremde Rechnung im gleichen Geschäftszweig des Arbeitgebers (Ausnahme: Der Arbeitgeber gibt die Einwilligung).
- Verbot eigener Geschäfte durch kaufmännische Angestellte in einem beliebigen Geschäftszweig. Die „Konkurrenzklausel" im Arbeitsvertrag erlaubt für eine gewisse Zeit nach dem Ausscheiden aus dem Arbeitsverhältnis ein Wettbewerbsverbot (bei kaufmännischen Angestellten maximal 2 Jahre). Pflichtverletzungen können Schadenersatzforderungen nach sich ziehen.

3.1.3 Beendigung des Arbeitsverhältnisses

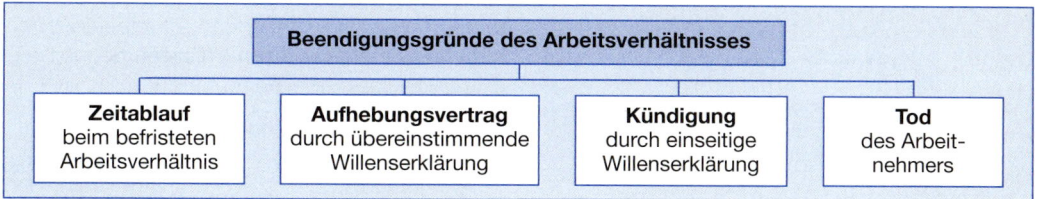

■ **Befristetes Arbeitsverhältnis**

Befristete Arbeitsverhältnisse dürfen nur abgeschlossen werden, wenn Dauer und Umfang der Befristung sachlich gerechtfertigt sind. Sie sind nur noch bei einer Neueinstellung zulässig.

Beispiele

Ausdrücklicher Wunsch des Arbeitnehmers, Aushilfsbeschäftigung, Saisonarbeiten, zeitlich begrenzte Arbeitsaufgaben.

Die Höchstdauer von Befristungen ohne Sachgrund beträgt nach dem *TzBfG* zwei Jahre (für Existenzgründer vier Jahre). Befristete Arbeitsverhältnisse können innerhalb dieser Zeit dreimal verlängert werden. Ansonsten endet das befristete Arbeitsverhältnis mit Ablauf der vereinbarten Frist.

■ **Aufhebungsvertrag**

Durch übereinstimmende schriftliche Willenserklärungen der Arbeitsvertragsparteien ist die einvernehmliche Aufhebung des auf unbestimmte Zeit abgeschlossenen Arbeitsvertrages möglich *(Aufhebungsvertrag gem. § 305, 633 BGB)*. Eine Frist zur Beendigung des Arbeitsvertrages ist nicht einzuhalten.

■ **Kündigung**

Die Kündigung wird wirksam, wenn sie dem anderen Vertragspartner **zugegangen** ist, sie muss nicht angenommen werden. Die Kündigungserklärung muss eindeutig und unmissverständlich sein; sie braucht den Kündigungsgrund nicht unbedingt zu enthalten. Sie bedarf der **Schriftform** *(§ 623 BGB)* und der eigenhändigen Unterschrift (eine unter Beachtung des Signaturgesetzes gegebene *elektronische Unterschrift* ist *nicht zulässig*). Die Nichtbeachtung der Schriftform bedeutet die Unwirksamkeit der Kündigung *(§§ 123, 623 BGB)*.

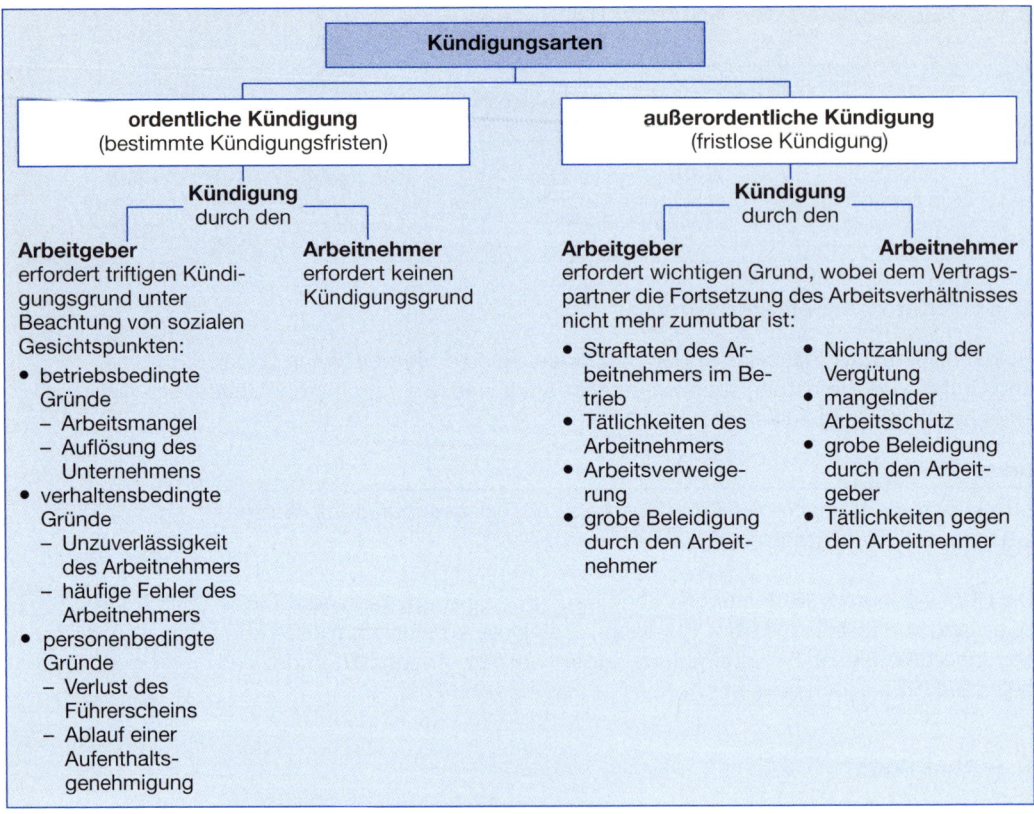

Gesetzliche Kündigungsfristen

Betriebszugehörigkeit	Angestellte und Arbeiter	
unter 2 Jahren	▪ 4 Wochen*	
ab 2 Jahren	▪ 1 Monat	
ab 5 Jahren	▪ 2 Monate	jeweils zum Monatsende
ab 8 Jahren	▪ 3 Monate	
ab 10 Jahren	▪ 4 Monate	
ab 12 Jahren	▪ 5 Monate	
ab 15 Jahren	▪ 6 Monate	
ab 20 Jahren	▪ 7 Monate	

* zum 15. oder zum Monatsende

Die gesetzlichen Mindestfristen bei Kündigungen durch Arbeitgeber sind nach der Dauer der Betriebszugehörigkeit gestaffelt.
Kündigungsfristen sind bei einer ordentlichen Kündigung nach dem Gesetz, dem Tarifvertrag oder Arbeitsvertrag einzuhalten. Rechtsgrundlage ist insbesondere der § 622 BGB. Bei der Berechnung der Beschäftigungsdauer werden Zeiten, die **vor der Vollendung des 25. Lebensjahres** des Arbeitnehmers liegen, nicht berücksichtigt.

Beispiel

Die Kauffrau für Spedition und Logistikdienstleistung Olga Peters ist 34 Jahre alt und seit dem 21. Lebensjahr ununterbrochen bei der Danzas AG beschäftigt. Die gesetzliche Kündigungsfrist für das unbefristete Arbeitsverhältnis beträgt für den Arbeitgeber 3 Monate zum Monatsende, weil die Arbeitnehmerin mehr als 8 Jahre ab der Vollendung des 25. Lebensjahres beschäftigt war.

Während einer Probezeit von bis zu 6 Monaten kann das Arbeitsverhältnis mit einer Frist von zwei Wochen gekündigt werden. Bei einer längeren Probezeit gelten die gesetzlichen Kündigungsfristen nach § 622 BGB.

Tarifvertragliche Kündigungsfristen

Tarifverträge können abweichende Regelungen vorsehen. Im Geltungsbereich eines solchen Tarifvertrages gelten die abweichenden tarifvertraglichen Bestimmungen zwischen nichttarifgebundenen Arbeitgebern und Arbeitnehmern, wenn ihre Anwendung zwischen ihnen vereinbart ist.

Einzelvertragliche Kündigungsfristen

Einzelvertraglich ist eine kürzere Kündigungsfrist nur vereinbar, wenn
- ein Arbeitnehmer zur vorübergehenden Aushilfe eingestellt ist; das gilt nicht, wenn das Arbeitsverhältnis über die Zeit von 3 Monaten hinaus fortgesetzt wird;
- der Arbeitgeber in der Regel nicht mehr als 20 Arbeitnehmer (ohne Auszubildende) beschäftigt und die Kündigungsfrist 4 Wochen nicht unterschreitet. Bei der Feststellung der Zahl der beschäftigten Arbeitnehmer sind nur Arbeitnehmer zu berücksichtigen, deren regelmäßige Arbeitszeit wöchentlich 10 Stunden oder monatlich 45 Stunden übersteigt.

Tarif- und einzelvertragliche Vereinbarungen, die längere Kündigungsfristen festlegen, bleiben unberührt.

■ Kündigungsschutz

Allgemeiner Kündigungsschutz

Die Kündigung eines Arbeitnehmers ist rechtsunwirksam, wenn das Arbeitsverhältnis in demselben Betrieb oder Unternehmen **länger als 6 Monate bestand und sozial ungerechtfertigt** ist (*§ 1 Abs. 1 KSchG*).

Kündigungsschutz: **Wen trifft die Änderung?**
Künftig soll das Kündigungsschutzgesetz erst in Betrieben ab 11 Beschäftigten (bisher: ab 6 Beschäftigten) gelten.

Betriebe, in denen das Kündigungsschutzgesetz nicht gilt
bisher: 1,35 Mio. = 67% aller Betriebe
künftig: 1,67 Mio. = 83% aller Betriebe

Beschäftigte, für die das Kündigungsschutzgesetz nicht gilt
bisher: 6,8 Mio. = 24% aller Beschäftigten
künftig: 8,4 Mio. = 30% aller Beschäftigten

Quelle: IAB   Berechnung unter Berücksichtigung von Lehrlingen   © Globus 3523

Eine Kündigung ist sozial ungerechtfertigt

wenn sie **nicht bedingt** ist durch:

Gründe in der **Person des Arbeitnehmers**	Gründe in dem **Verhalten des Arbeitnehmers**	dringende **betriebliche Erfordernisse**, die einer Weiterbeschäftigung im Betrieb entgegen stehen

Zulässige Kündigungsgründe

- **Gründe in der Person**
  mangelnde körperliche und geistige Leistung; mangelnde Ausbildung; mangelnde Fähigkeit, sich die erforderlichen Kenntnisse anzueignen; lang dauernde Erkrankung ohne Erkennbarkeit der baldigen Genesung
- **Verhaltensbedingte Gründe**
  wiederholte Unpünktlichkeit; Schlechtarbeit; Verstöße gegen Gehorsams- und Verschwiegenheitspflicht
- **Dringende betriebliche Erfordernisse**
  Absatzschwierigkeiten, Rohstoffmangel, Produktionseinschränkungen, Stilllegung einzelner Abteilungen, Änderung von Produktionsmethoden

> **Punktetabelle**
>
> **Das Bundesarbeitsgericht** hat eine „Punktetabelle" aufgestellt, nach der auch heute noch bei Kündigungen verfahren wird, um eine „erste Auswahl" zu treffen:
>
> Bis zu 20 Jahre alt: 0 Punkte; bis 30 Jahre: 1 Punkt; bis 40 Jahre: 3 Punkte; bis 50 Jahre: 6 Punkte; bis zu 57 Jahre: 10 Punkte. Je Beschäftigungsjahr kommt 1 Punkt hinzu, für den Ehegatten 3 und je Kind ebenfalls 3 Punkte. Je höher die Punktzahl, desto stärker der Kündigungsschutz.

Verstößt die Kündigung gegen eine **gerechtfertigte soziale Auswahl** *(§ 95 BetrVG)* oder wird die Umsetzungsmöglichkeit innerhalb des Unternehmens oder Betriebsteiles nicht berücksichtigt, steht dem Betriebsrat ein Widerspruchsrecht zu.

Abmahnung

Die Kündigung des Arbeitsverhältnisses durch den Arbeitgeber aus verhaltensbedingten Gründen ist nur wirksam, wenn der Arbeitgeber dem Arbeitnehmer mit einer Abmahnung zuvor die Möglichkeit gegeben hat, sein Verhalten zu korrigieren und sich künftig vertragsgerecht zu verhalten *(BAG-Urteil)*.

Der Arbeitgeber muss einen objektiven Verstoß des Arbeitnehmers gegen arbeitsvertragliche Pflichten ausreichend konkret darstellen und dem Arbeitnehmer für den Fall eines erneuten, gleichartigen Verstoßes arbeitsvertragliche Konsequenzen androhen. Das vertragswidrige Verhalten muss somit in der Abmahnung präzise im Wege des Soll-Ist-Vergleichs formuliert werden. Pauschalbehauptungen sind nicht ausreichend. Die Abmahnung sollte aus **Beweissicherungsgründen schriftlich** erfolgen und der **Zugang nachweisbar** sein.

Beispiele

- *„Sie sind im zurückliegenden Monat fünfmal zu spät am Arbeitsplatz erschienen."*
- *„Sie führten täglich während der Arbeitszeit private Telefongespräche."*
- *„Sie benutzen den PC an Ihrem Arbeitsplatz zu Computer-Spielen."*
- *„Sie haben Dienstgeheimnisse weitergegeben."*

Wenn der Arbeitnehmer sich nach einer berechtigten Abmahnung längere Zeit vertragstreu verhält, verwirkt das Recht aus der Abmahnung. Wann dieser Zeitpunkt gekommen ist, hängt von der Art und Schwere des Vorwurfs ab.

Besonderer Kündigungsschutz

	Besonderer Kündigungsschutz
Auszubildende	• **In der Probezeit:** Das Berufsausbildungsverhältnis kann innerhalb der vertraglich vereinbarten Probezeit (mindestens 1 Monat, maximal 3 Monate) jederzeit vom Arbeitgeber oder vom Auszubildenden ohne Einhaltung einer Frist zu jedem beliebigen Termin gekündigt werden *(§ 15 Abs. 1 BBiG)*. Die Kündigung muss schriftlich erfolgen *(§ 15 Abs. 3 BBiG)*; Kündigungsgründe müssen nicht angegeben werden. • **Nach der Probezeit:** 1. Der Arbeitgeber kann nur kündigen, wenn er einen wichtigen Grund hat. Die Kündigung muss innerhalb von 2 Wochen nach Bekanntwerden des Kündigungsgrundes ohne Einhaltung einer Frist erfolgen *(§ 15 Abs. 2 BBiG)*. 2. Der Auszubildende kann kündigen, wenn er – einen wichtigen Grund hat; die Kündigung muss innerhalb von 2 Wochen nach Eintritt des Kündigungsgrundes ohne Einhaltung einer Frist erfolgen *(§ 15 Abs. 2 BBiG)*. – die Berufsausbildung beenden will oder sich für eine andere Berufstätigkeit ausbilden lassen will. In diesen Fällen hat der Auszubildende eine Kündigungsfrist von 4 Wochen einzuhalten.
Probearbeits-verhältnisse	Während einer Probezeit von bis zu 6 Monaten kann das Arbeitsverhältnis mit einer Frist von 2 Wochen gekündigt werden. Bei einer längeren Probezeit gelten die regulären Kündigungsfristen nach *§ 622 BGB*.
Aushilfen	Bei Aushilfsarbeitsverhältnissen, die bis zu drei Monaten dauern, kann nach *§ 622 Abs. 5 BGB* durch Vereinbarung im Arbeitsvertrag die Kündigungsfrist verkürzt werden.
Betriebsratsmit-glieder/Jugend- und Auszubilden-denvertreter	Der Arbeitgeber kann nur aus wichtigem Grund kündigen *(§ 15 KSchG)*. Die in Berufsausbildung stehenden BR-Mitglieder und Jugend- und Auszubildendenvertreter sind in ein unbefristetes Arbeitsverhältnis zu übernehmen, wenn der Ausbildungsbetrieb nicht 3 Monate vor Ausbildungsabschluss schriftlich kündigt *(§ 78a BetrVG)*.
Schwerbehinderte	Kündigung nur mit Zustimmung des Integrationsamtes, Kündigungsfrist mindestens vier Wochen, ab 20 Beschäftigte sind 5 % der Arbeitsplätze mit Schwerbehinderten zu besetzen, sonst hat der Arbeitgeber eine abnehmend gestaffelte Ausgleichsabgabe je nicht benutzter Stelle im Monat zu zahlen *(SchwbG)*.
Werdende Mütter	Kündigung während der Schutzfrist unzulässig, die Arbeitnehmerin kann jedoch während der Schutzfrist zum Ende der Schutzfrist kündigen *(MuSchG)*.
Wehr- und Zivil-dienstleistende	Kündigung während der Wehr- bzw. Zivildienstzeit ist nicht zulässig, das Beschäftigungsverhältnis ruht nur *(§ 1 ArbPlSchG)*.
Junge Mütter/ Väter	Kündigung während der Elternzeit unzulässig *(BErzGG)*. Arbeitnehmer, die erziehunsberechtigt sind, können nach *§ 19 BErzGG* das Arbeitsverhältnis zum Ende des Erziehungsurlaubs mit einer Frist von 3 Monaten kündigen.
Kleinunter-nehmen	Für Unternehmen mit nicht mehr als 20 Arbeitnehmern (ohne Azubis) kann nur die Grundkündigungsfrist von vier Wochen einzelvertraglich zu jedem beliebigen Zeitpunkt vereinbart werden. Das *KSchG* gilt nicht für Kleinbetriebe mit bis zu 50 Mitarbeitern.

Kündigungsschutzverfahren

Hält der Arbeitnehmer eine Kündigung für ungerechtfertigt, hat er folgende Möglichkeiten:

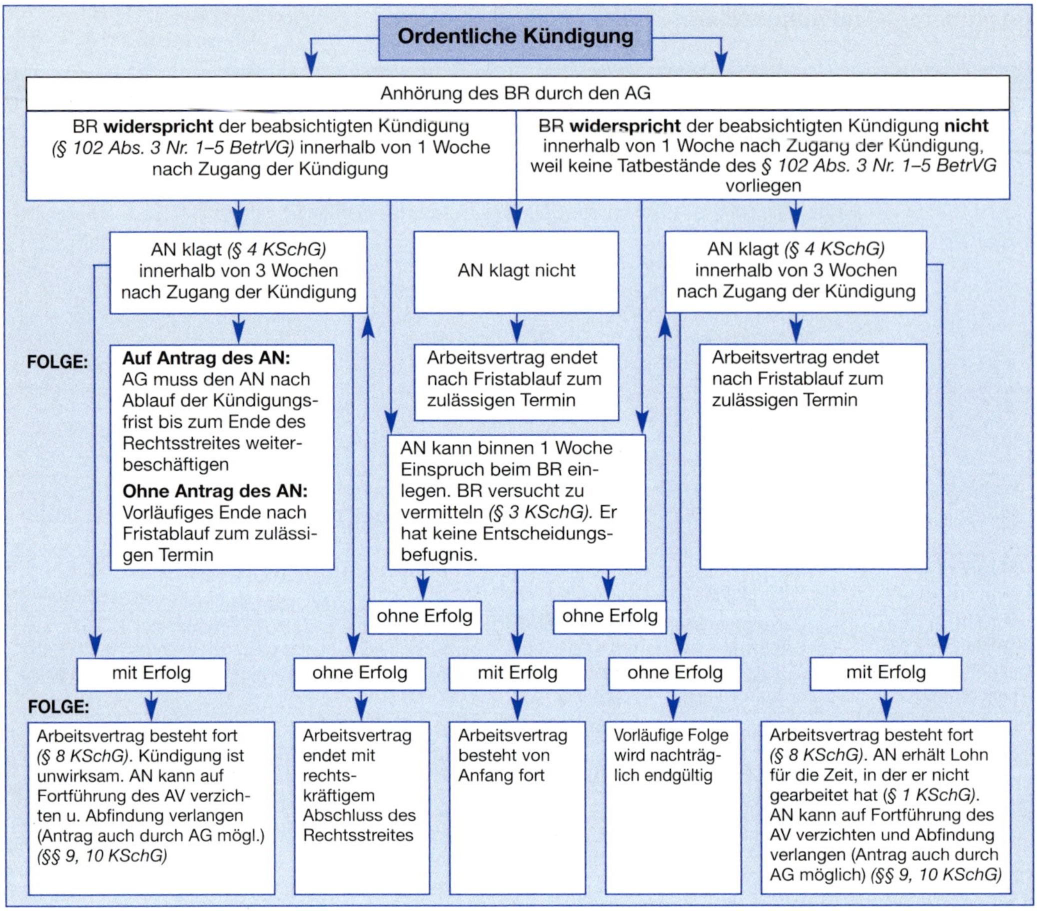

Ordentliche Kündigung

Anhörung des BR durch den AG

| BR **widerspricht** der beabsichtigten Kündigung *(§ 102 Abs. 3 Nr. 1–5 BetrVG)* innerhalb von 1 Woche nach Zugang der Kündigung | BR **widerspricht** der beabsichtigten Kündigung **nicht** innerhalb von 1 Woche nach Zugang der Kündigung, weil keine Tatbestände des *§ 102 Abs. 3 Nr. 1–5 BetrVG* vorliegen |

| AN klagt *(§ 4 KSchG)* innerhalb von 3 Wochen nach Zugang der Kündigung | AN klagt nicht | AN klagt *(§ 4 KSchG)* innerhalb von 3 Wochen nach Zugang der Kündigung |

FOLGE:

Auf Antrag des AN: AG muss den AN nach Ablauf der Kündigungsfrist bis zum Ende des Rechtsstreites weiterbeschäftigen

Ohne Antrag des AN: Vorläufiges Ende nach Fristablauf zum zulässigen Termin

Arbeitsvertrag endet nach Fristablauf zum zulässigen Termin

AN kann binnen 1 Woche Einspruch beim BR einlegen. BR versucht zu vermitteln *(§ 3 KSchG)*. Er hat keine Entscheidungsbefugnis.

Arbeitsvertrag endet nach Fristablauf zum zulässigen Termin

ohne Erfolg | ohne Erfolg

| mit Erfolg | ohne Erfolg | mit Erfolg | ohne Erfolg | mit Erfolg |

FOLGE:

| Arbeitsvertrag besteht fort *(§ 8 KSchG)*. Kündigung ist unwirksam. AN kann auf Fortführung des AV verzichten u. Abfindung verlangen (Antrag auch durch AG mögl.) *(§§ 9, 10 KSchG)* | Arbeitsvertrag endet mit rechtskräftigem Abschluss des Rechtsstreites | Arbeitsvertrag besteht von Anfang fort | Vorläufige Folge wird nachträglich endgültig | Arbeitsvertrag besteht fort *(§ 8 KSchG)*. AN erhält Lohn für die Zeit, in der er nicht gearbeitet hat *(§ 1 KSchG)*. AN kann auf Fortführung des AV verzichten und Abfindung verlangen (Antrag auch durch AG möglich) *(§§ 9, 10 KSchG)* |

Das Kündigungsschutzverfahren ist bei einer **außerordentlichen Kündigung** bis auf die nicht bestehende Kündigungsfrist seitens des Arbeitgebers und der nur bestehenden dreitägigen Widerspruchsfrist des Betriebsrates identisch.

■ Arbeitszeugnis[1]

Bei Beendigung des Arbeitsverhältnisses hat der Arbeitnehmer Anspruch auf Ausstellung eines Zeugnisses. Die elektronische Form ist nicht zulässig.

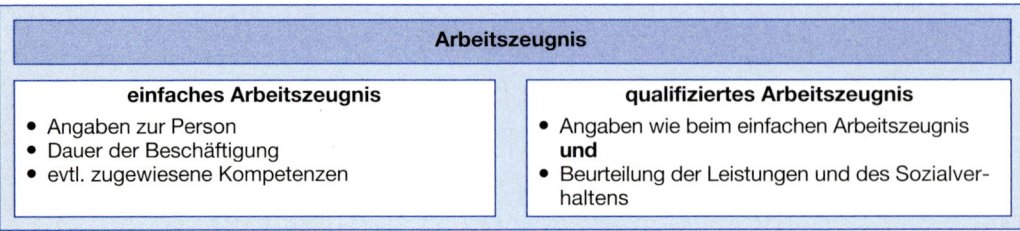

Arbeitszeugnis

einfaches Arbeitszeugnis	**qualifiziertes Arbeitszeugnis**
• Angaben zur Person • Dauer der Beschäftigung • evtl. zugewiesene Kompetenzen	• Angaben wie beim einfachen Arbeitszeugnis **und** • Beurteilung der Leistungen und des Sozialverhaltens

---

[1] *Vgl. Seite 76*

3.1.4 Besondere Formen des Arbeitsverhältnisses

Berufsausbildung ist nach dem *BBiG* eine breit angelegte berufliche Grundbildung in einem staatlich anerkannten Ausbildungsberuf.[1]

Beim **Teilzeitarbeitsverhältnis**[2] liegt in der Regel eine kürzere Arbeitszeit vor als bei einer vergleichbaren Vollbeschäftigung. Arbeitsrechtlich entspricht die Absicherung der einer Vollbeschäftigung.

Eine **Aushilfsbeschäftigung** wird angenommen, wenn die Beschäftigung nur in regelmäßig geringem Umfang oder kurzfristig unregelmäßig stattfindet.

Bei einem echten **Leiharbeitsverhältnis** wird der Arbeitnehmer mit seiner Zustimmung vorübergehend in dem Betrieb eines Dritten eingesetzt, während bei einem unechten Leiharbeitsverhältnis der Arbeitnehmer von vornherein zur Arbeitsleistung bei einem Dritten eingestellt wird. Die entsprechenden Vorschriften des Arbeitnehmerüberlassungsgesetzes sind zu beachten.

Liegt eine **Arbeitsplatzteilung** (Jobsharing) vor, wird die vorhandene Arbeitsaufgabe eines Arbeitsplatzes unter Abstimmung von zwei Arbeitnehmern gemeinschaftlich erfüllt.

Exkurs: Geringfügige Beschäftigungsverhältnisse (Minijobs)

Das zweite Gesetz für moderne Dienstleistungen am Arbeitsmarkt (Hartz II) regelt geringfügige **Beschäftigungsverhältnisse (Minijobs) ab dem 1. April 2003**: Die Eckpunkte sind:

- **Die Verdienstgrenze für geringfügig Beschäftigte** *(§ 8 Abs. 1 Nr. 1 SGB IV)* bzw. geringfügig Beschäftigte in Privathaushalten *(§ 8a SGB IV)* beträgt ab April 2003 monatlich **400,00 EUR**.
  Entrichtet der Arbeitgeber hierfür pauschale Sozialabgaben *(§ 8 Abs. 1 Nr. 1 SGB IV: KV 11 %, RV 12 %; § 8a SGB IV: KV 5 %, RV 5 %)*, kann er für das Arbeitsentgelt unter Verzicht auf die Vorlage einer Lohnsteuerkarte die Lohnsteuer einschließlich Solidaritätszuschlag und Kirchensteuer mit einem einheitlichen **Pauschalsteuersatz** in Höhe von insgesamt 2 % erheben *(§ 40a Abs. 2 EStG)*.
  In diesen Fällen sind die pauschalen Sozialabgaben und die pauschale Steuer vom Arbeitgeber an die Bundesknappschaft zu entrichten *(§ 40a Abs. 6 EStG)*.
- Für die Sozialabgaben wird bei einem monatlichen Arbeitsentgelt zwischen **400,00 EUR bis zu einer Grenze von 800,00 EUR** eine so genannte **Gleitzone** eingeführt. Oberhalb von Arbeitsentgelten von 400,00 EUR besteht danach Versicherungspflicht in allen Zweigen der Sozialversicherung. Der

---

[1] *Vgl. Seite 25 ff.*
[2] *Der Arbeitnehmer hat einen Rechtsanspruch auf die Verringerung seiner vertraglich vereinbarten Arbeitszeit, soweit bei dem Arbeitgeber mehr als 15 Arbeitnehmer beschäftigt sind (§ 8 TzBfG).*

Arbeitgeber muss in diesem Fall den **vollen** Arbeitgeberanteil zur Sozialversicherung für das gesamte Arbeitsentgelt entrichten. Beim Arbeitnehmer hingegen steigen die Beiträge linear bis zum vollen Arbeitnehmeranteil an. In steuerlicher Hinsicht erfolgt ab einem Arbeitsentgelt von 400,01 EUR die individuelle Besteuerung, eine Pauschalierung ist nicht möglich.

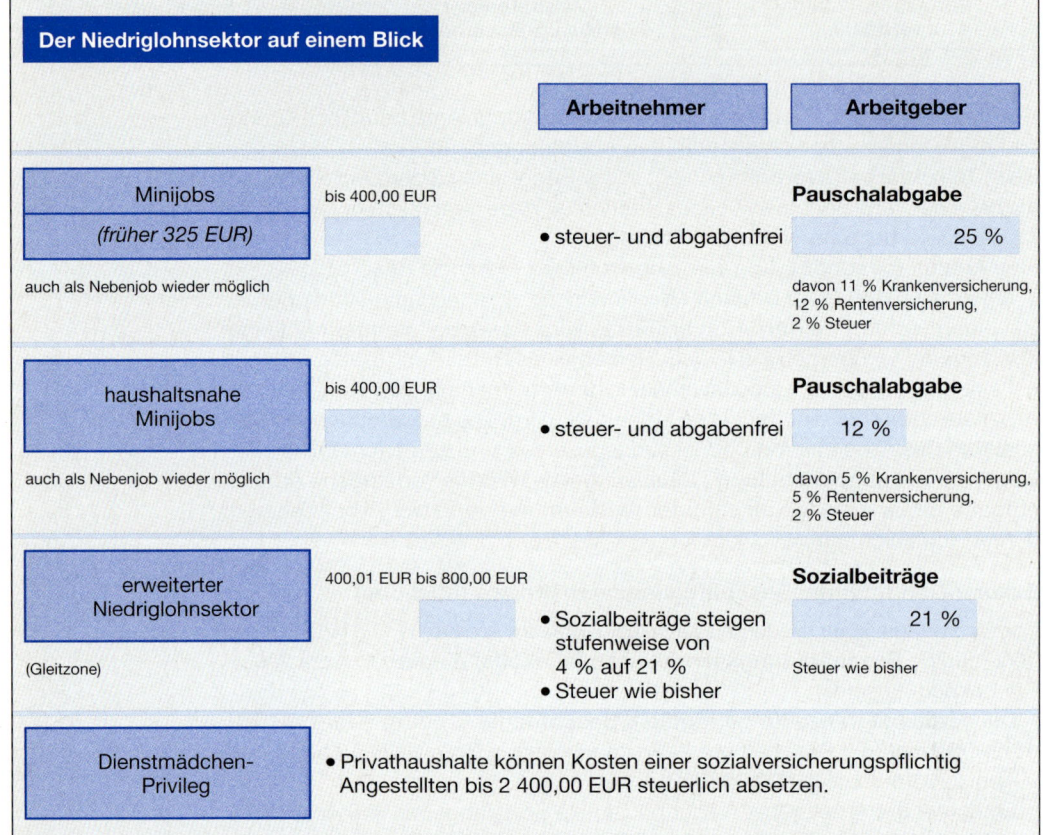

Der Niedriglohnsektor auf einem Blick		Arbeitnehmer	Arbeitgeber
Minijobs	bis 400,00 EUR		**Pauschalabgabe**
(früher 325 EUR)		• steuer- und abgabenfrei	25 %
auch als Nebenjob wieder möglich			davon 11 % Krankenversicherung, 12 % Rentenversicherung, 2 % Steuer
haushaltsnahe Minijobs	bis 400,00 EUR	• steuer- und abgabenfrei	**Pauschalabgabe** 12 %
auch als Nebenjob wieder möglich			davon 5 % Krankenversicherung, 5 % Rentenversicherung, 2 % Steuer
erweiterter Niedriglohnsektor	400,01 EUR bis 800,00 EUR	• Sozialbeiträge steigen stufenweise von 4 % auf 21 % • Steuer wie bisher	**Sozialbeiträge** 21 % Steuer wie bisher
(Gleitzone)			
Dienstmädchen-Privileg	• Privathaushalte können Kosten einer sozialversicherungspflichtig Angestellten bis 2 400,00 EUR steuerlich absetzen.		

Steuerlich absetzbar sind 10 % der Kosten, maximal 510,00 EUR. Bei Einschaltung einer Dienstleistungsagentur: 20 % steuerlich absetzbar, bis max. 600,00 EUR
Quelle: Handelsblatt

3.2 Kollektivarbeitsrecht

Arbeitnehmer und Arbeitgeber haben das Recht, sich in Organisationen zusammenzuschließen, um einen sozialen Ausgleich zwischen den unterschiedlichen Interessenlagen der Vertragsparteien herbeizuführen. Dieses Recht auf **Koalitionsfreiheit** ist verfassungsrechtlich garantiert *(Art. 9 Abs. 3 GG)*.
Die Arbeitnehmer organisieren sich in **Gewerkschaften,** die Arbeitgeber gleicher Wirtschaftszweige in **Arbeitgeberverbänden** (Fachverbänden) mit der Dachorganisation Bundesverband der Deutschen Arbeitgeberverbände (BDA als tarifrechtlicher Zusammenschluss). Sie werden als **Tarifvertragsparteien, Tarifpartner oder Sozialpartner** bezeichnet.

■ Aufgaben der Gewerkschaften

Allgemeine Aufgaben

- Verbesserung der sozialen und wirtschaftlichen Lage der Mitglieder durch Wochenarbeitszeitverkürzung, Verlängerung der Urlaubsdauer, Anhebung der Löhne und Gehälter
- Intensivierung der beruflichen Aus- und Weiterbildung
- Verstärkung des Schutzes vor Arbeitslosigkeit, bei Arbeitsunfällen, Insolvenz des Arbeitgebers

Rechtliche Aufgaben

- Tarifvertragsabschluss
- Durchführung von Arbeitskämpfen
- Mitgliedervertretung vor Arbeitsgerichten
- Mitwirkung bei Erstellung von Ausbildungsordnungen
- Mitwirkung bei Besetzung von Prüfungsausschüssen

Wirtschaftspolitische Aufgaben

- Einkommens- und Vermögensumverteilung zugunsten der Mitglieder
- Mitwirkung bei wirtschaftspolitischen Entscheidungen im Gesetzgebungsverfahren wie Wirtschafts- und Steuergesetze
- Mitbestimmungserweiterung in den Unternehmen

■ Aufgaben der Arbeitgebervereinigungen

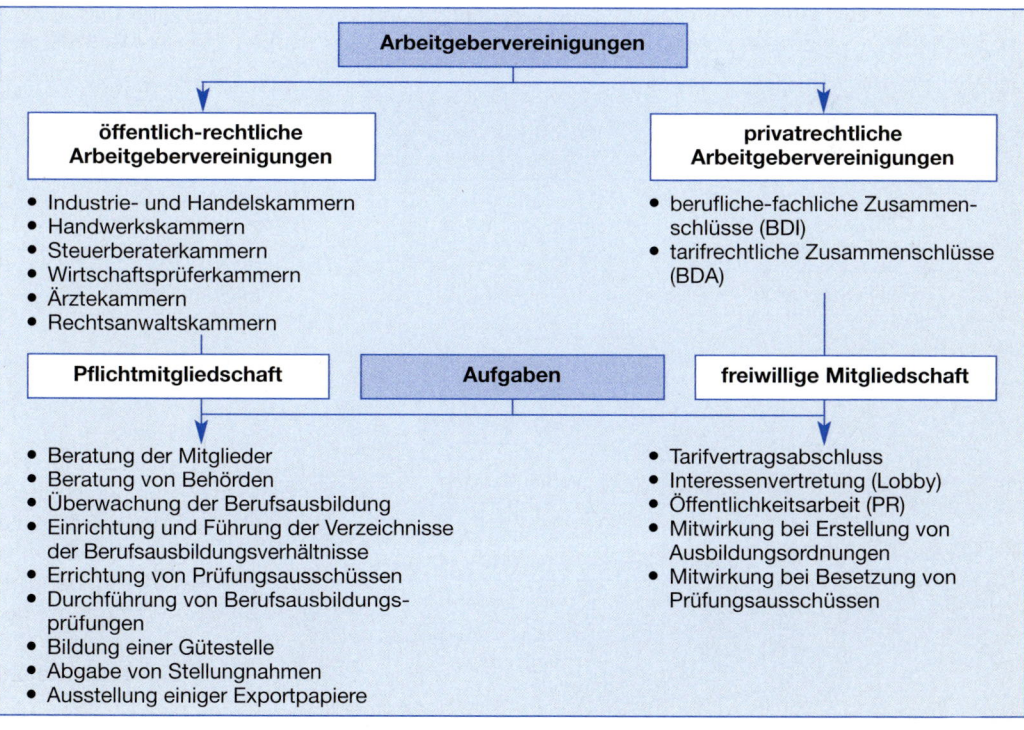

Eine intensive Unterstützung gewähren die öffentlich-rechtlichen Arbeitgebervereinigungen ihren zugehörigen Unternehmen (Mitgliedern). Es finden vielfältige Kooperationen zwischen Kammern, Gewerkschaften, Behörden, privatrechtlichen Arbeitgebervereinigungen und Ausbildungsbetrieben statt.

3.2.1 Tarifverträge

Gewerkschaften und Arbeitgeberverbände bzw. die einzelnen Arbeitgeber haben nach dem **Tarifvertragsgesetz** *(TVG)* das Recht, **Tarifverträge** (privatrechtliche Verträge) abzuschließen.

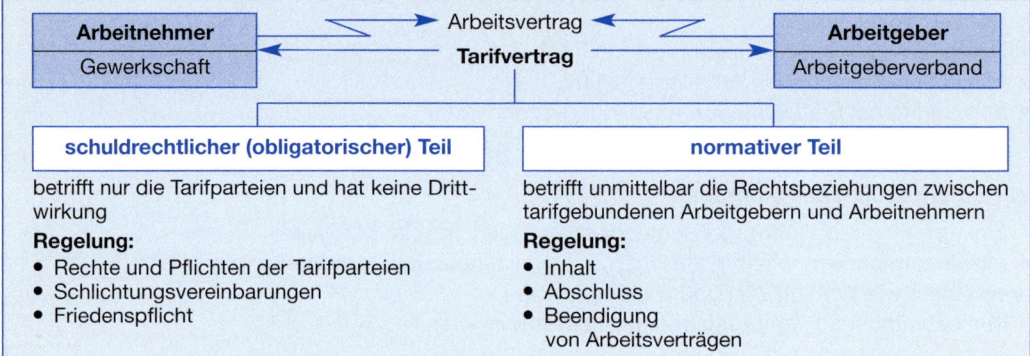

Tarifverträge sind für alle angeschlossenen Mitglieder verbindliche (kollektive) Arbeitsverträge, in denen Abmachungen über Löhne, Gehälter und andere arbeitsrechtliche Regelungen enthalten sind. Sie bedürfen der **Schriftform**

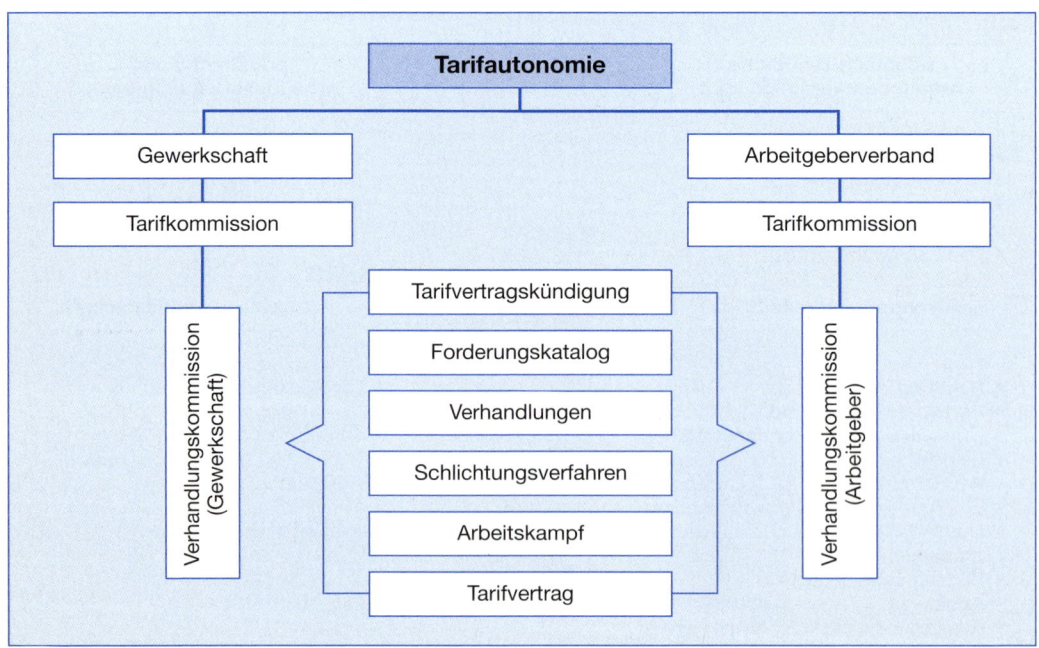

und sind im vom Bundesminister für Arbeit und Sozialordnung geführten **Tarifregister** einzutragen.

Bei **Haustarifverträgen** schließen einzelne Arbeitgeber den Tarifvertrag ab.

Weil die Tarifvertragsparteien die Tarifverträge in eigener Verantwortung schließen, spricht man von **Tarifautonomie**. Die Tarifautonomie ist das im Grundgesetz verankerte Recht, Tarifverträge frei von staatlichen Eingriffen abzuschließen.

Tarifvertragsarten

Manteltarifverträge beinhalten grundlegende Vereinbarungen, die über einen Zeitraum von mehreren Jahren Gültigkeit behalten. So regelt der Manteltarifvertrag für das Speditionsgewerbe, z. B.:

- Arbeitszeit
- Gehaltszahlungstermine
- Arbeitsversäumnisse
- Jahressonderzahlung

- Vergütung für Mehrarbeit
- Gehaltsfortzahlung
- Urlaub
- Kündigung

Gehalts- bzw. Lohntarifverträge laufen normalerweise ein bis zwei Jahre und regeln die Gehalts- bzw. Lohngruppen[1] und Gehalts- bzw. Lohnhöhe.

Gehaltsgruppe III
Tätigkeiten, die nach allgemeiner Anweisung vorwiegend selbstständig ausgeführt werden und Kenntnisse und Fähigkeit voraussetzen, die in der Regel eine abgeschlossene Berufsausbildung – insbesondere als Kaufmann/Kauffrau für Spedition und Logistikdienstleistung – voraussetzen. Meistertätigkeiten, die eine abgeschlossene einschlägige Fachausbildung oder gleichwertiges Berufskönnen voraussetzen.

Typische Beispiele:
– Selbstständiges Bearbeiten speditioneller Vorgänge und der damit verbundenen Abrechnungen;
– Akquisition mit Angebotserstellung bei begrenzter Abschlussbefugnis;
– Erledigen von qualifizierten Sekretariatsarbeiten;
– Übersetzen, stenografisches Aufzeichnen und Übertragen von fremdsprachlichen Texten;
– Qualifizierte Buchhaltungstätigkeiten;
– Bedienen von Datenverarbeitungsgeräten mit Auswerten von Programmen;
– Programmieren einfacher Vorgänge.

Gehaltstabelle Gruppe III

vor vollendetem 20. Lebensjahr	nach vollendetem 20. Lebensjahr im Beschäftigungsjahr				
	1. und 2.	3. und 4.	5. und 6.	7. und 8.	ab 9.
1 524,00 EUR	1 639,00 EUR	1 763,00 EUR	1 898,00 EUR	2 026,00 EUR	2 163,00 EUR

Quelle: Gehaltstarifvertrag für die kaufmännischen und technischen Angestellten im privaten Güterverkehrsgewerbe Nordrhein-Westfalens; Stand 1.8.2003.

---

[1] *Gehalts- und Lohngruppen werden in manchen Branchen im Manteltarifvertrag geregelt.*

Geltungsbereiche von Tarifverträgen	
Tarifbereich	• Bundes-, Landes-, Bezirks- und Ortstarifverträge • Werktarifverträge

Tarifpartner	• Verbandstarifvertrag (Normalfall)
	  – eine Gewerkschaft und ein Arbeitgeberverband
	• Haustarifvertrag (Firmentarif)
	  – eine Gewerkschaft und ein Arbeitgeber
	• Branchentarifvertrag (je Wirtschaftszweig)
	  – eine Gewerkschaft und die Vertreter einer Branche

Gültigkeit	• fachlich
	  – nach Produktionsgebieten eines Industriezweiges
	• personalbezogen
	  – nach Angestellten und Arbeitern
	• räumlich
	  – Bundes-/Landesebene oder -region
	• zeitlich
	  – ein-/zwei- oder mehrjährig

Bindung	• Normalfall:
	  – Mitglieder der tarifschließenden Gewerkschaft, aber in der Praxis Anwendung auf alle Mitarbeiter
	  – Arbeitgeber, die Mitglieder des tarifabschließenden Arbeitgeberverbandes sind
	  – Arbeitgeber mit Abschluss eines Firmentarifvertrages
	• Möglichkeit nach dem Tarifvertragsgesetz:
	  Allgemeinverbindlichkeitserklärung
	  Die Erklärung erfolgt nach dem im *TVG* geregelten Verfahren durch den Bundesminister für Arbeit und Sozialordnung. Nach Eintragung im Tarifregister und Veröffentlichung im Bundesanzeiger gelten die Rechtsnormen des Tarifvertrages auch für bisher nicht tarifgebundene Arbeitgeber des Tarifbezirkes.

Tarifvertragliche Wirkungen	
Vorteile	**Nachteile**
• Richtlinienfunktion: klare Regelung von Pflichten und Rechten • Friedenspflicht: sozialer Friede der Tarifpartner und Gleichbehandlung während der Laufzeit • kalkulierbare Lohnkosten bei den Arbeitgebern • Vereinfachung bei Arbeitsvertragsabschluss • Sicherheit bei den Arbeitnehmern (Mindestlohn, Mindestarbeitsbedingungen, soziale Gesichtspunkte)	• Gefahr von Machtkonzentrationen bei ungenügender Kontrolle • starrer Lohn nach unten

3.2.2 Betriebsvereinbarungen

Arbeitgeber und Betriebsrat schließen eine Betriebsvereinbarung, die wie ein Tarifvertrag Rechtsnormen für Arbeitsverhältnisse des jeweiligen Unternehmens schafft.

Regelung durch Betriebsvereinbarung	
Bindungen	**Regelungsmöglichkeiten**

• Schriftform
• keine Schlechterstellung als Tarif-
  vertrag, sondern Ergänzung
• Offenlegung im Unternehmen
• keine Geltung für leitende Ange-
  stellte
	• Arbeitsbeginn und -ende
	• Pausenregelung
	• Lohnzahlungsart und -form
	• Urlaubsvereinbarungen
	• betriebliche Sozialleistungen
	• Unfallverhütung
	• Förderung der Vermögensbildung
	  Sonderfall: Sozialplan

3.2.3 Tarifkonflikte

Die Parteien eines Tarifvertrages unterliegen der **Friedenspflicht**. Während der Vertragsdauer haben sie alle Maßnahmen des Arbeitskampfes zu unterlassen.

Tarifverträge enden entweder nach der vereinbarten Zeit oder durch Kündigung eines Tarifpartners. Jeder Tarifpartner ernennt Vertreter für die Tarifkommission, in der die Forderungen vorgetragen und beraten werden. In den **Tarifverhand-lungen** begründet jede Partei ihre wirtschaftliche Lage und erläutert, worauf es ihr bei dem Verhandlungsergebnis ankommt.
Kommt keine Einigung zustande, versuchen die Gewerkschaften durch Demonstrationen, Streikdrohungen, Betriebsversammlungen und Warnstreiks Druck auf die Arbeitgeber auszuüben.
In den meisten Wirtschaftsbereichen können die Tarifparteien frei vereinbaren, wie sie Tarifverhandlungen führen. Dabei beantragt oft nach Scheitern der Tarifverhandlungen eine Partei die **Schlichtung,** um den Arbeitsfrieden zu erhalten. Die aus Vertretern der Tarifparteien zu bildende Kommission kann einen unparteiischen Schlichter heranziehen, dem die schwierige Aufgabe zukommt, die gescheiterten Tarifverhandlungen zu einem guten Ende zu bringen.
Gibt es keine Einigung, kommt es zum Arbeitskampf. Zulässige Kampfmittel sind **Streik** auf der Arbeitnehmerseite und **Aussperrung** auf der Arbeitgeberseite.

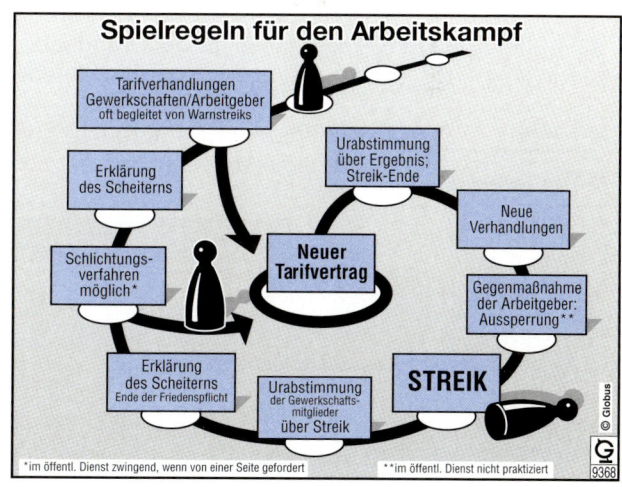

■ Streik

Der **Streik** (Ausstand) ist eine kollektive Arbeitsniederlegung mit dem Ziel, Forderungen nach höheren Löhnen oder besseren Arbeitsbedingungen gegen Arbeitgeber durchzusetzen, um danach die Arbeit wieder aufzunehmen.   **Definition**

Das **Streikrecht** ist ein aus *Art. 9 Abs. 3 GG* abgeleitetes erlaubtes Mittel des Arbeitskampfes.

Ein Streik gilt nur als genehmigt, wenn mindestens 75 %[1] der gewerkschaftlich organisierten Arbeitnehmer in der vom Gewerkschaftsvorstand eingeleiteten **Urabstimmung** dem Streik zustimmen. Die von der **Streikleitung** ernannten **Streikposten** sollen **Streikbrecher** beeinflussen und Streikende von strafbaren Handlungen abhalten.

Das Arbeitsverhältnis wird durch den Streik nicht gelöst.

Jeder Arbeitnehmer (auch Nichtorganisierte) ist streikberechtigt. Streikgeldzahlungen erhalten nur Gewerkschaftsmitglieder.

Ein **Streikende** ist dann beschlossen, wenn in einer erneuten Urabstimmung mindestens 25 % der Gewerkschaftsmitglieder sich dafür aussprechen.

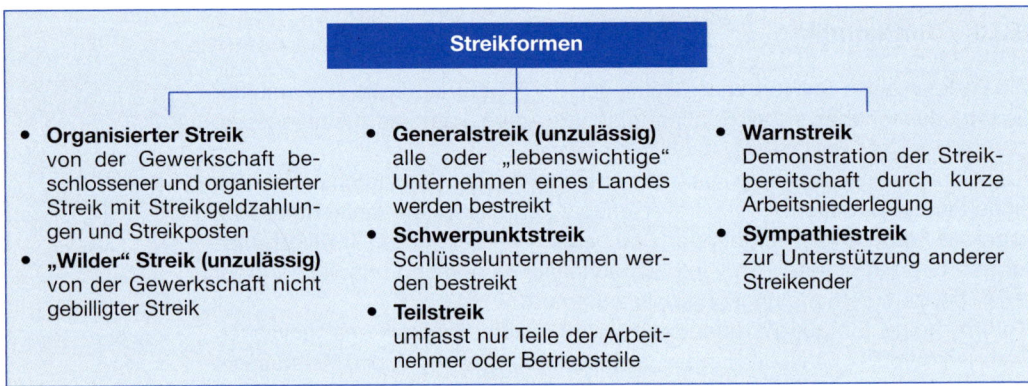

■ Aussperrung

Im Arbeitskampf gilt der **Grundsatz der Verhältnismäßigkeit der Mittel.** Aus diesem Grund steht dem Arbeitgeber das Kampfmittel der Aussperrung zu.

Definition Die **Aussperrung** ist der Ausschluss der Arbeitnehmer von der Arbeit bei gleichzeitiger Verweigerung der Lohn- und Gehaltszahlung.

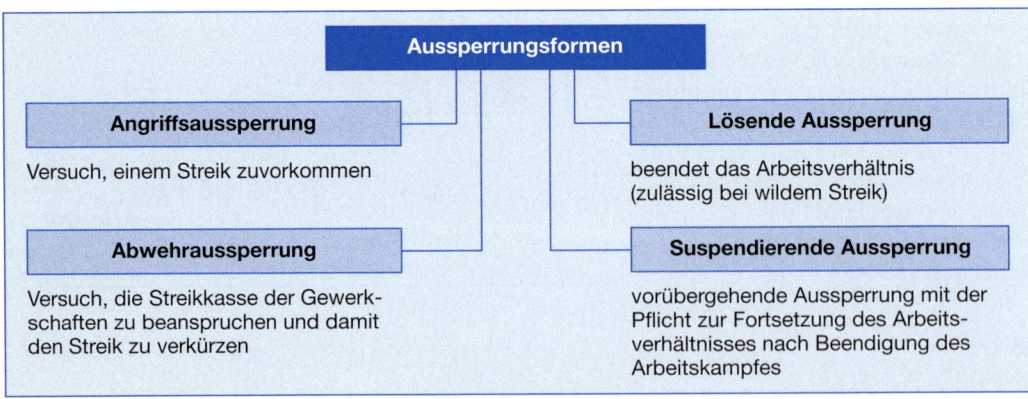

---

[1] *Die Gewerkschaftssatzung kann abweichende Regelungen vorsehen.*

■ Auswirkungen von Arbeitskämpfen

Der Arbeitskampf sollte immer das letzte Mittel in einem Tarifkonflikt darstellen. Er erfordert von beiden Tarifparteien großen Einsatz und hohe Kosten.

Für den Arbeitgeber:
- Produktionsausfall
- Gewinneinbußen

Für die Gewerkschaften:
- Streikgeldzahlungen
- Einkommenseinbußen bei den Arbeitnehmern
- Sympathieverlust bei der vom Streik mittelbar betroffenen Öffentlichkeit

Für die **Bundesagentur für Arbeit** gilt das **Neutralitätsgebot** *(§ 146 SGB III)*. Arbeitskämpfe dürfen durch Arbeitslosen- und Kurzarbeitergeldzahlungen an unmittelbar am Arbeitskampf betroffene Arbeitnehmer nicht unterlaufen werden. Soweit eine mittelbare Beteiligung von Arbeitnehmern vorliegt, regelt das *„Gesetz zur Sicherung der Neutralität der Bundesagentur für Arbeit bei Arbeitskämpfen"* den Leistungsanspruch. Mittelbar ist ein Arbeitnehmer eines Betriebes betroffen, wenn der Betrieb weder bestreikt noch er selbst ausgesperrt ist, aber wegen eines Arbeitskampfes seine Tätigkeit einstellen muss.

Beispiel

Zulieferungen an Industriebetriebe bleiben wegen eines Streiks der LKW-Fahrer aus.

Ein **Leistungsanspruch** auf Arbeitslosen- und Kurzarbeitergeld liegt heute nur noch bei mittelbar vom Arbeitskampf betroffenen Arbeitnehmern vor, wenn der Betrieb außerhalb des räumlichen und fachlichen Geltungsbereichs des umkämpften Tarifbereichs liegt.

Aufgaben

1. Welche Rechte und Pflichten ergeben sich für Arbeitnehmer und Arbeitgeber aus dem Arbeitsverhältnis?

2. Welche grundsätzlichen Möglichkeiten gibt es zur Beendigung eines Arbeitsverhältnisses?

3. Lösen Sie die folgenden Fälle mithilfe des § 622 BGB.
   a) Aus dringenden betrieblichen Erfordernissen ist dem Angestellten Mark Müller am 16.9.20.. gekündigt worden. Er ist seit 23 Monaten Mitarbeiter der Unternehmung.
      aa) An welchem Tag endet gemäß den gesetzlichen Vorschriften das Arbeitsverhältnis?
      ab) Wie wäre zu entscheiden, wenn Mark Mitglied des Betriebsrates oder Personalrates wäre?

b) Für die Kündigung der folgenden Arbeitsverhältnisse gelten die gesetzlichen Kündigungsfristen. Entscheiden Sie, zu welchem Zeitpunkt das Arbeitsverhältnis erlischt. Unterstellen Sie, dass eine begründete ordentliche Kündigung durch den Arbeitgeber ausgesprochen wird.

   ba) Zugang der Kündigung am 13.8.2004; der 45-jährige Angestellte gehörte dem Betrieb ununterbrochen seit dem 2.1.2002 an.

   bb) Zugang der Kündigung am 12.3.2004; der 40-jährige Angestellte gehörte dem Betrieb ununterbrochen seit dem 1.4.1993 an.

   bc) Zugang der Kündigung am 14.10.2004; der 28-jährige Angestellte gehörte dem Betrieb ununterbrochen seit dem 1.7.1999 an.

c) Beurteilen Sie die folgenden Aussagen zur Kündigung von Arbeits- bzw. Berufsausbildungsverhältnissen vor dem Hintergrund der gesetzlichen Bestimmungen zum Arbeitsrecht.

   Tragen Sie ein:

   (1) wenn sich die Aussage nur auf Arbeitsverhältnisse,

   (2) wenn sich die Aussage nur auf Berufsausbildungsverhältnisse,

   (3) wenn sich die Aussage sowohl auf Arbeits- als auch auf Berufsausbildungsverhältnisse,

   (4) wenn sich die Aussage weder auf Arbeits- noch auf Berufsausbildungsverhältnisse

   bezieht.

   Aussagen:

   a) Bei Kündigungen durch den Arbeitgeber existieren verlängerte Kündigungsfristen. ☐

   b) Bei Vorliegen eines wichtigen Grundes ist eine fristlose Kündigung möglich. ☐

   c) Unter bestimmten Voraussetzungen können Gekündigte sich darauf berufen, dass die Kündigung sozial ungerechtfertigt ist. ☐

   d) Es existiert eine 4-wöchige Kündigungsfrist; diese Frist bezieht sich jedoch nicht auf Kündigungen durch den Arbeitgeber. ☐

d) Stellen Sie fest, ob bei den aufgeführten Sachverhalten das Ausbildungs- bzw. Arbeitsverhältnis

   (1) durch Vereinbarung beendet wird

   (2) durch einseitige Willenserklärung beendet wird

   (3) kraft Gesetzes beendet wird

   (4) nicht beendet wird.

   Sachverhalte:

   a) Der Mitarbeiter hat fristgemäß gekündigt. ☐

   b) Der Mitarbeiter ist gestorben. ☐

   c) Der Arbeitgeber (Einzelunternehmung) ist gestorben. ☐

   d) Über die Unternehmung ist das Insolvenzverfahren eröffnet worden. ☐

   e) Im Aufhebungsvertrag wird u. a. für den Mitarbeiter eine Abfindung festgelegt. ☐

   f) Der Mitarbeiter wird zum Wehrdienst einberufen. ☐

   g) Die Unternehmung wird verkauft. ☐

   h) Der Auszubildende hat vor Ablauf der vereinbarten Ausbildungszeit seine Abschlussprüfung bestanden. ☐

4. Zwischen der Schubert & Müller Kurier GmbH, Köln, vertreten durch Frau Clara Schubert, Geschäftsführerin, und Frau Ute König, geboren am 16. Oktober 1982 in Dortmund, wohnhaft in Brühl, Freiherr-vom-Stein-Str. 1, wurde folgender Arbeitsvertrag geschlossen (Auszug):

a) Frau Ute König tritt am 1. Juli 20.. als Kauffrau für Spedition und Logistikdienstleistung in die Schubert & Müller Kurier GmbH ein.

b) Sie wird als Kauffrau für Spedition und Logistikdienstleistung in der Abteilung Disposition beschäftigt. Eine zeitweilige Verwendung in anderen Tätigkeitsbereichen ist zulässig.

c) Die monatliche Vergütung bestimmt sich nach Gehaltsgruppe III des Gehaltstarifvertrags für kaufmännische und technische Angestellte im privaten Güterverkehrsgewerbe Nordrhein-Westfalens.

d) Während der Probezeit kann das Arbeitsverhältnis mit einer Kündigungsfrist von 2 Monaten aufgelöst werden, danach kommen die im Manteltarifvertrag für das private Güterverkehrsgewerbe enthaltenen Kündigungsfristen zur Anwendung.

e) Hinsichtlich der Zahlung weiterer Zulagen sowie im Bezug auf die Arbeitszeit, den Urlaubsanspruch und die Arbeitsgestaltung gelten ebenfalls die Bestimmungen des Manteltarifvertrags für das private Güterverkehrsgewerbe.

Beantworten Sie mithilfe der §§ 1–5 TVG die folgenden Fragen.

(1) Welche Inhalte des obigen Arbeitsvertrags sind tarifvertraglich, welche individuell geregelt?

(2) Welches Gesetz ist maßgebend für den Abschluss von Tarifverträgen?

(3) Was regeln Verträge allgemein? Was regeln Tarifverträge?

(4) Aus welchem Grund unterliegen Tarifverträge einer Formvorschrift?

(5) Wer darf Tarifverträge abschließen und wer ist an sie gebunden?

(6) Aus welchem Grund dürfen individuelle Regelungen von den tarifvertraglichen abweichen?

(7) Welche Vorteile haben Kollektivverträge gegenüber Individualverträgen?

5. Ergänzen Sie Ihre Lernkartei um 5 Karteikarten mit den Überschriften „Rechte und Pflichten aus dem Arbeitsvertrag", „Beendigung des Arbeitsverhältnisses (inkl. ordentliche und außerordentliche Kündigung)", „Tarifverträge", „Betriebsvereinbarungen" und „Tarifkonflikte". Stellen Sie unter diesen Überschriften die Ihrer Ansicht nach wichtigsten Informationen zusammen.

4   Soziale Sicherung

Einstiegssituation

Die von den gegenwärtigen Erwerbstätigen bezahlten Beiträge zur gesetzlichen Kranken-, Pflege- Renten- und Arbeitslosenversicherung werden zur
Zahlung an die heutigen Empfänger verwendet.

1. *Verschaffen Sie sich zunächst einen Überblick über die **Beteiligten** an
   den gesetzlichen Sozialversicherungssystemen, der **Leistungsgewäh-
   rung** und den **Einnahmen** der Sozialversicherungsträger.*
2. *Überlegen Sie in diesem Zusammenhang, warum durch anhaltende
   Arbeitslosigkeit, Geburtenrückgang und längere Lebenserwartung
   zukünftig geringere Leistungen aus den Sozialversicherungssystemen
   zu erwarten sind.*
3. *Machen Sie **Vorschläge** und liefern Sie **Argumente**, welche Maßnahmen aus der Sicht der Bevölkerung, der Erwerbstätigen, der Unternehmer und des Staates dazu beitragen, eine Linderung der finanziell
   angespannten Situation der Sozialversicherungssysteme herbeizuführen.*
4. *Zeigen Sie perspektivisch auf, welche Möglichkeiten existieren, zukünftig ein ausgewogenes Verhältnis der **finanziellen Belastungen** der einzelnen Sozialversicherungsteilnehmer sicherzustellen.*

4.1   Entwicklung der Sozialpolitik

Das im Grundgesetz verankerte **Sozialstaatsprinzip** *(Art. 20 und 28 GG)* ver-
pflichtet den Staat, für soziale Sicherheit und Gerechtigkeit innerhalb der
Gesellschaft zu sorgen. Mit dem Sozialstaatsprinzip wird der Staat in seinem
Verhältnis zur Gesellschaft auf eine aktive Rolle als Sozialstaat verpflichtet.
Das Ziel der Gesetzgebung ist die Herstellung sozialer Gerechtigkeit im
Rahmen der rechtsstaatlichen Ordnung und die Gesetzesauslegung nach dem
sozialstaatlichen Auftrag.

Historisch betrachtet führte die Idee der Aufklärung in Verbindung mit dem
Liberalismus zu der Vorstellung, dass der Einzelne in der Gesellschaft seine
persönlichen Angelegenheiten selbst regeln könne. Der Staat hatte die
notwendigen Freiräume für die freie individuelle Entwicklung zu schaffen und
sich nur auf die äußeren Sicherheitsbedürfnisse zu konzentrieren. Die Wirtschaftsordnung war nach den Grundsätzen der **freien Marktwirtschaft** gestaltet.

Die Entwicklung führte jedoch zu sozialen Ungerechtigkeiten. Der Staat sah
sich zum Handeln gezwungen. Rechtliche Voraussetzung der Maßnahmen des
Staates war eine umfassende **Sozialgesetzgebung,** welche die Gewährung
von Sozialleistungen regelt und die Grundlage zahlreicher Schutzbestimmungen sowie der Rechte der Arbeitnehmer im Betrieb bildet.

Die **Sozialpolitik** des Staates zielt insbesondere darauf ab:

- ein **System der sozialen Sicherung** in der Grundversorgung zu schaffen, das der Schutzbedürftigkeit des Einzelnen bei Krankheit, Unfall, Invalidität, Arbeitslosigkeit, Ausscheiden aus dem Erwerbsleben Rechnung trägt sowie wirtschaftlich benachteiligte oder schwächere Bevölkerungskreise finanziell unterstützt,
- soziale Nachteile auszugleichen und für **Chancengleichheit** in Aus- und Fortbildung zu sorgen,
- menschengerechte **Lebens- und Arbeitsbedingungen** anzustreben,
- eine angemessene **betriebliche Mitbestimmung** der Arbeitnehmer zu verwirklichen,
- eine ausgewogene **Einkommens- und Vermögensverteilung** unter den großen sozialen Gruppen herbeizuführen.

Neben diesen sozialpolitischen Maßnahmen des Staates zur Grundsicherung der Bevölkerung treten heute verstärkt die individuellen vorbeugenden Maßnahmen des Einzelnen hinzu, um eine ausreichende Gesamtversorgung sicherzustellen.

4.2 Zweige der sozialen Sicherung

Die **Sozialversicherung** ist eine gesetzliche Versicherung (Zwangsversicherung) für große Bevölkerungsgruppen zur Absicherung ihres Ruhestandes, ihrer Hinterbliebenen und finanzieller Notsituationen wie Krankheit, Erwerbsminderung, Arbeitslosigkeit, Pflegebedürftigkeit und Unfall.

Definition

Freiwillig würden sich viele Menschen nicht gegen Krankheit, Unfall und Arbeitslosigkeit versichern. Auch wäre die Mehrzahl der Arbeitnehmer nicht in der Lage, für sich und ihre Angehörigen eine geeignete Alters- oder Pflegevorsorge aufzubauen. Das Bestehen einer **Versicherungspflicht** ist deswegen unumgänglich (vgl. Übersicht S. 96).

4.2.1 Gesetzliche Krankenversicherung

Die Krankenversicherung tritt in erster Linie ein, wenn es darum geht, die Gesundheit des Einzelnen und seiner Familie zu erhalten und wiederherzustellen.

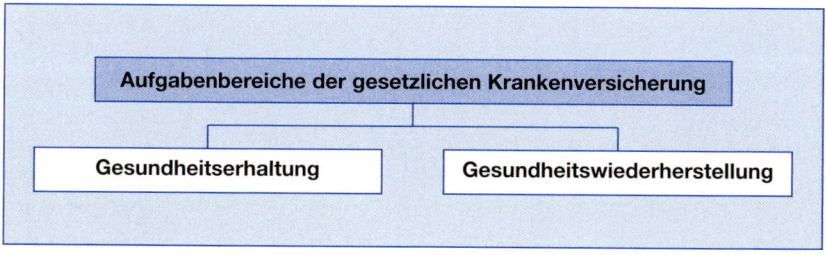

Die fünf Säulen der Sozialversicherung

	Krankenversicherung	Rentenversicherung	Arbeitslosenversicherung	Pflegeversicherung	Unfallversicherung
Versicherungsträger	• Allgemeine Ortskrankenkassen • Betriebskrankenkassen • Innungskrankenkassen • Bundesknappschaft • Seekrankenkasse • Landwirtschaftliche Krankenkassen • Ersatzkassen	• Bundesversicherungsanstalt für Angestellte • Landesversicherungsanstalten • Bundesknappschaft • Seekasse • Landwirtschaftliche Alterskassen • Bundesbahnversicherungsanstalt	• Bundesanstalt für Arbeit	• Allgemeine Ortskrankenkassen • Betriebskrankenkassen • Innungskrankenkassen • Bundesknappschaft • Seekrankenkasse • Landwirtschaftliche Krankenkassen • Ersatzkassen	• Gewerbliche Berufsgenossenschaften • Landwirtschaftliche Berufsgenossenschaften • See-Berufsgenossenschaften • Bund, Länder, Gemeinden • Gemeindeunfallversicherungsverbände • Feuerwehrunfallkasse • Bundesanstalt für Arbeit (für Beschäftigte und Arbeitslose) • Eisenbahn-Unfallkasse • Unfallkasse Post und Te ekom
Rechtsgrundlage	5. Buch Sozialgesetzbuch	6. Buch Sozialgesetzbuch	3. Buch Sozialgesetzbuch	11. Buch Sozialgesetzbuch	7. Buch Sozialgesetzbuch
Aufgaben	Erhaltung und Wiederherstellung der Gesundheit des Einzelnen und seiner Familie • Krankenhilfe • Vorsorgeuntersuchungen • Mutterschaftshilfe • Familienhilfe	Sicherung der Arbeitnehmer und ihrer Familien bei Erwerbsminderung, Alter und Tod • Rentenzahlungen • Rehabilitation • Zahlung von Beiträgen an die Krankenkasse für die Rentner	Sicherung der Beschäftigung des Einzelnen und der Beschäftigungslage innerhalb der Wirtschaft sowie finanzieller Schutz bei Arbeitslosigkeit • Arbeitslosenunterstützung • Sicherung von Arbeitsplätzen • Arbeitsförderung	Kostenübernahme für Pflegeleistungen an jene Menschen, die zu alltäglichen Verrichtungen ohne fremde Hilfe nicht mehr fähig sind und der regelmäßigen Hilfe bedürfen. • häusliche Pflege • stationäre Pflege in Form von • Geldleistungen • Sachleistungen	Schutz weiter Bevölkerungskreise vor Unfallgefahren und den wirtschaftlichen Folgen bei Unfällen • Unfallverhütung • Milderung bzw. Beseitigung der Unfallfolgen
Beitragshöhe	ca. 14,5 % des Bruttoarbeitsentgeltes, höchstens von der Beitragsbemessungsgrenze[1]	19,5 % des Bruttoarbeitsentgeltes, höchstens von der Beitragsbemessungsgrenze[1]	6,5% des Bruttoarbeitsentgeltes, höchstens von der Beitragsbemessungsgrenze[1]	1,7 % des Bruttoarbeitsentgeltes, höchstens von der Beitragsbemessungsgrenze[1,2]	Beitragshöhe richtet sich nach der jeweiligen betrieblichen Gefahrenklasse
Beitragsaufbringung	Arbeitgeber und Arbeitnehmer tragen den Beitrag je zur Hälfte (Bei geringfügigen Beschäftigungsverhältnissen gelten Sonderregelungen.)				Beitrag wird in voller Höhe vom Arbeitgeber aufgebracht

[1] Die Beitragsbemessungsgrenze gibt den monatlichen Einkommenshöchstbetrag an, von dem Beiträge berechnet werden. In der Rentenversicherung und der Arbeitslosenversicherung beträgt die Beitragsbemessungsgrenze 5 150,00 EUR (neue Länder: 4 350,00 EUR), in der Krankenversicherung und in der Pflegeversicherung 3 487,50 EUR (Stand: 2004).

[2] Als Ausleich für den Arbeitgeberanteil: Verzicht auf einen gesetzlichen Feiertag durch die Arbeitnehmer oder je nach Landesentscheidungen andere Kompensationsmöglichkeiten zur Arbeitgeberentlastung.

■ Versicherte

In der gesetzlichen Krankenversicherung unterscheidet man zwei Arten der Mitgliedschaft:

Versicherte	
Pflichtversicherte[1]	**freiwillig Versicherte**
• **Arbeiter und Angestellte**, deren monatliches Einkommen die Beitragsbemessungsgrenze im Jahresdurchschnitt nicht übersteigt; • **Rentner** • **Auszubildende und Studenten** • **einige Selbstständige** *(z.B. Hausgewerbetreibende, Artisten, Krankenpfleger, Hebammen)*, sofern ihr durchschnittliches Einkommen die Beitragsbemessungsgrenze nicht übersteigt. Existenzgründungszuschussempfänger sind nur in dem Sozialversicherungszweig der Rentenversicherung versicherungspflichtig. • **Landwirte** • **Arbeitslose** • **Rehabilitanten** • **Praktikanten**	• **Weiterversicherung** möglich für: ehemalige Pflichtmitglieder, die wegen der Höhe ihres Einkommens nicht mehr versicherungspflichtig sind und unmittelbar vorher mindestens 12 Monate versichert waren oder aber in den letzten 5 Jahren mindestens 24 Monate der Pflichtversicherung angehörten; • **freiwilliger Beitritt** möglich für: – Witwen, Witwer und die geschiedenen Ehegatten eines Versicherten, frühere Familienversicherte; – Besucher von berufsbildenden und studienvorbereitenden Schulen, Studienplatzbewerber, deren Gesamteinkommen eine bestimmte Höhe nicht überschreitet.

Die Versicherten dürfen ihre **Krankenkasse frei wählen.**

■ Leistungen

Nimmt der Versicherte eine ärztliche Behandlung in Anspruch, muss er seine **Krankenversicherungskarte** vorlegen, die ausschließlich folgende Angaben enthält:

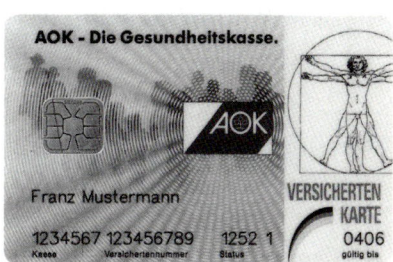

- Bezeichnung der ausstellenden Krankenkasse,
- Familien- und Vorname des Versicherten,
- Geburtsdatum,
- Anschrift,
- Krankenversicherungsnummer (die Rentenversicherungsnummer ist hierfür nicht mehr zu verwenden),
- Versicherungsstatus,
- Tag des Beginns des Versicherungsschutzes,
- bei ihrer befristeten Gültigkeit das Datum des Fristablaufs und
- Unterschrift des Versicherten (auf der Rückseite der Karte).

---

[1] *Beschäftigte sind bis zu einer Jahresarbeitsentgeltgrenze von 46 350,00 EUR (mtl. 3 862,50 EUR) krankenversicherungspflichtig. Wer mehr verdient, kann sich freiwillig in der gesetzlichen Krankenkasse oder privat krankenversichern. Versicherungspflichtgrenze und Beitragsbemessungsgrenze (mtl. 3 487,50 EUR) fallen also auseinander. Wer älter als 55 Jahre und privat versichert ist, aber z. B. durch Arbeitslosigkeit, Vorruhestand, Teilzeitarbeit nicht mehr als die Jahresarbeitsentgeltgrenze verdient, kann nur noch in die gesetzliche Krankenversicherung unter ganz engen besonderen Voraussetzungen wechseln. Zur Kompensation müssen die privaten Krankenversicherungen diesem Personenkreis einen Standardtarif anbieten, der ungefähr dem Leistungsumfang der gesetzlichen Krankenversicherungen entspricht. Die Beiträge dürfen nicht die Höchstsätze der gesetzlichen Versicherung übersteigen.*

Zwischen den Ärzten, Krankenhäusern und Krankenkassen bestehen Verträge, welche den Umfang der ärztlichen Versorgung und somit die Leistungserbringung regeln.

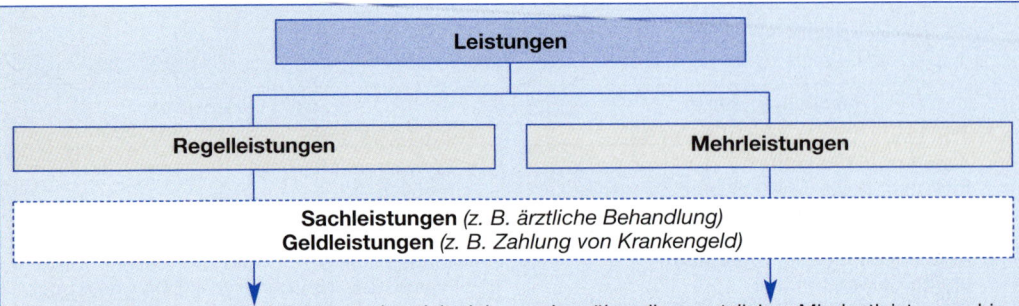

Leistungen

Regelleistungen | **Mehrleistungen**

Sachleistungen *(z. B. ärztliche Behandlung)*
Geldleistungen *(z. B. Zahlung von Krankengeld)*

sind durch Gesetz vorgeschrieben; es handelt sich um Mindestleistungen, die von allen Krankenkassen in gleichem Umfang gewährt werden:

- **Krankenbehandlung**[1]
  ärztliche/zahnärztliche Behandlung, Arznei-, Verband-, Heil-, Hilfsmittel, Zuschuss zum Zahnersatz, häusliche Krankenpflege und -Pflegehilfe[2], Krankenhausbehandlung, Hauspflege, Kinderpflege, Krankengeld[3], Haushaltshilfe, Fahrtkosten, Rehabilitation, Belastungserprobung, Arbeitstherapie

- **Gesundheitsuntersuchungen**
  Früherkennungsuntersuchungen für Kinder bis zum 6. Lebensjahr, Krebsvorsorgeuntersuchungen für Frauen ab dem 20., für Männer ab dem 45. Lebensjahr. Gesundheits-Check-up für Männer und Frauen alle 2 Jahre ab dem 35. Lebensjahr.

- **Mutterschaftshilfe**
  Ärztliche Behandlung, Entbindungskostenbeitrag, Hebammenhilfe, Arzneimittel, Krankenhausbehandlung und -aufenthalt bei Schwangerschaft und Niederkunft; Arbeitnehmerinnen, Arbeitslose und andere Versicherte mit Krankengeldanspruch erhalten grundsätzlich für die Zeit der Mutterschutzfrist (6 Wochen vor der Geburt bis 8 Wochen nach der Geburt) ihr Arbeitsentgelt weiter (Familienversicherte erhalten einen einmaligen Festbetrag).

- **Familienhilfe**
  Mitversichert sind ohne besonderen Beitrag die Familienangehörigen des Versicherten, soweit deren Einkommen eine bestimmte Grenze nicht überschreitet bzw. diese nicht anderweitig abgesichert sind.

gehen über die gesetzlichen Mindestleistungen hinaus:

- Kuraufenthalte[1]
- Härtefallregelungen durch volle oder teilweise Übernahme des Versicherteneigenanteils bei
  – Zahnersatz
  – Fahrtkosten
  – Rezeptkosten
- Erweiterung der häuslichen Krankenpflege, Haushaltshilfe, Rehabilitationsmaßnahmen
- sonstige Vorsorgemaßnahmen

---

[1] *Zum Teil sind Versicherteneigenanteile vorgeschrieben; ab 2004 sind Leistungskürzungen bis zum vollständigen Ausschluss bei nicht zwingender medizinischer Notwendigkeit möglich.*

[2] *Weitgehende Übernahme durch die gesetzliche Pflegeversicherung*

[3] *Im Krankheitsfall ist der Arbeitgeber nach dem Lohnfortzahlungsgesetz verpflichtet, nach einer Wartezeit von 4 Wochen nach Aufnahme einer neuen Beschäftigung mindestens 6 Wochen lang den vollen Lohn unter Berücksichtigung der regelmäßig geleisteten Überstunden und Sonderzahlungen für Arbeiter (für Angestellte ggf. länger) weiterzuzahlen. Ab der 7. Krankheitswoche erfolgt die Zahlung des Krankengeldes für längstens 78 Wochen wegen derselben Krankheit in Höhe von ca. 70 % des Bruttoarbeitsverdienstes, max. jedoch in Höhe des 90%igen Nettoarbeitsverdienstes abzüglich des Arbeitnehmeranteils zur Renten- und Arbeitslosenversicherung.*

■ Regelung für Klein- und Mittelbetriebe

Klein- und Mittelbetriebe, die nicht mehr als 20 Arbeitnehmer[1] beschäftigen, gehören einer Ausgleichskasse bei der jeweiligen Pflichtkrankenkasse an. Diese erhebt von diesen Betrieben eine monatliche Umlage und erstattet auf der Gegenseite die betrieblichen Krankheitskosten bis zur Höhe von maximal 80 % und die Mutterschaftskosten bis zu 100 %.

■ Finanzierungsprobleme

Die Ausgaben der gesetzlichen Krankenversicherung werden finanziert über die Beiträge der Mitglieder (Arbeitnehmer und -geber je zur Hälfte) und der Rentner. Da die so genannte Rentnerlastquote oder Rentnerdichte in den einzelnen Kassen unterschiedlich hoch ist, wird ein Finanzierungsausgleich über alle gesetzlichen Krankenkassen, also einschließlich der Ersatzkassen und Betriebskrankenkassen, durchgeführt, um die Kosten gleichmäßig zu verteilen. Dennoch steigen die Leistungsausgaben ständig.

Nicht häufigere oder länger andauernde Krankheiten sind Ursache der ausufernden Finanzierungsprobleme, sondern
- das Leistungsangebot durch immer mehr Ärzte und Krankenhäuser,
- hochwertigere und teurere Ausstattungen der Arztpraxen und Krankenhäuser,
- geringere Einnahmen durch mehr Arbeitslose und Frührentner/Vorruheständler.

Um die Krankheitskosten auf ein vertretbares Maß zurückzuführen und Beitragserhöhungen zu vermeiden oder sogar Beiträge zu senken, sehen Reformgesetze des Gesundheitswesens Sach- und Geldleistungskürzungen der Krankenkassen, Zuzahlungen/Selbstbeteiligungen der Versicherten, eine Deckelung der Krankenkassenausgaben, die Budgetierung der Arztpraxen und Finanzierungsausgleiche zwischen den Krankenkassen untereinander vor.

4.2.2 Gesetzliche Rentenversicherung

Aufgabe der gesetzlichen Rentenversicherung ist die finanzielle Sicherung der Arbeitnehmer und ihrer Familie bei Berufs- und Erwerbsunfähigkeit, Alter und Tod.

■ Versicherte

Die gesetzliche Rentenversicherung unterscheidet ebenso wie die gesetzliche Krankenversicherung zwischen Pflichtversicherten und freiwillig Versicherten.

---

[1] *Je nach Krankenkassensatzung auf Antrag des Arbeitgebers bis zu 30 Arbeitnehmer teilnahmeberuhigt.*

Versicherte	
Pflichtversicherte	**freiwillig Versicherte**
• **Arbeiter, Angestellte** • **Auszubildende** • **Studenten** bei Einkommen über der Gering- fügigkeitsgrenze von 400,00 EUR • **Behinderte** in anerkannten Werkstätten • einige **Selbstständige** *(z. B. Hausgewerbetreibende, Künstler, Publi- zisten, Existenzgründungszuschussempfän- ger)* • **Bezieher von Krankengeld, Arbeitslosen- geld/-hilfe, Vorruhestandsgeld** • **Wehr- und Zivildienstleistende** • **Mütter oder Väter** während der max. 3-jäh- rigen Elternzeit nach der Geburt eines Kin- des	**Jedermann**, der der Rentenversicherung nicht schon als Pflichtmitglied angehört, kann **für Zeiten von der Vollendung des 16. Lebens- jahres an die freiwillige Mitgliedschaft** bean- tragen *(z. B. Selbstständige)*.

■ Leistungen

Leistungen aus der Rentenversicherung werden nur gewährt, wenn der Versicherte ihr eine Mindestanzahl von Versicherungsjahren angehört hat. Diese sog. Wartezeit schwankt je nach Art der beantragten Rente zwischen 5 und 15 Jahren.

Witwen und **Witwer** erhalten ohne Rücksicht auf Alter und Erwerbsfähigkeit 60 % des Gesamtrentenanspruchs des Versicherten. Die Höhe der Renten wird Jahr für Jahr der allgemeinen Einkommensentwicklung angepasst. Höhere Verdienste der Arbeitnehmer ziehen daher auch eine Erhöhung der Renten nach sich (Dynamisierung der Renten).

Die Regelaltersgrenze von 65 Jahren ist aber nicht bindend. Versicherte können bis zu drei Jahre vor der jeweils maßgebenden Altersgrenze in Rente gehen. Ihre Rente fällt dann für jedes vorzeitige Jahr des Rentenbezugs um 3,6 % des jeweiligen Rentenanspruches geringer aus. Wer über das 65. Lebensjahr hinaus arbeitet, für den erhöht sich die Rente pro Jahr um 6 %.

Außerdem kann die Altersrente ab dem 60. Lebensjahr als **Altersteilrente** von 1/3, 1/2 oder 2/3 der Vollrente bezogen werden. Dadurch wird ein Hineingleiten in den Ruhestand ermöglicht, denn ein Hinzuverdienst ist in bestimmten Grenzen zulässig.

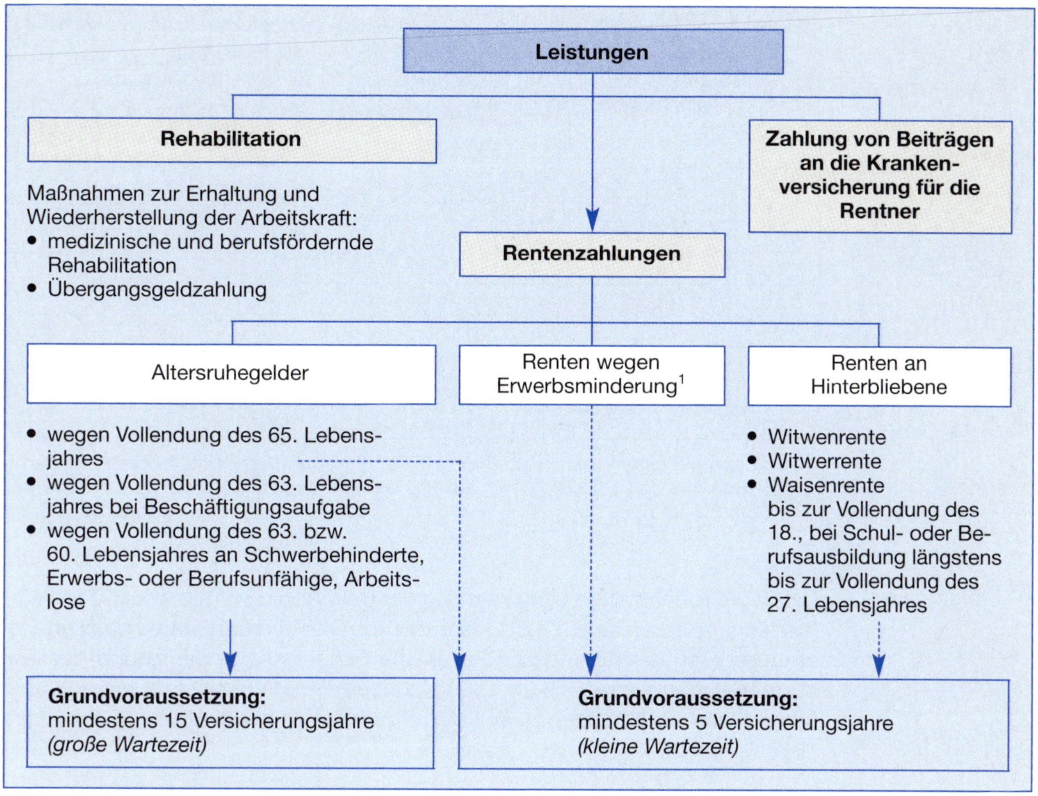

```
                          ┌──────────────────┐
                          │   Leistungen     │
                          └──────────────────┘
```

Rehabilitation

Maßnahmen zur Erhaltung und Wiederherstellung der Arbeitskraft:
• medizinische und berufsfördernde Rehabilitation
• Übergangsgeldzahlung

Zahlung von Beiträgen an die Krankenversicherung für die Rentner

Rentenzahlungen

Altersruhegelder	Renten wegen Erwerbsminderung[1]	Renten an Hinterbliebene

• wegen Vollendung des 65. Lebensjahres
• wegen Vollendung des 63. Lebensjahres bei Beschäftigungsaufgabe
• wegen Vollendung des 63. bzw. 60. Lebensjahres an Schwerbehinderte, Erwerbs- oder Berufsunfähige, Arbeitslose

• Witwenrente
• Witwerrente
• Waisenrente
  bis zur Vollendung des 18., bei Schul- oder Berufsausbildung längstens bis zur Vollendung des 27. Lebensjahres

Grundvoraussetzung:
mindestens 15 Versicherungsjahre
(große Wartezeit)

Grundvoraussetzung:
mindestens 5 Versicherungsjahre
(kleine Wartezeit)

■ Finanzierungsprobleme

Die zur Hälfte von Arbeitnehmern und Arbeitgebern getragenen Beiträge zur gesetzlichen Rentenversicherung finanzieren ca. 80 % der Gesamtausgaben der Rentenversicherungsträger. Den restlichen Teil von ca. 20 % decken Zuschüsse des Bundes.

Die Beitragsentrichtungen durch die jetzt arbeitende Generation führen zu Rentenzahlungen an die nicht mehr erwerbstätige Generation. Es gilt der **Generationenvertrag.** Außerdem muss nach dem BVG-Urteil vom 3. April 2001 bis zum Jahr 2005 durch den Gesetzgeber sichergestellt sein,

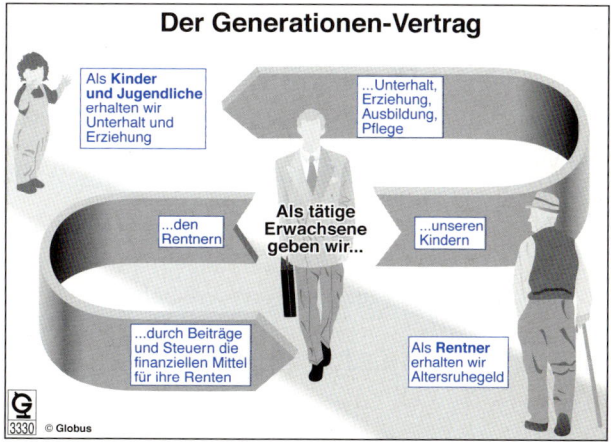

Der Generationen-Vertrag

Als **Kinder und Jugendliche** erhalten wir Unterhalt und Erziehung

...Unterhalt, Erziehung, Ausbildung, Pflege

...den Rentnern

Als tätige Erwachsene geben wir...

...unseren Kindern

...durch Beiträge und Steuern die finanziellen Mittel für ihre Renten

Als **Rentner** erhalten wir Altersruhegeld

© Globus

dass bei Eltern mit Kindern die Kindererziehung als Beitrag zur Sicherung der Rentenleistungen zu werten ist und ihnen daher nicht die gleichen Kassenbeiträge abverlangt werden dürfen wie von Kinderlosen.

---

[1] *Seit 2001 gibt es Erwerbsminderungsrenten nur noch in zwei Stufen: abhängig davon, ob ein Erkrankter nicht mehr als 3 Stunden täglich (dann volle Erwerbsminderungsrente) oder mehr als 3 Stunden bis 6 Stunden täglich (dann halber Anspruch) arbeiten kann.*

Immer mehr Alte in Deutschland			
Jahr	Gesamt-bevölkerung in Millionen	Verhältnis der über 60-Jährigen ...	Verhältnis der über 65-Jährigen ...
		... zur Erwerbsbevölkerung* in Prozent	
1996	82,8	37,0	24,6
2000	82,2	40,8	25,7
2005	81,8	44,5	29,6
2010	81,0	44,8	32,2
2015	79,9	47,9	32,5
2020	78,4	53,1	35,1
2025	76,6	62,6	39,3
2030	74,3	73,2	46,8
2035	71,7	76,6	54,6
2040	68,8	76,4	56,2

* Personen mit einem Lebensalter von 20 bis 59 beziehungsweise 20 bis 64 Jahren
Lesebeispiel: Im Jahr 2000 kommen auf 100 Erwerbstätige im Alter von 20 bis 59 Jahren
40,8 über 60-Jährige.   *Quelle: ZEIT-Grafik*

Durch die zunehmende **Überalterung** der Bevölkerung ergeben sich Probleme
für den Vertrag zwischen den Generationen. Die Frührentner und das Lebensalter der Rentner nimmt ständig zu, die Erwerbstätigen aufgrund des Ge-
burtenrückganges jedoch ab. Die so zunehmende Alterslast für die Erwerbstätigen führt automatisch zu sozialen Spannungen bei der Lösung der Finanzierung.

Maßnahmen und diskutierte **Vorschläge** zur Lösung:
- Erhöhung der Versicherungsbeiträge
- Senkung des Rentenniveaus
- Anhebung der Altersgrenze über 65 Jahre
- Zahlung einer Grundrente nach Aufbau einer eigenveranlassten Vorsorge
  (Dreisäulen-System durch Grundrente, Betriebsrente, private Altersvorsorge
  durch Lebensversicherung[1] oder Sparguthaben, Immobilien usw.)
- Bundeszuschusserhöhung/-festschreibung/-kreditaufnahme, Vermögens-
  veräußerungen
- steuerfinanzierte anstatt beitragsfinanzierte Rente
- private und tariflich abgesicherte Vorsorge mit und ohne staatliche Zuschüsse oder Freibetragsgewährung

4.2.3 Arbeitslosenversicherung

Träger der Arbeitslosenversicherung ist die **Bundesagentur für Arbeit** mit Sitz in Nürnberg. Sie befasst sich mit den Problemen des Arbeitsmarktes sowie der Beschäftigung des Einzelnen und der allgemeinen Beschäftigungslage innerhalb der Wirtschaft. Ihre Zweigstellen sind die **Agenturen für Arbeit.**

---

[1] *Vgl. Seite 116 f.*

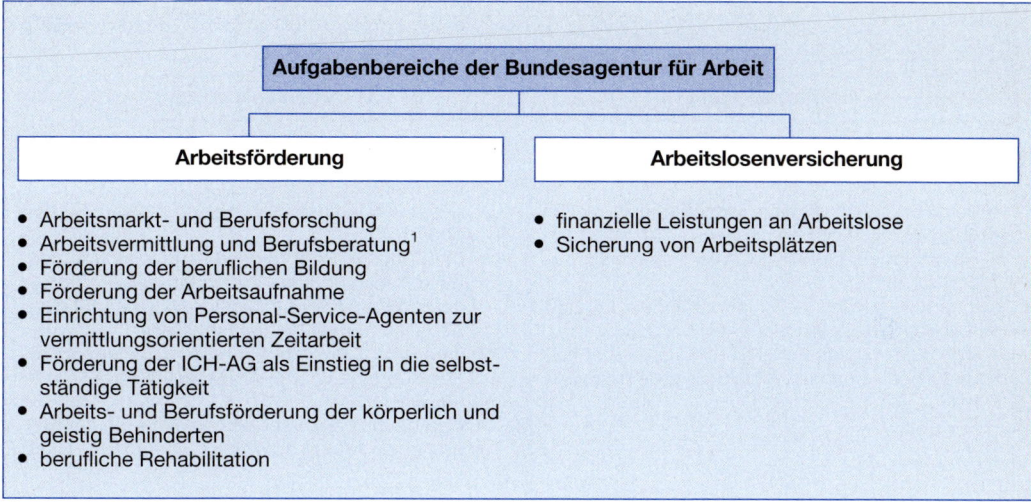

■ Versicherte

Die Arbeitslosenversicherung kennt ausschließlich Pflichtversicherte.

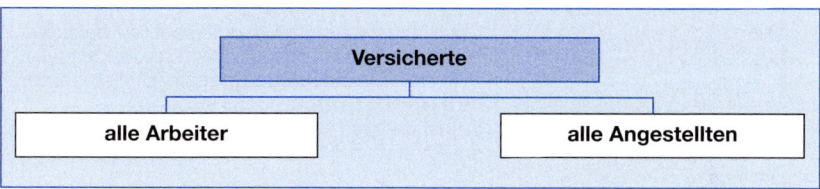

Nicht von der Arbeitslosenversicherung erfasst werden Selbstständige, Beamte, Studierende und Beschäftigte in einem geringfügigen Beschäftigungsverhältnis.

■ Finanzielle Leistungen an Arbeitslose

Die finanzielle Sicherung in Zeiten der Arbeitslosigkeit ist eine unabdingbare Voraussetzung, um den unverschuldet arbeitslos gewordenen Arbeitnehmer und seine Familie nicht in wirtschaftliche Not geraten zu lassen.

---

[1] Nach dem *Beschäftigungsförderungsgesetz* werden auch private Arbeitsvermittler zugelassen.

Arten der Arbeitslosenunterstützung

Arbeitslosengeld

Anspruch auf Arbeitslosengeld hat, wer
- arbeitslos ist,
- bereit und fähig ist, eine Beschäftigung auszu- üben (bereit, eine Beschäftigung anzunehmen, gilt nicht mehr für Arbeitnehmer ab dem 58. Le- bensjahr),
- innerhalb der letzten 2 Jahre mindestens 360 Kalendertage beitragspflichtig beschäftigt war,
- sich beim Arbeitsamt arbeitslos gemeldet hat
- und einen Antrag auf Arbeitslosengeld gestellt hat.

↓

Grundsätzlich wird das Arbeitslosengeld für höchstens 12 Monate gezahlt (unter bestimmten Voraussetzungen an ältere Arbeitnehmer bis zu 832 Werktage; ab 2006 für über 55-Jährige max. 18 Monate); nach Ablauf dieser Frist kann bei weiter bestehender Arbeitslosigkeit Arbeits- losenhilfe beantragt werden.

↓

Das Arbeitslosengeld beträgt bei Leistungsemp- fängern ohne Kinder 60 %, andernfalls 67 % des letzten Nettoarbeitsverdienstes; die anrechen- bare Einkommenshöhe ist hierbei durch die Bei- tragsbemessungsgrenze begrenzt.

Arbeitslosenhilfe

Anspruch auf Arbeitslosenhilfe hat, wer
- arbeitslos ist,
- bereit und fähig ist, eine Beschäftigung auszu- üben,
- bedürftig ist (Bedürftigkeit liegt vor, wenn das Einkommen und das Vermögen des Arbeitslo- sen oder seiner Familienangehörigen für den Lebensunterhalt nicht ausreichen),
- innerhalb des letzten Jahres mindestens 150 Kalendertage vor der Arbeitslosigkeit beschäf- tigt war,
- sich beim Arbeitsamt arbeitslos gemeldet hat
- und einen Antrag auf Arbeitslosenhilfe gestellt hat.

↓

Arbeitslosenhilfe wird ohne zeitliche Begrenzung gezahlt und nur sofern kein Anspruch auf Arbeits- losengeld besteht; ab 2005 als Arbeitslosen- geld II auf dem Niveau der Sozialhilfe.

↓

Die Höhe der Arbeitslosenhilfe beträgt bei Leis- tungsempfängern ohne Kinder 53 %, andernfalls 57 % des letzten Nettoarbeitsverdienstes und wird jährlich pauschal um 3 % gekürzt. Selbstständige haben grundsätzlich keinen An- spruch auf Arbeitslosenhilfe.

Maßnahmen zur Arbeitsplatzsicherung

Kurzarbeitergeld

Zahlungen an Arbeit- nehmer und Auszu- bildende, die infolge von unvermeidbaren Arbeitsausfällen kei- nen oder nur einen gekürzten Lohn erhal- ten.

Winterausfallgeld

Zahlung an Arbeiter bei witterungsbedingtem Arbeitsausfall (früher Schlechtwettergeld) in der Zeit von Januar bis März und November bis Dezember:
Bau: umlagefinanziert ab der 31. bis zur 100. Ausfallstunde bei Fehlen eines über 30 Stunden hinausgehenden Arbeitszeitguthabens; beitragsfinan- ziert ab der 101. Ausfallstunde
Dachdecker: beitragsfinanziert ab der 121. Ausfall- stunde
Garten- und Landschaftsbau/
Gerüstbau: beitragsfinanziert ab der 151. Aus- fallstunde

Maßnahmen zur - Arbeitsbeschaffung

Zuschüsse zur Ein- richtung von Arbeits- plätzen für Arbeitslose und ältere Arbeitneh- mer bis maximal 90 % des Tariflohnes.

↓

Ziel: Verhinderung von Entlassungen

■ Finanzierungsprobleme

Seit der Wiedervereinigung 1990 haben sich die Ausgaben der Bundesagentur für Arbeit nahezu verdoppelt. Neben den Einkommensleistungen der Arbeitsämter – Arbeitslosen-, Kurzarbeiter-, Winterausfall- und Insolvenzausfallgeld – sind Finanzierungsmaßnahmen der Umschulung, Fortbildung zur Weiterqualifizierung und Arbeitsbeschaffungsmaßnahmen wichtige Instrumente. Sie dienen der Anhebung des Ausbildungsstandes der Arbeitnehmer, um sie an die Anforderungen in den zukunftsträchtigen Wirtschaftszweigen heranzuführen und sie langfristig vor Arbeitslosigkeit zu bewahren.

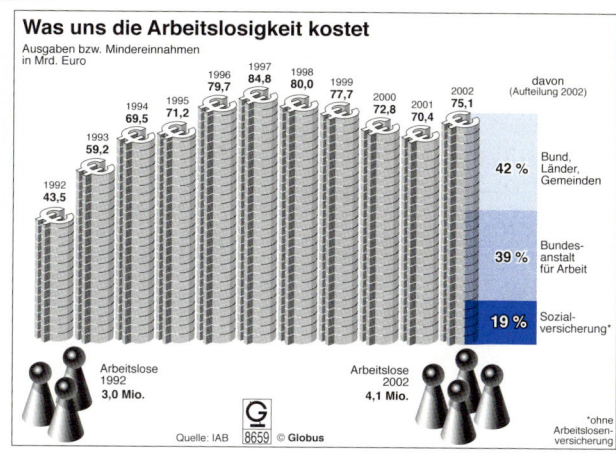

Zum 1. Januar 2005 werden Arbeitslosenhilfe und Sozialhilfe (Hartz IV) in der Regel auf dem Niveau der Sozialhilfe zum so genannten **Arbeitslosengeld II** mit dem Ziel zusammengelegt, die Leistungshöhe zu begrenzen, Zumutbarkeitsregeln auf wenige Fälle zu beschränken und die Sanktionsmöglichkeiten bei nicht genügender Eigeninitiative durch den Arbeitssuchenden zu erhöhen. Übergangsregelungen gewähren einen Zuschlag bei Übergang des herkömmlichen Arbeitslosengeldes zum Arbeitslosengeld II.

Jeder Arbeitslose bekommt einen **Fallmanager** als persönlichen Ansprechpartner durch die **Agenturen für Arbeit**. Die Aufgabenbereiche des Fallmanagers gegenüber dem früheren Arbeitsvermittler erweitern sich (z. B. Schuldnerberatung, Auslage von Mietschulden, gemeinnützige Arbeitsvermittlung, Suchtberatung).

4.2.4 Gesetzliche Pflegeversicherung

Aufgabe der **gesetzlichen Pflegeversicherung** ist die **finanzielle Sicherung der Pflegeleistungen** für jene Menschen, die bei den alltäglichen Verrichtungen der ständigen Hilfe bedürfen.

Definition

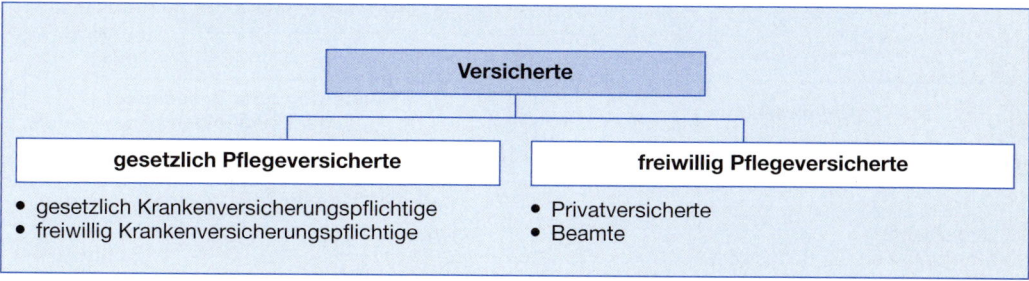

Die **Leistungen** richten sich nach dem Grad der Bedürftigkeit.

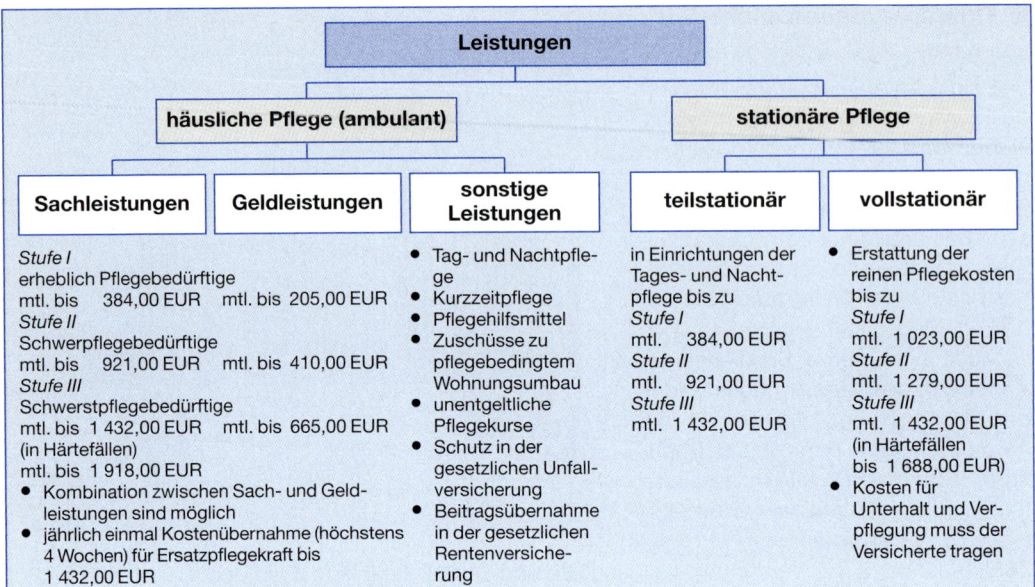

■ Finanzierungsprobleme

Die Finanzierung erfolgt durch hälftige Beiträge der Arbeitnehmer und Arbeitgeber. Bemessungsgrundlage ist das Bruttoeinkommen, höchstens jedoch bis zur Beitragsbemessungsgrenze in der gesetzlichen Krankenversicherung. Der Beitragssatz für Leistungen der häuslichen einschließlich stationären Pflege beträgt 1,7 %. Aus wirtschaftlichen Gründen erhalten die Arbeitgeber für ihre Beitragsleistungen einen Ausgleich. Arbeitnehmer verzichten in der Regel auf einen gesetzlichen Feiertag, der auf einen Werktag fällt (Billigung durch die jeweiligen Landtage). Für die gesetzliche Pflegeversicherung gelten die gleichen Risiken und Probleme wie bei der Rentenversicherung, weil sie ebenfalls auf dem Generationenvertrag basiert.

4.2.5 Gesetzliche Unfallversicherung

Die gesetzliche Unfallversicherung[1] umfasst zwei Aufgabenbereiche.

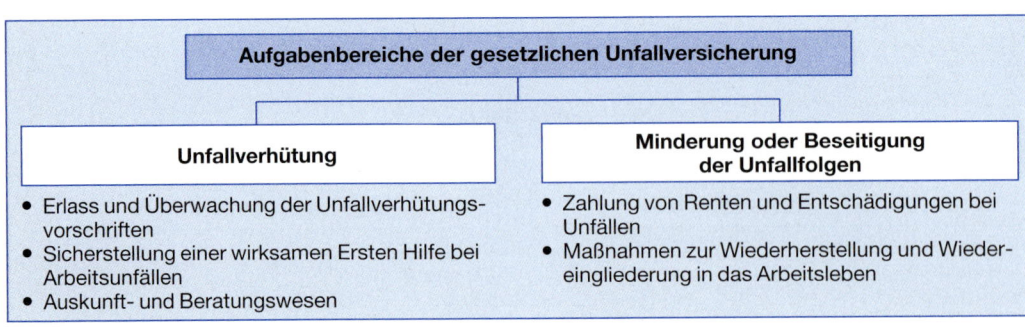

---

[1] *Vgl. Seite 41 f.*

■ **Versicherte**

Die gesetzliche Unfallversicherung unterscheidet zwischen Pflichtversicherten und freiwillig Versicherten.

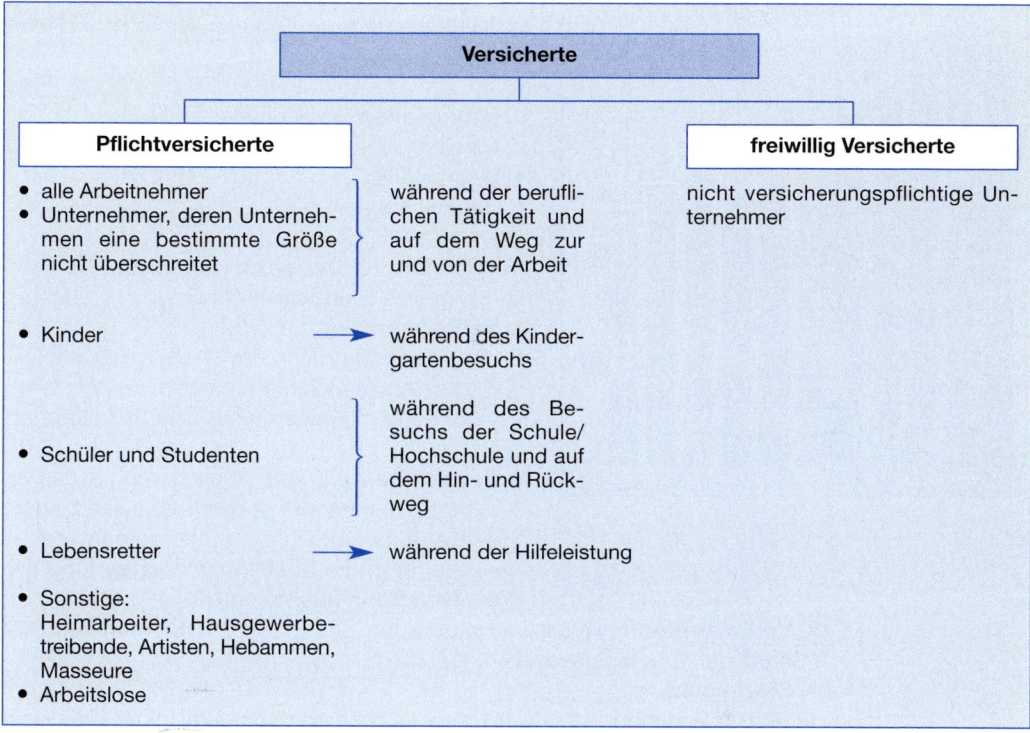

Nahezu die gesamte Bevölkerung ist in der gesetzlichen Unfallversicherung pflichtversichert. Nur einige Personengruppen, die anderweitig abgesichert sind *(z. B. Beamte)*, fallen nicht unter die Zwangsmitgliedschaft.

■ **Maßnahmen im Bereich der Unfallverhütung**

Die Unfallverhütung ist ein Schwerpunkt der Unfallversicherung. Zu diesem Zweck werden von den **Berufsgenossenschaften** (Unfallversicherungsträger) Unfallverhütungsvorschriften erlassen, die für die betroffenen Unternehmen verbindlich und den Arbeitnehmern bekannt zu geben sind. Ziel der Vorschriften ist der Schutz der Arbeitnehmer vor Unfällen und Berufskrankheiten und die ordnungsgemäße Einrichtung und Erhaltung der Betriebsstätten, Maschinen und Gerätschaften.
Die Berufsgenossenschaften überwachen die Einhaltung der Vorschriften. Bei Verstößen können hohe Bußgelder (bis 10 000,00 EUR) verhängt werden.

■ **Maßnahmen zur Milderung und Beseitigung der Unfallfolgen**

Der Unternehmer ist verpflichtet, jeden Unfall unverzüglich zu melden. In einem anschließenden Untersuchungsverfahren werden Art, Umfang und Ursache

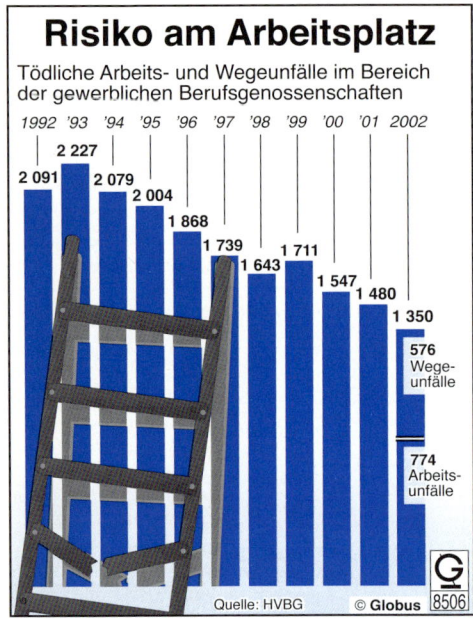

Risiko am Arbeitsplatz

Tödliche Arbeits- und Wegeunfälle im Bereich der gewerblichen Berufsgenossenschaften

1992 '93 '94 '95 '96 '97 '98 '99 '00 '01 2002

2 227
2 091   2 079
2 004
1 868
1 739
1 643   1 711
1 547
1 480
1 350

576 Wege-unfälle

774 Arbeits-unfälle

Quelle: HVBG   © Globus   8506

der Schädigung festgestellt. Gleichzeitig wird geklärt, ob und in welcher Form die Erwerbsfähigkeit des Versicherten wiederhergestellt werden kann bzw. in welcher Höhe bei bleibenden Unfallfolgen oder bei Tod des Versicherten Rente zu zahlen ist.

Leistungsansprüche entstehen durch:
- Arbeitsunfälle,
- Wegeunfälle,
- Berufskrankheiten.

Der Versicherte bzw. seine Hinterbliebenen können folgende **Leistungen** erhalten:
- **Heilbehandlung,**
- **Übergangsgeld** für die Dauer der unfallbedingten Arbeitsunfähigkeit, sofern der Versicherte keinen Arbeitsverdienst oder Krankengeld erhält,
- **Berufshilfe** zur Wiedereingliederung in das Arbeitsleben; kann der Versicherte seine bisherige Berufstätigkeit nicht wiederaufnehmen, so werden ggf. die Ausbildungskosten für einen anderen Beruf übernommen,
- **Verletztenrente,** wenn die Unfallfolgen eine Erwerbsminderung von mindestens 20 % verursachen,
- **Sterbegeld,**
- **Hinterbliebenenrente,** wenn der Versicherte an den Unfallfolgen oder einer Berufskrankheit gestorben ist (Anspruchsberechtigte sind Witwer, Witwen, Eltern und Kinder),
- **Abfindungszahlungen** anstelle von Verletztenrenten bzw. Hinterbliebenenrenten.

■ Finanzierung

Die gesetzliche Unfallversicherung wird über ein **Umlageverfahren** allein durch die **Beiträge der Unternehmen** finanziert. Die Lohnsumme, gestaffelt nach Gefahrenklassen, gilt als Bemessungsgrundlage für die Beitragshöhe. Unternehmen, die geringere Unfallquoten und -kosten als vergleichbare Betriebe aufweisen, werden Beitragsnachlässe oder auch Prämien für den Ausbau der betrieblichen Sicherheit gewährt. Trotz der rückläufigen Zahl der Unfälle und Rentenempfänger steigen die Leistungen und damit die Ausgaben an. Auch für die Zukunft ist mit einem weiteren Ausgabenanstieg zu rechnen.

Trotz der sinkenden Unfallhäufigkeit ergeben sich aus den persönlichen Schicksalen der Unfallopfer und deren Hinterbliebenen Probleme, weil die Versorgung aus der gesetzlichen Unfallversicherung oft nicht mehr zur Aufrechterhaltung des früheren Lebensstandards ausreicht, auch wenn diese Leistungen vielfach über denen der übrigen gesetzlichen Sozialversicherungsträgern liegen.

4.3   Risiken im Netz der sozialen Sicherheit

Alle sozialen Leistungen des Staates zusammen bilden das **„Netz der sozialen Sicherheit"**.

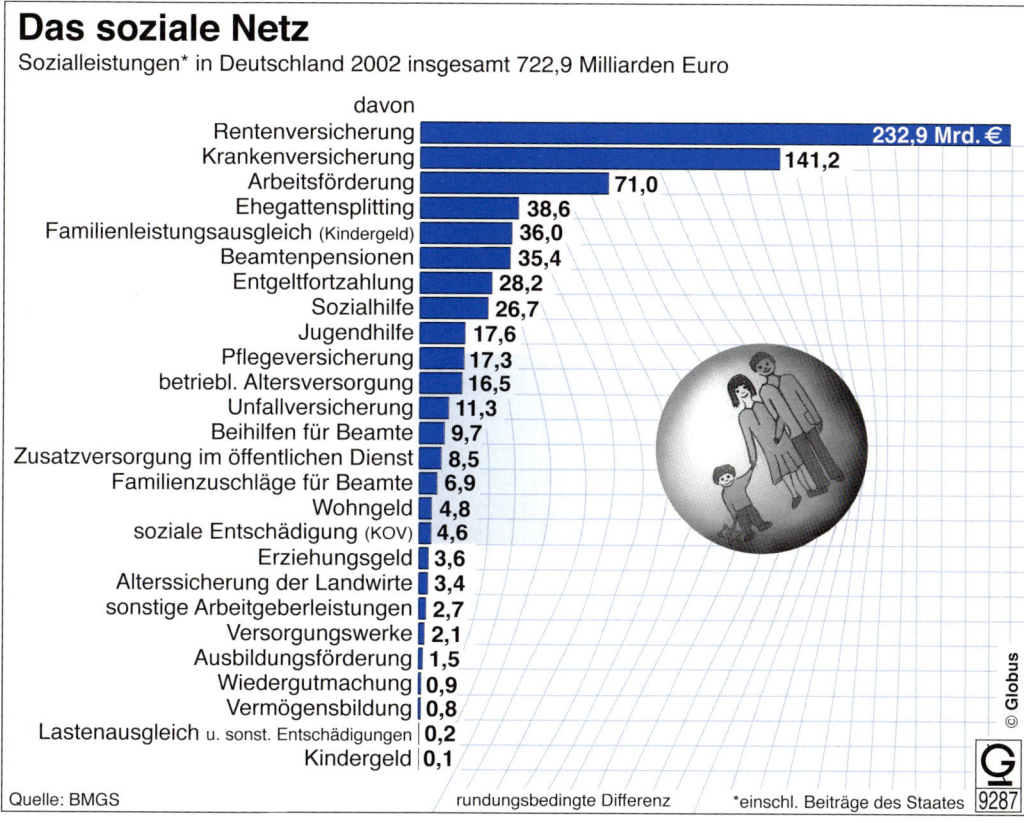

Das soziale Netz

Sozialleistungen* in Deutschland 2002 insgesamt 722,9 Milliarden Euro

davon

Rentenversicherung	**232,9 Mrd. €**
Krankenversicherung	**141,2**
Arbeitsförderung	**71,0**
Ehegattensplitting	**38,6**
Familienleistungsausgleich (Kindergeld)	**36,0**
Beamtenpensionen	**35,4**
Entgeltfortzahlung	**28,2**
Sozialhilfe	**26,7**
Jugendhilfe	**17,6**
Pflegeversicherung	**17,3**
betriebl. Altersversorgung	**16,5**
Unfallversicherung	**11,3**
Beihilfen für Beamte	**9,7**
Zusatzversorgung im öffentlichen Dienst	**8,5**
Familienzuschläge für Beamte	**6,9**
Wohngeld	**4,8**
soziale Entschädigung (KOV)	**4,6**
Erziehungsgeld	**3,6**
Alterssicherung der Landwirte	**3,4**
sonstige Arbeitgeberleistungen	**2,7**
Versorgungswerke	**2,1**
Ausbildungsförderung	**1,5**
Wiedergutmachung	**0,9**
Vermögensbildung	**0,8**
Lastenausgleich u. sonst. Entschädigungen	**0,2**
Kindergeld	**0,1**

© Globus

Quelle: BMGS   rundungsbedingte Differenz   *einschl. Beiträge des Staates   9287

Zunehmend wird diskutiert, ob das System der sozialen Sicherung hinreichend an die wirtschaftlichen und gesellschaftlichen Veränderungen anpassungsfähig ist und ob die Übersichtlichkeit des Systems noch gegeben ist.

Abhängigkeit der Sozialleistungen von veränderten Wachstumsbedingungen	
Ursachen	Verlangsamtes wirtschaftliches Wachstum führt zu geringerem Zuwachs bei den Arbeitsentgelten, Einkommenseinbußen, erhöhter Arbeitslosigkeit und damit zur Verringerung der Beiträge und Einnahmen der Träger der sozialen Einrichtungen unter gleichzeitiger Zunahme der Sozialausgaben an die Leistungsempfänger
Maßnahmen	• Überprüfung der sozialen Leistungen • Absicherung einer notwendigen Grundversorgung • Auswertung des Beitragspotenzials • Einschränkung der Sozialausgaben

Aufgaben

1. In welchen der unten stehenden Fälle werden die Leistungen von
   (1) der Bundesversicherungsanstalt für Angestellte
   (2) einer Krankenkasse
   (3) der Agentur für Arbeit
   (4) einer Berufsgenossenschaft
   (5) der Quickstep GmbH
   gewährt?
   Fälle:
   a) Der Lagerarbeiter Hans Gerber erhält nach einem Betriebsunfall eine Rente.
   b) Die Angestellte Maria Land erhält anlässlich der Geburt ihres Sohnes Mutterschaftsgeld.
   c) Der Disponent Axel Weiß erhält 500,00 EUR Urlaubsgeld.
   d) Die Quickstep GmbH musste den Mitarbeiter Ingo Meinz wegen deutlichen Auftragsrückgangs entlassen. Ingo Meinz bezieht jetzt Arbeitslosengeld.
   e) Der Sachbearbeiter Bert Brauer erhält nach langer schwerer Erkrankung (angeborene Herzkrankheit) eine Erwerbsminderungsrente.

2. Auf welche der folgenden Zweige der Sozialversicherung beziehen sich die unten stehenden Regelungen?
   Zweige der Sozialversicherung:
   (1) Krankenversicherung
   (2) Rentenversicherung
   (3) Arbeitslosenversicherung
   (4) Unfallversicherung
   (5) Pflegeversicherung
   Regelungen:
   a) Für unterhaltspflichtige Familienangehörige besteht grundsätzlich ein gesetzlicher Anspruch auf Vorsorgeuntersuchungen.
   b) Die Finanzierung erfolgt ausschließlich durch Beiträge der Arbeitgeber.
   c) Zur Finanzierung wurde in den meisten Bundesländern ein gesetzlicher Feiertag gestrichen.
   d) Die Mitarbeiter einer Unternehmung erhalten Kurzarbeitergeld.
   e) Nach Erreichen der Altersgrenze wird auf Antrag Altersruhegeld gezahlt.
   f) Ein Jugendlicher erhält nach dem Tod seines Vaters Waisenrente.
   g) Nach langjähriger Tätigkeit verliert ein Disponent aus betrieblichen Gründen seinen Arbeitsplatz. Er findet in den nächsten drei Monaten keine neue Tätigkeit.
   h) Nach einem Arbeitsunfall muss sich ein Lagerarbeiter zur Wiederherstellung seiner Arbeitskraft einer Heilbehandlung in einer Klinik unterziehen.
   i) Eine 78-jährige allein lebende Rentnerin wird einmal täglich durch eine Sozialstation betreut.

5 Eigeninitiative zur Absicherung von Lebensrisiken

Einstiegssituation

Christian May ist verheiratet und Vater einer 1-jährigen Tochter. Das Einkommen der jungen Familie beläuft sich auf 80 000,00 EUR pro Jahr. Marlies May hat wegen des Erziehungsurlaubs zurzeit keine eigenen Einnahmen.

Wegen der günstigen Einkommenssituation überlegt die junge Familie, ein Einfamilienhaus zu bauen oder zu erwerben. Andererseits ist Christian May bestrebt, sich gegen nachteilige wirtschaftliche Folgen abzusichern. Die gesetzlichen Sozialversicherungssysteme scheinen ihm für die Absicherung nicht ausreichend und sind für bestimmte Gefahrenvorsorgen gar nicht vorgesehen.

1. *Welche persönlichen Vorsorgemaßnahmen kann Christian May treffen?*
2. *Beschreiben Sie Versicherungen, die aufgrund gesetzlicher Verpflichtung außerhalb der gesetzlichen Sozialversicherung abzuschließen sind, um Gefahren von den Mitmenschen im Schadensfall abzuwenden.*
3. *Durch den Erwerb von Wohnungseigentum entstehen für die Familie längerfristige finanzielle Belastungen. Welche Möglichkeiten stehen der Familie May zur Verfügung, sich gegen sachliche, persönliche und vermögensmäßige Risiken abzusichern?*

Gefahren vieler Art begegnen dem Menschen auf seinem ganzen Lebensweg.

Beispiele

Unfälle, Krankheit, Arbeitslosigkeit, Diebstahl, Pflegebedürftigkeit

Der Mensch wünscht Sicherheit nicht nur vor dem Eintritt der Gefahr, sondern Sicherheit auch vor den wirtschaftlichen Folgen nachteiliger Ereignisse, wie sie sich trotz aller vorbeugenden Maßnahmen unvermeidlich immer wieder ereignen.
Eine solche Vorsorge ermöglicht die Versicherung. Ihr Grundgedanke liegt darin, dass viele, die von einer gleichartigen Gefahr bedroht sind, sich zu einer Gefahrengemeinschaft zusammenschließen.

Beispiel

Alle Kfz-Halter müssen Mitglied einer Kfz-Haftpflichtversicherung sein. Damit soll erreicht werden, dass bei selbstverschuldeten Unfällen die Schadenforderungen auf alle Fälle gedeckt sind. Das Einkommen der Autofahrer würde in der Regel nicht ausreichen, um die bei schweren Unfällen entstehenden finanziellen Verpflichtungen tragen zu können.

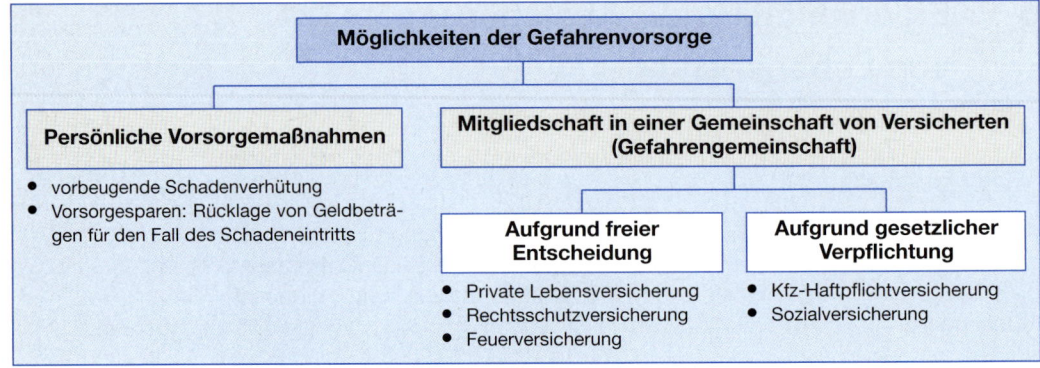

Überblick über das Versicherungswesen

Das Versicherungswesen unterscheidet die Bereiche **Individualversicherung** und **Sozialversicherung;** beide Bereiche sind in mehrere Versicherungszweige untergliedert.

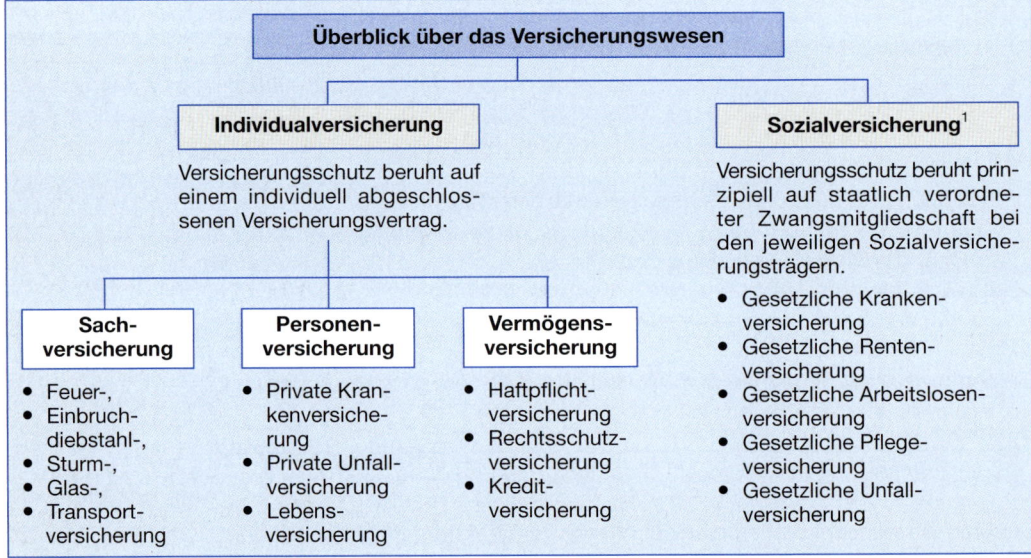

5.1 Private Krankenversicherung/Pflegeversicherung

Ziel der privaten **Krankenversicherung** als Personenversicherung ist es, Versicherten einen an ihre Bedarfssituation angepassten Versicherungsschutz zu bieten. Nach Einführung der gesetzlichen **Pflegeversicherung** kann der Versicherungsschutz auch als Teilleistung über die private Krankenversicherung mit abgedeckt werden. Es gilt der Grundsatz „Pflegeversicherung folgt Krankenversicherung".

---

[1] Vgl. Seite 95 ff.

Alle **Personen,** die in der gesetzlichen Krankenversicherung versicherungsfrei sind oder eine Zusatzversicherung neben der gesetzlichen Krankenversicherung abschließen wollen, haben die Möglichkeit eines Versicherungsabschlusses bei einer der privaten Krankenversicherungsgesellschaften.

Beispiele

Selbstständige, Beamte, Freiberufler; geringfügig Beschäftigte; Arbeitnehmer mit einem Arbeitsentgelt über der Beitragsbemessungsgrenze in der gesetzlichen Krankenversicherung; alle versicherungspflichtigen Personen in der gesetzlichen Krankenversicherung, um zusätzlich Gesundheitsrisiken abzusichern.

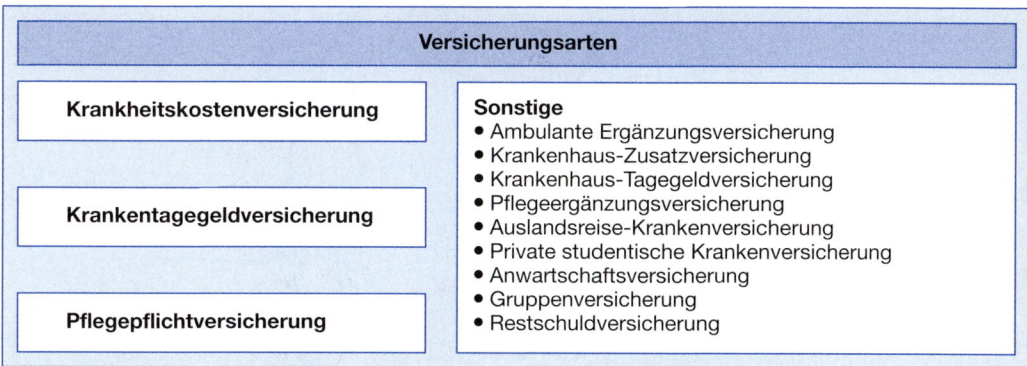

Eine **Risikoprüfung** auf der Grundlage der Antragstellerangaben zu den Gesundheitsfragen ist wesentlicher Bestandteil dafür, ob ein Antragsteller in die Versicherungsgemeinschaft aufgenommen werden kann, ob Risikozuschläge/Leistungsausschlüsse/Wartezeiten zu vereinbaren sind oder sogar die Antragsablehnung erfolgt.

5.2 Altersvorsorge nach dem Altersvermögensgesetz *(AvmG)*

Die gesamte Altersvorsorge sollte neben der umlagefinanzierten gesetzlichen Rentenversicherung auch die private und betriebliche Altersvorsorge umfassen.

■ Private Altersvorsorge

Die gesetzliche Altersvorsorge funktioniert im Generationsverbund: Die Jüngeren bezahlen mit ihren Beiträgen die Renten der Älteren. Künftig soll die gesetzliche Rente ergänzt werden durch private Vorsorge. Diese baut sich nach dem Prinzip der Kapitaldeckung auf. Die Versicherten zahlen Beiträge ein und erhalten im Rentenalter genau dieses angesparte Kapital als Rente ausgezahlt – vermehrt um Zinsen und vermindert um Verwaltungs- und sonstige Kosten. Damit das angesparte Kapital nicht verloren geht, hat der

Gesetzgeber ein Kontrollverfahren eingefügt. Eine Zertifizierungsstelle – die in der Bundesanstalt für Finanzdienstleistungsaufsicht (BAFin) angesiedelte Versicherungsaufsicht – bestätigt den Anbietern, dass die Verträge zur Altersvorsorge den gesetzlichen Vorgaben entsprechen: Dass sie nämlich die eingezahlten Beiträge garantieren und dass sie bestimmten Informationspflichten genügen. Ob sich die Anlage rentiert oder ob der Anbieter seriös ist, das wird nicht geprüft.

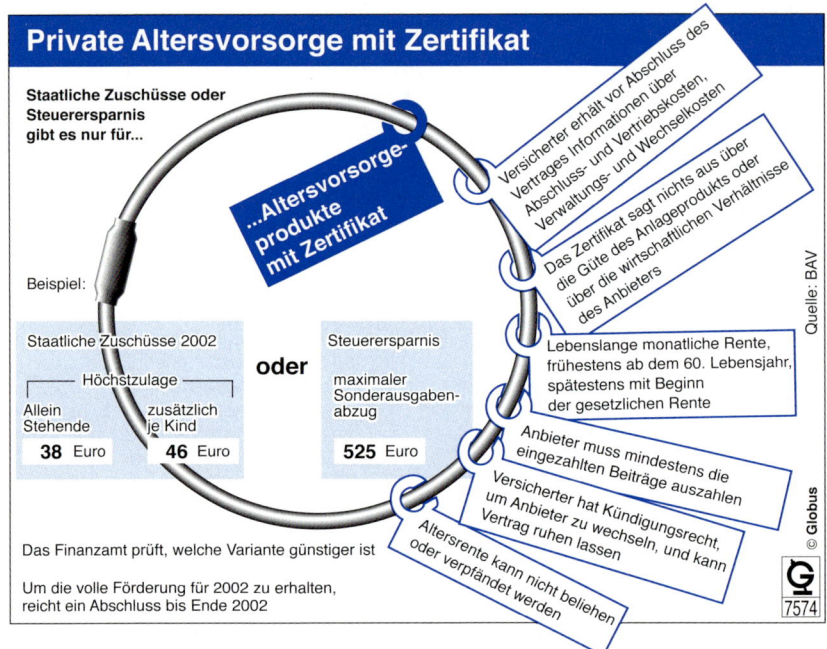

Steuerlich begünstigte Vertragstypen sind:
*   Private Lebensversicherungsverträge
*   Private Rentenversicherungsverträge
*   Banksparpläne
*   Investmentfonds-Sparpläne

Nach *§ 82 Abs. 4 AVmG* scheiden solche Aufwendungen aus der zusätzlichen Förderung aus, wenn für die Aufwendungen
*   eine Arbeitnehmersparzulage nach dem *5. VermBG* gewährt wird oder
*   ein Sonderausgabeabzug nach *§ 10 EStG* möglich ist.

■ Betriebliche Altersvorsorge

Arbeitnehmer haben seit dem 1. Januar 2002 für Zwecke der betrieblichen Altersvorsorge grundsätzlich einen Anspruch auf Entgeltumwandlung in Höhe von bis zu 4 % der jeweiligen Beitragsbemessungsgrenze in der Rentenversicherung der Arbeiter und Angestellten. Da dem Arbeitgeber für die Abwicklung der betrieblichen Altersversorgung mehrere Möglichkeiten zur Verfügung stehen, muss er sich mit den einzelnen Durchführungswegen auseinandersetzen:
*   Pensionsfonds
*   Pensionskasse
*   Direktversicherung
*   Direktzusage
*   Unterstützungskasse

Die private Altersvorsorge

Anreiz zum Mitmachen: Der Staat gibt Zuschüsse zu privaten Sparleistungen
Beispiele in € pro Jahr (ab 2008)

Allein stehend	Jahreseinkommen	10 000	30 000	50 000
	Eigenleistung	246	1 046	1 846
	Staatszuschuss Grundzulage Kinderzulage	154 –	154* –	154* –
	Sparleistung insgesamt 4 % des sozialversicherungs- pflichtigen Einkommens des Vorjahres	400	1 200	2 000
Verheiratet, zwei Kinder, ein Partner arbeitet	Jahreseinkommen	10 000	30 000	50 000
	Eigenleistung	60	522	1 322
	Staatszuschuss Grundzulage Kinderzulage	308 370	308 370	308 370
	Sparleistung insgesamt 4 % des sozialversicherungs- pflichtigen Einkommens des Vorjahres, mind. 60 Euro	738	1 200	2 000
Verheiratet, ein Kind, beide arbeiten	Jahreseinkommen	20 000	40 000	60 000
	Eigenleistung	307	1 107	1 907
	Staatszuschuss Grundzulage Kinderzulage	308 185	308 185	308* 185
	Sparleistung insgesamt 4 % des sozialversicherungs- pflichtigen Einkommens des Vorjahres	800	1 600	2 400

*zusätzliche Steuerersparnis bei Sonderausgabenabzug © Globus 7588

In diesem Zusammenhang sind neben den finanziellen und verwaltungs-
mäßigen Belastungen der einzelnen Durchführungswege auch deren Steuer-
und sozialversicherungsrechtliche Behandlung von Bedeutung.

Begünstigte Arbeitnehmer sind alle Arbeitnehmer in einem abhängigen Beschäftigungsverhältnis, Versicherte während einer anzurechnenden Kinder-
erziehungszeit bis 3 Jahre, Wehr- und Zivildienstleistende, geringfügig
Beschäftigte (soweit sie auf die Rentenversicherungsfreiheit verzichtet haben),
Bezieher von Lohnersatzleistungen *(z. B. Kranken- und Arteitslosengeld-
bezieher)* sowie rentenversicherungspflichtige Selbstständige.

Die Einzahlungen erfolgen auf der Grundlage eines betrieblichen **Altersvorsorgevertrages** *(§§ 10a Abs. 1, 82 EStG)*, der vom Bundesbeaufsichtigungsamt für
das Versicherungswesen nach dem **Altersvorsorgeverträge-Zertifizierungs-
gesetz** genehmigt ist. Die Verträge müssen folgende Bedingungen erfüllen:
- während der Ansparphase sind laufend Beiträge zu leisten,
- die Auszahlung erfolgt nicht vor Erreichen des 60. Lebensjahres oder vor
  Beginn einer verminderten Rente,
- für das eingezahlte Kapital ist eine Einlagensicherung vorgesehen,
- der Anbieter des Altersvorsorgevertrages muss mit Vertragsbeginn zusi-
  chern, dass
  - zu Beginn der Auszahlungsphase mindestens die eingezahlten Beiträge
    vorhanden sind,
  - die Auszahlung bis zur Vollendung des 85. Lebensjahres in Form einer gleich
    bleibenden oder steigenden monatlichen Leistung erbracht werden kann,

- zu Beginn der Auszahlungsphase ein Teil des Kapitals in eine Rentenversicherung eingezahlt wird, damit nach dem 85. Lebensjahr eine lebenslange Rente gezahlt wird,
- der Altersvorsorgevertrag muss die Möglichkeit bieten,
  - den Vertrag ruhen zu lassen oder
  - mit einer Frist von 3 Monaten zum Ende des Kalenderjahres zu kündigen, um das bisher gebildete Kapital auf einen anderen Altersvorsorgevertrag eines anderen Anbieters zu übertragen,
- die Abtretung oder Übertragung von Forderungen oder Eigentumsrechten aus dem Altersvorsorgevertrag an Dritte muss ausgeschlossen sein.

Der zertifizierte Altersvorsorgevertrag berechtigt zu einer **Altersvorsorgezulage** (Grund- und Kinderzulage) oder zum Abzug der Sparleistung als **Sonderausgabe** von der Einkommensteuer, wenn die Beiträge zur Altersvorsorge aus dem versteuerten Arbeitslohn des Arbeitnehmers geleistet werden *(§§ 10a, 79–99 EStG)*. Im Rahmen der Einkommensteuerveranlagung ist zu prüfen, welcher Weg für den Steuerpflichtigen günstiger ist. Die gewährten Zulagen werden dabei als eigene Zahlungen angesetzt. Belässt der Arbeitgeber die Altersversorgungsbeträge Steuer- und sozialversicherungsfrei (echte Entgeltumwandlung oder Zuzahlung), entfällt zunächst der Anspruch auf Zulage bzw. Sonderausgabenabzug. Stellt der Arbeitnehmer dennoch einen Antrag auf Zulage bzw. Sonderausgabenabzug, weil dadurch die Förderung höher ist, wird eine Nacherhebung von LSt und SV vorgenommen.

5.3   Lebensversicherung

Je nach **Versicherungsart** lassen sich bei der Lebensversicherung als Personenversicherung verschiedene Versicherungsfälle unterscheiden:
- versicherte Person stirbt während der Vertragslaufzeit
- versicherte Person erlebt einen im Voraus vereinbarten Zeitpunkt
- Ereignisse, die an die versicherte oder mitversicherte Person gebunden sind, treten während der Vertragslaufzeit ein (Berufsunfähigkeit, Krankheit, Pflegebedürftigkeit, Heirat)

Die angestrebten **Ziele** zum Abschluss einer Lebensversicherung sind:
- Altersversorgung
- Hinterbliebenenversorgung
- Versorgung bei vorzeitiger Berufsunfähigkeit/Krankheit/Pflegebedürftigkeit
- Vermögens-/Kapitalbildung
- Darlehnssicherung/-tilgung

Die Ziele sind einzeln oder in Kombination der versicherten Risiken zu erreichen, wobei **Steuerersparnisaspekte**[1] eine wichtige Rolle spielen.

---

[1] *Sind als Sonderausgaben im Rahmen der Höchstbeträge abzugsfähig, vgl. Seite 132 f. Ab 2005 ist die einkommensteuerliche Behandlung von Altersvorsorgeaufwendungen und Altersbezügen nach dem Alterseinkunftsgesetz (AltEinkG) neu geregelt, vgl. S. 132 Fußnote 2.*

Die wichtigsten Arten von Lebensversicherungen sind die **kapitalbildende Lebensversicherung**, die **Risikolebensversicherung** und die **private Rentenversicherung**.

Die **Hauptgründe** für den Abschluss einer Lebensversicherung liegen in der Vorsorge für das eigene Rentenalter und der finanziellen Absicherung der Familie. Wenn nach Eintritt des Versorgungsfalles die Leistungen aus der gesetzlichen Rentenversicherung, betrieblichen Altersversorgung, aus Miet-, Zins- und Dividendeneinnahmen oder anderen Einnahmequellen nicht ausreichen, um den gewohnten Lebensstandard zu sichern, soll die Versorgungslücke geschlossen werden.

Vor Antragsannahme erfolgt wie bei der privaten Krankenversicherung eine **Risikoprüfung.**

5.4   Private Unfallversicherung

Die private Unfallversicherung bietet auf der Grundlage freier Vertragsgestaltung einen an die persönlichen Bedürfnisse angepassten Versicherungsschutz gegen die wirtschaftlichen Folgen körperlicher Unfälle.

Ein Unfall liegt vor, wenn der Versicherte durch ein plötzlich von außen auf seinen Körper wirkendes Ereignis (Unfallereignis) unfreiwillig eine Gesundheitsschädigung erleidet.   **Definition**

Die private Unfallversicherung ergänzt die gesetzliche Unfallversicherung und richtet sich zusätzlich an Personen, die durch die gesetzliche Unfallversicherung nicht erfasst werden (Gewerbetreibende, Freiberufler, Hausfrauen). Versichert sind alle **Unfälle** des täglichen Lebens **rund um die Uhr auf der ganzen Welt.**

Unfallversicherungen finden sich in vielfältigen **Formen** und Ausprägungen:
- Deckung des individuellen Bedarfs an Unfallversicherungsschutz (private Unfallversicherung)
- Unfallversicherungsschutz im Bereich der Kfz-Versicherung (Insassen-Unfallversicherung)
- Ergänzung der Lebensversicherung (Unfalltod-Zusatzversicherung)

5.5   Haftpflichtversicherung

Aufgabe der Haftpflichtversicherung als Sachversicherung ist die **Freistellung** der Versicherten von Ansprüchen aus Schäden, die er Dritten privat, beruflich oder geschäftlich zugefügt hat.

Die Haftpflichtversicherung deckt den konkreten Bedarf im **Schadenfall** (Schadenversicherung) und übernimmt den Schutz des gesamten jeweiligen Vermögens des Versicherten (Vermögensschadenversicherung).

Schadenfall		
gencrell versichert	Tod, Verletzung und Gesundheitsschädigung, Sachsubstanz- und Gebrauchsbeeinträchtigung inklusive jeweilige Vermögensfolgeschäden = unechte Vermögensschäden	**Personen- und Sachschaden**
nur aufgrund einer besonderen Vereinbarung mitversichert	weder durch einen Personen- noch durch Sachschaden entstanden	**Vermögensschaden**
	unfreiwilliger Besitzverlust einer Sache, die noch unversehrt vorhanden und auch grundsätzlich wiedererlangbar ist	**Abhandenkommen von Sachen**

In der Haftpflichtversicherung gibt es eine ganze Reihe spezieller Haftpflichtversicherungen, deren **Gefahrenbereiche** im Vertrag genau zu bezeichnen sind.

Beispiele
_____

Kraftverkehrs-HV, Privat-HV, Berufs-HV, Betriebs-HV.

Aufgaben

1. a) Welche Individualversicherungen haben Sie abgeschlossen?
   b) Nennen Sie die Versicherungszweige, denen diese Versicherungen zuzuordnen sind.

2. Unterscheiden Sie die Individual- und die Sozialversicherung hinsichtlich
   a) der Mitgliedschaft in der jeweiligen Versicherung und
   b) der Beitragsermittlung.

3. Diskutieren Sie die Aussage, dass es nur dann sinnvoll sei, eine Individualversicherung abzuschließen, wenn der Versicherte mindestens so hohe Schäden anmelden kann, wie er Beiträge eingezahlt hat.

4. Unterscheiden Sie die private und die gesetzliche Krankenversicherung hinsichtlich der Aufnahme des Antragstellers in die entsprechende Krankenversicherung.

5. Carmen Müller schließt eine Lebensversicherung ab. Es wird in dem Vertrag vereinbart, dass die Versicherungsleistung bei Tod oder mit Vollendung des 60. Lebensjahres fällig wird.
   Um welche Grundform der Lebensversicherung handelt es sich?

6. Welche Schadenfälle sind mit einer privaten Haftpflichtversicherung generell abgesichert?

6 Vergütung und Abrechnung der Arbeitsleistung

Der 21-jährige Albert Plaut, ledig, wohnhaft in 40219 Düsseldorf, Friedens-
platz 2, bewirbt sich nach erfolgreichem Abschluss einer Ausbildung als
Kaufmann für Spedition und Logistikdienstleistung auf die folgende Stelle:

BMG – Buschkropper Logistik GmbH
Domstraße 24, 50668 Köln

Wir sind ein großes, international tätiges Unternehmen und suchen für unseren Hauptsitz in Köln eine/n qualifizierte/n

Finanzbuchhalter/in

In Kooperation mit der Leitung Finance und Controlling betreuen Sie unse-
ren gesamten Kreditorenbereich.
Wir bieten bei einer 40-Stunden-Woche eine unbefristete Tätigkeit an einem
attraktiven Arbeitsplatz, ein hohes Gehalt, Urlaubs-, Weihnachtsgeld und
Vermögenswirksame Leistungen.
Wenn Sie über eine kaufmännische Ausbildung, gute Englischkenntnisse
und Erfahrung im Umgang mit einschlägigen Computerprogrammen
(MS Office usw.) verfügen, sind Sie bei uns genau richtig!
Bewerben Sie sich bei …

Nach dem Vorstellungsgespräch erhält Herr Plaut zum 1. Januar 2004 die
Stelle. Sein Arbeitgeber zahlt ein Bruttogehalt von 2 400,00 EUR zuzüglich
40,00 EUR Vermögenswirksame Leistungen (VL).
1. *Formulieren Sie die Mindestinhalte, die in den Arbeitsvertrag aufgrund der
   Bestimmungen des „Gesetzes über den Nachweis der für ein Arbeitsverhältnis geltenden wesentlichen Bedingungen – Nachweisgesetz" aufzunehmen sind (fehlende Angaben nach Ihrer Wahl).*
2. *Stellen Sie fest, ob Herr Plaut mit einer staatlichen Förderung nach dem
   Fünften Vermögensbildungsgesetz (Arbeitnehmer-Sparzulage) rechnen
   kann.*
3. *Am 1. Oktober 2004 teilt die Geschäftsführerin der BMG Herrn Plaut mit,
   dass der gesamte Bereich Finance und Controlling und die mit diesem
   Bereich kooperierenden Stellen zukünftig von der Niederlassung in Paris
   übernommen werden. Trotz guter Leistungen müsse Herr Plaut daher bedau-
   erlicherweise das Unternehmen zum Jahresende verlassen.*
   a) *Herr Plaut ist der Meinung, dass seine Kündigung „sozial ungerechtfer-
      tigt" ist. Prüfen Sie den Sachverhalt. Welche Informationen sind ggf. noch
      einzuholen?*
   b) *An wen müsste Herr Plaut sich wenden, wenn er sich auf das Vorliegen
      einer „sozial ungerechtfertigten Kündigung" berufen würde?*
   c) *Erläutern Sie zwei Folgen, die sich aufgrund einer erfolgreichen Klage
      gegen die Kündigung für Herrn Plaut ergeben können.*

6.1 Entlohnung der Arbeit

Weil es objektive Kriterien für eine absolute Lohngerechtigkeit nicht gibt, ist die Frage nach einer möglichst **gerechten Entlohnung** seit jeher das zentrale Thema der Tarifpolitik und der betrieblichen Lohngestaltung. Für Arbeitnehmer ist entscheidend, dass sie einen Lohn bekommen, der den Anforderungen und Leistungen an ihrem Arbeitsplatz entspricht. Dazu gehört auch, dass sie ihr eigenes Einkommen im Verhältnis zu denen der Kollegen, die höher- oder minderwertige Tätigkeiten verrichten, als angemessen empfinden.

6.1.1 Entlohnungsformen

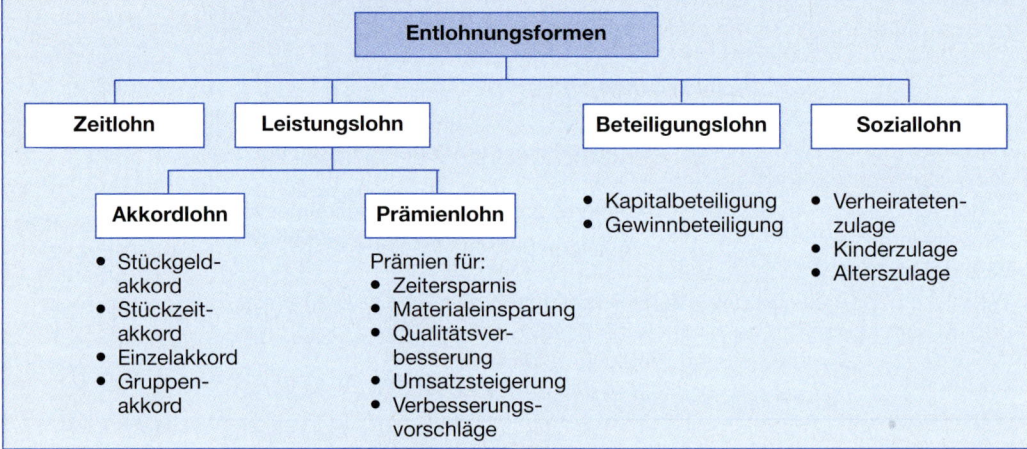

Der Lohn wird im Regelfall als **Geldlohn** gewährt, in Ausnahmefällen als **Naturallohn** *(z. B. Sachbezüge, Vorteilszuwendungen)*. Der Geldlohn ist ein **Nominallohn** und wird durch Lohnerhöhungen der Inflationsrate einschließlich Produktionsfortschritt im Idealfall angepasst, um den **Reallohn** nicht absinken zu lassen.

■ Zeitlohn

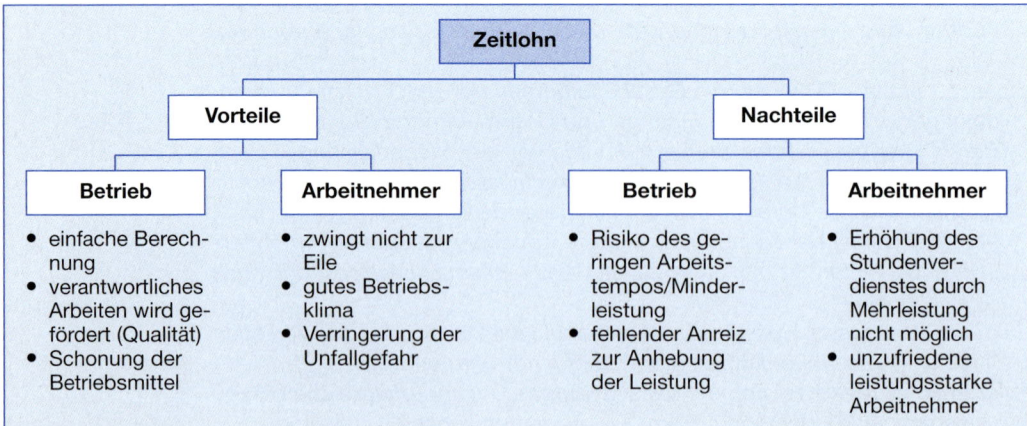

Beim Zeitlohn besteht **keine direkte Verbindung** zwischen Lohn und Leistung.

Die Berechnung erfolgt auf der Grundlage:

> **Bruttolohn = Stundenzahl · Stundenlohn**

■ Leistungslohn

Beim Leistungslohn besteht **ein direkter Zusammenhang** zwischen Leistung und Lohn.
Der **Akkordlohn** besteht aus Mindestlohn plus Akkordzuschlag. Der Mindestlohn (Zeitlohn) ist tariflich garantiert. Der Akkordzuschlag schwankt zwischen 10 % – 30 % des Mindestlohnes. Mindestlohn und Akkordzuschlag bilden zusammen den **Akkordrichtsatz.**

Beispiel

Tariflohn (= Mindestlohn) . . . . *10,00 EUR*
+ 25 % Akkordzuschlag . . . . **2,50 EUR**
Akkordrichtsatz . . . . *12,50 EUR*

Die fortschreitende Automatisierung der Fertigung bedingt häufig eine Abkoppelung der Lohnbemessung von der mengenmäßigen Ausbringungsmenge. Der Akkordlohn wird ersetzt durch den **Prämienlohn.**

> **Prämienlohn:** Bruttolohn = Grundlohn + Prämienzuschlag

Überschreitet der Mitarbeiter die Normalleistung, so erhält er eine **Einzelprämie** oder eine **Gruppenprämie.**

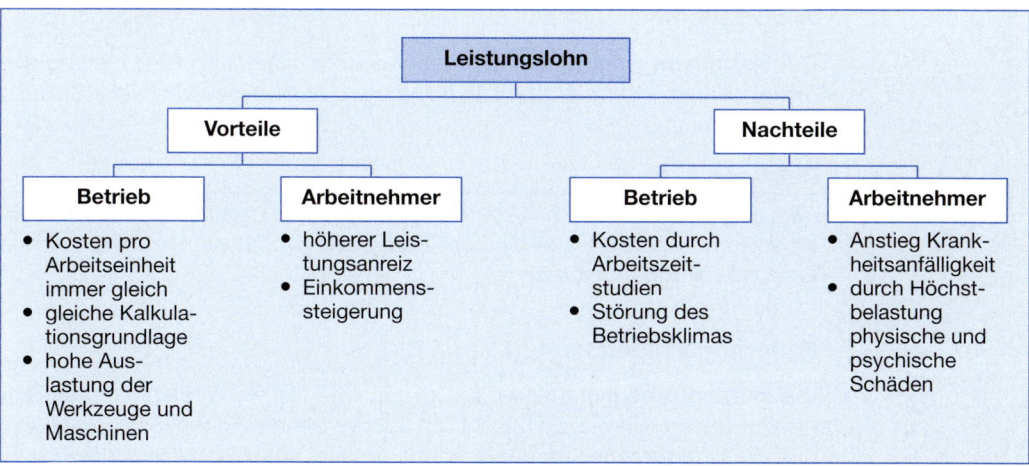

Die Bezahlung von Kraftfahrern im Transportgewerbe nach dem Leistungslohnprinzip ist aus Sicherheitsgründen grundsätzlich verboten.

■ Beteiligungslohn

Der **Beteiligungslohn** in Form der **Erfolgsbeteiligung** ist ein zusätzlicher Leistungsanreiz im Rahmen der Entlohnungsformen.

Gestaltungsmöglichkeiten

- nach den **beteiligten Mitarbeitern:**
  - alle Arbeitnehmer
  - ausgewählte Arbeitnehmergruppen

Beispiel

Tantieme für leitende Angestellte, Vorzugsaktien für Mitarbeiter (Investivlohn)

- nach der **Bezugsgröße** der Beteiligung:
  - Ertragsbeteiligung (Wertschöpfung, Umsatz)
  - Gewinnbeteiligung (Bilanzgewinn, korrigierter Bilanzgewinn)
  - Leistungsbeteiligung (Produktivität, Produktionsmenge)

- nach der **Auszahlungsweise** der Erfolgsanteile:
  - Barauszahlung
  - Vermögensbildung
    indirekte Beteiligung (Fond für das Mitarbeiterkapital)
    direkte Beteiligung:
    - ▶ durch Eigenkapital   (Belegschaftsaktie, GmbH-Anteil, stiller Gesellschafter, Kommanditist)
    - ▶ durch Fremdkapital   (Schuldverschreibung, Darlehen)

- nach dem **Aufteilungsschlüssel:**
  - gleiche Anteile
  - Staffelung nach Betriebszugehörigkeit, Lohnhöhe oder Lebensalter

■ Soziallohn

Der **Soziallohn** ist ein Arbeitsentgelt, bei dem nicht allein die Leistung des Arbeitnehmers im Vordergrund steht, sondern seine gesellschaftliche Stellung oder Leistung.

Beispiele

Der „gerechte Lohn" für das ständisch geordnete mittelalterliche Zunftwesen, die volkswirtschaftliche Leistung des Bergarbeiters, die bevölkerungspolitische Leistung der Kinderreichen.

■ Personalzusatzkosten

Die meisten Arbeitnehmer wissen genau, wie viel sie verdienen – aber nur wenige wissen, wie viel sie tatsächlich kosten. Denn die Lohnkostenrechnung, die ein Unternehmen aufstellt, sieht anders aus als die simple Formel „Arbeitszeit mal Stundenlohn". Über das Direktentgelt für geleistete Arbeit hinaus müssen die Unternehmungen ja auch an Feiertagen, im Urlaub und bei Krankheit weiterzahlen. Hinzu kommen Zusatzleistungen wie Weihnachtsgeld oder Urlaubsgeld. Außerdem müssen Arbeitgeberanteile zur Sozialversicherung abgeführt werden. All dies zusammengenommen ergibt den „zweiten Lohn", die Personalzusatzkosten.

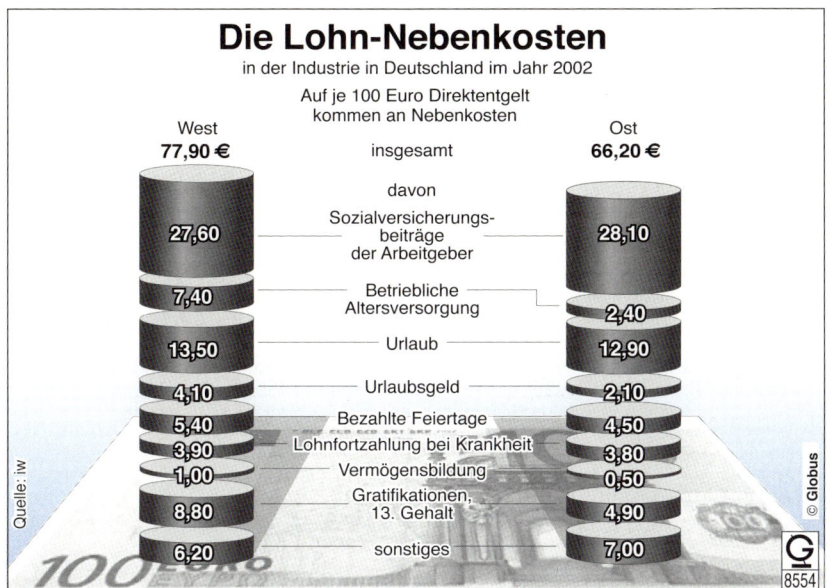

Die Lohn-Nebenkosten

in der Industrie in Deutschland im Jahr 2002

Auf je 100 Euro Direktentgelt kommen an Nebenkosten

West 77,90 €	insgesamt	Ost 66,20 €
	davon	
27,60	Sozialversicherungs- beiträge der Arbeitgeber	28,10
7,40	Betriebliche Altersversorgung	2,40
13,50	Urlaub	12,90
4,10	Urlaubsgeld	2,10
5,40	Bezahlte Feiertage	4,50
3,90	Lohnfortzahlung bei Krankheit	3,80
1,00	Vermögensbildung	0,50
8,80	Gratifikationen, 13. Gehalt	4,90
6,20	sonstiges	7,00

Quelle: iw

© Globus

8554

6.1.2 Vermögensbildung in Arbeitnehmerhand

Rechtsgrundlagen	• Fünftes Vermögensbildungsgesetz *(Fünftes VermBG)* • Gesetz über vermögenswirksame Leistungen • Wohnungsbau-Prämiengesetz • Vermögensbeteiligungsgesetz • *§ 19 a EStG*
Ziel	Förderung der Vermögensbildung und Kapitalbeteiligung in Arbeitnehmerhand *(§ 1 Abs. 5 Fünftes VermBG)*. Die Leistungen unterliegen einer gesetzlichen Sperrfrist von 7 Jahren.
Begünstigter Personenkreis	• Arbeiter, Angestellte, Beamte, Richter, Soldaten auf Zeit, Berufssoldaten • Arbeitnehmer-Ehegatten mit einem steuerlich anerkannten Arbeitsverhältnis • bestimmte Teilzeitbeschäftigte, • Auszubildende, Praktikanten *(§ 1 VermBG)*
Voraussetzungen	Einkünfte aus nichtselbstständiger Arbeit nach *§ 19 Abs. 1 EStG*

Anspruch auf Sparzulage	Eine Sparzulage wird nur gewährt, wenn eine Sparform nach *§ 2 Abs. 1 Nr. 1 i.V.m. Abs. 2 bis 4 VermBG* gegeben ist.
	Einkommensgrenzen
	a) Bausparen *(§ 2 a WoPG)*
	    für unbeschränkt einkommensteuerpflichtige AN mit einem zu versteuernden Einkommen für: *Alleinstehende* *Zusammenveranlagte*
	                                          25 600,00 EUR 51 200,00 EUR
	    zuzüglich Kinderfreibeträge
	b) vermögenswirksame Leisutngen *(§ 13 VermBG)*
	    für unbeschränkt einkommensteuerpflichtige AN mit einem zu versteuernden Einkommen für: *Alleinstehende* *Zusammenveranlagte*
	                                          17 900,00 EUR 35 800,00 EUR
	    zuzüglich Kinderfreibeträge
	Die Verwaltung der Sparzulage obliegt den Finanzämtern *(§ 14 Abs. 1 VermBG)*.

Geförderte Sparformen, Sparzulage		Höchstsparbetrag im Kalenderjahr EUR	Sparzulage im Kalenderjahr in % in EUR	
	1. Bausparen nach WoPG	bis 470,00	$9^1/8,8^2$	max. 42,30
	Zusätzlich können angelegt werden: 2. Beteiligungen am Produktiv-vermögen	bis 400,00		
		alte Bundesländer	18	max. 72,00
		neue Bundesländer	22	max. 88,00
	a) Sparverträge über Wertpapiere	*§ 2 Abs. 1 Nr. 1, § 5 Fünftes VermBG,*		
	b) Andere Vermögens-beteiligungen	*§ 2 Abs. 1 Nr. 1, § 4 Fünftes VermBG*		
	Aktien, Wandel-, Gewinn-, Namensschuldverschreibungen, Anteilscheine, Genussscheine, Genossenschaftsanteile, GmbH-Anteile, andere Anlageformen			
	c) Anlagen aufgrund von Wertpapier-Kaufverträgen (*§ 2 Abs. 1 Nr. 2, § 5 Fünftes VermBG*)			
	b) Anlagen aufgrund Beteiligungs- und Kaufverträgen			
	Bausparen und vermögenswirksame Anlageformen können **gleichzeitig** von den Arbeitnehme-rinnen und Arbeitnehmern gewählt und für beide Sparformen eine Sparzulage beantragt werden.			
Einkommensteuer-licher Ansatz	Vermögenswirksame Leistungen des Arbeitgebers an den AN sind Bestandteil des Lohns oder Gehalts (*§ 2 Abs. 7 VermBG*). Die Arbeitnehmer-Sparzulage auf vermögenswirksame Leistungen bis zu 470,00 EUR ist steuer- und sozialabgabenfrei (*§ 13 Abs. 1 u. 3 Fünftes VermBG*). Die AN-Sparzulage wird auf Antrag des AN jährlich vom Finanzamt festgesetzt. Dieser Antrag ist jährlich mit der ESt-Erklärung zu stellen. Die Sparzulage wird erst nach Ablauf der jeweiligen Sperrfrist oder bei Zuteilung des Bau-sparvertrages ausgezahlt (*§ 7 Abs. 2 VermBG*).			

6.2 Gehaltsabrechnung

6.2.1 Gehaltsermittlung

Der Bruttoverdienst wird in der Regel für einen Monat ermittelt. Grundlage für die Höhe des Verdienstes ist die Einstufung in den Lohn- oder Gehaltsgrup-penkatalog des entsprechenden Tarifvertrages.
Neben der eigentlichen Grundvergütung werden noch Zulagen und Zuschläge vergütet sowie Abzüge und Zuzahlungen vorgenommen.

Schema zur Ermittlung des Auszahlungsbetrages	
Gesamt-Bruttogehalt – sozialvers.freie Bezüge	
= Sozialvers. Brutto – Steuerfreibeträge laut Steuerkarte	⇒ **Bemessungsgrundlage für die Sozialver-sicherungen bis zur Beitragsbemessungs-grenze**
= steuerpflichtiges Entgelt – LSt, KiSt, SolZ – 50 % Anteil der Beiträge zur RV, AV, KV, PV	⇒ **Bemessungsgrundlage für die Lohnsteuer** Besonderheit: Sachsen PV
= Nettoentgelt – Abzüge für verrechnete Kosten – Gesamtbetrag der vermögenswirksamen Leistungen	*z. B. Miete, Zinsen, Tilgungen*
= Auszahlungsbetrag	

---

[1] nach dem *VermBG*
[2] nach dem *WoPG*

6.2.2 Lohnsteuer

Bei Einkünften aus **nicht selbstständiger Arbeit** wird die Einkommensteuer durch Abzug vom Arbeitslohn erhoben. Diese im **Steuerabzugsverfahren** einbehaltene ESt wird als **Lohnsteuer** (LSt) bezeichnet.

Der Arbeitgeber hat die Lohnsteuer, die ja keine eigene Steuerart, sondern nur eine besondere Erhebungsform der ESt darstellt, **für Rechnung des Arbeitnehmers** bei jeder Lohnzahlung vom Arbeitslohn einzubehalten und an das Finanzamt abzuführen.

Alle Arbeitnehmer erhalten von der Wohnsitzgemeinde eine **Lohnsteuerkarte.** Aufgrund der Lohnsteuerkarte werden alle Arbeitnehmer nach sozialen Gesichtspunkten in verschiedene Steuerklassen eingruppiert. Die Steuerklasse richtet sich nach dem Familienstand, der Anzahl der Kinder und dem Alter des Arbeitnehmers. Die Steuerklasse entscheidet unter anderem mit, wie viel Lohnsteuer zu zahlen ist.

> Beim Ehegatten-Splitting können Ehegatten bei der Einkommensteuer die gemeinsame Veranlagung wählen. Dann wird zur Berechnung der Steuerschuld das Splittingverfahren angewendet. Dabei werden die Einkommen der Eheleute zusammengezählt und durch zwei geteilt. Die darauf errechnete Steuer wird verdoppelt. Dadurch soll erreicht werden, dass die Steuerbelastung immer gleich hoch ist, egal wie sich das Einkommen auf die Eheleute verteilt.

■ Lohnsteuerklassen

Rechtsgrundlage: *§ 38 b EStG*

Steuerklasse	Personenkreis
I	• nicht verheiratete Arbeitnehmer, • verheiratete, verwitwete oder geschiedene Arbeitnehmer, bei denen die Voraussetzungen für Steuerklasse III und IV nicht erfüllt sind.
II[1]	Arbeitnehmer wie Steuerklasse I, aber im gleichen Haushalt lebt mindestens 1 Kind

III	Verheiratete Arbeitnehmer, die nicht dauernd getrennt leben:
	a) ein Ehegatte ist Arbeitnehmer in der Steuerklasse III, der andere Ehegatte bezieht keinen Arbeitslohn;
	b) beide Ehegatten sind Arbeitnehmer:
	  – der wesentlich höher Verdienende wählt Steuerklasse III und
	  – der andere Ehegatte mit der niedrigeren Vergütung erhält die Steuerklasse V.

IV	Verheiratete, die nicht dauernd getrennt leben; beide Ehegatten sind Arbeitnehmer. Empfehlenswert, wenn die Vergütungsunterschiede gering sind.
V	Verheiratete Ehepartner, aber ein Ehepartner erhält auf Antrag beider Ehepartner die Steuerklasse V.
VI	Arbeitnehmer, die nebeneinander von mehreren Arbeitgebern Vergütung beziehen.

Die Lohnsteuerklasse wird in Worten angegeben, an diese wird die Zahl der Kinderfreibeträge angehängt.

---

[1] *Die Steuerklasse II wird ab 2004 nur dann gewährt, wenn die Voraussetzungen für den Abzug des Entlastungsbetrages für „echte" allein Erziehende vorliegen.*

Beispiel

zwei/0,5 = Arbeitnehmer mit der Steuerklasse 2, im Haushalt des Steuerpflichtigen lebt 1 Kind.

Entsprechend der Steuerklasse wird die Lohnsteuer (LSt) für eine bestimmte steuerpflichtige Vergütung mittels Lohnprogrammen rechnergestützt nach dem ESt-Tarif des § 32 a EStG unter Berücksichtigung der an die jeweiligen Steuerklassen anknüpfenden Freibeträge des § 38 c EStG berechnet.

Die Lohnsteuer ist unabhängig von der Kinderzahl immer gleich hoch. Kinderfreibeträge werden nur beim Solidaritätszuschlag und bei der Kirchensteuer berücksichtigt.

Der Arbeitgeber hat spätestens am 10. Tag nach Ablauf des LSt-Anmeldungszeitraums eine **LSt-Anmeldung** beim zuständigen Finanzamt (Betriebsstättenfinanzamt) abzugeben und die LSt zu entrichten *(§ 41 a Abs. 1 EStG)*.

6.2.3 Sozialversicherung[1]

Die Sozialversicherungsbeiträge sind vom Arbeitnehmer und Arbeitgeber bis zur Höhe der Beitragsbemessungsgrenze je zur Hälfte zu tragen. Sie sind abhängig vom sozialversicherungspflichtigen Bruttoentgelt.

Durch einen monatlichen Beitragsnachweis meldet der Arbeitgeber bei den jeweiligen Krankenkassen, bei denen die Arbeitnehmer versichert sind, die Gesamtbeiträge (Arbeitnehmer- und Arbeitgeberanteil) für alle Zweige der Sozialversicherung (außer Unfallversicherung) an und nimmt die Zahlung vor. Die Weiterleitung der Zahlungen an die Rentenversicherung usw. obliegt dann den Krankenkassen.

6.2.4 Abrechnung

Beispiel

Monatliche Gehaltsabrechnung eines Arbeitnehmers, verheiratet, Lohnsteuerklasse drei, ein Kind:

Brutto-gehalt	Lohn-steuer	Solidaritäts-zuschlag	Kirchen-steuer	Sozial-versicherung	Summe der Abzüge	Netto-gehalt
3050,50 EUR	290,33 EUR	1,63 EUR	15,31 EUR	643,65 EUR	950,62 EUR	2099,58 EUR

Für die Sozialversicherung sind folgende Beiträge zu entrichten:
ca. 14,5 % des Bruttogehalts für die Krankenversicherung: . . .   442,32 EUR
19,5 % des Bruttogehalts für die Rentenversicherung: . . . . . .   594,84 EUR
6,5 % des Bruttogehalts für die Arbeitslosenversicherung: . . .   198,28 EUR
1,7 % des Bruttogehalts für die Pflegeversicherung: . . . .   51,86 EUR
                                                                      1 287,30 EUR

---

[1] *Vgl. Seite 95 ff.*

*Davon tragen Arbeitnehmer und Arbeitgeber jeweils die
Hälfte, also: . . . . 643,65 EUR
Der Beitrag zur Unfallversicherung wird vom Arbeitgeber in voller Höhe allein
aufgebracht.*

6.3   Einkommensteuererklärung der Arbeitnehmer

Der soziale Rechtsstaat, der nicht nur die rechtliche Ordnung garantieren, sondern auch die soziale Ordnung durch Fürsorge, Vorsorge und Umverteilung
gestalten will, ist zur Erfüllung seiner Aufgaben darauf angewiesen, von seinen Bürgern einen erheblichen Anteil des von ihnen erwirtschafteten Sozial-
produktes einzubehalten. Das geschieht durch die **Besteuerung,** indem Teile
des Wirtschaftsergebnisses von Privatpersonen und privaten Unternehmern
auf die steuerberechtigten Körperschaften (Bund, Länder und Gemeinden)
übertragen werden.
Je weniger sich ein Staat auf die Selbsthilfe seiner Bürger verlässt und zu
einem sogar für die Freizeit seiner Bürger sorgenden Sozialstaat wird, umso
mehr muss er durch **Steuern** nehmen. Der Staat kann nur geben, was er vorher eingenommen hat.

■ Rechtsgrundlagen

Das **Steuerrecht** ist dem **öffentlichen Recht** zuzuordnen. Die **Abgabenordnung** *(AO)* ist nach dem **Grundgesetz** *(GG)* die oberste Rechtsnorm für das
Steuerrecht.

Arten der Steuergesetze	
Allgemeine Steuergesetze	**Spezielle Steuergesetze**
• Abgabenordnung *(AO)* • Bewertungsgesetz *(BewG)*	• Einkommensteuergesetz *(EStG)* • Körperschaftsteuergesetz *(KStG)* • Umsatzsteuergesetz *(UStG)* • Grunderwerbsteuergesetz *(GrEStG)* • Vermögensteuergesetz *(VStG)* • Erbschaftsteuergesetz *(ErbStG)*

■ Einkommensteuer

Die **Einkommensteuer (ESt)** ist die Steuer auf das Einkommen steuerpflichtiger natürlicher Personen.   **Definition**

Die Einkommensteuer stellt die wesentlichste Einnahmequelle des Staates dar
und bietet im Rahmen der konjunktur- und sozialpolitischen Maßnahmen durch
Steuerent- und belastungen ein geeignetes **Instrument wirtschaftspoliti-
scher Feinsteuerung.**

Rechtsgrundlagen	
Gesetze	Einkomensteuergesetz *(EStG)* und Nebengesetze
Rechtsverordnungen	Einkommensteuerdurchführungsverordnung *(EStDV)*, Lohnsteuerdurchführungsverordnung *(LStDV)*
Verwaltungsvorschriften	Einkommensteuerrichtlinien *(EStR)*, Lohnsteuerrichtlinien *(LStR)*

Dabei ist zu beachten, dass die **Lohnsteuer** und die **Kapitalertragsteuer** nur besondere Erhebungsformen der Einkommensteuer, also ein besonderes **Steuerabzugsverfahren** (= Quellenabzug) darstellen.

6.3.1 Steuerpflicht

Die Einkommensteuer entsteht nur, soweit die persönliche Steuerpflicht gegeben ist und eine sachliche Steuerpflicht in Form des Einkommens vorliegt.

■ **Persönliche Steuerpflicht**

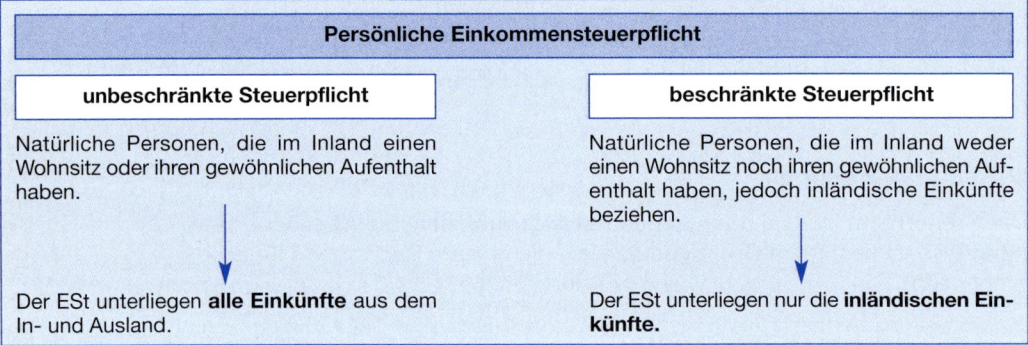

Persönliche Einkommensteuerpflicht	
unbeschränkte Steuerpflicht	**beschränkte Steuerpflicht**
Natürliche Personen, die im Inland einen Wohnsitz oder ihren gewöhnlichen Aufenthalt haben.	Natürliche Personen, die im Inland weder einen Wohnsitz noch ihren gewöhnlichen Aufenthalt haben, jedoch inländische Einkünfte beziehen.
↓	↓
Der ESt unterliegen **alle Einkünfte** aus dem In- und Ausland.	Der ESt unterliegen nur die **inländischen Einkünfte.**

■ **Sachliche Steuerpflicht**

Die sachliche Steuerpflicht knüpft an das tatsächliche Einkommen des Steuerpflichtigen an.
Einkommen ist technisch nach dem *EStG* „nur" (abschließende Aufzählung) der
● **Gesamtbetrag der Einkünfte** aus den folgenden sieben Einkunftsarten:

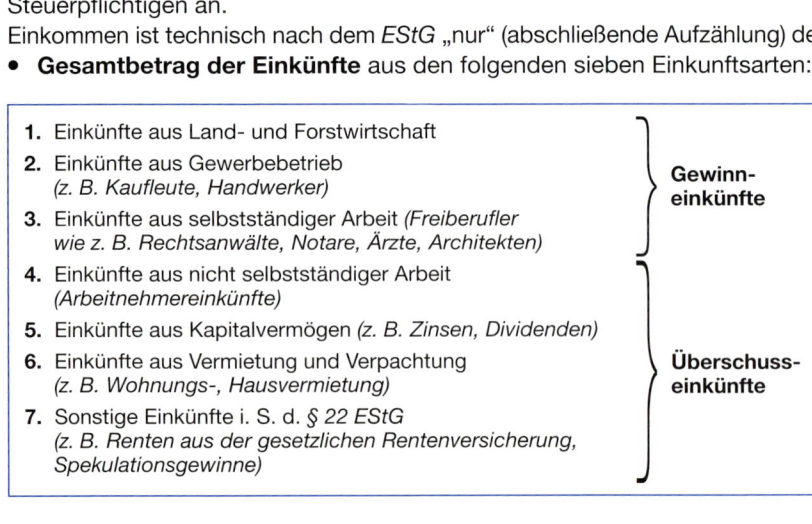

1. Einkünfte aus Land- und Forstwirtschaft
2. Einkünfte aus Gewerbebetrieb
   (z. B. Kaufleute, Handwerker)
3. Einkünfte aus selbstständiger Arbeit *(Freiberufler wie z. B. Rechtsanwälte, Notare, Ärzte, Architekten)*
} **Gewinn-einkünfte**

4. Einkünfte aus nicht selbstständiger Arbeit *(Arbeitnehmereinkünfte)*
5. Einkünfte aus Kapitalvermögen *(z. B. Zinsen, Dividenden)*
6. Einkünfte aus Vermietung und Verpachtung *(z. B. Wohnungs-, Hausvermietung)*
7. Sonstige Einkünfte i. S. d. *§ 22 EStG* *(z. B. Renten aus der gesetzlichen Rentenversicherung, Spekulationsgewinne)*
} **Überschuss-einkünfte**

- nach **Ausgleich der Verluste,**[1] die sich aus einzelnen Einkunftsarten ergeben
- nach **Abzug der Sonderausgaben**
- nach **Abzug der außergewöhnlichen Belastungen**

6.3.2 Einkunftsermittlung

Einkünfte sind **Reineinkünfte** (Gewinn oder Überschuss aus der Gegenüberstellung von [Roh-]Einnahmen über die Ausgaben/Werbungskosten). Die Ermittlung folgt also dem so genannten **Nettoprinzip.**

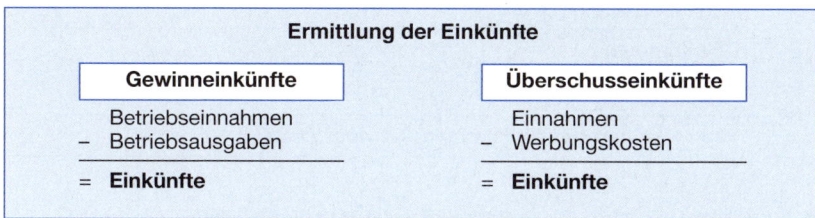

Ergibt sich ein positiver Betrag, spricht man von **Gewinn** oder **Überschuss,** liegt ein negativer Betrag vor, von **Verlust.** Einkünfte liegen jedoch nur vor, sofern das wirtschaftliche Ziel dahin geht, auf längere Sicht Gewinn oder Überschuss zu erzielen. Trifft das nicht zu, liegt steuerlich „Liebhaberei" (Hobby) vor.

Beispiele

Rennställe, Privatjagd, Kunstmalerei

6.3.3 Ermittlung des zu versteuernden Einkommens

Die Einkommensteuer bemisst sich nach dem Einkommen des Kalenderjahres (*§ 2 Abs. 1 EStG*). Diese Formulierung ist irreführend. *§ 2 Abs. 1 EStG* will nur ausdrücken, dass die sachliche Steuerpflicht an das Einkommen anknüpft. Die **Steuerbemessungsgrundlage** (das zu versteuernde Einkommen) ist vielmehr das um Kinderfreibetrag (-beträge)[1] und Haushaltsfreibetrag verminderte Einkommen.
Die Besonderheiten des Einflusses der **ehelichen Lebensgemeinschaft** auf die steuerliche Leistungsfähigkeit will das sogenannte **Splitting** berücksichtigen. Dabei werden der Gesamtbetrag der Einkünfte, das Einkommen, das zu versteuernde Einkommen und die tarifliche Einkommensteuer für beide Ehegatten gemeinschaftlich ermittelt.

---

[1] *Soweit kein grundsätzliches Verlustverrechnungsverbot bzw. keine Verlustverrechnungsbeschränkung besteht.*

	Einkünfte aus Land- und Forstwirtschaft
+	Einkünfte aus Gewerbebetrieb
+	Einkünfte aus selbstständiger Arbeit
+	Einkünfte aus nicht selbstständiger Arbeit
+	Einkünfte aus Kapitalvermögen
+	Einkünfte aus Vermietung und Verpachtung
+	Sonstige Einkünfte
=	**Summe der Einkünfte**
–	Altersentlastungsbetrag
=	**Gesamtbetrag der Einkünfte**
–	Verlustabzug nach § 10 d EStG
–	außergewöhnliche Belastungen
–	Sonderausgaben
=	**Einkommen**
–	Kinderfreibetrag (-beträge)[1]
–	Haushaltsfreibetrag[2]
=	**zu versteuerndes Einkommen** *(§ 2 Abs. 5 EStG)*

■ Berechnung des Gesamtbetrages der Einkünfte

Bei näherer Betrachtung der Einkunftsarten lässt sich feststellen, dass Einkünfte nur durch Arbeit oder Kapitaleinsatz oder durch kombinierten Einsatz von Arbeit und Kapital erzielt werden. Die Einkunftsarten 1–4 setzen voraus, dass der wirtschaftliche Erfolg wesentlich auf einer **Arbeitstätigkeit** beruht. Bei den Einkunftsarten 5 und 6 dominiert hingegen der Kapitaleinsatz.

§ 2 Abs. 4 EStG unterscheidet im Gegensatz dazu zwischen:

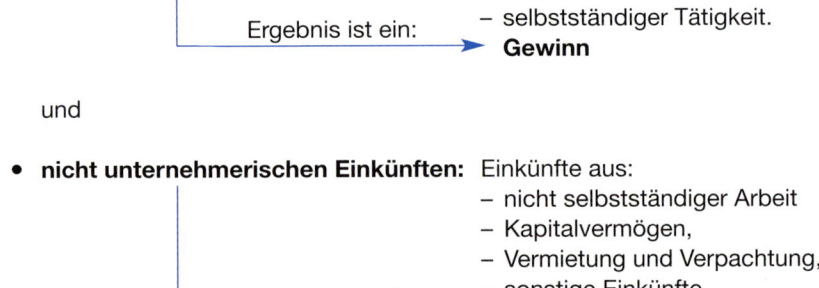

- **unternehmerischen Einkünften:** Einkünfte aus:
  - Land- und Forstwirtschaft,
  - Gewerbebetrieb,
  - selbstständiger Tätigkeit.

  Ergebnis ist ein: ➤ **Gewinn**

und

- **nicht unternehmerischen Einkünften:** Einkünfte aus:
  - nicht selbstständiger Arbeit
  - Kapitalvermögen,
  - Vermietung und Verpachtung,
  - sonstige Einkünfte.

  Ergebnis ist ein: ➤ **Überschuss**

Bei der Ermittlung der unternehmerischen Einkünfte sind die Betriebseinnahmen um die Betriebsausgaben zu kürzen.

---

[1] *Es besteht ein Wahlrecht, Kinderfreibeträge oder Kindergeld in Anspruch zu nehmen. Von Amts wegen muss das Finanzamt bei der Veranlagung prüfen, ob das Kindergeld oder die Kinderfreibeträge für den Steuerpflichtigen günstiger sind.*

[2] *Der Haushaltsfreibetrag wird ab 2004 durch den Entlastungsbetrag für „echte" Alleinerziehende ersetzt.*

Betriebseinnahmen sind dabei alle Güter in Geld oder Geldeswert, die dem Steuerpflichtigen im Rahmen der 1. bis 3. Einkunftsart zufließen.

Definition

Betriebsausgaben sind alle durch den Betrieb veranlassten Aufwendungen. Sie sind grundsätzlich abziehbar, soweit das EStG keine genau umschriebene Einschränkung vorsieht.

Bei der Ermittlung der nichtunternehmerischen Einkünfte sind die **Einnahmen um die Werbungskosten zu kürzen.**

Einnahmen sind wiederum alle Güter in Geld oder Geldeswert, die dem Steuerpflichtigen im Rahmen der 4. bis 7. Einkunftsart zufließen.

Definition

Werbungskosten sind Aufwendungen, die zur Erzielung, Sicherung und Erhaltung der Einnahmen notwendig sind.

Beispiele

- *Werbungskosten im Zusammenhang mit Einkünften aus **nicht selbstständiger Arbeit:***
  - *Fahrtkosten für ein Bewerbungsgespräch*
  - *Aufwendungen für Wege zwischen Wohnung und Arbeitsstätte als Entfernungspauschale 0,30 EUR, höchstens jedoch 4 500,00 EUR im Kalenderjahr. Ein höherer Betrag ist zulässig, wenn ein eigener oder zur Nutzung überlassener Kraftwagen benutzt wird und ein Nachweis über die höheren Kosten vorliegt.*
  - *Aufwendungen für Fachliteratur und Fachzeitschriften*
  - *Aufwendungen für Fortbildung im ausgeübten Beruf*
  - *Beiträge zu Arbeitnehmerorganisationen (Gewerkschafts- oder Verbandsbeiträge)*
  - *Aufwendungen für beruflich verursachte Reisen, soweit diese Aufwendungen nicht erstattet werden*
  - *Aufwendungen für doppelte Haushaltsführung*

- *Werbungskosten im Zusammenhang mit Einkünften aus **Kapitalvermögen**[1]:*
  - *Schuldzinsen (für den Kauf von Wertpapieren)*
  - *Depotgebühren*

- *Einkünfte aus **Vermietung und Verpachtung:***
  - *Schuldzinsen, Renten dauernde Lasten*
  - *Aufwendungen für kleinere und größere Instandhaltungen*
  - *Grundsteuer, Gebühren für Müllabfuhr, Wasser, Kanalbenutzung, Straßenreinigung, Schornsteinfeger, Hausbeleuchtung*
  - *Kosten für Heizung und Warmwasser*
  - *Hausversicherungen*
  - *Ausgaben für Hausverwaltung*
  - *Absetzung für Abnutzung*

---

[1] *Bei Einnahmen aus Teilhaberpapieren (Halbeinkünfteverfahren) sind die damit in Zusammenhang stehenden Werbungskosten nur zur Hälfte abzugsfähig.*

- **Sonstige** *Einkünfte:*
  - *Honorar für Rentenberatung*
  - *Prozesskosten bei Sozialgerichtsstreitigkeiten*

Stehen dagegen die Ausgaben mit der **privaten Lebensführung** in Verbindung, sind diese **grundsätzlich nicht abzugsfähig,** es sei denn, sie stellen **abziehbare Sonderausgaben** oder **außergewöhnliche Belastungen** dar. Bei keinem oder geringem Nachweis werden Werbungskosten **pauschal** anerkannt.

Bei Einkünften
- aus **nicht selbstständiger Arbeit:** Arbeitnehmer-Pauschbetrag 920,00 EUR
- aus **Kapitalvermögen:** Werbungskosten-Pauschbetrag 51,00/102,00 EUR

Älteren Steuerpflichtigen, die ihre Alterssicherung aus nicht begünstigten Einkunftsarten bestreiten müssen, gewährt das *EStG* einen zusätzlichen in absoluter Höhe begrenzten **Altersentlastungsbetrag,** der von der Summe der Einkünfte abzuziehen ist. Das Ergebnis stellt den Gesamtbetrag der Einkünfte dar.

■ Berechnung des Einkommens

§ 12 EStG stellt klar, dass über die im Gesetz bestimmten Ausnahmen hinaus private Aufwendungen (Aufwendungen für die Lebensführung) nicht abgezogen werden dürfen. Dieser Grundsatz wird durchbrochen durch die Möglichkeit des Abzuges von **Sonderausgaben und außergewöhnlichen Belastungen**. Die genannten Größen stellen nicht Einkommen dar, sondern betreffen die Einkommensverwendung.

Sonderausgaben	
Sonderausgaben, die keine Vorsorgeaufwendungen sind	**Vorsorgeaufwendungen**
unbegrenzt abzugsfähig: • Renten und dauernde Lasten • Kirchensteuer[1] • Steuerberatungskosten **begrenzt abzugsfähig:** • Unterhaltsleistungen (Realsplitting) • Berufsausbildungskosten • Spenden	**begrenzt abzugsfähig:** • Arbeitnehmerbeiträge an die gesetzliche Sozialversicherung • private Renten-, Kranken-, Pflege-, Unfall-, Lebens- und Haftpflichtversicherungen[2]

■ Sonderausgaben

Der Begriff der Sonderausgaben wird im *EStG* nicht definiert. Nur die in den *§§ 10–10 e EStG* abschließend aufgezählten Aufwendungen sind als Sonderausgaben abzugsfähig:

---

[1] *Der Staat zieht die Kirchensteuer im Auftrag der Kirchen ein und leitet das Kirchensteueraufkommen nach Abzug der Verwaltungskosten an die Kirchen weiter.*

[2] *Das Alterseinkünftegesetz (AltEinkG) regelt ab 2005 die Altersvorsorgeaufwendungen und Altersbezüge neu. Danach ist die Altersvorsorge in eine Basisvorsorge (gesetzliche Rentenversicherung, neu zu schaffende kapitalgedeckte Rentenversicherung), eine Zusatzversorgung (Riester-Rente, betriebliche Altersversorgung) und eine Vorsorge durch Kapitalanlageprodukte (Sparpläne, Kapitallebensversicherungen) zu unterscheiden – verbunden mit einer unterschiedlichen steuerlichen Behandlung in der Anspar- und Auszahlungsphase.*

Ermittlungsschema für die Höchstbetragsberechnung bei **Vorsorgeaufwendungen:**

Zeile				
1	Beiträge zu Kranken-, Unfall-, Haftpflichtversicherungen gesetzliche Renten-, Arbeitslosen-, Pflegeversicherung		.... EUR	
2	+ bestimmte Lebensversicherungen		.... EUR	
3	Summe Versicherungsbeiträge		.... EUR	
4	– Vorwegabzug: Alleinstehende 3 068,00 EUR Ehegatten 6 136,00 EUR – 16 % des Bruttolohnes (max. Beitragsbemessungs-			
5	grenze) .... EUR	.... EUR	.... EUR	
6	verbleiben .... EUR			
7	Übertrag: der niedrigste Betrag aus den Zeilen 3 und 5 ist zu übertragen			............EUR
8	– *Grundhöchstbetrag:* Alleinstehende 1 334,00 EUR / Ehegatten 2 668,00 EUR		.... EUR	
9	verbleiben		.... EUR	
10	der niedrigere Betrag aus den Zeilen 6 und 8 ist anzusetzen			............EUR
11	*halber Höchstbetrag:* 50 % des verbleibenden Betrages aus Zeile 9 höchstens 50 % des Grundhöchstbetrages aus Zeile 8 (der niedrigere Betrag ist anzusetzen)			.... EUR
12	= **Vorsorgeaufwendungen**			.... EUR

Beispiel

Verheirateter Arbeitnehmer, Bruttolohn 30 000,00 EUR, Versicherungsbeiträge 6 000,00 EUR.

Versicherungsbeiträge	*6 000,00 EUR*		
– Vorwegabzug	*6 136,00 EUR*		
– 16 % des Bruttolohnes			
v. 30 000,00 EUR	*4 800,00 EUR....... 1 336,00 EUR*		*1 336,00 EUR*
verbleiben...	*4 664,00 EUR*		
Grundhöchstbeitrag	*2 668,00 EUR*		*2 668,00 EUR*
verbleiben...	*1 996,00 EUR*		
50 % vom Bruttobetrag,			
höchstens halber Höchstbetrag........................	*998,00 EUR*		*998,00 EUR*
= Vorsorgeaufwendungen			*5 002,00 EUR*

■ Außergewöhnliche Belastungen

Eine außergewöhnliche Belastung liegt vor, wenn einem Steuerpflichtigen **zwangsläufig größere Aufwendungen** als der überwiegenden Mehrzahl der Steuerpflichtigen gleicher Einkommensverhältnisse, gleicher Vermögensverhältnisse und gleichen Familienstandes erwachsen *(§ 33 Abs. 1 EStG)*.

Beispiele

- *Kosten für eine teure Krankenhausbehandlung, die nicht von einem Dritten erstattet werden*
- *Kosten für eine Kur, soweit nicht Sozialversicherungsträger Kostenanteile übernehmen*
- *Kosten infolge eines Todesfalles, soweit die Aufwendungen nicht durch eine Versicherung abgedeckt sind*
- *nicht versicherte Unwetterschäden*
- *Ehescheidungskosten*
- *Kinderbetreuungskosten*

Rechenschema zur Feststellung der **abziehbaren außergewöhnlichen Belastungen:**

Aufwendungen im Sinne des § 33 EStG
– erhaltene Erstattungen
= außergewöhnliche Belastung
– zumutbare Belastung
= ansetzbare außergewöhnliche Belastung

Die Höhe der **zumutbaren Belastung** richtet sich im Wesentlichen nach dem Gesamtbetrag der Einkünfte, dem Familienstand und der Anzahl der Kinder.

Die zumutbare Belastung beträgt bei einem Gesamtbetrag der Einkünfte	bis 15 340,00 EUR	über 15 340,00 EUR bis 51 130,00 EUR	über 51 130,00 EUR
I. Steuerpflichtige ohne Kinder			
a) Alleinstehende	5 %	6 %	7 %
b) Ehegatten	5 %	5 %	6 %
II. Steuerpflichtige mit			
a) ein oder zwei Kindern	2 %	3 %	4 %
b) drei und mehr Kindern	1 %	1 %	2 %
	vom Gesamtbetrag der Einkünfte		

Beispiel

Eheleute, 2 Kinder, mit einem Gesamtbetrag der Einkünfte von 25 000,00 EUR: Aufwendungen für eine Kur lt. Belege 6 000,00 EUR, die Rentenversicherung erstattet 4 000,00 EUR.

Aufwendungen	*6 000,00 EUR*
– Erstattungen	*4 000,00 EUR*
= außergewöhnliche Belastung	*2 000,00 EUR*
– zumutbare Belastung (= 3 % von 25 000,00 EUR)	*750,00 EUR*
*= **ansetzbare außergewöhnliche Belastung***	***1 250,00 EUR***

Bei den außergewöhnlichen Belastungen werden in besonderen Fällen die Aufwendungen nur bis zu einem bestimmten **Höchstbetrag** oder als Pauschbetrag anerkannt. Als Ausgleich entfällt jedoch die Kürzung der zumutbaren Belastung *(§§ 33 a–33 c EStG)*.

Beispiele

Unterhaltsaufwendungen, Freibeträge für den Sonderbedarf von in Berufsausbildung befindlichen volljährigen und auswärtig untergebrachten Kindern, Beschäftigung einer Hilfe im Haushalt, Pauschbetrag für Körperbehinderte und Hinterbliebene, Aufwendungen für Heimunterbringung, Kinderbetreuungskosten

6.3.4 Ermittlung der Einkommensteuerschuld

Auf das zu versteuernde Einkommen wird der **Einkommensteuertarif** angewendet. Der daraus errechnete Betrag ergibt die **Einkommensteuerschuld.**

Wenn die Einkommensteuerschuld höher ist als etwaige **Vorauszahlungen,** so ist der Restbetrag innerhalb eines Monats nach Bekanntgabe des Einkommensteuerbescheides an das Finanzamt zu zahlen. Sind die Vorauszahlungen höher als die Einkommensteuerschuld, erstattet das Finanzamt den Differenzbetrag.

6.3.5 Antragsveranlagung

Arbeitnehmern, die nicht zur ESt veranlagt werden, wird die für das abgelaufene Kalenderjahr (Ausgleichsjahr) einbehaltene LSt insoweit erstattet, als sie die auf den Jahresarbeitslohn entfallende Jahreslohnsteuer (= ESt) übersteigt. Gründe für zu viel einbehaltene LSt können zurückzuführen sein auf tatsächlich aufgewendete Werbungskosten, Sonderausgaben und außergewöhnliche Belastungen.
Die Antragsveranlagung *(§ 46 Abs. 2 Nr. 8 EStG)* wird nach Ablauf des Kalenderjahres auf Antrag des Arbeitnehmers vom Finanzamt durchgeführt (soweit der Lohnsteuer-Jahresausgleich nicht vom Arbeitgeber vorgenommen wurde).

Beispiel

Der allein stehende Arbeitnehmer Klein, Steuerklasse eins, erzielt einen Jahreslohn von 16 000,00 EUR, weitere Einkünfte hat er nicht. Der Arbeitnehmeranteil zur Sozialversicherung beträgt 3 336,00 EUR. Zusätzlich werden nachgewiesen für Lebensversicherung 300,00 EUR, Unfallversicherung 60,00 EUR, Haftpflichtversicherung 304,00 EUR, Kirchensteuer lt. LSt-Karte 159,00 EUR, einbehaltene Lohnsteuer 1 582,00 EUR und einbehaltener Solidaritätszuschlag 97,00 EUR. Die Werbungskosten berechnen sich wie folgt:

1. Fahrten mit dem Pkw zur Arbeitsstätte:
    220 Tage × 10 km × 0,30 EUR je Entfernungskilometer . . .   *660,00 EUR*
2. Arbeitsmittel lt. Belegen . . . .   *985,00 EUR*
3. Beiträge an Berufsverbände . . . .   *90,00 EUR*
4. Kontoführungsgebühr (pauschal) . . . .   *15,00 EUR*

= Summe der Werbungskosten . . . . 1 750,00 EUR

Verkürztes Schema zur Berechnung der Lohnsteuer

Bruttoarbeitslohn		*16 000,00 EUR*	
– Werbungskosten		*1 750,00 EUR*	

Einkünfte aus nicht selbstständiger Tätigkeit		*14 250,00 EUR*	
Summe der Einkünfte/Gesamtbetrag der Einkünfte			*14 250,00 EUR*

Sonderausgaben (mindestens pauschal 36,00 EUR)
– Kirchensteuer . . . . *– 159,00 EUR*

Vorsorgeaufwendungen	*4 000,00 EUR*		
Vorwegabzug	*3 068,00 EUR*		
– 16 % des Arbeitslohnes .	*2 560,00 EUR*		
vorab abzugsfähig	*508,00 EUR*	*508,00 EUR*	*508,00 EUR*
verbleiben	*3 492,00 EUR*		
Höchstbetrag	*1 334,00 EUR*	*1 334,00 EUR*	
verbleiben	*2 158,00 EUR*		
$^1/_2$ Höchstbetrag	*667,00 EUR*	*667,00 EUR*	
Summe		*2 509,00 EUR*	

Vorsorgepauschale (alternativ)			
20 % vom Arbeitslohn	*3 200,00 EUR*		
Vorwegabzug	*3 068,00 EUR*		
– 16 % des Arbeitslohns . .	*2 560,00 EUR*		
vorab abzugsfähig	*508,00 EUR* . .	*508,00 EUR*	*508,00 EUR*
verbleiben	*2 692,00 EUR*		
Höchstbetrag	*1 334,00 EUR*	*1 334,00 EUR*	
verbleiben	*1 358,00 EUR*		
$^1/_2$ Höchstbetrag	*667,00 EUR*	*667,00 EUR*	
Summe		*2 509,00 EUR*[1]	

Ansatz (Vorsorgeaufwendungen/Vorsorgepauschale)	*– 2 509,00 EUR*
außergewöhnliche Belastungen	*0,00 EUR*

Einkommen	*11 582,00 EUR*
zu versteuerndes Einkommen	*11 582,00 EUR*

LOHNSTEUER (ESt lt. Grundtabelle)	*835,00 EUR*
– gezahlte Lohnsteuer	*1 582,00 EUR*

Erstattung Lohnsteuer	*747,00 EUR*

---

[1] *Die Summe ist auf den nächsten vollen EUR-Betrag abzurunden.*

Aufgaben

1. Ermitteln Sie die Positionen der Gehaltsabrechnung für den
   a) 30-jährigen Speditionsmitarbeiter Denis Walker (rk), ledig und kinderlos, Gehaltsgruppe II, zuzüglich Leistungszulage 102,00 EUR, und
   b) Dirk Daniels – er leitet die Spedition mit 22 Mitarbeitern – (ev), verheiratet, 1 Kind (7 J.), Ehefrau nicht berufstätig, 20 Berufsjahre, Monatsgehalt 3 740,00 EUR zuzüglich einer Gewinnbeteiligung von 1 067,35 EUR monatlich.

Beide arbeiten in Köln und erhalten einen monatlichen Zuschuss des Arbeitgebers zu den vermögenswirksamen Leistungen (VL) von je 6,65 EUR. Mit einer Bausparkasse haben beide Mitarbeiter einen Sparvertrag für die VL über monatlich je 39,88 EUR abgeschlossen.

Beachten Sie:

Walker hat ein Arbeitgeberdarlehen von 2 500,00 EUR erhalten, das monatlich mit 250,00 EUR bei der Gehaltsauszahlung verrechnet wird.

Daniels fährt an 220 Tagen im Jahr 42 km zu seiner Arbeitsstätte. Ermitteln Sie den Lohnsteuerjahresfreibetrag. Tragen Sie die Werbungskosten, die den Pauschbetrag von 920,00 EUR überschreiten, auf der Steuerkarte ein (auf volle Euro auf- oder abrunden).

Welche Personalkosten entstehen – ausgehend von den vorliegenden Daten – für diese Mitarbeiter insgesamt? Gehen Sie von einem Unfallversicherungsbeitrag von 0,5 % der Brutto-Gehaltssumme aus.

Alle Eintragungen in der Lohnsteuerkarte genau prüfen! Lesen Sie die Informationsschrift "Lohnsteuer 2004".	Ordnungsmerkmale des Arbeitgebers III 9 03-1

Lohnsteuerkarte 2004

Stadt Köln   AGS 05 5 13 000

Finanzamt und Nr. **Finanzamt Köln** Nr. 5 319	Geburtsdatum 19.04.1965

I. Allgemeine Besteuerungsmerkmale

		Kinder unter 18 Jahren:
Steuerklasse		Zahl der Kinderfreibeträge
DREI		1

Dirk Daniels
Herderstr. 35
50935 Köln

Kirchensteuerabzug
Arbeitnehmer   Ehegatte
ev.   J.
(Datum)
      20.09.2003

Gemeindebehörde

Bezirksamt Lindenthal

II. Änderungen der Eintragungen im Abschnitt I

Steuerklasse	Zahl der Kinderfreibeträge	Kinderzahl für Berlinzulage	KSt-Abzug Arbeitnehmer	KSt-Abzug Ehegatte	Diese Eintragung gilt, wenn sie nicht widerrufen wird:	Datum, Stempel und Unterschrift der Behörde
					vom 2004 an bis zum 31.12.2004	i. A.
					vom 2004 an bis zum 31.12.2004	i. A.
					vom 2004 an bis zum 31.12.2004	i. A.

III. Für die Berechnung der Lohnsteuer sind vom Arbeitslohn als steuerfrei **abzuziehen:**

Jahresbetrag EUR	monatlich EUR	wöchentlich EUR	täglich EUR	Diese Eintragung gilt, wenn sie nicht widerrufen wird:	Datum, Stempel und Unterschrift der Behörde
				vom 2004 an	
in Buchstaben	-tausend	Zehner und Einer wie oben - hundert		bis zum 31.12.2004	i. A.
				vom 2004 an	
in Buchstaben	-tausend	Zehner und Einer wie oben - hundert		bis zum 31.12.2004	i. A.
Ggf. zusätzlich zum Freibetrag in Buchstaben	-hundert (Zehner und Einer wie oben)			vom 2004 an	
bei der Tätigkeit als					i. A.

Daten	Walker	Daniels
Monatsgehalt		
+ Zulagen/Gewinnbeteiligung		
+ VL (vermögenswirksame Leistung) des Arbeitgebers		
Bruttogehalt		
sozialversicherungspflichtiges Entgelt		
u. U. - Lohnsteuerfreibetrag		
= steuerpflichtiges Entgelt		
Steuern:		
Lohnsteuerklasse		
– Lohnsteuerabzug lt. Monatslohnsteuertabelle		
– Solidaritätszuschlag		
– Kirchensteuer 9 %		
Sozialversicherungen: (vom sozialversicherungspflichtigen Entgelt berechnen)		
– Rentenversicherung 19,5 %		
– Arbeitslosenversicherung 6,5 %		
– Krankenversicherung 15 %		
– Pflegeversicherung 1,7 %		
= Nettogehalt		
– VL (lt. Sparvertrag)		
– Verrechnung Arbeitgeberdarlehen		
Auszahlung an den Arbeitnehmer:		
An das Finanzamt abzuführender Gesamtbetrag:		
An die Sozialversicherungsträger abzuführender Gesamtbetrag (inkl. Unfallversicherung)		
Summe Personalkosten		

Gehaltstabelle für das Speditions-, Lagerei- und Transportgewerbe des Landes NRW, gültig seit 1. August 2003

Gruppe II

vor vollendetem 18. Lebensjahr	1 369,00 EUR
nach vollendetem 18. Lebensjahr	1 440,00 EUR
nach vollendetem 20. Lebensjahr	1 524,00 EUR
nach vollendetem 22. Lebensjahr	1 614,00 EUR
nach vollendetem 24. Lebensjahr	1 698,00 EUR
nach vollendetem 26. Lebensjahr	1 799,00 EUR
nach vollendetem 28. Lebensjahr	1 898,00 EUR

Tätigkeiten, die nach Anweisung ausgeführt werden und in der Regel eine abgeschlossene einschlägige Berufsausbildung voraussetzen. Die erforderlichen Kenntnisse und Fähigkeiten können auch durch eine andere Ausbildung oder durch entsprechende Berufserfahrung erworben werden. Typische Beispiele:

- Bearbeitung von speditionellen Vorgängen mit dem damit verbundenen Schriftverkehr;
- Geläufiges Aufnehmen und sicheres Übertragen von Stenogrammen;
- Arbeiten in der Buchhaltung, im Rechnungswesen und in der Lohn- und Gehaltsbuchhaltung mit dem damit verbundenen Schriftverkehr;
- Tätigkeiten in der Datenerfassung und am Bildschirm

Steuertabellen zu Aufgabe 1

Abzüge an Lohnsteuer, Solidaritätszuschlag (SolZ) und Kirchensteuer (8%, 9%) in den Steuerklassen

I – VI ohne Kinderfreibeträge / **I, II, III, IV** mit Zahl der Kinderfreibeträge . . .

Lohn/Gehalt Versorgungs-Bezug bis €*	Kl.	LSt	SolZ	8%	9%	Kl.	LSt	0,5 SolZ	8%	9%	1 SolZ	8%	9%	1,5 SolZ	8%	9%	2 SolZ	8%	9%	2,5 SolZ	8%	9%	3** SolZ	8%	9%
1 997,99	I,IV	265,75	14,61	21,26	23,91	I	265,75	10,93	15,90	17,88	7,45	10,84	12,19	—	6,08	6,84	—	2,01	2,26	—	—	—	—	—	—
	II	235,08	12,92	18,80	21,15	II	235,08	9,34	13,58	15,28	5,45	8,66	9,74	—	4,14	4,65	—	0,46	0,52	—	—	—	—	—	—
	III	40,83	—	3,26	3,67	III	40,83	—	—	—	—	—	—	—	—	—	—	—	—	—	—	—	—	—	—
2 253,99	V	567,50	31,21	45,40	51,07	IV	265,75	12,74	18,54	20,85	10,93	15,90	17,88	9,16	13,33	14,99	7,45	10,84	12,19	4,85	8,42	9,47	—	6,08	6,84
	VI	599,83	32,99	47,98	53,98																				
2 000,99	I,IV	266,58	14,66	21,32	23,99	I	266,58	10,97	15,96	17,96	7,49	10,90	12,26	—	6,14	6,91	—	2,05	2,30	—	—	—	—	—	—
	II	235,91	12,97	18,87	21,23	II	235,91	9,38	13,64	15,35	5,60	8,72	9,81	—	4,19	4,71	—	0,50	0,56	—	—	—	—	—	—
	III	41,16	—	3,29	3,70	III	41,16	—	—	—	—	—	—	—	—	—	—	—	—	—	—	—	—	—	—
2 256,99	V	568,66	31,27	45,49	51,17	IV	266,58	12,79	18,60	20,93	10,97	15,96	17,96	9,20	13,39	15,06	7,49	10,90	12,26	5,—	8,48	9,54	—	6,14	6,91
	VI	601,—	33,05	48,08	54,09																				
2 003,99	I,IV	267,41	14,70	21,39	24,06	I	267,41	11,01	16,02	18,02	7,53	10,96	12,33	—	6,20	6,97	—	2,10	2,36	—	—	—	—	—	—
	II	236,75	13,02	18,94	21,30	II	236,75	9,42	13,70	15,41	5,75	8,78	9,87	—	4,24	4,77	—	0,54	0,61	—	—	—	—	—	—
	III	41,66	—	3,33	3,74	III	41,66	—	0,01	0,01	—	—	—	—	—	—	—	—	—	—	—	—	—	—	—
2 259,99	V	569,83	31,34	45,58	51,28	IV	267,41	12,83	18,67	21,—	11,01	16,02	18,02	9,25	13,46	15,14	7,53	10,96	12,33	5,15	8,54	9,60	—	6,20	6,97
	VI	602,33	33,12	48,18	54,20																				
2 006,99	I,IV	268,33	14,75	21,46	24,14	I	268,33	11,06	16,09	18,10	7,57	11,02	12,39	—	6,25	7,03	—	2,14	2,41	—	—	—	—	—	—
	II	237,58	13,06	19,—	21,38	II	237,58	9,46	13,77	15,49	5,88	8,83	9,93	—	4,29	4,82	—	0,58	0,65	—	—	—	—	—	—
	III	42,—	—	3,36	3,78	III	42,—	—	0,04	0,04	—	—	—	—	—	—	—	—	—	—	—	—	—	—	—
2 262,99	V	571,16	31,41	45,69	51,40	IV	268,33	12,88	18,74	21,08	11,06	16,09	18,10	9,29	13,52	15,21	7,57	11,02	12,39	5,30	8,60	9,67	—	6,25	7,03
	VI	603,66	33,20	48,29	54,32																				

Abzüge an Lohnsteuer, Solidaritätszuschlag (SolZ) und Kirchensteuer (8%, 9%) in den Steuerklassen

I – VI ohne Kinderfreibeträge / **I, II, III, IV** mit Zahl der Kinderfreibeträge . . .

Lohn/Gehalt Versorgungs-Bezug bis €*	Kl.	LSt	SolZ	8%	9%	Kl.	LSt	0,5 SolZ	8%	9%	1 SolZ	8%	9%	1,5 SolZ	8%	9%	2 SolZ	8%	9%	2,5 SolZ	8%	9%	3** SolZ	8%	9%
4 658,99	I,IV	1 248,50	68,66	99,88	112,36	I	1 248,50	62,73	91,24	102,65	56,99	82,90	93,26	51,46	74,85	84,20	46,13	67,10	75,49	41,01	59,65	67,10	36,09	52,50	59,06
	II	1 199,50	65,97	95,96	107,95	II	1 199,50	60,12	87,45	98,38	54,47	79,24	89,14	49,03	71,32	80,24	43,80	63,71	71,67	38,77	56,40	63,45	33,94	49,38	55,55
	III	750,66	41,28	60,05	67,55	III	750,66	37,23	54,16	60,93	33,28	48,41	54,46	29,44	42,82	48,17	25,70	37,38	42,05	22,06	32,09	36,10	18,52	26,94	30,31
4 914,99	V	1 760,75	96,84	140,86	158,46	IV	1 248,50	65,67	95,53	107,47	62,73	91,24	102,65	59,83	87,03	97,91	56,99	82,90	93,26	54,20	78,84	88,69	51,46	74,85	84,20
	VI	1 795,25	98,73	143,62	161,57																				
4 661,99	I,IV	1 249,83	68,74	99,98	112,48	I	1 249,83	62,80	91,35	102,77	57,06	83,—	93,37	51,53	74,95	84,32	46,20	67,20	75,60	41,07	59,74	67,21	36,15	52,59	59,16
	II	1 200,83	66,04	96,06	108,07	II	1 200,83	60,19	87,55	98,49	54,54	79,34	89,25	49,10	71,42	80,34	43,86	63,80	71,78	38,83	56,48	63,54	34,—	49,46	55,64
	III	751,50	41,33	60,12	67,63	III	751,50	37,28	54,22	61,—	33,33	48,49	54,55	29,48	42,89	48,25	25,74	37,45	42,13	22,11	32,16	36,18	18,57	27,01	30,38
4 917,99	V	1 762,—	96,91	140,96	158,58	IV	1 249,83	65,75	95,64	107,59	62,80	91,35	102,77	59,90	87,14	98,03	57,06	83,—	93,37	54,27	78,94	88,80	51,53	74,95	84,32
	VI	1 796,58	98,81	143,72	161,69																				
4 664,99	I,IV	1 251,16	68,81	100,09	112,60	I	1 251,16	62,87	91,46	102,89	57,13	83,10	93,49	51,59	75,04	84,42	46,26	67,29	75,70	41,14	59,84	67,32	36,21	52,68	59,26
	II	1 202,16	66,11	96,17	108,19	II	1 202,16	60,26	87,66	98,61	54,61	79,44	89,37	49,17	71,52	80,46	43,93	63,90	71,88	38,89	56,57	63,64	34,06	49,55	55,74
	III	752,50	41,38	60,20	67,72	III	752,50	37,33	54,30	61,09	33,38	48,56	54,63	29,53	42,96	48,33	25,79	37,52	42,21	22,15	32,22	36,25	18,61	27,08	30,46
4 920,99	V	1 763,50	96,99	141,08	158,71	IV	1 251,16	65,82	95,74	107,71	62,87	91,46	102,89	59,97	87,24	98,14	57,13	83,10	93,49	54,34	79,04	88,92	51,59	75,04	84,42
	VI	1 798,—	98,89	143,84	161,82																				
4 667,99	I,IV	1 252,58	68,89	100,20	112,73	I	1 252,58	62,94	91,56	103,—	57,20	83,20	93,60	51,66	75,14	84,53	46,32	67,38	75,80	41,19	59,92	67,41	36,27	52,76	59,36
	II	1 203,50	66,19	96,28	108,31	II	1 203,50	60,33	87,76	98,73	54,68	79,54	89,48	49,23	71,61	80,56	43,99	63,99	71,99	38,95	56,66	63,74	34,12	49,64	55,84
	III	753,33	41,43	60,26	67,79	III	753,33	37,38	54,37	61,16	33,43	48,62	54,70	29,59	43,04	48,42	25,84	37,58	42,28	22,20	32,29	36,32	18,65	27,13	30,52
4 923,99	V	1 764,83	97,06	141,18	158,83	IV	1 252,58	65,89	95,85	107,83	62,94	91,56	103,—	60,05	87,34	98,26	57,20	83,20	93,60	54,40	79,14	89,03	51,66	75,14	84,53
	VI	1 799,33	98,96	143,94	161,93																				

2. Bei welchen der unten stehenden Ausgaben eines bei der Schubert & Müller Kurier GmbH angestellten Kaufmanns für Spedition und Logistikdienstleistung handelt es sich steuerrechtlich um
   a) Werbungskosten?
   b) Vorsorgeaufwendungen?
   c) übrige Sonderausgaben?
   d) außergewöhnliche Belastungen?
   e) nicht abzugsfähige Ausgaben?

   Ausgaben:
   a) Spende an eine gemeinnützige Einrichtung
   b) Aufwendungen für die Weiterbildung zum Verkehrsfachwirt
   c) Zuzahlung bei ärztlicher Leistung, soweit sie den zumutbaren Selbstbehalt überschreitet
   d) Gewerkschaftsbeitrag
   e) Gezahlte Kirchensteuer
   f) Mitgliedsbeitrag im Tennisklub
   g) Beitrag zur privaten Haftpflichtversicherung
   h) Beitrag zur Krankenkasse

3. Fügen Sie Ihrer Lernkartei das Schema für die Gehaltsabrechnung hinzu.

4. Ergänzen Sie Ihre Lernkartei um eine Sammlung von Beispielen für Werbungskosten, Sonderausgaben als Vorsorgeaufwendungen, übrige Sonderausgaben, außergewöhnliche Belastungen.

7 Grundlagen des Handelsrechts

Einstiegssituation

Diese Zeilen lesen Sie in dem Buch „Wirtschafts- und Sozialprozesse – Kaufleute für Spedition und Logistikdienstleistung", das Sie sich im Rahmen Ihrer Ausbildung zum/r Kaufmann/-frau für Spedition und Logistikdienstleistung angeschafft haben. Nach Bestehen Ihrer Abschlussprüfung erhalten Sie aber ein Zertifikat, das Sie nicht als Kaufmann/-frau für Spedition und Logistikdienstleistung, sondern als Kaufmannsgehilfe ausweist. Was fehlt Ihnen noch zum Kaufmann oder zur Kauffrau?
Kann ein Friseur mit einem gut gehenden Friseursalon oder ein Starkoch mit einem florierenden Edelrestaurant Kaufmann sein, ohne je eine kaufmännische Ausbildung absolviert zu haben?
Ist der Inhaber eines kleinen Kiosks Kaufmann, weil er Zeitungen, Süßigkeiten und Getränke möglichst günstig einkauft, um sie sodann wieder zu verkaufen?

Das Handelsgesetzbuch gibt auf diese Fragen eine Antwort. Darüber hinaus enthält es organisatorische Regelungen, die das Handeln der Kaufleute erleichtern, vereinfachen, beschleunigen und der Öffentlichkeit einen Vertrauensschutz gewährleisten.

7.1 Überblick über das Handelsrecht

Für Unternehmungen hat der Gesetzgeber ein spezielles Wirtschaftsrecht geschaffen. Es baut auf den allgemeinen Rechtsnormen des Bürgerlichen Gesetzbuches *(BGB)* auf und dient der **Sicherheit**, **Vereinfachung** und **Beschleunigung** des Geschäftsverkehrs innerhalb der Wirtschaft. Wichtigste Gesetzesgrundlage ist das **Handelsgesetzbuch** *(HGB)*. Statt von der Unternehmung wird im *HGB* vom Kaufmann gesprochen.

Kaufleute können sein:
- natürliche Personen,
- juristische Personen,
- Personenhandelsgesellschaften.

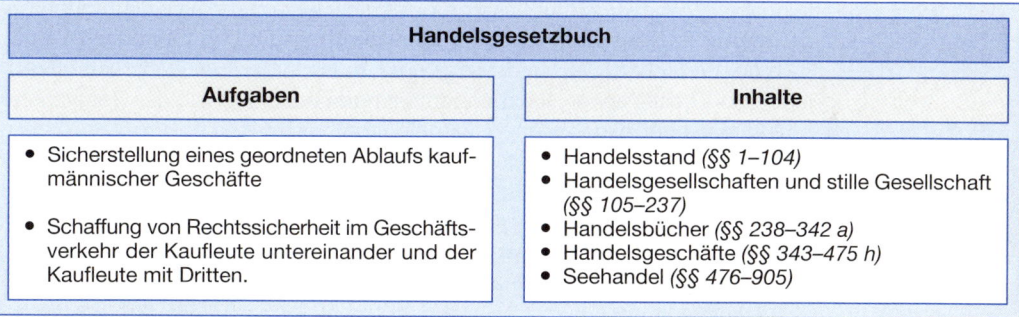

Handelsgesetzbuch	
Aufgaben	**Inhalte**
• Sicherstellung eines geordneten Ablaufs kaufmännischer Geschäfte • Schaffung von Rechtssicherheit im Geschäftsverkehr der Kaufleute untereinander und der Kaufleute mit Dritten.	• Handelsstand *(§§ 1–104)* • Handelsgesellschaften und stille Gesellschaft *(§§ 105–237)* • Handelsbücher *(§§ 238–342 a)* • Handelsgeschäfte *(§§ 343–475 h)* • Seehandel *(§§ 476–905)*

Das *HGB* wird durch eine Vielzahl von Spezialgesetzen ergänzt. Das Spezialrecht für Unternehmungen kann sich auf bestimmte Unternehmensrechtsformen oder auf bestimmte kaufmännische Geschäfte beziehen.

Hierbei gilt stets der Grundsatz:
Spezialrecht („lex specialis") hat **Vorrang** vor dem **allgemeinen Recht** („lex generalis").

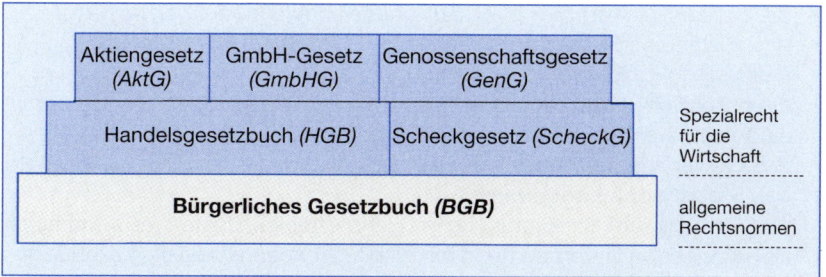

Die **Bedeutung des Handelsrechts für das Steuerrecht** zeigt sich u. a. darin, dass die steuerliche Gewinnermittlung von Kaufleuten nach den handelsrechtlichen Grundsätzen ordnungsgemäßer Buchführung erfolgen muss (Grundsatz der Maßgeblichkeit der Handelsbilanz für die Steuerbilanz).

Das **Maßgeblichkeitsprinzip** bedeutet, dass

- bei buchführenden Gewerbetreibenden
- für den Schluss des Wirtschaftsjahres
- das Betriebsvermögen anzusetzen ist,
- das sich nach den handelsrechtlichen Grundsätzen ordnungsgemäßer Buchführung ermittelt *(§ 5 Abs. 1 EStG)*.

Handelsrechtliche Bilanzierungs- und Bewertungsvorschriften sind somit für die Steuerbilanz verbindlich, sofern nicht besondere steuerliche Vorschriften eine andere Behandlung erfordern.

7.2 Gründung und Anmeldung der Unternehmung

In unserer Marktwirtschaft kann grundsätzlich jedermann eine Unternehmung gründen. Die **Gewerbefreiheit** ist Voraussetzung für den Wettbewerb innerhalb der Wirtschaft. Die Unternehmungen müssen bei ihrer Geschäftätigkeit jedoch die gesetzlichen Rahmenbedingungen beachten, die der Gesetzgeber im Interesse der Allgemeinheit festgelegt hat.
Die Unternehmensgründung setzt umfangreiche wirtschaftliche und rechtliche Überlegungen voraus. Aus übergeordneten Interessen und zum Schutz der Allgemeinheit ist in besonderen Fällen die Aufnahme des Geschäftsbetriebs von der Erfüllung bestimmter Voraussetzungen abhängig oder nur aufgrund einer staatlichen Konzession zulässig.

Beispiele
_____

Apotheken, Versicherungsgesellschaften, gewerbliche Güterkraftverkehrsunternehmen

Die Unternehmensgründung muss bei der zuständigen Ordnungsbehörde durch eine Gewerbeanmeldung angezeigt werden *(§ 14 GewO)*.

Die Ordnungsbehörde informiert anschließend nachfolgende Institutionen über die Gewerbeanmeldung:

- die zuständige **Kammer** *(z. B. IHK oder Handwerkskammer)*
- das zuständige **Finanzamt** *(§ 138 AO)*
- die zuständige **Berufsgenossenschaft** *(§§ 659, 611 RVO)*
- die gesetzliche **Krankenkasse** oder die Ersatzkassen, wenn Arbeitnehmer eingestellt werden
- das **Gewerbeaufsichtamt**
- das **Statistische Landesamt**
- das **Amtsgericht** zur Eintragung ins Handelsregister, sofern es sich bei der zu gründenden Unternehmung um einen Kaufmann handelt *(§ 14 HGB)*

7.3 Kaufmannseigenschaft

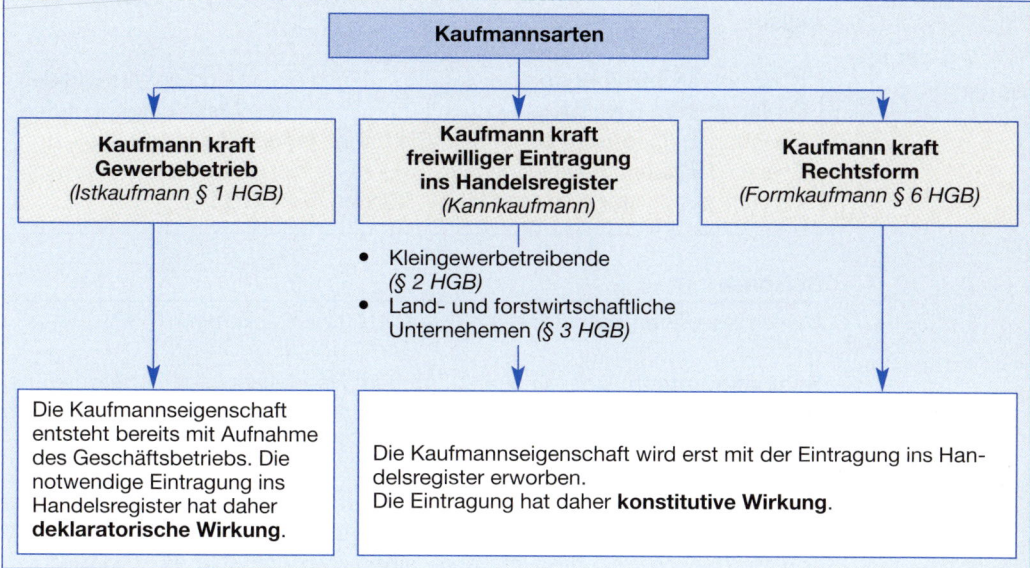

■ Istkaufmann

Kaufmann ist, wer ein Handelsgewerbe betreibt.
Als **Handelsgewerbe** gilt **jeder Gewerbebetrieb**, es sei denn, dass das Unternehmen nach Art und Umfang einen in kaufmännischer Weise eingerichteten Geschäftsbetrieb nicht erfordert *(§ 1 HGB)*.

Definition

Typische Merkmale eines Handelsgewerbes sind:
• eine selbstständige,
• auf **Dauer** angelegte,
• nach **außen** in Erscheinung tretende Tätigkeit
• in der Absicht, **Gewinn** zu erzielen.

Die *pflichtgemäße* Eintragung ins Handelsregister hat lediglich **rechtsbekundende** (= deklaratorische) Wirkung.
Gelegentliche Erwerbsgeschäfte begründen kein Handelsgewerbe.

Nicht als Gewerbe gilt die Tätigkeit der **Freien Berufe:**
Steuerberater, Wirtschaftsprüfer, Rechtsanwälte, Notare, Ärzte, Künstler usw. Diese Personen sind keine Kaufleute, obwohl sie am Wirtschaftsleben in der Regel wie Kaufleute teilnehmen. Ihnen wird nicht die Gewinnerzielungsabsicht als primäres Motiv ihrer Tätigkeit unterstellt.
Wenn Angehörige eines Freien Berufs ihre Tätigkeit in der Rechtsform einer GmbH oder AG ausüben, so ist die Gesellschaft Kaufmann kraft Rechtsform **(Formkaufmann)**.

■ Kannkaufmann

Definition   **Kannkaufleute** sind Kaufleute kraft freiwilliger Eintragung ins Handelsregister.

> **Kleingewerbetreibende** sind Unternehmen, die aufgrund der Art und des Umfangs ihrer Geschäfte einen in kaufmännischer Weise eingerichteten Geschäftsbetrieb nicht benötigen. Sie haben jedoch die Möglichkeit zum Erwerb der Kaufmannseigenschaft, in dem sie sich freiwillig als Kaufmann ins Handelsregister eintragen lassen können *(§ 2 HGB)*.

Beispiele

kleine Gaststätten, kleine Ladengeschäfte, kleine Bäckereien

Scheinkaufmann: Wer mit seiner Firma im Handelsregister eingetragen ist, oder sich im Wirtschaftsleben den Anschein eines Kaufmanns gibt, muss sich wie ein Kaufmann behandeln lassen *(§ 5 HGB)*.

Land- und forstwirtschaftliche Unternehmen oder damit verbundene Nebengewerbe, die nach Art und Umfang einen in kaufmännischer Weise einrichteten Geschäftsbetrieb erfordern, sind berechtigt, aber nicht verpflichtet, sich ins Handelsregister eintragen zu lassen *(§ 3 HGB)*.

Beispiele

* *land- und forstwirtschaftliche Unternehmen: Gutshöfe, Weingüter, Baumschulen*
* *land- und forstwirtschaftliche Nebengewerbe: Molkereien, Mühlen, Sägewerke*

Die *freiwillige* Eintragung ins Handelsregister hat **rechtserzeugende** Wirkung und begründet die Kaufmannseigenschaft.

■ Formkaufmann

Definition   **Formkaufleute** sind Unternehmen, die bereits aufgrund der von ihnen gewählten Rechtsform die Kaufmannseigenschaft erlangen *(§ 6 HGB)*.

Alle **Kapitalgesellschaften** und **Genossenschaften** sind Formkaufleute, unabhängig davon, ob sie eine gewerbliche Tätigkeit ausüben oder nicht:
* Gesellschaften mit beschränkter Haftung *(§ 13 Abs. 3 GmbHG)*,
* Aktiengesellschaften *(§ 3 AktG)*,
* eingetragene Genossenschaften *(§ 17 Abs. 2 GenG)*.

Personenhandelsgesellschaften, also Offene Handelsgesellschaften und Kommanditgesellschaften, sind dagegen Kaufleute kraft ihres Gewerbes:
Sie erlangen die Kaufmannseigenschaft entweder mit Aufnahme des Geschäftsbetriebes oder kraft Eintragung ins Handelsregister *(§§ 105, 123 HGB)*.

Alle Kaufleute haben die Pflicht

- zur Führung einer Firma unter Hinzufügung eines der Rechtsform der Unternehmung kennzeichnenden Zusatzes,
- zur Angabe der Firma, des Ortes ihrer Niederlassung, des Registergerichts und der Nummer, unter der sie im Handelsregister eingetragen sind, in allen Geschäftsbriefen, die an einen bestimmten Empfänger gerichtet sind,
- zur Führung von Handelsbüchern entsprechend den Grundsätzen ordnungsgemäßer Buchführung,
- bei Übernahme einer Bürgschaft selbstschuldnerisch zu bürgen, d. h., ihnen steht die „Einrede der Vorausklage" nicht zu.

Alle Kaufleute haben die Möglichkeit

- zur Abgabe von *mündlichen* Bürgschaftserklärungen,
- zur Festsetzung eines vom Kalenderjahr abweichenden Geschäftsjahres,
- zur Erteilung von Handlungsvollmacht und Prokura.

7.4 Firmenrecht

Die **Firma** ist der Name eines Kaufmanns, unter dem er seine Geschäfte betreibt, unterschreibt, klagen und verklagt werden kann *(§ 17 HGB).*   **Definition**

Die Firma muss zur Kennzeichnung des Kaufmanns geeignet sein und Unterscheidungskraft besitzen.

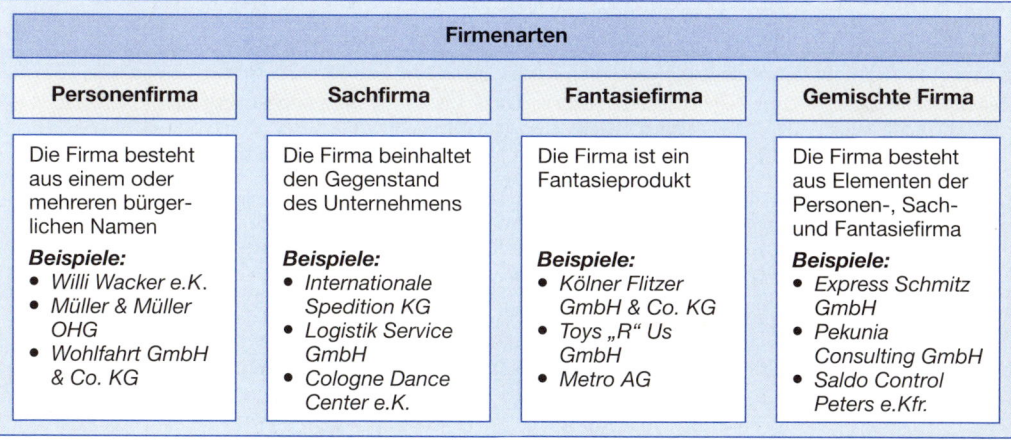

Firmenarten			
Personenfirma	**Sachfirma**	**Fantasiefirma**	**Gemischte Firma**
Die Firma besteht aus einem oder mehreren bürgerlichen Namen	Die Firma beinhaltet den Gegenstand des Unternehmens	Die Firma ist ein Fantasieprodukt	Die Firma besteht aus Elementen der Personen-, Sach- und Fantasiefirma
Beispiele: • *Willi Wacker e.K.* • *Müller & Müller OHG* • *Wohlfahrt GmbH & Co. KG*	*Beispiele:* • *Internationale Spedition KG* • *Logistik Service GmbH* • *Cologne Dance Center e.K.*	*Beispiele:* • *Kölner Flitzer GmbH & Co. KG* • *Toys „R" Us GmbH* • *Metro AG*	*Beispiele:* • *Express Schmitz GmbH* • *Pekunia Consulting GmbH* • *Saldo Control Peters e.Kfr.*

■ Firmenschutz

Die Eintragung begründet den *Schutz der Firma*. Das Recht auf die Firma ist ein absolutes Recht und wirkt gegenüber jedermann.
Wer eine ihm nicht zustehende Firma führt, kann von der bereits existierenden Firma auf Unterlassung ggf. Schadenersatz verklagt und vom Registergericht mit einem Ordnungsgeld belegt werden *(§ 37 HGB, § 16 UWG).*

Firmengrundsätze	
Firmen-öffentlichkeit *(§§ 29, 37 HGB)*	Die Firma muss zum Handelsregister angemeldet, eingetragen und bekannt gemacht werden.
Firmenwahrheit und -klarheit *(§ 18 HGB)*	Die Firma darf keine Angaben enthalten, die geeignet sind, über geschäftliche Verhältnisse, die für die angesprochenen Verkehrskreise wesentlich sind, irrezuführen. ***Beispiel:*** *Eine kleine Speditionsgesellschaft darf sich nicht „Europäisches Logistic Centrum GmbH" nennen.*
Firmen-beständigkeit *(§§ 21, 22 HGB)*	Eine einmal existierende Firma darf bei einem Inhaberwechsel, ggf. unter Beifügung eines Zusatzes, der auf das Nachfolgeverhältnis hinweist, weitergeführt werden. Voraussetzung hierfür ist die ausdrückliche Einwilligung des bisherigen Inhabers bzw. seiner Erben. Firmenbeständigkeit hat Vorrang vor Firmenwahrheit. ***Beispiel:*** *Ubier-Transporte Alois Schlingel, Inhaber Gunther Frei e.K.*
Firmen-ausschließlichkeit *(§ 30 HGB)*	Die gewählte Firma muss sich von allen anderen Firmen am selben Ort deutlich unterscheiden. ***Beispiele:*** • *Peter Schmitz, Transportgesellschaft mbH* • *Spedition Peter Schmitz e.K.*

■ Notwendige Bestandteile der Firma

Die Firma kann nicht ohne das Handelsgeschäft, für welches sie geführt wird, veräußert werden.

Die notwendigen Bestandteile der Firma richten sich nach der jeweiligen Rechtsform der Unternehmung.

Die Firma eines Kaufmanns muss bei der Gründung die Bezeichnung der Rechtsform der Unternehmung oder eine allgemein verständliche Abkürzung dieser Bezeichnung enthalten.

Rechtsform	Die Firma muss enthalten ...	Rechtsquellen
Einzelunternehmung (e.Kfm., e.Kfr., e.K.)	einen Personennamen oder eine Sach- oder Phantasiebezeichnung <u>mit dem Zusatz</u> „eingetragene Kauffrau/eingetragener Kaufmann". Allgemein verständliche Abkürzungen wie e.K., e.Kfr., e.Kfm. sind zulässig.	*§ 19 Abs. 1 Nr. 1 HGB*
Offene Handels-gesellschaft (OHG)	Personennamen oder eine Sach- oder Phantasiebezeichnung <u>mit dem Zusatz</u> „offene Handelsgesellschaft" oder OHG. Zusätzlich müssen evtl. Haftungsbeschränkungen herausgestellt werden *(z. B. GmbH ist Gesellschafter der OHG).*	*§ 19 Abs. 1 Nr. 2 HGB* *§ 19 Abs. 2 HGB*
Kommandit-gesellschaft (KG)	Personennamen oder eine Sach- oder Phantasiebezeichnung <u>mit dem Zusatz</u> „Kommanditgesellschaft" oder KG. Zusätzlich müssen evtl. Haftungsbeschränkungen herausgestellt werden *(z. B. GmbH ist Gesellschafter der KG).*	*§ 19 Abs. 1 Nr. 3 HGB* *§ 19 Abs. 2 HGB*
Gesellschaft mit be-schränkter Haftung (GmbH)	mindestens einen Personennamen oder eine Sach- oder Phantasiebezeichnung <u>mit dem Zusatz</u> „Gesellschaft mit beschränkter Haftung" oder GmbH.	*§ 4 GmbHG*
Aktiengesellschaft (AG)	Personennamen oder eine Sach- oder Phantasiebezeichnung <u>mit dem Zusatz</u> „Aktiengesellschaft" oder AG	*§ 4 AktG*
eingetragene Genossenschaft (e.G.)	Sachbezeichnung <u>mit dem Zusatz</u> „eingetragene Genossenschaft" oder eG	*§ 3 GenG*

Auf allen **Geschäftsbriefen** des Kaufmanns, die an einen bestimmten Empfänger gerichtet werden, müssen seine Firma, der Ort seiner Handelsniederlassung und die Nummer, unter der die Firma in das Handelsregister eingetragen ist, angegeben werden *(§ 37a HGB)*.

■ Firmenwert

Für renommierte Unternehmen mit großem Bekanntheitsgrad bedeutet die Firma oft einen erheblichen Wert; insoweit handelt es sich um ein **immaterielles Wirtschaftsgut**. Ihr Wert ist vor allem bestimmt durch den guten Ruf **(Goodwill)**, über den die Unternehmung bei ihren Kunden verfügt.
Der Firmenwert kann betragsmäßig bestimmt werden: Es ist der Betrag, den ein Käufer im Rahmen der Übernahme einer Unternehmung als Ganzes über den Wert der einzelnen Vermögensgegenstände hinaus zu zahlen bereit ist. Beim Kauf einer Unternehmung ist der Firmenwert in der Steuerbilanz *aktivierungspflichtig,* in der Handelsbilanz *aktivierungsfähig*.

7.5 Öffentliche Register

7.5.1 Handelsregister

Das **Handelsregister** (HR) ist das amtliche Verzeichnis der Kaufleute eines Amtsgerichtsbezirks. **Definition**

■ Öffentlichkeit des Handelsregisters

Das Handelsregister wird beim Amtsgericht (Registergericht) geführt und unterrichtet die Öffentlichkeit über die grundlegenden Rechtsverhältnisse der Unternehmungen.
Jedermann hat das Recht auf Einsichtnahme und kann gegen eine Gebühr eine Kopie der Eintragungen und der eingereichten Schriftstücke verlangen *(§ 9 HGB)*.
Das Amtsgericht hat die Eintragungen in das Handelsregister durch den Bundesanzeiger und durch mindestens ein anderes Blatt bekanntzumachen *(§ 10 HGB)*.
Die Gerichte gehen über diese Vorschrift hinaus und veröffentlichen ihre Eintragungen nicht nur in mindestens einer regionalen Tageszeitung, sondern auch bundesweit im „Handelsblatt".

■ Öffentlicher Glaube der Eintragungen

Jede **Eintragung** erzeugt die Vermutung der Richtigkeit und rechtlichen Zulässigkeit *(§ 15 HGB)*.

Positive Publizität: Eingetragene und bekanntgemachte Tatsachen muss ein Dritter gegen sich gelten lassen; dies gilt nicht bei Rechtshandlungen, die innerhalb von 15 Tagen nach der Bekanntmachung vorgenommen werden, sofern der Dritte beweist, dass er die Tatsache weder kannte noch kennen musste.

Beispiel

Aufgrund häufiger Fehler wird einem Mitarbeiter die Prokura entzogen. Der Widerruf wird ordnungsgemäß eingetragen und bekanntgemacht. Drei Wochen nach der Bekanntmachung verkauft der Ex-Prokurist aus Enttäuschung über den Prokuraentzug die gesamte EDV-Einrichtung der Unternehmung. Das Rechtsgeschäft ist für die Unternehmung nicht bindend.

Negative Publizität: Solange eine einzutragende Tatsache nicht eingetragen und bekanntgemacht worden ist, kann sie einem Dritten nicht entgegengesetzt werden, es sei denn, dass sie diesem bekannt war.

Beispiel

Einem Prokuristen wird gekündigt, das Erlöschen der Prokura wird jedoch versehentlich nicht zur Eintragung angemeldet. Aus Verärgerung über die Entlassung verkauft der Ex-Prokurist unberechtigterweise seinen Dienstwagen zu einem günstigen Preis an einen Geschäftsfreund, der von dem Entzug der Prokura nichts wusste.
Das Rechtsgeschäft ist für die Unternehmung bindend.

Ist eine einzutragende Tatsache **unrichtig** bekanntgemacht, so kann sich ein gutgläubiger Dritter auf den Inhalt der Bekanntmachung berufen.

Eine Eintragung kann **rechtserzeugend** *(konstitutiv)* oder **rechtsbekundend** *(deklaratorisch)* wirken.

Konstitutive Eintragungen	Deklaratorische Eintragungen
Die Eintragung erzeugt den beabsichtigten Rechtszustand.	Die Eintragung bekundet einen bereits bestehenden Rechtszustand.
Beispiele: • *Entstehung einer GmbH bzw. AG und Erlangung der Rechtsfähigkeit (§ 7 GmbHG, § 36 AktG)* • *Herabsetzung der Einlage eines Kommanditisten (§ 174 HGB)* • *Eintragung eines Kleingewerbetreibenden oder eines land- oder forstwirtschaftlichen Betriebes (§§ 2, 3 HGB)*	*Beispiele:* • *Erteilung und Widerruf einer Prokura (§ 48 HGB)* • *Eintritt eines neuen Gesellschafters in eine OHG (§ 107 HGB)* • *Gesamtvertretung der Gesellschafter einer OHG (§ 125 HGB)*

Amtsgericht Köln
Handelsregister

Neueintragung **20. August 2001**	**Veränderung** **16. Dezember 2003**	**Löschungen** **22. Dezember 1998**
HRA 15691: **Calenberg Oversea Logistics GmbH & Co. KG, Köln (Welser Str. 8, 51149 Köln,** speditionelle Abwicklung von Transporten im nationalen und internationalen Bereich für Güter aller Art). Kommanditgesellschaft Beginn: 01.04.1999. Persönlich haftender Gesellschafter: Calenberg Oversea Logistics Verwaltungs GmbH, Bonn (AG Bonn HRB 8379). Einzelprokura: Hermann, Christoph A., Köln, * 30.01.1966. Der Sitz ist von Bonn (bisher AG Bonn HRA 4504) nach Köln verlegt.	HRB 13690: **Willi Schüchen Internationale Spedition Transport Logistik GmbH & Co. KG, Zweigniederlassung Köln, Köln (Emdener Str. 105 a, 50735 Köln).** Neue Firma: Schüchen International GmbH & Co. KG, Zweigniederlassung Köln: Zweigniederlassung der Schüchen International GmbH & Co. KG mit Sitz in Mammelzen (AG Neuwied, HRA 1897).	HRB 22603: **D.I.G.I.T – Computer- und Musiktechnik Entwicklungs- und Handels-GmbH, Köln.** Die Liquidation ist beendet. Die Firma ist erloschen. HRB 26455: **HESU Elektro Im- und Export GmbH, Köln.** Die Liquidation ist beendet. Die Firma ist erloschen.

Aufbau des Handelsregisters	
Abteilung A **(HRA)**	**Abteilung B** **(HRB)**
Einzelunternehmungen Personenhandelsgesellschaften • offene Handelsgesellschaften • Kommanditgesellschaften	Kapitalgesellschaften • Aktiengesellschaften • Gesellschaften mit beschränkter Haftung
Inhalt der Eintragungen	
Firma und Sitz der Unternehmung	Firma, Sitz und Gegenstand der Unternehmung
bei der KG: die Einlagen der Kommanditisten	*bei der GmbH:* das Stammkapital
	bei der AG: das Grundkapital
bei der Einzelunternehmung: der Geschäftsinhaber	*bei der GmbH:* der/die Geschäftsführer
bei der OHG und KG: die Gesellschafter	*bei der AG:* der Vorstand
ggf. Prokuristen	ggf. Prokuristen
Art der Vertretung (Einzel-/Gesamtvertretung)	Art der Vertretung (Einzel-/Gesamtvertretung)

- Eintragungsfähig und -pflichtig sind nur die gesetzlich zulässigen und vorgesehenen Tatbestände.
- Eintragungen erfolgen auf Antrag, ggf. von Amts wegen. Die Anmeldung zur Eintragung ist in öffentlich (notariell)-beglaubigter Form einzureichen *(§ 12 HGB)*; sie kann ggf. durch Ordnungsgeld erzwungen werden.
- Die Eintragungen werden vom Amtsgericht durch Veröffentlichung im Bundesanzeiger und in mindestens einem weiteren Blatt im Amtsgerichtsbezirk bekanntgemacht *(§§ 10, 11 HGB)*.
- Gelöschte Eintragungen sind unterstrichen.

7.5.2 Andere öffentliche Register

Andere beim Amtsgericht geführte öffentliche Register sind:

Partnerschaftsregister

- Inhalt: Rechtsverhältnisse der Partnerschaftsgesellschaften (PG)
- Eintragungstatbestände: Name und Sitz der Partnerschaft, Name und Vorname sowie der in der Partnerschaft ausgeübte Beruf und der Wohnort jedes Partners *(§§ 3, 4, 5 PartGG)*
- öffentlicher Glaube: positive und negative Publizität *(§ 5 PartGG i. V. m. § 15 HGB)*
- Einsichtnahme: jedermann

Genossenschaftsregister

- Inhalt: Rechtsverhältnisse der eingetragenen Genossenschaften (eG)
- Eintragungstatbestände: Firma, Sitz, Statut, Vorstand
- öffentlicher Glaube: positive Publizität (eingetragene Tatsachen gelten gutgläubigen Dritten gegenüber als richtig) und negative Publizität (nicht eingetragene Tatsachen geltend als nicht bestehend).
- Einsichtnahme: jedermann

Schiffsregister

- Inhalt: Rechtsverhältnisse des eingetragenen Schiffes
- Eintragungstatbestände: Name, Sitz, Eigentumsverhältnisse, Lasten und Beschränkungen
- öffentlicher Glaube: positive und negative Publizität
- Einsichtnahme: berechtigtes Interesse muss nachgewiesen werden bzw. Einwilligung des Schiffseigentümers

Vereinsregister

- Inhalt: Rechtsverhältnisse der eingetragenen Vereine (e. V.)
- Eintragungstatbestände: Name, Sitz, Satzung, Vorstand
- öffentlicher Glaube: nur negative Publizität *(§ 68 BGB)*
- Einsichtnahme: jedermann

Güterrechtsregister

- Eintragungstatbestände: Abweichungen vom gesetzlichen Güterstand der Ehe und Eheverträge (nur auf Antrag)
- öffentlicher Glaube: nur negative Publizität *(§ 1412 BGB)*
- Einsichtnahme: jedermann

Grundbuch

- Inhalt: Rechtsverhältnisse der im Amtsgerichtsbezirk gelegenen Grundstücke
- Eintragungstatbestände: u. a. Eigentumsverhältnisse, Lasten und Beschränkungen, Grundpfandrechte
- öffentlicher Glaube: positive und negative Publizität *(§ 892 BGB)*
- Einsichtnahme: berechtigtes Interesse muss nachgewiesen werden bzw. Einwilligung des Grundstückseigentümers

7.6 Vollmachten

7.6.1 Handlungsvollmacht

Definition

Die allgemeine **Handlungsvollmacht** berechtigt zu allen Geschäften und Rechtshandlungen, die der Betrieb dieses Handelsgewerbes gewöhnlich mit sich bringt *(§ 54 HGB)*.

Nicht erlaubt sind dem Handlungsbevollmächtigten folglich alle für dieses Handelsgewerbe *außergewöhnlichen* Geschäfte und Rechtshandlungen.
Eine ausdrückliche Sondervollmacht ist notwendig für die:

- Veräußerung und Belastung von Grundstücken,
- Eingehung von Wechselverbindlichkeiten,
- Aufnahme von Darlehen,
- Prozessführung.

Der Umfang der Handlungsvollmacht kann vom Vollmachtgeber auf einzelne oder eine bestimmte Art von Geschäften und Rechtshandlungen beschränkt werden.

Sondervollmacht	Artvollmacht
einmalige Sondervollmacht (Spezialvollmacht) zur Erledigung eines bestimmten Rechtgeschäftes **Beispiel:** *Vollmacht zur Führung eines Prozesses*	*auf Dauer* erteilte Vollmacht zur Erledigung einer bestimmten Art wiederkehrender Geschäfte **Beispiele:** - *Kontovollmacht* - *Einkaufsvollmacht*

Die Vertretungsvollmacht kann darüber hinaus in der Weise beschränkt werden, dass der Handlungsbevollmächtigte nur im Zusammenwirken mit einer anderen Person *(z. B. mit einem Prokuristen)* zeichnungsberechtigt ist.

Einzelvertretungsvollmacht	Gesamtvertretungsvollmacht
Vollmachtausübung *ohne* Zusammenwirken mit einer anderen Person	Vollmachtausübung nur im Zusammenwirken *mit* einer anderen vertretungsberechtigten Person

Erteilung	Die Erteilung kann erfolgen durch • Kaufleute • den Vorstand einer AG bzw. eG, • den/die Geschäftsführer einer GmbH, • Prokuristen, und zwar • schriftlich, • mündlich, • stillschweigend (konkludentes Verhalten).
Eintragung ins Handelsregister	nicht eintragungsfähig
Unterschrift (Zeichnung) *(§ 57 HGB)*	Der Handlungsbevollmächtigte muss unter der Firma mit einem das Vollmachtverhältnis andeutenden Zusatz unterschreiben. • Handlungsvollmacht: i. V. • Artvollmacht: i. V. • Sondervollmacht: i. A. **Beispiele:** *Firmenbezeichnung:* Modeboutique Elvira Ellis GmbH *i. V. (in Vertretung) Name:* i. V. Meier *i. A. (im Auftrag) Name:* i. A. Thöler
Erlöschen	Die Handlungsvollmacht erlischt • durch Widerruf, • mit Beendigung des Dienstvertrages, • mit Erledigung des Auftrages (bei Sondervollmacht), • mit Auflösung der Unternehmung.

7.6.2 Prokura

Die **Prokura** ermächtigt zu allen Arten von gerichtlichen und außergerichtlichen Geschäften und Rechtshandlungen, die der Betrieb (irgend)eines Handelsgewerbes mit sich bringt *(§§ 48–53 HGB)*.

Definition

Eine ausdrückliche Art- oder Sondervollmacht ist notwendig für die Veräußerung und Belastung von Grundstücken.

Nicht erlaubt ist dem Prokuristen
• die Erteilung und der Entzug einer Prokura,
• die Anmeldung von Eintragungen ins Handelsregister,
• die Unterzeichnung der Bilanz und der Steuererklärungen,
• die Aufnahme neuer Gesellschafter,
• der Verkauf der Unternehmung,
• die Beantragung der Eröffnung eines Insolvenzverfahrens der Unternehmung.

Die Prokura ist nicht übertragbar.
Sie erlischt nicht durch den Tod des Inhabers des Handelsgeschäfts.

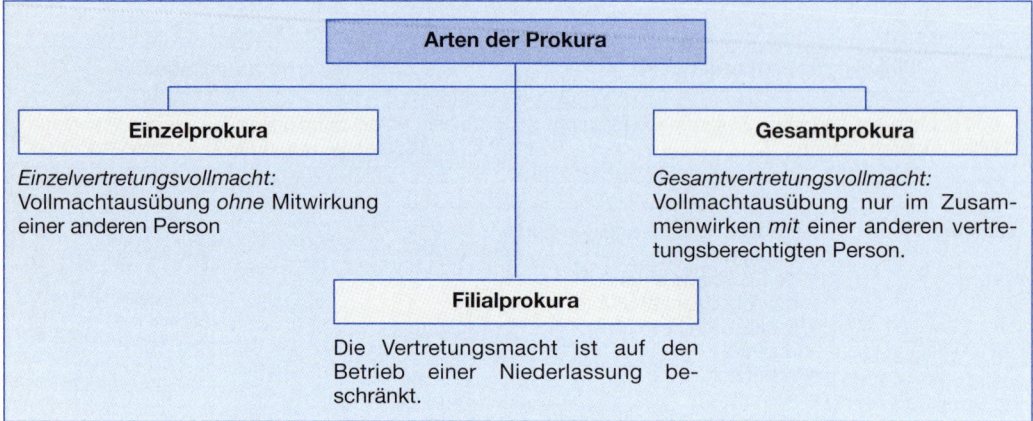

Im **Außenverhältnis**, d. h. im Verhältnis zwischen dem Prokuristen und den Geschäftspartnern des Arbeitgebers, ist die Vertretungsmacht des Prokuristen darüber hinaus nicht weiter beschränkbar *(§ 50 HGB)*.
Anders verhält es sich im **Innenverhältnis**, d. h. im Verhältnis zwischen dem Prokuristen und seinem Arbeitgeber. Hier ist in der Regel dem Prokuristen ein bestimmtes Ressort zugeteilt, für das er als leitender Angestellter zuständig ist. Den ihm zugewiesenen Kompetenzrahmen darf er nicht überschreiten.

Beispiel

Frau Ingrid Bodsch ist Personalchefin der Wolfram Spedition GmbH. Ihr ist Einzelprokura erteilt worden. Im Innenverhältnis darf sie ihren Arbeitgeber nur in Personalangelegenheiten vertreten. Im Außenverhältnis gilt diese Beschränkung nicht, d. h., sie könnte ihren Arbeitgeber auch in allen anderen Geschäften (mit Ausnahme der ihr gesetzlich nicht erlaubten) rechtswirksam vertreten.

Erteilung *(§ 48 HGB)*	Die Prokura kann nur erteilt werden von • dem Inhaber des Handelsgeschäftes oder • seinem gesetzlichen Vertreter und zwar • ausdrücklich • schriftlich oder mündlich.
Eintragung ins Handelsregister *(§ 53 HGB)*	eintragungspflichtig (deklaratorische Wirkung)
Unterschrift (Zeichnung) *(§ 51 HGB)*	Der Prokurist muss unter der Firma mit einem die Prokura andeutenden Zusatz unterschreiben. **Beispiel:** Firmenbezeichnung: *Wolfram Spedition GmbH* pp. oder ppa. (per procura) Name: *ppa. Ingrid Bodsch*
Erlöschen	Die Prokura erlischt durch • Widerruf, • Beendigung des Dienstvertrages, • Auflösung der Unternehmung.

7.6.3 Generalvollmacht

Diese Vollmacht, die weder im HGB noch im BGB ausdrücklich erwähnt wird, lässt sich aus dem *§ 167 BGB* ableiten.
Die Generalvollmacht ist die **umfassendste** aller Vollmachten. Sie berechtigt den Bevollmächtigten grundsätzlich zu allen Geschäften,
- bei denen eine Vertretung möglich ist
- und die sich nicht gegen den Willen des Vollmachtgebers richten.

Die Erteilung ist formfrei. Die Generalvollmacht erlischt durch Kündigung, Zeitablauf sowie bei Auflösung oder Veräußerung des Unternehmens.

Aufgaben

1. Beurteilen Sie die folgenden Fälle hinsichtlich der Kaufmannseigenschaft.
   a) Karin Breise eröffnete vor kurzem einen kleinen Kiosk, den sie vollkommen allein führt. Ihr Eigenkapital bei der Errichtung betrug 10 000,00 EUR. Ihr Gewerbebetrieb steht nicht im Handelsregister.
   Erläutern Sie, ob Karin Kauffrau im Sinne des HGB ist.
   b) Friedrich und sein Freund Bernd beschließen, eine GmbH in der Mikroelektronikbranche zu gründen.
   Ab welchem Zeitpunkt erwirbt die Unternehmung die Eigenschaft eines Kaufmanns und um welche Art von Kaufmann handelt es sich?
   c) Herr Weber hatte schon immer den Traum, ein eigenes Unternehmen zu haben, das auf die Herstellung von Holzmöbeln spezialisiert ist. Durch eine Erbschaft und zusätzlich angespartes Geld kann er selbst ein Startkapital von ca. 32 000,00 EUR aufbringen. Gewerberäume sind bereits gemietet. Er und vier Angestellte fangen am 01.12. mit der Arbeit an. Erst am 20.12. findet Herr Weber Zeit, einige Behördengänge zu erledigen und lässt seine Firma ins Handelsregister eintragen.
   Ab welchem Zeitpunkt ist Herr Weber Kaufmann und welche Art von Kaufmann ist er?
   d) Wie Fall 1, jedoch hat Karin den Kiosk vor zwei Wochen ins Handelsregister eintragen lassen.
   Ist sie nun Kauffrau im Sinne des HGB und wenn ja, um welche Art von Kauffrau handelt es sich?
   e) Baumschule Sherwood e. K., geführt von Inhaber Robin Waldner, wirft jährlich einen Gewinn von ca. 25 000,00 EUR ab. Der Gewerbebetrieb steht im Handelsregister.
   Ab welchem Zeitpunkt ist Herr Waldner Kaufmann und welche Art von Kaufmann ist er?

2. Zwei befreundete Kaufleute für Spedition und Logistikdienstleistung wollen gemeinsam eine Speditionsunternehmung in der Rechtsform der GmbH gründen. Welche der folgenden Aussagen über Firmengrundsätze ist in diesem Zusammenhang zutreffend?
   (1) Firmenausschließlichkeit heißt, dass die beiden Unternehmensgründer keine Firma wählen dürfen, die am selben Ort bereits geführt wird.
   (2) Firmenwahrheit bedeutet, dass bei einem späteren Wechsel der Eigentümer die Firma um den Zusatz „Nachfolger" zu ergänzen ist.

(3) Firmenklarheit besagt, dass beide Gründer mit ihren ausgeschriebenen Vornamen in der Firma ihrer Unternehmung erscheinen müssen.

(4) Firmenbeständigkeit verlangt, dass die gewählte Firma nicht geändert werden kann.

3. Die Schubert & Müller Kurier GmbH arbeitet mit den unten aufgeführten Geschäftspartnern zusammen. Bei welchen dieser Partner handelt es sich um eine

(1) Sachfirma?

(2) Fantasiefirma?

(3) gemischte Firma?

Geschäftspartner:

a) Kölner Rapido KG

b) Reinhard Computerservice OHG

c) Road Transports International GmbH

d) Meiering Unternehmensberatungsgesellschaft mbH

e) Elektronik Im- und Export AG

4. Die Prokura erlischt durch

a) Tod des Inhabers eines Handelsgeschäftes

b) Umwandlung der Rechtsform des Unternehmens

c) Verkauf des Unternehmens

d) Widerruf durch den Vollmachtgeber

e) Tod des Prokuristen

5. Welcher Bevollmächtige ist – ohne besondere Befugnis – zu der genannten Tätigkeit berechtigt?

(1) Handlungsbevollmächtigter

(2) Prokurist

(3) Beide

(4) Keiner von beiden

Tätigkeiten

a) Abschluss von Kaufverträgen

b) Aufnahme von Darlehen und Krediten

c) Aufnahme von Gesellschaftern

d) Belastung oder Verkauf von Grundstücken

e) Entlassung von Arbeitskräften

f) Führung von Prozessen für das Unternehmen, in dem er tätig ist

6. Ergänzen Sie Ihre Lernkartei, indem Sie wichtige Inhalte zu den Kartenüberschriften

• „Kaufmann"

• „Firma"

• „Register"

• „Handlungsvollmacht"

• „Prokura"

zusammenstellen.

8 Unternehmensformen

Einstiegssituation

Dietz und Potthoff bald als AG

Die Dietz & Potthoff Speditions GmbH hat in den letzten Jahren ein jeweils zweistelliges Wachstumstempo vorgelegt. Das vor 9 Jahren in Gummers-bach von den beiden gelernten Kaufleuten für Spedition und Logistikdienst-leistung Michael Dietz und David Potthoff gegründete Unternehmen hatte sich zunächst darauf spezialisiert, für Automobilzulieferer komplette Transportlogistikkonzepte zu entwickeln und zu realisieren. Mit den Niederlassungen in Stuttgart, München, Wolfsburg und Leipzig ist das Unternehmen an den wichtigsten deutschen Automobilstandorten präsent. Inzwischen hat sich die Dietz & Potthoff Speditions GmbH ein zweites Standbein zugelegt und verantwortet die gesamte innerdeutsche Ersatzteildistribution eines koreanischen Automobilproduzenten. Die bis-herige Expansion wurde vorwiegend über Bankkredite finanziert, sodass das Unternehmen für Übernahmen anfällig ist.

Nach Angaben der geschäftsführenden Gesellschafter Michael Dietz und David Potthoff soll eine Übernahme auf jeden Fall verhindert werden. Deswegen ist eine Umwandlung in eine AG zum 01.01... beschlossene Sache. Dietz und Potthoff werden jeweils 25,5 % der Aktien halten, die rest-lichen 49 % sollen breit gestreut werden. Mit dem frischen Kapital soll die Abhängigkeit von den Banken verringert und gleichzeitig der weitere Expansionskurs finanziert werden. Michael Dietz und David Potthoff wer-den das neue Unternehmen als gleichberechtigte Vorstände führen.

Unternehmen können von natürlichen und/oder juristischen Personen gegrün-det werden.

Beispiele

* *Volkswagen AG: An diesem privatrechtlichen Unternehmen sind natürliche Personen, juristische Personen des Privatrechts (z. B. eine Privatbank) und juristische Personen des öffentlichen Rechts (z. B. das Land Niedersachsen) beteiligt.*
* *Stadtwerke Bonn GmbH: Alleinige Eigentümerin dieses privatrechtlichen Unternehmens ist die Gebietskörperschaft Stadt Bonn.*

■ Gründe für die Wahl der Unternehmensform

Die Frage, welche Rechtsform für ein Unternehmen gewählt werden soll, stellt sich, wenn

* ein Unternehmen gegründet wird,
* sich für das Unternehmen wesentliche persönliche, rechtliche, wirtschaft-liche oder steuerliche Faktoren ändern.

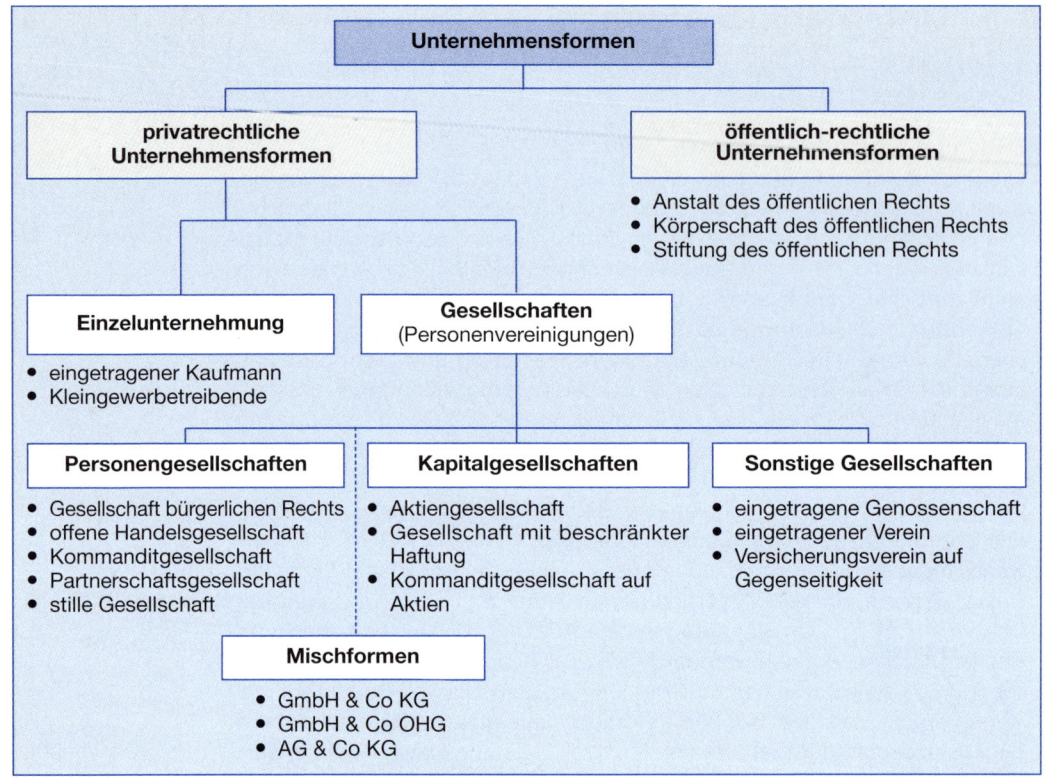

Beispiele

- *persönliche Faktoren: Die Geschäftsführung soll Angestellten übertragen werden.*
- *rechtliche Faktoren: Die Haftung der Gesellschafter soll beschränkt werden.*
- *wirtschaftliche Faktoren: Die Kapitalbeschaffung soll erleichtert werden.*
- *steuerliche Faktoren: Eine GmbH soll in eine KG umgewandelt werden, um Erbschaftsteuer zu sparen.*

Es kommt im Wirtschaftsleben auch vor, dass ein einzelner persönlicher Grund zu einer Umwandlung der Unternehmensform führt.

Beispiel

Ein großes deutsches Handelsunternehmen wird in der Unternehmensform der GmbH geführt. Die Gesellschafter legen großen Wert auf Geheimhaltung aller Angaben über den Jahresabschluss. Mit Einführung des „Gesetzes über die Rechnungslegung von bestimmten Unternehmen und Konzernen" (Publizitätsgesetz) muss der Jahresabschluss der GmbH veröffentlicht werden. Die Gesellschafter beschließen, die GmbH in eine KG umzuwandeln, weil für diese Unternehmensform das Publizitätsgesetz (noch) nicht gilt.

Um im Einzelfall die richtige Wahl der Unternehmensform zu treffen, sollte ein Katalog von **Entscheidungskriterien** zusammengestellt, vergleichend gegenübergestellt und gewertet werden. Eine Reihe von Entscheidungsfaktoren beeinflusst sich gegenseitig.

Beispiel

Je stärker die Haftungsbeschränkung, desto schwieriger ist die Fremdkapital-beschaffung.

Entscheidungskriterien für die Wahl der Unternehmensform			
betriebswirtschaftliche Gründe	**zivilrechtliche Gründe**	**handels- und steuer-rechtliche Gründe**	**persönliche Gründe**
Finanzierung des Unternehmens[1] • Kapitalbeschaffung • Höhe des Haftungskapitals • Entnahme- und Einlage-rechte • Beteiligung am Vermö-gen, insbesondere an den stillen Reserven und am Firmenwert • Gewinn- und Verlustbe-teiligung • Anzahl der Gesellschafter • Gründungsaufwand **Führung des Unternehmens** • Leitung • Willensbildung • Mitbestimmung • Prüfungspflichten • Publizität • Art, Umfang und Kosten der Rechnungslegung **Standort des Unternehmens[1]**	• Rechtsstatus • Geschäftsführung • Vertretungsbefugnis • Kapitalausstattung • Haftungsbeschränkung • Änderungen der Beteili-gungsverhältnisse • Unternehmensnachfolge, Nachlassregelung • Art und Umfang des Han-delsgewerbes • Form und Inhalt des Ge-sellschaftsvertrages • Anzahl der Gesellschafter	• lokale, regionale und nationale Steuern und Steuertarife • Unterschiede in der Be-steuerung der Personen- und Kapitalgesellschaften bei ertragsabhängigen Steuern (*ESt, KSt, KiSt, GewSt*) • steuerliche Belastungen bei Umwandlungen • Unterschiede in der Be-lastung durch Erbschaft- und Schenkungsteuer • Kosten der Abschluss-prüfer, evtl. des Notars, Gerichtskosten • Publizitätskosten • steuerliche Gesamtbe-lastung	• persönliche Präferenzen • Image der Rechtsform • Publizität • Rechnungslegung • Offenlegung der Rech-nungslegung • Umfang, Form und Kos-ten der Gründung • Registerkosten • Beurkundungskosten • Sicherung des Unter-nehmens • Sicherung der Unterneh-mernachfolge • Alterssicherung der Ge-sellschafter

8.1   Einzelunternehmung

■ Kennzeichen und Bedeutung

Bei der **Einzelunternehmung** ist eine einzelne natürliche Person – der (die) Einzelunternehmer(in) – selbstständig
• gewerblich oder
• land- oder forstwirtschaftlich tätig.

Eine einzelne Person ist **Eigentümer** und **Inhaber** der Unternehmung. Diese trägt allein das unternehmerische Risiko und übernimmt allein die Verant-wortung und Entscheidungsbefugnis. Träger von Rechten und Pflichten ist nur der Einzelunternehmer.
Der Einzelunternehmer kann Kaufmann oder Kleingewerbetreibender sein.
Die Einzelunternehmung ist die häufigste Unternehmensrechtsform in Deutschland.

---

[1] *Vgl. Seite 395 f.*

■ Firma

Ist der Einzelunternehmer als eingetragener Kaufmann tätig, ist er verpflichtet eine Firma anzunehmen.

Die Firma muss die Bezeichnung **„eingetragener Kaufmann"**, **„eingetragene Kauffrau"** oder eine allgemein verständliche Abkürzung dieser Bezeichnung, insbesondere **„e. K."**, **„e. Kfm."** oder **„e. Kfr."** enthalten *(§ 18 HGB)*.

Beispiel

Fit Net Cologne e. K.

Nicht eingetragene Kleingewerbetreibende führen **keine** Firma.

■ Kapital

Ein Mindestkapital ist nicht vorgeschrieben. Einlagen und Entnahmen werden über das Privatkonto, ein Unterkonto des Eigenkapitalkontos, gebucht.

■ Geschäftsführung und Vertretung

Geschäftsführung und Vertretung liegen **allein** beim Einzelunternehmer. Kaufleute können Prokura und Handlungsvollmacht erteilen *(§§ 48–58 HGB)*.

■ Haftung

Der Einzelunternehmer haftet für alle Verbindlichkeiten des Unternehmens
* **alleine**,
* **persönlich** und
* **unbeschränkt**

mit seinem Geschäfts- und Privatvermögen.

Beim Verkauf des Unternehmens unter Fortführung der Firma haftet er für Verbindlichkeiten im Zeitpunkt des Ausscheidens, wenn die bis dahin begründeten Verbindlichkeiten vor Ablauf von 5 Jahren nach Ausscheiden fällig und daraus Ansprüche gegen ihn gerichtlich geltend gemacht worden sind; bei öffentlich-rechtlichen Verbindlichkeiten genügt der Erlass eines Verwaltungsaktes. Die Frist beginnt mit dem Ende des Tages, an dem das Ausscheiden in das Handelsregister eingetragen worden ist *(§§ 25 f HGB)*.

Einzelunternehmung	
Vorteile	**Nachteile**
• alleinige, freie Entscheidungsbefugnis • dadurch schnelle Entscheidungs- und Reaktionsmöglichkeiten • der Gewinn steht allein dem Unternehmer zu • Gründung ist billig und unkompliziert • kein Mindestkapital erforderlich	• alleinige, persönliche Haftung des Unternehmers mit seinem Geschäfts- und Privatvermögen • ihre Existenz ist an die Person des Unternehmers gebunden • begrenzte, vom Vermögen und der Kreditwürdigkeit des Unternehmers abhängige Kapitalaufbringungsmöglichkeit • Gefahr von Fehlentscheidungen • Abhängigkeit von der Persönlichkeit des Einzelunternehmers • keine Vertretung bei längerer Abwesenheit

Bei einer **Einzelunternehmung** …
- ist eine einzelne natürliche Person alleiniger Inhaber,
- übernimmt der Einzelunternehmer Geschäftsführung und Vertretung,
- haftet der Einzelunternehmer persönlich und unbeschränkt,
- muss – sofern kein Kleingewerbe vorliegt – eine Eintragung ins Handelsregister, Abteilung A, erfolgen,
- muss – sofern eine Handelsregistereintragung erfolgt – eine Firma mit dem Zusatz „e.K.", „e.Kfm." oder „e.Kfr." geführt werden,
- gelten die Vorschriften des HGB in vollem Umfang.

8.2 Personengesellschaften

Personengesellschaften entstehen durch Vertrag zwischen *mindestens zwei Personen*, die sich zur Erfüllung eines gemeinsamen Zwecks zusammenschließen.

Definition

Die beteiligten Personen sind zugleich die Gesellschafter und die Eigentümer des Unternehmens. Ihre Einlagen bilden das Gesellschaftsvermögen.

Anlässe zur Gründung einer Gesellschaft können sein:
- Verbreiterung der Eigenkapitalbasis,
- Ausweitung der Kreditaufnahmemöglichkeiten infolge der Erhöhung des Eigenkapitals und der Aufnahme neuer Gesellschafter,
- Verteilung des unternehmerischen Risikos und des Arbeitsanfalls auf mehrere Personen,
- Bindung von Führungspersönlichkeiten und Fachleuten an das Unternehmen,
- Ausnutzung steuerlicher Vorteile *(z. B. durch Gründung von Familiengesellschaften)*,
- Absicherung der Existenz des Unternehmens über den Tod des Einzelunternehmers hinaus,
- persönliche Gründe des einzelnen Unternehmers *(z. B. Altersabsicherung, Alter, Krankheit, Tod)*,
- Erhöhung der Wettbewerbsfähigkeit durch Zusammenschluss mit anderen Unternehmen,
- Beteiligung von Mitarbeitern.

8.2.1 Personenvereinigungen nach dem BGB

Gesellschaft bürgerlichen Rechts[1] (GbR) (§§ 705–740 BGB)	Eingetragener Verein (e.V.) (§§ 21–79 BGB)
• **Rechtsgrundlage:** *formfreier Gesellschaftsvertrag* • dient der Erreichung ökonomischer oder außerökonomischer Ziele • ist an die Person der Gesellschafter gebunden; Auflösung grundsätzlich bei Tod, Insolvenz, Kündigung eines Gesellschafters oder automatisch nach Erreichung des vereinbarten Zieles („Gelegenheitsgesellschaft") • besitzt Rechts- und Parteifähigkeit im Zivilprozess • ist nicht eintragungsfähig, aber als Gesellschafter einer KG • führt keinen eigenen Namen; Verträge werden im Namen der Gesellschafter abgeschlossen • Gesellschaftsvermögen gehört den Gesellschaftern zur gesamten Hand; diese haften gegenüber den Gläubigern der Gesellschaft persönlich und gesamtschuldnerisch • Geschäftsführung und Vertretung der Gesellschaft genüber Dritten geschieht durch die Gesellschafter gemeinschaftlich, soweit nichts anderes vertraglich vereinbart wurde	• **Rechtsgrundlage:** *schriftliche Satzung* • dient der Erreichung außerökonomischer („ideeller") Ziele[2] • ist auf längere Dauer angelegt und vom Wechsel seiner Mitglieder (Mindestzahl bei der Gründung: 7) unabhängig; Auflösung: Mitgliederzahl sinkt unter 3 Personen • besitzt eigene Rechtsfähigkeit (= ist juristische Person); diese wird durch Eintragung ins Vereinsregister erlangt • führt einen Vereinsnamen; Verträge werden im Namen des Vereins abgeschlossen • Vereinsvermögen gehört dem Verein; nur dieses haftet gegenüber den Gläubigern des Vereins (keine persönliche Haftung der Vereinsmitglieder) • Geschäftsführung und Vertretung des Vereins gegenüber Dritten geschieht durch den Vorstand (= gesetzlicher Vertreter); die Mitgliederversammlung wählt den Vorstand, überwacht ihn und entscheidet nur über Fragen besonderer Wichtigkeit
Beispiele: • *Lottogemeinschaft* • *Kreditkonsortium* • *Arbeitsgemeinschaft (ARGE) mehrerer Speditionen*	***Beispiele:*** • *1. FC Köln e. V.* • *ADAC e. V.* • *Verband Spedition und Logistik Nordrhein e. V.*
hieraus sind abgeleitet: • Offene Handelsgesellschaft **(OHG)** • Kommanditgesellschaft **(KG)** • Partnerschaftsgesellschaft **(PG)** • Stille Gesellschaft	hieraus sind abgeleitet: • Aktiengesellschaft **(AG)** • Gesellschaft mit beschränkter Haftung **(GmbH)** • eingetragene Genossenschaft **(eG)**

8.2.2 Offene Handelsgesellschaft *(§§ 105–160 HGB)*

■ Kennzeichen und Bedeutung

Definition

Die **OHG** ist eine **Personenhandelsgesellschaft** *(§ 105 Abs. 1 HGB)*,
- ihr Zweck ist auf den Betrieb eines Handelsgewerbes unter gemeinschaftlicher Firma gerichtet,
- ihre Gesellschafter haften unbeschränkt mit ihrem Geschäfts- und Privatvermögen gegenüber den Gesellschaftsgläubigern.

Die Gesellschafter der OHG sind gleichberechtigte, gleichverpflichtete, risikofreudige Personen, die sich gegenseitig vertrauen müssen. Die OHG ist für jeden Geschäftszweig vorstellbar. Infolge der unbegrenzten Haftung der Gesellschafter gilt sie als besonders kreditwürdig.

■ Gründung

Innenverhältnis

Die OHG entsteht durch einen **Gesellschaftsvertrag** zwischen mindestens zwei Personen. Gesellschafter können natürliche und/oder juristische Personen,

---
[1] *Gleichbedeutend: BGB-Gesellschaft*
[2] *Ausnahme: wirtschaftlicher Verein (§ 22 BGB)*

eine OHG oder KG sein. Die Vorschriften der GbR finden auf die OHG Anwendung, soweit das *HGB* nichts anderes vorschreibt *(§§ 105 Abs. 2 HGB, 705 BGB)*. Der Gesellschaftsvertrag

- führt die Rechte und Pflichten der Gesellschafter auf,
- ist formfrei, d. h. kann schriftlich, mündlich oder durch konkludentes Handeln wirksam werden.

Beispiel

Vier Erben eines Einzelunternehmers führen die Spedition weiter. Die stillschweigende Fortführung des Handelsgewerbes unter gemeinschaftlicher Firma ist als stillschweigende Errichtung einer OHG anzusehen.

Im Geschäftsleben ist für den Gesellschaftsvertrag die Schriftform üblich. Alle grundlegenden Vereinbarungen der Gesellschafter sollten klar, eindeutig und zweifelsfrei formuliert werden, um Streitigkeiten zu vermeiden.
Eine notarielle Beurkundung des Gesellschaftsvertrages ist erforderlich, wenn ein Gesellschafter ein Grundstück als Einlage einbringt *(§ 311b BGB)*.

Außenverhältnis

Die OHG entsteht nach außen bereits mit **Aufnahme** der Geschäftstätigkeit. Die nachfolgende, pflichtgemäße **Eintragung** ins Handelsregister hat nur noch *deklaratorische* Wirkung. Auch **Kleingewerbetreibende** können sich zu einer OHG zusammenschließen. Die Kaufmannseigenschaft entsteht in diesem Fall erst mit der Eintragung ins Handelsregister.

■ Rechtliche Stellung

Die OHG ist **quasi juristische Person**, d. h., sie hat zwar keine eigene Rechtspersönlichkeit, sie ist ihr aber angenähert *(§ 124 HGB)*. Somit kann die OHG unter ihrer Firma Eigentum erwerben, Verträge abschließen und Verbindlichkeiten eingehen.

■ Handelsregister

Die OHG ist unverzüglich bei dem Amtsgericht, in dessen Bezirk sie ihren Sitz hat, zur Eintragung ins Handelsregister, Abteilung A, anzumelden.
Die Anmeldung muss enthalten:

- Namen, Vornamen, Geburtsdatum und Wohnort jedes Gesellschafters,
- die Firma der Gesellschaft und den Ort, wo sie ihren Sitz hat,
- den Zeitpunkt, mit welchem die Gesellschaft begonnen hat *(§ 106 HGB)*.

Die Firma muss die Bezeichnung **„offene Handelsgesellschaft"** oder eine allgemein verständliche Abkürzung dieser Bezeichnung, insbesondere **„OHG"** enthalten *(§ 19 Abs. 1 HGB)*.

■ Kapital

Für jeden Gesellschafter ist mindestens ein **Kapitalkonto** zu führen; eine Mindesteinlage ist dabei nicht vorgeschrieben.

Kapitalerhöhungen sind möglich durch Erhöhung der Kapitaleinlagen der Gesellschafter, Aufnahme neuer Gesellschafter oder durch Gewinnthesaurierung, d. h. Ansammlung von Gewinnen auf den Kapitalkonten.
Das Gesellschaftsvermögen der OHG ist **Gesamthandsvermögen** aller Gesellschafter, d. h., die Gesellschafter sind anteilig am Vermögen der OHG beteiligt und können nur gemeinschaftlich über das Vermögen verfügen.

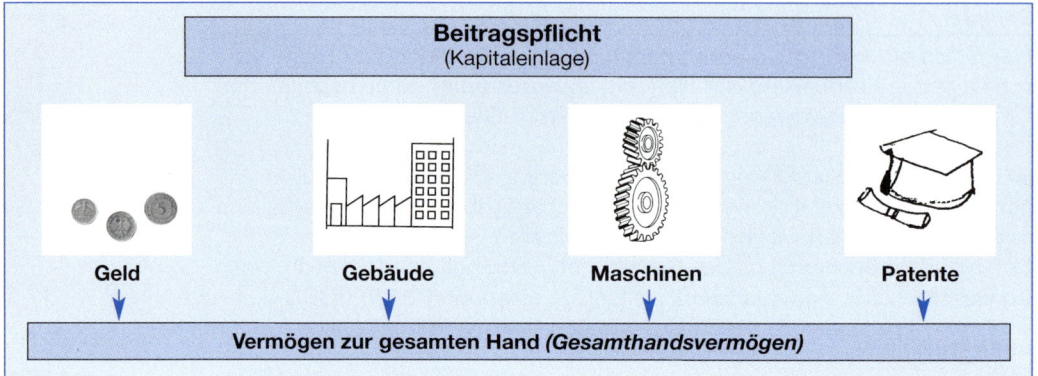

■ Geschäftsführung

Die Geschäftsführung bezieht sich auf das **Innenverhältnis** der Gesellschafter; dieses Verhältnis kann durch Vertrag individuell vereinbart werden *(§§ 109 ff. HGB)*.

Gesetzliche Regelung

Zur Geschäftsführung der OHG sind, soweit **vertraglich** nichts anderes bestimmt ist, **alle Gesellschafter** berechtigt und verpflichtet *(§114 Abs. 1 HGB)*. Jeder einzelne Gesellschafter kann alleine tätig werden *(§ 115 Abs. 1 HGB)*, wenn es um Handlungen geht, die der gewöhnliche Betrieb des Handelsgewerbes mit sich bringt *(§ 116 Abs. 1 HGB)*. Durch diese Regelung wird die OHG im täglichen Geschäftsleben beweglich, es kann schnell entschieden und gehandelt werden. Geschäfte, die ungewöhnlich sind und die Grundlage und den Kernbereich der Gesellschaft betreffen, können nur von allen Gesellschaftern gemeinsam beschlossen werden *(§§ 116 Abs. 2, 119 Abs. 1 HGB)*.

Beispiele

● *der Kauf eines neuen Grundstücks verlangt die Mitwirkung aller Gesellschafter,*
● *der Reparaturauftrag für einen Lkw kann von einem Gesellschafter allein erteilt werden.*

Wettbewerbsverbot

Ein Gesellschafter darf ohne Einwilligung der anderen Gesellschafter
● weder sich als persönlich haftender Gesellschafter an einer anderen OHG beteiligen,
● noch in der Branche der OHG Geschäfte auf eigene Rechnung tätigen *(§ 112 Abs. 1 HGB)*.

Der **Bestellung eines Prokuristen** müssen *alle* geschäftsführenden Gesellschafter zustimmen. Der Widerruf der Prokura kann dagegen durch einen der geschäftsführenden Gesellschafter erfolgen *(§ 116 Abs. 3 HGB)*.

■ Vertretung

Die Vertretung der OHG gegenüber Dritten erfolgt durch die Gesellschafter oder durch bevollmächtigte Personen wie Prokuristen und Handlungsbevollmächtigte *(§§ 123 ff. HGB)*.

Gesetzliche Regelung

Zur Vertretung der Gesellschaft nach außen ist **jeder einzelne Gesellschafter** allein berechtigt (Grundsatz der Einzelvertretung), wenn dies nicht durch den Gesellschaftsvertrag ausgeschlossen ist *(§ 125 Abs. 1 HGB)* oder eingeschränkt worden ist.
Abweichungen von der Einzelvertretung müssen im Handelsregister eingetragen werden. Die Eintragung hat deklaratorische Wirkung *(§ 15 HGB)*.

Vertragliche Regelung

Der Gesellschaftsvertrag kann bestimmen, dass
- alle Gesellschafter/mehrere Gesellschafter (Gesamtvertretungsmacht, *§ 125 Abs. 2 HGB*) oder
- ein/mehrere Gesellschafter nur gemeinsam mit einem Prokuristen (unechte Gesamtvertretungsmacht, *§ 125 Abs. 3 HGB*) zur Vertretung der OHG ermächtigt sind.

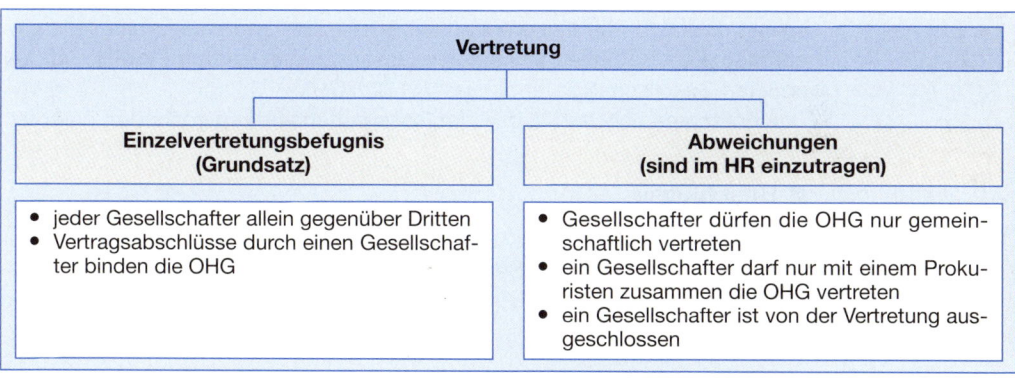

Vertretung	
Einzelvertretungsbefugnis (Grundsatz)	**Abweichungen (sind im HR einzutragen)**
• jeder Gesellschafter allein gegenüber Dritten • Vertragsabschlüsse durch einen Gesellschafter binden die OHG	• Gesellschafter dürfen die OHG nur gemeinschaftlich vertreten • ein Gesellschafter darf nur mit einem Prokuristen zusammen die OHG vertreten • ein Gesellschafter ist von der Vertretung ausgeschlossen

Der **Umfang der Vertretungsmacht** kann zum Schutz unternehmensfremder Personen (Dritter) **nicht eingeschränkt** werden *(§ 126 Abs. 1 HGB)*.

Die Vertretungsmacht der Gesellschafter erstreckt sich auf alle gerichtlichen und außergerichtlichen Geschäfte und Rechtshandlungen *(§ 126 Abs. 1 HGB)*. Die Vertretungsmacht kann auf eine oder mehrere Niederlassungen vertraglich beschränkt werden *(§ 126 Abs. 3 i. V. m. § 50 Abs. 3 HGB)*.

■ Gewinn- und Verlustverteilung

Vom Jahresgewinn erhält jeder Gesellschafter 4 % auf seinen Kapitalanteil; der Rest wird nach Köpfen auf die Gesellschafter verteilt. Reicht der Jahresgewinn hierzu nicht aus, so bestimmt sich der Anteil nach einem entsprechend niedrigeren Satz *(§ 121 Satz 1 HGB).*

Beispiel

Gesellschafter der Gebrüder Löfferth OHG sind Heinz und Paul Löfferth. Der Jahresgewinn beträgt 264 000,00 EUR. Heinz Löfferth hat monatlich 7 000,00 EUR und Paul Löfferth hat monatlich 10 500,00 EUR Gewinn vorab entnommen.

Gesell-schafter	Kapitalanteile (alt)	4 % Zinsen	Rest-gewinn	Gesamt-gewinn	Privat-entnahmen	Kapitalanteil (neu)
Heinz Löfferth	300 000,00 EUR	12 000,00 EUR	120 600,00 EUR	132 600,00 EUR	84 000,00 EUR	348 600,00 EUR
Paul Löfferth	270 000,00 EUR	10 800,00 EUR	120 600,00 EUR	131 400,00 EUR	126 000,00 EUR	275 400,00 EUR
	570 000,00 EUR	22 800,00 EUR	241 200,00 EUR	264 000,00 EUR	210 000,00 EUR	624 000,00 EUR

Die gesetzliche Regelung der Gewinnverteilung wird im Geschäftsleben überwiegend durch **vertragliche Regelungen** ersetzt.

Der Verlust wird unter die Gesellschafter nach Köpfen verteilt (§ 121 Abs. 3 HGB).

■ Recht auf Entnahme

Jeder Gesellschafter kann bis zu 4 % des Kapitalanteils des Vorjahres und – soweit dies nicht der Gesellschaft schadet – die übrigen Gewinnanteile entnehmen. Den Kapitalanteil kann ein Gesellschafter nur mit Einwilligung der anderen Gesellschafter vermindern *(§122 HGB).*

Das Entnahmerecht wird i. d. R. im Gesellschaftsvertrag gesondert geregelt.

■ Beschlüsse

Beschlüsse bedürfen der Zustimmung aller zur Mitwirkung bei der Beschlussfassung berufenen Gesellschafter, d. h., es wird Einstimmigkeit gefordert. Mehrheitsbeschlüsse sind zulässig, wenn dies im Gesellschaftsvertrag bestimmt ist *(§ 119 HGB).*

■ Haftung

Die Gesellschafter haften den Gläubigern für alle Verbindlichkeiten der Gesellschaft als **Gesamtschuldner** persönlich. Eine entgegenstehende Vereinbarung ist Dritten gegenüber unwirksam *(§ 128 HGB).*

Auswirkungen der Haftung:

- Jeder Gesellschafter haftet **persönlich** und unbeschränkt mit seinem Gesamtvermögen.
- Ein Gläubiger kann **unmittelbar** von jedem Gesellschafter die Befriedigung seiner gesamten Ansprüche verlangen; er kann gleichzeitig gegen die OHG

klagen und eine Zwangsvollstreckung in das Privatvermögen eines Gesellschafters erwirken.
- Alle Gesellschafter haften **gesamtschuldnerisch** *(solidarisch)*, d. h., ein Gläubiger kann die Schuld nach seinem Belieben von jedem Gesellschafter ganz oder zu einem Teil fordern; die Gesellschafter sind im Verhältnis zueinander zu gleichen Teilen verpflichtet, wenn nicht etwas anderes vereinbart ist *(§§ 421, 426 BGB)*.

■ Auflösung der Gesellschaft

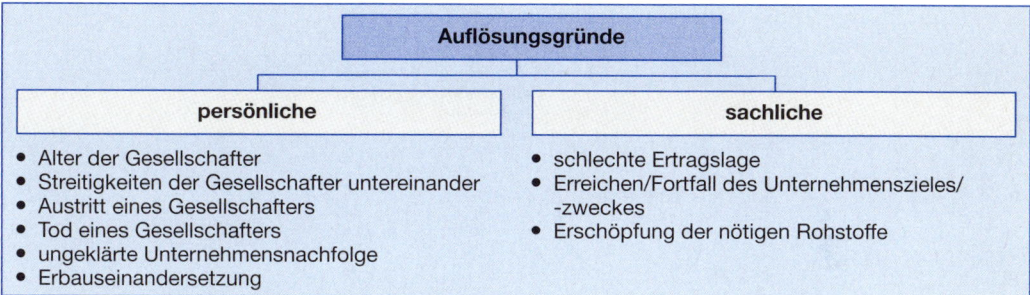

Auflösungsgründe	
persönliche	**sachliche**
• Alter der Gesellschafter • Streitigkeiten der Gesellschafter untereinander • Austritt eines Gesellschafters • Tod eines Gesellschafters • ungeklärte Unternehmensnachfolge • Erbauseinandersetzung	• schlechte Ertragslage • Erreichen/Fortfall des Unternehmenszieles/ -zweckes • Erschöpfung der nötigen Rohstoffe

Gesetzliche Auflösungsgründe sind *(§ 131 Abs. 1 HGB)*:
- Zeitablauf,
- Beschluss der Gesellschafter,
- Eröffnung des Insolvenzverfahrens über die OHG.

Folgende Gründe führen mangels abweichender vertraglicher Bestimmung zum **Ausscheiden eines Gesellschafters:**
- Tod des Gesellschafters,
- Eröffnung des Insolvenzverfahrens über das Vermögen des Gesellschafters,
- Kündigung des Gesellschafters *(§ 131 Abs. 2 HGB)*.

Vorteile	Nachteile
• Gründung ohne Mindestkapital • differenzierte Kenntnisse der Gesellschafter verbessern die Geschäftsführung • erhöhte Kreditwürdigkeit durch die Vollhaftung der Gesellschafter • großes Interesse der Gesellschafter an der Geschäftsführung und dem Unternehmensbestand durch die gesamthänderische Haftung und Kapitalbildung • Verteilung des Unternehmensrisikos • leichte Umwandlung von einer Einzelunternehmung in eine OHG durch Aufnahme von Gesellschaftern • Eignung für kleinere und mittlere Unternehmungen	• Meinungsverschiedenheiten der Gesellschafter (Kündigung, Abfindungsansprüche) • zu geringe Kapitalausstattung • finanzielle Grenzen bei Unternehmenswachstum (Kreditsicherheiten betrieblicher und privater Art reichen für weitere Kreditzusagen nicht aus) • direkte, unbeschränkte, gesamtschuldnerische Haftung • fehlende Kontrollorgane • Aushöhlung des Haftungsvolumens durch aufwendige Lebensführung der Gesellschafter

8.2.3 Kommanditgesellschaft *(§§ 105–177 a HGB)*

■ Kennzeichen und Bedeutung

Definition

Die **KG** ist eine **Personenhandelsgesellschaft,**

- deren Zweck auf den Betrieb eines Handelsgewerbes unter gemeinschaftlicher Firma gerichtet ist,
- wobei bei einem oder mehreren Gesellschaftern, den **Kommanditisten**, die Haftung gegenüber den Gesellschaftsgläubigern auf ihre Vermögenseinlage beschränkt ist,
- während bei dem anderen Teil der Gesellschafter, den **Komplementären**, die Haftung unbeschränkt ist *(§ 161 HGB).*

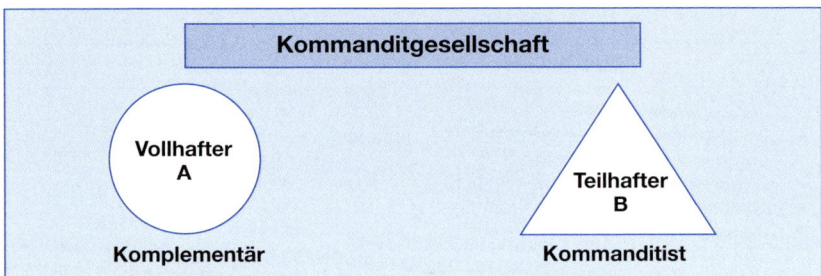

Die KG ist sehr beliebt und bei kleineren und mittleren Unternehmen verbreitet. Die KG bietet die Möglichkeit, die Eigenkapitalbasis zu erweitern, ohne gleichzeitig Geschäftsführung und Vertretung erweitern zu müssen. Das Publizitätsgesetz gilt für die KG nicht.

Soweit in den *§§ 161–177 a* nichts anderes bestimmt ist, gelten für die KG die Rechtsvorschriften der OHG.

■ Gründung

Innenverhältnis

Die KG entsteht im Innenverhältnis durch einen **Gesellschaftsvertrag** zwischen mindestens zwei Personen. Dies können natürliche und/oder juristische Personen, eine OHG oder eine KG sein.

Der Gesellschaftsvertrag ist **formfrei**, d. h. kann schriftlich, mündlich oder durch konkludentes Handeln wirksam werden.

Im Geschäftsleben ist die Schriftform üblich. Alle grundlegenden Vereinbarungen der Gesellschafter sollten klar, eindeutig und zweifelsfrei aufgeführt werden, um Streitigkeiten möglichst zu vermeiden.

Außenverhältnis

Die KG entsteht nach außen bereits mit Aufnahme der Geschäftstätigkeit. Bis zur Eintragung ins Handelsregister haften die Kommanditisten für alle Verbindlichkeiten wie Gesellschafter der OHG, es sei denn, dem Gläubiger ist die Beteiligung als Kommanditist bekannt *(§ 176 HGB).*

Auch **Kleingewerbetreibende** können sich zu einer KG zusammenschließen. Die Kaufmannseigenschaft entsteht in diesem Fall erst mit der Eintragung ins Handelsregister.

■ Rechtliche Stellung

Die KG ist

- wie die OHG **quasi juristische Person**, d. h., sie hat zwar keine eigene Rechtspersönlichkeit, ist ihr aber angenähert. Dies hat zur Folge, dass die KG unter ihrer Firma
  - Rechte erwerben und veräußern,
  - Verträge abschließen,
  - Verbindlichkeiten eingehen,
  - Eigentum erwerben und übertragen kann,
- **deliktsfähig** *(§ 31 BGB analog, § 1 UWG)*.
- **grundbuchfähig**, d. h., sie kann unter ihrer Firma Eigentum an Grundstücken erwerben.
- **scheck- und wechselfähig**.

■ Handelsregister

Die KG ist unverzüglich bei dem Amtsgericht, in dessen Bezirk sie ihren Sitz hat, zur Eintragung ins Handelsregister, Abteilung A, anzumelden *(§ 162 HGB)*. Die **Anmeldung** muss enthalten:

- Namen, Vornamen, Geburtsdatum und Wohnort jedes Gesellschafters,
- die Firma der Gesellschaft und den Ort, wo sie ihren Sitz hat,
- den Zeitpunkt, mit welchem die Gesellschaft begonnen hat,
- die Bezeichnung der Kommanditisten,
- den Betrag der Einlage eines jeden Kommanditisten.

Die Firma muss die Bezeichnung **„Kommanditgesellschaft"** oder eine allgemein verständliche Abkürzung dieser Bezeichnung, insbesondere **„KG"** enthalten *(§ 19 Abs. 1 HGB)*.

■ Kapital

Auf die *Komplementäre* treffen die gleichen Regelungen zu wie auf die Gesellschafter der OHG.
Für die *Kommanditisten* sind zunächst feste Kapitalkonten in Höhe des Haftungskapitals, das im Handelsregister eingetragen ist, zu führen. Daneben weist die KG variable „Kapital"-Konten als Darlehens- oder Verrechnungskonten aus, auf denen die ausgeschütteten Gewinne und Entnahmen der Kommanditisten erfasst werden und die aus der Sicht der KG Verbindlichkeitscharakter haben.
Ein eventueller Verlust vermindert die Kapitaleinlagen.

■ Geschäftsführung

Gesetzliche Regelung

Zur Geschäftsführung der KG sind nur die *Komplementäre* berechtigt und verpflichtet *(§ 164 i. V. m. § 114 Abs. 1 HGB)*. Der Gesetzgeber unterstellt, dass diese Gesellschafter ihre Arbeitskraft der KG voll zur Verfügung stellen.
Die *Kommanditisten* sind von der Geschäftsführung ausgeschlossen. Geschäfte jedoch, die ungewöhnlich sind und die Grundlage und den Kernbereich

der Gesellschaft betreffen, bedürfen der Zustimmung der Kommanditisten *(§ 164 HGB)*.

Vertragliche Regelung

Für die *Komplementäre* bestehen die gleichen Gestaltungsmöglichkeiten wie für die Gesellschafter der OHG.

■ Vertretung

Zur Vertretung der Gesellschaft nach außen ist jeder einzelne geschäftsführende *Komplementär* allein berechtigt (Einzelvertretung). Gesetzliche und vertragliche Regelungen gelten für die Komplementäre analog den Bestimmungen über die OHG.

■ Pflichten der Gesellschafter

Aufgrund fehlender gesetzlicher Vorschriften gelten die Pflichten der Gesellschafter der OHG weitgehend auch für die Gesellschafter der KG. Besonderheiten ergeben sich nur für die Kommanditisten.
Kommanditisten unterliegen nicht dem Wettbewerbsverbot *(§ 165 HGB)*, weil sie grundsätzlich von der Geschäftsführung ausgeschlossen sind und somit keine betriebsinternen Daten weiterverwerten können.
Der Verlust eines Wirtschaftsjahres wird angemessen verteilt *(§ 168 HGB)*, wenn keine andere vertragliche Regelung vereinbart ist. Der *Kommanditist* nimmt aber am Verlust nur bis zur Höhe seines im Handelsregister eingetragenen Kapitalanteils und seiner noch rückständigen Einlage teil *(§ 167 Abs. 3 HGB)*.

■ Rechte der Gesellschafter

Die *Komplementäre* werden wie die Gesellschafter der OHG behandelt. Besonderheiten ergeben sich nur für die *Kommanditisten*.

Gewinnverteilung

Beispiel

Der Jahresgewinn der Spedition Wenz KG beträgt 64 000,00 EUR. Komplementär ist Horst Wenz, Kommanditistin ist Ute Kohl.

Gesellschafter	Kapitalanteile	4 % Zinsen	Anteil Restgewinn	Gewinn
Horst Wenz	*90 000,00 EUR*	*3 600,00 EUR*	*54 000,00 EUR*	*57 600,00 EUR*
Ute Kohl	*10 000,00 EUR*	*400,00 EUR*	*6 000,00 EUR*	*6 400,00 EUR*
	100 000,00 EUR	***4 000,00 EUR***	***60 000,00 EUR***	***64 000,00 EUR***

Vom Jahresgewinn erhält jeder Gesellschafter zunächst 4 % Zinsen auf seinen Kapitalanteil, der Restgewinn wird in angemessenem Verhältnis auf die Gesellschafter verteilt *(§ 168 HGB)*. Sollte eine Verzinsung von 4 % nicht möglich sein, ist eine niedrigere Verzinsung anzusetzen.

Die gesetzliche Gewinnverteilung wird im Geschäftsleben überwiegend durch vertragliche Regelungen ersetzt.

Die zurechenbaren Gewinnanteile eines *Kommanditisten* dürfen seinem Kapitalkonto nur so lange gutgeschrieben werden, bis die vereinbarte Kapitaleinlage erreicht ist. Ist die Kapitaleinlage bereits vollständig eingezahlt, so ist der Gewinnanteil dem Darlehneskonto bzw. Verrechnungskonto des Kommanditisten gutzuschreiben. Wird das Kapitalkonto eines Kommanditisten durch Verluste gekürzt, muss dieses Konto in der Zukunft durch Gewinngutschriften wieder aufgefüllt werden. An einem Verlust nimmt der Kommanditist nur bis zum Betrage seines Kapitalanteils und seiner noch rückständigen Einlage teil *(§ 167 Abs. 3 HGB)*.

Kontrollrecht der Kommanditisten

Den Kommanditisten steht nur das Recht zu,

* Abschriften des Jahresabschlusses, d. h. der Handels- und Steuerbilanz sowie der Gewinn- und Verlustrechnung, zu verlangen *(§ 242 Abs. 1,2 HGB)*,
* Einsichtnahme in Handelsbücher und -papiere zu nehmen, wenn dies zum Verständnis der Angaben im Jahresabschluss notwendig ist *(§ 166 Abs. 3 HGB)*.

Bei Vorliegen eines wichtigen Grundes *(z. B. Verdacht der nicht ordnungsgemäßen Buchführung oder erhebliches Misstrauen gegenüber der Geschäftsführung)*, kann auf Antrag eines Kommanditisten das Gericht das Kontrollrecht erweitern *(§ 166 Abs. 3 HGB)*.

Widerspruchsrecht des Kommanditisten

Die Kommanditisten können einer Handlung der Komplementäre nicht widersprechen, es sei denn, dass die Handlung über den gewöhnlichen Geschäftsbetrieb hinausgeht *(§ 164 HGB)*.

Rechtsverhältnisse		
	Rechte	**Pflichten**
Komplementäre	wie bei der OHG	wie bei der OHG
Kommanditisten	• Gewinnanteilsrecht (4 % + Rest im angemessenen Verhältnis) • Kontrollrecht • Widerspruchsrecht • Kündigungsrecht (wie OHG)	• Kapitaleinlagepflicht • Verlustbeteiligung (im angemessenen Verhältnis bis zur Höhe der übernommenen Einlageverpflichtung) • Haftung bis zur Höhe der Einlage (unmittelbar) • Haftungsausschluss nach Erbringung der Einlage

■ Haftung

Die Haftung der **Komplementäre** ist entsprechend den Bestimmungen über die Gesellschafter der OHG geregelt.

Der Kommanditist haftet bis zur Höhe der im Gesellschaftsvertrag vereinbarten und in das Handelsregister eingetragenen Kapitaleinlage *(§§ 171, 172 HGB)*.

Definition

Beispiel

Die vereinbarte Einlage des Kommanditisten Wein beträgt 50 000,00 EUR. Eingezahlt wurden im Jahr 01 30 000,00 EUR. Im Jahre 02 erfolgte eine Zuschreibung aus Gewinnanteilen von 5 000,00 EUR, d. h., Herr Wein hat bisher nur 35 000,00 EUR an Einlagen erbracht, dennoch haftet er unabhängig davon für die volle Haftungssumme von 50 000,00 EUR.

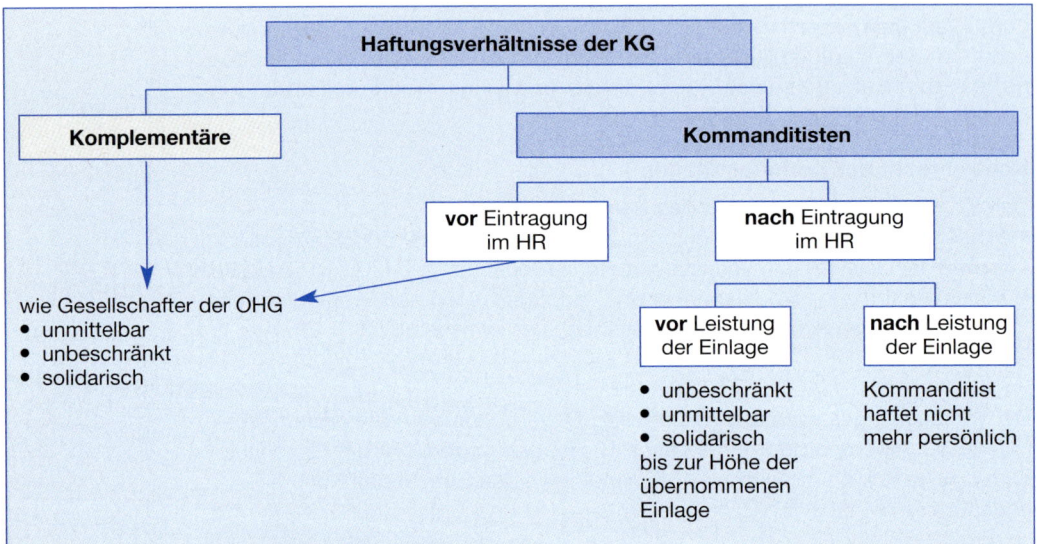

■ Wechsel der Gesellschafter/Auflösung der Gesellschaft/Auseinandersetzung

Es gelten die gleichen Bestimmungen wie für die Gesellschafter der OHG. Die Auseinandersetzung beim Ausscheiden eines Kommanditisten bzw. bei der Liquidation entspricht den Regelungen für einen Komplementär.

Vorteile der KG	Nachteile der KG
zusätzlich zu den Vorteilen wie bei der OHG: • Beteiligungsmöglichkeit ohne Mitarbeitsverpflichtung (Teilhafter) • Haftungsbegrenzung auf die Höhe der Einlage (Teilhafter) • Erweiterung der Kapitalbasis durch Kommanditeinlagen ohne die Herrschaftsrechte der Komplementäre einzuschränken • besonders geeignet für Familienunternehmen, die ihre Geschäftsführungs- und Vertretungsbefugnisse nicht aufteilen wollen.	zusätzlich zu den Nachteilen wie bei der OHG: • je geringer die Haftungssubstanz der Komplementäre bei Volleinzahlung der Kommanditeinlagen, desto kreditunwürdiger die KG • nur Kontrollrecht und eingeschränktes Widerspruchsrecht (Teilhafter)

8.2.4 Stille Gesellschaft *(§§ 230–237 HGB)*

Kennzeichen der stillen Gesellschaft sind:
• Beteiligung eines Kapitalgebers (natürliche oder juristische Person) am Handelsgewerbe eines Kaufmannes (Einzelunternehmung oder Handelsgesellschaft)

- Gesellschaftsverhältnis zwischen dem stillen Gesellschafter („Stiller") und Kaufmann tritt nach außen nicht in Erscheinung; es erfolgt **keine Eintragung ins Handelsregister**.

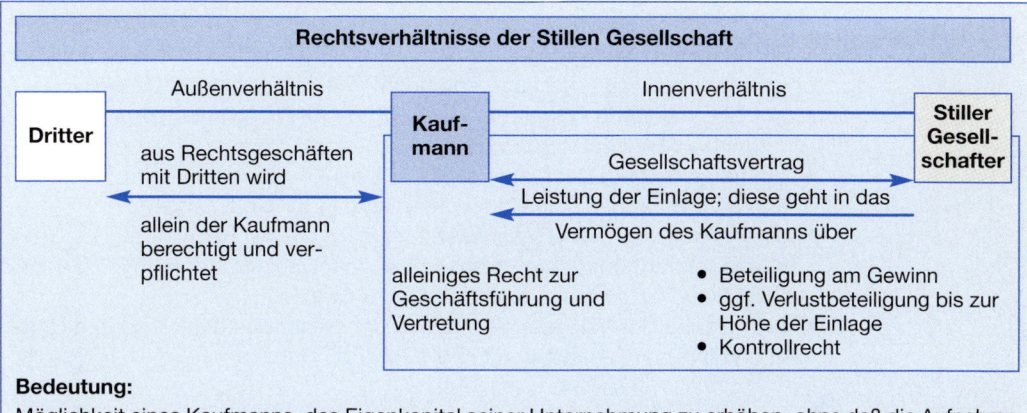

Bedeutung:
Möglichkeit eines Kaufmanns, das Eigenkapital seiner Unternehmung zu erhöhen, ohne daß die Aufnahme des stillen Gesellschafters für Außenstehende erkennbar ist und die Herrschaftsverhältnisse in der Unternehmung verändert werden. Durch den Tod des stillen Gesellschafters wird die stille Gesellschaft nicht aufgelöst.

8.3 Kapitalgesellschaften

8.3.1 Gesellschaft mit beschränkter Haftung *(GmbHG)*

■ Kennzeichen und Bedeutung

Die **GmbH** ist eine Gesellschaft mit **eigener Rechtspersönlichkeit**:
- Die Haftung der Gesellschafter ist auf die Höhe der vertraglich vereinbarten Stammeinlage begrenzt.
- Für die Verbindlichkeiten der Gesellschaft haftet den Gläubigern nur das Gesellschaftsvermögen *(§ 13 GmbHG)*.
- Sie gilt als Handelsgesellschaft und kann zu jedem gesetzlich zulässigen Zweck durch eine oder mehrere Personen gegründet werden *(§§ 1, 13 GmbHG)*.

Beispiel
wirtschaftliche, wissenschaftliche, kulturelle, gemeinnützige Zwecke

■ Entstehung der GmbH

Die juristische Person, die Körperschaft „GmbH", entsteht mit dem Tag der **Eintragung** ins Handelsregister, Abteilung B *(§ 11 Abs. 1 GmbHG)*.

Der **Anmeldung zum Handelsregister** müssen beigefügt werden:
- der Gesellschaftsvertrag,
- die Legitimation der Geschäftsführer, wenn diese nicht im Gesellschaftsvertrag bestellt sind,

- eine Namensliste aller Gesellschafter mit ihren Unterschriften und Angabe ihres Geburtsdatums und Wohnortes sowie die von den Gesellschaftern jeweils übernommene Stammeinlage,
  bei Sacheinlagen:
  – die Verträge über die Sacheinlage sowie der Sachgründungsbericht,
  – Unterlagen darüber, dass der Wert der Sacheinlage dem Betrag der übernommenen Stammeinlage entspricht *(§ 8 Abs. 1 Nr. 1–6 GmbHG)*,
- ggf. die staatliche Genehmigungsurkunde (bei Kreditinstituten, Steuerberatungs-, Wirtschaftsprüfungsgesellschaften),
- die Versicherung, dass die vorgeschriebenen Stammeinlagen *(§ 7 Abs. 2 und Abs. 3 GmbHG)* bewirkt worden sind *(§ 8 Abs. 2 GmbHG)*.
- eine Versicherung der Geschäftsführer, dass sie seit Rechtskraft des Urteils in den letzten fünf Jahren nicht wegen Insolvenzstraftaten *(§§ 283–283 d StGB)* verurteilt worden sind *(§ 8 Abs. 3 GmbHG)*,
- die Angabe der Vertretungsbefugnis der Geschäftsführer und ihre Unterschriftsprobe *(§ 8 Abs. 4, 5 GmbHG)*.

■ Angaben im Geschäftsbrief

Alle Geschäftsbriefe müssen enthalten *(§ 35 a GmbHG)*:
- die Firma und den Sitz der GmbH,
- das zuständige Registergericht und die Handelsregisternummer, unter der die GmbH eingetragen ist,
- die Namen der Geschäftsführer,
- ggf. den Namen des Aufsichtsratsvorsitzenden.

■ Firma

Die Firma muss die Bezeichnung **„Gesellschaft mit beschränkter Haftung"** oder eine allgemein verständliche Abkürzung dieser Bezeichnung, insbesondere **„GmbH"**, enthalten. Sie ist stets **Formkaufmann** und gilt auch dann als Handelsgesellschaft, wenn sie kein Handelsgewerbe betreibt *(§§ 13 GmbHG, 6 HGB)*.

■ Kapital

Die Kapitaleinlage eines jeden Gesellschafters wird **Stammeinlage** genannt. Die Summe der Stammeinlagen bildet das **Stammkapital**. Es müssen im Gesellschaftsvertrag *mindestens* übernommen werden als
- Stammkapital: 25 000,00 EUR,
- Stammeinlage eines Gesellschafters: 100,00 EUR.

Jeder Gesellschafter kann nur eine Stammeinlage leisten *(§ 5 Abs. 2 GmbHG)*; diese muss durch 50 teilbar sein. Die einzelnen Stammeinlagen können unterschiedlich hoch sein.

Das Stammkapital ist in der Bilanz als **gezeichnetes Kapital** aufzuführen. Ausstehende Stammeinlagen sind auf der Aktivseite der Bilanz gesondert als *ausstehende Einlagen auf das gezeichnete Kapital* auszuweisen.

GmbH-Anteile sind nicht teilbar, nicht wertpapierrechtlich verbrieft und damit nicht börsenfähig.
Die Übertragung von GmbH-Anteilen erfordert notarielle Beurkundung.

■ Organe der GmbH

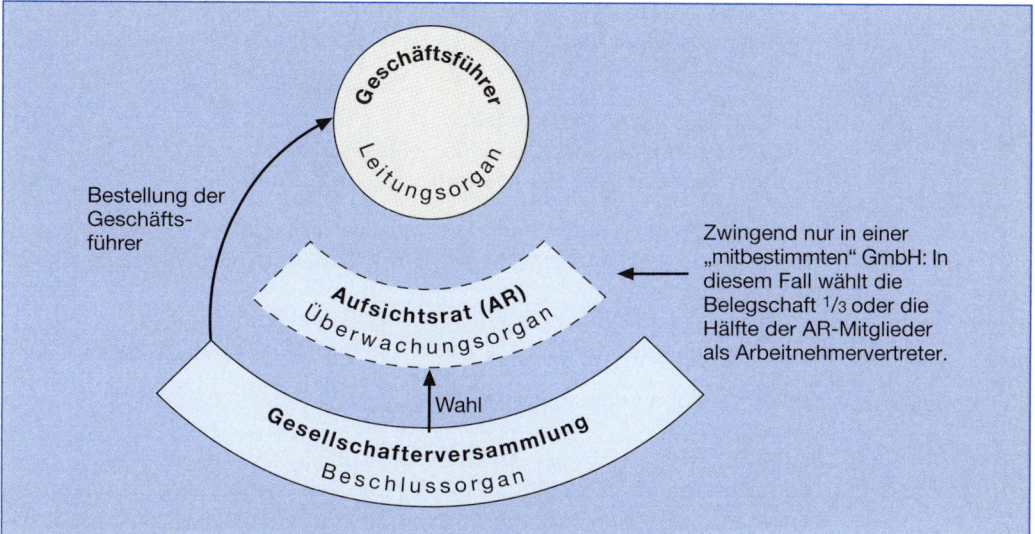

Die **Gesellschafterversammlung** ist oberstes Gesellschaftsorgan. Ihr Aufgabenkreis umfasst *(§ 46 GmbHG)*:

- Grundsatzentscheidungen,
- Beschluss über die Festsetzung des Jahresabschlusses und die Verwendung des Ergebnisses,
- jederzeitige Bestellung und Abberufung von Geschäftsführern,
- Änderungen des Gesellschafter-Geschäftsführer-Dienstvertrages,
- Aufstellung von Regeln zur Prüfung und Überwachung der Geschäftsführung,
- Beschluss über die Einforderung von Einzahlungen auf die Stammeinlagen,
- Bestellung von Prokuristen und Handlungsbevollmächtigten.

Beschlüsse erfordern die **einfache** Mehrheit der abgegebenen Stimmen. Jede 50,00 EUR eines Geschäftsanteils gewähren eine Stimme *(§ 47 GmbHG)*. Beschlüsse, die zur **Änderung des Gesellschaftsvertrages** führen *(z. B. Erhöhung der Stammeinlagen)*, erfordern eine 3/4 (= **qualifizierte**) Mehrheit und notarielle Beurkundung *(§§ 53, 60 GmbHG)*.

Ein **Aufsichtsrat**
- **kann** bis 500 Arbeitnehmern unter Beachtung aktienrechtlicher Vorschriften bestellt werden *(§ 52 GmbHG)*,
- **muss** bei mehr als 500 Arbeitnehmern bestellt werden und zu 1/3 aus Arbeitnehmervertretern bestehen *(§ 129 BetrVG i.V.m. § 77 Abs. 1)*,
- **muss** bei mehr als 2 000 Arbeitnehmern bestellt werden und zur Hälfte aus Arbeitnehmervertretern bestehen *(§ 1 MitbestG)*.

■ Geschäftsführung und Vertretung

Geschäftsführung und Vertretung werden vom **Geschäftsführer** ausgeübt. Es können auch mehrere Geschäftsführer bestellt werden. Der Geschäftsführer handelt mit Wirkung für und gegen die GmbH. Durch ihn wird die GmbH handlungsfähig.

Möglich sind

- angestellte Geschäftsführer, die nicht gleichzeitig Gesellschafter sind,
- Geschäftsführer, die gleichzeitig Gesellschafter sind (Gesellschafter-Geschäftsführer).

Der Geschäftsführer wird **bestellt**

- im Gesellschaftsvertrag *(§ 6 Abs. 2 GmbHG)* oder
- durch Beschluss der Gesellschafter *(§§ 35 ff. GmbHG)*.

Jede Bestellung oder Abberufung eines Geschäftsführers ist zur Eintragung ins Handelsregister anzumelden. Die Geschäftsführung und Verteilung können ausgeübt werden

- bei Einzelgeschäftsführung durch einen Geschäftsführer allein,
- bei Gesamtgeschäftsführung durch mehrere Geschäftsführer gemeinsam.

Fehlen Vereinbarungen über die Vertretung der Gesellschaft, so gilt Gesamtvertretungsmacht.

Die Geschäftsführung kann im Innenverhältnis beschränkt werden.

Die **Aufgaben** der Geschäftsführer werden festgelegt durch Dienstvertrag, *GmbHG* und Gesellschafterbeschlüsse. Der Geschäftsführer ist Angestellter der GmbH und erhält ein Gehalt, das als Betriebsausgabe absetzbar ist.

Die Geschäftsführer haben insbesondere die **Pflicht**:

- die Geschäftsführung entsprechend den Weisungen der Gesellschafter und unter Beachtung des Gesellschaftsvertrages auszuüben,
- die Mitarbeiter auszuwählen und zu überwachen,
- für eine ordnungsgemäße Buchführung und Bilanzierung zu sorgen *(§§ 41, 42 GmbHG)*,
- die Gesellschafterversammlung einzuberufen *(§ 49 GmbHG)*,
- die Steuererklärungen der GmbH abzugeben *(§ 34 AO)*,

Für Geschäftsführer besteht ein **Wettbewerbsverbot**, das aber vertraglich aufgehoben werden kann.

Aufgaben der Geschäftsführer als Leitungsorgane der GmbH	
Geschäftsführung im Innenverhältnis	**Vertretung im Außenverhältnis**
<ul><li>Wahrnehmung der Managementfunktionen</li><li>Organisation und Überwachung des Geschäftsbetriebs</li><li>Vorbereitung und Erstellung des Jahresabschlusses</li><li>Durchführung der Gesellschafterbeschlüsse</li><li>Erteilung von Auskünften auf Verlangen der Gesellschafter</li></ul>	<ul><li>Vertretung der GmbH gegenüber Dritten in allen gerichtlichen und außergerichtlichen Angelegenheiten *(§ 35 Abs. 1 GmbHG)*</li><li>Der Umfang der Vertretungsmacht ist unbeschränkt und unbeschränkbar.</li></ul>

■ Haftung

Gegenüber Dritten haftet grundsätzlich nur das Vermögen der GmbH, d. h.,
die Haftung der GmbH umfasst nur das Gesellschaftsvermögen.

■ Rechte der Gesellschafter

- Teilnahme an der Gesellschafterversammlung und Stimmrecht *(§§ 45 ff. GmbHG)*
- Auskunfts- und Einsichtsrecht *(§ 51 a GmbHG)*
- Anfechtung von Gesellschafterbeschlüssen
- Anspruch auf Gewinnanteil *(§ 29 GmbHG)*
- Anspruch auf Anteil am Liquidationserlös *(§ 72 GmbHG)*

■ Pflichten der Gesellschafter

- Leistung der vereinbarten Stammeinlage *(§ 14 GmbHG)*
- Zahlung von Verzugszinsen bei verspäteter Einzahlung *(§§ 20 ff. GmbHG)*
- Nachschusspflicht bei vertraglicher Vereinbarung *(§ 26 GmbHG)*
- Weitere Pflichten können vertraglich begründet werden, z. B.
  - Gewährung eines Darlehens an die GmbH,
  - Nutzungsüberlassung von Rechten und Sachen,
  - Übernahme von Geschäftsführertätigkeiten,

■ Gewinnverteilung

Der **Jahresüberschuss** ist im Verhältnis der Gesellschaftsanteile zu verteilen
(§ 29 Abs. 1 und 3 GmbHG). Im Gesellschaftsvertrag können andere Regelungen vereinbart werden.

Der/die Geschäftsführer der GmbH hat/haben den Jahresabschluss und den
Lagebericht für die GmbH zu erstellen und der Gesellschafterversammlung
vorzulegen.

Vorteile	Nachteile
• leichte Gründung mit geringem Kapital und geringen Gründungskosten • Haftung ist auf Stammeinlage beschränkt • Gesellschafter haben weitgehendes Mitverwaltungsrecht • abgestufte Publizitäts- und Rechnungslegungspflichten • geeignet für kleinere und mittlere Unternehmungen sowie Familiengesellschaften oder als Ein-Mann-GmbH zur Begrenzung des Haftungsrisikos • Vergütungen an Geschäftsführer (i.d.R. gleichzeitig Gesellschafter) sind steuerlich abziehbare Betriebsausgaben	• geringe Kreditwürdigkeit (Kreditinstitute verlangen häufig die persönliche Haftungsübernahme durch die Gesellschafter bei Kreditzusagen) • ggf. Nachschusspflicht • Gesellschaftsanteile sind nicht über die Börse handelbar • fehlendes Kontrollorgan bei nicht zwingend mitbestimmungspflichtigen Gesellschaften

8.3.2   Aktiengesellschaft *(AktG)*

■ Kennzeichen und Bedeutung

Die **Aktiengesellschaft** ist eine Gesellschaft mit eigener Rechtspersönlichkeit.   **Definition**
- Für die Verbindlichkeiten der AG haftet den Gläubigern nur das Gesellschaftsvermögen.

- **Die Gesellschafter (= Aktionäre) sind mit Einlagen auf das in Aktien zerlegte Grundkapital beteiligt, ohne für die Verbindlichkeiten der AG zu haften** *(§ 1 AktG)*.

Bei der AG erfolgt eine Trennung zwischen Kapitalgebern, den Aktionären (Eigentümern), und der Unternehmensleitung. Die Zerlegung des Grundkapitals in kleine Beträge ermöglicht es der AG, sich über den Kapitalmarkt große Geldbeträge zu beschaffen. Daher ist die AG besonders für Großunternehmen mit einem hohen Kapitalbedarf geeignet.

Zu unterscheiden sind

- börsennotierte und
- nicht börsennotierte Aktiengesellschaften.

Von den zurzeit etwa 4 000 Aktiengesellschaften in Deutschland sind rund 700 börsennotiert. Von den gesamten Unternehmen werden nur 0,5 % in der Rechtsform der AG geführt, in ihnen sind aber ca. 20 % der Arbeitnehmer beschäftigt. Rund 20 % der Gesamtumsätze aller Unternehmen erwirtschaften Aktiengesellschaften.

Die Gründung der AG ist in den *§§ 23–53 AktG* genau vorgeschrieben. Sie hat in zwei Stufen zu erfolgen.

■ Angaben im Geschäftsbrief

In den Geschäftsbriefen der AG müssen aufgeführt werden:

- die Firma und der Sitz der AG,
- das zuständige Registergericht und die Nummer, unter der die AG ins Handelsregister eingetragen ist,
- die Namen aller Vorstandsmitglieder,
- der Name des Aufsichtsratsvorsitzenden.

■ Firma

Die Firma muss die Bezeichnung **„Aktiengesellschaft"** oder eine allgemein verständliche Abkürzung dieser Bezeichnung, insbesondere **„AG"** enthalten Sie ist stets **Formkaufmann,** auch wenn sie kein Handelsgewerbe betreibt.

■ Kapital

Das Grundkapital **(gezeichnetes Kapital)** entspricht der Summe der auf die einzelnen Stückaktien entfallenden Beträge bzw. der Nennwerte aller ausgegebenen Nennbetragsaktien.

Das Mindestgrundkapital beträgt 50 000,00 EUR *(§ 7 AktG)*.

■ Aktien

Nennbetragsaktien	Stückaktien
Die Aktien lauten auf mindestens 1 EUR. Höhere Nennbeträge müssen auf volle EUR lauten.	Die Aktien lauten auf keinen Nennbetrag, sondern verkörpern einen Bruchteil am Kapital der Gesellschaft. Der Wert einer Nennbetragsaktie muss mindestens 1 EUR betragen.
Beispiel: Das Grundkapital einer AG beträgt 550 000 EUR und ist in 550 000 Aktien aufgeteilt.	*Beispiel: Das Grundkapital einer AG beträgt 550 000 EUR und ist in 300 000 Aktien aufgeteilt.*

Stammaktie	Vorzugsaktie
Die Aktie gewährt alle satzungsmäßigen und gesetzlichen Aktionärsrechte: • Recht auf Gewinnbeteiligung (Dividende) • Teilnahme an der Hauptversammlung • Stimmrecht in der Hauptversammlung • Bezugsrecht bei der Ausgabe junger Aktien • Anspruch auf Auskunft durch den Vorstand • Anspruch auf Anteil am Liqidationserlös	Die Aktie ist mit einem besonderen Vorrecht ausgestattet. Von Bedeutung ist in Deutschland die kumulative, stimmrechtslose Vorzugsaktie. Die AG beschafft sich hierdurch neues Eigenkapital, ohne dass sich die Stimmrechtsverhältnisse in der Hauptversammlung ändern. • Es wird ein Vorrecht in Form eines nachzuzahlenden Dividendenvorzugs (Mehr- oder Mindestdividende) gewährt. • Bevor die Stammaktionäre eine Dividende erhalten, muss zunächst die Zahlung des Dividendenvorzugs gesichert sein. • Wenn die Ertragsverhältnisse der AG eine Ausschüttung in der versprochenen Höhe nicht zulassen, ist der Dividendenvorzug im nächsten Jahr nachzuzahlen. • Falls die Nachzahlung nicht möglich ist, haben die Aktionäre das Stimmrecht, bis alle Rückstände der vergangenen Jahre nachgezahlt sind.

Namensaktie	Inhaberaktie
Die Übertragung der Aktie (Orderpapier) erfolgt durch Einigung und Übergabe der **indossierten** Aktie. Zusätzlich muss der Aktionär in das **Aktienregister** der Gesellschaft eingetragen werden. **Vorteile:** • Verbesserung der Investor Relations durch namentliche Kenntnis der Aktionäre • Stärkung der Bindung des Aktionärs an die Gesellschaft • frühzeitiges Erkennen feindlicher Übernahmen durch die Gesellschaft • leichte Identifizierbarkeit von Insidergeschäften durch die Börsenaufsicht • international übliche Aktienart	Die Übertragung der Aktie erfolgt durch Einigung und **Übergabe** der Aktie. **Vorteile:** • leichte Übertragbarkeit der Aktie • Anonymität des Aktionärs gegenüber der Gesellschaft

In den meisten Fällen existieren heute Aktien nicht mehr in physischen Einzelurkunden. Stattdessen sind die Rechte der Aktionäre in einer **Globalurkunde** zusammengefasst, die bei einer Wertpapiersammelbank hinterlegt ist. Der einzelne Aktionär erlangt ein Miteigentumsrecht nach Bruchteilen an dem auf diese Weise zusammengefassten Wertpapiersammelbestand. Bei einer Eigentumsübertragung tritt anstelle der Übergabe der Aktie die Umschreibung im Depotbuch der Wertpapiersammelbank.

■ Organe

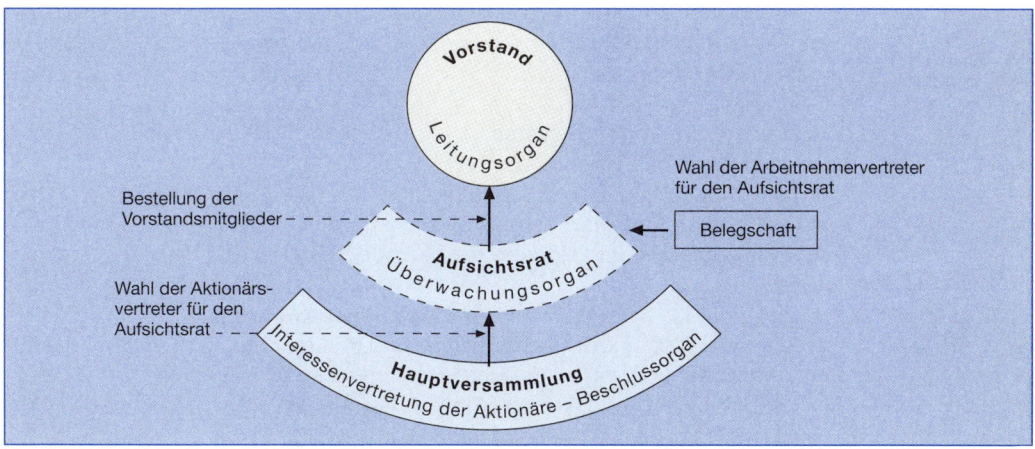

■ Vorstand

Der Vorstand leitet die AG aus eigener Verantwortung. Der Vorstand wird vom Aufsichtsrat für 5 Jahre bestellt; weitere Bestellungen für jeweils höchstens 5 Jahre sind zulässig *(§ 84 Abs. 1 AktG)*. Werden mehrere Personen zum Vorstand berufen, so kann der Aufsichtsrat eine Person zum Vorstandsvorsitzenden ernennen *(§ 84 Abs. 2 AktG)*.

Pflichten des Vorstandes

- Geschäftsführung und Vertretung *(§ 76 AktG)*,
- regelmäßige, mindestens vierteljährliche Berichterstattung an den Aufsichtsrat über die geschäftliche Lage der AG *(§ 90 AktG)*,
- Aufstellung des Jahresabschlusses und Lageberichtes,
- Vorlage des Jahresabschlusses, Lageberichtes und Prüfungsberichtes sowie eines Vorschlages für die Verwendung des Bilanzgewinns, über den die Hauptversammlung beschließen soll, an den Aufsichtsrat *(§ 170 AktG)*,
- Offenlegung des Jahresabschlusses mit Bestätigungsvermerk durch Einreichung beim Handelsregister innerhalb von 9 Monaten nach Ende des Geschäftsjahres *(§§ 325 ff. HGB)*,
- Einberufung der ordentlichen Hauptversammlung in den ersten 8 Monaten des Geschäftsjahres *(§ 175 AktG)*,
- Sorgfaltspflicht und Wettbewerbsverbot *(§§ 93, 88 AktG)*.

Die Vorstandsmitglieder sind Angestellte der AG. Ihre Bezüge bestehen in der Regel aus einem Festgehalt und einer erfolgsabhängigen Komponente.

■ Aufsichtsrat

Der Aufsichtsrat besteht aus mindestens drei, höchstens 21 Mitgliedern *(§ 95 AktG)*.
Die Anzahl der Aufsichtsratsmitglieder muss durch 3 teilbar sein. Der Aufsichtsrat wird von der Hauptversammlung für 4 Jahre gewählt, soweit diese nicht als Aufsichtsratsmitglieder der Arbeitnehmer *(§ 101 AktG, § 76 BetrVerfG, MitbestG, MontanMitbestG)* zu wählen sind.
Ein Aufsichtsratsmitglied kann nicht zugleich Vorstandsmitglied, Stellvertreter eines Vorstandsmitgliedes, Prokurist oder Generalbevollmächtigter der AG sein *(§ 105 AktG)*.

Aufgaben des Aufsichtsrates

- Bestellung des Vorstandes *(§ 84 AktG)*,
- Überwachung der Geschäftsführung des Vorstandes *(§ 111 Abs. 1 AktG)*,
- Abberufung des Vorstandes aus wichtigem Grund *(§ 84 Abs. 3 AktG)*,
- Einsichtnahme und Prüfung der Bücher, Schriften und Vermögensgegenstände *(§ 111 Abs. 2 AktG)*,
- Prüfung des Jahresabschlusses, des Lageberichtes und des Vorschlages zur Verwendung des Bilanzgewinns und der Berichterstattung über das Ergebnis der Prüfung an die Hauptversammlung *(§ 171 AktG)*,
- Einberufung einer außerordentlichen Hauptversammlung, wenn es das Wohl der Gesellschaft erfordert *(§ 111 Abs. 3 AktG)*,

- Vertretung der Gesellschaft in gerichtlichen und außergerichtlichen Angelegenheiten gegen die Vorstandsmitglieder *(§ 112 AktG)*.
- Leitung der Hauptversammlung

■ Hauptversammlung

Die Hauptversammlung ist die Interessenvertretung der Aktionäre der AG und zugleich das oberste Beschlussorgan der Gesellschaft.
Die Hauptversammlung **beschließt** über *(§ 119 AktG)*:
- die Bestellung der Aktionärsvertreter für den Aufsichtsrat,
- die Verwendung des Bilanzgewinns,
- die Entlastung des Vorstandes und des Aufsichtsrates,
- Satzungsänderungen,
- Kapitalerhöhungen bzw. -herabsetzungen,
- Auflösung der Gesellschaft.

Die Aktionäre üben ihr Stimmrecht nach Aktiennennbeträgen oder nach Anzahl der Aktien des in der Hauptversammlung vertretenen (anwesenden) Kapitals aus. Gewöhnliche Beschlüsse der Hauptversammlung bedürfen der **einfachen Mehrheit**, satzungsändernde Beschlüsse einer **qualifizierten Mehrheit** *(§ 133 Abs. 1 AktG)*. Jeder Beschluss der Hauptversammlung ist durch eine notariell aufgenommene Niederschrift zu beurkunden *(§ 130 AktG)*.

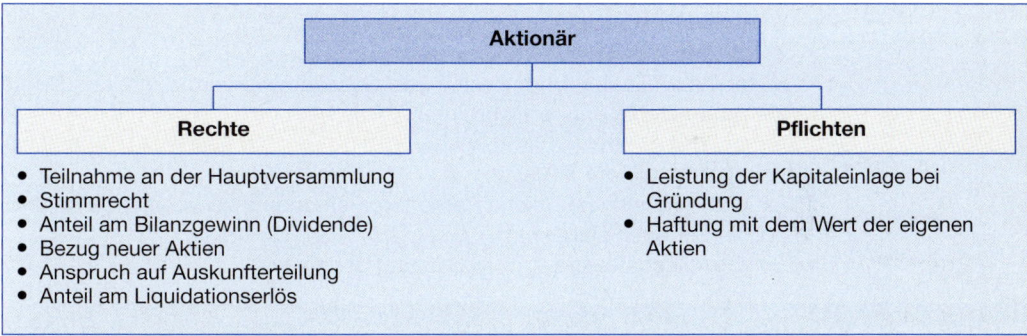

■ Gewinnverwendung

Der Bilanzgewinn ist der nach Abzug eines etwaigen Verlustvortrages und nach Dotierung der gesetzlichen Rücklage und anderer Rücklagen verbleibende Teil des **Jahresüberschusses**.

Gesetzliche Rücklagen

5 % des um einen etwaigen Verlustvortrag geminderten Jahresüberschusses müssen so lange der gesetzlichen Rücklage zugeführt werden, bis die gesetzliche Rücklage und die Kapitalrücklagen zusammen 10 % des Grundkapitals erreichen *(§ 150 Abs. 2 AktG)*.

Freiwillige Rücklage

Vorstand und Aufsichtsrat können bis zur Hälfte des Jahresüberschusses in die freiwilligen Rücklagen einstellen, wenn die Satzung es vorsieht *(§ 58 Abs. 2 AktG)*.

Bilanzgewinn

Der verbleibende Restgewinn wird gemäß des Beschlusses der Hauptver-sammlung in weitere freiwillige Rücklagen eingestellt, an die Aktionäre als Dividende ausgeschüttet und/oder als Gewinn auf das nächste Jahr vorge-tragen *(§ 58 Abs. 3 AktG).*

Billigt der Aufsichtsrat den Jahresabschluss, so ist er **festgestellt**, sofern nicht Vorstand und Aufsichtsrat beschließen, die Feststellung des Jahresabschlusses der Hauptversammlung zu überlassen *(§ 172 AktG).*

Die Hauptversammlung beschließt über die Verwendung des Bilanzgewinns *(§ 174 AktG).* Die Anteile der Aktionäre am Bilanzgewinn bestimmen sich nach dem Verhältnis der Aktien; den auf die einzelne Aktie entfallenden Gewinnteil bezeichnet man als **Dividende**.

Der Jahresabschluss der AG ist durch einen Wirtschaftsprüfer oder eine Wirt-schaftsprüfungsgesellschaft zu prüfen *(§ 319 Abs. 1 HGB).*

Hat der Abschlussprüfer keine Einwendungen gegen das Ergebnis des Jahres-abschlusses, so erteilt der Abschlussprüfer den **Bestätigungsvermerk**, sein Testat *(§ 322 HGB).*

Die **AG** …
- ist eine Gesellschaft mit eigener Rechtspersönlichkeit,
- hat ein in Aktien zerlegtes Grundkapital,
- entsteht mit der Eintragung ins Handelsregister, Abteilung B,
- gilt unabhängig von ihrem Gegenstand als Handelsgesellschaft,
- führt eine Firma mit dem Zusatz „AG",
- ist als juristische Person selbstständiges Steuersubjekt,
- haftet ihren Gläubigern nur mit ihrem Gesellschaftsvermögen; das Risiko der Aktionäre ist auf den Wert ihrer Aktien begrenzt.

Weitere Merkmale der **AG** sind:
- Aktionäre können natürliche Personen, Personengesellschaften und juris-tische Personen sein.
- Der Gesellschaftsvertrag wird Satzung genannt.

Vorteile	Nachteile
<ul><li>große Risikostreuung</li><li>geringes Haftungsrisiko für Aktionäre</li><li>leichte Veräußerbarkeit der Kapitalbeteiligung (Aktie)</li><li>einfache Kapitalbeschaffung durch Ausgabe „jun-ger" Aktien oder Fremdkapitalaufnahme als emis-sionsfähiges Unternehmen über die Börse</li><li>keine persönliche Bindung zwischen Teilhabern (Aktionären) und Gesellschaft</li><li>Trennung von Unternehmensleitung und Kapital</li><li>breite Streuung des Eigentums an Produktions-mitteln durch Stückelung des Kapitals in viele klei-ne Kapitalanteile</li><li>starke Marktstellung ermöglicht hohe soziale Leistungen und überdurchschnittliche Investitio-nen in Forschung und Entwicklung</li><li>geeignet für große Unternehmen mit hohem Ka-pitalbedarf</li></ul>	<ul><li>hohe formale und sachliche Anforderungen bei der Gründung der Unternehmung</li><li>hohe Publizitätspflichten</li><li>ausgeweitete Rechnungslegungs- und Prüfungs-vorschriften</li><li>weitreichende Mitbestimmungsmöglichkeiten der Arbeitnehmer</li></ul>

- Eine bestehende Firma kann unter Hinzufügung des Zusatzes „AG" fortge-
  führt werden.
- Inhaberaktien können frei übertragen werden.
- Organe der AG sind:
  - der Vorstand als Leitungsorgan,
  - der Aufsichtsrat als Überwachungsorgan,
  - die Hauptversammlung als Interessenvertretung der Aktionäre.
- Geschäftsführung und Vertretung der AG obliegen dem Vorstand.
- Für die AG gelten erweiterte Vorschriften für die Rechnungslegung, Prüfung
  und Offenlegung.
- Für kleinere Aktiengesellschaften gelten Erleichterungen.

■ Kleine Aktiengesellschaft

Die Vereinfachung des Aktienrechtes hatte das Ziel, mittelständischen Unternehmungen die Eigenkapitalbeschaffung zu erleichtern, die Chancen für die
Sicherung der Unternehmenskontinuität zu erhöhen und gleichzeitig die Vorteile
sowohl der GmbH als auch der börsennotierten AG in einer Rechtsform zu
vereinen.
Die wichtigsten Vorteile der Kleinen AG liegen in Kosten- und Zeitersparnissen:

- Zur Gründung genügt eine Person. Damit ist eine Gleichstellung mit der
  GmbH-Gründung gegeben.
- Die Gewinnverwendung kann sehr flexibel erfolgen, wenn die Satzung entsprechende Ermächtigungen an Vorstand und Aufsichtsrat vorsieht.
- Die Hauptversammlung kann in vereinfachtem Verfahren einberufen werden, und eine notarielle Beurkundung der Beschlüsse ist grundsätzlich nicht
  mehr erforderlich.
- Bei bis zu 500 Beschäftigten ist keine drittelparitätische Arbeitnehmerver-
  tretung vorgeschrieben.

8.3.3 GmbH & Co. KG *(§§ 161–177 a HGB; GmbHG)*

Im Gesellschaftsrecht können die Parteien die Rechtsverhältnisse selbstständig gestalten, soweit keine zwingenden Rechtsvorschriften vorhanden
sind. Das ist vom Gesetzgeber beabsichtigt, damit die rechtlichen, wirtschaftlichen und sonstigen Gegebenheiten des Einzelfalles berücksichtigt
werden können.
Infolge der zum Teil erheblichen Unterschiede im Haftungs- und Steuerrecht
sind in der Praxis **Kombinationen** aus Personengesellschaften und Kapitalgesellschaften entstanden.

**Die GmbH & Co. KG ist eine Personenhandelsgesellschaft. Komplementär
(Vollhafter) dieser KG ist eine GmbH.**   **Definition**

Gründe für die Wahl dieser Rechtsform können sein:
- Haftungsbeschränkung der Gesellschafter,
- Verbindung der steuerlichen Vorteile von Personen- und Kapitalgesell-
  schaften,
- Sicherung des Bestandes des Unternehmens für den Fall des Todes des
  Unternehmers unter weitgehender Erhaltung der Firma,

- Ausnutzung der Möglichkeit, einen fachlich kompetenten Geschäftsführer als leitenden Angestellten einzustellen,
- Erleichterung der Kapitalbeschaffung, wenn die Gesellschafter bereit sind, weitere Einlagen in Form von Kommanditeinlagen zu leisten.

In der Rechtsprechung wird die GmbH & Co. KG immer mehr den Kapitalgesellschaften angenähert, weil einerseits die persönliche Haftung fehlt und andererseits die Haftungsmasse begrenzt wird.

■ Gründung

Die GmbH & Co. KG ist eine **Kommanditgesellschaft**; aus diesem Grund sind zu ihrer Gründung zwei Gesellschafter notwendig:
- der Komplementär und
- der Kommanditist.

Eine oder mehr Personen gründen eine GmbH. Nach Eintragung in das Handelsregister gründet die GmbH zusammen mit denselben Personen und ggf. weiteren Personen eine Kommanditgesellschaft.

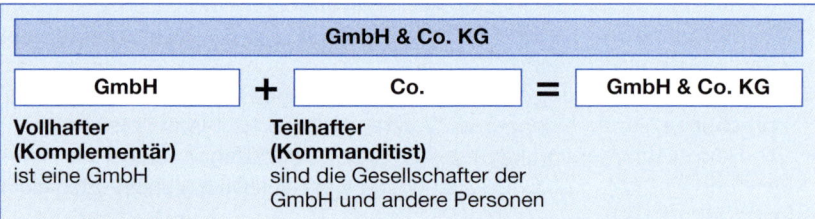

■ Gesellschafter

Gesellschafter der GmbH & Co. KG sind:
- die juristische Person „GmbH" als Komplementär und
- andere Personen als Kommanditisten.

Kommanditisten können natürliche Personen oder juristische Personen sein. Kommanditisten und Gesellschafter der Komplementär-GmbH können verschiedene Personen sein oder es kann Personenidentität bestehen.
Zur Gründung ist mindestens eine natürliche oder juristische Person notwendig.

■ Gesellschaftsvertrag

Es ist zu erstellen:
- der Gesellschaftsvertrag der GmbH-Gesellschafter,
- der Gesellschaftsvertrag der KG-Gesellschafter.

Der Gesellschaftsvertrag der GmbH muss notariell beurkundet werden *(§ 2 GmbHG)*, der Gesellschaftsvertrag der KG ist dagegen formfrei.

■ Handelsregister

- Die **GmbH** ist ins Handelsregister *Abteilung B* einzutragen.
- Die Personenhandelsgesellschaft **GmbH & Co. KG** ist ins Handelsregister *Abteilung A* einzutragen.

Wenn in einer KG keine natürliche Person (persönlich) haftet, muss die Firma eine Bezeichnung enthalten, welche die Haftungsbeschränkung kennzeichnet *(§ 19 Abs. 2 HGB)*.

Beispiel

Komplementär: *Kurier GmbH*
Kommanditist: *Herr Manfred Meise*
mögliche Firma: *Kurier GmbH & Co. KG*

■ Geschäftsführung

Das Recht zur Geschäftsführung steht nur den persönlich haftenden Gesellschaftern zu *(§ 114 HGB)*, in diesem Fall den **Komplementären**. Komplementär ist die GmbH, die Geschäftsführung übt innerhalb der GmbH deren Geschäftsführer aus, demnach muss dieser die Geschäfte der KG führen.

■ Vertretung

Die Vertretung der GmbH & Co. KG ist Aufgabe der/des Geschäftsführer(s) der GmbH.

■ Haftung

Die Komplementäre haften unbeschränkt für die Verbindlichkeiten der GmbH & Co. KG. Für die Komplementär-GmbH als juristische Person bedeutet dies, dass die GmbH nur mit ihrem Gesellschaftsvermögen haftet. Somit haftet die **Komplementär-GmbH** umfangmäßig unbegrenzt bis zur Höhe ihres Vermögens.
Die Haftung des **Kommanditisten** ist auf die Höhe seiner Einlage begrenzt.

■ Gewinnverteilung

Sie erfolgt entsprechend den im Gesellschaftsvertrag getroffenen **Vereinbarungen**; im Zweifel gelten die Vorschriften der KG *(§ 168 HGB)*.
Aufsichtsrat- und Beiratsvergütungen, die eine GmbH & Co. KG an diese Organe zahlt, sind nur dann Betriebsausgaben, wenn diese Personen nicht Mitunternehmer der GmbH & Co. KG sind.

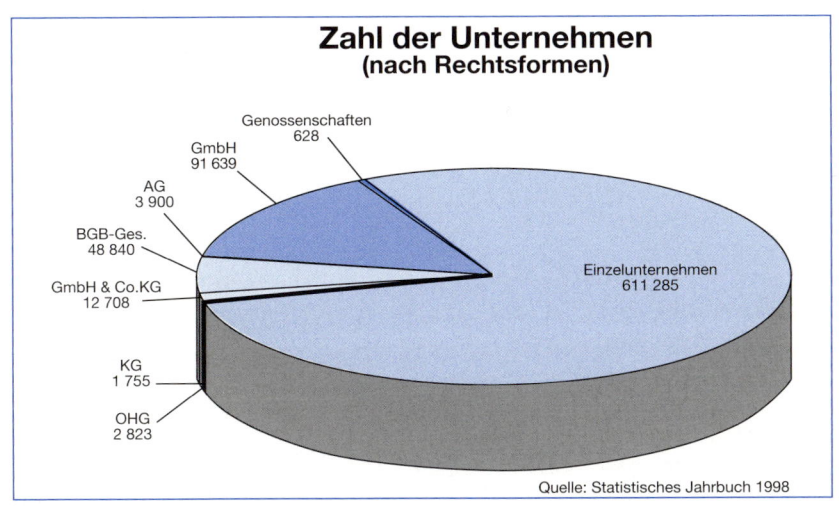

Zahl der Unternehmen
(nach Rechtsformen)

Genossenschaften 628
GmbH 91 639
AG 3 900
BGB-Ges. 48 840
GmbH & Co.KG 12 708
KG 1 755
OHG 2 823
Einzelunternehmen 611 285

Quelle: Statistisches Jahrbuch 1998

	Einzelunternehmung	Gesellschaft bürgerlichen Rechts (BGB-Gesellschaft/GbR)	Offene Handelsgesellschaft (OHG)	Kommanditgesellschaft (KG)	Gesellschaft mit beschränkter Haftung (GmbH)	Aktiengesellschaft (AG)
Rechtsgrundlagen	Allgemeine Vorschriften im BGB, §§ 1 ff. HGB	§§ 705–740 BGB	§§ 105–160 HGB	§§ 161–177 HGB	GmbH-Gesetz (GmbHG)	Aktiengesetz (AktG)
Allgemeine Merkmale	• Einzelkaufmann • Kleingewerbetreibender	• Personengesellschaft nach BGB • zu jedem beliebigen Zweck errichtbar	• Personenhandelsgesellschaft • Betrieb eines Handelsgewerbes	• Personenhandelsgesellschaft • Betrieb eines Handelsgewerbes	• Kapitalgesellschaft • zu jedem beliebigen Zweck errichtbar	• Kapitalgesellschaft • zu jedem beliebigen Zweck errichtbar
	unbeschränkte Haftung	unbeschränkte Haftung aller Gesellschafter oder Haftung auf das Gesellschaftsvermögen beschränkt	unbeschränkte Haftung aller Gesellschafter	• unbeschränkte Haftung bei mindestens einem Gesellschafter (= Komplementär) • beschränkte Haftung bei mindestens einem Gesellschafter (= Kommanditist)	GmbH-Gesellschafter sind entsprechend ihren Geschäftsanteilen (= Stammeinlagen) an der GmbH beteiligt; ihre Haftung ist auf die Höhe ihrer Stammeinlagen beschränkt.	Aktionäre sind entsprechend ihren Aktienanteilen an der AG beteiligt; ihre Haftung ist auf die Höhe ihrer Aktieneinlagen beschränkt.
	natürliche Person	—	quasi juristische Person	quasi juristische Person	juristische Person	juristische Person
Gründung	formfrei	formfreier Gesellschaftsvertrag	formfreier Gesellschaftsvertrag	formfreier Gesellschaftsvertrag	notarielle Beurkundung des Gesellschaftsvertrages	notarielle Beurkundung der Satzung
	1 Person	2 und mehr Personen	2 und mehr Personen	2 und mehr Personen	1 und mehr Personen	1 und mehr Personen
	Entstehung mit der Aufnahme der werbenden Tätigkeit nach außen		Entstehung nach außen mit dem Zeitpunkt der Geschäftsaufnahme, spätestens mit der Eintragung ins Handelsregister	wie bei OHG	Entstehung mit der Eintragung ins Handelsregister	Entstehung mit der Eintragung ins Handelsregister
Mindestkapital	keine Vorschriften	keine Vorschriften	keine Vorschriften	keine Vorschriften	• Stammkapital (Gezeichnetes Kapital) mind. 25 000,00 EUR • Mindeststammeinlage je Gesellschafter: 100,00 EUR; höhere Geschäftsanteile müssen durch 50,00 EUR teilbar sein • Mindesteinzahlung auf jede Stammeinlage 25 %, insgesamt mind. 12 500,00 EUR	• Grundkapital (Gezeichnetes Kapital) mind. 50 000,00 EUR • Mindestnennwert je Aktie: 1,00 EUR; höhere Aktiennennwerte müssen auf volle EUR lauten oder nennwertlose Stückaktien • Mindesteinzahlung auf jede Aktie 25 % des Nennwerts; bei Überpariemission: volle Einzahlung des Überparibetrages
Firma (Mindestinhalt)	Soweit im Handelsregister eingetragen mit Zusatz: e.K. e.Kfm. e.Kfr.	keine	Zusatz: OHG	Zusatz: KG	Zusatz: GmbH	Zusatz: AG
Gesetzliche Regelung der Geschäftsführungsbefugnis (betrifft das Innenverhältnis und ist vertraglich änderbar)	Inhaber zur Geschäftsführung berechtigt und verpflichtet	• alle Gesellschafter gemeinschaftlich • Widerspruchsrecht des einzelnen Gesellschafters	• jeder Geschäftsführer alleine (Einzelgeschäftsführerbefugnis) • Widerspruchsrecht des einzelnen Gesellschafters • bei außergewöhnlichen Geschäften: Zustimmung aller Gesellschafter	• jeder Komplementär alleine (Einzelgeschäftsführungsbefugnis) • Kontrollrecht der Kommanditisten • Widerspruchsrecht des einzelnen Komplementärs • bei außergewöhnlichen Geschäften: Zustimmung aller Komplementäre, Widerspruchsrecht der Kommanditisten	der Geschäftsführer bzw. die Geschäftsführer gemeinsam (Gesamtgeschäftsführungsbefugnis)	alle Vorstandsmitglieder gemeinsam (Gesamtgeschäftsführungsbefugnis)

	Einzelunternehmung	Gesellschaft bürgerlichen Rechts (BGB-Gesellschaft/GbR)	Offene Handelsgesellschaft (OHG)	Kommanditgesellschaft (KG)	Gesellschaft mit beschränkter Haftung (GmbH)	Aktiengesellschaft (AG)
Gesetzliche Regelung der Vertretungsbefugnis (betrifft das Außenverhältnis und ist vertraglich änderbar; in diesem Fall eintragungspflichtig; ihr Umfang ist jedoch unbeschränkt und unbeschränkbar)	Inhaber zur Vertretung berechtigt und verpflichtet	alle Gesellschafter gemeinschaftlich	jeder Gesellschafter allein	• jeder Komplementär allein • Prokuraerteilung an Kommanditisten möglich	der Geschäftsführer bzw. die Geschäftsführer gemeinsam	alle Vorstandsmitglieder gemeinsam
Haftung	• Betriebs- und Privatvermögen • unbeschränkt	• Gesellschaftsvermögen und Privatvermögen der Gesellschafter • Gesellschafter haften unbeschränkt, unmittelbar und solidarisch • Gesellschaftsvermögen, wenn die Haftung beschränkt wird	• Gesellschaftsvermögen und Privatvermögen der Gesellschafter • Gesellschafter haften unbeschränkt, unmittelbar und solidarisch	• Gesellschaftsvermögen und Privatvermögen der Komplementäre • Komplementäre haften wie OHG-Gesellschafter (Kommanditisten haften in Höhe ihrer Kommanditeinlage)	Gesellschaftsvermögen (Gesellschafter tragen Risiko in Höhe ihrer Stammeinlage)	Gesellschaftsvermögen (Aktionäre tragen Risiko in Höhe ihrer Aktieneinlage)
Gesetzliche Regelung der Gewinnverteilung (vertraglich änderbar)	insgesamt	gleiche Anteile am Gewinn und Verlust	• 4 % auf die Kapitaleinlage • Rest nach Köpfen • Verlust nach Köpfen	• 4 % auf die Kapitaleinlage • Rest in angemessenem Verhältnis • Verlust in angemessenem Verhältnis	im Verhältnis der Geschäftsanteile	im Verhältnis der Aktiennennbeträge
Auflösungsgründe	• Entscheidung des Inhabers • Insolvenzeröffnung	• Gesellschafterbeschluss • Vertragsablauf • Erreichung/Nichterreichung des Gesellschaftszweckes • Insolvenzeröffnung über das Vermögen eines Gesellschafters, Tod oder Kündigung eines Gesellschafters (soweit nichts anderes vereinbart ist)	• Gesellschafterbeschluss • Vertragsablauf • Insolvenzeröffnung über das Vermögen der OHG	• wie bei OHG	• Gesellschafterbeschluss (75 % Stimmenmehrheit der abgegebenen Stimmen) • Vertragsablauf lt. Gesellschaftsvertrag • Insolvenzeröffnung über das Vermögen der Gesellschaft	• Hauptversammlungsbeschluss (75 % Stimmenmehrheit der abgegebenen Stimmen) • Vertragsablauf lt. Satzung • Insolvenzeröffnung über das Vermögen der Gesellschaft
Organe	keine	keine	keine	keine	Geschäftsführer • geschäftsführendes Organ (= gesetzl. Vertreter) • 1 oder mehrere Geschäftsführer • Bestellung durch die Gesellschafter Aufsichtsrat (bei mehr als 500 Arbeitnehmern zwingend) • überwachendes Organ • mind. 3 Mitglieder Für die Wahl und Zusammensetzung des Aufsichtsrates gelten ergänzend die Bestimmungen des Betriebsverfassungsgesetzes, des Mitbestimmungsgesetzes von 1976 und bei Kapitalgesellschaften das Montan-Mitbestimmungsgesetz von 1951 Gesellschafterversammlung • beschlussfassendes Organ (Interessenvertretung der Gesellschafter) • 50,00 EUR Geschäftsanteil = 1 Stimme	Vorstand geschäftsführendes Organ (= gesetzl. Vertreter) • 1 oder mehrere Mitglieder • Bestellung durch den Aufsichtsrat Aufsichtsrat • überwachendes Organ • mind. 3 Mitglieder Hauptversammlung • beschlussfassendes Organ (Interessenvertretung der Aktionäre) • 1 Aktie = 1 Stimme

185

Aufgaben

1. Ammann, Schuhfuß und Corneli sind die Gesellschafter der Spedition Ammann OHG. Die Gesellschaft erzielte 2003 einen Gewinn von 120 000,00 EUR. Dieser Gewinn ist nach den gesetzlichen Vorschriften zu verteilen. Die Gesellschafter hatten vereinbart, während des Geschäftsjahres Einlagen und Entnahmen tätigen zu können. Im Jahr 2003 waren dies:

   Ammann: Entnahme von 10 000,00 EUR am 30.06.2003

   Schuhfuß: Einlage von 10 000,00 EUR am 30.09.2003

   Corneli: Einlage von 20 000,00 EUR am 31.03.2003

              Entnahme von 10 000,00 EUR am 30.09.2003.

   Erstellen Sie eine Tabelle nach untenstehendem Muster und ermitteln Sie zum Jahresende 2003

   a) den Kapitalanteil von Corneli vor Verteilung des Gewinns

   b) die Zinsen für das Anfangskapital von Schuhfuß

   c) die Zinsen für die Einlage von Corneli

   d) den Zinsabzug für die Entnahme von Ammann

   e) den Restgewinn je Gesellschafter.

Gesellschaftsdaten in EUR für 2003:

Gesellschafter	Ammann	Schuhfuß	Corneli	Summe
Kapitalanteile am Jahresanfang (Anfangskapital)	100 000,00	70 000,00	60 000,00	
Einlage während des Jahres				
Entnahme während des Jahres				
Verzinsung des Anfangs- kapitals (4 %)				
Zinsgutschrift für Einlagen (4 %)				
Zinsabzug für Entnahmen (4 %)				
Gewinn aus Verzinsung (insgesamt)				
Restgewinn (nach Köpfen)				

2. Ergänzen Sie Ihre Lernkartei, indem Sie die Unternehmensformen
   - OHG
   - KG
   - GmbH
   - AG
   - GmbH & Co KG

   jeweils hinsichtlich der Kriterien „Gründung", „Kapitalaufbringung", „Geschäftsführung", „Vertretungsbefugnis", „Haftung", „Gewinnverteilung" und „Auflösung" beschreiben.

3. Visualisieren Sie in einem Schaubild Unterschiede und Gemeinsamkeiten
   a) von GmbH und AG.
   b) von OHG und KG.

9 Finanzkrisen und Auflösung der Unternehmung

Einstiegssituation

Maschinenbauer Babcock Borsig meldet Insolvenz an

Der Maschinenbauer Babcock Borsig – Arbeitgeber für 22.000 Menschen – hat Insolvenz angemeldet. Die Verhandlungen mit Land, Bund und Banken sollen aber weitergehen.

Nach Angaben der dpa wurde der Insolvenzantrag am Freitagmorgen beim Amtsgericht Duisburg eingereicht. Die Verhandlungen zur Rettung des Unternehmens sollen aber weitergehen. Wie der Konzern in einer Ad-hoc-Mitteilung bekannt gab, seien sie nicht gescheitert. Angesichts der Dauer der bisher fruchtlosen Verhandlungen sei der Vorstand aus rechtlichen Gründen zum Insolvenzantrag gezwungen gewesen.

Mit dem nordrhein-westfälischen Ministerpräsidenten [...] sei aber vereinbart worden, die Verhandlungen fortzuführen, um doch noch zu einer Lösung zu gelangen. In einem solchen Fall könnte Babcock den Insolvenzantrag noch so rechtzeitig zurückziehen, dass für die Gesellschaft keine nachteiligen Entwicklungen einträten.

Bei Babcock bangen weltweit rund 22.000 Beschäftigte um ihren Job, davon in Deutschland mehr als 13.000. Zuletzt hatten der Bund und das Land Nordrhein-Westfalen Bürgschaften angeboten, die [...] fast die Hälfte des Finanzbedarfs abdecken. Der Rettungsplan umfasst 700 Mio. EUR.

Bundeskanzler Gerhard Schröder ist bereit, zur Rettung des Konzerns neue Bundesbürgschaften einzuräumen. Der Bund sei wegen der ohnehin hohen Arbeitslosigkeit in Oberhausen am Erhalt des Unternehmens interessiert. Von der Berliner Zeitung wurde die Bundesbürgschaft vor Schröders Äußerungen am Donnerstag auf eine Erweiterung von 105 Mio. EUR beziffert.

Quelle: fiktiv

Ein Betrieb, der sich in einer Krise befindet, wird als „notleidende Unternehmung" bezeichnet. Folgen sind **Zahlungsschwierigkeiten** (vorübergehender Mangel an flüssigen Mitteln) oder **Zahlungsunfähigkeit** (dauernder Mangel an flüssigen Mitteln).

Es gibt deutliche Kennzeichen, die auf eine Krise hinweisen.

Beispiel

Umsatz- und Gewinnrückgang, Verlust, Eigenkapitalrückgang, Verschuldungszunahme, Liquiditätsprobleme

Inner- und außerbetriebliche Faktoren können für die Krise einer Unternehmung verantwortlich sein. Die folgende Tabelle stellt mögliche Ursachen dar.

	innerbetriebliche Ursachen	außerbetriebliche Ursachen
Umsatzeinbußen	• schleppende Auftragsabwicklung • häufige Produktmängel • veraltete Produkte	• Nachfragerückgang im In- und/oder Ausland • Billigimporte, Konkurrenzdruck • Bedarfsverschiebung (Mode, Marktsättigung)
Kostenanstieg	• Personalüberhang • erhebliche Fluktuation • veraltete Produktionsanlagen • zu hoher oder zu geringer Lagerbestand • Fehlinvestitionen	• Anstieg der Kreditzinsen • Lohnsteigerungen • Verteuerung des Wareneinsatzes • Bindung an wenige Großlieferanten • ineffektive Werbestrategien
Liquiditäts- einschränkungen	• geringe Eigenkapitalausstattung • falsche Kapitalverwendung • Unterdeckung bei Versicherungsschäden • überhöhte Privatentnahmen	• Reduzierung der Kreditlinien durch Kreditinstitute • Forderungsausfälle • Verlängerung der Zahlungsziele an Kunden • höhere Anzahlungsverpflichtungen
Geschäftsführungs- mängel/fehlendes Controlling	• Fehlentscheidungen des Managements • geringe Aussagefähigkeit des Rechnungswesens und der Kostenrechnung • schlechte Organisation • zögerliche Entscheidungen von Aufsichtsgremien • mangelnde juristische Qualifikation	• kein aktuelles Auskunftswesen • falsche externe Beratung • Fehlanalysen durch Forschungsinstitute • mangelnde Überwachung durch Prüfungsunternehmen

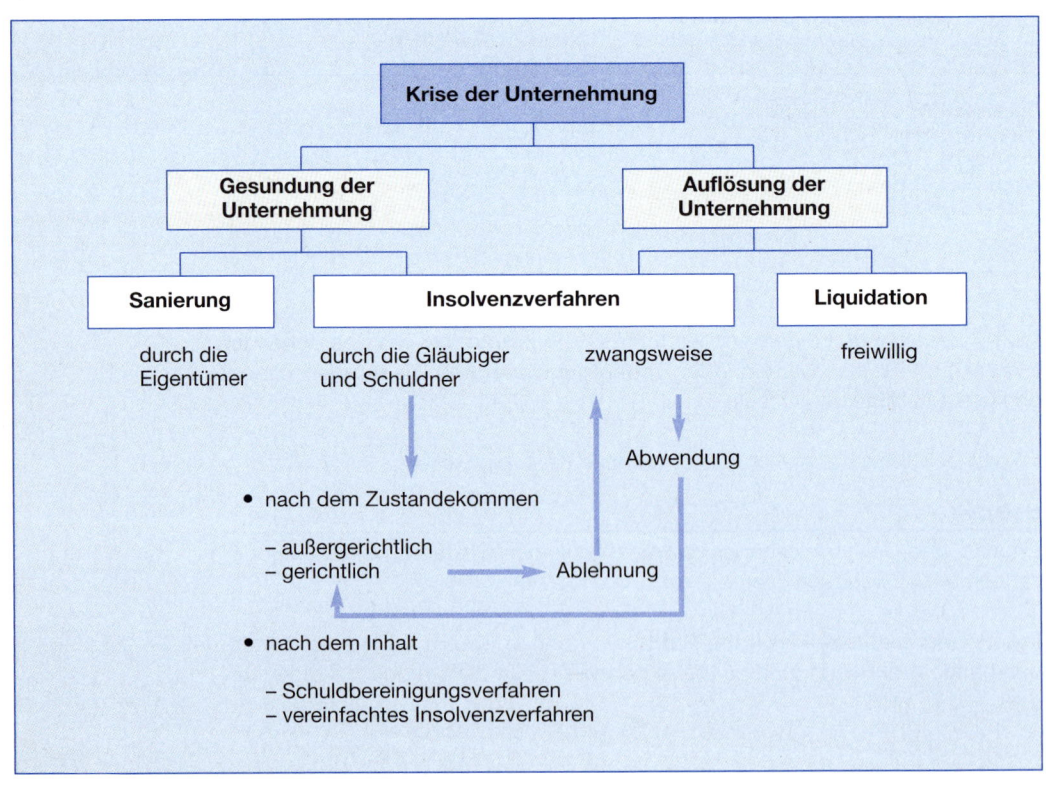

9.1 Sanierung

Die **Sanierung** beinhaltet alle Maßnahmen organisatorischer und finanzieller Art, die geeignet sind, dem Unternehmen eine neue Grundlage für die Weiterführung ohne Mithilfe der Gläubiger zu geben.

Voraussetzungen für das rechtzeitige Erkennen der Störungen sind
- Kontrolle aller wichtigen Teilbereiche,
- Bilanzanalysen,
- Betriebsvergleiche.

■ Kapitalmäßige Sanierung

Die kapitalmäßige Sanierung im engeren Sinne wird auch als finanzielle Sanierung bezeichnet. Sie vollzieht sich durch Veränderung des Eigenkapitals oder Fremdkapitals.

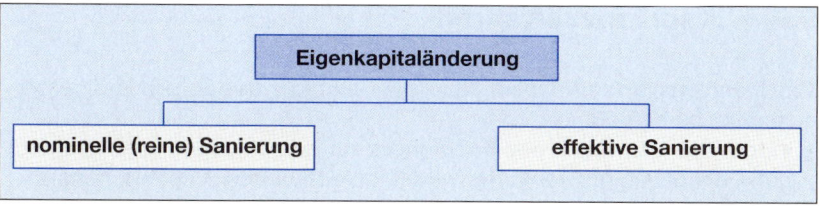

Nominelle Sanierung

Die **nominelle Sanierung** beseitigt eine Unterbilanz durch Anpassung des Eigenkapitals an das Vermögen durch:

- **Rücklagenauflösung**
Der erwirtschaftete Verlust darf bei Kapitalgesellschaften nicht über das Grundkapital/Stammkapital ausgebucht werden. Der saldierte Verlust erscheint auf der Aktivseite der Bilanz, wenn der Fehlbetrag höher ist als das Kapital (= Unterbilanz). Die Auflösung der Rücklagen erfolgt in Höhe des Verlustvortrages.

- **Kapitalherabsetzung**

Die Minderung des Grundkapitals/Stammkapitals wird erreicht durch Herabstempelung der Aktiennennwerte (max. bis zum Mindestnennbetrag 1,00 EUR). Aufkauf und Vernichtung von eigenen Aktien ist dabei möglich.

- **Zusammenlegung von Anteilen**

Zusammenlegung von Anteilen in einem bestimmten Verhältnis, sodass sich nach Auflösung der Unterbilanz die Möglichkeit für die Bildung einer kleinen Kapitalrücklage ergibt.

Die genannten Maßnahmen haben gemeinsam, dass dem Unternehmen keine neuen Mittel zur Verfügung gestellt werden.

Effektive Sanierung

Die **effektive Sanierung** geht von der Zuführung neuer Eigenkapitalmittel oder der Auszahlung von Entschädigungen aus.

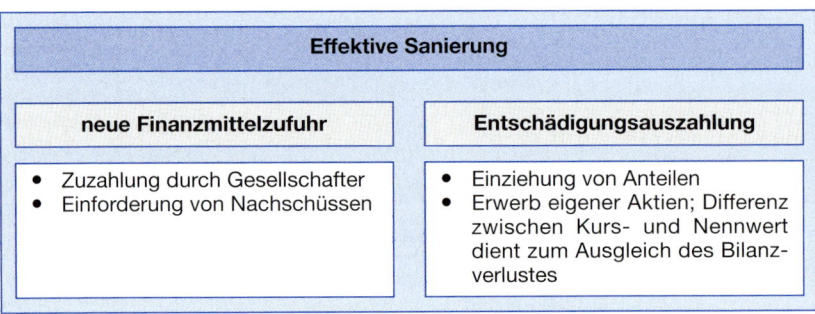

Effektive Sanierung	
neue Finanzmittelzufuhr	**Entschädigungsauszahlung**
• Zuzahlung durch Gesellschafter • Einforderung von Nachschüssen	• Einziehung von Anteilen • Erwerb eigener Aktien; Differenz zwischen Kurs- und Nennwert dient zum Ausgleich des Bilanzverlustes

9.2   Insolvenzverfahren

Definition

Das **Insolvenzverfahren** dient dazu, die Gläubiger des Schuldners gemeinschaftlich zu befriedigen,
- indem das Vermögen des Schuldners zur gemeinschaftlichen Befriedigung der Gläubiger verwertet wird (Liquidation des Unternehmens),
- oder eine andere Regelung getroffen wird, die den Erhalt des Unternehmens sichert.

Dem redlichen Schuldner wird Gelegenheit gegeben, sich von seinen restlichen Verbindlichkeiten zu befreien *(§ 1 InsO)*.

Ein Insolvenzverfahren kann bei **Zahlungsunfähigkeit** des Schuldners über das Vermögen jeder natürlichen oder juristischen Person eröffnet werden. Bei juristischen Personen ist neben der Zahlungsunfähigkeit auch die **Überschuldung** Eröffnungsgrund *(§§ 11 ff. InsO)*. Das Insolvenzverfahren wird beim Amtsgericht (Insolvenzgericht) eröffnet, sofern das Vermögen des Schuldners mindestens die Kosten des Verfahrens deckt. Andernfalls erfolgt eine Abweisung mangels Masse.

Wirkung der Insolvenzeröffnung *(§§ 80 ff. InsO)*

- Mit der Insolvenzeröffnung verliert der Schuldner die Verfügungsgewalt über sein Vermögen. Ein vom Insolvenzgericht bestellter **Insolvenzverwalter** übernimmt die Verwaltung des Schuldnervermögens.
- Die Gläubiger werden aufgefordert, ihre Forderungen innerhalb einer bestimmten Frist anzumelden.
- Die Eröffnung des Verfahrens wird in das Handelsregister eingetragen.

Einberufung einer Gläubigerversammlung *(§§ 29, 74 InsO)*

- Die Gläubigerversammlung beschließt auf der Grundlage eines Berichts des Insolvenzverwalters über den Fortgang des Verfahrens:
  - Aufstellung eines Insolvenzplans oder
  - Verwertung und Verteilung der Insolvenzmasse
- Ein Beschluss kommt zustande, wenn die zustimmenden Gläubiger mehr als die Hälfte der Forderungen repräsentieren *(§ 76 InsO)*.

Insolvenzplan *(§§ 217 ff. InsO)*

- Ein Insolvenzplan kann vom Insolvenzverwalter oder vom Schuldner vorgelegt werden.
- Er kann eine Erhaltung oder eine Verwertung des Unternehmens vorsehen. **Durch Stundungsvereinbarungen und einen Forderungsverzicht (Vergleich) wird in der Regel die Sanierung und damit die Erhaltung des Unternehmens angestrebt.**

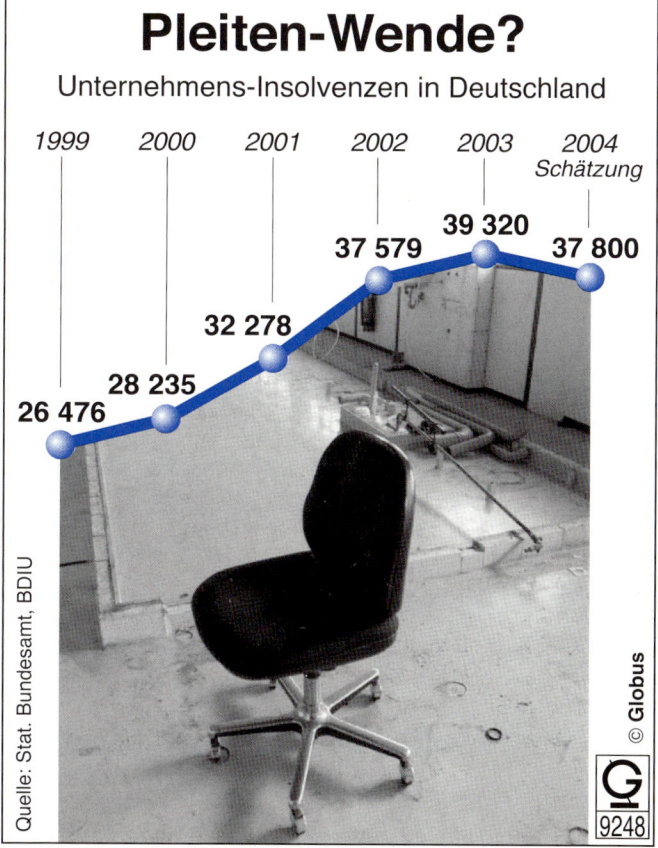

Pleiten-Wende?

Unternehmens-Insolvenzen in Deutschland

1999   2000   2001   2002   2003   2004 *Schätzung*

26 476   28 235   32 278   37 579   39 320   37 800

Quelle: Stat. Bundesamt, BDIU

© Globus

9248

- Die Absonderungsrechte *(z. B. Pfandrechte)* der Gläubiger werden, sofern im Insolvenzplan nichts anderes bestimmt ist, vom Plan nicht berührt *(§ 223 InsO)*.
- Zur Annahme des Insolvenzplanes sind folgende Mehrheiten erforderlich *(§ 244 InsO)*:
  - Zustimmung der Mehrheit der Gläubiger („Köpfe"),
  - die mehr als die Hälfte der Forderungen repräsentieren.
  Zusätzlich ist die Zustimmung der Schuldner und die Bestätigung des Insolvenzgerichtes notwendig *(§§ 247, 248 InsO)*.
- Bei einer Annahme ist der Insolvenzplan für alle Gläubiger bindend.

Liquidation des Unternehmens nach InsO

Fremdes Eigentum		
1. Aussonderung *(§ 47 InsO)* Gegenstände, die nicht dem Insolvenzschuldner gehören.	⟺	Der Eigentümer des Gegenstandes kann die Herausgabe vom Insolvenzverwalter verlangen. **Beispiele:** *Mietsachen, unter Eigentumsvorbehalt gelieferte Waren*

Vermögen (Insolvenzmasse) des insolventen Unternehmers		Forderungen gegen das insolvente Unternehmen
2. Absonderung *(§§ 49–52 InsO)* Gegenstände und Rechte, die durch • ein Pfandrecht, • eine Sicherungsübereignung • oder eine Sicherungsabtretung belastet sind.	⟺	**Gläubiger mit gesicherten Forderungen** Der Insolvenzverwalter verwertet die Gegenstände bzw. Rechte getrennt zur Befriedigung der zugrunde liegenden Forderung *(§ 166 InsO)*.
3. Aufrechnung *(§ 94 InsO)* Forderungen, denen Verbindlichkeiten des Gläubigers gegenüberstehen.	⟺	Der Gläubiger kann seine Forderung mit seiner Verbindlichkeit gegenüber dem Insolvenzschuldner aufrechnen.
4. Restliche Insolvenzmasse	⟺	Kosten des Insolvenzverfahrens *(§§ 53, 54 InsO)* • Gerichtskosten • Vergütung des Insolvenzverwalters
	⟺	Sonstige Masseschulden *(§ 55 InsO)* vom Insolvenzverwalter eingegangene Verpflichtungen
	⟺	Insolvenzgläubiger ohne Absonderungsrechte *(§ 38 InsO)* **Beispiele:** • Forderungen aus Warenlieferungen • nicht gesicherte Kredite
• durch das Vermögen des Insolvenzschuldners nicht gedeckte Forderungen • Forderungsausfall	}	Nachrangige Insolvenzgläubiger *(§ 39 InsO)* Beispiele: • Zinsen seit Eröffnung des Insolvenzverfahrens • Verfahrenskosten der Gläubiger

Beispiel

Bei der Germantrans GmbH verbleibt nach der Befriedigung vorrangiger Verbindlichkeiten eine restliche Insolvenzmasse von 150 000,00 EUR. Folgende weiteren Forderungen wurden angemeldet:

- *Insolvenzgläubiger ohne Absonderungsrechte:*   *750 000,00 EUR*
- *Nachrangige Insolvenzgläubiger*   *35 000,00 EUR*

Von der Bonafide GmbH wurden angemeldet:

- *Forderungen aus Warenlieferungen:*   *12 500,00 EUR*
- *Zinsforderungen seit Insolvenzeröffnung:*   *100,00 EUR*

Insolvenzquote für nicht bevorrechtigte Insolvenzgläubiger $\dfrac{150\,000,00 \cdot 100}{750\,000,00} = \underline{\underline{20\,\%}}$

Der Insolvenzverwalter überweist 2 500,00 EUR (= 20 % von 12 500,00 EUR) an die Bonafide GmbH. Die nachrangige Forderung wird nicht bedient.

9.3 Freiwillige Liquidation

Die **Liquidation** ist eine freiwillige Auflösung eines Unternehmes durch den Inhaber, indem alle Vermögensteile in Geld, also in liquide (flüssige) Mittel umgewandelt werden.

Definition

Auflösungsgründe	
persönliche	**sachliche**
• Alter des Inhabers • Streitigkeiten der Gesellschafter untereinander • Austritt eines Gesellschafters • Tod des Inhabers • ungeklärte Unternehmensnachfolge • Erbauseinandersetzung	• schlechte Ertragslage • Erreichen/Fortfall des Unternehmenszieles/-zweckes • Erschöpfung der nötigen Rohstoffe

■ Ablauf des Liquidationsverfahrens

Der Unternehmer/bisherige Gesellschafter/Geschäftsführer/Vorstand, auch **Liquidator** genannt, führt regelmäßig selbst die **Abwicklung** der Unternehmung durch. Auch andere Personen können zum Liquidator bestellt werden.

Aus Gründen des Gläubigerschutzes ist folgendes Verfahren einzuhalten:
• Veröffentlichung des Auflösungsbeschlusses und Eintragung ins Handelsregister
• die Firmenbezeichnung erhält auf allen Geschäftsbriefen den Zusatz „i.L." (in Liquidation)
• Bestellung eines Liquidators *(§ 146 HGB)*
• Veräußerung der Vermögensgegenstände (Maschinen, Grundstücke, Vorräte) gem. *§ 149 HGB*
• Verteilung des verbleibenden Vermögens
• Löschung der Firma im Handelsregister
• Gesellschafter von Personengesellschaften haften noch 5 Jahre ab Eintragung des Löschungsbeschlusses ins Handelsregister (soweit eine Anspruchsverjährung nicht vorher eintritt)
• Geschäftsbücher sind 10 Jahre aufzubewahren (bei Kapitalgesellschaften und Genossenschaften bestimmt das Gericht den Ort der Aufbewahrung)

■ Auswirkungen

• Arbeitnehmer verlieren ihren Arbeitsplatz
• Kunden benötigen einen neuen Zulieferer
• Förderung der Unternehmenskonzentration

Der Inhaber entschließt sich nur dann zur **Liquidation**, wenn der **Unternehmensverkauf im Ganzen für ihn nicht vorteilhafter** ist.

So erkennen Sie schwierige Kunden

- Schwache Marktposition des Unternehmers
- Hohe Anzahl an Sonderangeboten und Rabatten
- Belieferung nicht auf Rechnung, sondern nur gegen Barzahlung
- Anfragen nach Ratenfinanzierungen
- Volle Ausnutzung bzw. Überziehung von eingeräumten Zahlungszielen
- Hohe Preise werden akzeptiert
- Viele Reklamationen Kleinigkeiten betreffend
- Nicht eingelöste Schecks
- Wechsel der Bankverbindung
- Häufige Wechsel der Geschäftsführung
- Ansprechpartner sind nie zu erreichen

Checkliste für betriebsinterne Vorsorge

✔ Keine branchenunüblichen Zahlungsziele einräumen
✔ Skonto gewähren
✔ Bonitätsprüfung
✔ Sperrliste/Warnliste erstellen
✔ Sicherheiten vereinbaren
✔ Schnelle exakte Rechnungsstellung
✔ Überwachung der Zahlungseingänge

Aufgaben

1. Welche inner- und außerbetrieblichen Ursachen können für Zahlungsschwierigkeiten eines Speditionsunternehmens maßgeblich sein?

2. Woran kann ein Lieferant möglicherweise schon sehr früh erkennen, dass ein Kunde in finanzieller Bedrängnis steht?

3. Die InterSped GmbH ist zahlungsunfähig. Schildern Sie den Ablauf des Insolvenzverfahrens.

4. Unterscheiden Sie zwischen Aussonderung und Absonderung.

5. Nennen Sie Gründe für eine freiwillige Liquidation eines Speditionsunternehmens.

6. Beschreiben und beurteilen Sie die Möglichkeiten, Forderungen gegen eine im Insolvenzverfahren befindliche GmbH durchzusetzen.

1 Rechtsgrundlagen

Einstiegssituation

Bei der Luftfrachtspedition BNT AG sind nachts wiederholt Computerteile und Handys aus dem Umschlagslager gestohlen worden. Der angerichtete Schaden beträgt über 100 000,00 EUR. Nachdem die Geschäftsleitung in Zusammenarbeit mit der Versicherung und der Polizei einige Köder auslegt, kann eine fünfköpfige Bande gefasst werden. Einer der Täter ist Mitarbeiter der Spedition. Die Bande hatte ihr Diebesgut übers Internet, über Flohmärkte und in Gaststätten vertrieben. Bei der nachfolgenden Gerichtsverhandlung macht der Richter deutlich, dass es sich um kein Kavaliersdelikt handelt. Das Strafmaß soll Nachahmer abschrecken und die Täter von Wiederholungstaten abhalten. Er verurteilt die Männer zu schmerzhaften Haftstrafen und zur Wiedergutmachung des Schadens.
Die Frage nach den arbeitsrechtlichen Konsequenzen für den ungetreuen Mitarbeiter und die Frage, ob die Käufer der gestohlenen Ware jetzt rechtmäßige Eigentümer sind, werden bei der Gerichtsverhandlung nicht angesprochen.

1.1 Die Rechtsordnung als Bestandteil der Gesellschaftsordnung

Jede „lebensfähige" menschliche Gemeinschaft ist nur auf der Grundlage einer allgemeinen Ordnung möglich, welche die „Spielregeln" für das Zusammenleben festlegt. Dies gilt für sämtliche Bereiche des Zusammenlebens, ob innerhalb der Familie, des Betriebes oder der Gesellschaft. Werden diese Spielregeln innerhalb einer Gesellschaft auf Dauer von den Gruppenmitgliedern nicht eingehalten, so wird die Gruppe zwangsläufig auseinanderbrechen. Immer wenn Menschen in einer Gemeinschaft zusammenleben, stoßen unvermeidlich gegensätzliche Interessen aufeinander. Es entstehen Interessenkonflikte. Um die Gemeinschaft aufrechtzuerhalten und ein geordnetes Zusammenleben überhaupt erst zu ermöglichen, muss daher geklärt werden,

- auf welche Weise verschiedenartige Interessen miteinander in Einklang gebracht werden sollen,
- wann sich der Einzelne mit seinen Interessen dem Interesse der Gemeinschaft unterzuordnen hat,
- in welchen Fällen das persönliche Interesse des Einzelnen Vorrang vor den Interessen anderer hat.

Definition

Die Gesamtheit aller Verhaltensregeln, denen der Einzelne unterworfen ist, bezeichnet man als Gesellschaftsordnung.

Diese Ordnung ist keineswegs ausschließlich durch Verfassung, Gesetzesvorschriften und vertragliche Vereinbarungen festgelegt. Es bestimmen vielmehr auch *Sitten, Brauchtümer* und *kulturelles Erbe* die Ordnung, innerhalb derer sich das gesellschaftliche Leben vollzieht. Allerdings sind die wichtigsten Grundsätze der Gesellschaftsordnung in Form von **Rechtsnormen** allgemeinverbindlich geregelt.

Insgesamt stellt die Gesellschaftsordnung die Zusammenfassung vielfältig verflochtener, ineinander greifender Regeln dar. Gedanklich lassen sich innerhalb der Gesellschaftsordnung vier verschiedene Teilbereiche unterscheiden:
- Die **Rechtsordnung** beinhaltet die Gesamtheit sämtlicher Rechtsvorschriften innerhalb der Gesellschaft.
- Die **politische Ordnung** spiegelt die politischen Herrschafts- und Machtverhältnisse innerhalb der Gesellschaft wider.
- Die **Sozialordnung** regelt den Schutz der sozial Schwachen und Benachteiligten sowie den Schutz vor wirtschaftlichen Folgen von Krankheit, Arbeitslosigkeit, Erwerbsunfähigkeit usw.
- Die **Wirtschaftsordnung** legt die Rahmenbedingungen fest, die für das wirtschaftliche Handeln der Wirtschaftssubjekte gelten.

Alle vier Bereiche sind voneinander abhängig und sie bedingen sich teilweise gegenseitig: Geänderte Auffassungen innerhalb der politischen Führung über die Sozialordnung schlagen sich in einer entsprechenden Sozialgesetzgebung nieder. Hieraus können wiederum Rückwirkungen auf die Wirtschaftsordnung entstehen. Umgekehrt bleibt der wirtschaftliche Wandel nicht ohne Auswirkungen auf die Wirtschafts- und Sozialordnung.

1.2 Rechtsquellen und Rechtsnormen

Rechtsnormen können
- sich durch ständige allgemeine Praxis und Rechtsanschauungen entwickeln *(= Gewohnheitsrecht),*
- durch individuelle Vereinbarungen zwischen einzelnen Personen entstehen *(= Vertragsrecht),*
- ausdrücklich vom Gesetzgeber (Legislative) geschaffen werden *(= Gesetzesrecht, „kodifiziertes Recht")*.

Während Gewohnheitsrecht und Gesetzesrecht für die Allgemeinheit verbindlich sind, gelten vertragliche Vereinbarungen nur für die beteiligten Parteien.

Gewohnheitsrecht	Gesetzesrecht	Vertragsrecht
Ungeschriebene Rechtsnormen, die sich durch langjährige, stetige Gewohnheiten und Rechtsanschauungen innerhalb einer Gesellschaft entwickelt haben; sie sind mit dem Gesetzesrecht gleichrangig. Gegenüber dem Gesetzesrecht bestehen heute nur noch wenige Rechtsnormen, die ausschließlich gewohnheitsrechtlich abgesichert sind. **Beispiel:** *Nicht im Grundbuch eingetragene, aber aufgrund langjähriger Gewöhnung bestehende Wegerechte*	Geschriebene Rechtsnormen, die in einem förmlichen Verfahren von den dafür zuständigen Organen erlassen werden. • **Gesetze** werden von den Trägern der gesetzgebenden Gewalt, den Parlamenten (Legislative), erlassen. • **Rechtsverordnungen** werden von einer Behörde, die der Gesetzgeber eigens ermächtigt hat, erlassen; sie sind an ein bestimmtes Gesetz gebunden und dienen zur Ergänzung des Gesetzes. Inhalt, Zweck und Ausmaß der Ermächtigung zum Erlass einer Rechtsverordnung sind im betreffenden Gesetz festgelegt. **Beispiele:** • *Güterkraftverkehrsgesetz* • *Straßenverkehrsordnung* • *Verordnung über die Berufsausbildung zum Kaufmann/-frau für Spedition und Logistikdienstleistung*	Geschriebene und ungeschriebene Rechtsnormen, die aufgrund individueller Absprachen zwischen den Rechtssubjekten entstehen. • Der **Grundsatz der Vertragsfreiheit** bedeutet Abschluss und Inhaltfreiheit: Es steht den Beteiligten frei, Verträge mit wem auch immer und beliebigen Inhalts zu schließen. Die Vertragsfreiheit findet dort ihre Grenzen, wo gegen bestehende Gesetze und die Rechte Dritter verstoßen wird. • Der **Grundsatz von „Treu und Glauben"** bedeutet, dass Verträge so auszulegen und zu erfüllen sind, wie es den allgemeinen Verkehrssitten entspricht (§§ 157, 242 BGB). • Der **Grundsatz der Vertragstreue** verpflichtet die Vertragspartner zur Erfüllung der eingegangenen Verpflichtungen. Eine schuldhafte Verletzung der Vertragspflichten löst ggf. Schadenersatzpflicht aus. **Beispiel:** *Wer eine Rechnung über 100 EUR mit 100 Überweisungen bezahlt, verstößt gegen den Grundsatz von „Treu und Glauben".*

■ Privatrecht und Öffentliches Recht

Rechtsnormen können privatrechtlicher oder öffentlich-rechtlicher Natur sein.

Das Privatrecht regelt auf der Basis der Gleichberechtigung die rechtlichen Beziehungen der Privatpersonen und privaten Einrichtungen untereinander. Wichtigste Gesetzesgrundlage ist das Bürgerliche Gesetzbuch (BGB).

Definition

Privatrechtliche Beziehungen werden in erster Linie durch **Verträge** gestaltet. Niemand kann zum Abschluss eines Vertrages gezwungen werden; die Vertragspartner können im Rahmen der bestehenden Gesetze ihre Verträge beliebig ausgestalten (dispositives Recht). Auch öffentlich-rechtliche Institutionen können privatrechtliche Beziehungen eingehen.

Beispiel

Die Volkswagen AG erteilt einer Spedition einen Speditionsauftrag.

Das öffentliche Recht regelt auf der Basis der Über-/Unterordnung die rechtlichen Beziehungen zwischen dem Staat und den übrigen Trägern der öffentlichen Gewalt auf der einen Seite und den Privatpersonen und privaten Einrichtungen auf der anderen Seite.

Definition

Öffentlich-rechtliches Handeln vollzieht sich durch Verwaltungsakte. **Verwaltungsakte** sind hoheitliche Maßnahmen, die eine Behörde zur Regelung eines Einzelfalles trifft und denen der Betroffene, wenn kein Rechtsbehelf mehr möglich ist, sich nicht entziehen kann.

Beispiele

- *Steuerbescheid des Finanzamtes*
- *Bußgeldbescheid wegen Nichteinhaltung der Gefahrgutvorschriften.*

Privatrecht (Zivilrecht)	Öffentliches Recht
• regelt die Rechtsbeziehungen der Privatpersonen und privaten Einrichtungen untereinander • dient dem Individualinteresse	• regelt die Rechtsbeziehungen der Privatpersonen und privaten Einrichtungen zu den öffentlichen Einrichtungen (Staat, Gemeinden usw.) und der öffentlichen Einrichtungen untereinander • dient dem öffentlichen Interesse
Die im Gesetz stehenden Rechtsnormen können durch individuelle vertragliche Abmachungen geändert werden. Die gesetzlichen Regelungen gelten nur insoweit, als keine anderweitigen vertraglichen Vereinbarungen getroffen wurden.	Die im Gesetz stehenden Rechtsnormen sind für die Bürger bzw. die betroffenen öffentlichen Einrichtungen zwingend. Bei Straftatsbeständen muss der Staat – vertreten durch den Staatsanwalt – Klage bei Gericht erheben.
Grundsätze: • Gleichberechtigung der Beteiligten • Vertragsfreiheit • Vertragstreue	**Grundsatz:** Über- bzw. Unterordnung
Rechtsgebiete: • *Bürgerliches Recht* • *Eherecht* • *Handelsrecht* • *Transportrecht* • *Arbeitsrecht* • *Betriebsver-* *fassungsrecht*	**Rechtsgebiete:** • *Verfassungsrecht* • *Prozessrecht* • *Verwaltungsrecht* • *Steuerrecht* • *Strafrecht* • *Schulrecht*

■ Dispositives und zwingendes Recht

Dispositives Recht (nachgiebiges Recht) erlaubt, dass geltende allgemeine Rechtsvorschriften durch die Beteiligten abgeändert oder ausgeschlossen werden.
Unter **zwingendem Recht** sind Rechtsvorschriften zu verstehen, deren Abänderung oder Ausschluss gesetzlich verboten (= unabdingbar) sind.

Beispiele

Dispositives Recht: *Die Haftungsobergrenzen des Frachtführers können innerhalb einer Bandbreite geändert werden (§ 449, Abs. 2 HGB).*

Zwingendes Recht: *Übernimmt der Spediteur die Beförderung des Gutes selbst – im Selbsteintritt (§§ 458, 460 HGB) oder als Sammelladung – so haftet er hinsichtlich der Beförderung wie ein Frachtführer.*

1.3   Rechtsprechung

Die **Rechtsprechung** (Judikative) geschieht durch die Gerichte. Die Richter sind unabhängig und nur dem Gesetz verpflichtet *(Art. 97 GG)*. Sie haben die Aufgabe, in einem geregelten Verfahren (Prozess) das vorhandene Recht auf den Einzelfall anzuwenden und darüber zu entscheiden, wie in Streitfällen Gesetze bzw. Verträge auszulegen sind, d. h. was bei konkreten Sachverhalten rechtens ist.

Beispiel

Die Finanzgerichte (FG) als spezielle Verwaltungsgerichte sind zuständig für abgabenrechtliche Streitigkeiten zwischen Steuerpflichtigen und Finanzbehörden

Ständige Rechtsprechung liegt vor, wenn die Gerichte in einer bestimmten Rechtsfrage wiederholt im gleichen Sinn entscheiden. Eine bestimmte Rechtsanschauung kann auf diese Weise zum Gewohnheitsrecht erstarken.
Höchstrichterliche Rechtsprechung erfolgt durch die höchsten Gerichte.

Beispiele

Es sind zuständig:
- *der **Europäische Gerichtshof** (EuGH) für europäische und überstaatliche Angelegenheiten der Gemeinschaftsmitglieder*
- *das **Bundesverfassungsgericht** (BVG) für Verfassungsstreitigkeiten*
- *der **Bundesgerichtshof** (BGH) für Zivil- und Strafsachen*
- *der **Bundesfinanzhof** (BFH) für Streitigkeiten über Abgabenangelegenheiten*

Die Endurteile der höchsten deutschen Gerichte sind zwar endgültig für den betreffenden Fall, binden aber in einem neuen Fall weder die höchsten Gerichte selbst noch die untergeordneten Gerichte.
Hiervon ausgenommen sind nur die Entscheidungen des Bundesverfassungsgerichts: Sie binden die Verfassungsorgane des Bundes und der Länder und haben grundsätzlich Gesetzeskraft.

■ Arbeitsgerichtsbarkeit

Das **Arbeitsgericht** ist **sachlich zuständig** für alle Streitigkeiten aus:
- dem Arbeitsvertrag,
- dem Tarifvertrag,
- den Betriebsvereinbarungen,
- den Bestimmungen des Betriebsverfassungsgesetzes *(BetrVG)*,
- den Bestimmungen des Mitbestimmungsgesetzes *(MitbestG)*.

Beispiel

Sonja Stern ist davon überzeugt, dass die fristgerechte Kündigung zum 30. Juni nicht nach sozialen Gesichtspunkten erfolgte. Auch das Gespräch mit ihrem Arbeitgeber, der Spedition Schnell GmbH, führte nicht zur Zurücknahme der Kündigung. Frau Stern will gerichtlich gegen die Kündigung vorgehen.

Örtlich ist das Arbeitsgericht zuständig, in dessen Bezirk sich der Erfüllungsort für das Arbeitsverhältnis (Niederlassung, Zweigniederlassung des Arbeitgebers) befindet.
Vor Beginn des Prozesses findet eine **Güteverhandlung** mit dem Vorsitzenden Richter statt, um die Parteien zu einer Klagerücknahme, -anerkennung oder zu einem Vergleich zu bewegen, um ohne Urteilsspruch das Gerichtsverfahren abzukürzen sowie Gerichtskosten und Arbeit zu sparen.

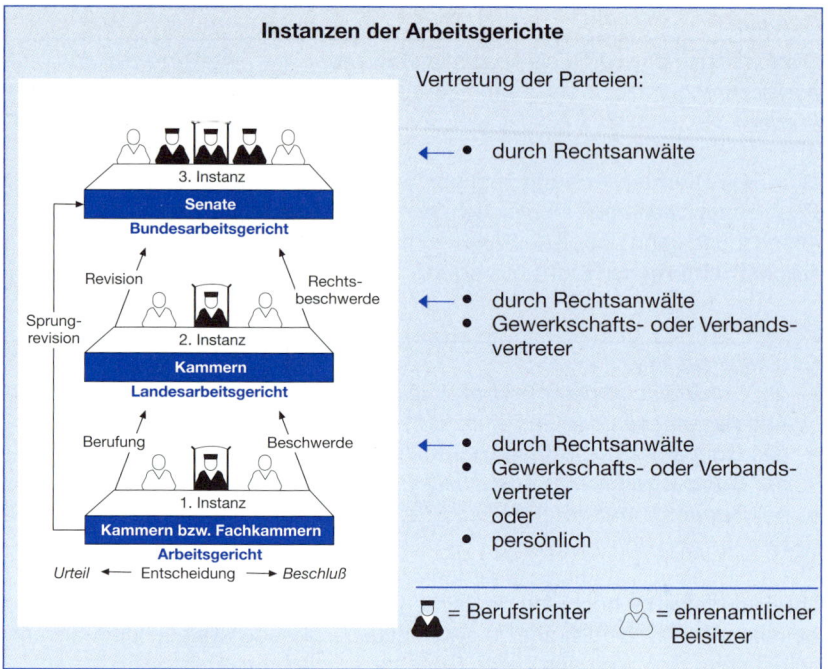

Im **ersten Rechtszug** entscheidet das **Arbeitsgericht** nach mündlicher Verhandlung durch Urteil (oder Vergleich), in Angelegenheiten des *BetrVG* und *MitbestG* durch *Beschluss*. Sofern der Streitwert 600,00 EUR übersteigt, ist die *Berufung* gegen Urteile und die *Beschwerde* gegen Beschlüsse beim **Landesarbeitsgericht** möglich. Gegen das Urteil des Landesarbeitsgerichts ist die *Revision* bzw. gegen einen Beschluss die *Rechtsbeschwerde* beim **Bundesarbeitsgericht** in Erfurt als höchste Instanz möglich, soweit die Vorinstanz das Rechtsmittel wegen grundsätzlicher Bedeutung der Rechtssache zugelassen hat.

Die Parteien müssen alle Tatsachen vorbringen und Beweismittel beibringen, auf deren Grundlage das Gericht ohne eigene Nachforschungen einen Vergleich herbeiführt oder ein Urteil verkündet. Im **Beschlussverfahren** stellt das Gericht von sich aus Ermittlungen an und klärt den Sachverhalt. Bei der **Berufung** wird der gesamte Streitfall erneut geprüft, bei der **Revision** jedoch nur die richtige Rechtsanwendung der Vorinstanzen.

■ Sozialgerichtsbarkeit

Das Sozialgericht ist sachlich zuständig für Streitigkeiten aus der Sozialversicherung und dem übrigen Sozialrecht (z. B. Kriegsopferversorgung).
Die Dreigliedrigkeit des Instanzenweges ist wie bei der Arbeitsgerichtsbarkeit durch **Sozialgericht, Landessozialgericht und Bundessozialgericht** gegeben. Das Verfahren unterscheidet sich nur insofern von der Arbeitsgerichtsbarkeit, dass mit wenigen Ausnahmen ein **Vorverfahren** durchgeführt wird. Dabei entscheidet die bei dem Versicherungsträger eingerichtete Wider-

spruchsstelle über einen gegen einen Verwaltungsakt (Bescheid) gerichteten **Widerspruch** durch **Widerspruchsbescheid.**

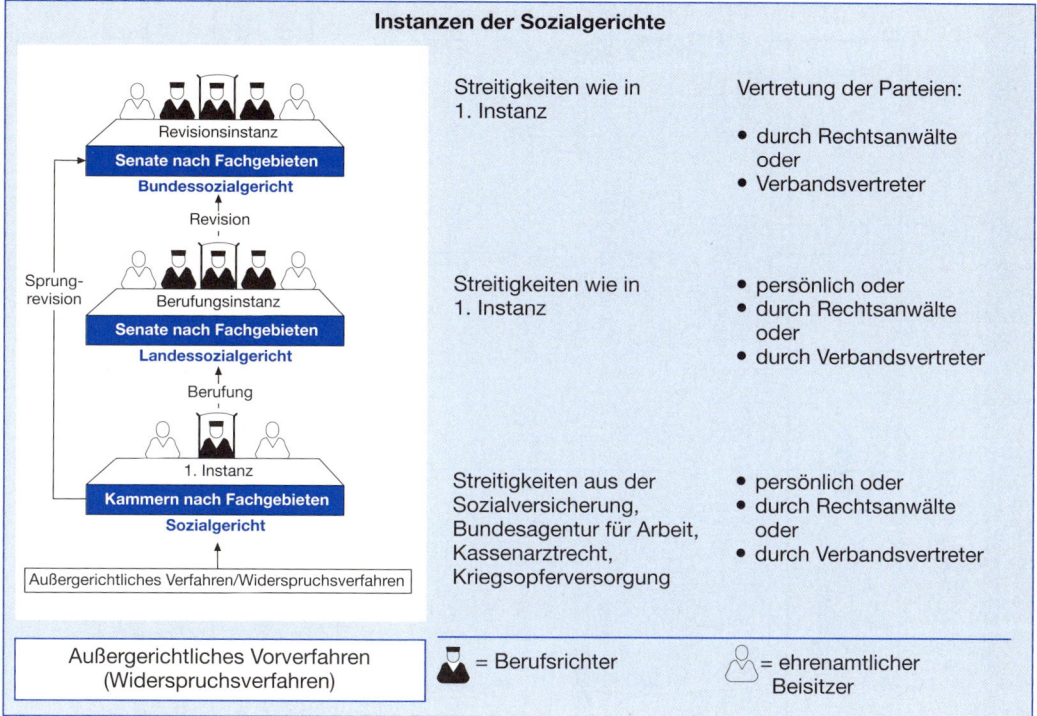

Instanzen der Sozialgerichte

	Streitigkeiten	Vertretung der Parteien
Revisionsinstanz — Senate nach Fachgebieten — **Bundessozialgericht**	Streitigkeiten wie in 1. Instanz	• durch Rechtsanwälte oder • Verbandsvertreter
Berufungsinstanz — Senate nach Fachgebieten — **Landessozialgericht**	Streitigkeiten wie in 1. Instanz	• persönlich oder • durch Rechtsanwälte oder • durch Verbandsvertreter
1. Instanz — Kammern nach Fachgebieten — **Sozialgericht**	Streitigkeiten aus der Sozialversicherung, Bundesagentur für Arbeit, Kassenarztrecht, Kriegsopferversorgung	• persönlich oder • durch Rechtsanwälte oder • durch Verbandsvertreter

Sprung-revision / Revision / Berufung

Außergerichtliches Verfahren/Widerspruchsverfahren

Außergerichtliches Vorverfahren (Widerspruchsverfahren)

🖤 = Berufsrichter   👤 = ehrenamtlicher Beisitzer

■ Finanzgerichtsbarkeit

Das Finanzgericht ist zuständig für Streitigkeiten gegen Finanzbehörden. Allerdings müssen vor einer Klage die außergerichtlichen Schritte zu Beilegung des Streits gegangen werden.

Bei einer Klage ist das Finanzgericht am Ort der beklagten Behörde zuständig. Es besteht kein Vertretungszwang. In der ersten Instanz wird in der Regel nach mündlicher Verhandlung durch die mit drei Berufs- und zwei ehrenamtlichen Richtern besetzten Senate entschieden. Da es im Gegensatz zu den anderen Gerichtszweigen keine Berufungsinstanz gibt, kann nur eine Revision beim Bundesfinanzhof eingelegt werden. Das Finanzgericht wird eine Revision zulassen, wenn die Sache von grundsätzlicher Bedeutung ist oder die Entscheidung der Rechtsfortbildung oder einer einheitlichen Rechtsprechung dient. Der BFH entscheidet mit fünf Berufsrichtern, über Beschwerden gegen Finanzgerichte mit drei Berufsrichtern. Der Kläger muss sich vor dem BFH durch einen Rechtanwalt, einen Steuerberater oder einen Wirtschaftsprüfer vertreten lassen.

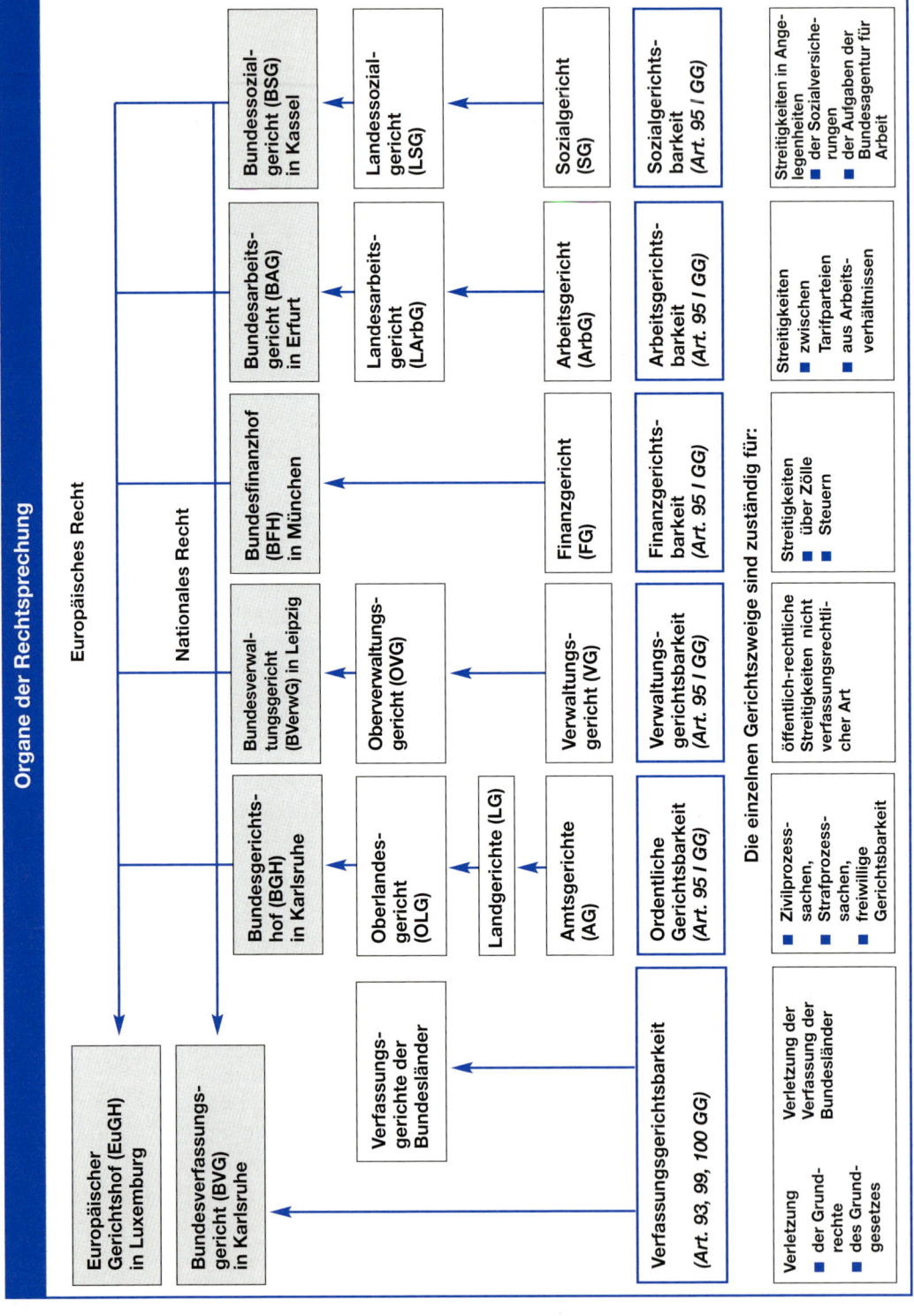

Aufgaben

1. Erläutern Sie, durch wen Rechtsnormen geschaffen werden können.

2. Prüfen Sie, welche Gerichtszweige in den folgenden Fällen zuständig sind:
   a) Eine Frau möchte gleiche Entlohnung bei gleicher Tätigkeit für Frauen und Männer durchsetzen.
   b) Ein Arbeitnehmer ist mit der Kündigung durch seinen Arbeitgeber nicht einverstanden.
   c) Ein Steuerpflichtiger ist mit dem Einkommensteuerbescheid des Finanzamtes nicht einverstanden.
   d) Ein Transportunternehmer ist mit einem Bußgeldbescheid des Bundesamtes für Güterverkehr nicht einverstanden.
   e) Ein arbeitsloser Arbeitnehmer möchte wegen seines Arbeitslosengeldbescheides Klage erheben.
   f) Ein Transportunternehmer verklagt einen Kunden auf Zahlung der vereinbarten Fracht in Höhe von 4 500,00 EUR.

3. Unterscheiden Sie zwischen
   a) Privatrecht und öffentlichem Recht,
   b) Dispositivem und zwingendem Recht.

4. Das BGB enthält u. a. die sog. „Generalklauseln". Es sind unbestimmte und wertausfüllungsbedürftige Begriffe, die auf die unterschiedlichsten Fälle angewandt werden können. Beispiele sind die folgenden Paragraphen. Was regeln sie?
   a) § 138 BGB
   b) § 826 BGB
   c) § 157 BGB
   d) § 242 BGB
   e) § 626 BGB

2 Rechtssubjekte und Rechtsobjekte

Einstiegssituation

Während der Frühstückspause kommt es wegen dieser Schlagzeile in einem Boulevardblatt zu einer erregten Diskussion zwischen drei Kollegen. Sebastian Schmidtmann ist davon überzeugt, dass eine Ente  erben kann. Er weist dabei auf den § 90a BGB hin, in dem die Rechte der Tiere ausdrücklich geregelt seien. Sigi Schlau kann sich darüber vor Lachen kaum halten und meint, dass eine Ente nur das Recht hat, so lange gefüttert zu werden, bis das Schlachtgewicht erreicht ist. Fritz Müller gibt seinen beiden Kollegen im Prinzip Recht, aber er wendet ein, dass ein Tier vor

Übertragung der Erbschaft erst eine eigene Rechtspersönlichkeit erlangen und dann ein Betreuer eingesetzt werden müsse.

Wer von den dreien liegt Ihrer Meinung nach mit seiner Auffassung richtig?

2.1 Rechtssubjekte

Definition

Rechtssubjekte sind die natürlichen und juristischen Personen.
Rechtsfähigkeit ist die Fähigkeit der Rechtssubjekte, Träger von Rechten und Pflichten zu sein.

Natürliche Personen sind die Menschen. Die Rechtsfähigkeit natürlicher Personen beginnt mit Vollendung der Geburt und endet mit Eintritt des Todes *(§ 1 BGB)*.

Beispiel

Ein Säugling kann Eigentümer einer Sache werden.

Juristische Personen sind Personenvereinigungen oder Vermögensmassen mit eigener Rechtspersönlichkeit. Man unterscheidet zwischen juristischen Personen des privaten Rechts und juristischen Personen des öffentlichen Rechts. Die Rechtsfähigkeit juristischer Personen beginnt und endet mit einem Rechtsakt.

Beispiel

Eintragung einer GmbH ins Handelsregister

Juristische Personen des ...	
... Privatrechts	**... öffentlichen Rechts**
• Rechtsfähige Vereine ohne wirtschaftliche Ziele (z. B. Brieftaubenzüchterverein) oder mit Gewinnerzielungsabsicht (z. B. Funktaxizentrale) nach BGB • Wirtschaftliche Vereine nach handelsrechtlichen Vorschriften (z. B. GmbH und AG) • Stiftungen (z. B. Stiftung Volkswagenwerk)	• Körperschaften des öffentlichen Rechts (z. B. Bundesrepublik Deutschland, IHK Berlin) • Anstalten des öffentlichen Rechts (z. B. WDR) • Stiftungen des öffentlichen Rechts (z. B. Studienstiftung des Deutschen Volkes)

Natürliche und juristische Personen sind **parteifähig**, d. h., sie können in einem Zivilprozess klagen oder beklagt werden.

Definition

Verbraucher ist jede natürliche Person, die ein Rechtsgeschäft zu einem Zweck abschließt, der weder ihrer gewerblichen noch ihrer selbstständigen beruflichen Tätigkeit zugeordnet werden kann *(§ 13 BGB)*.

Definition

Unternehmer ist jede natürliche oder juristische Person oder eine Personengesellschaft, die bei Abschluss eines Rechtsgeschäftes in Ausübung ihrer gewerblichen oder selbstständigen beruflichen Tätigkeit handelt *(§ 14 BGB)*.

Nichtrechtsfähige Personenvereinigungen sind:

- nicht eingetragene Vereine *(§ 54 BGB)*
- Erbengemeinschaften *(§§ 2032ff. BGB)*

Träger der Rechte und Pflichten ist in diesem Fall nicht die Personenvereinigung selbst, sondern vielmehr die Gesamtheit ihrer Mitglieder.

Quasi juristische Personen sind die Personenhandelsgesellschaften OHG und KG sowie die Partnerschaftsgesellschaft. Sie besitzen keine Rechtsfähigkeit, werden aber weitgehend wie juristische Personen behandelt.

Beispiele

- *Personenhandelsgesellschaften führen eine Firma.*
- *Personenhandelsgesellschaften können unter ihrer Firma klagen und beklagt werden.*

2.1.1 Geschäftsfähigkeit

Geschäftsfähigkeit ist die Fähigkeit, durch eigenes Handeln wirksam Rechtsgeschäfte abzuschließen.   **Definition**

■ Geschäftsfähigkeit natürlicher Personen

Bei natürlichen Personen richtet sich die Geschäftsfähigkeit nach dem Lebensalter:

Die Geschäftsfähigkeit natürlicher Personen richtet sich nach dem Lebensalter		
Geburt — Geschäftsunfähigkeit	Vollendung 7. Lebensjahr — Beschränkte Geschäftsfähigkeit	Vollendung 18. Lebensjahr — Tod — Unbeschränkte Geschäftsfähigkeit
Geschäftsunfähig ist, • wer das 7. Lebensjahr noch nicht vollendet hat • wer sich in einem dauernden Zustand einer krankhaften Störung der Geistestätigkeit befindet *(§ 104 BGB)*	**Beschränkt geschäftsfähig** sind Minderjährige zwischen dem vollendeten 7. Lebensjahr und dem vollendeten 18. Lebensjahr *(§ 106 BGB)*	**Unbeschränkt geschäftsfähig** ist man mit Vollendung des 18. Lebensjahres *(§ 2 BGB)* Die Geschäftsfähigkeit endet mit dem Tod.
Willenserklärungen sind grundsätzlich nichtig *(§§ 105 f. BGB)*	**Willenserklärungen bedürfen grundsätzlich der Einwilligung der gesetzlichen Vertreter** *(§§ 107 bis 113 BGB)*	**Willenserklärungen sind uneingeschränkt rechtswirksam**

■ Geschäftsunfähigkeit

Willenserklärungen von Geschäftsunfähigen sind grundsätzlich nichtig *(§ 105 BGB)*.   **Definition**

Willenserklärungen, die eine geschäftsunfähige Person binden, können nur durch den gesetzlichen Vertreter erfolgen.

Definition **Gesetzlicher Vertreter** für Minderjährige sind grundsätzlich die Eltern gemeinsam.

Beispiel

Der 5-jährige Klaus soll von seinem Onkel Max ein Skateboard geschenkt bekommen. Die Schenkung wird erst wirksam, wenn Klaus' Eltern stellvertretend für ihren Sohn das Geschenk annehmen.

Die *elterliche Sorge* umfasst die Sorge für die Person und das Vermögen des Kindes sowie die Vertretung des Kindes. Die Eltern vertreten das Kind *gemeinschaftlich (§§ 1626, 1629 BGB)*.

Sind die Eltern verstorben, so wird für das Kind *(Mündel)* vom *Vormundschaftsgericht* eine andere Person zum **Vormund** bestellt. Der Vormund hat das Recht und die Pflicht, für die Person und das Vermögen des Mündels zu sorgen, insbesondere das Mündel zu vertreten *(§§ 1773, 1793 BGB)*.
Willenserklärungen gegenüber einem Geschäftsunfähigen sind erst wirksam, wenn sie dem gesetzlichen Vertreter zugehen *(§ 131 BGB)*.

Beispiel

Der 2-jährige Benedikt hat ein Mehrfamilienhaus geerbt. Die Kündigung durch einen Mieter ist nur wirksam, wenn sie Benedikts Eltern übermittelt wird.

Für die Erledigung von Botengängen spielt die Frage der Geschäftsfähigkeit keine Rolle. Der **Bote** gibt keine eigene Willenserklärung ab, sondern übermittelt nur die bereits fertige Willenserklärung seines Auftraggebers. Der Bote kann somit auch geschäftsunfähig sein.

Beispiel

Der 5-jährige Christian soll für seinen Vater eine bestimmte Programmzeitschrift kaufen. Er gibt selbst keine Willenserklärung ab, sondern übermittelt nur die Willenserklärung seines Vaters.

Nicht in allen Fällen können die Eltern bzw. der Vormund allein Rechtsgeschäfte im Namen des Kindes abschließen. Zum Schutz des Kindes bedürfen vielmehr bestimmte „gefährliche" Rechtsgeschäfte zusätzlich der Genehmigung des Familien- oder Vormundschaftsgerichts *(§§ 1643, 1821)*.

Beispiele

• *Grundstücksgeschäfte oder Bürgschaften im Namen des Kindes*

■ Beschränkte Geschäftsfähigkeit

> Willenserklärungen beschränkt geschäftsfähiger Personen sind **schwebend unwirksam.** Sie sind wirksam, wenn der gesetzliche Vertreter seine **Zustimmung** *(vorherige Einwilligung oder nachträgliche Genehmigung, §§ 181 ff. BGB)* erteilt *(§§ 107, 108 BGB)*.

Beispiel

Der 16-jährige Alex kauft mit Erlaubnis seiner Eltern ein Mountain-Bike zum Preis von 1 200,00 EUR.

Wird die Zustimmung erteilt, ist die Willenserklärung von Anfang an wirksam, wird sie verweigert, ist die Willenserklärung von Anfang an unwirksam.

In **vier Ausnahmefällen** können beschränkt geschäftsfähige Personen auch ohne Zustimmung ihres gesetzlichen Vertreters wirksam Rechtsgeschäfte abschließen:

Ausnahme 1: Rechtliche Vorteilsgeschäfte

Rechtsgeschäfte, die dem beschränkt Geschäftsfähigen lediglich einen rechtlichen Vorteil bringen *(§ 107 BGB)*.

Beispiel

Die 11-jährige Gundula bekommt von ihrer Tante ein Armband geschenkt. Weil die Eltern das Armband geschmacklos finden und darüber hinaus die Tante nicht leiden können, sind sie gegen das Geschenk. Gundula freut sich jedoch darüber. Die Schenkung ist wirksam, wenn Gundula das Armband annimmt.

Ausnahme 2: Taschengeldgeschäfte

Rechtsgeschäfte, die der beschränkt Geschäftsfähige mit Mitteln bewirkt, die ihm von seinem gesetzlichen Vertreter oder mit dessen Zustimmung von einem Dritten zur freien Verfügung überlassen worden sind (Taschengeldparagraf, *§ 110 BGB*).

Beispiel

Der 11-jährige Micha kauft sich von seinem Taschengeld eine Taschenlampe.

Ausnahme 3: Selbstständiger Geschäftsbetrieb

Rechtsgeschäfte, die der beschränkt Geschäftsfähige im Rahmen eines Geschäftsbetriebes abschließt, zu dessen selbstständiger Leistung er von seinem gesetzlichen Vertreter mit Genehmigung des Vormundschaftsgerichts ermächtigt worden ist *(§ 112 BGB)*.

Beispiel

Der 17-jährige Claudio soll die Leitung der elterlichen Spedition übernehmen, da sein Vater krank geworden ist. Nachdem die Genehmigung des Vormundschaftsgerichts vorliegt, kann er alle Rechtsgeschäfte selbstständig abschließen, die den Betrieb betreffen.

Ausnahme 4: Dienst-/Arbeitsverhältnis

Rechtsgeschäfte im Rahmen eines Dienst- oder Arbeitsverhältnisses, das der beschränkt Geschäftsfähige mit Einwilligung seines gesetzlichen Vertreters eingegangen ist *(§ 113 BGB)*.

Beispiel

Die 16-jährige Andrea hat mit Einwilligung ihrer Eltern eine Stelle als Lagerarbeiterin angetreten. Sie kann daraufhin selbstständig bei einem Kreditinstitut ein Girokonto eröffnen, auf das ihr Gehalt überwiesen werden soll.

Ein **Ausbildungsverhältnis** ist nach herrschender Meinung kein Dienst-/ Arbeitsverhältnis im Sinne des *§ 113 BGB*.

Beispiel

Der 17-jährige Andy beginnt am 01.09. eine Ausbildung zum Kaufmann für Spedition und Logistikdienstleistung. Zur Kontoeröffnung für die Überweisung seiner Ausbildungsvergütung ist die Zustimmung der gesetzlichen Vertreter notwendig.

■ Geistesstörung

Definition

Eine Willenserklärung ist stets **nichtig,** wenn diese in einem Zustand abgegeben wird, der eine freie Willensbildung ausschließt (dauerhafte oder vorübergehende Störung der Geistestätigkeit; „black out", *§§ 104, 105 BGB*).

Beispiel

Der 21-jährige Manuel hat seine Kaufmannsgehilfenprüfung zum Kaufmann für Spedition und Logistikdienstleistung bestanden. Als er am anderen Morgen einem Staubsaugervertreter die Tür öffnet, ist er noch vom übermäßigen Alkoholgenuss beduselt (mehr als 3 ‰) und kauft einen Staubsauger zum Preis von 300,00 EUR.

■ Betreuung

Kann ein **Volljähriger** aufgrund einer psychischen Krankheit oder einer körperlichen, geistigen oder seelischen Behinderung seine Angelegenheiten ganz oder teilweise nicht besorgen, kommt die Bestellung eines *Betreuers* durch das *Vormundschaftsgericht* in Betracht.

- Die Geschäftsfähigkeit des Betroffenen wird dadurch nicht aufgehoben. Im Einzelfall kann das Gericht aber die Teilnahme des Betreuten am Rechtsverkehr einschränken *(§ 1896 BGB)*.
- Ein Betreuer darf nur für Aufgabenkreise bestellt werden, in denen eine Betreuung erforderlich ist.

■ Geschäftsfähigkeit juristischer Personen

Definition

Juristische Personen erlangen mit dem Erwerb der Rechtsfähigkeit gleichzeitig auch die unbeschränkte Geschäftsfähigkeit.

Sie werden Dritten gegenüber vertreten durch:

- das **kraft Gesetz** hierzu bestimmte Organ (= gesetzlicher Vertreter)

Beispiel

- *Vorstand des eingetragenen Vereins*
- *Geschäftsführer der GmbH*
- *Vorstand der AG*

    oder

- die **kraft Vollmacht** hierzu bestimmte Personen (= rechtsgeschäftliche Vertreter)

Beispiel

- *Handlungsbevollmächtigte*
- *Prokuristen*
- *Generalbevollmächtigte*

2.1.2 Deliktfähigkeit *(§§ 827 ff BGB)*

Deliktfähig ist, wer für einen von ihm durch eine unerlaubte Handlung angerichteten Schaden zur Haftung herangezogen werden kann.

Die Deliktfähigkeit beginnt grundsätzlich mit dem vollendeten 7. Lebensjahr.

Beispiel

Der 6-jährige Heiner und der 7-jährige Johannes spielen in einem unverschlossenen Lagerhaus. Mit herumliegenden Papierresten machen sie ein kleines Feuer, das schließlich das gesamte Gebäude in Schutt und Asche legt. Der Sachschaden beträgt 10 Millionen EUR.

Nicht verantwortlich für eine unerlaubte Handlung sind

- beschränkt geschäftsfähige Minderjährige, wenn bei der Begehung der Tat die notwendige Einsicht gefehlt hat
- Personen, die im Zustand nicht selbst verschuldeter Bewusstlosigkeit (Alkoholmissbrauch) oder einer krankhaften Störung der Geistestätigkeit handeln.

Durch den „Millionärskinderparagrafen", § 829 BGB, kann sich aber – obwohl Deliktfähigkeit fehlt und die Aufsichtspflicht nicht verletzt wurde – eine Ersatzpflicht aus Billigkeitsgründen ergeben.

Bei nicht vorsätzlich herbeigeführten Verkehrsunfällen beginnt die Deliktfähigkeit mit Vollendung des 10. Lebensjahres.

Im Strafrecht gelten andere Regeln. Die Strafmündigkeit beginnt mit Vollendung des 14. Lebensjahres, und 18- bis 21-jährige gelten als Heranwachsende, für die wiederum Sondervorschriften gelten.

2.2 Rechtsobjekte

Rechtsobjekte sind Gegenstände (Sachen, Rechte, Tiere), die der Rechtsmacht der Rechtssubjekte unterliegen.

Definition

Beispiel

Eine Spedition (= Rechtssubjekt) vermietet ein Lager (= Rechtsobjekt) an ein Versandhaus.

2.2.1 Sachen

Sachen sind nur körperliche Gegenstände *(§ 90 BGB)*.

Definition

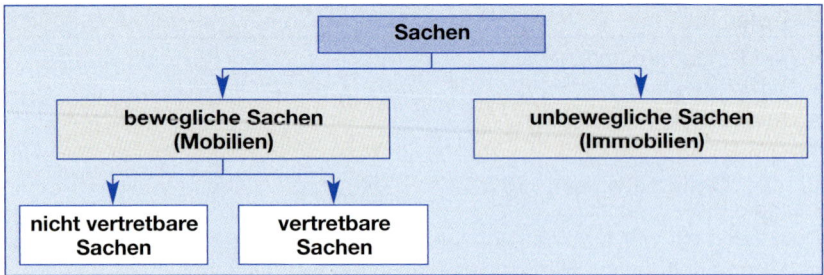

Nicht vertretbare Sachen sind Einzelstücke mit individueller Prägung. Sie existieren in dieser Form nur einmal.

Beispiel

Eine spezielle Transportverpackung für ein Kunstwerk

Definition

Vertretbare Sachen sind bewegliche Gegenstände, die im Geschäftsleben nach Maß, Zahl oder Gewicht bestimmt werden (§ 91 BGB); sie sind untereinander austauschbar (fungibel).

Beispiel

EURO-Paletten, Aktien der Deutsche Post AG

Definition

Unbewegliche Sachen sind die Grundstücke.

Ein **Grundstück** ist ein abgegrenzter Teil der Erdoberfläche.
Für jedes Grundstück ist im **Grundbuch** des zuständigen Grundbuchamtes eine besondere Akte, ein **Grundbuchblatt,** angelegt, aus dem die rechtlichen Verhältnisse des Grundstücks hervorgehen.
Wohnungseigentum und **Erbbaurechte**[1] sind grundstücksgleiche Rechte; sie werden wie Grundstücke behandelt.

Definition

Wesentliche Bestandteile sind solche Teile einer Sache, die voneinander nicht getrennt werden können, ohne dass der eine oder andere zerstört oder in seinem Wesen verändert wird *(§ 93 BGB).*

Beispiel

Stationäre Krananlage auf dem Speditionsgelände, Zylinderkopfdichtung eines Motors.

Wesentliche Bestandteile einer Sache können nicht Gegenstand besonderer Rechte sein.

Beispiel

Der Eigentümer eines Grundstücks ist auch Eigentümer der darauf stehenden Lagerhalle.

---

[1] *Der Erbbauberechtigte hat eine für bestimmte Zeit (i. d. R. 99 Jahre) das vererbliche und veräußerbare Recht, auf einem Grundstück ein Gebäude zu errichten und zu unterhalten.*

Zubehör sind selbstständige bewegliche Sachen, die – ohne Bestandteil der Hauptsache zu sein – dem wirtschaftlichen Zweck der Hauptsache zu dienen bestimmt sind und zu ihr in einem dieser Bestimmung entsprechenden räumlichen Verhältnis stehen *(§ 97 BGB).*   **Definition**

Für Hauptsache und Zubehör existiert häufig die gleiche Rechtslage, insbesondere besteht einheitliches Eigentum.

Beispiel

Gabelstapler auf dem Speditionsgelände; Inventar, das zu einer Gaststätte gehört; der zu einem Auto gehörende Ersatzreifen.

2.2.2 Rechte

Rechte sind unkörperliche (immaterielle) Gegenstände.   **Definition**

Absolute Rechte bestehen gegenüber jedermann.
Sie betreffen die Beziehungen einer Person zu einer Sache. Man spricht daher auch von **dinglichen** Rechten (Sachenrechten).

Beispiel

Eigentumsrecht an einem Gebäude, Urheberrecht an einer Software.

Relative Rechte bestehen nur zwischen bestimmten Personen; sie resultieren aus Schuldverhältnissen. Man spricht daher auch von **schuldrechtlichen** Ansprüchen.

Beispiel

Ansprüche aus Kaufvertrag, Frachtvertrag oder Ausbildungsvertrag.

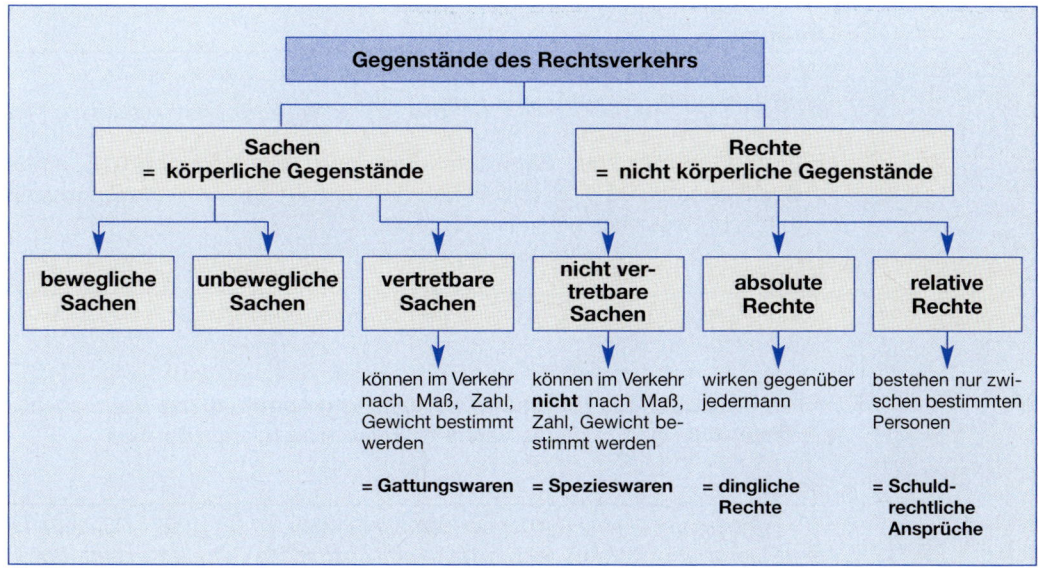

2.2.3 Eigentum und Besitz

Definition **Eigentum** ist die rechtliche Herrschaft über eine Sache.

Der Eigentümer kann, soweit nicht das Gesetz oder Rechte Dritter entgegenstehen, mit der Sache nach Belieben verfahren *(§ 903 BGB)*.

Definition **Besitz** ist die tatsächliche Herrschaft über eine Sache *(§ 854 BGB)*.

Eigentümer und Besitzer können identische oder verschiedene Personen sein. Der Besitz wird durch Erlangung der tatsächlichen Gewalt über eine Sache erworben, einerlei, ob dies auf rechtmäßige Weise *(z. B. durch Leihe)* oder unrechtmäßige Weise *(z. B. durch Diebstahl)* geschieht.

Mittelbarer Besitzer ist, wer einem andern auf Zeit den unmittelbaren Besitz so überlassen hat, dass dieser Entleiher, Mieter, Pächter, Verwahrer, Nießbraucher oder Pfandgläubiger ist *(§ 868 BGB)*.

2.2.4 Eigentumserwerb an beweglichen Sachen

Das Eigentum an beweglichen Sachen wird übertragen durch:

- **Einigung über den Eigentumsübergang und Übergabe der Sache**

Beispiel

Eine Spedition kauft Büromöbel. Mit der Übergabe der Möbel erwirbt die Spedition das Eigentum.

- **bloße Einigung über den Eigentumsübergang,** wenn sich die Sache bereits im Besitz des Erwerbers befindet.

Beispiel

Eine Auszubildende entscheidet sich zum Kauf eines Radios, das ihr ein Versandhaus auf Probe zugesandt hatte.

- **Einigung über den Eigentumsübergang und Vereinbarung eines Besitzkonstitutes** *(z. B. Leih-, Miet-, Verwahrvertrag)*, wenn die Sache weiterhin im Besitz des Veräußerers bleiben soll.

Beispiel

Zur Sicherung eines Kredits übereignet die Hunzinger Spedition GmbH einen Lkw an ihre Hausbank.

- **Einigung über den Eigentumsübergang und Abtretung des Herausgabeanspruchs,** wenn sich die Sache im Besitz eines Dritten befindet.

Beispiel

Die Düngemittel AG hat bei der Spedition Intertrans GmbH 2 000 t Düngemittel eingelagert. 20 t werden an einen landwirtschaftlichen Betrieb verkauft. Durch einen Vermerk auf dem Lagerschein tritt die Düngemittel AG die verkaufte Menge an den landwirtschaftlichen Betrieb ab.

Situation	Abwicklung der Eigentumsübertragung	Rechtsgrundlage
1. Fall Der Gegenstand befindet sich beim Veräußerer (Normalfall).	Ver-äußerer ←Einigung→ Erwer-ber + Übergabe →	§ 929 BGB
2. Fall Der Gegenstand befindet sich bereits beim Erwerber.	Ver-äußerer ←Einigung Erwer-ber	§ 929 BGB
3. Fall Der Gegenstand soll weiterhin im Besitz des Veräußerers bleiben.	Ver-äußerer ←Einigung→ Erwer-ber + Besitzkonstitut *(z.B. Leihvertrag)*	§ 930 BGB
4. Fall Der Gegenstand befindet sich im Besitz eines Dritten.	Ver-äußerer ←Einigung→ Erwer-ber + Abtretung des Herausgabeanspruchs → Herausgabe-anspruch → Dritter ← Herausgabe-anspruch	§ 931 BGB

- **Gutgläubiger Eigentumserwerb** *(§§ 932, 935 BGB)*
  Veräußert jemand eine Sache, die ihm nicht gehört, so wird der Erwerber unter folgenden drei Voraussetzungen dennoch Eigentümer:
  1. Die Sache darf nicht gestohlen, verloren gegangen oder sonst wie abhanden gekommen sein, d. h., der Veräußerer war rechtmäßiger Besitzer *(z. B. infolge Leihe, Miete)*.
     Ausnahme: Es handelt sich um Geld, Inhaberpapiere oder in einer öffentlichen Versteigerung erworbene Sachen.
  2. Der Erwerber muss den Veräußerer für den Eigentümer halten.
  3. Die Sache muss dem Erwerber vom Veräußerer übergeben werden.

2.2.5   Eigentumsübertragung von Grundstücken

Zur Übertragung des Eigentums an einem Grundstück ist zwischen dem Erwerber und dem Veräußerer des Grundstücks die **Einigung** über den Eintritt der Rechtsänderung und die **Eintragung** der Rechtsänderung in das **Grundbuch** erforderlich *(§ 873 BGB)*.   **Definition**

Das Grundbuchamt führt für jedes Grundstück ein gesondertes Grundbuchblatt (bestehend aus mehreren Seiten), aus dem die Rechtsverhältnisse an dem Grundstück hervorgehen.

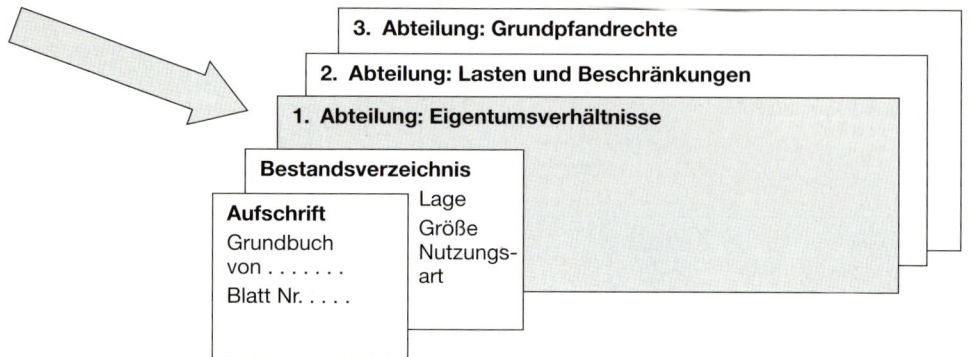

Die Einigung über den Eigentumsübergang (= Auflassung) muss bei gleichzeitiger Anwesenheit des Erwerbers und des Veräußerers vor einem Notar erklärt werden *(§ 925 BGB).*

Der Notar weist die Auflassung nach und veranlasst aufgrund des Antrags des Erwerbers und der Bewilligung des Veräußerers die Eintragung des neuen Eigentümers in das Grundbuch. Der Eigentumsübergang ist erst dann vollzogen, wenn die Eintragung erfolgt ist. Die Eintragung hat somit **konstitutive** (= rechtserzeugende) Wirkung. Vor der Eintragung wird geprüft, ob der Käufer die Grunderwerbsteuer (3,5 % vom Kaufpreis) entrichtet hat.

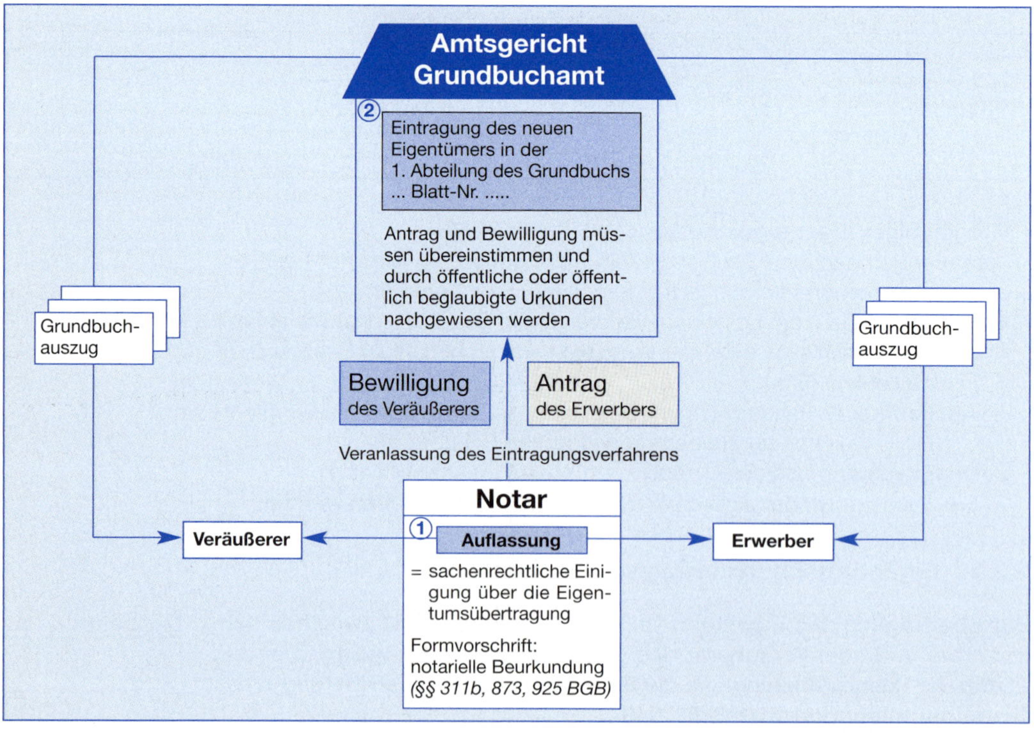

Amtsgericht Grundbuchamt

② Eintragung des neuen Eigentümers in der 1. Abteilung des Grundbuchs ... Blatt-Nr. .....

Antrag und Bewilligung müssen übereinstimmen und durch öffentliche oder öffentlich beglaubigte Urkunden nachgewiesen werden

Grundbuch-auszug

Grundbuch-auszug

Bewilligung des Veräußerers

Antrag des Erwerbers

Veranlassung des Eintragungsverfahrens

Notar

① **Auflassung**

= sachenrechtliche Einigung über die Eigentumsübertragung

Formvorschrift: notarielle Beurkundung *(§§ 311b, 873, 925 BGB)*

Veräußerer

Erwerber

Aufgaben

1. Beurteilen Sie die Rechtswirkung in folgenden Fällen:
   a) Ein 17-Jähriger kauft am Kiosk die neue „Auto Bild".
   b) Der 16-jährige Manuel möchte seine Freundin überraschen und kauft zwei Flugtickets 1. Klasse auf die Malediven, Preis: 4 500,00 EUR.
   c) Thomas geht mit seiner 4-jährigen Nichte im Park spazieren. In einem unbeobachteten Moment kauft sie am Kiosk Schokolade im Wert von 8,00 EUR. Obwohl die Nichte bereits drei Tafeln gegessen hat, verlangt Thomas die Rückgabe des gesamten Kaufpreises.
   d) Opa Wille vererbt sein gesamtes Vermögen an seinen Dackel Waldi.
   e) Ein 17-Jähriger bekommt trotz Bedenken seiner Eltern ein Paar Inline-Skates geschenkt.
   f) Kerstin, 17 Jahre, abonniert die Zeitschrift „Fit for fun" für ein Jahr. Ihre Freundin Alex meint, das Rechtsgeschäft sei nicht voll wirksam. Welche Möglichkeit hat Kerstin?
   g) Sarah, 17 Jahre, hat sich mit Einwilligung ihrer Eltern ein Zimmer in der Nähe des Zülpicher Platzes gemietet, Mietpreis pro Monat: 280,00 EUR. Weil es ihr dort aber zu laut ist, kündigt sie das Zimmer eigenständig und fristgerecht zum 1. des nächsten Monats. Ist ihre Kündigung rechtswirksam?

2. Zeichnen Sie unten stehendes Schaubild ab und tragen Sie in die grau unterlegten Felder 6 der 9 folgenden Positionen des Rechtsverkehrs ein.
   – Rechte
   – Forderungen, Patente, Lizenzen
   – Bewegliche Sachen
   – Maschinen
   – Waren
   – Grundstücke
   – Vertretbare Sachen
   – Nicht vertretbare Sachen
   – Gebäude

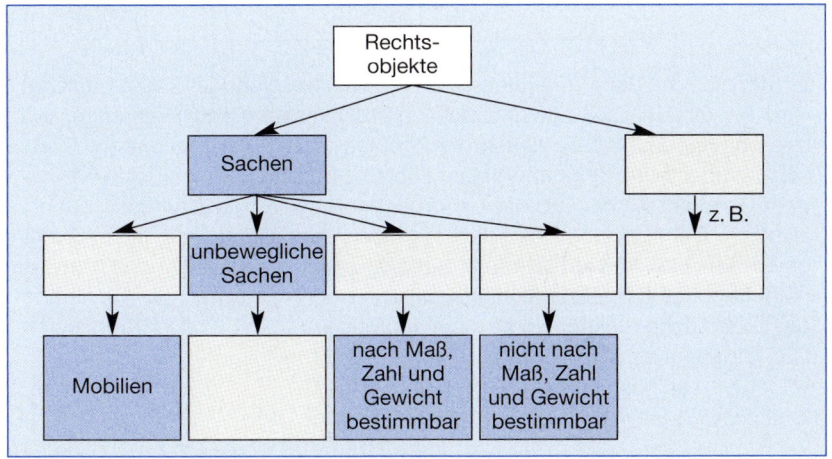

3. Horst G. bringt seinen Motorroller zur Inspektion in die Werkstatt des Kfz-Meisters Manni K. Als Horst den Roller wie vereinbart zwei Tage später abholen will, gesteht Manni K. ihm, dass er das Fahrzeug inzwischen an Bodo B. verkauft hat. Horst ist entrüstet, wendet sich sofort an Bodo B. und verlangt seinen Roller zurück. Zu Recht? Begründen Sie Ihre Entscheidung.
   Wie wäre die Rechtslage, wenn Manni K. den Roller gestohlen hätte?

4. Ergänzen Sie Ihre Lernkartei, indem Sie sich mit Ihrem Nachbarn über sinnvolle Kartenüberschriften austauschen und die Karteikarten entsprechend ausfüllen.

3   Rechtsgeschäfte

Einstiegssituation

Die ABC-Spedtion GmbH & Co KG in Hamburg benötigt für etwa zwei Jahre zur Abwicklung eines bestimmten Auftrages kurzfristig 3000 m^2 gedeckte Lagerfläche in Flughafennähe. Im Hamburger Abendblatt findet der Prokurist Carl Carstens folgende Anzeige.

Hamburg-Flughafennähe,
moderne Speditionsanlage mit Gleis,
18 Rolltore und Kantine
3 000 qm Halle, 480 qm Büro
14 500 qm Grundstück
4,00 EUR/Halle
Vermietung: Eigentümer H. Woitzik,
Mönckebergstr. 5
20095 Hamburg
Fax 040 6905427

Er trifft sich mit dem Vermieter, der von seinem volljährigen Sohn begleitet wird, am Objekt. Die Lage und die Konditionen sagen dem Prokuristen zu, und per Handschlag schließen die Parteien an Ort und Stelle einen Mietvertrag über zwei Jahre ab. Als der Prokurist in sein Büro zurückkehrt und dem Geschäftsführer von der Aktion berichtet, wird die Situation unübersichtlich. Der Kunde, für den die Lagerfläche benötigt wurde, ist insolvent geworden, der Auftrag ist damit hinfällig und die Lagerfläche wird nicht mehr benötigt. Der Geschäftsführer bittet seinen Prokuristen, die Anmietung der Lagerfläche rückgängig zu machen. Diese Aufgabe ist dem Prokuristen Carl Carstens sichtlich unangenehm.

Was würden Sie ihm raten, um sein Problem zu lösen?

3.1 Arten und Zustandekommen von Rechtsgeschäften

Rechtsgeschäfte entstehen aufgrund von Willenserklärungen, die in der Absicht abgegeben werden, eine bestimmte Rechtswirkung herbeizuführen.

Definition

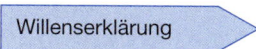 Willenserklärung
- Begründung (z. B. Kaufvertrag)
- Aufhebung (z. B. Kündigung) } einer
- Veränderung (z. B. Mieterhöhung) } Rechtslage

Rechtsgeschäfte können unter verschiedenen Gesichtspunkten eingeteilt werden.

■ Rechtsgeschäfte nach den zu ihrer Wirksamkeit erforderlichen Willenserklärungen

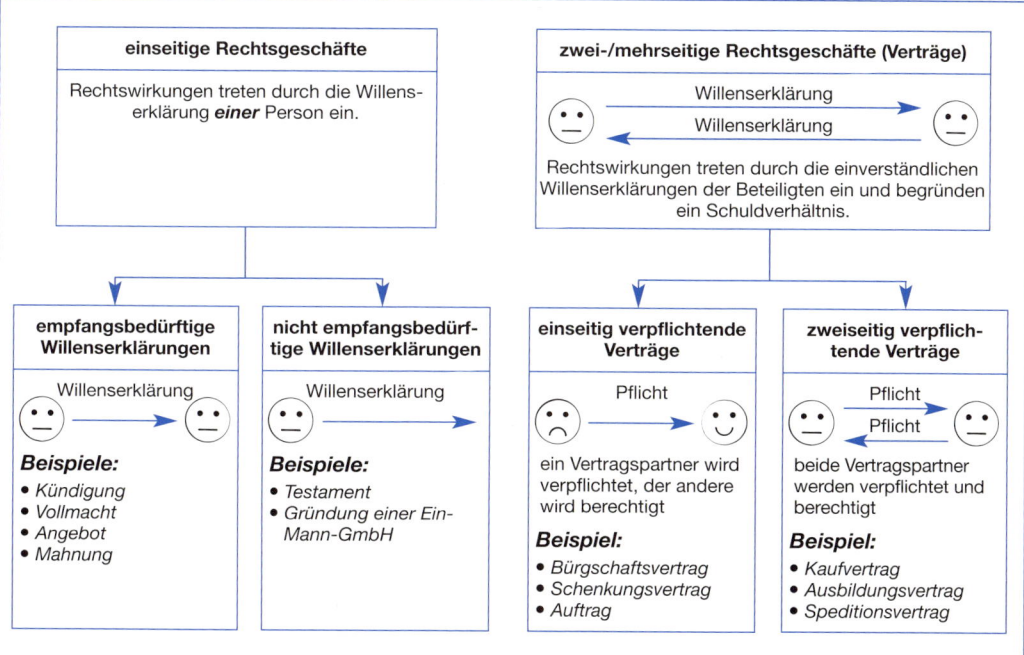

■ Empfangsbedürftige Willenserklärungen

Willenserklärungen *gegenüber* **Anwesenden** werden sofort mit der Abgabe der Willenserklärung wirksam.
Willenserklärungen *gegenüber* **Abwesenden** werden zu dem Zeitpunkt wirksam, zu dem sie dem Empfänger zugehen *(§ 130 BGB)*.

Beispiel

Die schriftliche Kündigung eines Mitarbeiters wird wirksam, sobald das Kündigungsschreiben in den Machtbereich des Empfängers (z. B. Einwurf in seinen Briefkasten) gelangt.

■ Nicht empfangsbedürftige Willenserklärungen

Sie werden zu dem Zeitpunkt wirksam, zu dem sie abgegeben werden.

Beispiel

Das handschriftliche Testament wird mit seiner Niederschrift und nachfolgender Unterschrift wirksam.

■ Rechtsgeschäfte nach der Art der erzielten Rechtswirkungen

Bei genauem Hinsehen wird sichtbar, dass bei vielen Verträgen zunächst eine Verpflichtung zwischen den Vertragspartnern eingegangen wird und die Verpflichtung erst zu einem späteren Zeitpunkt erfüllt wird.

Verpflichtungsgeschäfte		Erfüllungsgeschäfte (Verfügungsgeschäfte)
Der oder die Partner verpflichten sich zu einer Leistung, indem sie ein Schuldverhältnis eingehen	➡	Der oder die Partner erfüllen ihre Pflicht und erbringen die geschuldete Leistung. Sie übertragen, verändern, oder belasten unmittelbar das Recht an einem Gegenstand.
Beispiel: • *Möbelspedition verpflichtet sich am 22.10.2004 zur Durchführung eines Umzuges am 30.11.2004* • *Kunde verpflichtet sich zur vertragsgemäßen Zahlung*	➡	***Beispiel:*** • *Möbelspedition führt den Umzug ordnungsgemäß am 30.11.2004 durch* • *Kunde zahlt den Rechnungsbetrag*

Im täglichen Leben lässt sich die zeitliche Trennung zwischen Verpflichtungsgeschäft und Erfüllungsgeschäft meistens nicht feststellen, wie z. B. der Kauf einer Tageszeitung am Kiosk zeigt.

3.2   Form der Rechtsgeschäfte

Die Abgabe einer Willenserklärung kann **grundsätzlich** formlos erfolgen. Entscheidend ist nur, dass der Erklärende seinen Willen deutlich zum Ausdruck bringt.
Die Abgabe einer Willenserklärung kann erfolgen:
• **mündlich**   • **schriftlich**   • durch **konkludentes** (schlüssiges) Verhalten
Viele alltägliche Rechtsgeschäfte kommen durch konkludentes Verhalten zustande.

Beispiel

Tanken an SB-Tankstelle

Aus Beweissicherungsgründen empfiehlt sich in vielen Fällen – z. B. Speditionsauftrag, Gebrauchtwagenkauf, Verwandtendarlehen – die Schriftform.

Formvorschriften nach BGB

Textform *(§ 126b BGB)*

Schriftliche Festlegung eines Sachverhalts in Papierform oder	**Schriftliche Festlegung eines Sachverhalts auf dauerhaftem Datenträger 🖫 (E-Mail, CD, DVD usw.)**

+

Nennung des Namens des Erklärenden, Kenntlichmachung des Abschlusses der Erklärung durch Namensunterschrift (z. B. gescannte Unterschrift) oder andere Kenntlichmachung (z. B. –,***).

Beispiele:
- *Widerruf bei Verbraucherverträgen (§ 355 BGB)*
- *Garantieerklärungen (§ 477 BGB)*
- *Änderungen des Zinssatzes bei Überziehungskrediten (§ 493 BGB)*
- *Mieterhöhungsverlangen (§ 558a BGB)*

Schriftform *(§ 126 BGB)*

Schriftliche Festlegung eines Sachverhalts in Papierform
+
eigenhändige Unterschrift des Erklärenden oder seines Vertreters

Beispiele:
- *Berufsausbildungsvertrag (§ 4 BBiG)*
- *Bürgschaftsvertrag (§ 766 BGB)*
- *Verbraucherdarlehensverträge und Teilzahlungsgeschäfte (§§ 492, 501 BGB)*
- *Ratenlieferungsverträge (§ 505 BGB)*
- *Kündigung von Wohnraummietverhältnissen (§ 568 BGB) und Arbeitsverhältnissen (§ 623 BGB)*
- *Eigenhändiges Testament (§§ 2231, 2247 BGB)*

Optional:
Die Schriftform kann bei allen privatrechtlichen Vorschriften durch die **elektronische Form mit qualifizierter elektronischer Signatur**[1] gem. Signaturgesetz ersetzt werden, wenn dies dies nicht gesetzlich ausgeschlossen ist.

Elektronische Form *(§ 126a BGB)*

Elektronisches Dokument 🖫 mit schriftlicher Festlegung eines Sachverhalts
+
Name des Ausstellers
+
qualifizierte elektronische Signatur[1]

Nicht zulässig ist die elektronische Form, z. B. bei:
- *Beendigung von Arbeitsverhältnissen (§ 623 BGB)*
- *Zeugniserteilung (§ 630 BGB, § 109 GewO)*
- *Bürgschaftsverträgen (§ 766 BGB)*
- *Verbraucherdarlehensverträgen und Teilzahlungsgeschäften (§§ 492, 501 BGB)*

Öffentliche Beglaubigung *(§ 129 BGB)*

Schriftliche Festlegung eines Sachverhalts in Papierform (Urkunde)
+
Eigenhändige Unterschrift des Erklärenden oder seines Vertreters
+
Beglaubigung der Echtheit der Unterschrift durch einen Notar (Identitätsnachweis).

Nicht ausreichend ist die „amtliche Beglaubigung" durch eine siegelführende Stelle (Gemeindebehörde, Pfarramt o. Ä.).

Beispiele:
- *Anmeldungen zur Eintragung in Handels-, Vereins- oder Güterrechtsregister (z. B. § 12 HGB)*
- *Ausschlagung einer Erbschaft (§ 1945 BGB)*
- *Bewilligung von Grundbucheintragungen (§ 29 Grundbuchordnung)*

Notarielle Beurkundung *(§ 128 BGB)*

Schriftliche Festlegung eines Sachverhalts in Papierform (Urkunde) durch einen Notar
+
eigenhändige Unterschrift des Erklärenden oder seines Vertreter
+
Bezeugung, dass z. B.
- die Beteiligten an einem bestimmten Tag vor dem Notar erschienen sind
- die Beteiligten die niedergelegten Erklärungen abgegeben haben
- der Inhalt den Beteiligten vorgelesen wurde
- die Beteiligten den Inhalt durch ihre Unterschriften genehmigt haben

Beispiele:
- *Erbvertrag (§ 2276 BGB)*
- *Ehevertrag (§ 1410 BGB)*
- *Schenkungsversprechen (§ 515 BGB)*
- *Grundstückskaufvertrag- und -belastung (§§ 311b, 873, 925 BGB)*
- *Gründungsverträge von juristischen Personen des privaten Rechts (AG, GmbH, e.V.)*
- *Öffentliches Testament (alternativ zum eigenhändigen Testament, § 2231 BGB)*

---

[1] *Vgl. Seite 220*

Formvorschriften

In einigen Fällen ist die Einhaltung einer bestimmten äußeren Form gesetzlich vorgeschrieben,

- um Zeitpunkt und Inhalt des Rechtsgeschäftes aus Beweisgründen festzuhalten und
- um vor übereilten Abschlüssen zu warnen und die Tragweite der Willenserklärung bewusst zu machen.

Grundsätzlich führt die Nichteinhaltung der Formvorschrift zur Nichtigkeit des Vertrages (z. B. wenn Grundstückskaufverträge oder Nebenabreden bei Grundstückskaufverträgen nicht beurkundet werden). Andere Verträge gelten aber trotz Verletzung der Formvorschrift (z. B. verlängern sich Mietverträge über längere Zeit als ein Jahr bei Nichteinhaltung der Schriftform in unbefristete Mietverträge), und bei anderen Verträgen wird der Formmangel durch ordnungsgemäß vollzogene Leistung geheilt (z. B. ist ein Schenkungsversprechen notariell zu beurkunden, doch ist diese Vorschrift hinfällig, wenn die Schenkung bewirkt wurde).

Die jeweiligen Formvorschriften gelten auch dann als erfüllt, wenn eine höhere Formvorschrift (z. B. öffentliche Beglaubigung anstatt Schriftform) gewählt wird.

Unternehmen vereinbaren für Änderungen an bestehenden Verträgen häufig die Schriftform, obwohl sie gesetzlich nicht vorgeschrieben ist. Man spricht hier von einer **gewillkürten Schriftform**.

Beispiel

Ein Kaufvertrag enthält die Klausel: „Alle Nebenabreden bedürfen der Schriftform."

---

[1] **Verfahren der qualifizierten elektronischen Signatur**
*Die Signatur beruht technisch auf der asymmetrischen Kryptografie mit Public-Key-Infrastruktur. Der Teilnehmer erhält ein **digitales Schlüsselpaar**, das aus einem privaten und einem öffentlichen Schlüssel besteht. Der private und der öffentliche Schlüssel samt Zertifikat bilden zusammen die elektronische Identität des Benutzers. Der private Schlüssel ist geheim und kann nur von seinem Besitzer genutzt werden. Zurzeit wird dieser Schlüssel auf einer Chipkarte (ähnlich der EC-Karte) gespeichert. Zur Aktivierung ist eine persönliche Identifikationsnummer einzugeben. Der öffentliche Schlüssel eines Nutzers ist frei zugänglich und wird den Teilnehmern des Public-Key-Verfahrens für Signaturprüfungen bereitgestellt. Der gesamte Vorgang verläuft wie folgt: Der Signierwillige muss zunächst mit einem Zertifizierungsdienstanbieter einen Vertrag schließen, um sich ein qualifiziertes **Zertifikat** zu besorgen. Das zeitlich limitierte Zertifikat bestätigt die Zuordnung des Schlüsselpaares auf seine Person. Nach Erstellen des elektronischen Dokuments werden die Daten mit einem bestimmten technischen Verfahren komprimiert. Dieses Komprimat verknüpft der Aussteller mit seinem privaten Signaturschlüssel. Das unverschlüsselte elektronische Dokument mitsamt dem signierten **Komprimat** wird dem Empfänger übermittelt. Dieser kann das Komprimat mit einem öffentlichen Signaturprüfschlüssel bearbeiten. Hierbei wird kontrolliert, ob das eingegangene Dokument unverändert ist, indem wiederum ein Komprimat erzeugt und mit dem Absenderkomprimat verglichen wird. Den zu dem Signaturschlüssel des Ausstellers passenden Prüfschlüssel erhält der Empfänger entweder von dem Aussteller oder er kann ihn bei der Zertifizierungsdienststelle abrufen. Bei dieser Dienststelle („Trust-Center") kann er sich vor allem auch nach dem qualifizierten Zertifikat erkundigen, das mit Zustimmung des Signaturschlüssel-Inhabers abrufbar gehalten wird. Dieses Zertifikat weist nach, welcher Person der verwendete Schlüssel gehört. Die Identifikation des Absenders durch ein von dritter Seite ausgestelltes Zertifikat ist der „Clou" der ganzen Angelegenheit.*

3.3 Nichtigkeit und Anfechtbarkeit von Rechtsgeschäften

■ Nichtigkeit

Ein Rechtsgeschäft ist **nichtig,** wenn es so schwere Mängel aufweist, dass das Gesetz ihm von Anfang an keinerlei Rechtskraft zubilligt.   **Definition**

Nichtigkeit von Rechtsgeschäften	
Geschäftsunfähigkeit (§ 105 BGB)	Die Willenserklärung eines Geschäftsunfähigen ist nichtig. Nichtig ist auch eine Willenserklärung, die im Zustand der Bewusstlosigkeit oder der vorübergehenden Störung der Geistestätigkeit abgegeben wird.
Scherzgeschäft (§ 118 BGB)	Das Rechtsgeschäft wurde nur zum Scherz abgeschlossen. *Beispiel:* *Nach glücklich bestandener Abschlussprüfung ruft Thomas in einer Gastwirtschaft dem Kellner zu: „Ein Schappi, ein Bier". Wenn der Kellner nicht erkennt, dass Thomas nur scherzen wollte, und eine geöffnete Dose Hundefutter bringt, muss Thomas nach § 122 BGB für den Schaden einstehen.*
Scheingeschäft (§ 117 BGB)	Das Rechtsgeschäft wurde nur zum Schein abgeschlossen. *Beispiel:* *Um gegenüber dem Finanzamt höhere Werbungskosten nachzuweisen, schließt ein vermögender Kapitalanleger „nur auf dem Papier" mit seinem Freund einen kostspieligen Beratervertrag ab.*
Formmangel (§ 125 BGB)	Die für das Rechtsgeschäft gesetzlich vorgeschriebene oder vertraglich vereinbarte (gewillkürte) Form wurde nicht beachtet.
Gesetzliches Verbot (§ 134 BGB)	Das Rechtsgeschäft verstößt gegen ein gesetzliches Verbot. *Beispiel:* *Mehrere Unternehmen derselben Branche treffen eine Absprache über die Höhe ihrer Verkaufspreise. Es liegt in diesem Fall ein verbotenes Preiskartell vor (§ 1 GWB).*
Sittenwidrigkeit (§ 138 BGB)	Ein Rechtsgeschäft, das gegen die guten Sitten verstößt, ist nichtig. Ein Verstoß gegen die guten Sitten liegt vor, wenn das Rechtsgeschäft „gegen das Anstandsgefühl aller billig und gerecht Denkenden" verstößt. Nichtig ist insbesondere ein Rechtsgeschäft, das jemand unter Ausnutzung der Zwangslage, der Unerfahrenheit, des Mangels an Urteilsvermögen oder der erheblichen Willensschwäche eines anderen sich Vermögensvorteile versprechen lässt, die in einem auffälligen Missverhältnis zu der Leistung stehen. *Beispiel:* *Ein privater Kreditvermittler vereinbart mit seinem Kunden, der durch mehrere Abzahlungsgeschäfte völlig überschuldet ist, für die Gewährung eines Ratenkredites 5 % Zinsen pro Monat.*
Einigungsmangel (Dissens) (§§ 154 f. BGB)	Der Vertrag gilt als nicht geschlossen, wenn sich die Partner noch nicht über alle wesentlichen Teile des Vertrages geeinigt haben (offener Einigungsmangel). Wenn die Willenserklärungen beider Parteien sich äußerlich decken, aber ein Begriff mehrere Bedeutungen hat und beide Parteien ihn unterschiedlich verstanden haben (versteckter Einigungsmangel), ist der Vertrag ebenfalls nichtig. *Beispiel:* *A möchte von B den Max (A meint den Jagdhund von B) abkaufen und bietet 100,00 EUR. B ist hocherfreut und stimmt gerne zu, seinen Max (er meint damit seinen gleichnamigen 14 Jahre alten Kater) zu 100,00 EUR an A zu verkaufen.*

■ Anfechtbarkeit

Definition

Eine Willenserklärung ist **anfechtbar,** wenn der Erklärende eine Erklärung dieses Inhalts nicht abgeben wollte, d. h., sein *wirklicher* Wille ein anderer war.

Die abgegebene Willenserklärung ist bis zur Anfechtung gültig und wird durch die Anfechtung grundsätzlich von Anfang an ungültig.

Anfechtbarkeit von Rechtsgeschäften	
Inhaltsirrtum (§ 119, Abs. 1 BGB)	Der Erklärende weiß, was er sagt, weiß aber nicht, was er damit sagt. **Beispiel** *Ein Spediteur bietet einem Kollegen ein Fahrzeug zur leihweisen Überlassung an, meint aber in Wirklichkeit Miete.*
Erklärungsirrtum (§ 119, Abs. 1 BGB)	Der Erklärende sagt durch Versprechen oder Verschreiben nicht, was er sagen will. **Beispiel** *In das Arbeitsvertragsformular für eine Aushilfe ist durch einen Schreibfehler anstatt 7,00 EUR ein Stundenlohn von 8,00 EUR. eingetragen worden.*
Eigenschaftsirrtum (§ 119, Abs. 2 BGB)	Es fehlen verkehrswesentliche Eigenschaften der Person oder Sache. **Beispiel** *Ein Bundesligaverein gibt einem Spieler einen Vertrag, der aber später wegen Verwicklung in einen Bestechungsfall seine Lizenz verliert.*
Übermittlungsirrtum (§ 120 BGB)	Eine Person oder eine Anstalt übermittelt die Willenserklärung unrichtig. **Beispiel** *Ein Bote übermittelt eine Willenserklärung an den falschen Empfänger.*
	Die Anfechtung nach §§ 119 f. BGB muss unverzüglich nach Kenntnis des Anfechtungsgrundes, aber spätestens nach 10 Jahren erfolgen. Der Anfechtungsberechtigte hat Schäden zu ersetzen, die andere dadurch erleiden, dass sie auf die Gültigkeit der Willenserklärung vertraut haben.
Arglistige Täuschung (§ 123 BGB)	**Beispiel** *Der Verkäufer eines gebrauchten Kleintransporters verschweigt auf ausdrückliches Befragen einen Blechschaden.*
Widerrechtliche Drohung (§ 124 BGB)	**Beispiel** *Ein Mitarbeiter droht dem Speditionsleiter, Dinge aus dessen Privatleben öffentlich zu machen, wenn er keine Gehaltserhöhung bekommt.*
	Wer durch arglistige Täuschung oder widerrechtliche Drohung zur Abgabe einer Willenserklärung gebracht worden ist, muss die Anfechtung binnen eines Jahres nach Entdeckung der Täuschung oder Wegfall der Zwangslage, aber spätestens nach 10 Jahren vorbringen.

■ Motivirrtum

Nicht anfechtbar sind Willenserklärungen, bei denen ein *Irrtum im Motiv* vorliegt.

Beispiel

Ein Spediteur hat von einem Kunden gehört, dass die Chemie-Aktien in der kommenden Woche ordentlich anziehen werden. Er kauft daraufhin über seine Hausbank 100 Aktien der Bayer AG. Als der Kurs seiner Aktien sich nicht wie erwartet entwickelt, sondern erheblich fällt, will er den Kauf rückgängig machen. Der Spediteur befand sich hier nur über die Kursentwicklung der Bayer-Aktie im Irrtum, nicht jedoch über den Inhalt seiner Willenserklärung beim Kauf der Aktien.

3.4 Zustandekommen eines Vertrages

Ein **Vertrag** kommt zustande durch **zwei übereinstimmende Willenserklärungen** (= Einigung), die in der Absicht abgegeben werden, einen bestimmten rechtlichen Erfolg zu erzielen.　　　Definition

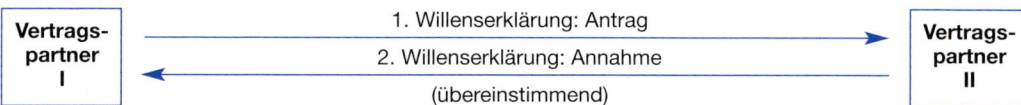

Der **Antrag** muss an eine bestimmte Person gerichtet sein. Prospekte, Angebotslisten, Zeitungsanzeigen, Auslagen in Schaufenstern und Regalen und andere an die Allgemeinheit gerichtete Anpreisungen gelten nicht als Anträge, sondern als Aufforderungen zur Abgabe von Anträgen.

Der Antragsteller ist an seinen Antrag gebunden. Die Bindung erlischt, wenn
- die Gebundenheit ausdrücklich ausgeschlossen wird oder
- die Annahme des Antrags unter Anwesenden nicht sofort erfolgt (gilt auch für telefonische Anträge) oder
- die Annahme nicht in angemessener Zeit erfolgt oder
- die Annahme nach Fristablauf erfolgt oder
- der Antrag vorher oder gleichzeitig widerrufen wird.

Eine abgeänderte oder verspätete Annahme gilt als neuer Antrag.

3.5   Vertragstypen des BGB

Vertragstyp	Vertrags-partner	Vertragsinhalt	Rechts-grundlage	Beispiele
Kaufvertrag	Käufer Verkäufer	*Entgeltliche* Veräußerung von Sachen oder Rechten	*§§ 433 – 437 BGB*	*Verkauf eines Lkw*
Verbrauchsgüter-kaufvertrag	Verbraucher Unternehmer	*Entgeltliche* Veräußerung von beweglichen Sachen von Unternehmen an Verbraucher	*§§ 474 – 479 BGB*	*Verkauf einer Einbauküche*
Schenkungs-vertrag	Schenker Beschenkter	*Unentgeltliche* Veräußerung von Sachen oder Rechten	*§§ 516 – 534 BGB*	*Schenkung einer Armbanduhr*
Mietvertrag	Mieter Vermieter	*Entgeltliche* Überlassung von Sachen zum Gebrauch	*§§ 535 – 580 BGB*	*Vermietung einer Lagerhalle*
Pachtvertrag	Pächter Verpächter	*Entgeltliche* Überlassung von Sachen zum Gebrauch und Überlassung der bei ordnungs-gemäßer Bewirtschaftung an-fallenden Erträge	*§§ 581 – 597 BGB*	*Verpachtung einer Tankstelle*
Leihvertrag	Entleiher Verleiher	*Unentgeltliche* Überlassung von Sachen zum Gebrauch	*§§ 598 – 606 BGB*	*Entleihung von Büchern aus einer Bücherei*
Darlehens-vertrag	Darlehensgeber Darlehensnehmer	*Entgeltliche* Überlassung von Geld gegen Rückzahlungsver-pflichtung	*§§ 488 – 498 BGB*	*Gewährung eines Kredites Leistung einer Spareinlage*
Sachdarlehens-vertrag	Darlehensgeber Darlehensnehmer	*Entgeltliche* Überlassung von vertretbaren Sachen (aber nicht Geld) gegen die Ver-pflichtung zur Rückerstattung in Sachen von gleicher Art, Güte und Menge	*§§ 607 – 609 BGB*	*Mehrwegverpackun-gen wie Flaschen, Kisten, Paletten, Container*
Dienstvertrag	Dienstverpflichteter Dienstberechtigter	*Entgeltliche* Leistung von Diensten (*ohne* Erfolgsgaran-tie); verspricht jemand, unent-geltliche Dienste zu leisten, so liegt ein Auftragsverhältnis vor	*§§ 611 – 630 §§ 662 – 674 BGB*	*Anstellung eines Mitarbeiters*
Werkvertrag	Unternehmer Besteller	Entgeltliche immaterielle Leistungen oder Herstellung und Veränderung unbeweg-licher Sachen oder Erbringung von Dienstleistungen	*§§ 631 – 650 BGB*	*Entwicklung einer Abrechnungssoft-ware Bau einer Lagerhalle Frachtvertrag*
Geschäftsbe-sorgungsvertrag	Auftraggeber Beauftragter	Besorgung eines Geschäftes gegen *Entgelt* und Aufwen-dungsersatz	*§ 675 BGB*	*Speditionsvertrag*
Gesellschafts-vertrag	Gesellschafter	Gegenseitige Verpflichtung der Gesellschafter, die Erreichung eines gemeinsamen Zwecks in der durch den Vertrag be-stimmten Weise zu fördern	*§§ 705 – 740 BGB*	*Mehrere Speditio-nen gründen eine ARGE zur Durchfüh-rung eines Behör-denumzugs*
Verwahrungs-vertrag	Verwahrer Hinterleger	Aufbewahrung einer beweg-lichen Sache ggf. gegen *Entgelt*	*§§ 688 – 700 BGB*	*Einlagerung von Gütern bei einem Lagerhalter*

Aufgaben

1. In welchen der unten stehenden Fälle handelt es sich bei den Willenserklärungen um
   (1) einen Antrag
   (2) eine Annahme des Antrags
   (3) weder um einen Antrag noch um eine Annahme des Antrags?
   Fallbeispiele:
   a) Der Verkäufer unterbreitet ein verbindliches Angebot.
   b) Der Käufer bestellt aufgrund eines verbindlichen Angebots.
   c) Der Käufer bestellt ohne vorausgegangenes Angebot.
   d) Der Verkäufer sendet dem Käufer unbestellte Ware zu.
   e) Der Verkäufer unterbreitet ein freibleibendes Angebot.
   f) Der Käufer bestellt aufgrund eines freibleibenden Angebots.

2. In welchem der folgenden Fälle ist ein Kaufvertrag zustande gekommen?
   Fallbeispiele:
   a) Der Käufer bestellt, ohne vorher ein Angebot erhalten zu haben.
   b) Der Käufer löst eine nicht bestellte Nachnahmesendung ein.
   c) Der Käufer erhält ein verbindliches Angebot und ändert bei der Bestellung die Lieferbedingung „unfrei" in „frei Haus" ab.
   d) Der Käufer erhält aufgrund seiner Anfrage ein verbindliches Angebot.
   e) Der Käufer bestellt aufgrund eines Prospekts in der örtlichen Tageszeitung.

3. Welche der folgenden Formvorschriften sind bei den unten stehenden Willenserklärungen zu beachten?
   Formvorschriften:
   (1) Schriftform
   (2) Öffentliche Beglaubigung
   (3) Notarielle Beurkundung
   Tragen Sie eine (4) ein, wenn keine Formvorschrift zu beachten ist.
   Willenserklärungen:
   a) Ein Spediteur bestellt eine Grundschuld auf sein Bürogebäude.
   b) Ein volljähriger Auszubildender vereinbart mit einem Verkäufer beim Kauf einer Polstergarnitur die Zahlung in Raten.
   c) Reiner Schmidt schließt mit der Quickstep Speditionsgesellschaft mbH einen Ausbildungsvertrag ab.
   d) Ein Kurierdienst beantragt die Eintragung in das Handelsregister.
   e) Harry Liebig übernimmt die Bürgschaft für einen Kredit seiner Tochter Anke über 20 000,00 EUR.
   f) Die Schubert & Müller Kurier GmbH kauft neue Fahrzeuge im Wert von 85 000,00 EUR.
   g) Die Schubert & Müller Kurier GmbH kauft ein Grundstück zum Bau eines neuen Lagers.
   h) Ein Arbeitgeber kündigt einem Arbeitnehmer durch ordentliche Kündigung zum 31. Oktober.

4. Bei welchem der unten aufgeführten Rechtsgeschäfte treten die Rechtswirkungen ein durch

(1) zwei übereinstimmende Willenserklärungen, die beide Partner verpflichten
(2) zwei übereinstimmende Willenserklärungen, die nur einen Partner verpflichten
(3) eine nicht empfangsbedürftige Willenserklärung
(4) eine empfangsbedürftige Willenserklärung?

Rechtsgeschäfte:

a) Kaufvertrag
b) Schenkungsvertrag
c) Bürgschaft
d) Testament
e) Kündigung
f) Mietvertrag

5. Entscheiden Sie in den folgenden Fällen, ob es sich um ein
   (1) gültiges,
   (2) nichtiges oder
   (3) anfechtbares Rechtsgeschäft handelt.

   Fallbeispiele:

   a) Charly Klappe sagt vor Zeugen zu seinem Bekannten Günter Gaudi: „Für einen Fünfhunderter fresse ich einen Besen!" Gaudi legt den Fünfhunderter auf den Tisch und besteht auf Vertragserfüllung.
   b) Der 5-jährige Freddy verkauft dem 8-jährigen Hans seine Brille.
   c) Ein Einlagerer hat aufgrund eines Angebots, in dem ein Lagerentgelt von 2,30 EUR/t statt des kalkulierten Preises von 3,20 EUR/t angegeben war, einen Lagerauftrag erteilt.
   d) Sonja Schön bucht anlässlich der bevorstehenden Hochzeit mit Ed Held eine Weltreise für 10 000,00 EUR. Kurz vor der Hochzeit löst Ed die Verbindung und verlobt sich mit Angelique Blondinett.
   e) Markus Meuchel beauftragt seinen Freund Gustav Strolch, den ständig bellenden Hund Kleffi seines Nachbarn für 100,00 EUR zu vergiften.
   f) Einer Büroangestellten wurde von einem privaten Geldverleiher ein Kredit zu einem Zinssatz von 3,5 % pro Monat eingeräumt.
   g) Bauer Schlitz verkauft dem Fabrikanten Ohr sein Grundstück für 300 000,00 EUR. Der notariell beurkundete Kaufvertrag lautet auf 200 000,00 EUR, um Grunderwerbsteuer zu sparen.
   h) Der 18-jährige Auszubildende Peter hat von seinem Arbeitskollegen ein Golf Cabriolet als „unfallfrei" gekauft; bei der nächsten Inspektion stellt sich heraus, dass bei dem Wagen bereits ein erheblicher Unfallschaden vorlag und der Verkäufer offensichtlich Kenntnis davon hatte.

6. Auf welche der folgenden Vertragsarten beziehen sich die unten stehenden Fallbeispiele?

   Vertragsarten:
   (1) Dienstvertrag
   (2) Kaufvertrag
   (3) Mietvertrag
   (4) Werkvertrag
   (5) Gesellschaftsvertrag

Fallbeispiele:
a) Ein Frachtführer befördert mit Lkw 15 t Granulat von Köln nach München.
b) Ein Speditionsunternehmer veräußert einen Gabelstapler gegen Entgelt.
c) Zwei Spediteure gründen eine Unternehmung und bestimmen vertraglich die Höhe ihrer Kapitalbeteiligungen.
d) Ein Frachtführer erweitert seinen Fuhrpark um drei Wechselbrücken auf Leasingbasis.
e) Ein Unternehmensberater ist als freier Mitarbeiter bei einer Reederei tätig.

7. Ergänzen Sie Ihre Lernkartei, indem Sie sich mit Ihrem Nachbarn über sinnvolle Kartenüberschriften austauschen und die Karteikarten entsprechend ausfüllen!

4 Der Kaufvertrag

Einstiegssituation

Die Biesterfeld Spedition GmbH, Bremen, bestellt für ihr neues Verwaltungsgebäude am 2. April des Jahres bei Baumann & Söhne Objekteinrichtung KG, Hannover, schriftlich 24 Schreibtische, 80 x 160, Kunststoff weiß, Gestell schwarz lackiert, 3 Schubladenauszüge rechts, 2 Hängemappenauszüge links, Katalogseite 89. Als am 5. April die Schreibtische angeliefert werden, verweigert die Biesterfeld Spedition GmbH die Annahme, da das neue Gebäude erst Anfang Juni bezugsfertig ist. Mit so einer schnellen Lieferung hatte man bei der Spedition ganz und gar nicht gerechnet, und außerdem hatte die Spedition vor, die Schreibtische bei Fertigstellung des Gebäudes von einem eigenen Fahrzeug aus Hannover mitbringen zu lassen. Ein Blick in die Bestellung zeigt, dass über den Lieferzeitpunkt und den Erfüllungsort nichts vereinbart wurde. Der Fahrer nimmt die Ware zurück nach Hannover. Am 2. Juni d. J. nimmt ein Fahrzeug von Biesterfeld die Ware in Hannover auf und bringt sie nach Bremen.
Nachdem einen Tag später die ersten Mitarbeiter ihre neuen Schreibtische eingeräumt haben, wird festgestellt, dass die Auszüge aus Aluminium sind. Gewünscht, aber in der Bestellung nicht ausdrücklich aufgeführt, war die billigere Ausführung in Stahlblech. Keineswegs wollte man aber die sehr teuren Führungen aus Aluminium oder die billigen Führungen aus Kunststoff. Im Katalog waren alle drei Ausführungen beschrieben. Die Rechnung vom 4. Juni d. J. weist einen Mehrpreis von 20,00 EUR je Schreibtisch für die Aluminiumauszüge auf sowie pauschal 200,00 EUR für den Rücktransport der Schreibtische von Bremen nach Hannover. Vier Wochen später überweist die Spedition den Rechnungsbetrag, aber nicht, ohne ihn vorher um den Mehrpreis für die Aluausführung, die 200,00 EUR für den Rücktransport sowie 3 % Skonto zu kürzen. In der Rechnung steht: Die Zahlung ist ohne Abzug bis zum 15. Juni … zu leisten.

Beide Parteien hätten sich den nun folgenden Ärger ersparen können. Sorgfältiges Vorbereiten von Kaufverträgen unter Beachtung der Regelungen des BGB gehört zum kleinen Einmaleins des Kaufmanns.

Für welche strittigen Punkte in dem Kaufvertrages gelten mangels vertraglicher Absprachen die gesetzlichen Regelungen?

4.1 Die Anbahnung des Kaufvertrages

In allen Unternehmen müssen laufend Güter, Dienstleistungen, Geldmittel und Informationen eingekauft werden, um einen reibungslosen betrieblichen Ablauf sicherzustellen. Die Betriebswirtschaftslehre spricht hier von Beschaffung und versteht darunter, die zur Leistungserstellung benötigten Güter kostengünstig in der erforderlichen Menge und Qualität zur richtigen Zeit am richtigen Ort bereitzustellen.

Voraussetzung für dieses Ziel sind umfangreiche Planungen und Entscheidungen über:

- Bestellmengen
- Bestellzeitpunkte
- Güterqualitäten

- Lagerhaltung
- Lieferantenauswahl
- Einkaufspreise

4.1.1 Beschaffungs- und Bedarfsplanung

Nicht selten fehlt in Unternehmen eine rationale Beschaffungsplanung. Einkaufsentscheidungen aus der jeweiligen Situation heraus können aber nicht als eine dauerhafte Lösung angesehen werden, denn „im Einkauf liegt der halbe Gewinn."

Beispiel

Ein deutscher Logistikkonzern wies 2004 folgende Zahlen auf:
- *Umsatzerlöse 2 705,5 Mio. EUR*
- *Materialkosten 980,0 Mio. EUR*
- *Jahresüberschuss 543,4 Mio. EUR*
Eine Senkung der Einkaufskosten um 15 % würde den Jahresüberschuss um 27 % erhöhen.

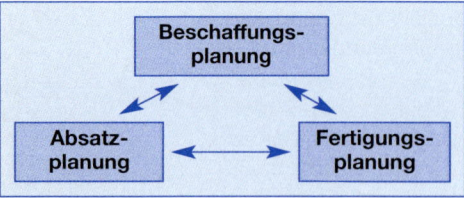

Die Beschaffungsplanung ist eingebunden in die Fertigungsplanung und in die Absatzplanung und hängt darüber hinaus von den finanziellen Spielräumen ab.
Die notwendigen Informationen für die Beschaffungs- und Bedarfsplanung beziehen sich auf Art, Qualität, Mengen, Bestell- und Lieferzeitpunkte sowie Preise der benötigten Güter.

■ Art, Qualität und Mengen der benötigten Güter

In vielen Industrieunternehmen mit festem Produktionsprogramm oder vorliegenden Bestellungen kommen diese Angaben aus der Arbeitsvorbereitung. Diese Abteilung erstellt Stücklisten, die alle benötigten Fertigungsteile mit Mengen, Güteangaben und Abmessungen enthalten. Bei anderen Industrieunternehmen sowie bei Handels- und Dienstleistungsunternehmen ist die Beschaffungsplanung unmittelbar vom erwarteten Absatz abhängig und basiert auf Vergangenheitswerten, aktuellen Kundenwünschen, Konkurrenzsituation, Lohn- und Preisentwicklung, Konjunktur, Modetrends und Zukunftserwartungen.

Durch hohe Bestellmengen können häufig Rabatte realisiert und durch die Verlängerung der Bestellzeiträume die Bestellkosten gesenkt werden. Hohe Lagerbestände bergen aber nicht nur die üblichen Lagerrisiken (Verderb und Schwund, Produktinnovationen, Änderungen des Nachfrageverhaltens und der Produktionsverfahren, Änderungen der Umweltschutzgesetzgebung, Entwicklung von Substitutionsgütern), sondern stellen totes Kapital dar, belasten die Liquidität und verursachen Lagerkosten (Zinsen für das gebundene Kapital, Lagerraumkosten, Lagerpersonalkosten, Lager-Gemeinkosten).
Die Bestellmenge soll so gering wie möglich und groß wie nötig sein, um einerseits die Produktions- und Lieferfähigkeit zu sichern und andererseits die Beschaffungs- und Lagerkosten möglichst gering zu halten.

> **Die optimale Bestellmenge**
> Die günstigste Beschaffungsmenge ist nicht die, bei der die geringsten Beschaffungskosten auf eine Mengeneinheit entfallen, sondern die, bei der die Summe der Beschaffungskosten und der Zins- und Lagerkosten möglichst gering ist.

■ Zeitplanung

Jedes Material muss rechtzeitig eingekauft werden, sodass die eigene Produktions- und Lieferbereitschaft nicht gefährdet wird. Für den Bestellzeitpunkt sind die Lieferzeit, die Häufigkeit des Warenumschlages, die Lagerfähigkeit der Ware, die Lagermöglichkeiten, der Zeitpunkt von Lieferantenangeboten, saisonale Einflüsse und die Preisentwicklung maßgeblich.
In der Praxis wird das Bestellpunktverfahren am häufigsten angewendet. Dieses Verfahren ist so konzipiert, dass bei Erreichen eines kritischen Lagerbestandes (Meldebestand) ein Bestellvorgang in einer bestimmten Höhe ausgelöst wird und ein Absinken unter den Mindestbestand (Eiserner Bestand) vermieden wird. Die Bestellung ist so bemessen, dass durch sie ein bestimmter Höchstbestand erreicht wird.
Der Meldebestand lässt sich als Formel darstellen.

> **Meldebestand = Mindestbestand + (Tagesverbrauch x Lieferzeit)**

Der Mindestbestand soll im Prinzip niemals angegriffen werden, um unnötige Kosten durch eigene Liefer- und Produktionsengpässe zu vermeiden.

Beispiel

Ein Mindestbestand liegt bei 100 Stück. Der Tagesverbrauch beträgt 10 Stück, und die Lieferzeit beträgt 5 Tage. Wann ist in diesem Fall zu bestellen?
Der Meldebestand ist erreicht, wenn der Lagervorrat auf 150 Stück gesunken ist.
[100 Mindestbestand + (10 Stück x 5 Tage)]

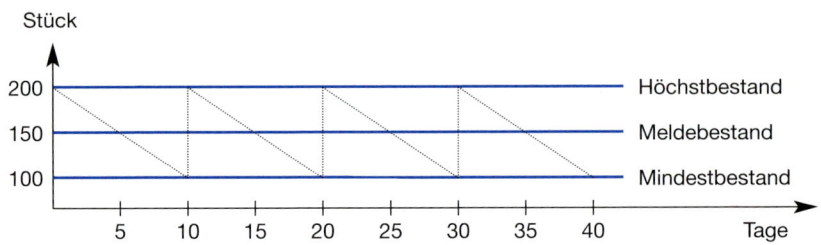

4.1.2 Bezugsquellenermittlung

Nach Feststellung der benötigten Materialien müssen geeignete Lieferanten gesucht und ausgewählt werden.

Aus Bequemlichkeit und aus einem Sicherheitsstreben heraus wird man zunächst auf bekannte Lieferanten zurückgreifen. Üblicherweise sind diese Lieferanten mit allen relevanten Daten wie Produkte, Preise, Lieferungs- und Zahlungsbedingungen usw. in einer Bezugsquellendatei gespeichert und können nach unterschiedlichen Merkmalen aufgerufen werden.

Gute Lieferantenbeziehungen sind durchaus wünschenswert, aber sie können dazu führen, dass man Einkäufe bei Lieferanten vornimmt, die höhere Preise als die Konkurrenz fordern. Außerdem gibt es immer wieder Materialien und Dienstleistungen, die bei den bisherigen Lieferanten nicht erhältlich sind. Daraus ergibt sich die Notwendigkeit zur Marktbeobachtung, zu Vergleichsangeboten und Ermittlung neuer Bezugsquellen. Dies wird als Beschaffungsmarketing bezeichnet.

Möglichkeiten der Bezugsquellenermittlung	
– Zeitungen	– Messen
– Fachzeitschriften	– Hausausstellungen
– Kataloge	– Unterlagen von Vertreterbesuchen
– Gelbe Seiten	– Geschäftsfreunde
– Prospekte	– Industrie- und Handelskammern
– Branchenverzeichnisse	– Bundesagentur für Außenwirt-
– Messekataloge	schaft (bfai), Köln
– Wer liefert was?	– Wirtschaftsabteilungen ausländi-
– ABC der deutschen Wirtschaft	scher Botschaften
– Internet	

4.1.3   Von der Anfrage zum Angebotsvergleich

Die Anfrage enthält in möglichst detaillierter Form die Beschaffungswünsche des Unternehmens. Auf diese Form der sehr präzisen, aber **rechtlich unverbindlichen** Informationsbeschaffung wird man vor allem dann zurückgreifen, wenn

- Güter erstmalig zu beschaffen sind,
- der Wert der zu beschaffenden Ware eine bestimmte Grenze, ab der die Einkaufsrichtlinien mehrere Angebote vorschreiben, überschreitet,
- der bisherige Lieferantenkreis ausgeweitet werden soll.

Durch einen Vergleich der eingeholten Angebote wird versucht, den günstigsten Anbieter zu bestimmen. Gegenstand des Vergleich, der gut in Tabellenform dargestellt werden kann, sind in erster Linie:
- Preise
- Verpackungs- und Versandkosten
- Lieferungs- und Zahlungsbedingungen
- Lieferzeit

Mit der Auswahl des günstigsten Angebotes ist oft aber noch keine Entscheidung über den Lieferanten getroffen. Bei vielen Beschaffungsgütern treten die Einkaufsabteilungen jetzt in Verhandlungen ein, die das Ziel haben, einzelne Punkte des Angebotes nachzubessern. Diese mündlichen Verhandlungen sollen Annäherungen und schließlich Einigung über gegenseitige Zugeständnisse bringen, z. B. Gewährung eines besonderen Rabattes bei Abschluss eines längerfristigen Rahmenliefervertrages. Eine derartige Kompromissfindung ist aber nur in solchen Fällen möglich, in denen die Marktmacht nicht einseitig verteilt ist.

4.2   Inhalt des Kaufvertrages

Zur Vermeidung von späteren Schwierigkeiten werden in Kaufverträgen umfassende Vereinbarungen getroffen über:
- Art, Beschaffenheit und Güte der Ware
- Menge
- Preis und Preisvergünstigungen
- Verpackungskosten
- Versandkosten
- Lieferzeit
- Zahlungsbedingungen
- Erfüllungsort und Gerichtsstand

Viele Branchen und Unternehmen haben große Teile der Vertragsinhalte in Form von **Allgemeinen Geschäftsbedingungen** (AGB) standardisiert[1], wobei Individualabreden aber Vorrang haben. Wenn über einen Sachverhalt weder die AGB noch eine Nebenabrede eine Regelung vorsehen, gelten die einschlägigen gesetzlichen Vorschriften.

---

[1] *Vgl. Seite 268*

Arten des Kaufvertrags	
Stückkauf **(Spezieskauf)**	Der Kaufgegenstand ist eine von den Vertragspartnern individuell bestimmte Sache *(z. B. ein bestimmter Pkw Golf V)*. Sie kann objektiv vertretbar (bestimmter neuer Golf V) oder nicht vertretbar (bestimmter gebrauchter Golf V) sein.
Gattungskauf **(§ 243 BGB)**	Der Kaufgegenstand ist nicht individuell, sondern nur der Gattung nach bestimmt. Eine Gattung bilden alle Gegenstände, die sich durch gemeinsame Merkmale, die von den Vertragspartnern festgelegt werden *(z. B. Typ, Sorte, Preis, Qualität)*, von Gegenständen anderer Art abheben. Meist handelt es sich um vertretbare Sachen *(z. B. Neuwagen)*. Aber auch nicht vertretbare Gegenstände können nach dem Willen der Vertragspartner eine Gattung bilden *(z. B. gebrauchte Pkw des Herstellers X, Typ Y, Baujahr Z)*. Bei Gattungsschulden sind Waren mittlerer Art und Güte zu liefern.
Gekauft wie gesehen	Gekauft wie gesehen" bedeutet, dass jede Gewährleistung – außer für gegebene Zusicherungen über den Zustand der Ware oder für arglistig verschwiegene Mängel – ausgeschlossen wird. „Gekauft wie gesehen" ist grundsätzlich immer dann möglich, wenn es sich nicht um einen Verbrauchsgüterkauf handelt. Hier beträgt die gesetzliche Gewährleistungsfrist zwei Jahre und kann bei gebrauchten Gegenständen auf bis zu ein Jahr verkürzt werden.
Kauf zur Probe **Kauf nach Probe**	Es wird eine kleine Menge gekauft, um die Eigenschaften der Ware kennenzulernen, was rechtlich nichts Besonderes ist. Entschließt sich der Käufer, eine weitere Menge aufgrund der Probe oder eines übersandten Musters zu kaufen, so ist der Verkäufer an Qualität und Eigenschaften von Probe oder Muster gebunden (§ 434 Abs.1 BGB).
Kauf auf Probe **(auf Besichtigung)** **(§ 454 f. BGB)**	Kaufvertrag mit Rücktrittsrecht innerhalb einer vereinbarten Billigungsfrist.
Bestimmungskauf **(Spezifikationskauf)** **(§ 375 HGB)**	Kauf einer bestimmten Menge Gattungswaren, bei dem der Käufer das Recht hat, Einzelheiten der Ware *(z. B. Farbe, Form)* erst später zu bestimmen (spezifizieren). Versäumt er dies in der vereinbarten Frist, so darf der Verkäufer die Spezifikation vornehmen, wenn er eine angemessene Nachfrist gesetzt hat und diese abgelaufen ist.
Kauf in Bausch und Bogen **(en bloc, Ramschkauf)**	Hier wird die Ware zu einem Pauschalpreis in „Bausch und Bogen" gekauft. Eine besondere Qualitätszusicherung für die einzelnen Teile wird nicht gegeben.
Fixkauf **(§§ 323 Abs. 2 BGB,** **376 HGB)**	Die Parteien vereinbaren, dass die Lieferung zu einem genau bestimmten Zeitpunkt oder innerhalb einer fest bestimmten Frist erfolgen muss. Der Kaufvertrag steht und fällt mit der Einhaltung des Termins bzw. der Frist. Dazu ist allerdings erforderlich, dass man den diesbezüglichen Willen der Vertragspartner an einer eindeutigen Fixklausel oder stillschweigend erkennen muss. ***Beispiele:*** – „Lieferung am 3. Mai 2003 fest" *(„fix", „exakt", „genau", „präzis", „prompt", „spätestens")* – „Lieferung zum Verkauf für Weihnachten"
Kauf auf Abruf	Die Parteien vereinbaren eine Frist, innerhalb derer der Käufer Teilmengen zu ihm genehmen Zeitpunkten abrufen kann. *Vorteil für den Kunden:* Die Lagerung wird auf den Verkäufer abgewälzt. *Vorteil für den Lieferer:* Größere Aufträge werden gesichert, die Kapazität wird ausgelastet.
Teillieferungskauf	Die Lieferung erfolgt in Teilmengen: – entweder **auf Abruf** (siehe oben) – oder als **Fixkauf** („Lieferung fix Mitte jedes Monats") – oder **gegen Andienung** Der Verkäufer kann innerhalb einer bestimmten Frist die Lieferzeitpunkte wählen. Dies ist z. B. der Fall, wenn der Lieferer die Ware erst herstellen muss und fertiggestellte Teilmengen an den Kunden ausliefert. *Vorteil für den Kunden:* Zahlung erst nach vollständiger Lieferung *Vorteil für den Lieferer:* Lagerung beim Kunden

■ Art, Beschaffenheit und Güte der Ware

Die Art der Ware ist der handelsübliche Name der Ware.
Die Festlegung von Beschaffenheit und Güte hängt von der jeweiligen Ware ab und erfolgt durch:

- Muster
- Proben
- Abbildungen
- Kataloge
- technische Beschreibungen

- Normen
- Standards
- Handelsklassen
- Typen

Wenn über die Qualität keine Vereinbarung getroffen wird, ist die gesetzliche Regelung verbindlich. Bei Gattungsware ist mittlere Art und Güte zu liefern *(§ 243,1 BGB, § 360 HGB)*.

■ Menge

Die Mengenangabe richtet sich nach:
- metrischen Einheiten (kg, m, m^2, m^3, Liter, Hektoliter)
- nichtmetrischen Einheiten (Barrel, Unze)
- handelsüblichen Bezeichnungen (Ballen, Sack, Dutzend, Festmeter)

■ Preis

Der Preis bezieht sich auf eine gebräuchliche Maßeinheit. Wenn nichts anderes vereinbart ist und der Preis sich auf das Warengewicht bezieht, ist bei der Preisberechnung die Verpackung (Tara) abzuziehen.

```
  Bruttogewicht
− Verpackungswicht (Tara)
= Nettogewicht
```

Die Regelung heißt dann „Preis netto". Aus dem Vertrag oder dem Handelsbrauch des Erfüllungsortes kann sich aber auch ergeben, dass der Kaufpreis sich auf das Bruttogewicht bezieht *(§ 380 HGB)*. In diesem Fall heißt die Regelung „Preis brutto".
Insbesondere bei Investitionsgütern sollte geklärt werden, ob Aufstellung, Montage und Einweisung im Preis enthalten sind.

■ Preisvergünstigungen

Vielfach ergibt sich die Möglichkeit zur Vereinbarung von Preisen, die unterhalb der allgemein angekündigten oder geforderten Preise liegen.

Preisvergünstigungen		
Rabatt	**Skonto**	**Bonus**
von vornherein vereinbarter Preisnachlass	Preisabzug bei vorzeitiger Zahlung	nachträglicher Rabatt, wenn eine bestimmte Jahresabnahmemenge erreicht wird

■ Rabatte

- **Mengenrabatt:** Es werden mehrere Stück oder größere Mengen verkauft.
- **Wiederverkäuferrabatt:** Die Waren oder Leistungen werden vom Käufer beruflich oder gewerblich genutzt.
- **Großverbraucherrabatt:** Der Käufer nimmt Waren in solchen Mengen ab, dass er als Großverbraucher anzusehen ist.
- **Personalrabatt:** Mitarbeiter erhalten diesen Rabatt für ihren Eigenbedarf.
- **Jubiläumsrabatt:** Nachlass zur Feier des Bestehens eines Unternehmens im selben Geschäftszweig nach Ablauf von jeweils 25 Jahren *(§ 7 UWG)*.

Rabatte können nicht nur als Preisnachlass, sondern auch als **Naturalrabatt** gewährt werden. Bei der **Draufgabe** erhält der Kunde kostenlos eine Mengeneinheit zusätzlich, bei der **Dreingabe** erhält er eine Mengeneinheit der bestellten Menge kostenlos.

Eine besondere Form des Rabattes ist der **Barzahlungsrabatt.** Er kann bei unverzüglicher Zahlung nach Lieferung gewährt werden. Mit Sparmarken, Gutscheinen oder Rabattmarken wird der Barzahlungsrabatt zu einem **Treuerabatt,** da die Rückvergütung erst erfolgt, wenn eine gewisse Warenmenge gekauft wurde.

■ Skonto

Der Barzahlungsrabatt ist nicht mit **Skonto** zu verwechseln. Skonto ist ein vereinbarter **Preisabzug,** den der Käufer vornehmen darf, wenn er bis zu einem bestimmten Zeitpunkt vor Ablauf des Zahlungszieles bezahlt.

Beispiel

2 % Skonto bei Zahlung binnen 10 Tagen, 30 Tage rein netto Kasse.

Betriebswirtschaftlich gesehen ist eine solche Klausel für die Vertragsparteien ein Kreditangebot: Der Lieferant kalkuliert den Skontosatz in seinen Verkaufspreis ein und stellt damit sicher, dass er bei Inanspruchnahme des Lieferantenkredites durch den Kunden eine entsprechende Verzinsung erhält. Wenn der Kunde nach Ablauf der Skontofrist bezahlt, nimmt er einen Lieferantenkredit in Anspruch und zahlt dafür – im obigen Beispiel – 2 % Zinsen vom Zieleinkaufspreis.

■ Verpackungskosten

Nach der gesetzlichen Regelung *(§ 448 BGB)* hat
- der Verkäufer die Kosten der Übergabe *(z. B. die Kosten der Verkaufspackung für Motorenöl)* und
- der Käufer die Kosten der Abnahme *(z. B. die Kosten der Versandverpackung)* und der Versendung nach einem anderen Ort als dem Erfüllungsort zu tragen.

Häufig werden abweichende Regelungen getroffen, z. B.
- „netto einschließlich Verpackung": Verpackung wird nicht berechnet
- „netto ausschließlich Verpackung": Verpackung wird zum Selbstkostenpreis bereitgestellt, wobei ein Rückgaberecht besteht, oder Verpackung wird vermietet, oder Verpackung wird eingetauscht *(z. B. Pool-Paletten)*

- „brutto einschließlich Verpackung", „brutto für netto": die Verpackung wird zum gleichen Preis wie die Ware berechnet

■ Versandkosten

Obwohl nach der gesetzlichen Regelung *(§ 448 BGB)* der Verkäufer die Ware nur am Erfüllungsort bereitstellen muss und die Versandkosten dem Käufer auferlegt sind, gibt es darüber eine Vielzahl individueller Abmachungen und Allgemeiner Geschäftsbedingungen. Sie regeln neben der eigentlichen Fracht die Lade- und Entladegebühren sowie die Anfuhr- und Abfuhr. Am gebräuchlichsten sind die Klauseln

- „frei Haus", bei der der Verkäufer alle Kosten trägt und
- „ab Werk", bei der der Käufer alle Kosten trägt.

Mögliche Versandkostenregelungen								
	Verkäufer	Versandstation			Empfangsstation			**Käufer**
		Rollgeld, Hausfracht	Ladegebühr	Fracht	Entladegebühr	Rollgeld, Hausfracht	
„ab Werk"	(gesetzliche Regelung beim Platzkauf)	Käufer trägt alle Kosten					
„ab Versandbahnhof" „ab Versandstation" „unfrei"	(gesetzliche Regelung beim Versendungskauf)	Verkäufer	Käufer				
„frei Waggon" „frei Schiff"		Verkäufer		Käufer			
„frei Empfangsbahnhof" „frei Empfangsstation"		Verkäufer				Käufer	
„frei Haus"		Verkäufer trägt alle Kosten					

Konzerne mit verschiedenen Fertigungsstätten nennen ihren Kunden häufig einen Ort als **Frachtbasis**. Unabhängig von der tatsächlichen Strecke wird von diesem Ort aus die Fracht berechnet. Umgekehrt vereinbaren Unternehmen mit mehreren Standorten mit ihren Lieferanten oft eine **Frachtparität**, also einen Ort, bis zu dem der Lieferant höchstens die Frachtkosten übernimmt.

■ Zahlungstermin

Ohne besondere Vereinbarung ist **Zug um Zug** zu zahlen, d. h., der Lieferer kann sofortige Zahlung bei Übergabe der Ware verlangen *(Barkauf, § 271 BGB)*. Die Formel lautet „netto" oder „netto Kasse". Beim Versendungskauf ist die Zahlung Zug um Zug durch **Nachnahmeerhebung** möglich *(Lieferung gegen Nachnahme):* Der Frachtführer darf die Ware dem Käufer nur gegen Zahlung des auf der Nachnahmepaketkarte bzw. auf dem Frachtpapier angegebenen Betrages ausliefern.

Andere **mögliche Vereinbarungen** hinsichtlich des Zahlungstermins sind:

Besondere Zahlungsbedingungen	
Vorauszahlung/Anzahlung	Der Käufer muss bereits vor der Lieferung den Kaufpreis ganz oder teilweise zahlen.
Zahlungsziel (Zielkauf)	Der Käufer braucht erst nach Ablauf einer bestimmten Zeit nach Lieferung den Kaufpreis zu zahlen. Falls der Käufer in einem solchen Fall vorzeitig zahlen möchte, wird ihm i.d.R. vom Verkäufer ein Preisnachlass (Skonto) gewährt.
Ratenzahlung	Der Käufer kann den Kaufpreis nach und nach in mehreren Teilbeträgen zahlen.

Incoterms

Im internationalen Warenverkehr nutzen Kaufleute häufig die von der Internationalen Handelskammer, Paris, erarbeiteten Incoterms (International Commercial Terms). Sofern sie im Kaufvertrag vereinbart wurden, regeln sie nicht nur die Kostenteilung und den Gefahrenübergang, sondern noch weitere für den internationalen Handel wesentliche Bereiche, wie z. B. Versicherungen und Transportdokumente. Incoterms sind die offiziellen Regeln der ICC Paris für die Auslegung von handelsüblichen Vertragsformeln. Sie werden weltweit von Gerichten und Behörden anerkannt. Ihre Einbeziehung in Kaufverträge verringert die Gefahr von Missverständnissen, die zu rechtlichen Schwierigkeiten führen könnten. Derzeit gelten die Incoterms 2000.

■ Erfüllungsort

Der Erfüllungsort ist der Ort, an dem der Schuldner seine Leistung zu erbringen hat. Es ist nicht der politische Ortbegriff gemeint, sondern die tatsächliche Leistungsstelle, z. B. die Wohnung oder der Betrieb.

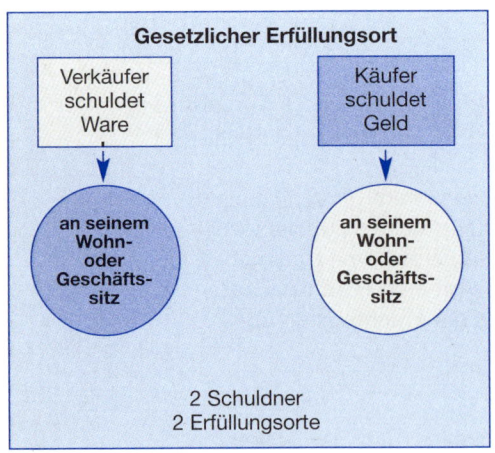

Gesetzlicher Erfüllungsort

Verkäufer schuldet Ware → an seinem Wohn- oder Geschäftssitz

Käufer schuldet Geld → an seinem Wohn- oder Geschäftssitz

2 Schuldner
2 Erfüllungsorte

Wenn nichts anderes vereinbart wurde, gilt die Regelung über den **gesetzlichen Erfüllungsort** *(§ 269 BGB)*: **Erfüllungsort ist der Wohn- bzw. Geschäftssitz des Schuldners.**
Der **Warenschuldner** hat seine Leistung an seinem Sitz zu erbringen, indem er die Ware dort fristgerecht bereitstellt. Er hat lediglich die Kosten der Übergabe zu tragen. Die Kosten der Abnahme und der Versendung nach einem anderen Ort als dem Erfüllungsort trägt der Käufer *(§ 448 BGB)*. *Warenschulden sind „Holschulden".*
Mit der Übergabe der verkauften Sache am Erfüllungsort ist der **Gefahrübergang** des zufälligen Untergangs oder der zufälligen Verschlechterung auf den Käufer verbunden *(§ 446 BGB)*.

Beispiel

Ein Handlungsbevollmächtigter hat bei einem Gebrauchtwagenhändler einen 2 Jahre alten, wie neu aussehenden Pkw gekauft. Als er zu seiner Freundin fährt, um den Wagen vorzuführen, gerät er in einen Hagelschauer, der auf dem Dach seines Autos einige Dellen hinterlässt. Den dadurch verursachten

*Schaden trägt der Handlungsvebollmächtigte oder seine Versicherung, da der
Erfüllungsort der Sitz des Kfz-Händlers war.*

Beim **Versendungskauf,** bei dem die Ware auf Verlangen des Käufers zu einem
anderen Ort als dem Erfüllungsort versandt werden soll, geht die Gefahr mit
der Übergabe an den Spediteur oder Frachtführer auf den Käufer über *(§ 447
BGB)*. Diese Regelung gilt nicht für Verbrauchsgüterkäufe *(§ 474, BGB)*. Der
Gefahrübergang ist hier mit der **Übergabe** der Kaufsache an den Verbraucher
verbunden.

Obwohl der Erfüllungsort für die Geldschuld der
Ort des Schuldners ist, hat der **Geldschuldner**
seine Leistungspflicht erst erfüllt, wenn er das
Geld fristgerecht auf seine Gefahr und Kosten an
den Sitz des Gläubigers abschickt. Der Käufer
haftet für das Geld, bis es in den Verfügungsbe-
reich des Verkäufers gelangt ist *(§ 270 BGB)*.
Geldschulden sind „Schickschulden".

Durch Vereinbarung kann jeder beliebige Ort zum
vertraglichen Erfüllungsort werden. Der Vertragspartner mit der stärkeren Markt-Position wird
versuchen, seinen Sitz als Erfüllungsort durchzusetzen.

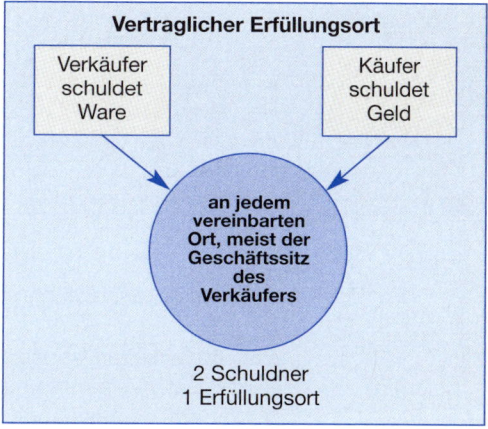

Wenn sich aus der Natur der Sache ergibt, wo die
Leistung zu erbringen ist, handelt es sich um
einen **natürlichen Erfüllungsort** *(z. B. Dach-
reparatur oder Gartenpflege)*.

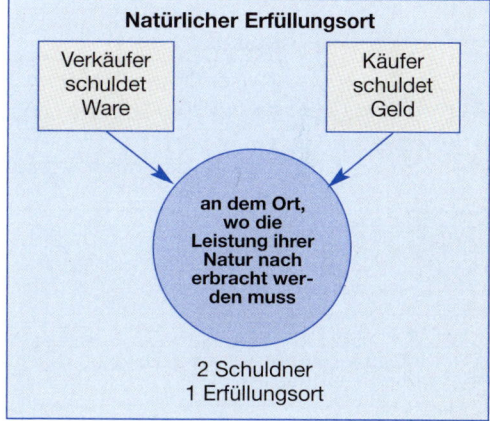

■ Gerichtsstand

Ergeben sich zwischen den Vertragspartnern Streitigkeiten über die Auslegung
und die Erfüllung der Vertragspflichten, so können sie die Hilfe des zuständigen Gerichts in Anspruch nehmen.

Der gesetzliche Erfüllungsort ist gleichzeitig **gesetzlicher Gerichtsstand,** so-
dass eine Warenklage am Sitz des Verkäufers, eine Zahlungsklage am Sitz des
Käufers erfolgen muss. **Gesetzlicher Gerichtsstand** ist damit der Sitz des
Gerichts, in dessen Bezirk der Beklagte seinen Sitz hat.

Beispiel

Zwischen der Logtrans GmbH, Köln, und der WEKO-Büroausstattung GmbH, Düsseldorf, ist ein Kaufvertrag über die Lieferung von diversen Büromöbeln abgeschlossen worden.

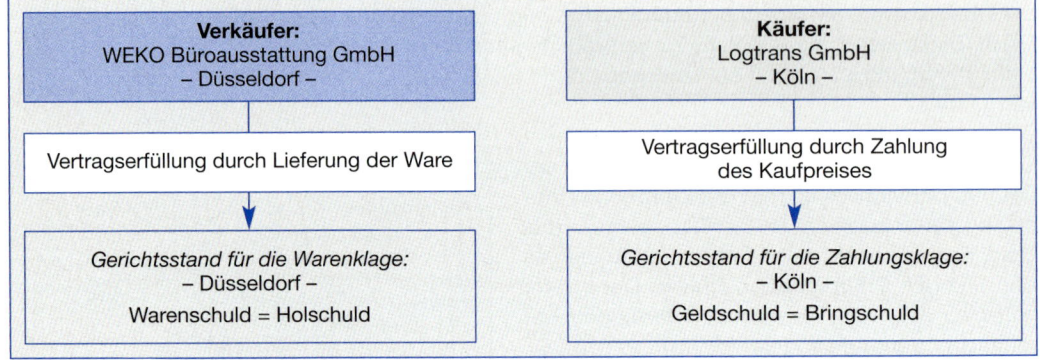

Kaufleute können einen Gerichtsstand frei vereinbaren.

Für Streitigkeiten ist das Gericht zuständig, in dessen Bezirk der Erfüllungsort liegt. Durch Vereinbarung eines Erfüllungsortes kann daher zugleich indirekt auch der Gerichtsstand bestimmt sein.

Beispiel

Zwischen der Treutrans AG, Berlin, und der Electronic GmbH, Ulm, ist ein Kaufvertrag über die Lieferung und Installierung eines EDV-Systems geschlossen worden.
Laut Vertrag (AGB der Electronic GmbH) ist Erfüllungsort für beide Teile Ulm.

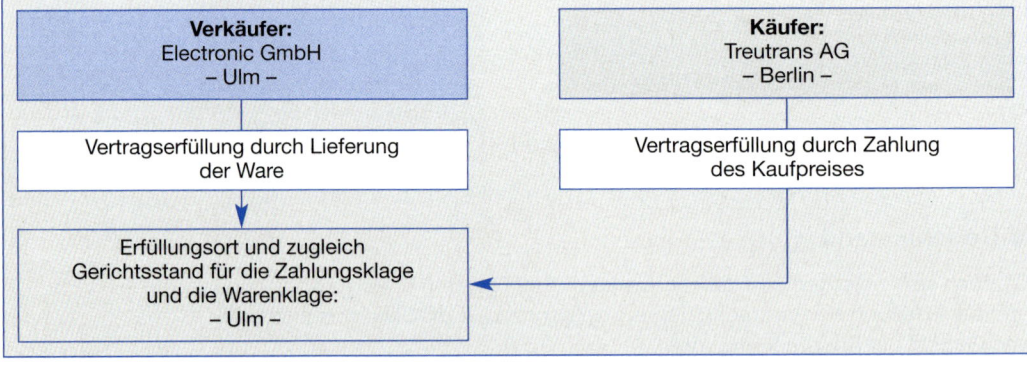

Kaufvertrag			
Inhalt		**Vereinbarungen**	**Gesetzliche Regelung**
Beschreibung des Kauf- gegenstandes	**Art**	Angabe von • Artikelnamen • Artikelnummer • Identifikationsnummer • Markenbezeichnung	Eine der Gattung nach bestimmte Ware ist in mittlerer Art und Güte zu liefern *(§ 243 BGB, § 360 HGB).* = *Gattungskauf (vertretbare Sachen)*
	Beschaffenheit und Güte	Festlegung durch • Muster, Probe, Besichtigung • Kataloge, Prospekte • Standards, Handelsklassen, Typen, Normen • Gütezeichen, Güteklassen, Warenzeichen • Herkunft, Jahrgang, Zusammensetzung, Oktanzahl	
Menge	**Einheit**	Angabe in • handelsüblichen Verpackungseinheiten • Maßeinheiten	Es gelten die Handelsbräuche oder das Reingewicht *(§ 380 HGB),* soweit keine Vereinbarungen getroffen wurden.
Preis	**Warenpreis**	Üblicherweise Preis pro Wareneinheit inkl. Verkaufsverpackung	
	Preisvergüns- tigungen	• Rabatt (Menge, Wiederverkäufer, Großverbrau- cher, Personal, Jubiläum, Barzahlung, Treue, besondere Anlässe) • Bonus • Skonto	
	Verpackungs- kosten	Festlegung, welcher Vertragspartner die Kosten tragen soll: • Verpackung frei • Verpackung zum Selbstkostenpreis • Verpackung leihweise • brutto für netto	Der Käufer trägt die Kosten der Versandpackung *(§ 448 BGB).* Das Nettogewicht ist in Rechnung zu stellen *(§ 380 HGB),* sofern der Vertrag oder der Handelsbrauch nichts anderes bestimmt.
Lieferungs- bedingungen	**Beförderungs- kosten**	Der Käufer trägt die Frachtkosten: • ab Werk, ab Lager Der Verkäufer trägt die Frachtkosten: • frei Haus, frei Lager Käufer/Verkäufer teilen sich die Frachtkosten: • ab Bahnhof, ab hier, unfrei • frachtfrei, Frachtbasis X, Frachtparität Y	Der Käufer trägt die Frachtkosten *(§ 448 BGB).*
	Lieferzeit	Vereinbarungen; • Lieferung sofort, innerhalb 14 Tagen, Ende April • Lieferung am 20. Mai, fix, genau, fest • Lieferung auf Abruf	Der Käufer kann sofortige Liefe- rung verlangen, der Verkäufer kann sofort liefern *(§ 271 BGB).*

Kaufvertrag			
Inhalt		**Vereinbarungen**	**Gesetzliche Regelung**
Zahlungsbe-dingungen	Zahlungs-termin	Zahlungsarten: • Vorauszahlung • Anzahlung • Zug um Zug • nach Lieferung in einer Summe • Ratenzahlung	Der Verkäufer kann sofortige Zahlung verlangen *(§ 271 BGB)*.
	Zahlungsart	Vereinbarung: bar, halbbar, unbar	Übernahme einer anderen Leistung an Erfüllung Statt ist möglich *(§ 364 BGB)*.
Erfüllungsort und Gerichts-stand	Erfüllungsort	Bestimmung • Wohnsitz/Geschäftssitz des Verkäufers oder Käufers • anderer Ort • für Lieferung/Zahlung verschiedene oder gemeinsame Orte	Erfüllungsort für Warenlieferung ist der Wohn- oder Geschäftssitz des Ver-käufers, für die Bezahlung derjenige des Käufers *(§ 269 BGB)*. Am natürli-chen Erfüllungsort ist von der Natur der Sache her zu erfüllen.
	Gerichtsstand	• Der gesetzliche Gerichtsstand ist dort, wo der Erfüllungsort ist. • Nur Kaufleute untereinander können einen anderen Gerichtsstand vereinba-ren.	Gerichtsort ist der Wohn- oder Ge-schäftssitz des Beklagten; soweit Kauf-leute einen anderen Gerichtsort verein-bart haben, gilt dieser. Für Klagen aus Haustürgeschäften gegen den Ver-braucher ist ausschließlich das Ge-richt, in dessen Bezirk er seinen Wohnsitz hat, zuständig *(§ 29c ZPO)*.

4.3   Zustandekommen eines Kaufvertrages

> **1. Fall:** **Der Antrag zum Abschluss des Kaufvertrages geht vom Ver-käufer aus.**

Der *Verkäufer* macht ein **Angebot** (= Vertragsantrag), der Käufer nimmt eine **Bestellung** vor (= Vertragsannahme).

Dem Angebot des Verkäufers kann eine rechtlich unverbindliche *Anfrage* des Käufers vorausgehen, der Bestellung des Käufers kann eine *Auftragsbestä-tigung* des Verkäufers folgen.

Durch das Angebot erklärt der Verkäufer, unter welchen Bedingungen er bereit ist, einen Kaufvertrag abzuschließen.

Seine Willenserklärung ist rechtlich bindend, wenn sie an eine bestimmte Person gerichtet ist und alle wesentlichen Vertragspunkte enthält:

• Art, Güte und Beschaffenheit der Ware,

• Menge der Ware,

• Preis der Ware.

Das Angebot muss so formuliert sein, dass es durch ein bloßes **„Ja"** des Käufers angenommen werden kann.

> **2. Fall:** **Der Antrag zum Abschluß des Kaufvertrages geht vom Käufer aus.**

Der Käufer macht eine **Bestellung** (= Vertragsantrag), der Verkäufer erteilt eine **Auftragsbestätigung** (= Vertragsannahme).

Der Bestellung des Käufers kann ein rechtlich unverbindliches *Angebot* des Verkäufers *(z. B. durch Katalogangebot, Schaufensterauslage, Zeitungsinserat, Internetangebot)* oder eine rechtlich unverbindliche *Anfrage* beim Verkäufer vorausgehen.

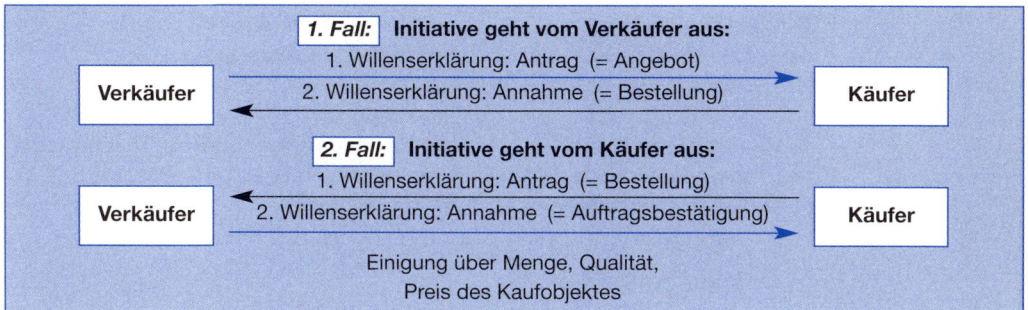

Wer einem anderen die Schließung eines Vertrages anbietet, ist an den Antrag gebunden *(§ 145 BGB)*.

Es besteht **keine rechtliche** Bindung an den **Vertragsantrag,**

- wenn die Annahmeerklärung des Vertragspartners nicht rechtzeitig erfolgt *(§ 147 BGB)*,
- wenn ein rechtzeitiger Widerruf von Seiten des Antragstellers erfolgt *(§ 130 Abs. 1 BGB)*,
- wenn das im Antrag enthaltene Angebot zeitlich befristet war und die Frist abgelaufen ist *(§ 148 BGB)*,
- wenn der rechtliche Bindungswille vom Antragsteller durch eine Freizeichnungsklausel ausdrücklich eingeschränkt worden ist *(§ 145 BGB)*.

Beispiel

„unverbindliches Angebot", „freibleibend", „solange der Vorrat reicht"

Ein **mündlicher** oder **telefonischer Antrag** muss sofort angenommen werden. **Schweigen** gilt als Ablehnung *(§ 147 Abs. 1 BGB)*.
Ein **schriftlicher Antrag** gilt solange, wie der Eingang einer Antwort unter gewöhnlichen Umständen erwartet werden darf *(§ 147 Abs. 2 BGB)*.
Die **verspätete Annahme** eines Antrages gilt als **neuer Antrag** *(§ 150 BGB)*. Eine Annahme unter Erweiterungen, Einschränkungen oder sonstigen Änderungen gilt als Ablehnung des alten Antrags, verbunden mit einem neuen Antrag *(§150 BGB)*.

Die **Zusendung unbestellter Ware** gilt als Antrag, Schweigen als Ablehnung des Antrags, die Bezahlung des Kaufpreises als Annahme.

Aus der Lieferung unbestellter Sachen wird ein Anspruch gegen den Verbraucher nicht begründet *(§ 241a BGB)*. Der Anspruchsausschluss umfasst insbesondere Ansprüche auf Gegenleistung und Rücksendung. Der Gesetzgeber nimmt in Kauf, dass auf diese Weise Eigentum und Besitz auf Dauer auseinander fallen können. Der Empfänger kann die Ware in Besitz nehmen oder vernichten, ohne dass ihm daraus Nachteil entsteht. Bei einem Kaufmann, dessen Gewerbebetrieb die Besorgung von Geschäften für andere mit sich bringt, gilt das Schweigen auf einen solchen Antrag als Annahme *(§ 362 HGB)*.

Beispiel

Ein Spediteur erhält per Fax von einem Stammkunden einen Auftrag. Der Stammkunde darf davon ausgehen, dass der Auftrag ausgeführt wird, wenn der Spediteur nicht unverzüglich ablehnt.

Ausnahme: Dem Verbraucher steht bei **Haustürgeschäften, Fernabsatzverträgen, Verbraucherdarlehensverträgen, Teilzahlungsgeschäften und Ratenlieferungsverträgen** ein **Widerrufsrecht** zu.

■ Erfüllungsgeschäft

Das durch den Abschluss des Kaufvertrages entstandene Schuldverhältnis erlischt, indem die Vertragspartner die jeweils eingegangenen Verpflichtungen erfüllen *(§ 362 BGB)*.

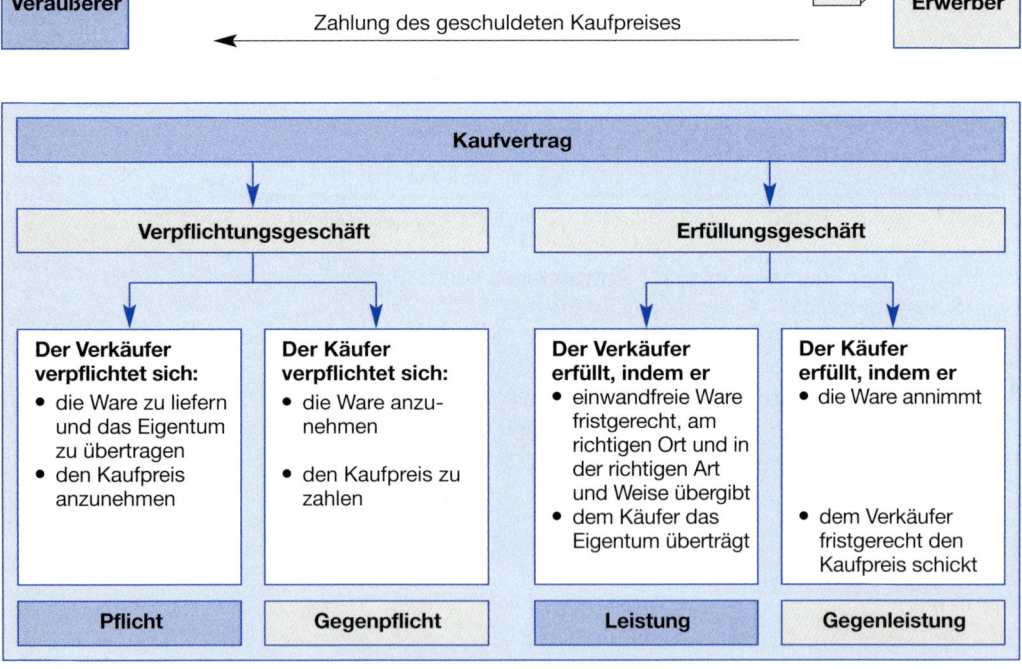

Durch den Kaufvertrag werden beide Vertragspartner zu gegenseitigen Schuldnern. Durch ihre Leistung am Erfüllungsort werden sie von ihren jeweiligen Verpflichtungen befreit.

4.4 Störungen bei der Erfüllung des Kaufvertrages

Käufer und Verkäufer übernehmen beim Abschluss eines Kaufvertrages eine Reihe von Pflichten.
Der Verkäufer (Warenschuldner) wird verpflichtet, am rechten Ort zur rechten Zeit dem Käufer den Besitz an der Sache frei von Mängeln einzuräumen und ihm das Eigentum an der Sache zu verschaffen. Die Pflichten des Käufers (Geldschuldner) bestehen in der Zahlung des vereinbarten Kaufpreises und in der Abnahme der gekauften Sache.

Wenn eine Partei hinter ihrem Pflichtenprogramm zurückbleibt, wird von einer Pflichtverletzung gesprochen. Damit der Gläubiger seine Ansprüche geltend machen kann, muss der Schuldner die Pflichtverletzung zu vertreten haben. „Vertretenmüssen" bedeutet aber nicht nur eigenes oder fremdes Verschulden, sondern auch unverschuldete Übernahme der Verantwortlichkeit.

Beispiel

Eine Spedition kauft bei einem Büromaschinenhändler ein Kopiergerät. Nach wenigen Tagen werden Mängel festgestellt. Der Händler hat den Fehler nicht verschuldet, dennoch kann die Spedition von ihm Abhilfe verlangen (§§ 434 Abs. 1, 437 BGB).

4.4.1 Pflichtverletzungen des Verkäufers

■ Schlechtleistung (Mangelhafte Lieferung)

Mängel an der Kaufsache können sehr unterschiedlicher Art sein.

Sachmängel bestehen, wenn die gelieferte Ware ...	Beispiele
... nicht die vereinbarte Beschaffenheit hat.	Die Kaufsache entspricht nicht dem Warenmuster, das der Verkäufer bei Abschluss des Kaufvertrages vorgelegt hat.
... sich nicht für die vertraglich vorausgesetzte Verwendung eignet	Fehlende Zulassungsfähigkeit eines Pkw.
... sich nicht für die gewöhnliche Verwendung eignet, und eine Beschaffenheit aufweist die bei solchen Sachen nicht üblich ist und die der Käufer auch nicht erwarten kann.	Beim Kauf einer Handkreissäge stellt der Handwerker andere Erwartungen hinsichtlich der Leistungsfähigkeit an das Gerät als ein Hobbybastler.
... nicht die vom Verkäufer und in der Werbung versprochenen Eigenschaften hat.	Der Hersteller eines Pkw macht fehlerhafte Angaben über den Kraftstoffverbrauch.
... durch den Verkäufer unsachgemäß montiert wurde, oder eine falsche Montageanleitung zu einer fehlerhaften Montage geführt hat (Ikea-Klausel).	Der Verkäufer schließt eine Waschmaschine fehlerhaft an, wodurch Wasser in Teile der Maschine eindringt, die eigentlich trocken bleiben sollen. Der Aufbau eines Schranks scheitert aufgrund fehlerhafter Montageanleitung.
... eine ganz andere Ware ist (Falschlieferung)	Es wurden Druckerpatronen bestellt, aber es wird Toner für die Fotokopiergeräte geliefert.
... in einer zu geringen Menge geliefert wurde (Zuweniglieferung)	Anstatt der bestellten 20 Kartons Fliesen werden nur 17 Kartons geliefert.

Wenn der Käufer beim Gefahrenübergang Mängel entdeckt, kann er die Annahme der Ware verweigern. Andernfalls muss er die Mängel innerhalb der Gewährleistungsfrist (Verjährungsfrist) rügen. Allgemeine Angaben (z. B. „Die Schreibtische sind beschädigt") in der Mängelrüge reichen nicht aus. Die Mitteilung an den Verkäufer sollte eine detaillierte Beschreibung der Mängel enthalten, wobei sich aus Beweissicherungsgründen die schriftliche Form empfiehlt.

Der Gewährleistungsanspruch ist bei beweglichen Sachen binnen 2 Jahren geltend zu machen, da er sonst verjährt *(§ 438 BGB)*. Für Bauwerke und für Baumaterialien, die üblicherweise für ein Bauwerk verwendet werden, gilt eine Gewährleistungsfrist von 5 Jahren.

- Bei Verbrauchsgüterkäufen ist eine **Verkürzung** der Gewährleistungsfrist auf 1 Jahr möglich, wenn es sich um gebrauchte Sachen handelt *(§ 475 BGB)*.
- Außerhalb des Verbrauchsgüterkaufs ist – ausgenommen die Haftung wegen Vorsatz – jede vertraglich **Verkürzung** der Gewährleistungsfrist möglich *(§ 202 Abs. 1 BGB)*.
- Wenn diese **Verkürzung** durch Allgemeine Geschäftsbedingungen geregelt wird, beträgt bei neuen Sachen die Untergrenze ein Jahr *(§ 309 Nr. 8, b, ff BGB)*.

Eine weitere Besonderheit bei Verbrauchsgüterkäufen ist das Prinzip der **Beweislastumkehr:** Zeigt sich bei Neuware innerhalb von 6 Monaten seit Gefahrübergang ein Sachmangel, so wird vermutet, dass die Sache bereits bei Gefahrübergang mangelhaft war, es sei denn, diese Vermutung ist mit der Art der Sache oder des Mangels unvereinbar.

Beispiel

Ein Kunde kauft am Samstag DVDs. Am Montag geht er in das Geschäft zurück und reklamiert, da sie nicht funktionieren. In diesem Fall kann der Verkäufer nicht behaupten, durch unsachgemäßen Gebrauch seien die DVDs fehlerhaft geworden. Wenn er die Reklamation nicht akzeptieren möchte, muss er beweisen, dass die DVDs bei Übergabe fehlerfrei waren, und dieser Beweis dürfte schwer zu erbringen sein.

Der Verkäufer haftet jedoch nicht,
- wenn er nicht zutreffende Aussagen des Herstellers über Eigenschaften der Kaufsache nicht kannte **und** auch nicht kennen musste oder wenn die Aussagen die Kaufentscheidung nicht beeinflusst haben *(§ 434, Abs. 2 BGB)*.
- wenn der Käufer den Mangel bei Vertragsabschluss kannte *(§ 442 BGB)*.

Bei einem **zweiseitigen Handelskauf** hat der Käufer abweichend von den BGB-Bestimmungen die Ware unverzüglich nach der Ablieferung durch den Verkäufer auf Ordnungsmäßgkeit zu untersuchen und, wenn sich ein Sachmangel zeigt, den Verkäufer unverzüglich zu informieren. Unverzüglich bedeutet nicht „sofort", sondern „ohne schuldhafte Verzögerung". Unterlässt der Käufer die Anzeige, so gilt die Ware als **genehmigt,** es sei denn, dass es sich um einen Mangel handelt, der bei der Untersuchung nicht erkennbar war *(§ 377 HGB)*.

Rügefristen			
Art des Mangels	**offen erkennbarer Mangel** *(bei Prüfung erkennbar, z.B. Beschädigung)*	**versteckter Mangel** *(nicht sofort erkennbar, z.B. Materialfehler)*	**arglistig verschwiegener Mangel** *(versteckter Mangel, die der Lieferer kannte und absichtlich verheimlichte)*
zweiseitiger - Handelskauf (beide Vertragspartner sind Kaufleute)	unverzüglich *(§ 377 Abs. 1 HGB)*	unverzüglich nach Entdeckung, spätestens jedoch 24 Monate nach Lieferung *(§ 377 HGB, § 438 BGB)* bzw. innerhalb der vertraglich vereinbarten Gewährleistungsfrist	3 Jahre nach Schluss des Jahres, in dem die Sache übergeben oder abgeliefert wurde und der Käufer auch von dem Mangel Kenntnis erlangt oder ohne grobe Fahrlässigkeit erlangen müsste, aber spätestens nach 10 Jahren *(§ 199 Abs. 4 BGB)*. Damit wird der Gefahr begegnet, dass die Verjährung der Mängelansprüche zu laufen beginnt, obwohl der Käufer gerade wegen des arglistigen Handelns des Verkäufers den Mangel nicht zeitnah nach der Ablieferung der Sache entdecken kann.
Verbrauchsgüterkauf (Verkäufer ist Unternehmer, Käufer ist Verbraucher) **bürgerlicher Kauf** (beide Vertragspartner sind Privatleute)	innerhalb von 24 Monaten nach Gefahrübergang (Lieferung) *(§ 438 BGB)* bzw. innerhalb der vertraglich vereinbarten Gewährleistungsfrist		

Bei rechtzeitig erteilter Rüge entstehen folgende Rechtsansprüche *(§ 437 BGB)*:

- **Nacherfüllung** *(§ 439 BGB)*

Der Käufer kann als Nacherfüllung nach seiner Wahl die **Nachbesserung** (Beseitigung des Mangels) oder die **Neulieferung** (Lieferung einer mangelfreien Sache) verlangen. Der Verkäufer hat die zum Zweck der Nacherfüllung erforderlichen Aufwendungen *(z. B. Transport-, Materialkosten)* zu tragen *(§ 439 BGB)*. Eine Nachbesserung gilt im Allgemeinen nach dem erfolglosen zweiten Versuch als fehlgeschlagen *(§ 440 BGB)*.

Der Verkäufer kann die vom Käufer gewählte Art der Nacherfüllung verweigern, wenn sie nur mit unverhältnismäßigen Kosten möglich ist. Der Anspruch des Käufer beschränkt sich in diesem Fall auf die andere Art der Nacherfüllung.

Beispiel

Ein Neuwagenkäufer stellt bei der Übergabe des Fahrzeugs fest, dass das Glas des rechten Außenspiegels gesprungen ist. Er fordert Neulieferung des Autos. Der Verkäufer muss nicht darauf eingehen, da es mit sehr einfachen Mitteln möglich ist, das Glas auszuwechseln. Eine Neulieferung würde unverhältnismäßig hohe Aufwendungen verlangen.

- **Rücktritt vom Vertrag und Schadenersatz**

Der Käufer kann bei mangelhafter Lieferung vom Vertrag zurücktreten, wenn er dem Verkäufer zuvor eine angemessene Frist zur Nacherfüllung eingeräumt hat.

Eine Fristsetzung vor dem Vertragsrücktritt ist nicht erforderlich, wenn:
- der Schuldner beide Arten der Nacherfüllung verweigert *(§ 440 [3] BGB)*;
- die Nacherfüllung fehlgeschlagen ist *(§ 440 [3] BGB)*, z. B. zwei erfolglose Nachbesserungen oder die Ersatzware weist den gleichen Fehler auf;

- die Nacherfüllung für den Käufer unzumutbar ist *(§ 440 [3] BGB)*, z. B. hat der Verkäufer den Käufer beleidigt oder arglistig getäuscht oder die Ware kann für einen Messeverkauf nicht rechtzeitig bereitgestellt werden;
- der Schuldner die Leistung ernsthaft und endgültig verweigert *(§ 323 [2] 1 BGB)*, z. B. tritt der Schuldner zurück und lässt keinen Zweifel daran, dass er nicht leisten wird;
- es ein Fixgeschäft ist *(§ 323 [2] 2 BGB)*, z. B. Klausel „Lieferung zum Verkauf für Weihnachten" mit Datumsangabe oder Devisentermingeschäft;
- besondere Umstände den Rücktritt rechtfertigen *(§ 323 [2] 3 BGB)*, z. B. „just in time" wird nicht eingehalten oder Saisonartikel sind unverkäuflich geworden.

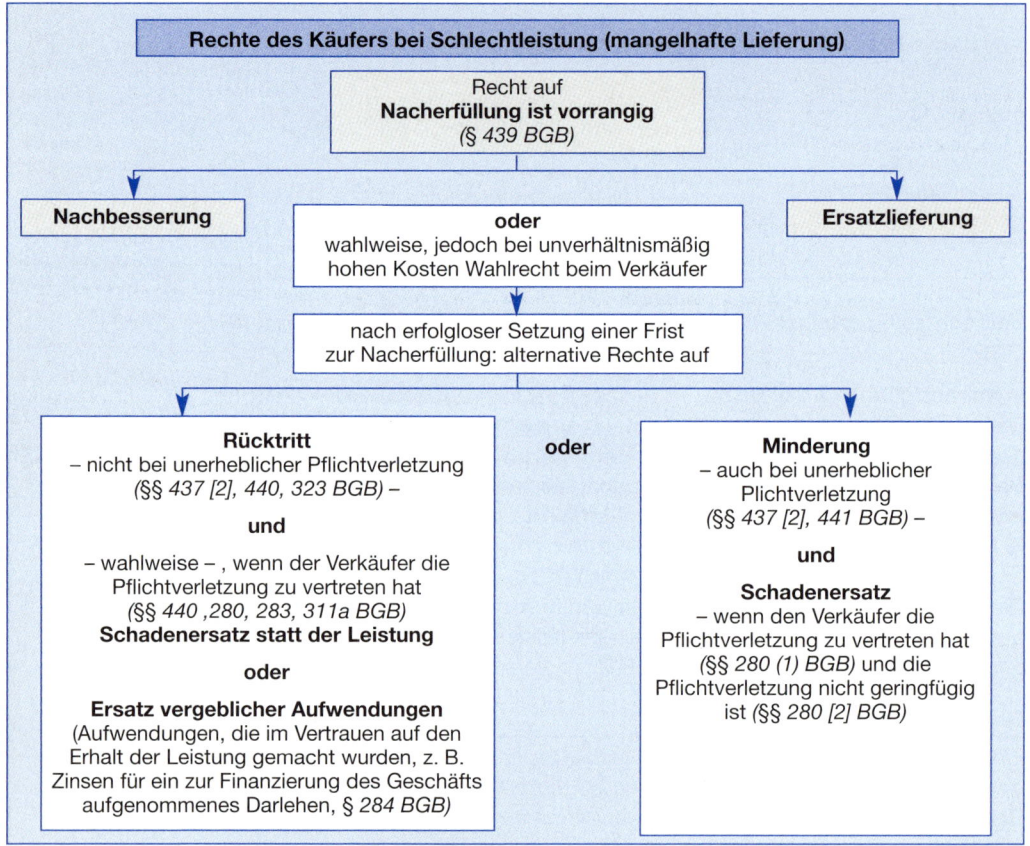

- **Minderung des Kaufpreises**

  Anstatt vom Vertrag zurückzutreten, kann der Käufer eine Herabsetzung des Kaufpreises verlangen. Es gelten die gleichen Voraussetzungen wie beim Rücktritt vom Kaufvertrag. Sollten dem Käufer ein Schaden oder besondere Aufwendungen entstanden sein, ist der Verkäufer zum Ersatz *verpflichtet (§§ 280 ff., 441 BGB)*.

  Auch die gesetzlich vorgesehenen Rechte können vertraglich abgeändert werden. Im Allgemeinen schränkt der Lieferer die Rechte des Käufers durch seine **Allgemeinen Geschäftsbedingungen** (AGB) ein.

Will der Verwender der AGB die Rechte des Verbrauchers auf Nacherfüllung beschränken, so kann er dies nur, wenn er gleichzeitig und ausdrücklich das Recht einräumt, bei Fehlschlagen der Nacherfüllung wahlweise zu mindern oder – wenn es sich nicht um eine Bauleistung handelt – vom Vertrag zurückzutreten. Fehlt dieser Hinweis, so sind alle Einschränkungen unwirksam.
Bei **arglistig verschwiegenen Mängeln** sind vertraglich vereinbarte Gewährleistungsausschlüsse oder -einschränkungen nichtig *(§ 444 BGB)*.

Für **zweiseitige Handelsgeschäfte** gilt weiterhin:
– Die mangelhafte Ware darf nur beim Platzkauf zurückgeschickt werden. Ansonsten muss der Käufer für ihre einstweilige Aufbewahrung sorgen, bis der Verkäufer Verfügungen trifft *(§ 379 HBG)*. Dies soll dem Verkäufer unnötige Kosten ersparen. Verderbliche Waren darf der Käufer, wenn Gefahr im Verzug ist, unter den gleichen Bedingungen wie beim Annahmeverzug versteigern lassen *(§§ 373, 379 HGB)*.
– Ist nur der Käufer Kaufmann, so lässt sich aus dem Grundsatz von Treu und Glauben *(§§ 242 BGB)* schließen, dass für ihn die gleichen Pflichten gelten.

Garantie und Kulanz

Die gesetzliche Gewährleistungspflicht darf nicht mit der **Garantie** *(§ 443 BGB)* verwechselt werden, die Hersteller, Importeure und Händler auf Waren gewähren. Die Garantie beruht auf freiwilliger Basis und beschränkt sich meist auf einzelne Teile oder bestimmte Eigenschaften. Ihre Bedeutung für das Marketing ist nicht unbeträchtlich, weil mit ihr die Qualität der Ware belegt wird und damit die Absatzchancen im Wettbewerb verbessert werden.
Verbraucher können verlangen, dass Garantieerklärungen (z. B. Inhalt der Garantie, Voraussetzungen für Geltendmachung der Garantie, Dauer, räumlicher Geltungsbereich, Namen und Anschrift des Garantiegebers) in Textform abgegeben werden *(§ 477 BGB)*.

In der Praxis wird der Verkäufer oft auch dann auf die Forderungen des Kunden eingehen, wenn er gesetzlich oder vertraglich nicht dazu verpflichtet ist. Man spricht dann von **Kulanz.**
Kulanz ist vor allem angebracht, wenn die Forderung des Kunden sachlich gerechtfertigt erscheint, bisweilen sogar bei ungerechtfertigten Ansprüchen. So wird man einen Kunden mit hohem Umsatz wegen einer geringfügigen Reklamationsforderung nicht verärgern wollen. Man könnte ihn verlieren!
Das **Produkthaftungsgesetz** gibt dem Verbraucher bei Körper-, Gesundheits- und Sachschäden, die aufgrund eines fehlerhaften Produktes entstehen, einen **Schadenersatzanspruch** gegenüber dem Hersteller.

■ Nicht-Rechtzeitig-Lieferung (Lieferungsverzug)

Wenn die Lieferzeit nicht vertraglich vereinbart wurde, kann der Käufer sofortige Lieferung verlangen und der Verkäufer kann sofort liefern *(§ 271 BGB)*.
Bei Ausbleiben der Lieferung kann der Kunde verschiedene Rechte wahrnehmen *(§ 280 BGB)*:
• Lieferung verlangen und Schadenersatz für die Verzögerung oder
• Schadenersatz statt der Lieferung oder
• Rücktritt vom Kaufvertrag

Welches Recht ein Käufer in Anspruch nimmt, hängt von den rechtlichen Bestimmungen und wirtschaftlichen Interessen des Einzelfalls ab. Deswegen muss der Käufer, bevor er reagiert, für sich grundsätzlich entscheiden, ob er auf Lieferung bestehen will oder nicht.

Ist der Käufer weiterhin an der Lieferung interessiert, so wird er auf Lieferung bestehen und ggf. Schadenersatz für die Verspätung fordern *(§§ 280, 286 BGB)*.

Beispiel

Eine Spedition kauft einen Gabelstapler. Da die Lieferung nicht fristgerecht erfolgt, entstehen Mietkosten für ein Ersatzfahrzeug.

Um den Verzögerungsschaden neben der eigentlichen Lieferung beanspruchen zu können, muss der Verkäufer **„in Verzug"** gesetzt werden.

> Der Verkäufer **gerät in Verzug** *(§ 286 BGB)*, wenn
> - **die Lieferung fällig ist und**
> - **der Lieferer die Verzögerung zu vertreten hat und**
> - **er vom Käufer nach Eintritt der Fälligkeit gemahnt wurde.**

Eine Mahnung ist u. a. entbehrlich, wenn das Lieferdatum kalendermäßig bestimmt wurde (z. B. Lieferung bis 15. Okt.) oder der Lieferung ein Ereignis vorauszugehen hat und sich der Liefertermin ab diesem Ereignis nach dem Kalender berechnen lässt (z. B. Lieferung vier Wochen nach Zugang der Einfuhrgenehmigung) oder der Lieferer seine Leistung ernsthaft und endgültig verweigert oder besondere Gründe vorliegen (z. B. nicht rechtzeitige Lieferung in einem Just-in-time-Vertrag [JIT-Vertrag]).

Mit dem Zugang der Mahnung, die in diesem Fall eine formfreie Aufforderung zur Lieferung ist, entsteht der Anspruch auf den Ersatz aller Schäden, die durch die Lieferungsverzögerung seit Verzugseintritt entstanden sind (z. B. entgangener Gewinn oder Schadenersatzansprüche von Drittkunden).

Ist der Käufer an der Lieferung nicht mehr interessiert, so wird er versuchen,
- **Schadenersatz statt der Leistung** *(§ 281 BGB)* zu beanspruchen oder
- **vom Vertrag zurückzutreten** *(§ 323 BGB)*.

> Voraussetzung für **Schadenersatz statt der Leistung** ist, dass
> - **trotz Fälligkeit nicht geliefert wurde und**
> - **der Warenschuldner die Verzögerung zu vertreten hat und**
> - **eine angemessene Nachfrist fruchtlos verstrichen ist.**

Mit der Nachfrist erhält der Lieferer eine „zweite Chance" zur Lieferung. Die Frist soll so bemessen sein, dass es dem Schuldner nicht ermöglicht wird, jetzt erst mit der Leistung zu beginnen, sondern dass er mit Anstrengung und schnellerem Handeln eine begonnene Leistung zu Ende bringen kann. Nach fruchtlosem Fristablauf kann der Käufer vom Vertrag zurücktreten und Schadenersatz wegen nicht erbrachter Leistung fordern.

Die Fristsetzung ist allerdings entbehrlich, wenn ihre Nutzlosigkeit von vornherein feststeht. Dies ist vor allem der Fall, wenn der Verkäufer seine Lieferung ernsthaft und endgültig verweigert oder besondere Umstände vorliegen, die einen Schadenersatzanspruch rechtfertigen (z. B. leistet der Schuldner nicht rechtzeitig bei einem JIT-Vertrag).

Durch den Schadenersatz ist der Käufer finanziell so zu stellen, wie er bei ordnungsgemäßer Lieferung gestanden hätte. Der klassische Fall für Schadenersatz statt der Leistung sind die Mehrkosten eines Deckungskaufs bei einem anderen Lieferanten oder der entgangene Gewinn.

> Voraussetzungen für den **Rücktritt vom Kaufvertrag** sind
> * **Fälligkeit der Lieferung und**
> * **erfolglose Fristsetzung zur Lieferung.**

Entbehrlich ist eine Fristsetzung, wenn der Lieferer klipp und klar seine Leistung verweigert, wenn es sich um ein Fixgeschäft handelt oder wenn besondere Umstände den sofortigen Rücktritt rechtfertigen (z. B. verweigern die Kunden des Warengläubigers wegen der verspäteten Lieferung die Abnahme).

Mit dem Rücktritt sind bereits empfangene Leistungen zurückzugeben oder ihrem Wert nach zu ersetzen.

Rechte des Käufers bei Nicht-Rechtzeitig-Lieferung				
	Auf Lieferung bestehen und Schadenersatz wegen Verzögerung der Lieferung		Schadenersatz statt der Lieferung	Rücktritt vom Kaufvertrag
Voraussetzungen	Fälligkeit	Verzug	Fälligkeit	Fälligkeit
	Vertretenmüssen		Vertretenmüssen	---
	Mahnung		---	---
	---		erfolglose Fristsetzung	erfolglose Fristsetzung
Entbehrlichkeit der Mahnung oder Nachfristsetzung	wenn ... 1. der Lieferer die Leistung verweigert oder 2. besondere Umstände vorliegen oder 3. der Lieferzeitpunkt kalendermäßig bestimmt ist		wenn ... 1. der Lieferer die Leistung verweigert oder 2. besondere Umstände vorliegen oder 3. der Lieferung ein Ereignis vorauszugehen hat und der Liefertermin sich ab diesem Ereignis nach dem Kalender berechnen lässt	wenn ... 1. der Lieferer die Leistung verweigert oder 2. besondere Umstände vorliegen oder 3. es ein Fixgeschäft ist

4.4.2 Pflichtverletzungen des Käufers

■ Annahmeverzug

Der Käufer gerät in **Annahmeverzug,** wenn er die ordnungsgemäß (d. h. zur rechten Zeit, am rechten Ort, frei von Mängeln) gelieferte Ware nicht annimmt *(§§ 293, 294 BGB).*

Definition

Durch den Annahmeverzug geht die Gefahr des zufälligen Untergangs oder der zufälligen Wertminderung der Ware auf den Käufer über. Der Verkäufer hat während des Verzugs nur Vorsatz und grobe Fahrlässigkeit zu verantworten *(§ 300 BGB)*.

Der Annahmeverzug setzt kein Vertretenmüssen des Käufers voraus, sodass Entschuldigungsgründe wie Krankenhausaufenthalt, Streik der eigenen Mitarbeiter oder o. Ä. rechtlich wirkungslos sind.

Rechte des Verkäufers

Der Verkäufer hat verschiedene Rechte gegenüber dem Käufer. Je nach Art der Ware, dem Grund der Nicht-Annahme, dem Erfüllungsort, den bisherigen Erfahrungen mit dem Käufer usw. wird sich der Verkäufer, wenn eine gütliche Einigung nicht möglich ist, für eine der folgenden Möglichkeiten entscheiden.

- **Hinterlegung und Bestehen auf Annahme** *(§§ 373 HGB, 372 BGB)*
Der Verkäufer kann die nicht angenommene Ware auf Kosten und Gefahr des Käufers in einem öffentlichen Lagerhaus oder in sonst sicherer Weise am Erfüllungsort einlagern und Abnahme verlangen. Dieses Abnahmeverlangen kann durch eine Klage auf Abnahme unterstützt werden, wobei das übliche Prozessrisiko, die Zeitdauer und das Kostenrisiko nicht außer Acht gelassen werden sollten.

- **Selbsthilfeverkauf** *(§§ 373 HBG, 383 ff BGB)*
Wenn eine Hinterlegung nicht möglich oder nicht angezeigt erscheint, kann der Verkäufer durch eine öffentliche Versteigerung versteigern lassen. Der Verkäufer muss dem Käufer zuvor eine Frist zur Abnahme der Ware einräumen und ihm die Versteigerung androhen. Ort der Aufbewahrung sowie Ort und Zeitpunkt des Selbsthilfeverkaufs sind dem Käufer mitzuteilen *(§§ 383, 384, BGB)*.
Käufer und Verkäufer können bei der Versteigerung mitbieten, um einen möglichst hohen Preis zu erzielen.
Die Kosten der Versteigerung sowie den (voraussichtlichen) Mindererlös trägt der Käufer. Ein Mehrerlös steht nach Abzug der Kosten dem Käufer zu.
Notverkauf: Bei verderblicher Ware kann der Verkäufer sofort und ohne vorherige Androhung und Mitteilung die Ware auf Rechnung des Käufers verkaufen.

- **Rücktritt vom Kaufvertrag** *(§ 323 BGB)*
Nach einer angemessenen Fristsetzung zur Annahme kann der Verkäufer vom Vertrag zurücktreten und die Ware anderweitig verkaufen.
Die Fristsetzung kann unterbleiben, wenn der Kunde ohne Wenn und Aber seine Abnahmepflicht verweigert, wenn es sich um ein Fixgeschäft handelt oder wenn besondere Umstände den sofortigen Rücktritt rechtfertigen.
Mit dem Rücktritt sind bereits empfangene Leistungen zurückzugeben oder ihrem Wert nach zu ersetzen.

■ Nicht-Rechtzeitig-Zahlung (Zahlungsverzug)

Für die verspätete Zahlung gelten die gleichen Regeln wie für die verspätete Lieferung, denn das BGB behandelt beide Fälle der Pflichtverletzung als

Verzögerung der Leistung *(§§ 280, 286 BGB)*. So hat der Verkäufer das Recht auf
- Schadenersatz wegen verspäteter Zahlung oder auf
- Schadenersatz statt der Zahlung oder auf
- Rücktritt vom Kaufvertrag.

Am häufigsten kommt es zweifellos zu Forderungen auf Schadenersatz wegen verzögerter Zahlung, sodass auf die Darstellung der anderen beiden Rechte – bei denen die Ware dem Verkäufer zurückgegeben werden müsste – hier verzichtet wird.

Falls im Kaufvertrag keine andere Vereinbarung getroffen wurde, ist eine Forderung sofort und ohne Abzug fällig *(§ 271 BGB)*. Schadenersatz wegen verspäteter Zahlung kann der Gläubiger verlangen, wenn sich der Käufer in **Zahlungsverzug** befindet.

Voraussetzungen für die **Nicht-Rechtzeitig-Zahlung** *(§ 286 BGB)* sind, dass
- die Zahlung fällig ist und
- der Käufer die Verzögerung zu vertreten hat und
- der Käufer nach Eintritt der Fälligkeit gemahnt wurde.

Fällig ist eine Leistung, sobald der Schuldner sie bewirken soll und der Gläubiger sie fordern darf. Die **Mahnung** ist eine an den Schuldner gerichtete Aufforderung, die geschuldete Leistung zu erbringen.

Die Mahnung ist u. a. entbehrlich,
- wenn das Zahlungsdatum kalendermäßig bestimmt wurde (z. B. Zahlung bis 15. Okt.) oder
- der Lieferung ein Ereignis vorauszugehen hat und sich der Liefertermin ab diesem Ereignis nach dem Kalender berechnen lässt (z. B. Zahlung vier Wochen nach Entladung) oder
- der Käufer seine Zahlung ernsthaft und endgültig verweigert oder
- besondere Gründe vorliegen (z. B. vertraglicher Verzicht auf eine Mahnung).

Wenn nicht gemahnt wird und die Mahnung auch nicht entbehrlich ist, gerät der Käufer trotzdem in **Verzug, wenn er nicht spätestens innerhalb von 30 Tagen nach Fälligkeit der Forderung und Zugang der Rechnung** oder einer gleichwertigen Zahlungsaufstellung (z. B. ein Brief, in dem, eingeflochten in andere Aussagen, eine Entgeltforderung erstmalig geltend gemacht wird) bezahlt *(§ 286 Abs. 3 BGB)*. Es reicht also, wenn der Schuldner das Geld am letzten Tag der Frist auf den Weg bringt.

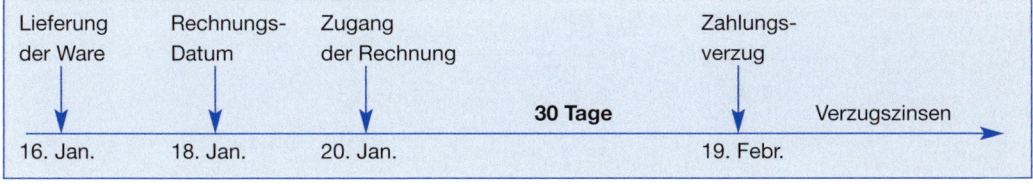

Lieferung der Ware	Rechnungs-Datum	Zugang der Rechnung		Zahlungs-verzug	
			30 Tage		Verzugszinsen
16. Jan.	18. Jan.	20. Jan.		19. Febr.	

Diese Regelung ist dispositiv und kann vertraglich abgewandelt werden. Gegenüber Verbrauchern gilt *§ 286 BGB* nur, wenn in der Rechnung besonders auf die Folgen (Zahlungsverzug) hingewiesen wird. Eine Fristverkürzung ist aber nicht möglich, da dies eine unangemessene Benachteiligung des Verbrauchers wäre *(§ 307 BGB)*.

„Arbeitet der Spediteur auf Grundlage der ADSp, so sind seine Rechnungen sofort zu begleichen" *(ADSp Ziffer 18)*.

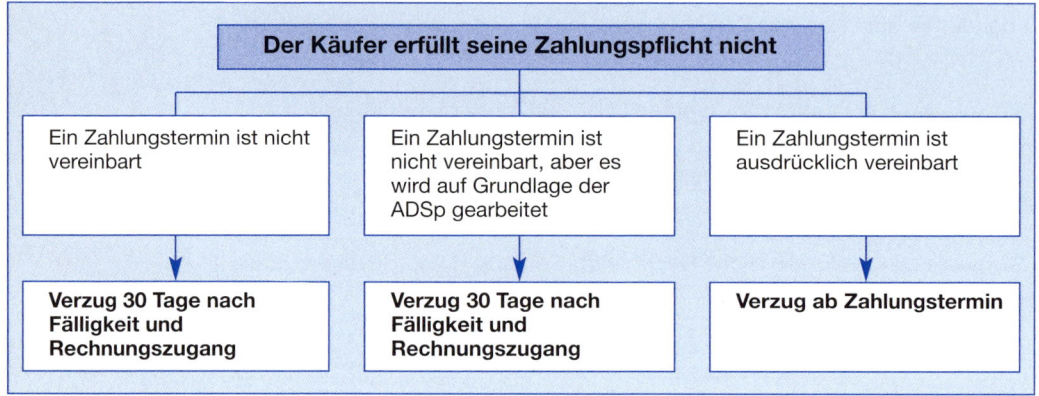

Der Verkäufer kann dem Käufer zusätzlich zum Kaufpreis Verzugszinsen vom Tage des Verzugs an und alle mit der Eintreibung des Geldes angefallenen Kosten in Rechnung stellen.

Verzugszinsen	
Rechtsgeschäfte, bei denen Verbraucher beteiligt sind	5 Prozentpunkte über Basiszinssatz ab Verzug *(§ 288 BGB)*
Rechtsgeschäfte, bei denen ein Verbraucher nicht beteiligt ist	8 Prozentpunkte über Basiszinssatz ab Verzug *(§ 288 BGB)*

Beispiel

Eine Spedition hat einen abgeschriebenen Firmen-Pkw an einen Gebraucht-wagenhändler verkauft. Die Übergabe des Fahrzeugs erfolgt am 20. Juni, die Rechung über 6 250,00 EUR geht bei dem Händler am 22. Juni ein. Am 16. Aug. erfolgt die Zahlung.

Ab dem 23. Juli befindet sich der Gebrauchtwagenhändler im Zahlungsverzug. Das Kreditinstitut kann ab diesem Tag Verzugszinsen für die Zeit vom 23. Juli einschließlich bis zum 15. August einschließlich in Rechnung stellen.

Der aktuelle Basiszinssatz (§ 247 BGB) beträgt seit 01.07. d. J. 1,22 %

$$\text{Verzugszinsen:} \quad \frac{6\,250 \cdot (8 + 1,22) \cdot 24}{100 \cdot 365} = 37,89 \; EUR$$

Pflichtverletzungen bei der Erfüllung des Kaufvertrages			
Pflichtverletzungen des Verkäufers		**Pflichtverletzungen des Käufers**	
Schlechtleistung (Mangelhafte Lieferung)	**Nicht-Rechtzeitig-Lieferung** (Lieferungsverzug)	**Annahmeverzug**	**Nicht-Rechtzeitig-Zahlung** (Zahlungsverzug)
Voraussetzungen für die Geltendmachung von Rechtsansprüchen durch den Käufer		**Voraussetzungen für die Geltendmachung von Rechtsansprüchen durch den Verkäufer**	
Auftreten eines **Mangels** innerhalb der gesetzlichen oder der vertraglichen Gewährleistungsfrist	**Nichtlieferung** trotz Fälligkeit und Mahnung bzw. erfolgloser Fristsetzung	**Nichtannahme** der am rechten Ort zur rechten Zeit in mängelfreiem Zustand angebotenen Ware	**Nichtzahlung** trotz Fälligkeit und Mahnung oder festem Zahlungstermin, unabhängig davon 30 Tage nach Fälligkeit und Zugang der Rechnung
Rechtsansprüche des Käufers		**Rechtsansprüche des Verkäufers**	
• **vorrangig Nacherfüllung (= Nachbesserung oder Neulieferung) oder** nach erfolgloser Setzung einer Frist zur Nacherfüllung, Fehlschlagen der Nacherfüllung oder Verweigerung der Nacherfüllung; • **Rücktritt und Schadenersatz (oder Ersatz vergeblicher Aufwendungen) statt der Leistung oder** • **Minderung und Schadenersatz**	• **Auf Lieferung bestehen und Schadenersatz wegen verspäteter Lieferung** (zusätzliche Voraussetzung: Vertretenmüssen) **oder** • **Schadenersatz statt der Lieferung** (zusätzliche Voraussetzung: Vertretenmüssen) **oder** • **Rücktritt vom Kaufvertrag**	• **Hinterlegung** der Ware auf Kosten und Gefahr des Käufers am Erfüllungsort und Bestehen auf Abnahme, z. B. mittels Klage **oder** • **Selbsthilfeverkauf,** wenn Hinterlegung nicht möglich oder angezeigt ist. Zuvor Fristsetzung zur Annahme, Androhung der Versteigerung, Bekanntgabe des Ortes der Aufbewahrung sowie von Ort und Datum der Versteigerung. Käufer trägt Mindererlös und erhält Mehrerlös. Bei verderblicher Ware kann vorherige Mitteilung an den Käufer unterbleiben. • **Rücktritt vom Kaufvertrag**	• **Mahnkosten sowie Verzugszinsen** wegen verspäteter Zahlung in Höhe von 5 Prozentpunkten über dem Basiszinssatz oder, wenn kein Verbraucher beteiligt ist, in Höhe von 8 Prozentpunkten über dem Basiszinssatz, **oder** • **Schadenersatz statt der Lieferung oder** • **Rücktritt vom Kaufvertrag**

■ Eigentumsvorbehalt

Der Lieferant einer Ware gewährt seinem Abnehmer in der Regel ein Zahlungsziel, d. h., dieser braucht erst nach Ablauf eines vereinbarten Zeitraums die Rechnung zu bezahlen. Für den Fall, dass der Käufer nicht bezahlt, behält sich der Verkäufer ein Rücknahmerecht der Ware vor (Eigentumsvorbehalt). Durch den **Eigentumsvorbehalt** *(§ 449 BGB)* behält der Veräußerer bis zur vollständigen Bezahlung des Kaufpreises das Eigentum an der Ware; andererseits ist der Erwerber bereits berechtigt, die Sache in Besitz zu nehmen und zu benutzen, ggf. auch zu verwerten.

Ein solcher Vermerk im Angebot oder in der Bestellungannahme bewirkt, dass der Käufer bei Übergabe der Ware lediglich Besitzer und nicht Eigentümer wird. Mit dem Eintritt der Bedingung (i.d.R. Zahlung der letzten Kaufpreisrate) geht das Eigentum automatisch auf den Erwerber über, ohne dass es einer nochmaligen Einigung bedarf.

Beispiel

Auszug aus einem Kaufvertrag mit Zahlungsziel: „Die Ware bleibt bis zur restlosen Bezahlung des Kaufpreises unser Eigentum."

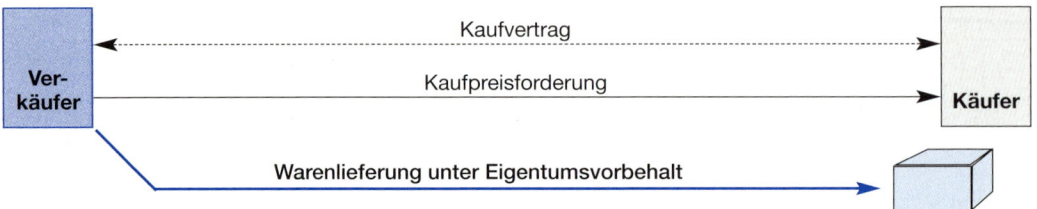

Der **Verkäufer** behält sich das Eigentum an der gelieferten Ware bis zur vollständigen Bezahlung des Kaufpreises vor.

Der **Käufer** ist berechtigt, die Ware in Besitz zu nehmen. Mit der Bezahlung des Kaufpreises geht das Eigentum automatisch auf ihn über.

4.5 Außergerichtliches und gerichtliches Mahnverfahren

■ Außergerichtliches Mahnverfahren

Durch die **Mahnung** erinnert der Gläubiger den Schuldner an die Fälligkeit seiner Verbindlichkeit.

Da die Gründe für den nicht erfolgten oder nicht erkennbaren Zahlungseingang nicht nur bei den Kunden liegen können *(z. B. Vergesslichkeit, chaotische Buchhaltung, Zahlungsunwilligkeit, Zahlungsunfähigkeit)*, sondern auch beim Lieferanten *(z. B. Rechnung nicht verschickt, Zahlungseingang nicht gebucht)* oder beim beauftragten Kreditinstitut *(z. B. Irrläufer)*, ist bei allen Mahnmaßnahmen Fingerspitzengefühl gefragt.

Üblich ist eine Abstufung der Mahnschreiben:

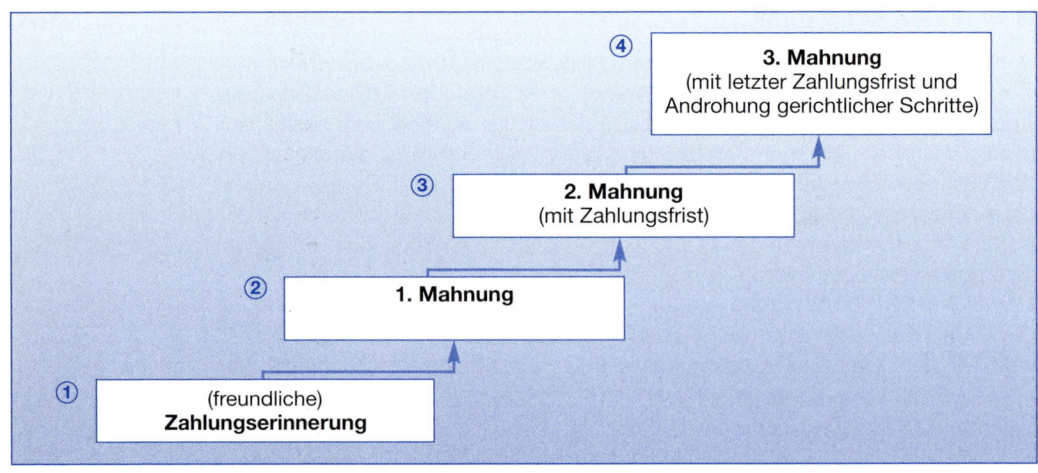

■ Gerichtliches Mahnverfahren

Wenn der Schuldner seine Zahlungspflicht nicht erfüllt, kann der Gläubiger versuchen, im Wege des **gerichtlichen Mahnverfahrens** seine Forderung geltend zu machen.

Das gerichtliche Mahnverfahren wird durch einen *Antrag* auf Erlass eines Mahnbescheides eingeleitet.

Zuständig ist grundsätzlich das Amtsgericht, bei dem der Antragsteller seinen Sitz hat *(§ 689 ZPO)*. Die Höhe der Forderung spielt dabei keine Rolle.

In einigen Bundesländern werden Mahnsachen aus Rationalisierungsgründen bei *zentralen Amtsgerichten* EDV-mäßig bearbeitet. Anträge auf Erlass eines Mahnbescheides können hier im Wege des Datenträgeraustauschs auf elektronischen Medien *(z. B. Diskette)* eingereicht werden.

Der **Mahnbescheid** enthält die Aufforderung an den Schuldner,

* innerhalb von 2 Wochen seit Zustellung des Mahnbescheides die behauptete Verbindlichkeit zu begleichen
  oder
* dem Gericht mitzuteilen, ob und in welchem Umfang dem Anspruch des Gläubigers widersprochen wird.

Der Mahnbescheid wird dem Antragsgegner zugestellt, ohne dass vom Gericht geprüft wird, ob der Anspruch tatsächlich berechtigt ist.

Das Mahnverfahren soll für einen möglicherweise nicht bestrittenen Anspruch rasch und ohne mündliche Verhandlung zu einem **Vollstreckungstitel** führen.

Der **Vollstreckungstitel** berechtigt den Gläubiger (= Antragsteller) zur Zwangsvollstreckung in das Vermögen des Schuldners (= Antragsgegner).

Die **Zwangsvollstreckung** geschieht durch Pfändung von Sachen *(z. B. Schmuck, Betriebsmittel, Teppiche)*, die dem Schuldner gehören, oder Forderungen *(z. B. Bank-/Sparguthaben)*, die der Schuldner an Dritte hat. Sie wird bei beweglichen Sachen vom Gerichtsvollzieher, bei Forderungen vom Vollstreckungsgericht vorgenommen.

Bei einer ergebnislosen Zwangsvollstreckung kann der Gläubiger beim Amtsgericht beantragen, dass der Schuldner eine **eidesstattliche Versicherung** abgeben muss. Der Schuldner wird gezwungen, ein genaues Verzeichnis seiner Vermögenswerte aufzustellen und dessen Richtigkeit an Eides Statt zu versichern. Verweigert der Schuldner die Abgabe der eidesstattlichen Versicherung, kann der Gläubiger gegen den Schuldner einen **Haftbefehl** beantragen.

Nicht pfändbar sind bestimmte Teile des Arbeitseinkommens, die dem Lebensunterhalt des Schuldners dienen sollen, sowie Gegenstände, die zur Aufrechterhaltung eines angemessenen Existenzminimums notwendig sind.

Bei einem streitigen Verfahren (Widerspruch, Einspruch) ist das Gericht zuständig, bei dem der Antragsgegner seinen allgemeinen Gerichtsstand hat. Dies ist in der Regel das Gericht, in dessen Bezirk der Antragsgegner wohnt oder seinen Sitz hat.

Rechnet der Gläubiger von vorn herein mit einem Widerspruch oder Einspruch des Schuldners, wird er zur Durchsetzung seiner Forderung sofort das Klageverfahren einleiten.

Ablauf des gerichtlichen Mahnverfahrens

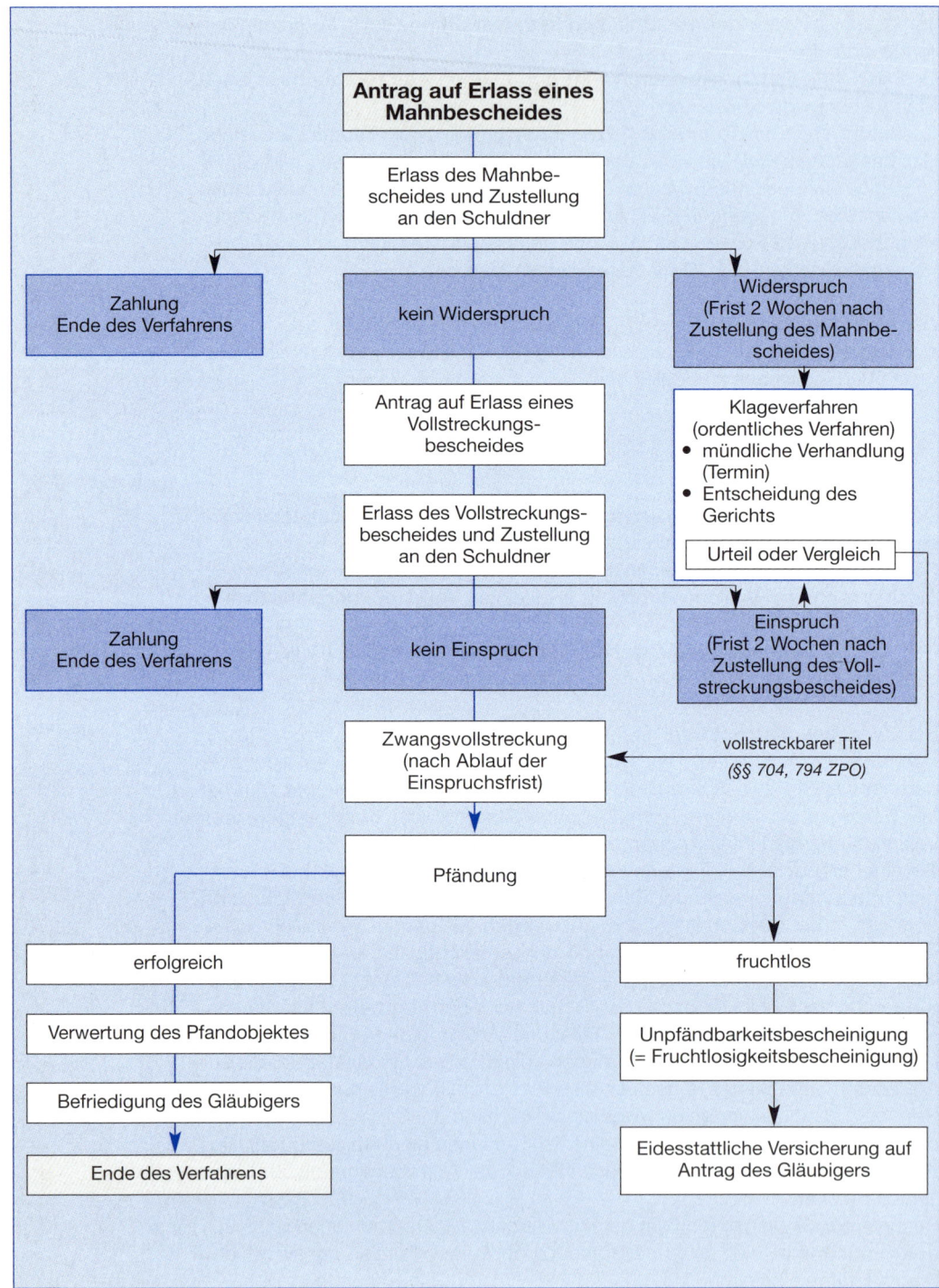

4.6   Klageverfahren

Das Klageverfahren ist das ordentliche Verfahren der Gerichte zur Klärung von zivilen Rechtsstreitigkeiten und zur Durchsetzung von Rechtsansprüchen.

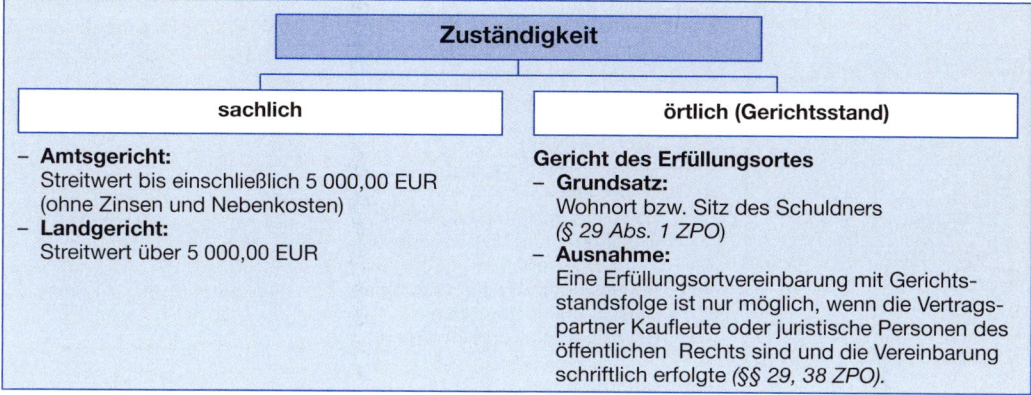

Zuständigkeit	
sachlich	**örtlich (Gerichtsstand)**
– **Amtsgericht:** Streitwert bis einschließlich 5 000,00 EUR (ohne Zinsen und Nebenkosten) – **Landgericht:** Streitwert über 5 000,00 EUR	**Gericht des Erfüllungsortes** – **Grundsatz:** Wohnort bzw. Sitz des Schuldners *(§ 29 Abs. 1 ZPO)* – **Ausnahme:** Eine Erfüllungsortvereinbarung mit Gerichts- standsfolge ist nur möglich, wenn die Vertrags- partner Kaufleute oder juristische Personen des öffentlichen Rechts sind und die Vereinbarung schriftlich erfolgte *(§§ 29, 38 ZPO)*.

Die **Klageschrift** muss enthalten:
- **Bezeichnung der Parteien (Name des Klägers und des Beklagten)**
- **Klageantrag**

Beispiel

*„... den Beklagten zu verurteilen, an den Kläger 15 000,00 EUR nebst 9,22 %
Zinsen seit dem 15. Januar 20.. zu zahlen."*

- **Klagegrund**

Beispiel

*„... wegen einer Forderung in Höhe von 15 000,00 EUR aus dem Kaufvertrag
zwischen Kläger und Beklagtem ..."*

- **Unterschrift des Klägers bzw. seines Rechtsanwalts**
  In Zivilprozessen vor dem Landgericht, dem Oberlandesgericht und dem
  Bundesgerichtshof herrscht Anwaltszwang, d. h., die Parteien müssen sich
  durch einen beim betreffenden Gericht zugelassenen Rechtsanwalt vertreten lassen. In Zivilprozessen vor dem Amtsgericht besteht kein Anwaltszwang.

Ablauf des Klageverfahrens

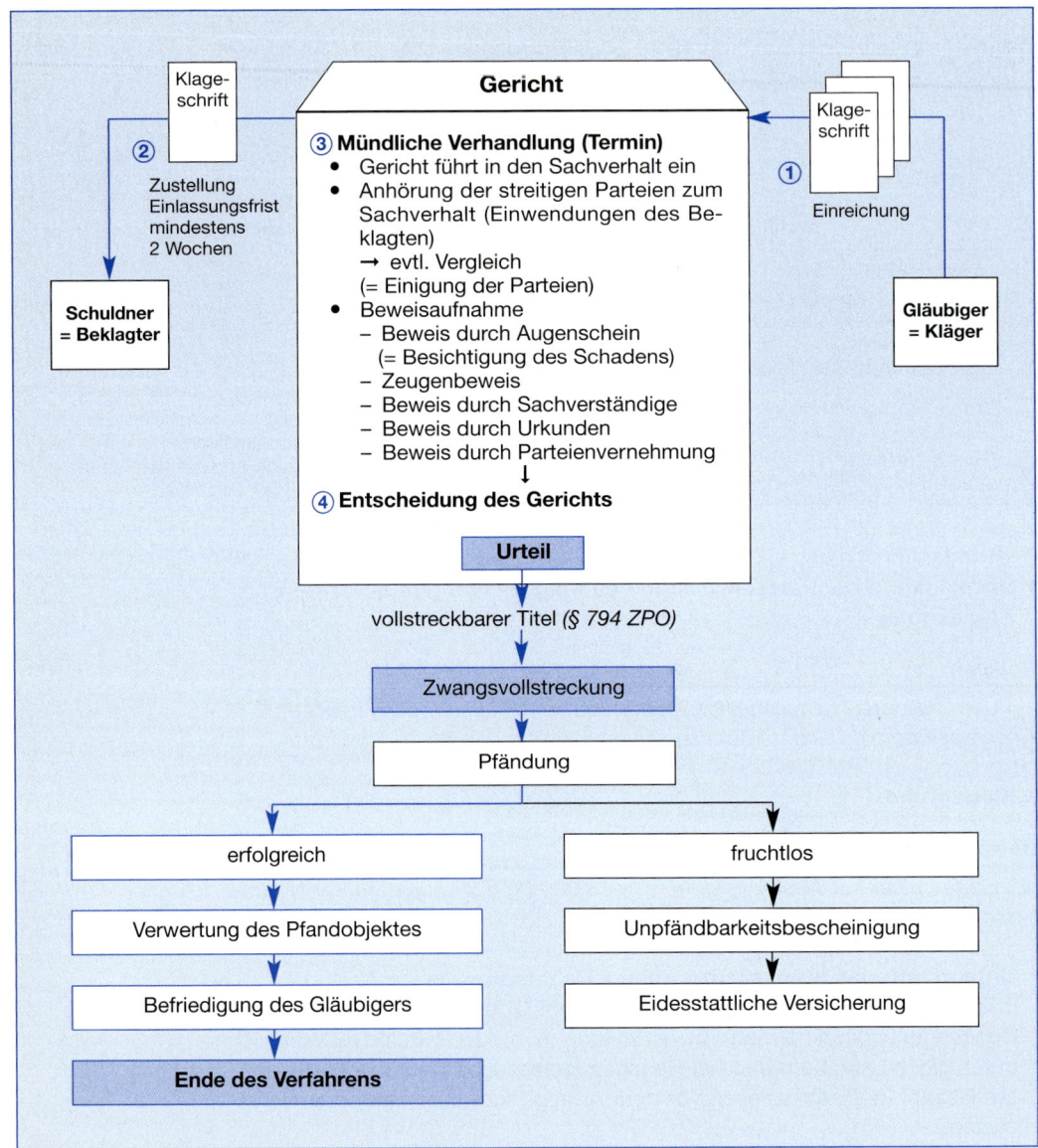

4.7　Verjährung

Der Schuldner muss einen Anspruch nicht mehr erfüllen, wenn die im Gesetz vorgeschriebene Verjährungsfrist abgelaufen ist. Er hat ein Leistungsverweigerungsrecht, indem er die „Einrede der Verjährung" geltend macht. Die Forderung besteht zwar weiterhin, aber sie lässt sich nicht mehr gerichtlich durchsetzen.

4.7.1 Verjährungsfristen

Regelmäßige Verjährungsfrist 3 Jahre *(§ 195 BGB)*	Besondere Verjährungsfristen	
	2 Jahre *(§§ 438, 634a, 651, 651g BGB)*	30 Jahre *(§ 197 BGB)*
Ansprüche		
Alle Ansprüche, die nicht ausdrücklich anderen Verjährungsfristen unterliegen. ***Beispiel:*** *Darlehensforderungen, Zinsforderungen, Mietforderungen, Kaufpreisforderungen*	Mängel bei • Kaufverträgen • Werkverträgen • Reiseverträgen	• Herausgabeansprüche aus dinglichen Rechten *(z. B. Eigentum)* • Familien- und erbrechtliche Ansprüche • Vollstreckbare Ansprüche aus Vergleichen, Urkunden und Insolvenzverfahren
Beginn der Verjährungsfrist		
• **am Schluss des Jahres,** in dem der Anspruch entstanden ist, und • nach Kenntnisnahme des Gläubigers von der Person und den Umständen des Anspruchs *(§ 199 BGB)* (Wenn z. B. ein Kunde mittels POZ bezahlt und die Lastschrift mangels Deckung nicht eingelöst wird, beginnt die Verjährungsfrist erst, wenn der Verkäufer den Namen des Schuldners ermittelt hat.) ***Beispiel:*** *Fälligkeit einer Darlehensforderung: 20.05.2002 Ende der Verjährungsfrist: 31.12.2005, 24.00 Uhr*	mit • Fälligkeit des Anspruchs • Lieferung der Sache • Abnahme des Werkes *(§ 200 BGB)* ***Beispiel:*** *Lieferung einer mangelhaften Ware am 16.11.2002 Ende der Verjährungsfrist: 16.11.2004, 24.00 Uhr*	• mit Entstehung (Fälligkeit) des Anspruchs *(§§ 200 f BGB)* ***Beispiel:*** *Fälligkeit eines Anspruchs aus einer Urteilsverkündung: 12.06.2001 Ende der Verjährungsfrist: 12.06.2031, 24.00 Uhr*
Nach Eintritt der Verjährung ist der Schuldner berechtigt, die Leistung zu verweigern.		

4.7.2 Hemmung und Neubeginn der Verjährung

Es gibt Ereignisse, die den Ablauf der Verjährungsfrist beeinflussen müssen. Dies ist dann der Fall, wenn der Schuldner durch sein eigenes Verhalten zu erkennen gibt, dass er den Anspruch als bestehend ansieht und nicht bestreitet. Die Verjährung darf auch dann nicht weiterlaufen, wenn der Gläubiger aus anerkennenswerten Gründen gehindert ist, den Anspruch geltend zu machen. Schließlich muss auch sichergestellt sein, dass ein Anspruch nicht verjährt, nachdem der Gläubiger angemessene und unmissverständliche Schritte zur Durchsetzung des Anspruchs ergriffen hat. Das Recht berücksichtigt diese Fälle durch

– Hemmung (Nichteinrechnung bestimmter Zeiten in die Verjährungsfrist)
– Ablaufhemmung (die Verjährungsfrist läuft frühestens eine bestimmte Zeit nach Wegfall von Gründen ab, die der Geltendmachung des Anspruchs entgegenstehen)
– Neubeginn der Verjährung

Hemmung der Verjährung *(§§ 203 ff. BGB)*
Der Zeitraum während dessen die Verjährung gehemmt ist, wird in die Verjährungsfrist nicht eingerechnet *(§ 209 BGB)*. **Die Verjährungsfrist verlängert sich um die Dauer der Hemmung.**

- **Hemmung der Verjährung, solange Schuldner und Gläubiger über den Anspruch verhandeln** *(§ 203 BGB)*
  Die Verjährung tritt frühestens 3 Monate nach Ende der Hemmung ein.
- **Hemmung der Verjährung durch Rechtsverfolgung** (§ 204 BGB), u. a. durch
  – Erhebung einer Klage auf Leistung
  – Zustellung des Mahnbescheids
  – Anmeldung des Anspruchs in Insolvenzverfahren
  Die Hemmung endet 6 Monate nach der rechtskräftigen Entscheidung oder anderweitigen Beendigung des Verfahrens.
- **Hemmung der Verjährung solange der Schuldner vorübergehend ein Leistungsverweigerungsrecht hat** *(§ 205 BGB)*, z. B. bei Stundung
- **Hemmung der Verjährung bei höherer Gewalt** *(§ 206 BGB)*, d. h., der Gläubiger wurde in den letzten 6 Monaten der Verjährungsfrist durch höhere Gewalt an der Rechtsverfolgung gehindert.

Beispiel: **Hemmung der Verjährung durch Rechtsverfolgung**

	10.07.2002	Ein Käufer gerät mit einer Kaufpreisforderung in Verzug
	31.12.2002	Beginn der dreijährigen Verjährungsfrist
Beginn der Hemmung:	20.05.2003	Zustellung eines Mahnbescheids
	29.05.2003	Der Käufer erhebt Widerspruch, das Verfahren wird nicht weiter betrieben, es kommt zum „Stillstand"
Ende der Hemmung:	29.11.2003	6 Monate nach „Stillstand"

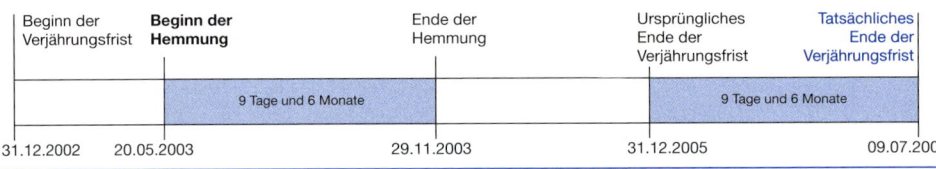

Neubeginn der Verjährung *(§§ 212 BGB)*
Die bis zum Neubeginn der Verjährung verstrichene Zeit bleibt unberücksichtigt. Die Verjährungsfrist beginnt von neuem zu laufen.

- Der Schuldner erkennt die Schuld an, indem er beispielsweise eine Abschlagszahlung, Zinszahlung oder Sicherheitsleistung erbringt.
- Vornahme oder Beantragung einer gerichtlichen oder behördlichen Vollstreckungshandlung

Beispiel: Eine am 16. April 2001 fällige Kaufpreisforderung mit dreijähriger Verjährungsfrist wird am 10. Juli 2002 durch eine Abschlagszahlung unterbrochen.

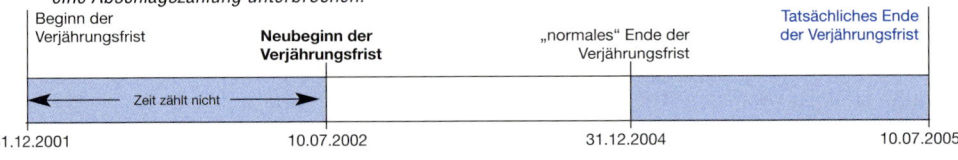

Aufgaben

1. In welchem Fall ist ein Kaufvertrag zustande gekommen?
   a) Herr A. bestellt schriftlich auf ein unverbindliches Angebot.
   b) Frau F. entnimmt einem Regal in einem Selbstbedienungsladen Ware und zahlt an der Kasse den angegebenen Preis.
   c) Herr C. fragt bei einem Hersteller an, ob ihm eine bestimmte Ware zum Höchstpreis von 50,00 EUR geliefert werden könne. In dem nach-

folgenden schriftlichen Angebot erfährt er, dass die Ware sogleich für 45,00 EUR geliefert werden kann.

d) Herr B. bestellt am 15.06. nach einem schriftlichen Angebot Waren, die spätestens am 30.06. geliefert werden sollen. In dem Angebot vom 12.06. heißt es u. a. „Lieferzeit 4 Wochen".

e) Frau D. sieht im Schaufenster eines Textilgeschäfts einen Bademantel, geht in das Geschäft und sagt zu der Verkäuferin: „Ich möchte den Bademantel für 80,00 EUR, den Sie in Ihrem Schaufenster ausgestellt haben."

2. Welche der nachfolgenden Aussagen zum Verbrauchsgüterkaufvertrag sind falsch?

a) Wird eine mangelhafte bewegliche Sache geliefert, so hat der Käufer bei neuer Ware eine Gewährleistungsfrist von zwei Jahren. Die Frist beginnt mit Kenntnis des Mangels.

b) Tritt innerhalb der gesetzlichen Gewährleistungsfrist ein Mangel auf, so stehen dem Käufer bestimmte Rechtsansprüche zu.

c) Bei Auftreten eines Mangels innerhalb der gesetzlichen Gewährleistungsfrist hat der Käufer nach erfolgloser Fristsetzung das Recht auf Nacherfüllung.

d) Nacherfüllung bedeutet für den Käufer, dass er wahlweise Nachbesserung oder Ersatzlieferung verlangen kann.

e) Bei gebrauchten Sachen ist eine Verkürzung der Gewährleistungsfrist zu einem Jahr zugelassen.

3. Situation:

Sie arbeiten für die „Schubert & Müller Kurier GmbH", Lotharstr. 14–18, 50937 Köln, und benötigen 200 000 Blatt Kopierpapier.

Um dies zu beschaffen, haben Sie bereits bei vier verschiedenen Anbietern angefragt und inzwischen deren Angebote erhalten.

Ihr Frachtführer hat Ihnen schon Angebote über die Abholung der Sendung von den verschiedenen Lieferanten unterbreitet:

Pforzheim – Köln: 37,00 EUR; Stadtallendorf – Köln: 37,00 EUR; Gutenberg – Köln: 36,00 EUR; Lünen – Köln: 36,00 EUR.

Aufgabe:

Erstellen Sie ein Strukturraster nach unten stehendem Muster unter Ausnutzung aller Preisvergünstigungen. Ermitteln Sie den Bezugspreis aller vier Anbieter.

Anbieter / Bezugskalkulation	Schiefer OHG	Karl Becker e.K.	Nova AG	Grosch AG
Listeneinkaufspreis für 200 000 Blatt				
– Rabatt				
= Zieleinkaufspreis				
– Skonto				
= Bareinkaufspreis				
+ Bezugskosten (Versandkosten)				
= Bezugspreis für 200 000 Blatt				

Öko Papier Karl Becker e.K.

Tel. 06429 774021
Fax. 06429 774021

Karl Becker e.K.   *   Rheinstr. 25   *   35260 Stadtallendorf

Schubert & Müller Kurier GmbH
Lotharstr. 14 – 18
50937 Köln

Ihr Zeichen, Ihre Nachricht vom	Unser Zeichen, unsere Nachricht vom	Telefon , Name	Datum
	sk-ra	06429 774021 Bahlser	16.08...

Angebot 25-08

Sehr geehrte Damen und Herren,

wir danken Ihnen für Ihr Interesse an unserem Artikel. Wir können Ihnen folgendes Angebot unterbreiten:

      Kopierpapier DIN A4, weiß, chlorfrei gebleicht, 80 g/qm

      Art. Nr. 2919 zu je 1 000 Blatt: 4,99 EUR

Die Mindestabnahmemenge beträgt 10 000 Blatt. Ab 100 000 Blatt gewähren wir einen Mengenrabatt von 8 %. Die Zahlung ist innerhalb von 30 Tagen ohne Abzug zu leisten. Bei Zahlung innerhalb von 10 Tagen ab Rechnungsdatum gewähren wir 2 % Skonto. Unsere Preise verstehen sich ab Werk.

Lieferzeit 20 Tage ab Bestelldatum.

Mit freundlichen Grüßen

Öko Papier Karl Becker e.K.

i. A. Bahlser

Geschäftsräume:	Handelsregister:	Bankverbindung:
Rheinstr. 25	Amtsgericht Hannover	Postbank Hannover
35260 Stadtallendorf	HR A 34342	BLZ 250 100 30
		Konto-Nr. 423 78145

Nova AG
Schreibwarenfabrik

55595 Gutenberg
Blumenweg 118
Tel. 06706 155656
Fax. 06706 155659

Nova AG   *   Blumenweg   *   55595 Gutenberg

Schubert & Müller Kurier GmbH
Lotharstr. 14–18
50937 Köln

Ihr Zeichen, Ihre Nachricht vom	Unser Zeichen, unsere Nachricht vom	Telefon , Name	Datum
	he-sl	06706 155656 Hesse	15.08...

Angebot Nr. D-65

Sehr geehrte Damen und Herren,

für Ihre Anfrage besten Dank. Sie erhalten mit diesem Brief das gewünschte Angebot.

Kopierpapier DIN A4 weiß, 100 g/m^2
Art. Nr. 6929 zu EUR 9,99 je 2 000 Blatt

Zahlung innerhalb von 30 Tagen ohne Abzug.
Lieferung ab Werk ist sofort nach Bestellung möglich.

Ihrer Bestellung sehen wir mit Freude entgegen und hoffen auf eine neue angenehme Geschäftsbeziehung.

Mit freundlichen Grüßen

Nova AG

i. V. Hesse

Bankverbindung:	Aufsichtsratvorsitz:	Handelsregister:
Postbank Frankfurt	Walli Waltermann	Amtsgericht
BLZ 500 100 60	Vorstandsvorsitz:	Gutenberg
Konto-Nr. 811 857	Ulrich Steeger	HR B 34308

GROSCH AG PAPIERWAREN
Nelkenweg 5 * 44532 Lünen * Tel. 02306 285460 * Fax. 02306 285470

Grosch AG   Nelkenweg 5   44532 Lünen

Schubert & Müller Kurier GmbH
Lotharstr. 14 – 18
50937 Köln

Ihr Zeichen	Ihre Nachricht vom	Unser Zeichen	Unsere Nachricht vom	Telefon	Datum
		rd-jo		02306 285460	17.08...

Angebot 46-RA1

Sehr geehrte Damen und Herren,

für Ihre Zuschrift besten Dank. Hier ist das gewünschte Angebot:

Kopierpapier DIN A4, ohne Bleichung und Färbung, aus Recyclingpapier
Art. Nr. 8787 zu 2,99 EUR je 500 Blatt.

Aufgrund unserer langjährigen Geschäftsbeziehungen räumen wir Ihnen einen Treuerabatt von 5 % ein. Zusätzlich bieten wir Ihnen bei einer Abnahmemenge von 200 000 Blatt einen Mengenrabatt von weiteren 5 % auf den Listeneinkaufspreis. Die Zahlung ist innerhalb von 30 Tagen zu leisten. Bei Zahlung innerhalb von 10 Tagen gewähren wir 2,5 % Skonto. Lieferung ab Werk erfolgt 4 Tage nach Bestellung. Sollten Sie mit unserer Ware nicht zufrieden sein, garantieren wir sofortige Rücknahme.
Über Ihren Auftrag würden wir uns freuen.

Mit freundlichen Grüßen

GROSCH AG

i. V. Jobst

Bankverbindung	Aufsichtsratvorsitz	Handelsregister
Sparkasse Lünen	Jürgen Hoppe	
BLZ 441 523 70	Vorstandsvorsitz	Amtsgericht Lünen
Konto 441 008 264	Veronika Naedler	HR B 74009

Schreibwarenherstellung
Schiefer OHG
Bachstr. 38, 75180 Pforzheim

Schiefer OHG, Bachstr. 38, 75180 Pforzheim

Schubert & Müller Kurier GmbH
Lotharstr. 14–18
50937 Köln

Ihr Zeichen, Ihre Nachricht vom	Unser Zeichen, unsere Nachricht vom	Telefon, Name	Datum
	pelz-dü	07231 2587 Pelzer	15.08...

Angebot 20-10

Sehr geehrte Damen und Herren,

wir bedanken uns für Ihr Interesse an unseren Artikeln. Gern erfüllen wir Ihren Wunsch und bieten Ihnen an:

Kopierpapier 80 g/qm
Art. Nr. 45225 zu 2,49 EUR je 500 Blatt
Der Rabatt für diesen Artikel beträgt 7,5 %.

Unsere Zahlungsbedingungen lauten: 30 Tage Ziel, bei Zahlung innerhalb von 10 Tagen 2 % Skonto. Die Lieferung erfolgt ab Werk sofort nach Bestellungseingang.

Erteilen Sie uns Ihren Auftrag und Sie werden zufrieden sein.

Mit freundlichen Grüßen

Schiefer OHG

i. A. Pelzer

Bankverbindung:	Gesellschafter:	Handelsregister:	Telefon:
Volksbank Pforzheim			07231 2587
BLZ 666 101 11	Sylvia Schiefer	AG Pforzheim	Fax:
Kto. Nr. 100 110 345	Patricia Schiefer	HR A 74010	07231 25 88

4. Von welchen anderen (qualitativen) Kriterien hängt die Lieferantenwahl noch ab?
Diskutieren Sie die vier Angebote nun unter Berücksichtigung qualitativer Kriterien in Partnerarbeit. Entscheiden Sie sich für die Ihrer Meinung nach beste Bezugsquelle und begründen Sie Ihre Entscheidung.

5. Beim zweiseitigen Handelskauf muss die angelieferte Ware „unverzüglich" überprüft werden. Was versteht man darunter? Ordnen Sie eine
(1) zu, wenn die Aussage richtig ist,
(9) zu, wenn es sich um eine falsche Aussage zu diesem Begriff handelt.
   a) Der Inhalt der Sendung muss sofort in Gegenwart des Lkw-Fahrers überprüft werden.
   b) Die Überprüfung des Inhalts muss nicht sofort vorgenommen werden; es reicht die Überprüfung zu einem späteren Termin, wenn es erst dann in den ordentlichen Geschäftsgang passt.
   c) Die Waren müssen nach der Quittierung der Sendung überprüft werden.

6. In welcher Frist muss bei einem zweiseitigen Handelskauf ein versteckter Mangel gerügt werden?
   a) innerhalb von 6 Monaten
   b) unverzüglich nach Entdeckung, jedoch innerhalb von 24 Monaten nach der Anlieferung der Ware
   c) unverzüglich nach der Anlieferung der Ware
   d) innerhalb von 3 Jahren
   e) innerhalb von einem Jahr

7. Ein Lieferer liefert Rotwein statt Weißwein. Es handelt sich um
   a) einen Sachmangel
   b) einen Rechtsmangel
   c) ein Mangel in der Güte
   d) keinen Mangel

8. Bestimmen Sie in den folgenden Fällen das Ende der Verjährungsfrist:
   a) Urteilsspruch vom 16. Mai 2004
   b) Fälligkeit einer Handwerkerrechnung an die Familie Schmitz am 27.01.2004
   c) Fälligkeit einer Zinszahlung wegen der Gewährung eines Darlehens am 15.05.2004
   d) Fälligkeit eines Darlehens am 30. Dezember 2004

9. Welche Auswirkungen hat das außergerichtliche Mahnverfahren auf die Verjährung?
   a) Geben Sie je ein Beispiel für den Neubeginn und die Hemmung der Verjährung.
   b) Welche Auswirkung hat der Neubeginn auf die Verjährungsfrist?
   c) Welche Auswirkung hat die Hemmung auf die Verjährungsfrist?
   d) Die Buchhaltung einer Spedition überweist einen Betrag in Höhe von 3 456,00 EUR. Diese Verbindlichkeit war seit 2 Monaten verjährt. Als der Inhaber der Spedition dies bemerkt, fordert er eine Mitarbeiterin der

Buchhaltung auf, diesen Betrag zurückzufordern. Ist eine Rückforderung der Zahlung rechtlich gedeckt?

10. Die Spedition Klein GmbH & Co. KG hat gegenüber ihrem Kunden Treulos AG eine Forderung in Höhe von 1 600,00 EUR, fällig am 13. März 1999.
Fallbeispiel 1:
Am 1. Februar 2001 leistet die Treulos AG eine Teilzahlung in Höhe von 500,00 EUR mit dem Versprechen, den Restbetrag in 2 Monaten zu zahlen. Wann verjährt der Anspruch der Spedition Klein GmbH & Co. KG?
Fallbeispiel 2:
a) Nach einer erfolglosen Mahnung erklärt sich die Spedition Klein GmbH & Co. KG am 1. Februar 2001 bereit, ihre Forderung für einen Zeitraum von 2 Monaten zu stunden.
Wann verjährt der Anspruch der Spedition Klein GmbH & Co. KG?
b) Am 31.01.2003 bittet die Treulos AG um nochmalige Stundung.
Wann verjährt der Anspruch der Spedition Klein GmbH & Co. KG nun?

11. Ergänzen Sie Ihre Lernkartei, indem Sie sich mit Ihrem Nachbarn über sinnvolle Kartenüberschriften austauschen und die Karteikarten entsprechend ausfüllen!

5 Verbraucherschutz

Einstiegssituation

Verbraucherschutz umfasst weit mehr als nur eine möglichst umfassende Qualitäts- und Herkunftssicherung von Lebensmitteln auf dem Weg von der landwirtschaftlichen oder industriellen Erzeugung bis zur Ladentheke. Er betrifft zunehmend viele weitere Themen – angefangen vom Arzneimittelschutz über den Schutz vor schädlichen Chemikalien in Teppichen, Farben und Spielzeugen, die Preisauszeichnungspflicht und die Allgemeinen Geschäftsbedingungen bis hin zum Reiserecht, dem Internethandel und den Angeboten der Finanzdienstleister zur Vermögensbildung und Altersvorsorge. Gerade im Umgang mit Banken und Versicherungen haben die Verbraucher oft eine schwache Position, die im Ergebnis viel Geld kosten kann.

Dem Auszubildenden Florian Ernst ging es so wie vor ihm vielen anderen Auszubilden: Zu Beginn seiner Ausbildung traf er mehr oder weniger zufällig auf einen Bekannten, der sich mit Versicherungs- und Finanzvermittlung beschäftigte. Schnell kam das Gespräch auf allgemeine und spezielle Lebensrisiken, und schon war ein Beratungstermin zum Thema Lebensversicherung vereinbart. Natürlich, so der Bekannte, sei die Beratung kostenlos. (Eine Selbstverständlichkeit, denn auch eine Blumenverkäuferin käme niemals auf die Idee, ein Honorar zu verlangen, wenn sie einem Kunden vorschwärmt, wie schön diese oder jene Rosen sind.)

Das Verkaufsgespräch ist für Florian Ernst aber nur kostenlos, solange er nicht abschließt. Wer abschließt, zahlt damit auch die Beratungskosten. Und zwar nicht nur die Kosten für das eigene Gespräch, sondern auch die Kosten der Verkaufsgespräche, bei denen kein Vertrag abgeschlossen wurde. In jedem Beitrag sind „Beratungskosten" einkalkuliert. Beratungs-Kosten sind Teil der „Vertriebskosten".

Die Lebensversicherungs-Gesellschaft zahlt, wenn es zum Abschluss kommt, dem Bekannten von Florian Ernst eine Provision. Bei einer durchschnittlichen Lebensversicherung für eine ausreichende Altersversorgung (30 Jahre Laufzeit) sind das etwa 1 500,00 EUR. In Wirklichkeit zahlt nicht die Versicherungs-Gesellschaft die Provision, sondern der Kunde. Die Provision ist in die Versicherungsbeiträge eingerechnet und die Versicherung reicht die ersten Beiträge an den Vermittler weiter. So verliert Florian Ernst nicht nur 1 500,00 EUR, sondern auch die darauf entfallenden Zinsen und Zinseszinsen, was auf die Laufzeit gerechnet ca. 11 500,00 EUR sind.

Das ist aber noch nicht alles. Arbeitet der Vermittler nicht für eine der besten, das heißt kostengünstigen Gesellschaften, kommen weitere Kosten für die Kunden hinzu. Das können 2 500,00 EUR, 5 000,00 EUR oder mehr zusätzlich sein.

Der Vermittler hat ein Eigeninteresse am Abschluss einer Lebensversicherung, und ob dies immer den Interessen den Kunden entspricht, ist äußerst fraglich.

Der Auszubildende Florian Ernst wäre jedenfalls gut beraten, wenn er sich vor Abschluss einer Lebensversicherung darüber informiert,
a) ob er überhaupt so eine Art von Versicherung benötigt,
b) welche Versicherung für ihn die günstigste ist.
Dazu sollte er Medien, Institutionen und Personen als Quellen nutzen, bei denen kein Eigeninteresse am Beratungsergebnis besteht.

Der **Verbraucherschutz** stärkt die Verbraucher, die naturgemäß gegenüber den Unternehmen eine vergleichsweise schwache Position haben.
Ursachen für die schwache Wettbewerbsposition der Verbraucher sind:
- mangelnde Markttransparenz für die Konsumenten
- mangelnde Kenntnis der Verbraucherrechte
- mangelnder Wettbewerb unter den Anbietern
- Nachfrage nach Kleinstmengen
- häufig irrationales Konsumverhalten.

Um trotzdem die richtigen Entscheidungen zu treffen, sollten Verbraucher folgende Grundregeln beachten:

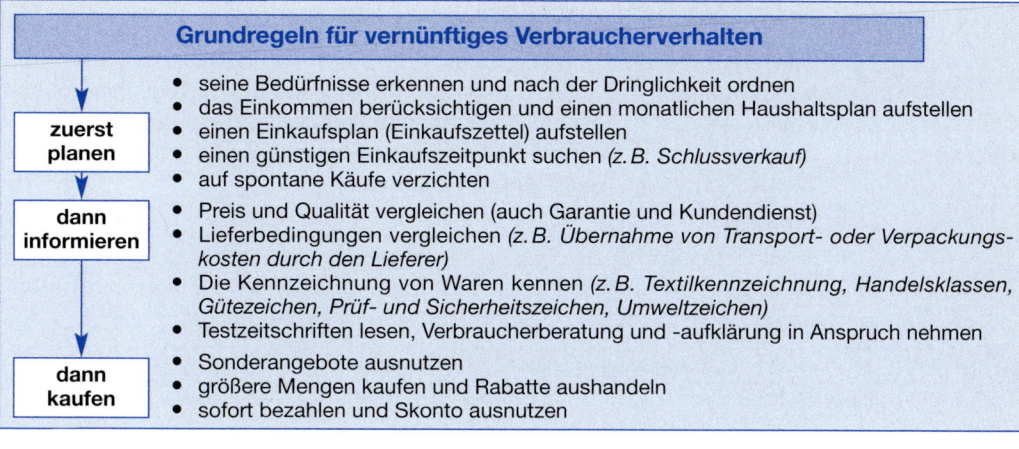

Grundregeln für vernünftiges Verbraucherverhalten

zuerst planen
- seine Bedürfnisse erkennen und nach der Dringlichkeit ordnen
- das Einkommen berücksichtigen und einen monatlichen Haushaltsplan aufstellen
- einen Einkaufsplan (Einkaufszettel) aufstellen
- einen günstigen Einkaufszeitpunkt suchen *(z. B. Schlussverkauf)*
- auf spontane Käufe verzichten

dann informieren
- Preis und Qualität vergleichen (auch Garantie und Kundendienst)
- Lieferbedingungen vergleichen *(z. B. Übernahme von Transport- oder Verpackungs-kosten durch den Lieferer)*
- Die Kennzeichnung von Waren kennen *(z. B. Textilkennzeichnung, Handelsklassen, Gütezeichen, Prüf- und Sicherheitszeichen, Umweltzeichen)*
- Testzeitschriften lesen, Verbraucherberatung und -aufklärung in Anspruch nehmen

dann kaufen
- Sonderangebote ausnutzen
- größere Mengen kaufen und Rabatte aushandeln
- sofort bezahlen und Skonto ausnutzen

■ Verbraucherinformation und -beratung

Der Verbraucher sieht sich heute einer unübersehbaren Menge an Angeboten gegenüber. Sie werden ihm – oft verlockend verpackt – meist zur Selbstbedienung angeboten. Dabei ist die Verbraucherinformation und -beratung oft unzureichend. Verbraucherschutzverbände und Verbraucherzeitschriften stehen im Dienst der Verbraucher, indem sie
- Preis- und Leistungsvergleiche (Tests) durchführen, auswerten und veröffentlichen,
- über Verbraucherrechte und die „Tücken des Kleingedruckten" informieren,
- leichtgläubige Konsumenten vor „Verkäufertricks" und „Konsumentenfallen" warnen.

Nur ein gut informierter und kritischer Verbraucher ist ein gleichgewichtiger und vor einer Übervorteilung geschützter Marktpartner.

Verbraucherzentralen

Die Verbraucherzentralen bemühen sich um eine verbraucherorientierte Gesetzgebung und klären den Verbraucher durch Informationsveranstaltungen, Broschüren, Testzeitschriften und Beratungen auf. Sie unterhalten in vielen Städten Beratungsstellen, beraten aber auch telefonisch und geben Tipps *(z. B. www.Verbraucher.de)*. Sie sammeln Material, z. B. Reklamationen von ihren Mitgliedern, schreiben die betreffenden Firmen an und gewähren Rechtsschutz. Mitglieder sind Verbände und Vereine ohne erwerbswirtschaftliche Ziele, aber auch einzelne Verbraucher. Die Verbraucherzentralen sind in der Arbeitsgemeinschaft der Verbraucherverbände (AGV), Bonn, zusammengeschlossen.

Stiftung Warentest

Auf Beschluss des Bundestages wurde 1964 die Stiftung Warentest mit Sitz in Berlin gegründet. Sie lässt aufgrund von Prüfprogrammen durch Fachinstitute vergleichende Tests von Waren und Dienstleistungen *(z. B. Versicherungen, Urlaubspauschalreisen)* durchführen oder testet selbst. Die Ergebnisse werden monatlich in der Zeitschrift „test" veröffentlicht und außerdem in Jahrbüchern zusammengefasst. Hinzu kommen zahlreiche Sonderpublikationen. Test-Kurzfassungen (test KOMPASS) werden vielfach in Zeitungen und Zeitschriften abgedruckt. Rundfunk und Fernsehen berichten über Testergebnisse.

5.1   Verbraucherschutzrechte

Zahlreiche Gesetze und Verordnungen sollen die Anbieter an einem wettbe-
werbswidrigen Verhalten hindern und die Stellung der Verbraucher auf dem
Markt verbessern. Das BGB schützt den Verbraucher vor unangemessenen
Benachteiligungen aufgrund **Allgemeiner Geschäftsbedingungen,** indem es
bestimmte Klauseln verbietet.

Beispiele

*Ausschluss oder Beschränkung der Haftung bei grobem Verschulden, Verein-
barung von Vertragsstrafen, Preiserhöhungsvorbehalte in kurzfristigen Verträgen, Ausschluss von Gewährleistungsansprüchen*

Allgemeine Geschäftsbedingungen		
Definition	**Bedeutung**	**Inhalte**
• Alle für eine Vielzahl von Verträgen vorformulierten Vertragsbedingungen, • die eine Vertragspartei von der andern Vertragspartei einseitig verlangt, • ohne dass die Klauseln im Einzelnen verhandelt worden sind. *Beispiele:* – AGB (ADSp) der Transportunternehmen – AGB der Banken – AGB der Reiseveranstalter – AGB des Einzel- und Großhandels	• vereinfachen den Abschluss von Massenverträgen, • begrenzen das Risiko des Verkäufers durch die Einschränkung seiner Vertragspflichten, • stärken die Stellung des Verkäufers, • schränken die Rechte des Käufers ein. ↓	***Beispiele:*** – *Zahlungsweise* – *Verpackungskosten* – *Beförderungskosten* – *Eigentumsvorbehalt* – *Erfüllungsort* – *Gerichtsstand* – *Gewährleistungsansprüche bei Mängeln* Vorschriften des *BGB*, die den Käufer schützen, können *nicht* durch Bestimmungen der AGB umgangen werden.

**Schutz des Verbrauchers durch Allgemeine Schutzbestimmungen und Klauselverbote
bei Allgemeinen Geschäftsbedingungen** *(§§ 305 – 310 BGB)*

Allgemeine Schutzbestimmung

• Das Unternehmen („der Verwender") muss ausdrücklich auf die Einbeziehung der AGB in den Vertrag hinweisen.
• Der Kunde („die andere Vertragspartei") muss die AGB leicht erreichen und mühelos lesen können.
• Der Kunde muss den AGB zustimmen.
• Individuelle Absprachen haben Vorrang vor abweichenden AGB.
• Überraschende und mehrdeutige Klauseln werden nicht Vertragsbestandteil.
• Die BGB-Bestimmungen finden auch Anwendung, wenn sie durch anderweitige Gestaltungen umgangen werden.

Klauselverbote bei Verbraucherverträgen

Unwirksam sind insbesondere …
• Bestimmungen, durch die sich der Unternehmer eine unangemessene lange Frist für die Annahme oder Ablehnung eines Angebotes oder die Erbringung einer Leistung vorbehält,
• eine Bestimmung, welche kurzfristige Preiserhöhungen für Waren oder Dienstleistungen vorsehen, die innerhalb von vier Monaten nach Vertragsschluss geliefert oder erbracht werden sollen,
• eine Bestimmung, die vorsieht, dass eine Erklärung des Unternehmers von besonderer Bedeutung dem Verbraucher als zugegangen gilt,
• Bestimmungen, durch die ein Leistungsverweigerungsrecht des Verbrauchers ausgeschlossen oder eingeschränkt wird,
• eine Bestimmung, durch die dem Verbraucher für den Fall der Nichtabnahme oder verspäteten Abnahme der Leistung, des Zahlungsverzugs oder für den Fall, dass er sich vom Vertrag löst, die Zahlung einer Vertragsstrafe auferlegt wird,
• Bestimmungen, durch die dem Verbraucher die Befugnis einer Aufrechnung genommen wird,
• Bestimmungen, durch die der Unternehmer von der gesetzlichen Verpflichtung freigestellt wird, den Verbraucher zu mahnen oder ihm eine Frist für die Leistung oder Nacherfüllung zu setzen,
• der Ausschluss oder die Begrenzung der Haftung für Schäden aus der Verletzung des Lebens, des Körpers oder der Gesundheit und für sonstige Schäden, die auf einer grob fahrlässigen Pflichtverletzung des Unternehmers beruhen,
• eine Bestimmung, durch die bei Verträge über Lieferungen neu hergestellter Sachen oder Werkleistungen die Ansprüche des Verbrauchers wegen eines Mangels insgesamt oder bezüglich einzelner Teile ausgeschlossen wird oder von der vorherigen gerichtlichen Inanspruchnahme Dritter abhängig gemacht wird,
• bei einem Dauerschuldverhältnis, das die regelmäßige Lieferung von Waren oder die regelmäßige Erbringung von Dienst- oder Werkleistungen zu Gegenstand hat, eine länger als zwei Jahre bindende Laufzeit.

GRUNDSATZ
Der Verbraucher darf durch Allgemeine Geschäftsbedingungen nicht unangemessen benachteiligt werden.

Die **BGB-Bestimmungen zum Verbraucherdarlehen** sollen sicherstellen, dass der Kreditnehmer umfassend über seine Kreditverpflichtungen informiert wird und vor einer übereilten Verschuldung geschützt wird.

Begriff *(§ 491 BGB)*	Verbraucherdarlehen sind Kredite an natürliche Personen (Verbraucher) für private Zwecke, mit einem Nettodarlehensbetrag von über 200,00 EUR.
Formvorschrift; **Pflichtangaben** *(§ 492 BGB)*	Der Darlehensvertrag bedarf der Schriftform. Der Darlehensvertrag muss zwingend folgende Angaben enthalten: • Nettodarlehensbetrag (auszuzahlender Kreditbetrag) oder Höchstgrenze des Darlehens • Gesamtbetrag aller vom Verbraucher zu leistenden Teilzahlungen (Tilgungen, Zinsen und sämtliche Kosten) • Rückzahlungsmodalitäten oder Regelung der Vertragsbeendigung • Zinssatz und (anfänglicher) effektiver Jahreszins • bei variablen Zinsen die Bedingungen, unter welchen der Zinssatz von dem Kreditinstitut geändert werden kann • bei einem Disagio den Zeitraum, auf den die Verrechnung erfolgt • alle sonstigen Kosten im Detail *(z. B. Kosten der Sicherheitenbestellung)* • ggf. die vom Kunden zu tragende Vermittlungsprovision • die Kosten einer im Zusammenhang mit dem Kreditvertrag abgeschlossenen Versicherung *(z. B. Restschuldversicherung)* • die zu bestellenden Sicherheiten.
Überziehungskredit *(§ 493 BGB)*	Die Pflichtangaben gelten nicht für Überziehungskredite, wenn außer den Zinsen keine weiteren Kosten entstehen und die Zinsen nicht in kürzeren Perioden als 3 Monaten belastet werden. Der Verbraucher muss allerdings vor Inanspruchnahme der Kreditlinie unterrichtet werden über: • das eingeräumte Kreditlimit • den geltenden Jahreszins • die Bedingungen, unter denen der Zinssatz verändert werden kann • die Regelung der Vertragsbeendigung.
„Sanktions- **maßnahmen"** *(§ 494 BGB)*	Wurde der Kredit bereits bereitgestellt, obwohl im Kreditvertrag die Angaben • des Nominalzinssatzes, • des effektiven bzw. anfänglichen effektiven Jahreszinses, • des Gesamtbetrages aller vom Verbraucher zu entrichtenden Kosten fehlen, reduziert sich der Nominalzins auf den gesetzlichen Zinssatz von 4 % p. a. *(§ 246 BGB)*. Nicht angegebene Kosten werden vom Verbraucher nicht geschuldet.
Widerrufsrecht *(§§ 495, 355 BGB)*	Der Verbraucher kann seine Willenserklärung auf Abschluss eines Kreditvertrages innerhalb von zwei Wochen widerrufen. Die Widerrufsfrist beginnt mit Aushändigung einer vom Verbraucher zu unterschreibenden Widerrufsbelehrung. Die Widerrufsbelehrung muss drucktechnisch übersichtlich gestaltet sein. Das Widerrufsrecht kann nicht vertraglich ausgeschlossen werden.
Tilgungsrecht *(§§ 489, 498 BGB)*	Der Verbraucher hat das Recht, seine Verbindlichkeiten aus dem Kreditvertrag unter Einsparung von Zinsen und laufzeitabhängigen Kosten vorzeitig zu erfüllen. **Ordentliches Kündigungsrecht des Darlehensnehmers** • **Darlehen mit Festzinsvereinbarung** frühestens sechs Monate nach Auszahlung des Darlehens unter Einhaltung einer Kündigungsfrist von drei Monaten • **Darlehen mit veränderlichem Zinssatz** jederzeit unter Einhaltung einer Kündigungsfrist von drei Monaten **Außerordentliches Kündigungsrecht des Kreditinstituts** Fristlose Kündigung, wenn • in den Vermögensverhältnissen des Darlehensnehmers oder • in der Werthaltigkeit der bereitgestellten Sicherheiten eine wesentliche Verschlechterung eintritt oder einzutreten droht

Bei **Haustürgeschäften** *(§ 312 BGB)* soll der Verbraucher vor unüberlegten Rechtsgeschäften geschützt werden. Die Gefahren werden darin gesehen, dass der geschäftsunerfahrene Verbraucher an Orten, an denen er nicht auf Vertragsverhandlungen vorbereitet ist, überraschend besucht oder angesprochen wird **(„Bedrängnissituation")** und ohne gründliche Überlegung und Vergleichsangebote zum Vertragsabschluss überredet wird. Der Begriff Haustürgeschäft ist also nicht wörtlich zu nehmen, sondern meint z. B. auch den Arbeitsplatz, den Bereich der Privatwohnung, Freizeitveranstaltungen *(z. B. Kaffeefahrten)*, Verkehrsmittel oder öffentlich zugängliche Verkehrswege.

Wenn der Kunde das Geschäft widerrufen will, so muss er binnen zwei Wochen einen schriftlichen Widerruf absenden. Über dieses Widerrufsrecht muss er aber zuvor schriftlich belehrt worden sein und diese Belehrung auch unterschreiben. Unterbleibt diese Belehrung, so hat der Verbraucher ein unbefristetes Widerrufsrecht.

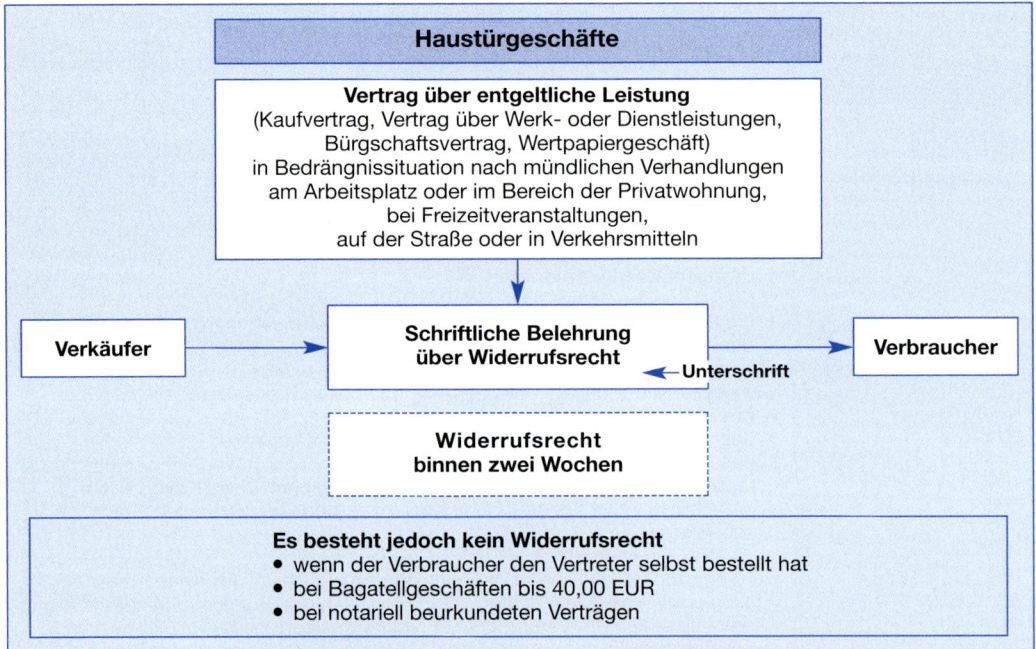

Das BGB schützt den Verbraucher darüber hinaus auch bei **Teilzahlungsgeschäften** (Ratenkäufe) *(§§ 501 ff. BGB)*, **Ratenlieferungsverträgen** (z. B. Zeitschriftenabonnements) *(§ 505 BGB)* und **Leasingverträgen** *(§ 500 BGB)*. Wenn der Kunde eines dieser Geschäfte widerrufen will, so muss er ebenfalls binnen zwei Wochen einen schriftlichen Widerruf absenden und über dieses Recht zuvor schriftlich belehrt worden sein.

■ Fernabsatzverträge

Definition **Fernabsatzverträge** sind Verträge über die Lieferung von Waren oder über die Erbringung von Dienstleistungen, die zwischen einem Unternehmer und einem Verbraucher unter ausschließlicher Verwendung von Fernkommunikationsmitteln abgeschlossen werden, es sei denn, dass der Vertragsabschluss nicht im Rahmen eines für den Fernabsatz organisierten Vertriebs- oder Dienstleistungssystems erfolgt.

Fernkommunikationsmittel sind Kommunikationsmittel, die zur Anbahnung oder zum Abschluss eines Vertrages zwischen dem Verbraucher und einem Unternehmer ohne gleichzeitige körperliche Anwesenheit der Vertragsparteien eingesetzt werden können.

Beispiele

Briefe, E-Mails, Kataloge, Telefonanrufe, Telefax, Tele- und Mediendienste

Es liegt kein Fernabsatzvertrag vor, wenn der Vertragsabschluss nur gelegentlich oder ausnahmsweise unter Einschaltung eines Fernkommunikationsmittels erfolgt.

Die Vorschriften über Fernabsatzverträge gelten nicht für
- Finanzgeschäfte *(z. B. Online-Banking)*,
- Verträge über die Lieferung von Lebensmitteln und anderen Haushaltsgegenständen des täglichen Bedarfs, sofern diese im Rahmen häufiger und regelmäßiger Fahrten am Wohnsitz oder am Aufenthaltsort eines Verbrauchers geliefert werden,
- Verträge über die Erbringung von Dienstleistungen in den Bereichen Unterbringung, Lieferung von Speisen und Getränken und Freizeitgestaltung, wenn sich der Unternehmer verpflichtet, die Leistung zu einem bestimmten Zeitpunkt oder innerhalb eines genau angegebenen Zeitraums zu erbringen *(z. B. Pizza-Service, Buchung von Hotels, Reisen und Eintrittskarten)*,
- Verträge, die unter Benutzung von Warenautomaten oder automatisierten Geschäftsräumen geschlossen werden.

Unabdingbarkeit: Zum Nachteil des Verbrauchers abweichende Vereinbarungen sind unwirksam *(§ 312f BGB)*.

Informationspflichten *(§ 312c BGB)*

bei Vertragsanbahnung:
- Dem Verbraucher müssen *(z. B. am Anfang eines Telefonsgesprächs)* der geschäftliche Zweck und die Identität des Unternehmers eindeutig offen gelegt werden.

vor Vertragsabschluss:
Der Unternehmer muss den Verbraucher in Textform klar und verständlich informieren über
- seine Identität und Anschrift,
- die wesentlichen Merkmale der Ware oder Dienstleistung,
- den Preis einschließlich aller Steuern und Preisbestandteile einschließlich Lieferkosten,
- Einzelheiten hinsichtlich der Zahlung und Lieferung,
- das Bestehen eines Widerrufs- oder Rückgaberechts.

Spätestens unmittelbar nach Vertragsabschluss, bei Waren spätestens bei Lieferung, muss der Unternehmer dem Verbraucher diese Informationen auf einem dauerhaften Datenträger *(z. B. Schriftstück, E-Mail)* zur Verfügung stellen.

Fernabsatzvertrag: Widerspruchsrecht auch bei Lieferung eines speziell konfigurierten PCs. Bei so genannten Fernabsatzverträgen (Versandhandel, Internet) steht dem Verbraucher nach dem Gesetz ein Widerrufs- und Rückgaberecht zu (§ 312d BGB). Dies gilt jedoch dann nicht, wenn Waren geliefert werden, die nach Kundenspezifikation hergestellt wurden.

Eine derartige Anfertigung von Waren nach Vorgaben des Kunden liegt jedoch nicht vor, wenn die zu liefernde Ware aus vorgefertigten Standardbauteilen zusammengefügt wurde (hier Notebook), die mit verhältnismäßig geringem Aufwand ohne Beeinträchtigung ihrer Substanz oder Funktionsfähigkeit wieder getrennt werden können. Die Darlegung- und Beweislast für einen Ausschluss des Widerrufsrechts wegen einer Sonderanfertigung liegt bei dem Unternehmer, der sich auf den Ausnahmetatbestand beruft.

Urteil des BGH vom 19.03.2003
VIII ZR 295/01; MDR 2003, 732;
BGHR 2003, 581

Widerrufsrecht- und Rückgaberecht *(§§ 312d, 355 BGB)*

Der Verbraucher kann den Fernabsatzvertrag ohne Angabe von Gründen widerrufen. Der Widerruf muss schriftlich, auf einem dauerhaften Datenträger oder durch Rücksendung der Sache innerhalb von zwei Wochen erfolgen. Zur Fristwahrung genügt die rechtzeitige Absendung. Die Rücksendung erfolgt auf Kosten und Gefahr des Unternehmers. Nur bei Waren bis zu einem Wert von 40,00 EUR kann er es auf den Käufer abwälzen, muss das dann aber vor Vertragsabschluss angeben.

■ Preisangabenverordnung und Überweisungsgesetz

Die **Preisangabenverordnung** verpflichtet Unternehmen, die Waren oder Dienstleistungen Endverbrauchern anbieten, ihre Preise einschließlich Umsatzsteuer und sonstiger Preisbestandteile (Bruttopreise) anzugeben bzw. auszuzeichnen.

Das **Überweisungsgesetz** schützt den Verbraucher vor unangemessen langen Überweisungszeiten und ungerechtfertigten Kosten.

■ Produkthaftungsgesetz

Ein Produkt gilt nach dem Gesetz als fehlerhaft, wenn es nicht die Sicherheit bietet, die unter Berücksichtigung aller Umstände berechtigterweise erwartet werden kann.

5.2 Verbraucherinsolvenzverfahren

Das Verbraucherinsolvenzverfahren findet Anwendung bei natürlichen Personen, die keine selbstständige Tätigkeit ausüben (Arbeitnehmer, Rentner, Sozialhilfeempfänger) und bei ehemalig Selbstständigen mit überschaubaren Vermögensverhältnissen (höchstens 19 Gläubiger und keine Verbindlichkeiten aus einem früheren Arbeitsverhältnis). Für andere Personen bleibt nur das Regelinsolvenzverfahren *(§ 304 InsO)*. Auch völlig mittellose Schuldner haben eine realistische Chance auf Entschuldung, da die Verfahrenskosten, die bis zu 1 500,00 EUR betragen können, bis zu vier Jahren gestundet werden können *(§ 4 Inso)*.

Das Verbraucherinsolvenzverfahren verläuft in vier Stufen:

1. Stufe: Versuch einer außergerichtlichen Einigung

- Der Schuldner muss zunächst auf der Grundlage eines Plans versuchen, mit seinen Gläubigern eine außergerichtliche Einigung (= Vergleich) über eine Schuldenbereinigung zu erzielen.

  Beispiele:
  Stundung, Teilerlass von Forderungen, Ratenzahlungen

- Er muss hierbei die Hilfe geeigneter Personen *(z. B. Schuldnerberatungsstellen, Rechtsanwälte, Steuerberater)* in Anspruch nehmen.

- Die Gläubiger entscheiden über die Annahme des Planes.

Gerichtliches Verbraucherinsolvenzverfahren

Eröffnungsantrag des Schuldners *(§ 305 InsO)*

Folgende Unterlagen sind vom Schuldner einzureichen:
- Antrag auf Eröffnung des Insolvenzverfahrens mittels einem einheitlichen Formular
- Bescheinigung über den erfolglosen außergerichtlichen Einigungsversuch
- Antrag auf Erteilung einer **Restschuldbefreiung**
- Verzeichnis über die Einkommens- und Vermögensverhältnisse
- Verzeichnis der Gläubiger und ihrer Forderungen

2. Stufe: Versuch eines gerichtlichen Vergleichs

Vor der Eröffnung des Insolvenzverfahrens findet ein zweiter Einigungsversuch unter Mitwirkung des Gerichts statt. Im Unterschied zum außergerichtlichen Vergleich kann die fehlende Zustimmung einzelner Gläubiger durch Gerichtsbeschluss ersetzt werden.

- **Schuldenbereinigungsplan:** Unter Berücksichtigung der Gläubigerinteressen sowie der Vermögens-, Einkommens- und Familienverhältnisse des Schuldners muss ein Schuldenbereinigungsplan vorgelegt werden, der geeignet ist eine angemessene Schuldenbereinigung durch Stundung oder Teilerlass von Forderungen zu erreichen. In den Plan ist aufzunehmen, ob Bürgschaften, Pfandrechte und andere Sicherheiten der Gläubiger berührt werden sollen.
- **Ruhen des Verfahrens:** Das Insolvenzverfahren ruht bis zur Entscheidung über den Schuldenbereinigungsplan *(§ 306 InsO)*.

Entscheidung der Gläubiger

- Zustellung der Unterlagen an die Gläubiger
- Die Gläubiger werden aufgefordert, binnen eines Monats zu den Verzeichnissen und zu dem Schuldenbereinigungsplan Stellung zu nehmen *(§ 307 InsO)*.
- Hat kein Gläubiger Einwendungen gegen den Schuldenbereinigungsplan erhoben, gilt er als angenommen.
- Hat dem Schuldenbereinigungsplan mehr als die Hälfte der Gläubiger zugestimmt und beträgt die Summe der Forderungen mehr als die Hälfte aller Forderungen, so ersetzt das Insolvenzgericht die fehlende Zustimmung durch Gerichtsbeschluss. Der Schuldenbereinigungsplan ist für alle Gläubiger bindend *(§ 309 InsO)*.

  Ausnahmen:
  – Der Gläubiger wird in dem Schuldenbereinigungsplan im Verhältnis zu den anderen Gläubigern benachteiligt.
  – Der Gläubiger wird schlechter gestellt als bei Durchführung des Insolvenzverfahrens

Rechtsfolgen

Annahme des Schuldenbereinigungsplans

Die Annahme hat die Wirkung eines Vergleichs *(§ 794 ZPO)*.
- Der Schuldenbereinigungsplan wird abgewickelt.
- Die Stundung und der Teilerlass der Forderungen sind rechtswirksam.
- Die Anträge auf Eröffnung des Insolvenzverfahrens und auf Erteilung der Restschuldbefreiung gelten als zurückgenommen *(§ 308 InsO)*.

Ablehnung des Schuldenbereinigungsplans
3. Stufe: Eröffnung eines vereinfachten Insolvenzverfahren *(§§ 311 ff. InsO)*

- Ein vom Gericht bestellter **Treuhänder** verwertet den pfändbaren Teil des Schuldnervermögens (= Insolvenzmasse) zur gemeinschaftlichen Befriedigung der Gläubigeransprüche.
- Der Treuhänder ist nicht zur Verwertung von Gegenständen berechtigt, an denen Pfandrechte oder andere Absonderungsrechte (Sicherungsübereignung, Sicherungszession) bestehen. Das Verwertungsrecht steht dem Gläubiger zu.

4. Stufe: Restschuldbefreiung *(§§ 286 ff. InsO)*

- Voraussetzung ist die Abtretung der Lohn- und Gehaltsansprüche während einer **„Wohlverhaltensperiode" von 6 Jahren** (Beginn: Eröffnung des gerichtlichen Insolvenzverfahrens) an den Treuhänder, der den pfändbaren Teil an die Gläubiger verteilt. In dieser Zeit sind Zwangsvollstreckungen in das Vermögen des Schuldners nicht möglich *(§ 294 InsO)*.
- Aus wichtigem Grund kann die Restschuldbefreiung versagt werden *(§ 290 InsO)*.

  Beispiel:
  - *„Mehrfachtäter": In den letzten 10 Jahren war schon eine Restschuldbefreiung beantragt worden;*
  - *falsche Angaben des Schuldners über seine Vermögens- oder Einkommensverhältnisse*

- Während der „Wohlverhaltensperiode" hat der Schuldner folgende Pflichten *(§ 295 InsO)*:
  - Er muss eine angemessene Erwerbstätigkeit ausüben bzw. sich darum bemühen.
  - Im Erbfall muss der Schuldner die Hälfte des Vermögens an den Treuhänder übergeben.
  - Er muss jeden Wohnsitz- und Beschaffungswechsel unverzüglich dem Insolvenzgericht und dem Treuhänder mitteilen.
  - Zahlungen zur Befriedigung der Insolvenzgläubiger darf er nur an den Treuhänder leisten und keinem Insolvenzgläubiger einen Sondervorteil verschaffen.
- Das Insolvenzgericht erteilt nach Ablauf der „Wohlverhaltensperiode" die **Restschuldbefreiung** mit Wirkung gegen alle Insolvenzgläubiger, sofern der Schuldner seine Pflichten erfüllt *(§ 289 InsO)*.

Aufgaben

1. Mareike Frei hat nach ihrer Ausbildung eine kleine Buchhandlung in gemieteten Geschäftsräumen eröffnet. Leider haben sich die Geschäfte nicht wie erwartet entwickelt. Nach einem Jahr muss sie das Geschäft wieder schließen. Mittlerweile haben sich Bankschulden einschließlich Zinsen von 45 000,00 EUR, Mietschulden von 4 500,00 EUR, Lieferantenverbindlichkeiten (3 Lieferanten mit je 5 000,00 EUR) von 15 000,00 EUR und Forderungen des Finanzamtes von 5 500,00 EUR angesammelt, insgesamt 70 000,00 EUR.

   Mareike hat auf einem Sparkonto noch 1 000,00 EUR. Sie geht jetzt einer Teilzeitarbeit nach. Das monatlich pfändbare Einkommen beträgt etwa 250,00 EUR.

   Mareike sieht, dass ihr die Schulden über den Kopf gewachsen sind. Sie sucht nach einer Möglichkeit, wie sie langfristig wieder schuldenfrei leben kann. Sie hat in der Zeitung gelesen, dass sie ihr Ziel durch ein Insolvenzverfahren erreichen könnte.

   a) Mareike möchte von Ihnen wissen, wie sie vorgehen muss, um das Ziel zu erreichen. Informieren Sie Mareike darüber, was sie zunächst zu unternehmen hat!

b) Mareike arbeitet mit der Schuldnerberatungsstelle für ihre Gläubiger den folgenden Vorschlag zur monatlichen Schuldentilgung aus, wobei sie sich über die pfändbaren Teile des Lohns hinaus einschränken will: Die Bank erhält 150,00 EUR; der Vermieter 15,00 EUR; jeder Lieferant 40,00 EUR; das Finanzamt 35,00 EUR. Die Bank und die Lieferanten sollen zusätzlich einmalig je 500,00 EUR erhalten. Die monatlichen Leistungen sollen auf die Dauer von 7 Jahren begrenzt werden. Anschließend sollen die verbleibenden Verbindlichkeiten als erlassen gelten. Nur der Vermieter ist mit dem Vorschlag einverstanden. Eine Einigung kommt daher nicht zustande.
Was kann Mareike jetzt unternehmen?

c) Mareike leiht sich bei ihrem Freund Fritz 1 000,00 EUR und bietet davon zusätzlich zu dem vorherigen Vorschlag Einmalzahlungen an. Die Bank soll 500,00 EUR, die Lieferanten sollen je 300,00 EUR, der Vermieter 50,00 EUR und das Finanzamt 100,00 EUR erhalten. Das Gericht stellt den Gläubigern die erforderlichen Unterlagen zu und fordert sie auf, innerhalb eines Monats zu dem Schuldenbereinigungsplan Stellung zu nehmen. Von den Gläubigern lehnen die Lieferanten und die Bank den Schuldenbereinigungsplan ab.
Kann das Gericht die fehlende Zustimmung ersetzen und den Schuldenbereinigungsplan in Kraft setzen?

d) Mareike Frei erhält vom Amtsgericht den Beschluss zugestellt, dass über ihr Vermögen das Insolvenzverfahren eröffnet worden ist. Es wird das schriftliche Verfahren angeordnet. Zur Treuhänderin wurde die Rechtsanwältin Dr. Schlau bestellt.
Welche Aufgaben hat die Treuhänderin?

2. a) Peter Bayer hat bei seinem Autohändler einen Neuwagen gekauft. Die Lieferzeit beträgt drei Monate. Nach einem Monat teilt der Autohändler Peter Bayer mit, dass sich der Preis für sein Auto um 10 % erhöht hat.
Muss Peter Bayer den erhöhten Preis bezahlen?

b) Mira Müller aus Berlin bestellt bei einem Versandhandel in Düsseldorf mehrere Bücher. In dem Prospekt steht, dass die Geschäftsbedingungen in den Geschäftsräumen in Düsseldorf zur Einsicht ausliegen. Bei der Lieferung findet sie die Geschäftsbedingungen auf der Rückseite der Rechnung abgedruckt.
Sind die Geschäftsbedingungen Vertragsbestandteil geworden?

c) Ein Fahrradhändler hat in seinen Geschäftsbedingungen Gewährleistungsansprüche gänzlich ausgeschlossen. Ist das rechtlich möglich?

3. Bettina Schneider hat an einer Tagesfahrt mit dem Bus teilgenommen. Während einer Verkaufsveranstaltung in einem Gasthof hat sie eine Heizdecke im Tigerlook für 150,00 EUR gekauft.
Am nächsten Tag stellt sie fest, dass der Kauf zu teuer war. Kann sie den Kaufvertrag rückgängig machen?

4. Ergänzen Sie Ihre Lernkartei, indem Sie sich mit Ihrem Nachbarn über sinnvolle Kartenüberschriften austauschen und die Karteikarten entsprechend ausfüllen!

6   Zahlungsverkehr

Abbuchen und abkassieren

Banken-Betrug mit simpler Masche
Es häufen sich die Fälle von Überweisungsbetrug. Nahezu täglich kommt ein neuer hinzu

Durch Zufall wurde Walter Johann (Name geändert) auf die Abbuchung aufmerksam. Mehr als 1 400,00 EUR hatte die Dresdner Bank Anfang November vom Geschäftskonto des Steuerberaters an den Inhaber eines türkischen Reisebüros in Gladbeck überwiesen. Johann war weder der Name des Rechnungsstellers noch das Reisebüro ein Begriff. Und so erkundigte er sich bei seiner Hausbank nach den Hintergründen. Kleinlaut räumte das Geldinstitut nach einer Überprüfung des Vorgangs ein, dass man einem Betrüger auf den Leim gegangen sei. Der Täter hatte die Unterschrift des Steuerberaters auf einer Überweisung gefälscht; die Bank hatte den Betrag auf sein Konto in Gladbeck überwiesen. Johann ging zur Polizei. Als die Beamten zuschlagen wollten, war der Vogel ausgeflogen. Überweisungsbetrug ist beileibe kein Randproblem. „Täglich bekommen wir eine neue Strafanzeige auf den Tisch", berichtet der Leiter des Betrugskommissariats, Günter Penz. Der Schwindel boomt bundesweit: Verglichen mit 2001 stieg im vergangenen Jahr die Rate laut Bundeskriminalamt um mehr als 13 % auf 7 535 Fälle.
In Köln beschäftigen sich drei Sachbearbeiter des Betrugsdezernats mit dem Abbuchungsbetrug. Zu den 30 neuen Fällen im Monat bearbeiten die Beamten nochmals die gleiche Anzahl an Vorgängen aus anderen Kreispolizeibehörden. Das Problem betrifft alle Kreditinstitute.
Die Masche ist so simpel wie erfolgreich. Unter falschem Namen eröffnet der Täter ein Konto. Er füllt Blankoüberweisungen aus, fälscht die Unterschrift des Geschäftsinhabers und transferiert das Geld auf ein Konto, das unter falschem Namen läuft. Als Vorlage benutzt er Geschäftspapiere seiner Opfer, auf denen die Kontonummer und die Signatur des Zeichnungsberechtigten aufgeführt sind. Offenbar ist es ein Leichtes für die Täter, die Vorlagen aus den Papierkörben in den Filialen der Geldinstitute oder aus den Briefkästen zu entwenden.
Banken und Sparkassen reagieren relativ gelassen auf entsprechende Presseanfragen. Niemand macht ein Hehl daraus, dass die Kontrollen alles andere als perfekt sind. Geldtransfers per Überweisung sind ein Massengeschäft. Daher gilt bei den Geldinstituten die einfache Devise: Je höher der Betrag, desto schärfer schaut man hin. Allein bei der Stadtsparkasse Köln werden täglich bis zu 30 000 Überweisungsträger maschinell eingelesen. Kontrollen seien da nur stichprobenartig möglich, erläutet Ulrike Kohl. Zugleich betont die Sparkassensprecherin, dass die „Fall-

zahlen im Promillebereich liegen". Erfolgreich habe man EDV-gestützte Sicherungsmaßnahmen eingeführt. Stefan Roberg von der Commerzbank bittet um Verständnis, man möchte Zahlen nicht preisgeben. Die Schadensregulierung hänge vom Einzelfall ab. Dresdner-Bank-Sprecher Heribert Klein beziffert die Fallzahlen fürs Rheinland auf 200 pro Jahr. Etwa 6,5 % seien aufgefallen, ehe sich ein Schaden ereignet habe. Eine Marginalie also, die der Polizei viel Arbeit macht. „Mitunter kommen sogar sechsstellige Beträge weg", erläutert Betrugsermittler Grings. Unlängst waren dem Beamten gefälschte Sammelüberweisungen in Höhe von 650 000,00 EUR untergekommen.

Aufklärungsquoten von 80 %, wie sie die BKA-Statistik ausweist, werden in Köln allein schon wegen der Fülle der Straftaten nicht erreicht.

Zu schaffen macht den Ermittlern insbesondere die so genannte Nigeria-Connection. Schwarzafrikaner sahnen mit gefälschten Ausweisen aus dem belgischen Nachbarland kräftig ab und verschwinden spurlos.

Gegen solche Betrügereien gebe es nur ein Mittel, meint Betrugsermittler Grings: „Online-Banking. Da gab es noch nie einen Betrugsfall." Dresdner-Bank-Sprecher Klein empfiehlt ferner, Tagesauszüge nicht einfach wegzuwerfen oder die kompletten Kontoangaben im Internet breitzutreten. „Ein bisschen was sollte auch der Kunde für seine Sicherheit tun", meint Klein.

Steuerberater Johann hatte Glück. Seinen Verlust beglich seine Bank. Von dem Täter fehlt bisher jede Spur, das Konto in Gladbeck hat er rechtzeitig leer geräumt.

Kölner Stadtanzeiger, 26.01.2004

6.1   Zahlungsmittel – Zahlungsformen

■ Zahlungsmittel

Zahlungen können mithilfe von Bargeld, Buchgeld oder einem Geldersatzmittel *(z. B. Scheck)* erfolgen.

Bargeld

Münzen und **Banknoten** sind **gesetzliche Zahlungsmittel**. Die Zahlung mit Bargeld hat schuldbefreiende Wirkung. Jedermann, der eine Geldforderung geltend macht, ist verpflichtet, Bargeld zur Tilgung der Schuld anzunehmen. Der Euro ist alleiniges gesetzliches Zahlungsmittel. Bei den Euro-Münzen besteht aber kein unbegrenzter Annahmezwang. Nach § 11 der *Euro-Verordnung* ist niemand verpflichtet, bei einer Zahlung mehr als 50 Münzen zu akzeptieren.

Buchgeld

Beim Buchgeld handelt es sich um **Sichtguthaben auf einem Konto** bei einem **Kreditinstitut**. Sichtguthaben sind **täglich fällig**, d. h. für den Kontoinhaber jederzeit durch Barabhebung, Überweisung, Lastschrift oder Scheckzahlung verfügbar.

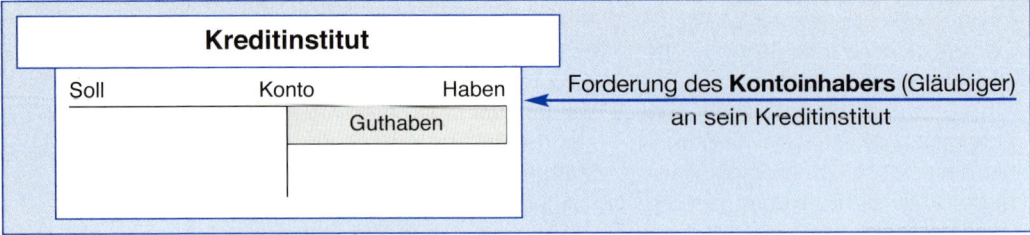

Die Begleichung einer Verbindlichkeit durch Buchgeld erfolgt an **Erfüllungs statt** *(§ 364 BGB)*. Das ursprüngliche Schuldverhältnis *(z. B. wegen einer Kaufpreisforderung)* erlischt. An seine Stelle tritt für den Zahlungsempfänger aufgrund der Kontogutschrift die Forderung gegen das Kreditinstitut.

■ **Zahlungsformen**

Barzahlung (ohne Konten)	Halbbare Zahlung (ein Konto)		Bargeldlose Zahlung (zwei Konten)
Bargeld • persönliche Übergabe • Übergabe durch Boten • Geldtransfer Minuten-Service (Postbank/ Western Union)	**Bareinzahlung** • Zahlschein • Nachnahme	**Barauszahlung** • Barscheck • Geldtransfer Minuten-Service (Postbank/Western Union)	**Buchgeld** • Überweisung • Dauerauftrag • Lastschrift • Verrechnungsscheck • Kreditkarte • electronic cash (ec-Karte mit PIN) • POZ (ec-Karte mit Unterschrift) • Geldkarte

6.2 Barzahlung

Bargeld kann man persönlich oder durch Boten übermitteln. Begleicht der Schuldner seine Verbindlichkeit, kann er vom Gläubiger eine Quittung verlangen.

Definition

Eine **Quittung** ist eine schriftliche Bestätigung über den Empfang eines bestimmten Geldbetrages *(§ 368 BGB)*.

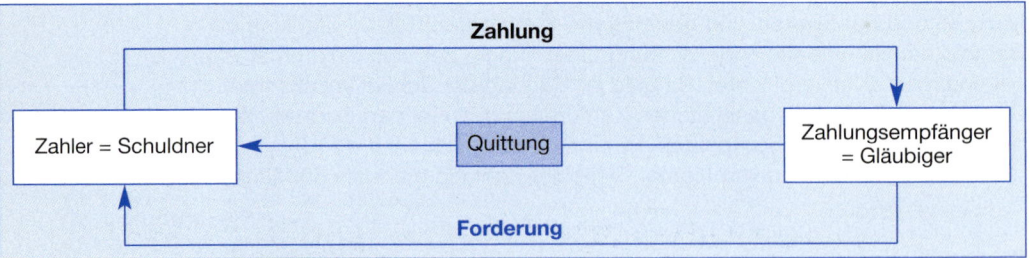

Als **Quittung** können dienen:
• Quittungsvordruck,
• Kassenbon,
• Aufdruck des Kassenstempels („Bezahlt") auf der Rechnung.

Bestandteile des Quittungsformulars sind:
- Betrag, ggf. gesonderter Ausweis der im Rechnungsbetrag enthaltenen Umsatzsteuer (Mehrwertsteuer),
- Name des Zahlers (Schuldner),
- Zahlungsgrund,
- Zahlungsort und -datum,
- Unterschrift des Zahlungsempfängers (Gläubiger), ggf. Aufdruck des Firmenstempels.

Die Quittung hat drei **Funktionen:**
- Beweis für geleistete Zahlung
- Beleg für die Buchhaltung („Keine Buchung ohne Beleg")
- Nachweis für das Finanzamt

Die **Quittung** ist eine **Beweisurkunde**. Ist die gekaufte Sache mit einem Mangel behaftet, so ist die Quittung der Beweis für den Kauf in einem bestimmten Geschäft. Quittungen sind deshalb von Verbrauchern aus Beweisgründen 3 Jahre lang sorgfältig aufzubewahren.

Die Barzahlung bringt eine Reihe von Risiken und Problemen mit sich. Durch die verschiedenen Einsatzmöglichkeiten der Bankcard bzw. der Kreditkarte[1] ist heute der Gebrauch von Bargeld nur noch in wenigen Situationen für Zahler und Zahlungsempfänger die schnellere und praktischere Zahlungsmöglichkeit.

Vor- und Nachteile der Barzahlung

Vorteile	Nachteile
• Schnell und praktisch bei kleinen Beträgen • Sicherung des Zahlungseingangs bei Problemkunden	• Zeitaufwand bei der Bargeldbeschaffung • Verlustrisiko • Irrtümer beim Zählen • Transportkosten • Lagerkosten • Diebstahlrisiko • Fehlendes Wechselgeld

6.3 Bargeldloser Zahlungsverkehr

■ Konto

Der Zahlungsverkehr wird zunehmend unter Einschaltung von Kreditinstituten abgewickelt. Voraussetzung hierfür ist, dass mindestens eine Person (Zahler oder Zahlungsempfänger) über ein Konto verfügt.

Das Konto ist eine chronologisch geführte Aufstellung über Forderungen und Verbindlichkeiten eines Kreditinstituts aus der Geschäftsbeziehung mit dem Kunden.

Definition

---
[1] *Vgl. hierzu Seite 293 ff.*

Auf der Habenseite des Kontos werden alle Geldeingänge zugunsten des Kunden (Gutschriften), auf der Sollseite werden alle Geldausgänge zulasten des Kunden (Belastungen) gebucht.

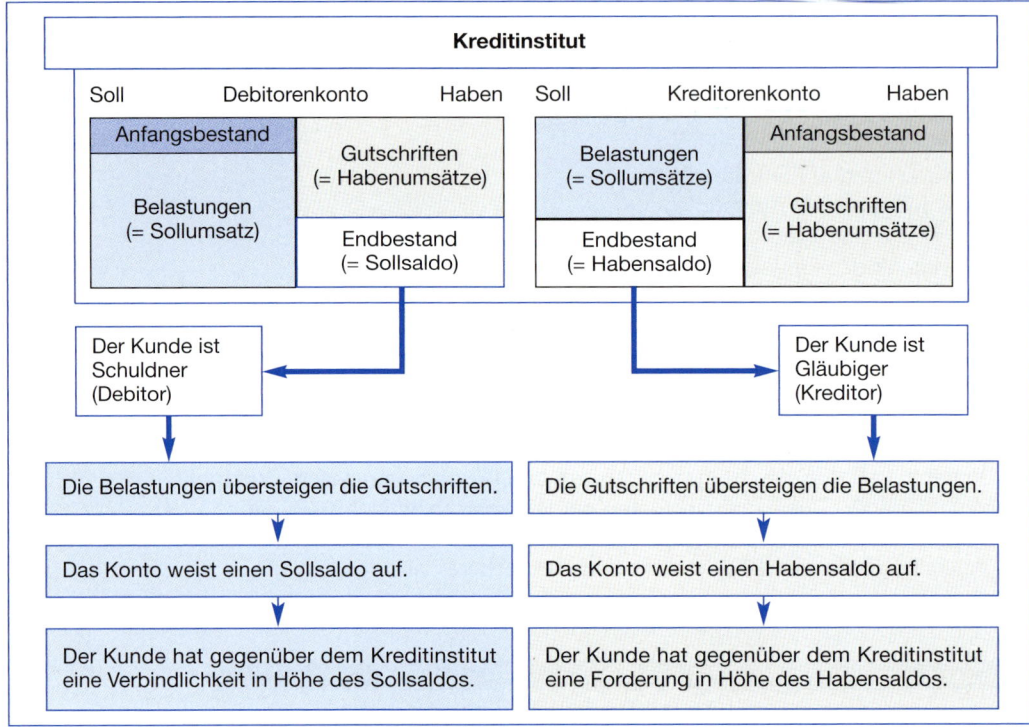

Im Mittelpunkt der Geschäftsbeziehung zwischen Kreditinstitut und Kunde steht das **Konto** *(§ 676 f–h HGB)*. Es dient der Abwicklung des bargeldlosen und halbbaren Zahlungsverkehrs. Bei ausreichender Bonität (Kreditwürdigkeit) ist der Kunde berechtigt, sein Konto bis zu einem bestimmten Betrag zu überziehen. Den auf diese Weise in Anspruch genommenen Kredit bezeichnet man als **Kontokorrentkredit**. Die Kontohaltung hat folgende **Vorteile** für den Kunden:

- Verminderung der Bargeldhaltung, dadurch sichere Aufbewahrung des Geldes
- bequeme Abwicklung des Zahlungsverkehrs vom Schreibtisch aus
- keine Gefahr des Verzählens
- jederzeitige Verfügbarkeit über das Konto an Bankautomaten (ec-Geldautomaten) im In- und Ausland
- ggf. Verzinsung des Kontoguthabens
- ggf. Inanspruchnahme eines Kontokorrentkredits

Auskunft über den jeweiligen Kontostand gibt der aktuelle Kontoauszug,

- der vom Kunden in der Geschäftsstelle abgeholt wird
- oder ihm brieflich zugestellt wird
- oder per Kontoauszugsdrucker in der Geschäftsstelle vom Kunden erstellt wird, wobei die Legitimation über eine ec-Karte, Bankcard o. Ä. erfolgt.

Beim Online-Banking am eigenen Drucker des Kunden erstellte Kontoauszüge können nur als Ergänzung verstanden werden, da die Kreditinstitute rechtlich verpflichet sind, selbst Kontoauszüge zu erstellen.

6.3.1 Überweisung

Der Überweisungsauftrag ist der Auftrag des Kontoinhabers an sein Kreditinstitut, zu Lasten seines Kontos einen bestimmten Geldbetrag auf das Konto des Empfängers zu übermitteln.

Definition

■ Auftragserteilung

Der Kunde kann einen Überweisungsauftrag erteilen:
* *schriftlich* auf einem vom Kreditinstitut bereitgestellten **Überweisungsformular**,
* durch *manuelle* Eingabe der Überweisungsdaten an einem im Kreditinstitut installierten **Selbstbedienungsterminal** (SB-Terminal),
* im **Telefon-Banking** (Direkt-Banking) durch *fernmündliche* Übermittlung der Überweisungsdaten,
* im **Internet-Banking** durch *elektronische* Übermittlung der Überweisungsdaten mithilfe eines PC,
* bei Massenüberweisungen durch Übermittlung eines **elektronischen Datenträgers** *(Diskette, Magnetband)*, auf dem die Überweisungsdatensätze gespeichert sind.

Mit der Annahme des Überweisungsauftrages durch das Kreditinstitut kommt ein **Überweisungsvertrag** zustande *(§ 676 a–c BGB)*. Das Kreditinstitut ist verpflichtet, den Auftrag gemäß den Weisungen des Kunden auszuführen.

■ Überweisungsformular

Das Überweisungsformular ist ein zweiteiliger Durchschreibevordruck, der bei allen Kreditinstituten einheitlich gestaltet ist.

Der Auftraggeber trägt auf dem Formular ein:
* Name und Anschrift des Empfängers
* Kontonummer des Empfängers
* Bankverbindung des Empfängers (Name, Sitz und Bankleitzahl des Kreditinstitutes)
* Verwendungszweck
* Überweisungsbetrag
* Währungsbezeichnung
* Kontonummer des Auftraggebers (Kontoinhabers)
* Name und Anschrift des Auftraggebers
* Datum und Unterschrift des Auftraggebers

Um die Abwicklung des Überweisungsverkehrs mithilfe der EDV zu vereinfachen, ist das Überweisungsformular so gestaltet, dass es mithilfe eines Schriftlesegerätes gelesen werden kann.

Auf diese Weise können die Angaben auf dem Überweisungsformular maschinell erfasst und in einen **Überweisungsdatensatz** umgewandelt werden. Bei der weiteren Abwicklung kann dieser Überweisungsdatensatz im Wege der **Datenfernübertragung** oder mithilfe eines **elektronischen Datenträgers** *(z. B. Magnetband, Diskette)* an das Kreditinstitut des Empfängers übermittelt werden.

■ Zahlungsabwicklung

Die Zahlungsabwicklung erfolgt **beleglos**.

Einstufige Überweisung

Unterhalten Auftraggeber und Empfänger bei demselben Kreditinstitut ein Konto, erfolgt die Auftragsausführung durch einfache Umbuchung.

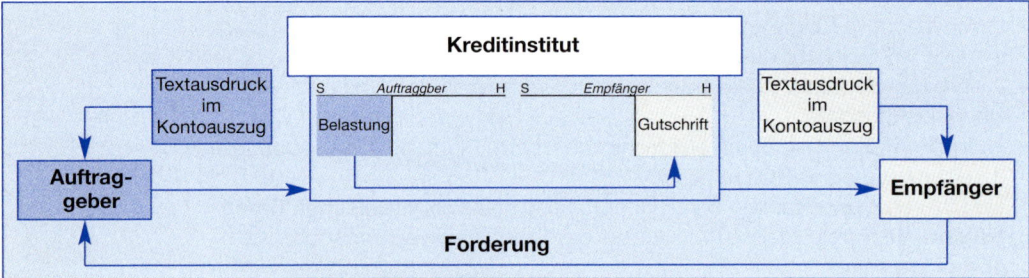

Mehrstufige Überweisung

In den meisten Fällen unterhalten Auftraggeber und Auftragnehmer ihr Konto bei verschiedenen Kreditinstituten. Die Einschaltung einer oder mehrerer Verrechnungsstellen ist notwendig.

Verrechnungsstellen können die Zentralen der jeweiligen Kreditinstitute oder die Hauptverwaltungen oder Betriebsstellen der Deutschen Bundesbank sein.

Beispiel

Die Auszubildende Vera Klein beauftragt die Sparkasse KölnBonn zulasten ihres Girokontos 110,00 EUR an die Sonnenscheinreisen GmbH als Anzahlung für eine Ferienreise zu überweisen.
Bankverbindung der Sonnenscheinreisen GmbH: Commerzbank AG, Bonn, BLZ 380 400 44, Konto-Nr. 3 841 309. Die Sparkasse KölnBonn und die Commerzbank AG, Bonn, stehen nicht unmittelbar in Kontoverbindung. Beide Institute unterhalten jedoch bei der Betriebsstelle der Deutschen Bundesbank Köln ein Konto. Durch Einschaltung der Bbk als Verrechnungsstelle können Geldbeträge zwischen beiden Kreditinstituten übermittelt werden.

① Das Original des Formulars ist der Überweisungsauftrag des Kunden an das Kreditinstitut; es enthält die rechtsverbindliche Unterschrift des Auftraggebers. Es dient bei der Sparkasse KölnBonn als Datenerfassungsbeleg für die maschinell-optische Beleglesung. Die Überweisungsdaten werden zu einem elektronischen Überweisungsdatensatz zusammengefasst und beleglos an das Kreditinstitut des Zahlungsempfängers weitergeleitet.

② Eine Durchschrift des Formulars bleibt als Beleg in den Händen des Auftraggebers.

Überweisung 370 501 98
SPARKASSE KÖLNBONN
56932571
Begünstigter: Name, Vorname/Firma (max. 27 Stellen)
Sonnenscheinreisen GmbH
Konto-Nr. des Begünstigten
3841309
Bankleitzahl
38040044
Kreditinstitut des Begünstigten
Commerzbank AG Bonn
EUR
Betrag: Euro, Cent
110,00
Kunden-Referenznummer - Verwendungszweck, ggf. Name und Anschrift des Überweisenden - (nur für Begünstigten)
Anzahlung Reise Nr. 101125
noch Verwendungszweck (insgesamt max. 2 Zeilen à 27 Stellen)
Kontoinhaber: Name, Vorname/Firma, Ort (max. 25 Stellen, keine Straßen- oder Postfachangaben)
Vera Klein
Konto-Nr. des Kontoinhabers
73375210
Bitte tragen Sie Ihre Konto-Nr. ein
Nur "X", wenn Adresse des Kontoinhabers weitergeleitet werden soll.
20
810005/9 6.4
Schreibmaschine: ohne Beachtung der Kästchen! Handschrift: Blockschrift in GROSSBUCHSTABEN, bitte je Zeichen ein Kästchen verwenden!
01.02.2004 Klein
Datum, Unterschrift

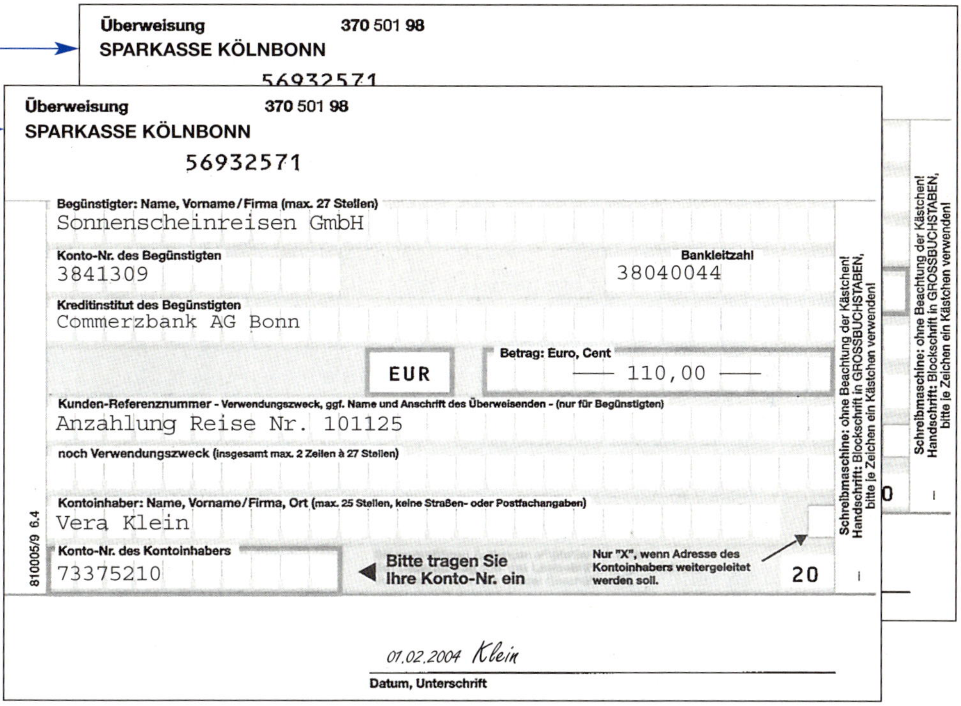

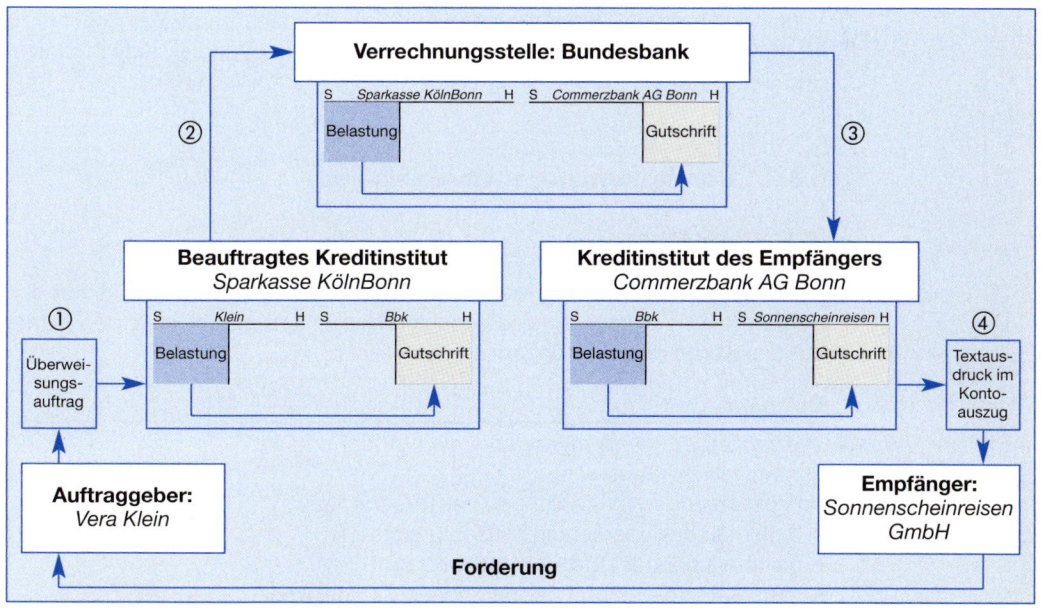

6.3.2 Überweisungsvertrag *(§§ 676 a–c BGB)*

Das Gesetz beschneidet die Möglichkeiten der Kreditinstitute, sich mit Überweisungen Zeit zu lassen und das Geld zwischenzeitlich zinsbringend anzulegen. Es klärt vor allem vier häufige Streitpunkte bei der Ausführung von Überweisungen:

■ Kundeninformation

Der Kunde muss über die Dauer, die Entgelte, den zu Grunde gelegten Wechselkurs und die sonstigen Kosten von Überweisungen informiert werden.

■ Fristen

Überweisungen müssen in gesetzlich genau definierten Fristen ausgeführt werden.
* Grenzüberschreitende Überweisungen innerhalb der EU und des Europäischen Wirtschaftsraums binnen fünf Bankgeschäftstagen
* Inlandüberweisungen
  – institutsintern innerhalb einer Filiale binnen einem Tag
  – institutsintern zwischen verschieden Filialen eines Instituts binnen zwei Tagen
  – sonst binnen drei Tagen

Bei verspäteten Überweisungen sind Strafzinsen in Höhe von 5 % über dem Basiszinssatz zu zahlen.

■ Gebühren

Entgelte zwischengeschalteter Institute dürfen nicht vom Zahlungsbetrag abgezogen werden.

■ Garantien

Verlorengegangene Überweisungen muss die erstbeauftragte Bank mit bis zu 12 500,00 EUR garantieren („Money-back"-Garantie) und zuzüglich Zinsen und Gebühren erstatten.

6.3.3 Sonderformen der Überweisung

■ Dauerauftrag

Durch einen **Dauerauftrag** erteilt der Kontoinhaber seinem Kreditinstitut den Auftrag, jeweils zu bestimmten Zeitpunkten einen stets gleichbleibenden Betrag auf das Konto des Empfängers zu überweisen.

Beispiele

Mietzahlungen, Versicherungsprämien, Abonnements

Voraussetzungen für Zahlungen per Dauerauftrag:
* regelmäßig wiederkehrender Zahlungstermin
* gleichbleibender Überweisungsbetrag
* stets derselbe Empfänger und Verwendungszweck

Vorteile des Dauerauftrages		
für den Auftraggeber:	für das Kreditinstitut:	für den Empfänger:
• Zeit- und Arbeitsersparnis • kein Versäumen von Zahlungsterminen	• einmalige Überprüfung der Unterschrift • einmalige Erfassung der Daten	• pünktlicher Zahlungseingang • kein Versenden von Mahnungen

Der Dauerauftrag wird vom Kreditinstitut bis auf Widerruf bzw. bis zu einer Änderungsmeldung *(z. B. bei Mieterhöhung)* automatisch ausgeführt.

■ Sammelüberweisung

Aufgrund *eines* Auftrages werden *mehrere* Überweisungen ausgeführt. Der im Sammelauftrag aufgeführte Betrag stimmt mit der Summe der einzelnen Überweisungsgegenwerte überein. Im **beleglosen Massenüberweisungsverkehr** reicht der Auftraggeber einen elektronischen Datenträger *(z. B. CD)* ein, auf dem die Überweisungsdatensätze gespeichert sind; der unterschriebene **Begleitzettel** entspricht inhaltlich und rechtlich dem Sammelauftrag.

■ Auslandsüberweisung

Ein Überweisungsauftrag, der für einen Zahlungsempfänger im Ausland bestimmt ist, ist dem Kreditinstitut mit einem besonderen Formular zu erteilen.
Bei Zahlungen, die den Betrag von 12 500,00 EUR übersteigen, ist der Deutschen Bundesbank eine Meldung zu erstatten, die für die Zahlungsbilanzstatistik benötigt wird.
Handelt es sich um einen Zahlungsvorgang innerhalb der EU über höchstens 12 500,00 EUR, kann die EU-Standardüberweisung verwendet werden. Diese Überweisung ist nicht teurer als inländische Geldtransfers bei der beauftragten Bank. Voraussetzung für die Nutzung der EU-Standardüberweisung ist die Kenntnis der
• internationalen Kontonummer IBAN (International Bank Account Number) und der
• internationalen Bankleitzahl BIC (Bank Indentifier Code)
der Bank des Empfängers.

■ Kombiniertes Formular Zahlschein/Überweisungsauftrag

Das kombinierte Formular Zahlschein/Überweisungsauftrag ist als Zahlschein *oder* zur Erteilung eines Überweisungsauftrages verwendbar. Es ist *institutsneutral,* d. h., es kann zur Bareinzahlung bei jedem Kreditinstitut oder – falls eine Kontoverbindung besteht – zur Auftragserteilung bei dem kontoführenden Kreditinstitut benutzt werden.
Dieses Formular wird vielfach zusammen mit Rechnungen, Spendenaufrufen o. Ä. versandt und enthält bereits die Empfängerangaben und den Verwendungszweck.

■ Lastschrift

Im Gegensatz zur Überweisung wird bei der Lastschrift der Zahlungsvorgang vom Zahlungsempfänger ausgelöst.

Definition

Die Lastschrift ist ein Instrument des bargeldlosen Zahlungsverkehrs, mit dem der Zahlungsempfänger (Gläubiger) unter Einschaltung von Kreditinstituten fällige Forderungen vom Konto des Zahlungspflichtigen (Schuldner) einzieht.

Die Abwicklung des Lastschriftverkehrs geschieht beleglos.

Das **Lastschriftverfahren** eignet sich insbesondere zum **Einzug von Forderungen**, die
- in regelmäßigen oder unregelmäßigen Zeitabständen
- in gleicher oder wechselnder Höhe
- in großen Massen
- gegenüber einem bestimmten Kreis von Schuldnern

laufend entstehen.

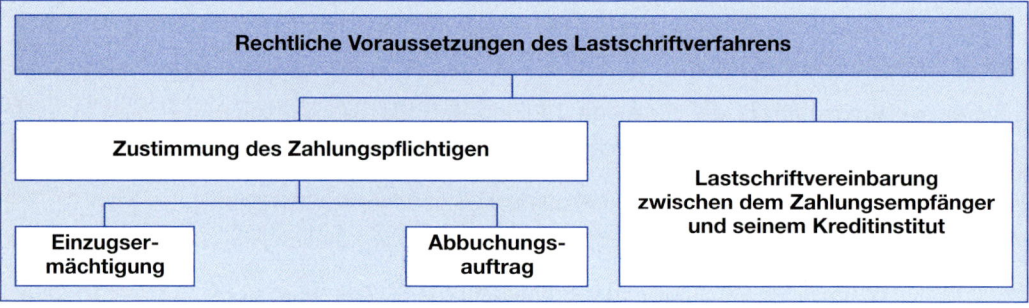

Zustimmung des Zahlungspflichtigen zum Forderungseinzug mittels Lastschrift

Voraussetzung für den Einzug von Forderungen mittels Lastschrift ist die Zustimmung des Zahlungspflichtigen. Diese kann in Form einer Einzugsermächtigung oder eines Abbuchungsauftrages erteilt werden.

Bei der **Einzugsermächtigung** ermächtigt der Zahlungspflichtige den Zahlungsempfänger, die jeweiligen Forderungsbeträge mittels Lastschrift zulasten seines Kontos einziehen zu lassen.

Der Zahlungspflichtige kann **innerhalb von 6 Wochen** nach Quartalsabschluss einer Belastung **widersprechen** und die Lastschrift durch sein Kreditinstitut dem Konto des Zahlungsempfängers zurückbelasten lassen.

Beispiel

Eine Spedition wird vom Finanzamt mit der Kfz-Steuer belastet, obwohl das betreffende Fahrzeug bereits verkauft wurde. Der Kunde kann bei seinem Kreditinstitut Widerspruch gegen die Belastung erheben und erhält daraufhin den Betrag wieder gutgeschrieben.

Die Einzugsermächtigung muss gundsätzlich schriftlich erteilt werden. Nur in Ausnahmefällen ist bei geringen Einmaleinzügen eine mündlich erteilte Einzugsermächtigung möglich.

Beispiel

Bezahlung einer Zeitungsannonce aufgrund einer telefonisch erteilten Einzugsermächtigung.

Beim **Abbuchungsauftrag** erteilt der Zahlungspflichtige seinem Kreditinstitut (Zahlstelle) den Auftrag, Lastschriften eines bestimmten Zahlungsempfängers einzulösen. Einer einmal erfolgten Einlösung kann der Zahlungspflichtige hierbei nicht widersprechen. Ihm bleibt nur die Möglichkeit, den Abbuchungsauftrag (für die Zukunft) zu widerrufen.

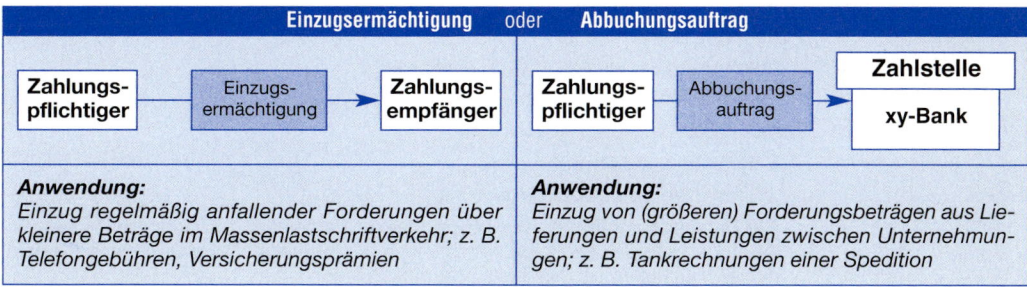

Bedeutung des Lastschriftverkehrs	
für den Zahlungspflichtigen	**für den Zahlungsempfänger**
• keine Terminüberwachung • keine Anfertigung von Zahlungsbelegen **Nachteil:** Einschränkung der finanziellen Dispositionsmöglichkeiten, da zu den Fälligkeitsterminen für Kontodeckung gesorgt bzw. Einlösung durch teure Kreditinanspruchnahme erkauft werden muss	• gute Dispositionsmöglichkeit der eigenen Liquidität, da der Zahlungsvorgang von ihm ausgelöst wird • Zinsvorteile durch pünktlichen Zahlungseingang in einer Summe • Entlastung der Debitorenbuchhaltung und Vereinfachung des Mahnwesens • kostengünstige Möglichkeit des Einzugs von Außenständen durch Einsatz der EDV *(insbesondere im Massenlastschriftverkehr)*

6.4   Scheck

■ Begriff des Schecks – Scheckarten

Definition

Der Scheck ist die schriftliche Anweisung des Kontoinhabers (= Scheckaussteller) an sein Kreditinstitut (= Bezogener), an den Inhaber des Schecks einen bestimmten Geldbetrag zu Lasten seines Kontos zu zahlen.

Scheckarten nach der Art der Einlösung

Barscheck

Der Scheck wird vom bezogenen Kreditinstitut auf Wunsch des Kunden bar eingelöst.

Verrechnungsscheck

Der Scheck darf vom bezogenen Kreditinstitut nur durch Gutschrift auf einem Konto eingelöst werden *(Art. 39 ScheckG)*. Er ist durch den quer auf der Vorderseite gesetzten Vermerk **„Nur zur Verrechnung"** zu kennzeichnen.
Ein Scheckmissbrauch wird erschwert, weil leicht überprüfbar ist, auf wessen Konto die Gutschrift der Schecksumme erfolgt ist.

Scheckarten nach der Form der Weitergabe

Inhaberscheck

Der Scheck trägt die **Überbringerklausel**:

„Zahlen Sie an ... oder Überbringer"

Das bezogene Kreditinstitut ist berechtigt, die Schecksumme ohne Legitimationsprüfung an jeden Vorleger zu zahlen. Die Weitergabe des Schecks und damit die Übertragung der Rechte aus dem Scheck geschieht *formlos* durch Einigung und Übergabe des Schecks.

Anwendung: *im inländischen Scheckverkehr*

Orderscheck

Scheck trägt die **Orderklausel**:

„Zahlen Sie an ... oder Order"

Der Zahlungsempfänger ist eine bestimmte, namentlich bezeichnete Person. Zur Weitergabe des Schecks ist ein schriftlicher Übertragungsvermerk (Indossament) auf der Rückseite des Schecks erforderlich.

Das bezogene Kreditinstitut ist verpflichtet, vor der Einlösung des Schecks die Lücken-losigkeit der Indossamentenkette und die Legitimation des Vorlegers zu prüfen.

Das von deutschen Kreditinstituten ausgegebene Orderscheckformular ist äußerlich durch einen roten Randstreifen mit dem Aufdruck **„Orderscheck"** kenntlich gemacht.

Anwendung:
Im Scheckverkehr mit dem Ausland. Im inländischen Scheckverkehr nur auf aus-drücklichen Wunsch des Kunden.

■ Zahlungsabwicklung

Beispiel

Der Prokurist Diethelm Kleinstoll holt seinen Pkw bei der Autowerkstatt M. Benz GmbH ab. Er stellt über den Rechnungsbetrag in Höhe von 1 165,00 EUR einen Verrechnungsscheck aus. Herr Benz reicht den Verrechnungsscheck der Postbank AG Köln zum Einzug ein und erhält sofortige Gutschrift „Eingang vor-behalten" auf seinem Konto.
Die Postbank AG leitet die Scheckdaten an das bezogene Kreditinstitut, die Commerzbank AG Köln, weiter. Diese löst den Scheck ein, indem sie das Konto des Scheckausstellers belastet.

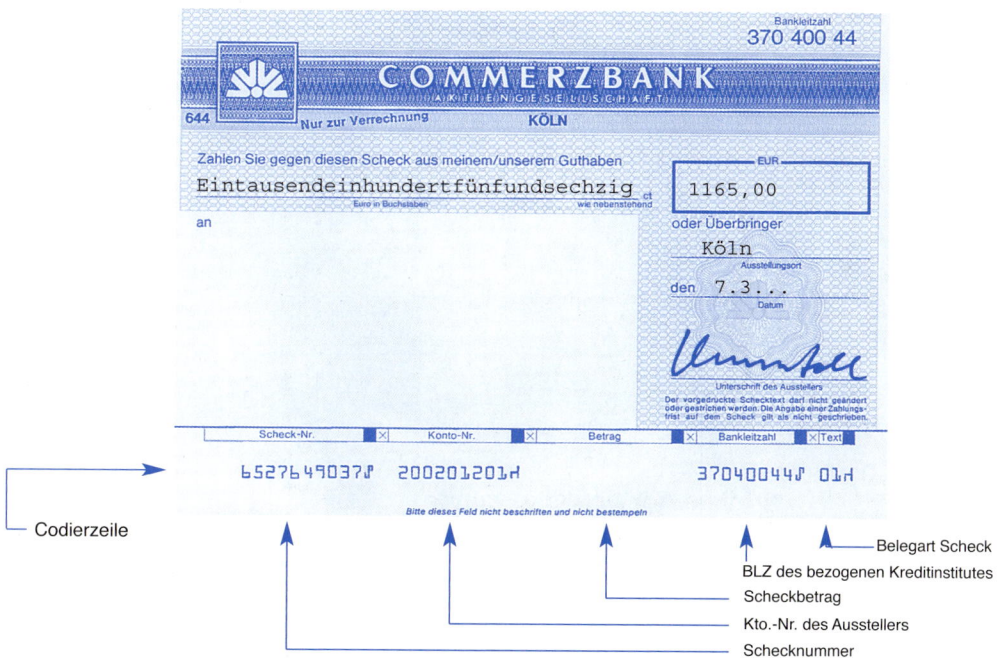

Zur automatischen Abwicklung des Scheckverkehrs enthält das Scheckformular auf seinem unteren Rand eine Codierzeile, die dem maschinellen Aufdruck der Belegdaten durch die beteiligten Kreditinstitute dient.

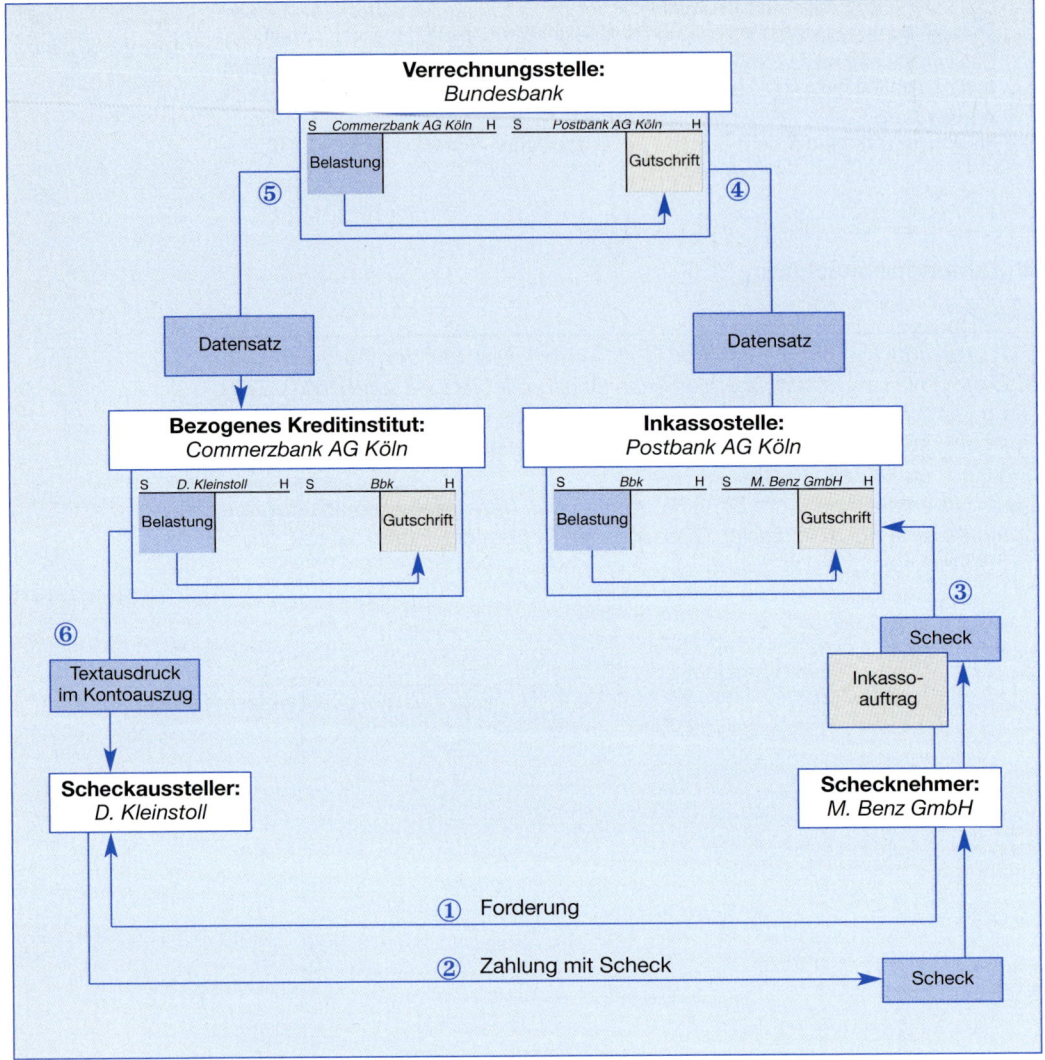

■ Inhalt der Scheckurkunde

Die von den Kreditinstituten ausgegebenen Scheckvordrucke enthalten neben den gesetzlichen Bestandteilen zusätzliche Angaben, die der rationellen Abwicklung des Scheckverkehrs dienen. Diese kaufmännischen Bestandteile haben keinen Einfluss auf die Rechtsgültigkeit des Schecks.

■ Kontodeckung

Der Kontoinhaber muss in Höhe des Scheckbetrages über ein Kontoguthaben oder über eine unausgenutzte Kreditlinie verfügen.
Auch ungedeckte Schecks sind gültig. Wer in betrügerischer Absicht ungedeckte Schecks ausstellt, begeht Scheckbetrug und macht sich strafbar.

Gesetzliche Bestandteile des Schecks *(Art. 1 ScheckG)*		Kaufmännische Bestandteile des Schecks	
1	Bezeichnung als Scheck im Text der Urkunde	1	**Schecknummer** *Die laufende Nummerierung der Schecks dient der Kontrolle des Ausstellers über von ihm ausgestellte Schecks.*
2	Unbedingte Anweisung, eine bestimmte Geldsumme zu zahlen *(Betrag und Währungsbezeichnung EUR). Die Zahlungsanweisung darf an keine Bedingungen geknüpft sein.*	2	**Kontonummer des Ausstellers**
		3	**Bankleitzahl des bezogenen Kreditinstitutes**
3	Name dessen, der zahlen soll *(Bezogener). Kreditinstitut, auf das sich der Scheck bezieht.*	4	**Scheckbetrag in Ziffern** *Weicht der Betrag in Buchstaben von der ziffernmäßigen Angabe ab, so gilt der in Buchstaben geschriebene Betrag.*
4	Angabe des Zahlungsortes		
5	Angabe des Tages und des Ortes der Ausstellung	5	**Angabe des Zahlungsempfängers** *Zahlungsempfänger kann der Aussteller selbst oder eine dritte, namentlich genannte Person sein. Da die in Deutschland üblichen Scheckformulare den Zusatz „oder Überbringer" (Überbringerklausel) tragen, gilt der Scheck als Inhaberpapier. Der Scheck kann deshalb formlos weitergegeben werden. Aufgrund der Überbringerklausel ist das bezogene Kreditinstitut berechtigt, an jeden Scheckvorleger die Schecksumme zu zahlen.*
6	Unterschrift des Ausstellers		
		6	**Verwendungszweck**
		7	**Codierzeile** *Die in maschinell lesbarer Schrift ausgefüllte Codierzeile dient der automatischen Scheckbearbeitung.*

■ Einzug und Einlösung von Schecks

Beispiel

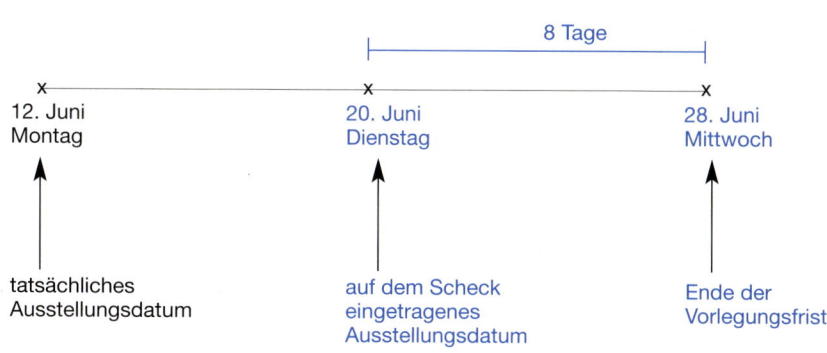

Bei der Vorlage von Schecks zur Einlösung prüft das bezogene Kreditinstitut,
- ob der Scheck **formell in Ordnung** ist,
- die **Unterschrift** des Ausstellers echt ist,
- der Aussteller über ausreichende **Kontodeckung** verfügt und
- ob der Aussteller den **Scheck widerrufen** hat.
  Ein Scheck kann vom Aussteller jederzeit widerrufen (gesperrt) werden. Durch den **Widerruf** wird das bezogene Kreditinstitut angewiesen, den betreffenden Scheck nicht einzulösen.

■ Nichteinlösung des Schecks

Das bezogene Kreditinstitut kann die Einlösung verweigern, wenn
- das Konto des Ausstellers keine ausreichende Deckung aufweist oder
- die Vorlegungsfrist des Schecks abgelaufen ist *(Art. 32 ScheckG)*.

In der Praxis werden jedoch auch verspätet vorgelegte Schecks eingelöst.

Das bezogene Kreditinstut muss die Einlösung verweigern, wenn
- der Aussteller den Scheck widerrufen hat,
- gravierende Formmängel vorliegen *(z. B. Streichung der Orderklausel auf einem Orderscheckformular, erkennbare Veränderung der Betragsangaben),*
- erkennbar ist, dass der Scheckeinreicher nicht berechtigt ist,
- gesetzliche Bestandteile fehlen *(z. B. fehlende Unterschrift des Ausstellers).*

Wird ein Scheck mangels ausreichender Deckung nicht eingelöst (Scheck ist „geplatzt"), so steht dem Inhaber ein Rückgriffsrecht gegenüber dem Aussteller zu.

Voraussetzung für den scheckrechtlichen Rückgriff ist, dass der Scheck innerhalb der Vorlegungsfrist zur Einlösung vorgelegt und die Nichteinlösung durch einen entsprechenden Vorlegungsvermerk („Nicht-bezahlt-Vermerk") des bezogenen Kreditinstituts auf dem Scheck bestätigt wird.

Der **Scheck** ist bei **Sicht** (Vorlage) **zahlbar** *(Art. 28 ScheckG).*

Um zu verhindern, dass der Scheck für den Aussteller zu einem Kreditmittel wird, schreibt das *ScheckG* kurze Vorlegungsfristen vor.

Die **Vorlegungsfrist** ist der zeitliche Rahmen, innerhalb dessen der Scheck beim bezogenen Kreditinstitut vorzulegen ist. Sie beginnt mit dem Ausstellungstag und beträgt
- 8 Tage für im Inland ausgestellte Schecks,
- 20 Tage für die im europäischen Ausland oder in einem an das Mittelmeer angrenzenden Land ausgestellten Schecks,
- 70 Tage für die in den übrigen Ländern ausgestellten Schecks *(Art. 29 ScheckG).*

Bei der Berechnung der Fristen wird der Tag, an dem sie zu laufen beginnen, nicht mitgerechnet *(Art. 56 ScheckG).*

Endet die Vorlegungsfrist an einem Samstag, Sonntag oder Feiertag, ist der nächste Werktag der letzte Vorlegungstag.

Beispiel

Ausstellungstag in Köln: Freitag, 6. Oktober ....
letzter Vorlegungstag beim bezogenen Kreditinstitut in Frankfurt: Montag, 16. Oktober ....

Rechtliche Bedeutung der Vorlegungsfrist:
- Versäumt der Scheckinhaber die rechtzeitige Vorlage innerhalb der Vorlegungsfrist, verliert er seine scheckrechtlichen Ansprüche gegen den Aussteller und ggf. vorhandene Indossanten *(Art. 40 ScheckG)*.
- Nach Ablauf der Vorlegungsfrist ist das bezogene Kreditinstitut zur Einlösung des Schecks berechtigt, aber nicht verpflichtet *(Art. 32 ScheckG)*.

Die **Vordatierung** von Schecks (tatsächliches Datum der Scheckausstellung liegt *vor* dem angegebenen Ausstellungsdatum) **verlängert**, die **Nachdatierung** (tatsächliches Datum liegt *nach* dem angegebenen Ausstellungsdatum) **verkürzt** die **effektive Vorlegungsfrist**.

Merke: Auch ein vordatierter Scheck ist sofort fällig.

Vorlegungsvermerk:

Vorgelegt am ...
und nicht bezahlt.
(Name des bezogenen Kreditinstituts, Ort, Datum, Unterschrift)

Der nicht eingelöste Scheck wird vom bezogenen Kreditinstitut auf dem üblichen Verrechnungsweg zurückgegeben und dem Konto des Scheckeinreichers belastet.

Der Scheckinhaber kann mittels der Scheckklage (besondere Form des Urkundenprozesses) oder mithilfe des Scheckmahnbescheides seine Ansprüche gegen den Aussteller geltend machen.

Die **Nichteinlösung** eines Schecks **aufgrund mangelnder Kontodeckung** hat für den Scheckaussteller nachteilige Folgen:

- Meldung an eine Kreditschutzorganisation der Wirtschaft *(z. B. SCHUFA = Schutzgemeinschaft für allgemeine Kreditsicherung)*
- Rufschädigung und im Wiederholungsfall Kündigung der Kontoverbindung durch das bezogene Kreditinstitut
- Kosten

6.5   Sparkassencard/Bankcard (Maestro-Karte)

Die ec-Karte ist in den vergangenen Jahren zu einem multifunktionalen Electronic-Banking-Instrument weiterentwickelt worden.

■ Sparkassencard/Bankcard als Zugangsmedium für ec-Geldautomaten

Der Karteninhaber kann an allen ec-Geldautomaten im Inland und europäischen Ausland im Rahmen seines individuellen Verfügungsrahmens gegen Eingabe seiner persönlichen Geheimzahl (PIN = Persönliche-Identifikations-Nummer) Barabhebungen (auch mehrmals täglich) vornehmen. Der Abhebungshöchstbetrag ist begrenzt. Im Ausland erfolgt die Auszahlung in Landeswährung. Die Abhebungen werden aufgrund des bestehenden On-line-Verbundes dem Konto des Kunden sofort belastet.

■ Sparkassencard/Bankcard als Zugangsmedium für das ec-cash/edc-Maestro-System (POS)

Der Karteninhaber kann

- im Inland bei allen an das **Electronic-Cash-**System,
- im europäischen Ausland bei allen an das **edc-**System (electronic debit card) und
- weltweit bei allen an das **Maestro-**System

angeschlossenen Unternehmen gegen Eingabe seiner PIN im Rahmen seines individuellen Verfügungsrahmens am Point of Sale (POS) bargeldlos zahlen. Die Abwicklung der Autorisierung und des Zahlungsvorganges erfolgt online. Die Zahlungen sind durch das Karten ausgebende Institut garantiert und werden dem Konto des Kunden sofort belastet. Das Verfügungslimit ist im Inland abhängig vom Karten ausgebenden Kreditinstitut.

Beispiel

Hansi Köhl tankt bei der Speed-Tankstelle Bonn und zahlt mit seiner ec-Karte per Electronic Cash.

Zahlungsabwicklung im Electronic-Cash-System

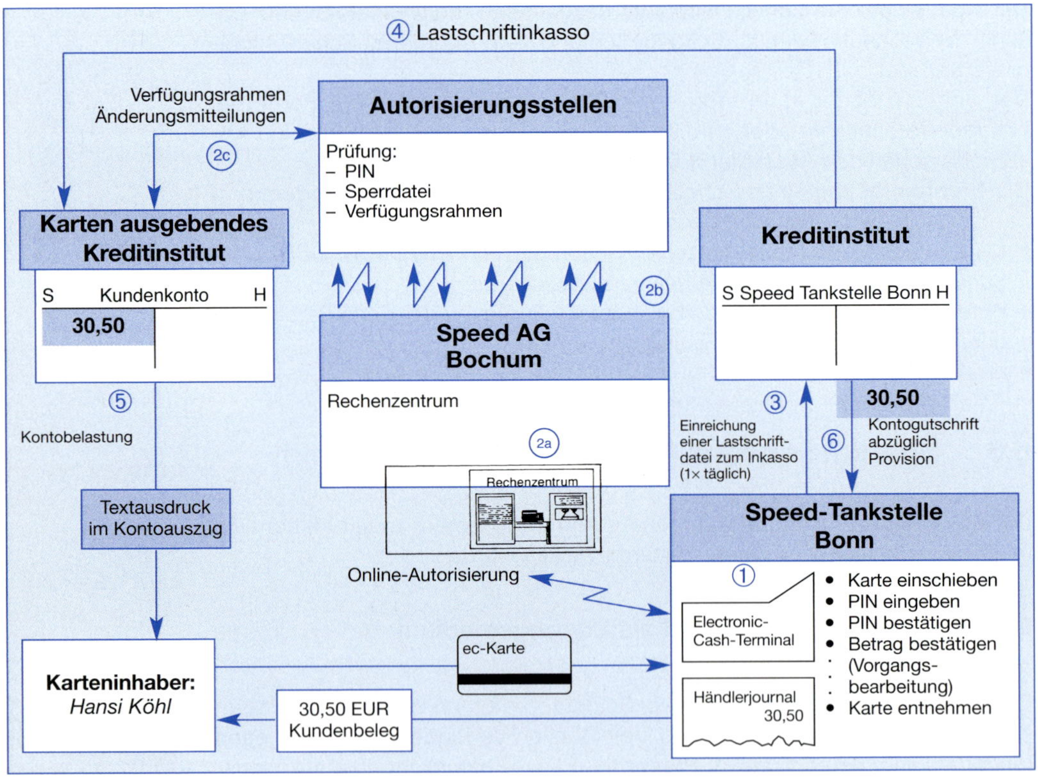

■ Sparkassencard/Bankcard im POZ-System (POS ohne Zahlungsgarantie)

Bei dieser Form der bargeldlosen Zahlung wird mittels der im Magnetstreifen gespeicherten Daten eine Lastschrift erstellt, wobei lediglich die Gültigkeit der Karte geprüft wird. Indem der Kunde eine entsprechende Einzugsermächtigung unterschreibt, erlaubt er dem Verkäufer, den Umsatz durch Lastschrift vom Konto des Kunden einzuziehen. Im Gegensatz zu Electronic Cash wird der Betrag dem Händler nicht garantiert. Durch Unterschrift weist der Kunde das Karten ausgebende Kreditinstitut aber an, im Falle der Nichteinlösung seinen Namen und seine Adresse dem Zahlungsempfänger mitzuteilen.

■ Sparkassencard/Bankcard mit GeldKarten-Funktion

Die Karte mit GeldKarten-Funktion und die GeldKarte sind Instrumente zur Abwicklung bargeldloser Zahlungen im Kleingeldbereich. Ohne PIN und ohne Unterschrift kann mit der GeldKarte als „elektronische Geldbörse" bundesweit an allen Kassen, die mit einem Geldkartenterminal ausgestattet sind, bezahlt werden.
Der Kunde steckt seine Karte einfach in das Kassenterminal und bestätigt den im Display angezeigten Betrag. Der Betrag wird dann von der GeldKarte auf das Kassenterminal übertragen. Danach zeigt das Display, welches Guthaben auf der Karte noch zur Verfügung steht.

Beispiele

- *Käufe des täglichen Bedarfs in Einzelhandelsgeschäften, Kiosken usw.*
- *Bezahlung von Rechnungen in Gastronomiebetrieben*
- *Automatenkäufe (Ticketautomaten, Verkaufsautomaten)*
- *Kauf von Eintrittskarten für Kino, Theater, Schwimmbäder usw.*

Die GeldKarte ist mit einem „intelligenten" Microchip ausgestattet, der es erlaubt,
- die GeldKarte an speziellen, bei den Kreditinstituten installierten GeldKarten-Ladeterminals bis zu einem Höchstbetrag aufzuladen,
- an GeldKarten-Händlerterminals Zahlungen bis zur Höhe des geladenen Betrages durchzuführen,
- die letzten 15 durchgeführten Transaktionen zu speichern und mithilfe eines Kartenlesers anzuzeigen.

Kartenzahlungssysteme im Überblick				
Merkmale	**ec-cash/edc-System**	**POZ-System und ec-Lastschriftverfahren**	**Geldkartenzahlungen**	**Kreditkartenzahlungen**
zugelassene Karten	• Sparkassencard/ Bankcard • Kundenkarten	• Sparkassencard/ Bankcard	Karten mit Geldkartenfunktion (Clipkarten) – ec-Karten – Kundenkarten	• Eurocard • Eurocard Gold • Visa Card • American Express
Legitimation und Prüfungen bei der Zahlung	• Eingabe der PIN • online-Prüfung: – der PIN – der Sperrdatei – des Verfügungsrahmens *(z. B. 1 000,00 EUR pro Tag)*	• Unterschrift und Erteilung einer Einzugsermächtigung • POZ: online-Prüfung der Sperrdatei (bei Beträgen ab 30,00 EUR verpflichtend)	keine Prüfung der Legitimation des Vorlegers	• Unterschrift auf Leistungsbeleg • in der Regel online-Prüfung: – der Sperrdatei – des Verfügungs- *(z. B. 5 000,00 EUR pro Monat)*
Zahlungsgarantie für den Händler	ja	nein Die Lastschrift kann mangels Kontodeckung oder wegen Widerspruch zurückgegeben werden.	ja	ja
Belastung des Karteninhabers	nach jeder Zahlung	nach jeder Zahlung	beim Aufladen der Karte (max. 200,00 EUR)	einmal im Monat
Risiko für den Karteninhaber	• Unrechtmäßige Verfügungen sind nur möglich, wenn der Vorleger die PIN kennt. • Vor der Verlustanzeige ist die Haftung abhängig vom Verschulden des Kunden, nach der Verlustanzeige trägt das Kreditinstitut alle Schäden	Kein Risiko für den Karteninhaber, da er die Lastschriften aufgrund eines Widerspruchs zurückgeben kann.	• Der Karteninhaber trägt allein das Risiko beim Verlust der Karte • Bei einem Datenverlust auf der Karte erstattet das Kreditinstitut den Wert.	• Schäden **vor** der Verlustanzeige: Haftung des Karteninhabers max. 50,00 EUR • Schäden **nach** der Verlustanzeige: keine Haftung des Karteninhabers
Kosten für den Händler	• Kosten für das Terminal • Kosten für die Online-Verbindung • Provision des Karten ausgebenden Kreditinstitutes: 0,3 %, mind. 0,08 EUR	• Kosten für das Terminal POZ zusätzlich: • Kosten für die Online-Verbindung (Sperrdatei) • 0,05 EUR Provision für jede Sperrabfrage	• Kosten für das Terminal • Provision des Karten ausgebenden Kreditinstitutes: 0,3 % mind. 0,01 EUR	• Kosten für das Terminal • Kosten für die Online-Verbindung (erst ab bestimmten Beträgen notwendig) • 2 %–4 % Abschlag vom Rechnungsbetrag (Disagio)

6.6　Zahlung mit Kreditkarte

Kreditkarten sind Ausweiskarten, die

- von speziellen Kreditkartenorganisationen an bonitätsmäßig einwandfreie Kunden gegen eine Jahresgebühr ausgegeben werden und
- diese berechtigen, innerhalb eines vereinbarten Rahmens weltweit bei Handels- und Dienstleistungsunternehmen, die vertraglich an die jeweilige Kreditkartenorganisation angeschlossen sind, Leistungen ohne Bargeldzahlung gegen Vorlage der Kreditkarte in Anspruch zu nehmen.

Die Kreditkarte ist:

- **Zahlungsmittel**, da der Karteninhaber unter Vorlage seiner Kreditkarte und gegen Unterschriftsleistung weltweit bei den Vertragsunternehmen der Kreditkarten-Gesellschaft Rechnungen bezahlen kann.
- **Liquiditätsreserve**, da sich der Karteninhaber bei Kreditinstituten und anderen Akzeptanzstellen im Inland und im Ausland gegen eine Provision von 3 bis 4 % Bargeld beschaffen kann.
- **Kreditmittel**, da der Karteninhaber erst mit einem Zeitverzug von bis zu 4 Wochen von der Kreditkarten-Gesellschaft auf seinem Konto belastet wird.

Je nach Ausstattung bietet die Kreditkarte speziellen Reise-Versicherungsschutz und sonstige Leistungen, die unterwegs von Vorteil sein können.

Die **EUROCARD/EUROCARD Gold** ist die in Deutschland am weitesten verbreitete Kreditkarte. Sie wird von den Kreditinstituten in Zusammenarbeit mit der **Euro-Kartensysteme EUROCARD GmbH** ausgegeben. Sie trägt neben der Bezeichnung EUROCARD den Namen und das Logo des emittierenden Kreditinstituts. Ihre Gültigkeit beträgt 2 Jahre.
Durch die Zusammenarbeit mit dem internationalen **MasterCard-Verbund** ist die weltweite Nutzung der EUROCARD gewährleistet.

Beispiel

Der Spediteur Peter Meier hat einen internationalen Kongress in Antwerpen besucht und möchte die Hotelrechnung über 555,00 EUR mit der von der Stadtsparkasse Duisburg ausgegebenen EUROCARD begleichen.

① *Er legt an der Rezeption des Hotels Nordzee die EUROCARD vor. Die Hotelangestellte prüft die EUROCARD und erstellt elektronisch oder mechanisch einen Leistungsbeleg mit Namen des Karteninhabers, Kartennummer, Verfalldatum, Rechnungsbetrag und Rechnungsdatum.*
   Herr Meier prüft nun die Richtigkeit der Eintragung und leistet auf dem Leistungsbeleg seine Unterschrift; diese muss mit der Unterschrift auf der EUROCARD übereinstimmen. Herr Meier erhält eine Durchschrift des Leistungsbeleges.

② *Das Hotel schickt alle innerhalb einer Woche erstellten Leistungsbelege an die Euro-Kartensysteme EUROCARD GmbH, die den Gesamtbetrag abzüglich eines Disagios auf das Konto des Hotels überweist.*

③ *Herr Meier erhält monatlich eine Rechnungszusammenstellung von der Euro-Kartensysteme EUROCARD GmbH und sein Konto wird mit dem fälligen Betrag belastet.*

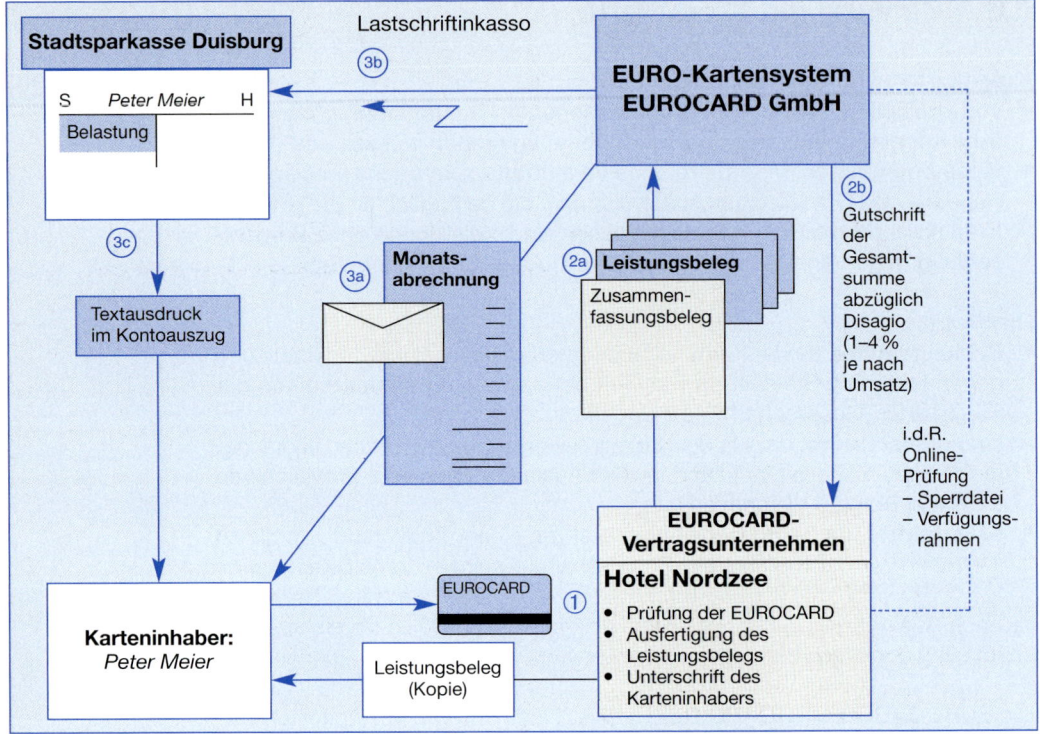

Aufgaben

1. Am Anfang des Kapitels Zahlungsverkehr (Seite 276) finden Sie den Zeitungsartikel „Abbuchen und abkassieren". Lesen Sie den Text und notieren Sie sich genau 5 einzelne Stichworte. Bereiten Sie anhand der Stichworte ein kurzes mündliches Statement über den Überweisungsbetrug und mögliche Gegenmaßnahmen vor.

2. Ordnen Sie die gesetzlichen Vorlegungsfristen für folgende Schecks zu. Tragen Sie die jeweilige Zahl der Tage ein.
   a) Scheck über 330,00 EUR, ausgestellt in München
   b) Scheck über 1 200,00 US$, ausgestellt in Dallas
   c) Scheck über 660,00 EUR, ausgestellt in Hammamet (Tunesien)

3. Bei der abendlichen Überprüfung der eingereichten Schecks werden von einem Spediteur Probleme festgestellt. Tragen Sie eine
   (1) ein, wenn der Scheck Gültigkeit hat,
   (9) ein, wenn der Scheck keine Gültigkeit hat.
   a) Bei dem ersten Scheck fehlt die Unterschrift des Ausstellers.
   b) Bei dem zweiten Scheck ist die Angabe des Betrages in Buchstaben höher als der Betrag in Ziffern.

c) Bei dem dritten Scheck fehlt die Empfängerangabe.

d) Bei dem vierten Scheck ist die Überbringerklausel gestrichen.

e) Bei dem fünften Scheck ist das Ausstellungsdatum mit dem Jahr 2020 angegeben.

f) Bei dem sechsten Scheck befindet sich an der rechten Seite ein roter Streifen mit dem Druck „Orderscheck".

4. Das Einzugsermächtigungsverfahren eignet sich im Gegensatz zum Dauerauftragsverfahren besonders zur Zahlung von

a) Einkommensteuer

b) gleich bleibenden Raten

c) Reparaturen

d) Telefonrechnungen

e) einmalig zu zahlenden Transportkosten.

5. Welche der folgenden Antworten ist richtig?

a) Ein Scheck, der auf das Datum 23. Mai ausgestellt ist, wird von der Bank bei Vorlage vor diesem Tag nicht eingelöst, sondern erst ab dem Ausstellungsdatum.

b) Bei Abweichungen des Scheckbetrages in Ziffern und in Worten hat grundsätzlich nur die Angabe des niedrigeren Betrages Gültigkeit.

c) Aus jedem Barscheck kann ein Verrechnungsscheck gemacht werden, aber nicht umgekehrt.

d) Ein Barscheck sagt aus, dass der Aussteller die Schecksumme in bar an den Scheckinhaber zu leisten hat.

6. In welchen der unten stehenden Fälle erfolgt die Zahlung durch

(1) Überweisung?

(2) Zahlschein?

(3) Lastschriftverfahren?

(4) Dauerauftrag?

(5) Barscheck?

Fallbeispiele:

a) Die Schubert & Müller Kurier GmbH beauftragt ihre Bank, zulasten ihres Kontos einem Frachtführer den fälligen Rechnungsbetrag gutzuschreiben.

b) Die Schubert & Müller Kurier GmbH weist ihre Bank an, vom Geschäftskonto 1 000,00 EUR bar auszuzahlen.

c) Ein Frachtführer zahlt Bargeldeinzüge auf das Bankkonto ein.

d) Die monatlichen Telefonrechnungen werden vom Konto der Schubert & Müller Kurier GmbH abgebucht.

e) Die Schubert & Müller Kurier GmbH beauftragt ihre Bank, die monatlichen Mieten von ihrem Konto abzubuchen.

7. Welche der unten stehenden Fälle betreffen

(1) das Internetbanking?

(2) das Electronic-Cash-Verfahren (POS)?

(3) die Kreditkartenzahlung?

(4) das elektronische Lastschriftverfahren (POZ)?

Mehrfachnennungen sind möglich.

Fälle:
a) Der Akquisiteur der Schubert & Müller Kurier GmbH begleicht eine Hotelrechnung mit seiner ec-Karte und Unterschrift.
b) Die Schubert & Müller Kurier GmbH begleicht eine Frachtführerrechnung über ihre DV-Anlage.
c) Von den getätigten Umsätzen der Akzeptanzstelle wird eine Provision berechnet.
d) Der Geschäftsführer der Schubert & Müller Kurier GmbH begleicht eine Benzinrechnung mit seiner ec-Karte und durch Eingabe seiner PIN.

8. Ergänzen Sie Ihre Lernkartei, indem Sie sich mit Ihrem Nachbarn über sinnvolle Kartenüberschriften austauschen und die Karteikarten entsprechend ausfüllen!

7 Investition und Finanzierung

Einstiegssituation

Michael Dietz und David Potthoff sind Vorstände und Hauptaktionäre der Dietz & Potthoff Speditons AG. Ihr Hauptkunde ist ein koreanischer Automobilhersteller, für den sie einen Teil der Ersatzteildistribution in Deutschland übernommen haben.

Bei einem Meeting mit dem Vertriebsleiter des koreanischen Kunden bekommen Dietz und Potthoff das Angebot, die Zusammenarbeit zu intensivieren. Sie sollen ein Konzept entwickeln, zukünftig in einem Nachtservice die belgischen Vertragshändler von Deutschland aus mit Ersatzteilen bedienen.

Das Angebot ist sehr attraktiv. Dietz und Potthoff stellen folgende Grobplanung auf:

Um den Nachtservice aufzubauen, müssten
• zwei weitere Transporter angeschafft werden
• vier Mitarbeiter eingestellt werden,
• ein Büroarbeitsplatz eingerichtet werden,
• die Lagerfläche um 50 % erweitert werden.

Überschlägig würden diese Maßnahmen anfänglich 130 000,00 EUR erfordern.

Michael Dietz gibt seinem Mitgesellschafter zu bedenken, dass die Eigenkapitaldecke sehr dünn und die Liquidität wie immer sehr angespannt sei. David Potthoff schlägt daraufhin vor, das Grundkapital, das zurzeit die gesetzlich vorgeschriebene Mindesthöhe nicht überschreitet, zu verdoppeln. Damit würde sich die Verhandlungssituation gegenüber den Banken erheblich verbessern.

Die beiden Gesellschafter diskutieren noch sehr lange und ausführlich über die beste Finanzierungsmöglichkeit.

Welchen Vorschlag zur Finanzierung der erforderlichen Investitionen würden Sie der Dietz & Potthoff Speditions AG machen?

7.1   Investition

Die betriebliche Leistungserstellung setzt voraus, dass finanzielle Mittel zur Verfügung stehen, die zur Anschaffung und Aufrechterhaltung der erforderlichen Betriebsausstattung und Beschaffung der benötigten Arbeitsmaterialien eingesetzt werden können.

Die Passivseite der Bilanz gibt Auskunft über die Quellen der Mittelbeschaffung, während die Aktivseite der Bilanz Aufschluss über die Verwendung dieser Mittel gibt.

Aktiva (Vermögen)	**Bilanz**	**Passiva (Kapital)**
Anlagevermögen = langfristig gebundene Vermögensteile		**Eigenkapital**
Umlaufvermögen = kurzfristig gebundene Vermögensteile		**Fremdkapital** • langfristig • kurzfristig
Mittelverwendung = Investitionen		**Mittelbeschaffung** = Finanzierung

Unter **Investition** versteht man die Verwendung finanzieller Mittel zur Beschaffung von Sach- und Finanzvermögen für unternehmerische Zwecke.[1]   **Definition**

Sachinvestitionen sind Mittelverwendungen für betrieblich benötigte Produktionsmittel.
– **Anlageinvestitionen** dienen der Aufrechterhaltung, Erweiterung oder Modernisierung der Produktionskapazität; sie sind in der Bilanz dem *Anlagevermögen* zugeordnet.

Beispiele

Grundstücke und Gebäude, Betriebs- und Geschäftsausstattung

– **Vorratsinvestitionen** dienen der Bildung der nötigen Vorräte an Ausgangsmaterialien und Endprodukten; sie sind in der Bilanz dem *Umlaufvermögen* zugeordnet.

---

[1] *Im Gegensatz hierzu ist der volkswirtschaftliche Investitionsbegriff enger gefasst. Vgl. hierzu Seite 396 ff.*

Beispiel

Kraftstoffe in der Betriebstankstelle

Finanzinvestitionen sind Mittelverwendungen für Finanzanlagen der Unternehmung; bilanziell können sie – je nach Kapitalbindungsdauer – dem Anlage- oder dem Umlaufvermögen zugeordnet sein.
Finanzinvestitionen dienen der
– rentablen Anlage vorübergehend nicht benötigter Geldmittel,
– langfristigen Beteiligung an anderen Unternehmen,
– Vorsorge gegen unternehmerische Risiken.

Beispiele

Festgeldanlagen, Wertpapieranlagen, Beteiligungen

Der Umfang und die Zusammensetzung der erforderlichen Investitionen hängen von der Größe und dem Gegenstand der Unternehmung ab.

Typisch sind für ...	Anlagevermögen	Umlaufvermögen
... Industrieunternehmungen	70 %	30 %
... Kreditinstitute	5 %	95 %

Eine Investition setzt immer eine Kapitalbeschaffungsmaßnahme voraus.

Definition

Unter **Finanzierung** versteht man alle Maßnahmen zur Beschaffung der für die Unternehmung benötigten Geldmittel.

Aufgabe der Finanzierung ist die Aufrechterhaltung des finanziellen Gleichgewichts der Unternehmung: **Finanzielles Gleichgewicht** liegt vor, wenn die betrieblichen Einzahlungs- und Auszahlungsströme in der Weise aufeinander abgestimmt sind, dass die Unternehmung jederzeit liquide ist, d. h., ihre fälligen Zahlungsverpflichtungen erfüllen kann.

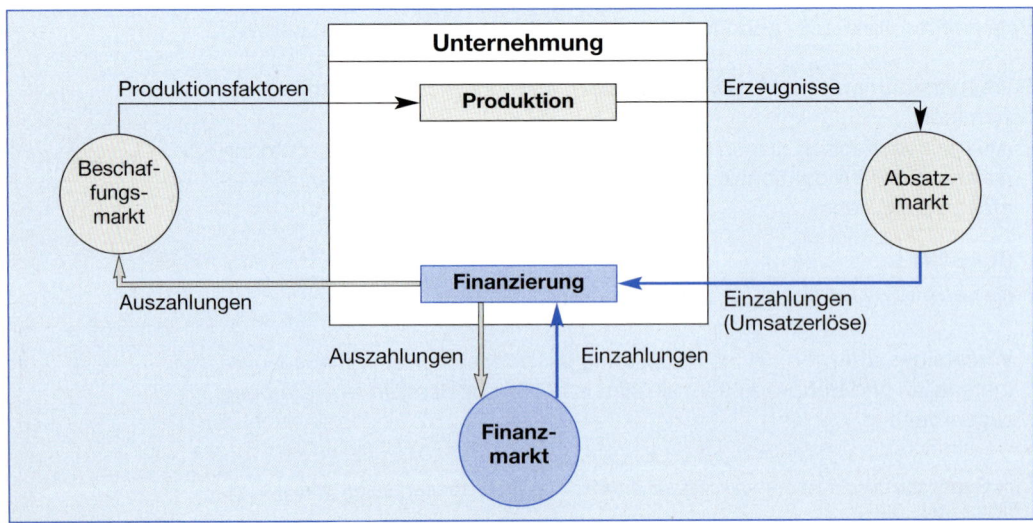

Die Art der Finanzierung hängt eng mit der Art der Investition zusammen. Die **„Goldene Finanzierungsregel"** fordert die **Fristenkongruenz** von Mittelherkunft und Mittelverwendung:

Die Geldmittel müssen der Unternehmung mindestens solange zur Verfügung stehen, wie sie im Vermögen gebunden sind. Die Kapitalbindungsdauer der Vermögenswerte soll nicht länger sein als die Fristigkeit der dazu eingesetzten Geldmittel.

Das bedeutet:
* Kurzfristig aufgenommenes Geld darf nur zur Finanzierung kurzfristig gebundener Vermögensgegenstände eingesetzt werden.
* Langfristig gebundene Vermögensgegenstände sind langfristig zu finanzieren.

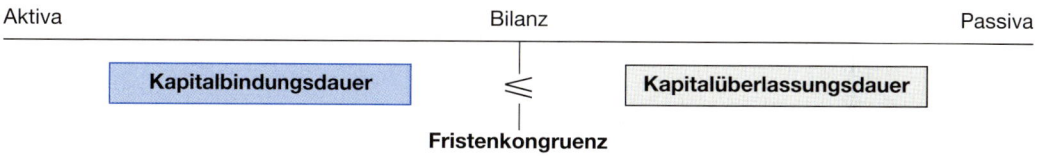

Eine Verletzung dieses Finanzierungsgrundsatzes kann zur Illiquidität der Unternehmung führen.

Beispiel

Die Nutzungsdauer einer Maschine beträgt 4 Jahre.
Zu ihrer Finanzierung wird Kapital benötigt, das der Unternehmung mindestens für diesen Zeitraum zur Verfügung steht. Es dauert 4 Jahre, bis die Anschaffungskosten der Maschine über den Verkauf der damit hergestellten Produkte erwirtschaftet (hereingeholt) worden sind. Würde zur Finanzierung der Maschine ein Kredit mit einer Laufzeit von nur einem Jahr eingesetzt, so wäre die Finanzierung für die restlichen drei Jahre ungesichert.

7.2 Finanzierungsarten

Die Kapitalquellen können *außerhalb* oder *innerhalb* der Unternehmung liegen.

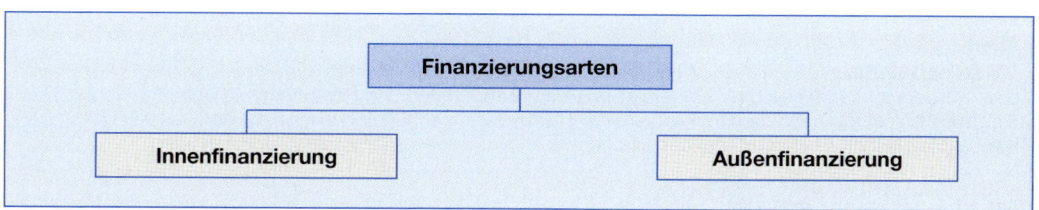

7.2.1 Innenfinanzierung

Bei der **Innenfinanzierung** wird das Kapital innerhalb der Unternehmung aufgrund der betrieblichen Leistungserstellung und Umsatztätigkeit gebildet.
Die hierdurch bereitgestellten Geldmittel fließen indirekt von außen in die Unternehmung, da sie als Gewinne bzw. Kosten in die Preise einkalkuliert und somit in den erzielten Umsatzerlösen enthalten sind.
Man unterscheidet hierbei zwischen der Selbstfinanzierung, der Finanzierung aus Abschreibungserlösen und der Finanzierung durch Rückstellungen.

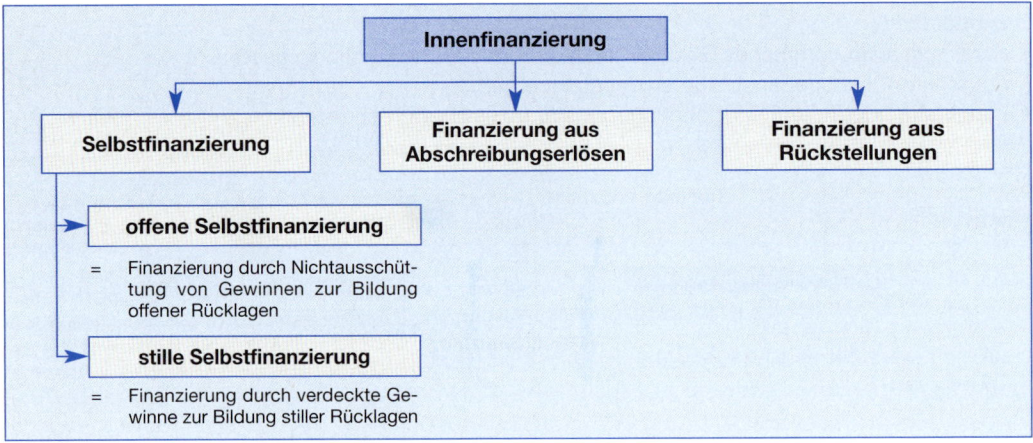

■ Selbstfinanzierung

Bei der **offenen Selbstfinanzierung** wird auf die Ausschüttung der erwirtschafteten Gewinne ganz oder teilweise verzichtet. Die einbehaltenen Gewinne werden den bilanziellen Rücklagen der Unternehmung zugeführt und erhöhen die Eigenkapitalbasis.
Die Selbstfinanzierung ist – wie die Beteiligungsfinanzierung – eine Form der **Eigenfinanzierung**.
Aktiengesellschaften müssen so lange 5 % des Jahresüberschusses den Rücklagen zuführen, bis 10 % des Grundkapitals erreicht sind.

Beurteilung der Selbstfinanzierung

- Für kleine und mittlere Unternehmungen ist die Selbstfinanzierung häufig die einzige Möglichkeit der Eigenfinanzierung.
- Durch die Selbstfinanzierung gewinnt die Unternehmung dauerhaftes („ewiges") Kapital, das frei von Rückzahlungsverpflichtungen ist und auch keine laufenden Kapitalkosten verursacht.
- Durch die Selbstfinanzierung bleibt die Unternehmung unabhängig von anderen Kapitalgebern.
- Die Selbstfinanzierung erhöht die Kreditwürdigkeit der Unternehmung.

Aber:

Die Selbstfinanzierung ist steuerlich gesehen „teuer". Nicht ausgeschüttete Gewinne sind der Einkommen- bzw. Körperschaftsteuer unterworfen. Bei Einzelunternehmungen und Personengesellschaften richtet sich die Steuerbelastung nach dem individuellen ESt-Satz des Geschäftsinhabers bzw. der Gesellschafter, bei Kapitalgesellschaften werden thesaurierte Gewinne mit 25 % Körperschaftsteuer[1] belastet.

---

[1] *Seit 1997 zusätzlich 5,5 % Solidaritätszuschlag in der Körperschaftsteuerbelastung.*

Die **stille (verdeckte) Selbstfinanzierung** erfolgt durch Bildung **stiller Rücklagen**, d. h., von solchen Rücklagen, die aus der Bilanz dem externen Betrachter nicht ersichtlich sind.

Während offene Rücklagen aus dem versteuerten Gewinn gebildet werden, erfolgt die Bildung stiller Rücklagen (stille Reserven) durch die Minderung des auszuweisenden Gewinns, indem Aufwendungen höher oder Erträge geringer ausgewiesen werden, als es den tatsächlichen Gegebenheiten entspricht.

Stille Rücklagen sind somit *versteckte Gewinne*, die erst bei Auflösung der betreffenden Bilanzposition offen gelegt und auch erst dann versteuert werden. Die Bildung stiller Rücklagen führt zu einer Ertragssteuerstundung und bei den Substanzsteuern (Vermögensteuer, Gewerbekapitalsteuer) zu einer effektiven Steuerkürzung. Diese steuerlichen Effekte bedeuten einen Liquiditäts- und Zinsgewinn für die Unternehmung.

Stille Rücklagen können – soweit steuerlich bzw. handelsrechtlich zulässig – gebildet werden durch:

- **Unterbewertung von Vermögensgegenständen**

Beispiel

Es werden Abschreibungen verrechnet, die wesentlich über den tatsächlich vorliegenden Wertminderungen der Vermögensgegenstände liegen.

Anschaffungskosten einer Maschine: *60 000,00 EUR*
tatsächliche Nutzungsdauer: *10 Jahre*
tatsächliche jährliche Wertminderung: *6 000,00 EUR*

Würde die Unternehmung die Maschine über einen Zeitraum von nur 5 Jahren abschreiben, so stände sie nach Ablauf dieser Zeit mit einem Erinnerungswert von 1,00 EUR zu Buche, obwohl sie tatsächlich noch einen Wert von 30 000,00 EUR hat.
Die Differenz zwischen dem Buchwert der Maschine und ihrem tatsächlichen Wert ist ein versteckter Gewinn.
Bei einem Verkauf der Maschine über ihrem Buchwert würde die stille Rücklage aufgedeckt und der entstehende Gewinn müsste versteuert werden.

- **Nichtaktivierung von Vermögensgegenständen**

Beispiel

Geringwertige Wirtschaftsgüter können im Jahr der Anschaffung in vollem Umfang als Aufwand erfasst werden, obwohl ihre Nutzungsdauer mehr als ein Jahr beträgt.

In beiden Fällen ist das tatsächliche Vermögen größer als das ausgewiesene Vermögen:

ausgewiesene Werte **tatsächliche Werte**

<table>
<tr><td>Aktiva</td><td>Bilanz</td><td>Passiva</td></tr>
<tr><td rowspan="2">Vermögen</td><td colspan="2">Eigenkapital</td></tr>
<tr><td colspan="2">Fremdkapital</td></tr>
</table>

<table>
<tr><td>Aktiva</td><td>Bilanz</td><td>Passiva</td></tr>
<tr><td rowspan="2">Vermögen</td><td colspan="2">Eigenkapital</td></tr>
<tr><td colspan="2">Fremdkapital</td></tr>
<tr><td>Unterbewertung</td><td>stille Reserven</td></tr>
</table>

- **Überbewertung von Verbindlichkeiten**

Beispiel

Rückstellungen sind Verbindlichkeiten, deren Höhe und Fälligkeit ungewiss sind. Man unterscheidet u. a. Prozess-, Steuer-, Pensionsrückstellungen. Werden sie aus Gründen der Vorsicht höher angesetzt als spätere Beanspruchungen zu erwarten sind, entstehen ebenfalls stille Rücklagen.

In diesem Fall sind die tatsächlichen Verbindlichkeiten größer als die ausgewiesenen Verbindlichkeiten:

ausgewiesene Werte **tatsächliche Werte**

<table>
<tr><td>Aktiva</td><td>Bilanz</td><td>Passiva</td></tr>
<tr><td rowspan="3">Vermögen</td><td colspan="2">Eigenkapital</td></tr>
<tr><td colspan="2">Überbewertung</td></tr>
<tr><td colspan="2">Fremdkapital</td></tr>
</table>

<table>
<tr><td>Aktiva</td><td>Bilanz</td><td>Passiva</td></tr>
<tr><td rowspan="3">Vermögen</td><td colspan="2">Eigenkapital</td></tr>
<tr><td colspan="2">stille Reserven</td></tr>
<tr><td colspan="2">Fremdkapital</td></tr>
</table>

■ Finanzierung aus Abschreibungserlösen

Das Anlagevermögen einer Unternehmung besteht aus Vermögensteilen, die i. d. R. über einen mehrjährigen Zeitraum genutzt werden.
Der Wert dieser Sachanlagen nimmt durch die laufende Nutzung, aber auch durch ihre technische und wirtschaftliche Überholung allmählich ab. Die Nutzungsdauer von Sacheinlagen ist daher beschränkt. Die Unternehmung muss dafür Sorge tragen, dass nach Ablauf der Nutzungsdauer Geldmittel für die Durchführung einer Ersatzinvestition zur Verfügung stehen.

Die Wertminderungen der Sachanlagen werden in Form von **Abschreibungen als Aufwand** erfasst. Durch die Abschreibungen werden die Anschaffungskosten der Sachanlagen auf die Jahre ihrer Nutzung verteilt.

Bei einer sachgerechten Preiskalkulation werden daher auch die Abschreibungen als Kostenbestandteil miteinbezogen.

Die Abschreibungsgegenwerte fließen der Unternehmung somit laufend über die Umsatzerlöse zu und können bis zum Zeitpunkt der Ersatzbeschaffung angelegt oder für weitere Finanzierungszwecke verwendet werden.

Beispiel

Der Spediteur Helmut Sindermann hat einen Kran für 252 000,00 EUR angeschafft. Die Nutzungsdauer wird auf 21 Jahre veranschlagt, die jährliche Einsatzzeit beträgt 1 200 Stunden.
Die jährliche Abschreibung beträgt bei linearer Abschreibung 12 000,00 EUR.
Herr Sindermann kalkuliert seinen Angebotspreis für eine Kranstunde:

Arbeitslohn (incl. Lohnnebenkosten)	*70,00 EUR*
Abschreibungen (12 000 : 1 200)	*10,00 EUR*
sonstige Kosten	*15,00 EUR*
Gewinnzuschlag	*10,00 EUR*
Angebotspreis	*105,00 EUR*

Die Finanzierung aus Abschreibungserlösen wird auch als **Finanzierung durch Vermögensumschichtung** bezeichnet: Der Wert der Sachanlagen nimmt durch die Abschreibungen ab, während der Wert der Finanzaktiva durch den Eingang der Abschreibungserlöse zunimmt (Aktivtausch).

■ Finanzierung durch Rückstellungen

Rückstellungen sind Verbindlichkeiten der Unternehmung, die dem Grunde nach bekannt sind, deren Höhe und Fälligkeit zum Zeitpunkt des Wertansatzes jedoch ungewiss sind.   **Definition**

Sie sind zu bilden für
● ungewisse Verbindlichkeiten,
● laufende Pensionen und Anwartschaften auf Pensionen,
● drohende Verluste aus schwebenden Geschäften,
● unterlassene Aufwendungen für Instandhaltung,
● Gewährleistungen.

Durch die Bildung von Rückstellungen können Geldmittel an die Unternehmung gebunden und bis zur Auflösung der Rückstellung zu Finanzierungszwecken eingesetzt werden.

Aktiva	Bilanz	Passiva
		Eigenkapital
langfristige Verwendung ◄---------------	Rückstellungen ● Pensionsrückstellungen	
kurzfristige Verwendung ◄---------------	{ ● Prozessrückstellungen ● Steuerrückstellungen ● Aufwandsrückstellungen	
	Fremdkapital	

Da die Rückstellungen der Begleichung erst in Zukunft fälliger Verbindlichkeiten dienen, sind sie in der Bilanz dem Fremdkapital zuzuordnen. Man kann daher die Finanzierung durch Rückstellungen auch als innerbetriebliche Fremdfinanzierung ansehen.

7.2.2 Außenfinanzierung

Bei der **Außenfinanzierung** wird das Kapital von außen in die Unternehmung eingebracht.
Man unterscheidet hierbei zwischen der Fremdfinanzierung und der Beteiligungsfinanzierung.

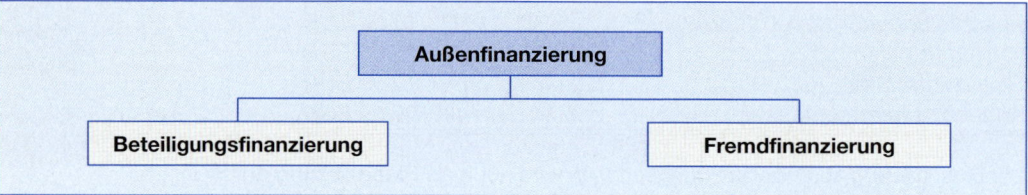

■ Beteiligungsfinanzierung

Bei der Beteiligungsfinanzierung fließt der Unternehmung durch Erhöhung der Kapitaleinlagen der vorhandenen Gesellschafter oder durch Aufnahme neuer Gesellschafter zusätzliches **Eigenkapital** zu. Es handelt sich hierbei um eine Form der **Eigenfinanzierung**.

Die Art und Möglichkeit der Beteiligungsfinanzierung hängt von der Rechtsform der Unternehmung ab.

Beispiel

- *OHG: Aufnahme eines neuen Gesellschafters in eine bestehende OHG*
- *KG: Erhöhung der Einlage der/des Kommanditisten*
- *GmbH: Erhöhung des Stammkapitals durch den/die Gesellschafter*
- *AG: Kapitalerhöhung durch Ausgabe junger Aktien*

■ Fremdfinanzierung

Bei der **Fremdfinanzierung** stellen Kreditinstitute oder andere Geldgeber der Unternehmung **Fremdkapital** in Form von Krediten zur Verfügung. Man spricht daher auch von der *Kreditfinanzierung*.

Beispiel

- *Bankkredite*
- *Lieferantenkredite*
- *Anzahlungen von Abnehmern*
- *öffentliche Kredite*
- *Ausgabe von Schuldverschreibungen*

Das mögliche Ausmaß der Fremdfinanzierung hängt von der Kreditwürdigkeit (Bonität) der Unternehmung ab.

Beurteilung der Beteiligungsfinanzierung aus der ...

... Sicht des Kapitalgebers (Gläubigers)

Der Kapitalgeber ist Miteigentümer (Teilhaber) der Unternehmung und hat daher

- ein Mitspracherecht bei der Leitung der Unternehmung,
- einen Anspruch auf einen seiner Beteiligungsquote entsprechenden Anteil am Gewinn,
- für den Fall der Auflösung der Unternehmung einen Anspruch auf einen seiner Beteiligungsquote entsprechenden Anteil am Liquidationserlös.

Aber:

Der Kapitalgeber trägt das unternehmerische Risiko und haftet mit seiner Kapitaleinlage, ggf. auch mit seinem Privatvermögen, für eventuell eintretende Verluste. Im Insolvenzfall erleidet er einen Totalverlust.

... Sicht des Kapitalnehmers (Schuldners)

- Das Eigenkapital steht der Unternehmung unbefristet zur Verfügung und eignet sich daher in besonderer Weise zur Finanzierung des Anlagevermögens.
- Die Liquidität der Unternehmung wird nicht durch feste Zinszahlungen und Kapitalrückzahlungen belastet. Zwar wird auch das Eigenkapital in Form von Gewinnausschüttungen „verzinst", doch wird die Höhe der Gewinnausschüttung von den Eigentümern bzw. der Geschäftsleitung der Unternehmung selbst bestimmt.
- Eine hohe Eigenkapitalquote erhöht die Kreditwürdigkeit und erleichtert die Beschaffung von Fremdkapital.
- Eine hohe Eigenkapitalquote macht die Unternehmung weniger krisenanfällig.

Aber:

- Durch die Aufnahme neuer Gesellschafter kommt es zu einer Änderung der Herrschaftsverhältnisse in der Unternehmung.
- Der Gewinn der Unternehmung muss mit allen Gesellschaftern geteilt werden.

Beurteilung der Fremdfinanzierung aus der ...

... Sicht des Kapitalgebers (Gläubigers)

Der Kapitalgeber ist Gläubiger der Unternehmung.

- Er hat einen festen Anspruch auf Zahlung der vereinbarten Zinsen und die Rückzahlung (Tilgung) des Kapitals.
- Er haftet nicht für Verluste der Unternehmung. Sein Risiko ist auf die Leistung des Kapitaldienstes beschränkt. Im Insolvenzfall hat er einen Anspruch auf Anteil an der Insolvenzmasse bzw. ist bei Stellung einer Kreditsicherheit absonderungsberechtigt.

... Sicht des Kapitalnehmers (Schuldners)

- Sind die Fremdkapitalzinsen geringer als der durch die Investition erzielte Ertrag, so wird dadurch die Eigenkapitalrentabilität erhöht (positiver Leverage-Effekt).
- Die zu zahlenden Zinsen können als Betriebsausgaben steuerlich geltend gemacht werden.
- Kurzfristiges Fremdkapital eignet sich in besonderer Weise zur Finanzierung des Umlaufvermögens, langfristiges Fremdkapital kann zur Finanzierung des Anlagevermögens eingesetzt werden.
- Die Herrschaftsverhältnisse innerhalb der Unternehmung werden nicht verändert.

Aber:

- Die zu zahlenden Zinsen sind Fixkosten und erhöhen den kostendeckenden Preis.
- Die Liquidität der Unternehmung wird durch den laufenden Kapitaldienst belastet.
- Sind die Fremdkapitalzinsen höher als der durch die Investition erzielten Ertrag, so wird dadurch die Eigenkapitalrentabilität verringert (negativer Leverage-Effekt).

7.2.3 Sonderformen der Finanzierung

■ Factoring

Definition

Factoring ist der laufende Ankauf von kurzfristigen Forderungen aus Lieferungen und Leistungen durch eine Factoring-Gesellschaft.

Der zwischen der Factoring-Gesellschaft (Factor) und ihrem Kunden (Klient) geschlossene Factoring-Vertrag ist ein typengemischter, auf Dauer angelegter Vertrag mit Elementen des Rechtskaufs *(§ 433 Abs. 2 BGB)*, der entgeltlichen Geschäftsbesorgung *(§ 675 BGB)* und des Darlehens *(§ 488 BGB)*.
Factoring-Gesellschaften sind in der Regel Tochtergesellschaften von Kreditinstituten.
Factoring-Kunden (Klienten) sind meist mittelständische Unternehmungen, auf die das Factoring aufgrund seiner Funktionen besonders zugeschnitten ist.

Beispiel

Die Kirchner & Quack Textilhandel GmbH beliefert ca. 60 Modeboutiquen; sie räumt ihren Abnehmern jeweils ein Zahlungsziel von 60 Tagen ein; die Forderungsbeträge schwanken zwischen 1 500,00 EUR und 9 000,00 EUR pro Lieferung.
Der Jahresumsatz der Kirchner & Quack GmbH beträgt 8 000 000,00 EUR.

Unternehmungen, die regelmäßig über einen großen Forderungsbestand verfügen, brauchen die Fälligkeit der Forderungen nicht abzuwarten, sondern können sich durch den Verkauf der Forderungen sofort Liquidität verschaffen.

Praxisüblich ist das **offene Factoring**:
Die Abnehmer des Factoring-Kunden (Debitoren) werden von der Forderungsabtretung informiert und können mit schuldbefreiender Wirkung nur noch an die Factoring-Gesellschaft zahlen.

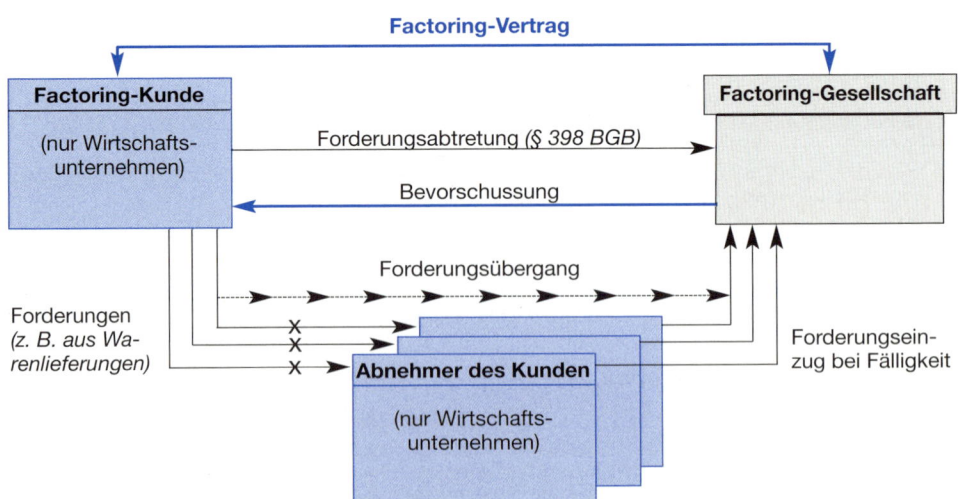

Auszug aus einem Factoring-Vertrag

- Der Factor kauft im Rahmen der von ihm für die Abnehmer eingeräumten Limite alle ab Vertragsbeginn entstehenden Forderungen aus Lieferungen und Leistungen des Kunden an.
- Der Factor übernimmt im Rahmen der Delkrederevereinbarungen das Ausfallrisiko für die angekauften Forderungen.
- Der Factor führt unter Beachtung der allgemeinen kaufmännischen Grundsätze im Rahmen seiner Organisation die Debitorenbuchhaltung sowie das Inkasso- und Mahnwesen.
- Der Kaufpreis für die Forderungen wird dem Vorschusskonto des Kunden nach Rechnungsregulierung durch die Abnehmer gutgeschrieben; der Factor wird dem Kunden jedoch die Gegenwerte sofort nach Rechnungseinreichung unter Berechnung der vereinbarten Zinsen zur Verfügung stellen.

Je nach Ausgestaltung des Factoring-Vertrages erfüllt die Factoring-Gesellschaft folgende Funktionen:

- **Dienstleistungsfunktion**
  Übernahme der Debitorenbuchhaltung, des Mahnwesens und des Forderungsinkassos.
- **Delkrederefunktion**
  Übernahme des Ausfallrisikos, indem der Factor darauf verzichtet, seinen Kunden solche Forderungen zurückzubelasten, bei denen der Debitor zahlungsunfähig wird. Die Haftung des Factors beschränkt sich ausschließlich auf die Bonität der Debitoren; sie schließt nicht die Haftung für den rechtlichen Bestand der Forderungen ein. Um zu verhindern, dass der Kunde ausschließlich zweifelhafte Forderungen veräußert, wird er verpflichtet, **alle** Forderungen an den Factor abzutreten. Dieser behält sich darüber hinaus das Recht vor, zweifelhafte Forderungen vom Ankauf auszuschließen.
- **Finanzierungsfunktion**
  Auf Wunsch des Kunden Bevorschussung der Forderungen (bis zu 90 %); der Kunde kann selbst entscheiden, zu welchem Zeitpunkt und in welchem Umfang er von der Bevorschussung Gebrauch machen will. Der Restbetrag dient der Sicherung für etwaige Gewährleistungsansprüche seitens der Debitoren (Mängelrügen, Fakturierungsfehler) und wird bei vollständiger Rechnungsregulierung durch die Debitoren bzw. bei Eintritt des Delkrederefalls dem Kunden vergütet.

Die **Kosten des Factoring** setzen sich aus der **Factoring-Gebühr** (1 %–2 % vom Umsatz) und den banküblichen **Zinsen** für Kontokorrentkredite zusammen.

Vorteile des Factoring für den Kunden:
- Kosteneinsparungen bei der Debitorenbuchhaltung sowie dem Inkasso- und Mahnwesen
- Vermeidung von Verlusten aus Insolvenzen der Abnehmer: Ersparung von Wertberichtigungen

- Verbesserte Liquiditätsausstattung: Kapitalfreisetzung durch Abbau der Außenstände
- Lieferantenverbindlichkeiten können unter Abzug von Skonti beglichen werden
- Erhöhung der Eigenkapitalquote durch Verkürzung der Bilanzsumme

■ Leasing

Definition

Leasing ist die mietähnliche Überlassung beweglicher oder unbeweglicher Wirtschaftsgüter des Anlagevermögens durch den Hersteller oder eine Leasing-Gesellschaft.

Leasing ist eine Alternative zur Fremd- bzw. Eigenfinanzierung: Anstelle des fremd- oder eigenfinanzierten Kaufs tritt die Miete *(§§ 535 ff. BGB)* des benötigten Objektes.

Leasing-Gesellschaften und Hersteller werben u. a. mit folgenden Argumenten:
- Leasing ermöglicht Investitionen unter „Schonung" von Eigenkapital und Liquidität.
- Leasing verschafft dem Leasing-Nehmer aufgrund der festen Leasing-Raten eine sichere Kalkulationsgrundlage.
- Leasing ermöglicht eine schnelle Anpassung an den technischen Fortschritt.
- Leasing schafft Steuervorteile, da die Raten in voller Höhe als Betriebsausgaben steuerlich absetzbar sind.

Ob Leasing gegenüber dem fremdfinanzierten Kauf vorteilhafter ist, kann nur für den Einzelfall beurteilt werden. Für den Verbraucher ist Leasing i. d. R. nicht empfehlenswert.

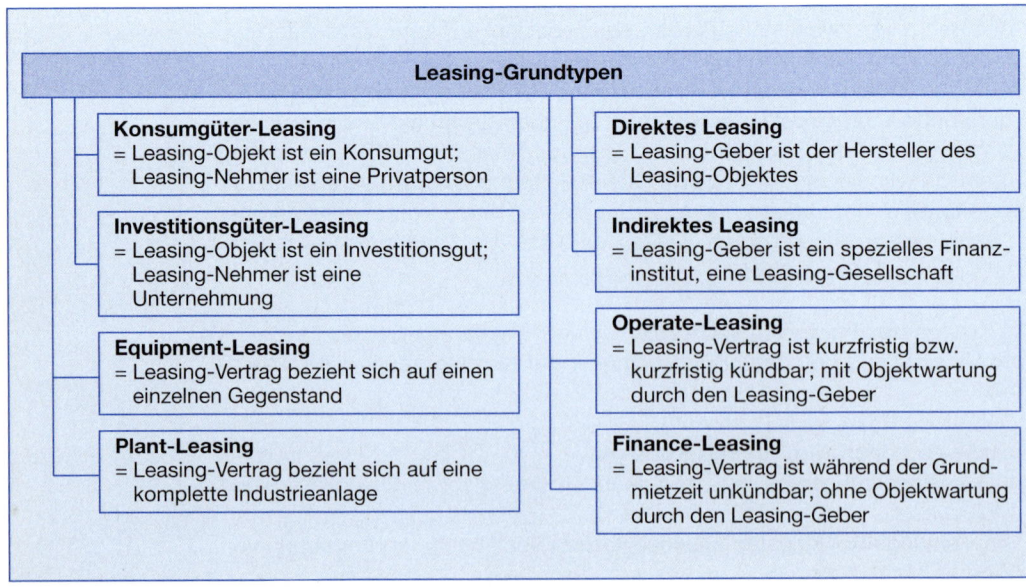

Operate Leasing	Finance Leasing
Das Leasing-Objekt ist ein Standardprodukt, für das i. d. R. ohne Schwierigkeiten ein Anschlussmieter gefunden werden kann.	Das Leasing-Objekt wird nach den individuellen Wünschen des Leasing-Nehmers hergestellt bzw. von der Leasing-Gesellschaft gekauft.
Beispiele: • *EDV-Systeme* • *Fotokopiergeräte* • *Berufskleidung*	**Beispiele:** • *Kraftfahrzeuge* • *Verladeanlagen* • *Verwaltungsgebäude*
Das Vertragsverhältnis ist kurzfristig bzw. kurzfristig kündbar.	Das Vertragsverhältnis ist während der Grundmietzeit unkündbar.
Das Objekt wird bilanziell dem Leasing-Geber zugerechnet; die Leasing-Raten können vom Leasing-Nehmer als Betriebsausgaben abgesetzt werden.	Die Leasing-Raten können vom Leasing-Nehmer nur dann als Betriebsausgaben abgesetzt werden, wenn das Leasing-Objekt bilanziell dem Leasing-Geber zugerechnet wird.
Der Leasing-Geber ist darauf angewiesen, das Objekt mehrmals zu vermieten, da die Leasing-Raten eines Leasing-Nehmers nicht zur Amortisation des Objekts ausreichen.	Die während der Grundmietzeit zu zahlenden Leasing-Raten sind so kalkuliert, dass der Leasing-Geber den überwiegenden Teil der Investitionskosten daraus amortisieren kann.
Das **Investitionsrisiko** trägt der **Leasing-Geber**	Das **Investitionsrisiko** trägt der **Leasing-Nehmer**

Vertragsgrundlagen Finance Leasing

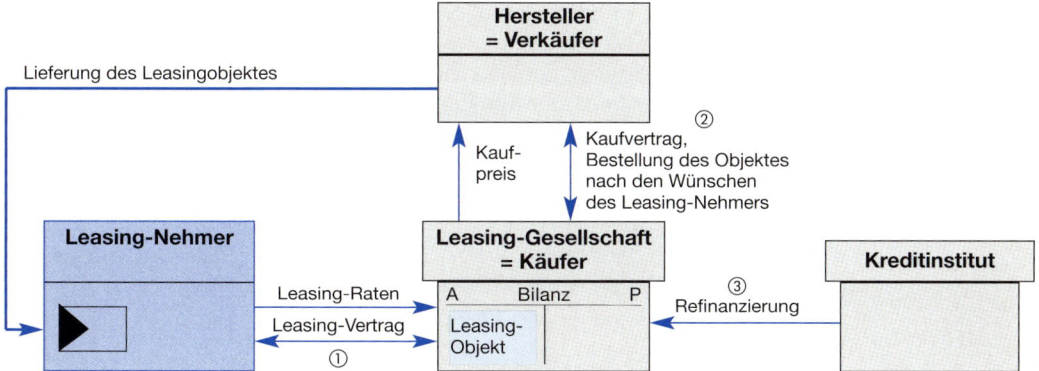

7.3 Kreditarten

Ein **Kredit** ist die befristete, entgeltliche Überlassung von Geld zur freien oder vertragsgebundenen Nutzung. Allgemeine Gesetzesgrundlage sind die Bestimmungen des BGB über das **Darlehen** *(§§ 607 ff. BGB).*

Definition

7.3.1 Kontokorrentkredit

Der Kontokorrentkredit ist die in der Praxis am weitesten verbreitete Form des kurzfristigen Kredits. Er wird über das **Kontokorrentkonto** *(§ 355 HGB)* abgewickelt.

Der Kreditnehmer ist berechtigt, sein **Kontokorrentkonto** bis zu einer vereinbarten **Kreditlinie** zu überziehen, d. h. debitorisch zu führen.

Der Kreditnehmer kann auf diese Weise die Kreditinanspruchnahme ganz auf seinen jeweiligen Kreditbedarf abstimmen.
Er verfügt damit über eine finanzielle Reserve, auf die er jederzeit zurückgreifen kann.

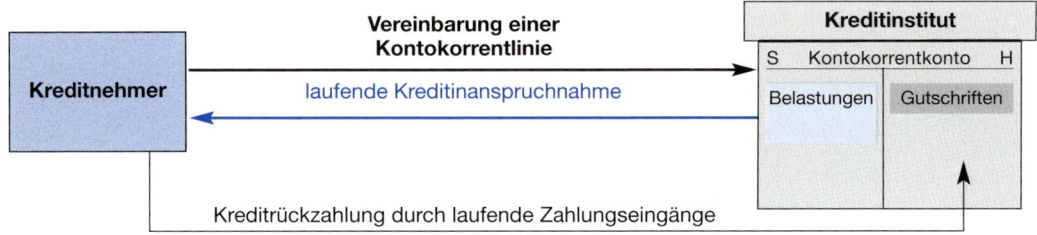

Der Kontokorrentkredit ist ein vergleichsweise teurer Kredit.
Am Ende eines Quartals erhält der Kunde eine Abschlussrechnung unter Aufführung der angefallenen Zinsen vom in Anspruch genommenen Betrag und der Kontoführungsgebühren.

Bei guter Bonität wird der Kontokorrentkredit als Blankokredit gewährt.
Der **Kontokorrentkredit** dient
- als Betriebsmittelkredit der Finanzierung des betrieblichen Umsatzprozesses,
- als Dispositionskredit der Konsumfinanzierung durch Kontoüberziehung in Höhe von zwei bis drei Monatsgehältern.

Beispiel

Die Kauffrau für Spedition und Logistikdienstleistung Monika Münch unterhält ihr Gehaltskonto bei der Postbank AG. Die Bank hat ihr mitgeteilt, dass sie ihr Konto bis zum Betrag von 6 000,00 EUR überziehen darf.

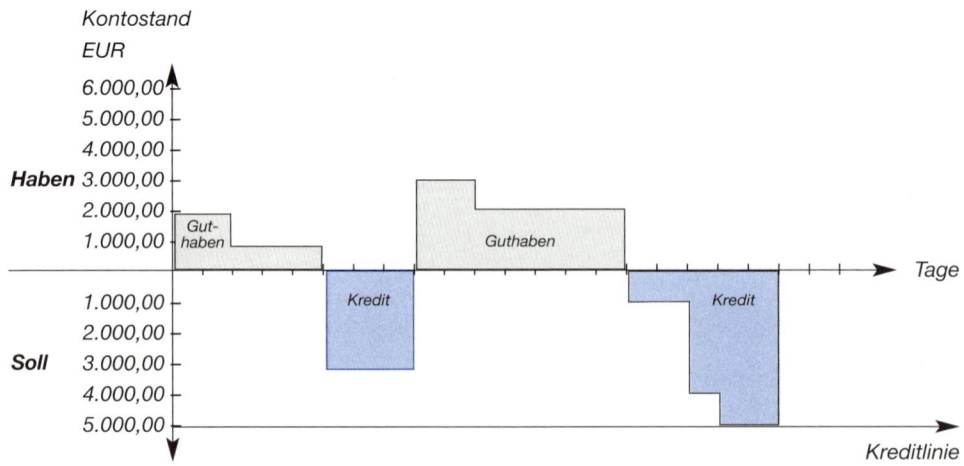

7.3.2 Ratenkredite

Der **Ratenkredit** ist ein Kredit, der   **Definition**
* zur Finanzierung größerer Ausgaben dient,
* in einer Summe bereitgestellt und
* über einen längeren Zeitraum entsprechend einem im Voraus festgelegten Tilgungsplan zurückgezahlt wird.

■ Anschaffungsdarlehen

Anschaffungsdarlehen sind mittel- bis langfristige Kredite an private Kunden.
Sie dienen der Finanzierung von größeren Anschaffungen der privaten Lebensführung.

Beispiel

Auto, Wohnungseinrichtung, Segelboot

Merkmale	Merkmale des Anschaffungsdarlehens
Verwendungszweck:	Finanzierung langlebiger Gebrauchsgüter
Darlehenssumme:	meist ab 5 000,00 EUR
Bereitstellung:	Auszahlung in einer Summe oder Bereitstellung auf dem laufenden Konto des Kunden
Laufzeit:	6 bis 72 Monate
Tilgung:	in festen Monatsraten; die einzelnen Raten setzen sich aus einem Tilgungs- und einem Zinsanteil zusammen
Kreditkosten:	Zinsen von der Darlehenssumme und einmalige Bearbei-tungsgebühr
Besicherungs-möglichkeiten:	• Sicherungsübereignung • Sicherungsabtretung • Pfandrecht • Bürgschaft • Restschuldversicherung

Beispiel

*Michael Klein beantragt bei seinem Kreditinstitut einen Ratenkredit zur
Finanzierung eines neuen Pkw.*

Kaufpreis	*40 000,00 EUR*
Erlös aus dem Verkauf seines alten Pkw	*5 000,00 EUR*
Einsatz eigener liquider Mittel	*15 000,00 EUR*
Beantragte Kreditsumme	*20 000,00 EUR*

Der Kredit soll in 48 Monatsraten getilgt werden.
Der Zinssatz beträgt 0,36 % p. m.
Das Kreditinstitut stellt eine einmalige Provision von 2 % in Rechnung.

Kreditbetrag	*20 000,00 EUR*
2 % Provision	*400,00 EUR*
0,36 % Zinsen pro Monat (200 · 0,36 · 48)	*3 456,00 EUR*
Gesamtschuld	*23 856,00 EUR*
Rückzahlung: 48 Raten zu je	*497,00 EUR*

Die effektiven Kreditkosten müssen dem Kreditnehmer vom Kreditinstitut mitgeteilt werden. Sie betragen 9,44 % p. a.

Michael Klein kann den von der Bank berechneten Effektivzins nachprüfen. Er verwendet die Uniformmethode, eine mathematisch vereinfachte Form der Effektivzinsberechnung ...

$$\frac{\text{Gesamte Kreditkosten} \times 100 \times 12}{\text{Ursprünglicher Kreditbetrag} \times \text{mittlere Kreditlaufzeit}}$$

Hinweis:
$$\text{Mittlere Laufzeit} = \frac{\text{kürzeste Laufzeit} + \text{längste Laufzeit}}{2}$$

... und kommt zum gleichen Ergebnis wie sein Kreditinstitut.

$$\frac{400 + (200 \times 0,36 \times 48) \times 100 \times 12}{20\,000 \times 24,5} = 9,44\,\%$$

■ Realkredite

Definition — **Realkredite sind durch Grundpfandrechte[1] abgesicherte, langfristige Kredite an Privatpersonen und Unternehmungen zur Finanzierung von Baumaßnahmen und des Erwerbs von Immobilien.**

Die Tilgung erfolgt entsprechend einem im Voraus festgelegten Tilgungsplan. Die Darlehensbedingungen für Realkredite umfassen u. a.
• die Festlegung des Zinssatzes und ggf. des Disagios,
• die Rückzahlungsmodalitäten (Tilgungshöhe und Tilgungsart).

Die effektiven Zinskosten des Realkredits werden bestimmt durch den nominellen Zinssatz und den Auszahlungskurs.
• Der **Nominalzinssatz** ist der auf den nominellen Darlehensbetrag bezogene Zinssatz.
• Das **Disagio** (Damnum, Abgeld) ist der Abschlag, der ggf. bei Auszahlung des Darlehens vorgenommen wird, also die Differenz zwischen dem nominellen Darlehensbetrag und dem Darlehensauszahlungsbetrag.
• Der **effektive Zinssatz** ist der auf den tatsächlichen Kreditbetrag bezogene Zinssatz; er schließt die durch das Damnum (Disagio) entstehenden Kosten mit ein.

Beispiel

Darlehensbetrag:	*100 000,00 EUR*
Zinssatz:..	*6,25 % p. a.*
Zinsfestschreibung:	*10 Jahre*
Auszahlungskurs:...	*96,5 %*
Disagio:..	*3,5 %*

tatsächlich zur Verfügung stehender Kreditbetrag	*96 500,00 EUR*
zu verzinsende und zu tilgende Darlehensschuld.................	*100 000,00 EUR*
anfänglicher effektiver Jahreszins..	*6,84 % p. a.*

---
[1] *Vgl. Seite 325*

Das Disagio dient

- der Deckung der mit der Kreditbearbeitung beim Kreditinstitut entstehenden Kosten,
- der Feineinstellung der Effektivverzinsung auf das aktuelle Kapitalmarktzinsniveau,
- ggf. einer über die Nominalverzinsung hinausgehenden einmaligen Zinszahlung; ein hohes Disagio führt in diesem Fall zu einer geringeren nominellen Zinsbelastung, verlängert aber die Laufzeit des Darlehens.

Steuerlich ist das Disagio das einmalige Kostenentgelt für die Geldbeschaffung. Der Kreditnehmer kann das Disagio ggf. als Werbungskosten bzw. als Betriebsausgaben steuermindernd geltend machen.

Im Hinblick auf die **Zinsbindung** unterscheidet man:

- **Darlehen mit Festzinsvereinbarung**
  Der Zinssatz ist für einen im Voraus bestimmten Zeitraum der Darlehenslaufzeit *(z. B. 5 Jahre)* festgeschrieben. Nach Ablauf der Zinsbindung wird eine Bedingungsanpassung vorgenommen.
- **Darlehen ohne Zinsfestschreibung**
  Der Zinssatz ist variabel. Er wird während der Kreditlaufzeit der aktuellen Veränderung des Kapitalmarktzinssatzes angepasst.

Im Hinblick auf die **Rückzahlungsmodalitäten** unterscheidet man:

- **Annuitätendarlehen**
  Die jährliche Belastung, bestehend aus Tilgung und Zinsen, die **Annuität**, ist für die gesamte Laufzeit des Darlehens konstant.
  Der in der Annuität enthaltene Tilgungsanteil steigt von Jahr zu Jahr um die ersparten Zinsen.

Beispiel

Darlehensbetrag:	180 000,00 EUR
Nominalzinssatz:	6 % p. a.
Tilgungssatz:	1 % p. a. (anfänglich)

Jahr	Darlehen	6 % Zinsen	Tilgung	Annuität
1	180 000,00 EUR	10 800,00 EUR	1 800,00 EUR	**12 600,00 EUR**
2	178 200,00 EUR	10 692,00 EUR	1 908,00 EUR	**12 600,00 EUR**
3	176 292,00 EUR	10 577,52 EUR	2 022,48 EUR	**12 600,00 EUR**
4	174 269,52 EUR	10 456,17 EUR	2 143,83 EUR	**12 600,00 EUR**
5	172 125,69 EUR	.	.	.
⋮	⋮	⋮	⋮	⋮

Das Darlehen ist nach ca. 33 Jahren getilgt.

- **Abzahlungsdarlehen**
  Die jährliche Belastung bestehend aus Tilgung und Zinsen sinkt von Jahr zu Jahr.
  Der in der Annuität enthaltene Tilgungsanteil bleibt über die gesamte Laufzeit des Darlehens konstant.

Beispiel

Darlehensbetrag:	180 000,00 EUR
Nominalzinssatz:	6 % p. a.
Tilgungssatz:	5 % p. a.

Jahr	Darlehen	6 % Zinsen	Tilgung	Annuität
1	180 000,00 EUR	10 800,00 EUR	9 000,00 EUR	**19 800,00 EUR**
2	171 000,00 EUR	10 260,00 EUR	9 000,00 EUR	**19 260,00 EUR**
3	162 000,00 EUR	9 720,00 EUR	9 000,00 EUR	**18 720,00 EUR**
4	153 000,00 EUR	9 180,00 EUR	9 000,00 EUR	**18 180,00 EUR**
5	144 000,00 EUR	.	.	.
:	:	:	:	:

Das Darlehen ist nach 20 Jahren getilgt.

- **Festdarlehen**
  Die jährliche Belastung besteht nur in Höhe der Zinsen. Die Darlehensrückzahlung erfolgt in einer Summe am Ende der Darlehenslaufzeit.

7.4   Kreditsicherungen

Die wichtigste Sicherung eines Kredits beruht auf der persönlichen Zuverlässigkeit und Vertragstreue des Kreditnehmers. Dennoch verlangt der Kreditgeber in der Regel eine zusätzliche Sicherheit, auf die er zurückgreifen kann, wenn der Kreditnehmer seine Zahlungsverpflichtungen aus dem Kreditvertrag nicht erfüllt.

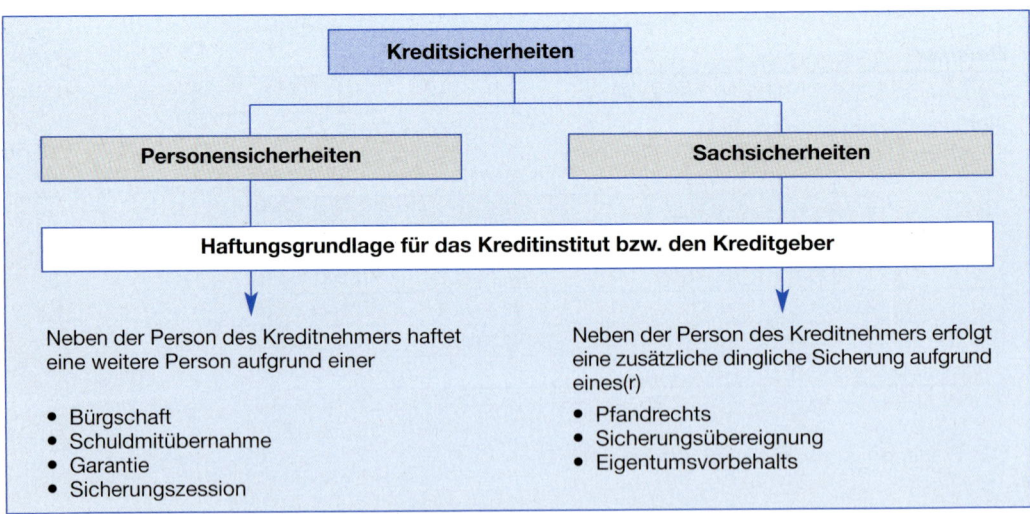

7.4.1   Bürgschaft

Definition —— Die **Bürgschaft** ist die Verpflichtung des Bürgen gegenüber dem Gläubiger eines Dritten, für dessen Verbindlichkeiten einzustehen *(§§ 765 ff. BGB)*.

Wer eine Bürgschaft zur Sicherung eines Bankkredits übernimmt, verpflichtet sich somit gegenüber dem Kreditinstitut, für die Verbindlichkeiten des Kreditnehmers aufzukommen, wenn dieser nicht zahlt.

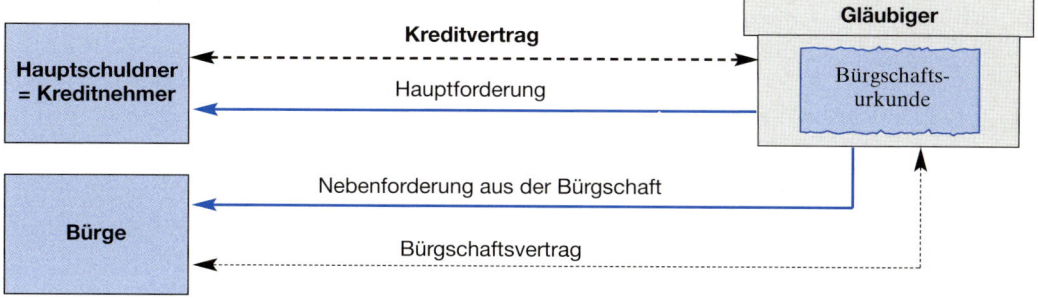

Die Bürgschaft ist ein **einseitig verpflichtender Vertrag**. Er bedarf grundsätzlich der **Schriftform** *(§ 766 BGB)*. Nur Kaufleute können sich auch mündlich verbürgen, wenn die Bürgschaft für sie ein Handelsgeschäft ist *(§ 350 HGB)*. Die Bürgschaft ist **forderungsabhängig** (= akzessorisch), d. h. abhängig vom Bestand der zu sichernden Forderung (Hauptforderung).

Die beiden wichtigsten Bürgschaftsarten sind die „**Gewöhnliche**" und die „**Selbstschuldnerische Bürgschaft**".

Gewöhnliche Bürgschaft

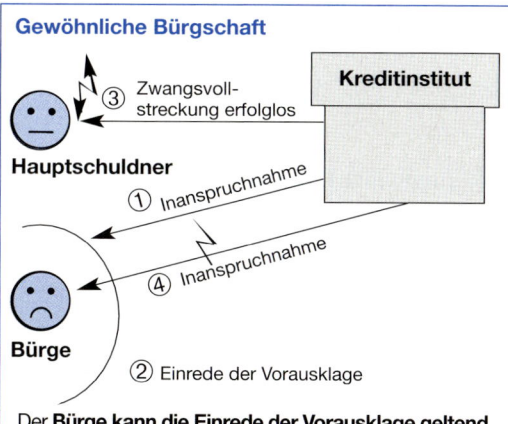

Der **Bürge kann die Einrede der Vorausklage geltend machen**; d. h., er kann die Zahlung verweigern, solange der Gläubiger nicht eine Zwangsvollstreckung in das **bewegliche Vermögen** des Hauptschuldners ohne Erfolg versucht hat *(§§ 771, 772 BGB)*.

Macht der Bürge von der Einrede der Vorausklage ② Gebrauch, muss der Gläubiger zunächst die Zwangsvollstreckung ③ betreiben. Ist die Zwangsvollstreckung erfolglos, kann der Bürge endgültig in Anspruch genommen werden ④.

Selbstschuldnerische Bürgschaft

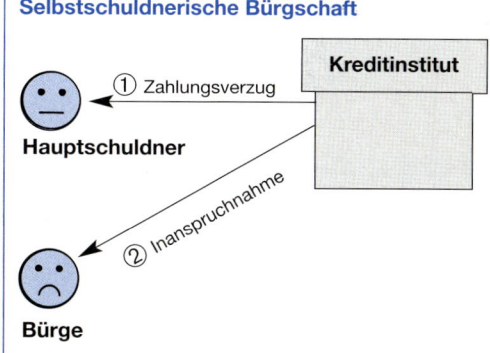

Der **Bürge verzichtet auf die Einrede der Vorausklage.** Der Gläubiger kann sich bei Fälligkeit sofort an den Bürgen wenden (Selbstschuldnerische Bürgschaft kraft Vertrages, *§ 773 BGB*). Ist für den Bürgen die Bürgschaft ein Handelsgeschäft, so steht ihm die Einrede der Vorausklage nicht zu (Selbstschuldnerische Bürgschaft kraft Gesetzes, *§ 349 HGB*).

■ Erlöschen der Bürgschaft

Die **Bürgschaft erlischt,** wenn
- die Hauptverbindlichkeit erlischt,
- die Bürgschaft zeitlich befristet war, die Bürgschaftsfrist abgelaufen ist und der Gläubiger den Einzug der Forderung nicht unverzüglich betreibt,
- der Gläubiger ein die Hauptschuld sicherndes Recht ohne Zustimmung des Bürgen aufgibt *(§ 776 BGB)*,
- der Bürge von einem im Bürgschaftsvertrag vereinbarten Kündigungsrecht Gebrauch macht,
- die Verbindlichkeit des Hauptschuldners ohne Zustimmung des Bürgen von einem Dritten übernommen wird *(z. B. Geschäftsübernahme)*.

Die Bürgschaft **erlischt nicht mit dem Tod des Bürgen.** Die Bürgschaft gehört zu den Nachlassverbindlichkeiten.
Die Bürgschaft **erlischt nicht mit dem Tod des Hauptschuldners.** Die Haftung des Bürgen beschränkt sich auf die beim Tod des Hauptschuldners bestehende Schuld.

■ Ansprüche des Bürgen nach Befriedigung des Gläubigers

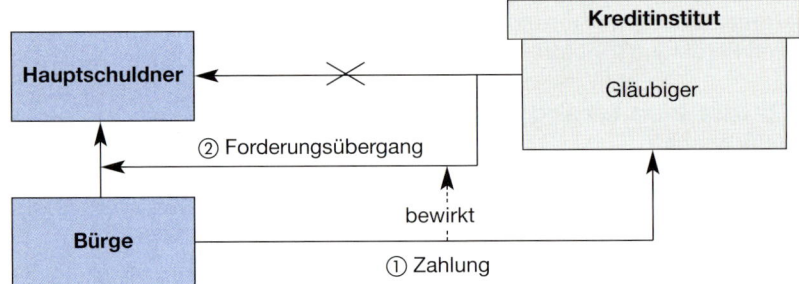

Zahlt der Bürge an den Gläubiger, geht die Forderung gegen den Hauptschuldner auf den Bürgen über *(gesetzlicher Forderungsübergang § 774 BGB).*

7.4.2 Pfandrecht

Definition

Das **Pfandrecht** ist ein zur Sicherung einer Forderung bestelltes akzessorisches Recht an einer fremden Sache. Es räumt dem Pfandgläubiger das Recht ein, den Pfandgegenstand zu verwerten, falls der Schuldner seine Zahlungsverpflichtungen nicht erfüllt *(§§ 1204 ff. BGB).*

Der Verpfänder bleibt zwar Eigentümer des Pfandgegenstandes, er kann jedoch über ihn nicht mehr verfügen, da zur Rechtswirksamkeit der Pfandrechtsbestellung die Übergabe des Pfandes an den Pfandgläubiger notwendig ist. Die Übergabe des Pfandgegenstandes entfällt, wenn der Pfandgläubiger bereits in dessen Besitz ist.

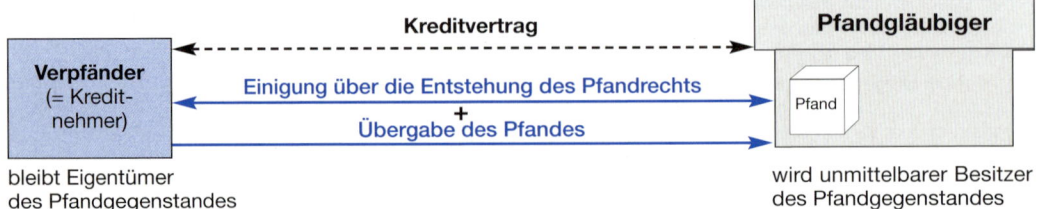

Als Pfand eignen sich in der Praxis nur solche Wertgegenstände, die vom Pfandgläubiger problemlos verwertet werden können. Bevorzugt sind vor allem börsennotierte Wertpapiere.

Die vom Kreditnehmer angebotenen Pfandobjekte werden vom Kreditinstitut nicht mit ihrem vollen Wert beliehen. Bei Wertpapieren schwankt der Beleihungssatz zwischen 50 % und 90 % des aktuellen Marktwertes.

Ein durch die Verpfändung von beweglichen Sachen, insbesondere Wertpapieren, gesicherter Kredit wird als **Lombardkredit** bezeichnet.

Arten des Pfandrechts

Arten des Pfandrechts	
Vertragliches Pfandrecht	Das Pfandrecht entsteht durch **Vertrag** zwischen dem Verpfänder und dem Pfandgläubiger.
Gesetzliches Pfandrecht	Das Pfandrecht besteht kraft Gesetzes, ohne dass die beteiligten Parteien ausdrücklich eine Verpfändung vereinbart haben. *Beispiele:* • *Pfandrecht des Kommissionärs (§ 397 HGB)* • *Pfandrecht des Vermieters (§ 559 BGB)* • *Pfandrecht des Verpächters (§ 592 BGB)*
Pfändungspfandrecht	Das Pfandrecht entsteht im Wege der **Zwangsvollstreckung** in das Vermögen eines säumigen Schuldners *(§§ 803, 804 ZPO)*. • Die **Pfändung** der im Gewahrsam des Schuldners befindlichen **beweglichen Sachen** erfolgt dadurch, dass der Gerichtsvollzieher diese Sachen in Besitz nimmt oder durch Anbringung des Pfandsiegels die Pfändung des Gegenstandes deutlich macht *(§ 808 ZPO)*. • Die **Pfändung von Forderungen** erfolgt durch Zustellung eines gerichtlichen Pfändungsbeschlusses *(§ 829 ZPO)*.

Die verschiedenen Pfandrechte gewähren dem jeweiligen Pfandgläubiger die gleichen Rechte *(§ 804 ZPO, § 1257 BGB)*.

Erlöschen des Pfandrechts

• Der Pfandgegenstand wurde nach Androhung der Pfandverwertung *(§ 1234 BGB)* und Ablauf einer Wartefrist *(§ 1234 BGB; 368 HGB)* rechtmäßig verwertet *(§ 1242 BGB)*.

• Die Forderung, für die das Pfandrecht bestellt wurde, besteht nicht mehr *(§ 1252 BGB)*.

• Der Pfandgläubiger gibt das Pfand dem Verpfänder zurück *(§ 1253 BGB)*.

• Der Pfandgläubiger verzichtet auf das Pfandrecht *(§ 1255 BGB)*.

7.4.3 Sicherungsübereignung

Die Verpfändung einer beweglichen Sache ist wegen der damit verbundenen Übergabe an den Pfandrechtsgläubiger nicht immer eine zweckmäßige Möglichkeit der Kreditsicherung. Privat oder betrieblich genutzte Gegenstände sind daher zur Verpfändung ungeeignet.

Wenn das Sicherungsobjekt vom Kreditnehmer genutzt wird und daher in seinem unmittelbaren Besitz bleiben soll, bietet sich die Sicherungsübereignung als Möglichkeit der Kreditsicherung an.

Definition

Die **Sicherungsübereignung** ist eine Eigentumsübertragung mit der Vereinbarung, dass
- der Kreditnehmer die zur Sicherung übereignete Sache in seinem Besitz behalten darf,
- der Kreditgeber bei Nichterfüllung seiner Forderung berechtigt ist, die Herausgabe der Sache zu verlangen und sie anschließend zu verwerten.

Jede Eigentumsübertragung ist eine umsatzsteuerbare Leistung nach § 1 Abs. 1 Nr.1 UStG.

Die Sicherungsübereignung ist gesetzlich nicht geregelt. Sie hat sich aus der Praxis entwickelt und ist von der Rechtsprechung als Instrument der Kreditsicherung anerkannt.

Die Sicherungsübereignung erfolgt nach den Vorschriften über die Eigentumsübertragung durch **Einigung und Vereinbarung eines Besitzkonstituts** *(§ 930 BGB)*.

Einigung	+	Besitzkonstitut
Die Vertragspartner einigen sich darüber, dass das Eigentum sicherungshalber vorübergehend auf das Kreditinstitut übergehen soll.		Die Übergabe des Sicherungsgutes wird durch einen Vertrag ersetzt, der den Kreditnehmer weiterhin zum unmittelbaren Besitz berechtigt *(z. B. Leihvertrag)*.

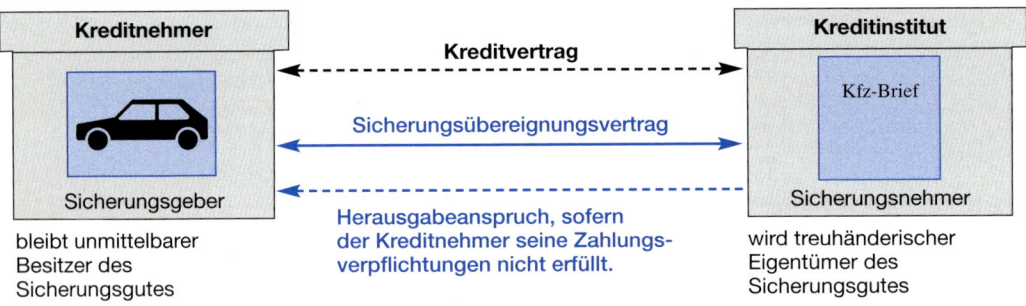

Kreditnehmer

Sicherungsgeber

bleibt unmittelbarer Besitzer des Sicherungsgutes

Kreditvertrag

Sicherungsübereignungsvertrag

Herausgabeanspruch, sofern der Kreditnehmer seine Zahlungsverpflichtungen nicht erfüllt.

Kreditinstitut

Kfz-Brief

Sicherungsnehmer

wird treuhänderischer Eigentümer des Sicherungsgutes

Zur Sicherungsübereignung sind nur Vermögensteile geeignet, die sich aufgrund einer genauen Beschreibung oder Kennzeichnung von allen anderen Sachen des Kreditnehmers unterscheiden lassen:
- Kraftfahrzeuge
- Maschinen
- Waren (Rohstoffe, Fertigerzeugnisse)

Die Sicherungsübereignung ist für das Kreditinstitut als Sicherungsnehmer mit Risiken verbunden, die den Wert dieser Kreditsicherheit erheblich beeinträchtigen können.
- Das Sicherungsobjekt ist durch seine Nutzung beim Kreditnehmer einem natürlichen Verschleiß und damit einer Wertminderung ausgesetzt.
- Das Sicherungsobjekt könnte gestohlen, beschädigt oder zerstört werden.

- Das Sicherungsobjekt unterliegt bereits einem gesetzlichen Vermieter-/Verpächterpfandrecht.
- Das Sicherungsobjekt gehört bereits zum Zubehör eines mit einem Grundpfandrecht belasteten Grundstücks und fällt damit in die Zubehörhaftung.

	Pfandrecht	**Sicherungsübereignung**
Kreditnehmer	bleibt Eigentümer der verpfändeten Sache	bleibt unmittelbarer Besitzer der übereigneten Sache
Kreditgeber	wird unmittelbarer Besitzer der Sache (Pfandrechtsgläubiger)	wird treuhänderischer Eigentümer und mittelbarer Besitzer der Sache

7.4.4 Sicherungsabtretung

Zur Kreditsicherung können nicht nur dem Kreditnehmer gehörende *Sachen*, sondern auch *Forderungen* dienen, die der Kreditnehmer gegenüber Dritten hat.

Die **Sicherungsabtretung (Sicherungszession) ist die Übertragung einer Forderung des bisherigen Gläubigers (Kreditnehmer, Zedent) gegenüber einem Dritten (Drittschuldner) auf einen neuen Gläubiger (Kreditgeber, Zessionar), mit der Vereinbarung, dass**
- **die übertragene Forderung von diesem eingezogen und verwertet werden darf,**
- **wenn der Kreditnehmer seine Zahlungsverpflichtungen nicht erfüllt.**

Definition

Die Sicherungsabtretung ist gesetzlich nicht geregelt; sie hat sich aus der Praxis entwickelt und ist von der Rechtsprechung als Instrument der Kreditsicherung anerkannt; sie erfolgt nach den allgemeinen Bestimmungen des BGB über die Abtretung von Forderungen *(§ 398 BGB)*.

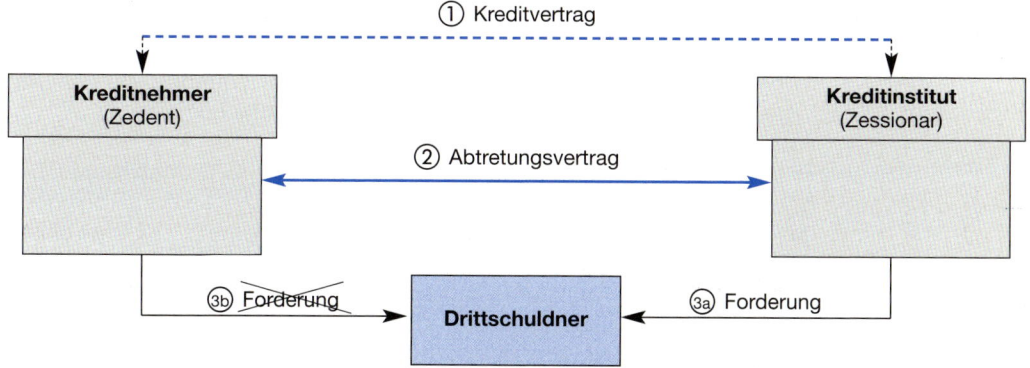

Zur Sicherungsabtretung geeignete Forderungen sind:
- Gehaltsforderungen
- Forderungen aus Warenlieferungen und Leistungen
- Forderungen aus Bauspar- und Versicherungsverträgen
- Sparforderungen

Beispiel

Die Eheleute Renate und Fabian Hübsch haben bei ihrem Kreditinstitut einen Ratenkredit zur Finanzierung ihrer neuen Wohnungseinrichtung beantragt.
Zur Kreditsicherung wird eine Gehaltsabtretung in Höhe von monatlich 250,00 EUR vereinbart.

Die Sicherungsabtretung kann **mit oder ohne Benachrichtigung** des Drittschuldners erfolgen.

■ Offene Zession

Die Sicherungsabtretung wird dem Drittschuldner angezeigt. Das hat zur Folge, dass dieser mit schuldbefreiender Wirkung nur noch an den Zessionar zahlen kann.

■ Stille Zession

Die Sicherungsabtretung wird dem Drittschuldner nicht mitgeteilt. Dieser leistet seine Zahlung mit schuldbefreiender Wirkung weiterhin an den Zedenten. Dieser ist jedoch verpflichtet, den eingehenden Betrag an den Zessionar weiterzuleiten. Die stille Zession setzt ein hohes Vertrauen des Kreditgebers gegenüber dem Kreditnehmer voraus.

Im Interesse des Kreditnehmers wird in der Praxis jedoch häufig auf die Offenlegung der Zession verzichtet, weil hierbei die Kreditaufnahme und die Forderungsabtretung dem Drittschuldner nicht bekannt wird.
Eine stille Zession kann jederzeit in offene Zession umgewandelt werden.

Die Sicherungsabtretung kann sich als **Einzelabtretung** auf eine **einzelne Forderung** oder als Rahmenabtretung auf ein **Bündel von Forderungen** beziehen.
Reicht nämlich eine einzelne Forderung zur Sicherung eines Kredites nicht aus, können ggf. auch mehrere Forderungen gleichzeitig abgetreten werden. Insbesondere die Abtretung von Forderungen aus Warenlieferungen und Leistungen wird in Form einer **Rahmenabtretung** vorgenommen.

Eine Rahmenabtretung erfolgt in der Praxis in Form einer **Globalzession**. Der Kreditnehmer tritt alle gegenwärtigen und künftig entstehenden Forderungen gegenüber einem bestimmten Kreis von Drittschuldnern ab. Der Wert dieser Forderungen muss den im Kreditsicherungsvertrag vereinbarten Mindestdeckungsbestand erreichen. Die abgetretenen Forderungen werden in der Regel durch die Anfangsbuchstaben der Drittschuldner abgegrenzt. Der Forderungsübergang geschieht hier bereits zum Zeitpunkt der Entstehung der Forderungen.

7.4.5 Grundpfandrechte

In besonderem Maß wertbeständig sind Immobilien (Grundstücke und Gebäude). Bei der Vergabe langfristiger Kredite bevorzugen die Kreditinstitute daher eine Sicherung durch ein Grundpfandrecht.

Ein Grundpfandrecht ist die Belastung eines Grundstücks mit einer Hypothek oder Grundschuld, vornehmlich zum Zweck der Kreditsicherung.   **Definition**

■ Bestellung eines Grundpfandrechtes

Die Bestellung eines Grundpfandrechtes erfolgt durch Einigung in notarieller Form und Eintragung ins Grundbuch *(§ 873 BGB)*.   **Definition**

Man unterscheidet Hypothek und Grundschuld.

Hypothek	Grundschuld
Eine Hypothek ist ein Pfandrecht an einem Grundstück zur Sicherung einer bestimmten Forderung *(§§ 1113 ff. BGB)*.	Eine Grundschuld ist die Belastung eines Grundstücks mit einer bestimmten Geldsumme *(§§ 1191 ff. BGB)*.
Die Hypothek ist **akzessorisch:** Es besteht ein untrennbarer rechtlicher Zusammenhang zwischen dem persönlichen Anspruch aus der Darlehensgewährung und dem dinglichen Anspruch aus der Hypothek. Der Anspruch aus der Hypothek wird durch den Umfang des persönlichen Anspruchs bestimmt.	Die Grundschuld ist **abstrakt:** Es besteht kein rechtlicher Zusammenhang zwischen dem persönlichen Anspruch aus der Darlehensgewährung und dem dinglichen Anspruch aus der Grundschuld. Der Anspruch aus der Grundschuld existiert unabhängig von dem persönlichen Anspruch.
Der **dingliche Haftungsanspruch** aus dem Grundpfandrecht erstreckt sich auf: <ul><li>das **Grundstück**</li><li>die **wesentlichen Bestandteile des Grundstücks** *Beispiele: Gebäude, Pflanzen*</li><li>das **Zubehör**, soweit es dem Grundstückseigentümer gehört *Beispiele: Maschinen, Geräte, Vieh*</li><li>die **Grundstückserträge** *Beispiel: Mieteinnahmen*</li></ul>	

In der Praxis wird die Grundschuld gegenüber der Hypothek aufgrund ihrer Abstraktheit als Kreditsicherungsmittel bevorzugt:
- Die Grundschuld bleibt auch bei teilweiser oder völliger Kreditrückzahlung in voller Höhe bestehen.
  Sie kann deswegen auch zur Besicherung von Krediten mit wechselndem Kreditsaldo *(z. B. Kontokorrentkrediten)* herangezogen werden.
- Die Grundschuld kann auf den Namen des Grundstückseigentümers eingetragen werden (Eigentümergrundschuld).
  Durch Abtretung der Grundschuld und Übergabe des Grundschuldbriefes ist der Grundstückseigentümer jederzeit in der Lage, eine Kreditsicherheit stellen zu können.

Aufgaben

1. Die Schubert & Müller Kurier GmbH benötigt ein neues Fahrzeug. Die Geschäftsführerin Clara Schubert interessiert sich für einen Ford Transit. Als Alternative zur Kreditfinanzierung erwägt sie, den Wagen zu leasen. Sie wendet sich an die Alpha Leasing GmbH und erhält kurz darauf folgendes Leasing-Vertragsformular:

Alpha Leasing GmbH

Leasingvertrag

Name und Anschrift des Leasingnehmers

Schubert & Müller Kurier GmbH
Lotharstr. 16
50937 Köln

Name und Anschrift des Leasinggebers

Alpha Leasing GmbH
Neumarkt 2–6
50667 Köln

Bezeichnung des Leasingobjektes	Liefertermin	Netto-Kaufpreis	MwSt.
Ford Transit FT 330 mittel 2,4l TD, 75 PS, Kombi	01.07...	24.200,00 EUR	16 %

Restkaufpreis nach 36 Monaten: 6 790,00 EUR netto

Unkündbare Leasingdauer	36 Monate
Monatliche Leasingrate:	627,65 EUR (inkl. 16 % MWSt)
Leasingbeginn:	1. Juli ..

Der Leasingnehmer bietet der Alpha Leasing GmbH den Abschluss eines Leasingvertrages zu oben und umseitig aufgeführten Bedingungen an. Der Leasingvertrag kommt mit schriftlicher Annahme der Alpha Leasing GmbH zustande. Der Leasingnehmer beauftragt die Alpha Leasing GmbH, das Leasingobjekt nach Zustandekommen des Leasingvertrages von dem Händler zu den Bedingungen käuflich zu erwerben, die der Leasingnehmer akzeptiert bzw. mit dem Händler ausgehandelt hat. Die Auswahl des Händlers und des Leasingobjektes erfolgt ausschließlich durch den Leasingnehmer. Die Alpha Leasing GmbH übernimmt daher keine Gewähr für die ordnungsgemäße und termingerechte Lieferung, die Mängelfreiheit und Nutzbarkeit des Leasingobjektes und die Bonität und Leistungsfähigkeit des Händlers.

Köln, den ......

....

Alpha Leasing GmbH   (Firmenstempel und Unterschrift des Leasingnehmers)

Leasingbedingungen

§ 1 Lieferung und Abnahme
Der Leasingnehmer ist zur Abnahme des mängelfrei gelieferten Leasingobjektes verpflichtet. Der Leasingnehmer trägt die Kosten und die Gefahr der Lieferung und der Montage sowie die Kosten der Behebung dabei verursachter Schäden.

§ 2 Versicherung
Der Leasingnehmer wird während der Leasingdauer auf eigene Kosten das Leasingobjekt gegen alle für das Leasingobjekt typischen Risiken zum Neuwert versichern und in seine übliche Betriebshaftpflichtversicherung einschließen.

§ 3 Inspektion und Reparatur
Der Leasingnehmer hat das Fahrzeug jährlich zu den Vertragswerkstätten zur Inspektion zu bringen. Reparaturen dürfen ebenfalls nur von Vertragswerkstätten durchgeführt werden.

§ 4 Sachgefahr
Der Leasingnehmer trägt die Gefahr des zufälligen Untergangs, des Abhandenkommens, des Totalschadens und des Wegfalls der Gebrauchsfähigkeit sowie der Verschlechterung des Leasingobjektes.

§ 5 Fristlose Kündigung
Der Leasinggeber kann den Leasingvertrag bei Vorliegen eines wichtigen Grundes fristlos kündigen, insbesondere wenn
• der Leasingnehmer mit einem Betrag von zwei Leasingraten im Verzug ist,
• der Leasingnehmer seine Zahlungen einstellt oder
• über sein Vermögen ein Vergleichs- oder Insolvenzverfahren eröffnet wird.

§ 6 Kauf- und Verlängerungsoption
Am Ende der Leasingdauer hat der Leasingnehmer nach seiner Wahl das Recht,
a) das Leasingobjekt von der Alpha Leasing GmbH zu kaufen (Kaufoption). Der Kaufpreis entspricht dem Buchwert des Leasingobjektes, der sich am Ende der Leasingdauer unter Anwendung der linearen AfA nach der amtlichen AfA-Tabelle ergibt, oder dessen niedrigerem gemeinen Wert. Ansonsten kann eine andere Vereinbarung im Leasingvertrag getroffen werden.
b) den Leasingvertrag zu verlängern (Verlängerungsoption). Die Verlängerungsdauer richtet sich nach dem Erhaltungszustand des Leasingobjektes. Die Leasingrate für die Verlängerungszeit errechnet sich aus dem Verhältnis des Buchwertes des Leasingobjektes, der sich am Ende der Leasingdauer unter Anwendung der linearen AfA nach der amtlichen AfA-Tabelle ergibt, oder dessen niedrigerem gemeinen Wert zu der Verlängerungsdauer.

§ 7 Rückgabepflicht des Leasingnehmers
Nach Beendigung des Leasingvertrages hat der Leasingnehmer das Leasingobjekt, sofern er es nicht kauft, auf seine Kosten und Gefahr transportversichert an dem von der Alpha Leasing GmbH bestimmten Ort innerhalb der Bundesrepublik Deutschland zurückzugeben.

Aufgaben

1. a) Stellen Sie die Schritte in einem Schaubild dar, die bei dieser Finanzierungsart zwischen dem Leasinggeber, dem Leasingnehmer und dem Händler von der Anbahnung des Geschäftes bis zur Zahlung der Leasingraten anfallen!
   b) Berechnen Sie die Höhe der Gesamtausgaben, die bei der Finanzierung durch Leasing entstehen.
   c) Welche Gründe könnten die Schubert & Müller Kurier GmbH veranlassen, das Leasingangebot anzunehmen?
   d) Sie haben die Leasingbedingungen der Alpha Leasing GmbH erhalten. Welche Gründe könnten dagegen sprechen, das Leasingangebot anzunehmen?

2. Die Hausbank gewährt einer Speditionsunternehmung für die Anschaffung einer Umschlagsanlage einen Kredit in Höhe von 3,5 Mio. EUR zu folgenden Konditionen:
   - Einmalige Bearbeitungsgebühr: 0,5 % von der Kreditsumme
   - Zinssatz von 9 % p. a., berechnet von der jeweiligen Restschuld
   - Anfangstilgung 11 % p. a.
   - Die gleich bleibenden Zahlungsraten (Annuitäten) für Zinsen und Tilgung sind halbjährlich nachträglich fällig.

   Ermitteln Sie in Euro:
   a) die regelmäßig halbjährliche Annuitätenzahlung.
   b) die Gesamtbelastung im ersten Halbjahr.
   c) die Restschuld zu Beginn des zweiten Halbjahres.
   d) die Tilgung am Ende des zweiten Halbjahres.

3. Um welche der folgenden Finanzierungsarten handelt es sich bei den unten stehenden Möglichkeiten der Kapitalbeschaffung?
   Finanzierungsarten:
   (1) Selbstfinanzierung
   (2) Fremdfinanzierung
   (3) Beteiligungsfinanzierung
   Möglichkeiten der Kapitalbeschaffung:
   a) Erhöhung des gezeichneten Kapitals durch Ausgabe junger Aktien
   b) Aufnahme eines Kommanditisten
   c) Ausgabe von Schuldverschreibungen (Obligationen)
   d) Eine AG führt nicht ausgeschüttete Gewinne der gesetzlichen Rücklage zu
   e) Finanzierung durch Bildung stiller Rücklagen
   f) Inanspruchnahme längerer Zahlungsziele

4. Eine Speditionsunternehmung benötigt eine neue EDV-Anlage.
   Welche der unten stehenden Aussagen zur Finanzierung dieser Anlage beziehen sich auf
   (1) einen Leasingvertrag?
   (2) einen Darlehensvertrag (Laufzeit 36 Monate)?
   (3) eine andere Finanzierungsart?

a) Es fallen Überziehungszinsen an.

b) Die monatlichen Zahlungen sind in vollem Umfang Aufwendungen für die Speditionsunternehmung.

c) Der Vertragspartner der Speditionsunternehmung kann am Ende der Vertragslaufzeit die EDV-Anlage zurücknehmen.

d) Der Zinsanteil an den monatlichen Zahlungen wird im Zeitablauf kontinuierlich geringer.

5. a) Ermitteln Sie für ein vermietetes Geschäftshaus anhand der unten stehenden Angaben für das Jahr 2004

   aa) den Zinsaufwand

   ab) die gesamten Aufwendungen für das Haus

   ac) die Gesamterträge aus dem Haus

   ad) die Verzinsung des Eigenkapitals (Einkommensteuer bleibt unberücksichtigt).

Die Anschaffungskosten des Hauses betragen 1 800 000,00 EUR, wovon 450 000,00 EUR auf das Grundstück entfallen.

Zur Finanzierung dienen neben den Eigenmitteln eine 1. Hypothek von 300 000,00 EUR zu 4,5 % Zinsen p.a. und eine 2. Hypothek von 100 000,00 EUR zu 5 % Zinsen p. a.

Im Kalenderjahr 2004 betragen
- der Erhaltungsaufwand 10 800,00 EUR,
- die Steuern und Abgaben vierteljährlich 4 000,00 EUR,
- die Abschreibung 2 %,
- die monatlichen Mieteinnahmen 10 600,00 EUR,
- die vierteljährliche Pachteinnahme für eine Parkfläche 680,00 EUR.

b) Welche der unten stehenden Aussagen sind in diesem Zusammenhang richtig?

   (1) richtig?

   (2) nicht richtig?

   (3) wegen fehlender Informationen bezüglich ihrer Richtigkeit nicht zu beurteilen?

   Aussagen:

   ba) Beim Erwerb eines Grundstücks fällt immer Grundsteuer an.

   bb) Die Eintragung der Hypotheken bedarf der notariellen Beurkundung.

   bc) Die Hypotheken zählen zur Gruppe der Realkredite.

   bd) Bei der Aufnahme der beiden Hypothekendarlehen war Disagio zu zahlen.

   be) Eine Hypothek verleiht dem Darlehensschuldner mehr Flexibilität als die Eintragung einer Grundschuld.

6. Ergänzen Sie Ihre Lernkartei, indem Sie sich mit Ihrem Nachbarn über sinnvolle Kartenüberschriften austauschen und die Karteikarten entsprechend ausfüllen!

14 Marketingmaßnahmen entwickeln und durchführen

Einstiegssituation

Neulich in einer Spedition:

Auszubildender: „Herr Müller, ich hatte gerade einen Anruf von der Delta Elektronic GmbH. Die schicken ihre Sachen in alle Welt und fragen nach einem entsprechenden Angebot. Soll ich denen schon mal unsere Standardbroschüre schicken?"

Herr Müller: „Moment, so einfach geht das nicht. Da handelt es sich bestimmt um ein großes Auftragsvolumen und wir können nicht ‚mal schnell ein Angebot machen'. Bei einem solch' großen Unternehmen sollten wir uns erst mal mit unseren Marketing-Leuten zusammensetzen und uns eine Strategie überlegen, damit wir den Fisch an die Angel bekommen."

Auszubildender: „Ach so. Wofür ist denn die Marketing-Abteilung zuständig und was genau ist Marketing? Hat das nicht etwas mit Werbung zu tun?"

Das Tätigkeitsfeld einer Spedition wird hauptsächlich von vier verschiedenen Märkten bestimmt. Auf dem **Kapitalmarkt** (Banken) beschafft sie Kredite z. B. für neue Investitionen. Auf dem **Arbeitsmarkt** (Personal) wirbt das Unternehmen um neue Mitarbeiter. Der wichtigste aber ist wohl der **Absatzmarkt**, auf dem die Speditionen ihren Kunden ihre Logistikdienstleistungen anbieten. Dabei bedienen sie sich der Frachtführer auf dem **Beschaffungsmarkt**.

Der Logistikmarkt hat im Laufe der Jahrzehnte einen tief greifenden Wandel erfahren. Man trifft auf einen aggressiv umworbenen Käufermarkt, den die Unternehmen systematisch erschließen und pflegen, d. h. aktiv gestalten müssen.

In der Weltwirtschaft lassen sich momentan acht hauptsächliche Trends erkennen, die sich auch auf die Logistikbranche auswirken:

1   Acht Trends in der Logistikbranche

> 1. Trend: Globalisierung der Produktion und des Wirtschaftsverkehrs –
> wachsende Transportdistanzen, neue Kommunikations- und
> Integrationsbedarfe, gesteigerte Wettbewerbsintensität

Im Verlauf der letzten 20 Jahre haben sich die Möglichkeiten für weltweiten
Handel und Wirtschaftsverkehr erheblich erweitert. Es gibt keine abgeschot-
teten Märkte mehr. Dies kommt zum einen durch den Abbau von Handels-
schranken und das Zusammenwachsen von Welthandelsregionen (z. B. NAFTA,
EU). Zum anderen haben die Fortschritte in den Informations- und Kommuni-
kationstechnologien („I&K-Technologien") zu einem einfacheren Ablauf des
Wirtschaftsgeschehens beigetragen.

Beispiel:

Japanische Unternehmen kaufen beispielsweise beim im Eingangsfall genann-
ten Elektronikhersteller Waren, und mit satellitengestützten Sendungsverfol-
gungssystemen erfahren die Beteiligten trotz wachsender Transportdistanzen
jederzeit, wo sich die Ware gerade befindet.

Unternehmen verlagern ihre Wertschöpfungsketten in alle Welt, d. h., sie kaufen und produzieren weltweit dort, wo es am günstigsten ist.

Beispiel:

Ein deutscher Automobilhersteller baut zwar die meisten Modelle in Stuttgart
zusammen, aber die zugelieferten Teile werden nicht dort, sondern an ande-
ren inländischen und ausländischen Standorten produziert.

Eine der Begleiterscheinungen der Globalisierung ist
neben der Verschärfung des
weltwirtschaftlichen Wettbewerbs der steigende Be-
darf an Transportleistungen.
Logistik wird so zum Stell-
hebel für das Überleben und
den Erfolg der Unternehmen
im globalen Wettbewerb.

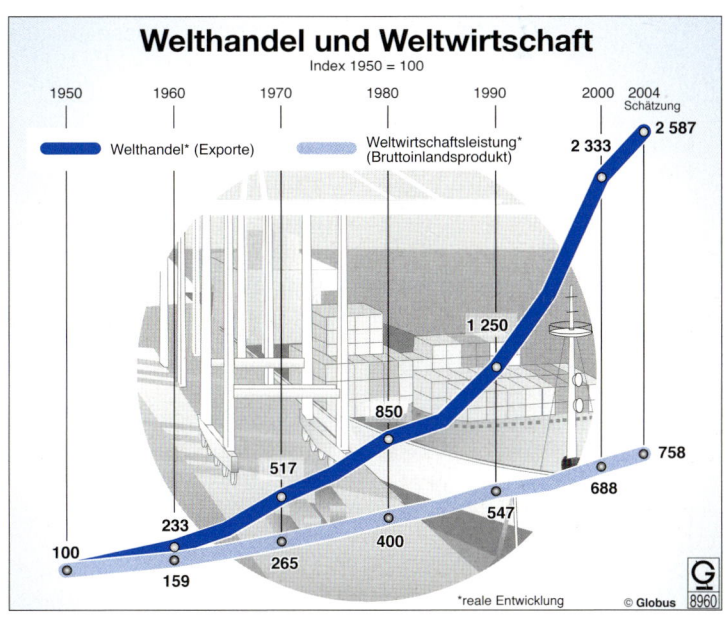

331

> ### 2. Trend: Übergang zur postindustriellen Gesellschaft – Ende des Wachstums industrieller Güterproduktion, Individualisierung und Expansion der Service-Ökonomie

Viele Märkte haben sich mit Sättigungstendenzen bei gleichzeitig stagnierenden Bevölkerungszahlen auseinander zu setzen. Da Verbraucher immer mehr Geld zur Deckung nicht materieller Bedürfnisse ausgeben, müssen die Unternehmen mit situations- und bedarfsgerechten, individuellen Lösungen reagieren. Damit kommen auch auf die Logistik ganz neue Fragen zu.

> ### 3. Trend: Beschleunigung der Taktraten in der „On-Demand"-Welt – Sofortreaktion auf Kundenwünsche, Verkürzung von Technologie- und Produktzyklen

Unternehmen sind dann erfolgreich, wenn sie sofort auf Kundenwünsche reagieren können. Viele Unternehmen produzieren heute nur auf Bestellung, da Vorratshaltung immer Kapitalbindung und Absatzrisiko bedeutet. Waren müssen daher „just in time" angeliefert werden.

Beispiel:

Wer ein neues Auto oder neue Möbel bestellt, weiß, dass diese erst bei Bestellung produziert werden und mehrere Wochen Lieferzeit in Kauf zu nehmen sind.

Durch die rasante technische Entwicklung kommt es zu immer kürzeren Produkt- und Technologiezyklen. Betrachtet man den Markt in der Halbleiterindustrie, so sind dort die Produkte nach ein bis zwei Jahren wieder veraltet. Auf dem Handymarkt lässt sich diese rasante Entwicklung besonders gut beobachten.

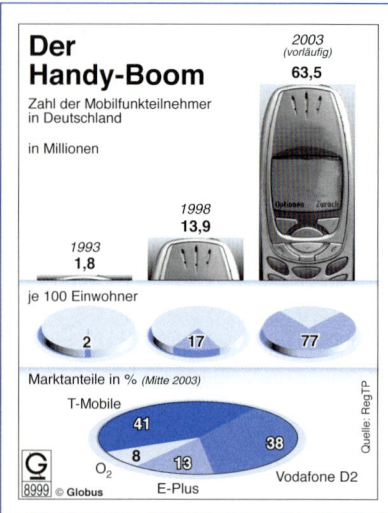

Aus dem Alltagsleben sind sie nicht mehr wegzudenken: Mobiltelefone. Mehr als drei Viertel der Bundesbürger besitzen (statistisch gesehen) ein Handy – vor 10 Jahren waren es gerade mal 2 %. Heute liegt Deutschland im internationalen Vergleich vor den USA (48 %), Japan (62 %) und Osteuropa (30 %) – im westeuropäischen Vergleich dagegen besteht noch Nachholbedarf. Der Trend geht zum Zweit- und Drittgerät, und immer neue Extras sollen zum Vertragsabschluss verlocken. Handys mit Farbdisplay, Radio und Digitalkamera sind innerhalb weniger Monate zum Standard geworden und werden zum Schnäppchenpreis an Neukunden vergeben.

Unternehmen sind gezwungen, bereits bei der Planung Voraussagen über mögliche Produktionszahlen zu machen. Einerseits besteht die Gefahr, dass das Produkt kein Markterfolg wird, andererseits kann nicht so schnell produziert werden, wie die Kunden es teilweise wünschen. Die Logistikbranche reagiert auf diese Umstände, indem sie immer öfter kleinere Mengen schnell transportiert. Dies zeigt sich besonders im Aufschwung bei den Express-Dienstleistern.

---

4. Trend: Wachsende Umweltsensibilität – Recycling, Verlängerung logistischer Ketten, die Vision von der Kreislaufwirtschaft und zunehmende Aversion gegen den Straßentransport

---

Politik und Öffentlichkeit üben Druck auf die Unternehmen aus, umweltgerecht zu agieren. Der Güterkraftverkehr gilt in der breiten Bevölkerung immer noch als der größte Umweltverschmutzer – ein Grund für die Lkw-Maut und damit eine gewünschte Transportverlagerung von der Straße auf die Schiene. Hinzu kommt, dass der Transport nicht mit der Ablieferung der Ware endet, sondern Abfälle und Verpackungen wieder abgeholt werden müssen, um sie dem Recycling, der Wiederverwendung oder der Entsorgung zuzuführen.

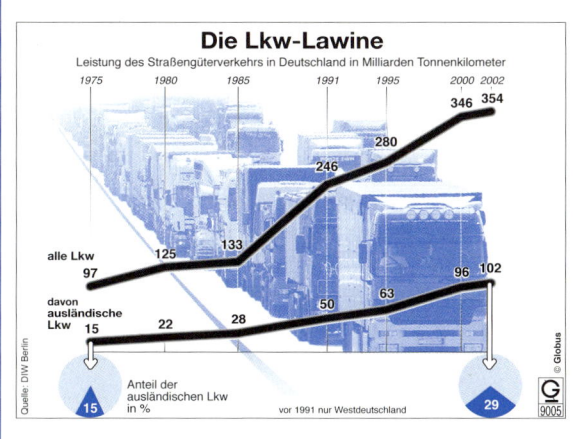

Immer stärker beherrscht der Lastkraftwagen das Bild auf unseren Fernstraßen. Insbesondere seit der deutschen Wiedervereinigung und der Öffnung der Grenzen in Mittel- und Osteuropa ist die Lkw-Lawine in Deutschland größer geworden. Heute rollen weit mehr als zwei Drittel des Güterverkehrs (70 %) über Autobahnen und Bundesstraßen. Die Schiene spielt dagegen nur eine untergeordnete Rolle (14 %). Zugenommen hat vor allem der Anteil ausländischer Spediteure. Er erhöhte sich von 15 % im Jahr 1975 auf 29 % im Jahr 2002.

---

5. Trend: Entdeckung der Erfolgswirkungen von Struktur- und Prozessorganisation – „pull"-orientiertes ganzheitliches Management von Wertschöpfungsketten mit JIT (just in time)

Aufgabe der Logistik ist nicht mehr der reine Transport von A nach B, sondern die Schaffung von Materialflüssen und -prozessen sowie die markt- und kundengerechte Steuerung.

Beispiel:

Im Einzelhandel wird der Warenfluss über Scanner abgelesen, sodass permanent widergespiegelt wird, welche Waren das Lager bzw. Geschäft verlassen. Der Spediteur weiß so jederzeit, wann neue Ware geliefert werden muss.

Auf die im 3. Trend gezeigte Veränderung reagiert der Spediteur also, indem er bei allen Schnittstellen liefert. Der Kunde bestellt beim Handel, dieser bei seinem Produzenten, der wiederum bei seinem Lieferanten, dieser bestellt wiederum Teile bei anderen Unterlieferanten. Die Kette funktioniert nur, wenn der Spediteur ganzheitlich, oft „just in time", bei allen Schnittstellen liefert. Während früher die Waren in den Markt „gepusht" wurden, werden sie jetzt aus dem Markt gezogen („pull"), d. h. so, wie der Kunde es wünscht.

> 6. Trend: Deregulierung und Privatisierung ehemals öffentlicher Dienste der Kommunikation und des Verkehrs – neue Anbieter, neue Leistungsangebotspakete, neue Konkurrenz

Die letzten zwei Jahrzehnte in der Logistik-Dienstleistungswirtschaft waren gekennzeichnet von einem Trend der Deregulierung ehemals öffentlicher Dienste, insbesondere auch der Kommunikations- und Verkehrsdienste.
Die Abschaffung von festgelegten Preisen und Zugangsrechten im Bereich der Transportwirtschaft, der Post- und Telekommunikationsdienste hat die Dienstleistungsbranche revolutioniert, was sich beispielsweise in reduzierten Preisen für Paket- und andere Gütertransportdienstleistungen oder in hartem Rationalisierungsdruck in diesen Märkten zeigt. Ohne die Fesseln der früheren staatlichen Regulierungen dringen neue Anbieter mit neuen Ideen auf den Markt, z. B. die Kontraktlogistik (4PL-Dienstleistungen). Diese „fourth party logistics" (4PL) organisiert ganze Transportketten, d. h., der Versender hat die gesamte Transportaufgabe an 4PL-Dienstleister ausgegliedert („Outsourcing"). Zu den Aufgaben dieses Dienstleisters gehören das Einsetzen von Transportunternehmern, die Überwachung von Transporten, die Abrechnung und Organisation usw. 4PL-Anbieter verfügen dabei über keine eigenen Fahrzeuge, wogegen Spediteure meist von ihrem Selbsteintrittsrecht Gebrauch machen.

> 7. Trend: Konzentration auf Kernkompetenzen und Outsourcing

Seit den 1990er-Jahren konzentrieren sich Unternehmen wieder verstärkt auf ihr Kerngeschäft. Nicht als Kernkompetenz erkannte Aktivitäten werden ausgegliedert („Outsourcing"). Durch die Konzentration auf Kernkompetenzen erhöht sich die Zahl der zu kontrollierenden Schnittstellen – und damit die Bedeutung der Logistik. Der Unternehmer fährt nicht mehr selbst, sondern lässt fahren. Dies bedeutet eine enge Verzahnung von Logistik-Dienstleistern und Produzenten. Der Spediteur muss alle Schnittstellen kennen, damit er weiß, wann und wo wer anliefern muss.

Auch in der Logistikbranche selbst wird ausgegliedert. Fluggesellschaften bieten gemeinsam mit Spediteuren Luftfrachtprodukte an, da die Fluggesellschaften keine Organisation für den Vor- und Nachlauf der zu transportierenden Produkte besitzen und die Spediteure i. d. R. über keine eigenen Transportflugzeuge verfügen.

Beispiel

DHL Express und Lufthansa Cargo intensivieren ihre Zusammenarbeit im Bereich der Luftfracht: Ab Ende März 2004 betreiben die Partner fünf internationale Flugstrecken zwischen Europa, Asien und Nordamerika. Die Langzeitpartnerschaft hat ein Geschäftsvolumen von jährlich rund 250 Millionen EUR.

Inzwischen streben allerdings verschiedene Unternehmen wieder eine Rückverlagerung an, da sie Qualitätsprobleme mit outgesourcten Leistungen haben und außerdem aktiver an der Wertschöpfungskette teilhaben möchten.

> 8. Trend: Konzentration und Differenzierung der Branchenstrukturen – Wachstum der ganz Großen und der ganz Kleinen, neue Beziehungsstrukturen

Auf verschiedenen Märkten findet immer mehr Konzentration und Größenwachstum der Marktführer statt, und auf anderen Märkten profilieren sich mittel- und kleinbetriebliche Spezialisten und Subunternehmen mit erfolgreichen Lösungen für neue logistische Aufgabenstellungen.

Schließlich bilden sich neue Formen der Zusammenarbeit zwischen Unternehmen, die sich als „Supply-Chain-Architekten" und „Navigatoren" oder als „4PL" verstehen. Ferner setzt sich in der Wirtschaft langsam die Erkenntnis durch, dass langfristiges gemeinsames Lernen und Verzicht auf wechselseitige Ausbeutung der Logistik-Anbieter zu besseren Gesamtergebnissen im Wettbewerb führen können, als die beständige Drohung mit der Austauschbarkeit der Partner durch Konkurrenten, die hohe „Such"-, Anlauf-, Qualitätssicherungs- und andere Transaktionskosten verursacht. Gleichzeitig bieten die neuen Möglichkeiten des Internets aber auch eine günstigere und schnellere Auswahl der Lieferanten, sodass neue Formen wie „Frachtenbörsen" und Logistik-Lieferantenplattformen entstehen.

2 Marketing in der Logistik

Die dargestellte Situation auf dem Logistikmarkt zeigt, dass Logistikanbieter heutzutage aktiv um ihre Kunden kämpfen müssen. Der Markt für Dienstleistungen erfordert im Vergleich zu Konsumgüter- oder Investitonsgütermärkten die Beachtung von Besonderheiten, denn

- die Leistung ist immateriell, und von dieser Leistung ist der Kunde zu überzeugen,
- die Leistung ist eng mit den Personen verbunden, die sie erstellen,
- Produktion und Konsum des „Gutes" fallen zusammen, weil Dienstleistungen nicht auf Vorrat produziert werden können,
- die Qualität der Ausführung kann einer hohen Schwankungsbreite unterliegen,
- Leistungen sind oft homogen.

Definition

In der klassischen Marketinginterpretation bedeutet **Marketing:** Planung, Koordination und Kontrolle aller auf die aktuellen und potenziellen Märkte ausgerichteten Unternehmensaktivitäten.

Logistikanbieter haben sich demnach mit der konsequenten Ausrichtung aller den Markt berührenden Entscheidungen an den Erfordernissen und Bedürfnissen der Kunden zu orientieren, um die Kundenwünsche optimal zu treffen und zu befriedigen. Neben dieser Kundenorientierung steht die Wettbewerbsorientierung. Über den Vergleich der eigenen Leistungen mit denen der Konkurrenz sind eigene Wettbewerbsvorteile zu pflegen und auszubauen.

Eine Maßnahme, sich von der Konkurrenz abzusetzen, ist die Preisgestaltung. Die Wettbewerbssituation auf dem Logistikmarkt zeigt allerdings, dass Speditionen oder Frachtführer kaum Spielraum haben, ihre Preise eigenständig zu gestalten und dadurch einen Vorsprung vor der Konkurrenz zu erlangen. Die Logistikanbieter sind also gezwungen, sich über die angebotenen Produkte, ihre Qualität, Vertriebsformen u. a. von der Konkurrenz abzuheben. Bevor sie bestimmte Produkte anbieten, ist es aber notwendig, die Wünsche und Bedürfnisse der Kunden zu kennen und zu prüfen, ob dieses Produkt überhaupt angeboten werden kann. Notwendig dafür ist eine sehr gute Kommunikation mit den Kunden, um bedarfsgerechte, hoch individualisierte Lösungen anbieten zu können.

Zur Erreichung dieser Ziele bedienen sich Unternehmen der folgenden klassischen vier Marketinginstrumente:

1. Preispolitik
Zu welchem Preis sollen die Leistungen am Markt angeboten werden?

2. Kommunikationspolitik
Wo findet man potenzielle Kunden, welche Bedürfnisse bestehen, welche Informations- und Motivationsinstrumente sollen angewandt werden, um die Leistungen abzusetzen?

3. Produktpolitik
Wie können Produkte geschaffen werden, die die Kunden wünschen, welche Problemlösungen bzw. Leistungen können konkret am Markt angeboten werden?

4. Distributionspolitik
Auf welchen Wegen sollen die Leistungen zu den Kunden gelangen?

Die genannten Marketinginstrumente können niemals isoliert eingesetzt werden. Sie wirken wechselseitig und werden im so genannten **Marketing-Mix** kombiniert.

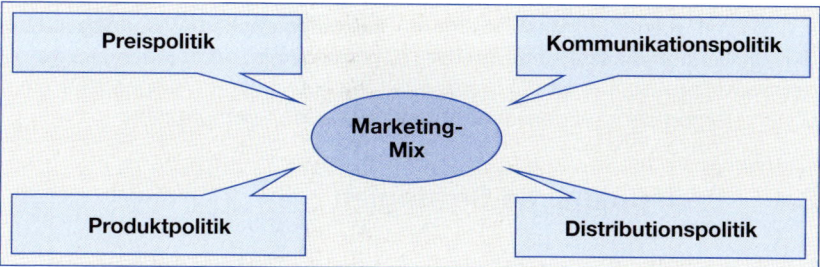

3 Preispolitik

Die **Preispolitik** muss darüber entscheiden, welche Preise und Konditionen sinnvoll sind, um das gewünschte Unternehmensziel zu erreichen. **Definition**

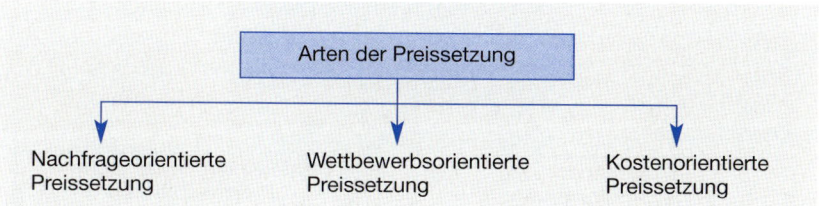

3.1 Nachfrageorientierte Preissetzung

Es geht hier um die Frage, welchen Preis die Kunden für eine Ware zu zahlen bereit sind. Wenn eine Spedition beispielsweise eine „Bis-Neun-Uhr-Zustellung" anbietet und diese Leistung zu einem hohen Preis verkauft werden kann, wird sie diesen Preis auch fordern. Insbesondere bei neuen und konkurrenzlosen Produkten ist die nachfrageorientierte Preissetzung üblich.

3.2 Wettbewerbsorientierte Preissetzung

Durch die starke Konkurrenz im Speditionsgewerbe besteht der Zwang, die Preise an denen der Wettbewerber zu orientieren. Die wettbewerbsorientierte Preisbildung gibt den einzelnen Unternehmen nur wenig Spielraum zur Beeinflussung der Preise. Konkurrenzorientierte Preisbildung ist vor allem dann gegeben,
- wenn es wenige Anbieter gibt (sog. Oligopol),
- die Güter verhältnismäßig gleichartig (homogen) sind und
- die Nachfrager einen guten Marktüberblick haben (Markttransparenz).

3.3   Kostenorientierte Preissetzung

Grundsätzlich versucht der Anbieter von seinen Kunden den Preis zu verlangen, den er aufgrund seiner Kosten kalkuliert hat, d. h., das geforderte Entgelt soll die Voll- oder zumindest bestimmte Teilkosten decken. Grundsätzlich bilden die Kosten die Preisuntergrenze, d. h. den Preis, der mindestens gefordert werden muss. Die für die Preisgestaltung notwendigen Ausgangsinformationen werden dem betrieblichen Rechnungswesen entnommen.

3.4   Preispolitische Strategien

Der Preispolitik im Logistikbereich sind insbesondere beim Angebot von Standardleistungen enge Grenzen gesetzt, denn es ist ein Käufermarkt, auf dem die Nachfrager mit ihrem Preisdiktat den Ton angeben. Gründe dafür sind der scharfe Wettbewerb, die Austauschbarkeit der Leistungen und die hohe Markttransparenz.

Mit verschiedenen preispolitischen Strategien kann dennoch versucht werden, eigene preispolitische Spielräume zu realisieren.

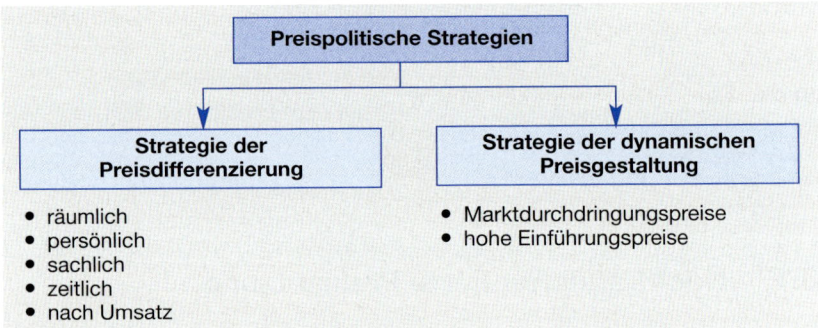

■ Strategie der Preisdifferenzierung

Die Preisdifferenzierung knüpft an der Erfahrung an, dass es unter den potenziellen und tatsächlichen Nachfragern Segmente gibt, die auf unterschiedliche Ausprägungen des Preises verschiedenartig reagieren. Folglich werden den jeweiligen Gruppen dabei verschieden hohe Preise abverlangt.

* **Räumliche Preisdifferenzierung**
  Als Kriterien der Preisdifferenzierung kommen z. B. Wirtschaftsräume, In- oder Ausland in Betracht. In der speditionellen Praxis zeigt sich, dass gleiche Verkehrsleistungen zu unterschiedlichen Preisen verschiedenen Kunden angeboten werden.

* **Persönliche Preisdifferenzierung**
  Hier erfolgt eine Einteilung nach Großkunden und Kleinkunden oder anderen persönlichen Kriterien.

- **Sachliche Preisdifferenzierung**
  Das gleiche Produkt wird in unterschiedlicher Aufmachung zu unterschiedlichen Preisen angeboten.

  Beispiel:

  Eine Luftfrachtsendung von Köln nach New York kann als Sammel- oder als Direktladungsflug angeboten werden.

- **Zeitliche Preisdifferenzierung**
  Die zeitliche Preisdifferenzierung basiert auf unterschiedlichen Preisen zu verschiedenen Zeitpunkten.

  Beispiel:

  KWZ (Kleinwasserzuschlag)

- **Differenzierung nach Umsatz**
  Bei der Differenzierung nach Umsatz werden unterschiedliche Preise bei unterschiedlichen Einkaufsumsätzen abverlangt, z. B. Mengenrabatte, Umsatzboni, Bonusmeilenprogramme im Luftverkehr.

  Beispiel:

  TACT im Luftfrachtverkehr

■ Strategie der dynamischen Preisgestaltung

Maßnahmen der dynamischen Preisgestaltung sollen die Preise **flexibel** den Marktverhältnissen anpassen. Es bieten sich zwei Alternativen bei der Neuprodukteinführung an:

- **Penetrationsstrategie (Marktdurchdringungspreise)**
  Bei der Penetrationsstrategie sollen mit relativ niedrigen Preisen schnell Massenmärkte erschlossen und große Käuferschichten gewonnen werden.

- **Marktabschöpfungsstrategie (hohe Einführungspreise)**
  Bei der Abschöpfungspreispolitik wird in der Einführungsphase eines Neuproduktes ein relativ hoher Preis gefordert, der dann mit zunehmender Erschließung des Marktes und/oder aufkommendem Konkurrenzdruck sukzessive gesenkt wird.

4 Kommunikationspolitik

Für Speditionen ist eine besonders ausgeprägte Sensibilität gegenüber den Kunden und deren Wünschen vorrangig. Sie müssen nicht nur sehr genau die Kundenwünsche kennen und verstehen, sondern auch Botschaften entwickeln, die über Existenz, Merkmale und Vorteile eines Produktes informieren, und sie müssen diese Botschaften an die gewünschten Empfänger bringen.

Instrumente der Kommunikationspolitik			
Merkmal Kommunikations- instrument	**Primäre Zielsetzung**	**Zielgruppe**	**Wichtigste Kommunikations- träger**
Werbung	Positive Beeinflussung des Kaufverhaltens der Zielpersonen	Genau definierte Zielgruppen, Zielpersonen, Marktsegmente usw.	Zeitungen Zeitschriften Fernsehen Hörfunk
Verkaufsförderung (Sales Promotion)	Förderung der Verkaufsaktivitäten der eigenen Verkaufs- organisation und des Handels	Eigene Verkaufs- organisation, Handel, Konsumenten	Messen, Ausstellungen, Verkäuferschulungen, Preisausschreiben, Verkaufswettbewerbe, Produktproben, Zeitschriften, Informationsmaterial
Öffentlichkeitsarbeit (Public Relations)	Aufbau und Pflege eines in der Öffent- lichkeit positiv wirken- den Images	Gesamte Öffentlichkeit oder Teilöffentlich- keiten	Zeitungen, Zeit- schriften, Fernsehen, Hörfunk, Personen, Veranstaltungen, Pressekonferenzen
Persönlicher Verkauf	Erzielung von Verkaufsabschlüssen, Information	Potenzielle Abnehmer, Kunden, Interessenten	Eigene Außendienst- organisation, Handelsvertreter

■ Persönliche Kommunikation

Persönliche Kommunikation ist die direkte, von Person zu Person gerichtete Kommunikation, in der laufend Rückfragen und Dialoge entstehen. Die per- sönliche Kommunikation ist sehr effizient, und Unklarheiten können sofort behoben werden.

■ Massenkommunikation

Unter Massenkommunikation versteht man eine Kommunikation, deren Botschaften **öffentlich**, z. B. durch Fernsehen und Zeitungen, bei räumlicher und/oder zeitlicher Distanz der Kommunikationspartner vermittelt werden. Hierbei liegt kein begrenzter, personell definierter Empfängerkreis vor. Rück- fragen sind nicht möglich und die Streuverluste sind sehr hoch, sodass die persönliche Kommunikation in ihrer Wirkung als effizienter angesehen werden muss.

4.1   Werbung

Oft wird Werbung mit dem Begriff Marketing gleichgesetzt, aber sie ist nur ein Teil des Marketings.
Durch **Werbung** wird versucht, eine bestimmte Zielgruppe durch spezielle Kommunikationsmittel zu beeinflussen, damit das Werbeziel erreicht wird.

Beispiele:

Bekanntmachung des Produkts, Erhöhung des Bekanntheitsgrades des Unternehmens, Umsatzsteigerung, Behauptung der Marktstellung, Zurückgewinnung von Kunden.

Wenn beim Umworbenen eine Kaufhandlung ausgelöst werden soll, sollte sich der Informationsverarbeitungsprozess in 4 Stufen abspielen. Diese Stufen lassen sich zugleich als psychologische Ziele der Werbung ansehen.

Wirkungsstufen der Werbung (= psychologische Werbeziele)	
1. Stufe Bekanntmachung des Produkts ⇨	Die Bekanntmachung ist die Vorstellung, die Nennung des Produktes. Sie ist notwendig, weil ein Produkt nur dann gekauft werden kann, wenn der Käufer von seiner Existenz weiß.
2. Stufe Information über das Produkt ⇨	Der potenzielle Käufer muss Produktinformationen erhalten, die über die reine Bekanntheit hinausgehen. Sie beziehen sich in erster Linie auf den Nutzen, den das Produkt bringt.
3. Stufe Schaffung eines positiven Produktimages ⇨	Die Werbung soll bewirken, dass die gesamte Vorstellung von dem Produkt überwiegend positiv ausgeprägt ist. Dies setzt eine positive Bewertung der Produktinformationen voraus.
4. Stufe Schaffung einer Kaufdisposition bzw. Auslösung der Kaufhandlung	Das positive Produktimage soll dazu führen, dass das Produkt dem Umworbenen als wünschenswert erscheint. Die Folge soll eine Kaufdisposition (-neigung) sein (d. h., das Produkt soll bei Bedarf gekauft werden) oder das direkte Auslösen der Kaufhandlung (z. B. Erteilung eines Auftrages, Aufsuchen eines Verkäufers)

Eine ähnliche Stufung findet sich in den Zielen der AIDA-Formel:

1. Aufmerksamkeit erregen	(**A**ttention)	**A**
2. Interesse am Produkt wecken	(**I**nterest)	**I**
3. Besitzwünsche wecken	(**D**esire)	**D**
4. Kaufhandlung auslösen	(**A**ction)	**A**

■ Werbemittel, Werbeelemente und Werbegrundsätze

Die Werbung versucht, ihre Ziele durch den Einsatz verschiedener Werbeelemente und Werbemittel zu erreichen, und hat dabei die Werbegrundsätze zu beachten.

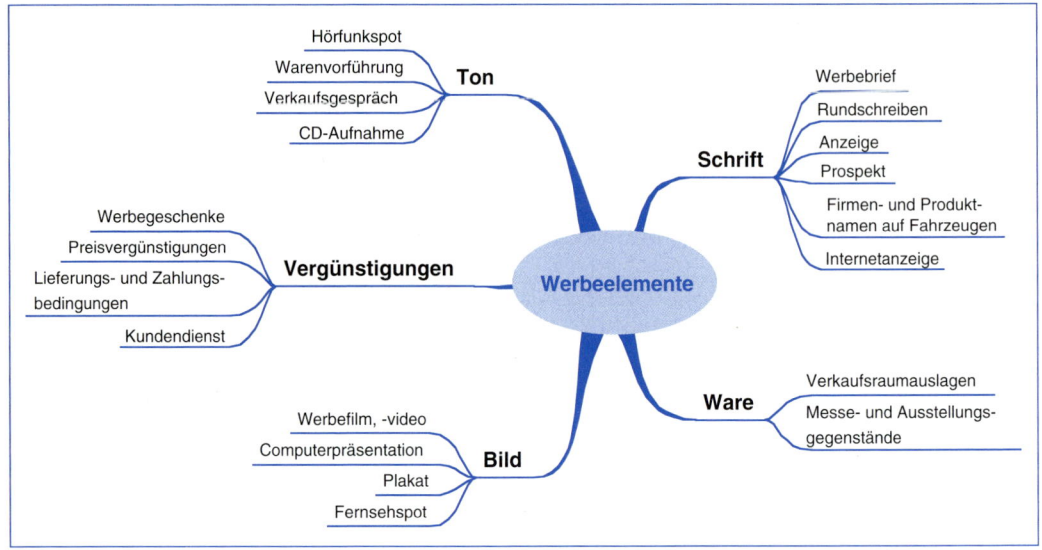

■ Grundsatz der Werbewirksamkeit

Wirksamkeit ist der oberste Werbegrundsatz. Er verlangt eine Beschaffenheit der Werbung, die zur **Verwirklichung der Werbeziele** führt. Aus diesem Grund muss die Werbung genau geplant werden. Die Planung muss folgende Elemente berücksichtigen:

• Werbeziele:	Festlegung des Werbezwecks
• Werbesubjekt:	Festlegung des Werbenden
• Werbebudget:	Festlegung des Werbebetrages
• Zielgruppe:	Festlegung des Umworbenen
• Werbeobjekte:	Festlegung der Produkte
• Streuzeit:	Festlegung der Werbetermine
• Werbemittel und -medien:	Festlegung der Übermittlungsart
• Streugebiet:	Festlegung der Werbeorte

■ Grundsatz der Wirtschaftlichkeit

Werbeerfolg und eingesetzte Geldmittel sollen in einem möglichst günstigen Verhältnis zueinander stehen. Auch aus diesem Grund ist eine genaue Planung der Werbung unerlässlich. Insbesondere ist die zeitliche Verteilung der Werbeausgaben zu berücksichtigen. Einerseits müssen Entscheidungen über pro- oder antizyklische bzw. pro- oder antisaisonale Werbung getroffen werden, andererseits ob es sich um
– einmalige, zeitlich begrenzte Werbeaktionen,
– kontinuierliche Werbeaktionen,
– zeitweilige Werbeaktionen oder
eine Kombination der genannten Möglichkeiten handeln soll.

■ Grundsatz der Wahrheit

Die Erfahrung zeigt, dass falsche Werbeaussagen auf Dauer eine negative Wirkung erzielen, weil das Vertrauen der Umworbenen getäuscht wird. Deshalb sollen auch irreführende oder übertriebene Aussagen vermieden werden.

Beipiel:
___

„Die beste Spedition, die es je gab"

Die Werbung muss dabei nicht nur die Gesetze der jeweiligen Länder beachten, sondern soll auch mit den moralischen und ästhetischen Empfindungen im Einklang stehen.

■ Grundsatz der Klarheit

Zum einen müssen die Ziele der Werbung klar formuliert werden, damit keine ungeeigneten Werbemaßnahmen ergriffen werden. Zum anderen muss die Werbeaussage so klar formuliert bzw. dargestellt sein, dass keine Fehlinterpretationen durch potenzielle Kunden möglich sind. Ein möglicher Vertrauensschaden bei den Kunden würde den Werbeerfolg ins Gegenteil verkehren.

■ Werbedurchführung

Grundsätzlich bieten sich folgende Möglichkeiten der Werbedurchführung an:
- Die Werbung wird durch das werbende Unternehmen selbstständig durchgeführt.
- Das werbende Unternehmen übergibt die Werbedurchführung einer Werbeagentur.
- Die Werbung wird zum einen Teil durch die eigene Werbeabteilung, zum anderen Teil durch die Werbeagentur durchgeführt.

Nach der Anzahl der Werbenden unterscheidet man:
- **Einzelwerbung**
  Ein Unternehmen wirbt hier für seine Leistungen.

  Beispiel
  ___

  „Schubert & Müller Kurier GmbH – wir tun das, was wir am besten können: Logistik & Transporte"

- **Gemeinschaftswerbung**
  Mehrere Unternehmen werben gemeinsam, ohne dass das einzelne Unternehmen beim Namen genannt wird.

  Beispiel
  ___

  „Vertrauen Sie Ihre Güter deutschen Spediteuren an"

- **Sammelwerbung**
  Mehrere Unternehmen verschiedener Branchen führen eine gemeinsame Werbeaktion durch, wobei jeder Beteiligte in der Werbebotschaft namentlich genannt wird.

Beispiel:

Aktion zum Thema Gefahrguttransporte: „Mehr Sicherheit auf deutschen Straßen"

■ Werbeerfolgskontrolle

Der Werbeerfolg kann mithilfe von ökonomischen und außerökonomischen Indikatoren gemessen werden.

Zur Messung des **ökonomischen Werbeerfolges** werden folgende Kennziffern benutzt:

$$\text{Wirtschaftlichkeit der Werbung} = \frac{\text{Umsatzzuwachs}}{\text{Werbeaufwand}}$$

$$\text{Marktanteil} = \frac{\text{Umsatz}}{\text{Gesamtumsatz des Marktes}} \times 100$$

Die Messung des ökonomischen Werbeerfolges ist wichtig, aber in der Praxis überaus problematisch. Denn eine Steigerung des Umsatzes oder eine Erhöhung des Marktanteils hängt vom Einsatz aller Marketinginstrumente und außerdem von der Konjunktur, der Wirtschaftspolitik und weiteren Einflüssen ab. Auch kann eine Werbemaßnahme erfolgreich sein, obwohl Umsatz und Marktanteil sogar zurückgehen. Dann hat die Werbung vielleicht eine noch schlechtere Entwicklung verhindert. Einigermaßen zuverlässig lässt sich die ökonomische Werbeerfolgskontrolle nur auf einem Testmarkt durchführen.

Bei der Kontrolle des **außerökonomischen** Werbeerfolges geht es um den **kommunikativen Werbeerfolg**. Wegen der Mängel der ökonomischen Erfolgskontrolle hat man Kennziffern entwickelt, die sich an den psychologischen Werbezielen orientieren. Sie zielen darauf ab, das **Verhalten** der Umworbenen auszuwerten und festzustellen, wie die Werbung auf sie einwirkt. Dementsprechend kann man die **Wirksamkeit** der Werbemaßnahmen überprüfen und die Werbemaßnahmen ggf. variieren.

Beispiele:

$$\text{Attention} = \frac{\text{Aufmerksame Adressaten}}{\text{Gesamtzahl der Adressaten}}$$

$$\text{Interest} = \frac{\text{Interessenten}}{\text{Gesamtzahl der Adressaten}}$$

$$\text{Desire} = \frac{\text{Überzeugte}}{\text{Gesamtzahl der Adressaten}}$$

$$\text{Action} = \frac{\text{Zusätzliche Käufer}}{\text{Gesamtzahl der Adressaten}}$$

Um solche Messziffern zu erhalten, nimmt man Beobachtungen (z. B. mit Blickbewegungs-Registriergeräten) oder Tests (z. B. Wiedererkennungs- oder Erinnerungsverfahren) vor. Fehler lassen sich dabei nicht vermeiden: Wer sich erinnert, muss deshalb nicht positiv berührt sein. Wer sich nicht erinnert, kann trotzdem positiv beeinflusst sein.

4.2 Verkaufsförderung (Sales Promotion)

Verkaufsförderung (Sales Promotion) beinhaltet die primär kommunikativen Maßnahmen, die der Unterstützung und der Erhöhung der Effizienz der eigenen Absatzorgane, der Marketingtätigkeit der Absatzmittler und der Beeinflussung der Verwender bei der Beschaffung und Nutzung der Produkte dienen.   **Definition**

Sales Promotion-Aktionen üben also zusätzliche und außergewöhnliche Anreize auf eine oder mehrere Zielgruppen aus.
Je nach Adressaten der Sales Promotion unterscheidet man die Instrumente der Verkaufsförderung in:
- **Verbraucherpromotions**, z. B. Preisausschreiben, Preisnachlässe, Proben, Gutscheine, Angebot von Warenrücknahme
- **Außendienstpromotions**, z. B. Wettbewerbe, Schulungen, Informationsveranstaltungen, Bereitstellung von Verkaufshilfen
- **Händlerpromotions**, z. B. Kaufnachlass, Wiederverkaufsnachlass, kostenlose Güter, Merchandising, kooperative Werbung, Werbung am Point of Sale, Verkaufswettbewerbe, Händlerschulung

Während Werbung sich in erster Linie an die Letztverbraucher bzw. -verwender richtet, wendet sich die Verkaufsförderung schwerpunktmäßig vor allem an die **Verkaufsorgane**. Man könnte deshalb sagen:

Werbung ist die direkte Verbraucherbeeinflussung, Verkaufsförderung ist indirekte Verbraucherbeeinflussung.   **Definition**

4.3 Öffentlichkeitsarbeit (Public Relations)

Public Relations ist Vertrauenswerbung in der Öffentlichkeit. Sie ist die planmäßige, systematische und wirtschaftlich sinnvolle Gestaltung der Beziehung zwischen Unternehmen und einer nach Gruppen gegliederten Öffentlichkeit (z. B. Kunden, Aktionäre, Lieferanten, Arbeitnehmer, Institutionen, Staat) mit dem Ziel, Vertrauen und Verständnis zu gewinnen oder auszubauen.   **Definition**

Beispiel:

Eine Spedition könnte in der Öffentlichkeit Vertrauen gewinnen, indem sie sämtliche Fahrzeuge mit Rußfiltern ausrüstet und dadurch zeigt, dass sie besonders umweltfreundlich orientiert ist.

Wichtige Instrumente der Public Relations sind professionell aufgemachte Internetauftritte, Informationen für Journalisten, Pressekonferenzen, Public-Relations-Anzeigen, Public-Relations-Veranstaltungen (z. B. Vortragsveranstaltungen, Tage der offenen Tür, Jubiläumsfeiern), Errichtung von Stiftungen, Kultur-, Sozial- und Sportsponsering.
Die Öffentlichkeitsarbeit ist **langfristig** angelegt und zielt auf **Vertrauensbildung**, die sich auf das gesamte Unternehmen bezieht.

4.4 Persönlicher Verkauf

Der persönliche Verkauf ist bei Speditionen von höchster Bedeutung, da das Kaufverhalten hier in besonderem Maße von **Beratungs-** und **Überzeugungsleistungen** der Verkäufer beeinflusst wird.
Ziel des persönlichen Verkaufs ist es, durch Verkaufsgespräche einen **Verkaufsabschluss** zu bewirken. Im Gegensatz zu den unpersönlichen Formen der Massenkommunikation wird durch den persönlichen Kontakt der Mitarbeiter mit dem Kunden nicht nur ein direktes Feedback hergestellt. Vielmehr ist der persönliche Verkauf zugleich auch ein flexibles Instrument der **Informationsgewinnung** und **Imagebildung**.

■ Formelle Verkaufsebene

Leider gibt es kein Patentrezept für den Verkauf speditioneller Dienstleistungen. In zunehmendem Maße wird diese Aufgabe jedoch einer bestimmten Stelle im Unternehmen zugewiesen. Dadurch wird sichergestellt, dass der Kunde einen festen Ansprechpartner hat. Ohne eine enge Kommunikation des Verkäufers mit den einzelnen Abteilungen wird der Verkäufer aber keinen Erfolg haben, denn die versprochenen Dienstleistungen müssen auch tatsächlich leistbar sein.

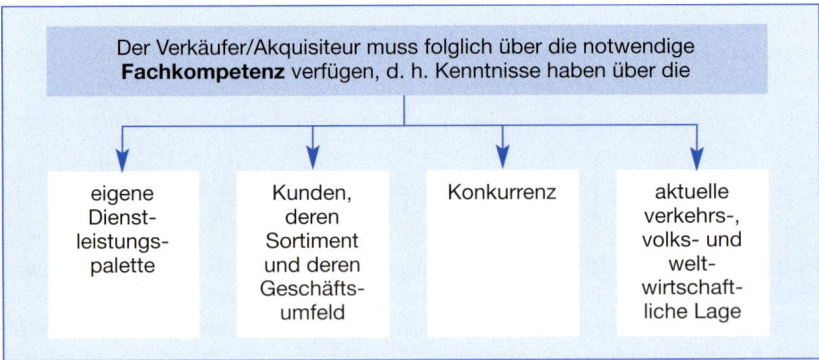

Darüber hinaus werden von ihm besondere kommunikative Kompetenzen gefordert. Umgangsformen, Kontaktfähigkeit und Teamgeist sollen ihn auszeichnen, und er sollte sich so mit dem Unternehmen identifizieren, dass er glaubwürdig auftreten kann. Hohes Engagement, Überzeugungskraft und Durchsetzungsfähigkeit ergänzen seine Kompetenzen.

Das eigentliche Verkaufsgespräch, das er zu führen hat, lässt sich dann in folgende Phasen untergliedern:

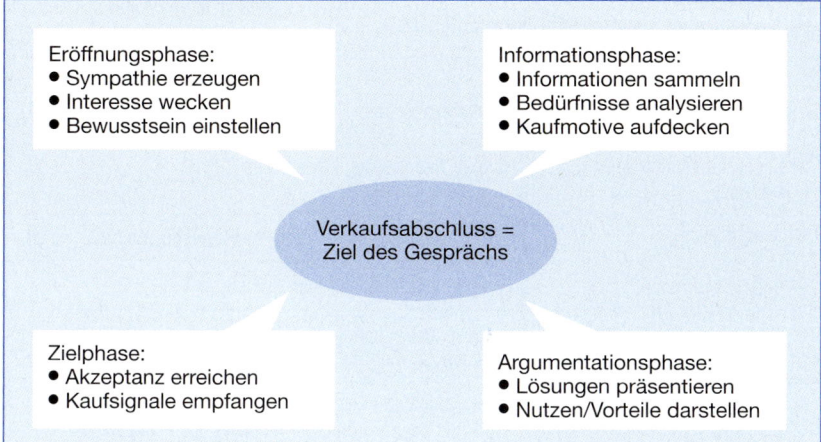

Eröffnungsphase:
● Sympathie erzeugen
● Interesse wecken
● Bewusstsein einstellen

Informationsphase:
● Informationen sammeln
● Bedürfnisse analysieren
● Kaufmotive aufdecken

Verkaufsabschluss =
Ziel des Gesprächs

Zielphase:
● Akzeptanz erreichen
● Kaufsignale empfangen

Argumentationsphase:
● Lösungen präsentieren
● Nutzen/Vorteile darstellen

■ Informelle Verkaufsebene

Neben dem Verkäufer ist im Prinzip jeder Mitarbeiter des Unternehmens in der täglichen Arbeit auch Verkäufer. Da Anfragen, Aufträge, Reklamationen u. Ä. häufig telefonisch erfolgen, ist auch vom Personal Freundlichkeit und Fachkompetenz zu erwarten. Der Kunde darf niemals das Gefühl haben, sein Anliegen sei unerwünscht. Jeder Mitarbeiter des Spediteurs, der mit Kunden Kontakt hat, muss sich als Verkäufer fühlen. Defizite in der Kommunikationskompetenz können durch Personalschulung und Verhaltenstraining behoben werden.

■ Werbebrief

Wie bereits aufgezeigt, bieten sich der Logistikbranche verschiedene Möglichkeiten, auf sich aufmerksam zu machen. Es gibt Logistik-Dienstleister, die sich des Mediums Fernsehen bedienen (z. B. Deutsche Post, UPS), andere nutzen für ihre Anzeigen Fachzeitschriften oder -zeitungen (z. B. DVZ), aber oft wird immer noch der persönliche Kontakt zum Kunden bevorzugt. Hierbei kann der Werbebrief eine wichtige Rolle spielen. Er hat die Aufgabe, Problemlösungen an den Kunden heranzuführen und eventuell den Besuch eines Außendienstmitarbeiters vorzubereiten. Die direkte Ansprache des Kunden ist besonders wirksam, weil man auf die speziellen Probleme eines bestimmten Kundenkreises eingehen kann.
Werbebriefe unterscheiden sich vom normalen kaufmännischen Brief, weil sie nicht von vornherein die Aufmerksamkeit des Briefempfängers finden. Viele der Angeschriebenen stehen der Werbung ablehnend gegenüber. Daher ist es erforderlich, die Aufmerksamkeit des Lesers zu wecken und ein Interesse an der angebotenen Leistung zu erzeugen.

Als Grundraster für den Entwurf eines Werbebriefes können die AIDA-Formel oder die folgende Aufzählung dienen:
- Die Headline (den Betreff) entwerfen
- Das Kundenproblem aus der Sicht des Kunden formulieren
- Problemlösungen aufzeigen, dabei immer Kundenvorteile herausstellen
- Den Kunden zu einer Handlung auffordern

Sprache und Inhalt von Werbebriefen sollten bestimmten Regeln folgen:

• kurze Sätze, pro Satz ein Gedanke	wenig Nebensätze, keine „dass-Sätze"
• einfache Wörter	statt „Informationen liefern" besser „informieren"
• positiv schreiben	statt „nicht teuer" besser „günstig"
• Vorteile für den Kunden nennen	sparen, gewinnen, gratis, sofort, neu, individuell, Erfolg, einfach, schnell, Service, Leistungen
• aktive Verben (möglichst am Satzanfang)	statt „Deshalb möchten wir Sie mit unserem neuen Produkt bekannt machen" „Lernen Sie unser neues Produkt kennen."
• persönlich schreiben	wenig „ich", „wir", dafür häufig „Sie", „Ihr", „Ihnen"
• bildhafte Sprache	zuverlässig wie ein Uhrwerk
• übertreibende Adjektive und abgegriffene Phrasen vermeiden	Superlative vermeiden, wie z. B. „die beste und zuverlässigste Spedition"
• bei der Wahrheit bleiben	Nahverkehrsunternehmen werben mit nationalen statt mit internationalen Transporten.
• bei gewünschten Besuchsterminen einen Terminvorschlag machen	z. B. einen konkreten Tag vorschlagen, dem Kunden aber die Wahl der Uhrzeit überlassen
• Headline: kurz (3–7 Wörter)	lebendig, positiv, ungewöhnlich

4.5 Kundenklassifizierung durch ABC-Analyse

Keine Spedition kann es sich erlauben, einen profitablen Kunden zu verlieren. Kundenpflege ist ein absolutes Muss. Daraus resultiert ein Erfolgsdruck für die Außendienstmitarbeiter, der auch dazu führen kann, dass z. B. bei einer zu weiten und zu häufigen Kundenbetreuung der Blick für das Wesentliche verloren geht. Oft werden von den Verkäufern vermeidbare Kosten produziert. Kunden müssen entsprechend ihrer Wichtigkeit betreut werden. Welche Kunden sind nun bedeutend für das Speditionsunternehmen?
Ein Instrument zur Bewertung der Kundschaft ist die ABC-Analyse. Die ABC-Analyse ist ein **Controlling-Instrument**, das auch als Steuerungsinstrument im Unternehmensbereich Marketing eingesetzt werden kann. Ein Hauptmerkmal der ABC-Analyse ist, dass letztlich in den meisten Speditionen mit 20 % der Kunden 80 % des Umsatzes erwirtschaftet werden. Dies sind die so

genannten **A-Kunden**. Die Kommunikation mit diesen Kunden ist durch das Key-Account-Management (Betreuung der Großkunden) des Speditionsunternehmens regelmäßig zu pflegen. Umgekehrt werden mit 80 % der Verladerschaft nur ca. 20 % Umsatz erreicht. Allgemein erhöhen die **B-Kunden** den Umsatz auf bis zu ca. 95 %. Wie oft z. B. der B-Kundenstamm besucht wird, gehört zur gezielten Einsatzplanung eines Außendienstes. Ferner muss die Akquisition für die **C-Kunden** (5 % des Umsatzes) bzw. die strategisch wichtigen Neukunden geregelt werden. Hierzu bietet es sich an, die individuelle Verkäuferleistung bei der Entlohnung der Außendienstmitarbeiter entsprechend zu berücksichtigen. So gesehen kann die ABC-Analyse ein nützliches Instrument für die **gezielte Kundenbetreuung** sein.

5 Produktpolitik

Die Produktpolitik der Spedition umfasst alle Entscheidungstatbestände, welche sich auf die marktgerechte **Gestaltung des Leistungsprogramms** beziehen.

Definition

Speditionelle Dienstleister bieten allerdings keine physischen Produkte im eigentlichen Sinne an, sondern Dienstleistungen. Das Produkt, das die Logistikbranche traditionellerweise anbietet, ist der Transport von Waren. Die meisten Speditionen leisten aber mehr als den reinen Transport von A nach B.

Beispiele:

- *Speditionen übernehmen für den Kunden Verpackung und Lagerung.*
- *Speditionen liefern nicht nur medizinische Geräte, sondern kümmern sich auch durch extra dafür geschultes Personal darum, dass diese Geräte aufgebaut, gewartet und repariert werden.*
- *Im EDV-Bereich sorgen sie für den mechanischen Aufbau von EDV-Anlagen, reparieren diese und tauschen Geräte aus.*
- *In der Automobilbranche werden von Speditionen die Autos entwachst und gesäubert, bevor sie zum Endkunden ausgeliefert werden.*
- *Weitere Leistungen wie JIT-Anlieferungen gehören für viele Speditionen bereits zum Standard.*

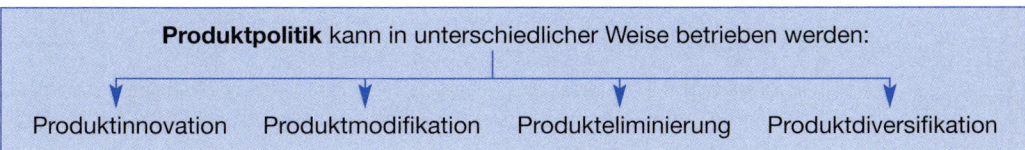

Produktpolitik kann in unterschiedlicher Weise betrieben werden:

Produktinnovation   Produktmodifikation   Produkteliminierung   Produktdiversifikation

■ Produktinnovation

Die Kreation und Markteinführung eines neuen Produktes zählen zu den zentralen Gegenständen der Produktpolitik.
Produktinnovationen umfassen die Entwicklung und Einführung neuer Produkte.

■ Produktmodifikation

Die Modifikationen bestehender Produkte können als **Produktvariation** und als **Produktdifferenzierung** erfolgen.

Bei der **Produktvariation** wird ein Produkt verändert, indem die Vorzüge des alten Produktes erhalten bleiben, aber durch neue physische oder funktionale bzw. ästhetische Eigenschaften oder durch die Änderung des Produktnamens Kaufanreize geschaffen werden.

Spediteure bieten ihren Kunden Just-in-time-Lieferungen an, sodass eine eigene Lagerhaltung weitgehend entbehrlich wird.

Während man bei einer Produktvariation davon ausgeht, dass der Wandel von Anforderungen und Rahmenbedingungen eine Modifikation des Produktes im Zeitablauf erfordert, soll die **Produktdifferenzierung** den unterschiedlichen Bedürfnissen verschiedener Marktsegmente zu einem bestimmten Zeitpunkt Rechnung tragen. Dies geschieht, indem – in Erweiterung der bisherigen Angebote – neue, zusätzliche Produkte auf den Markt gebracht werden, ohne dass hierdurch die Anzahl der insgesamt angebotenen Produktgruppen verändert wird.

Beispiele:

Neben dem Organisieren des Transportes von Seefrachtverkehren nach Fernost könnte der Spediteur die Zollabwicklung im Ausland als zusätzliche Dienstleistung übernehmen. Im Bereich Lagerung werden Kunstlager, Kühllager und Lebensmittellager angeboten.

■ Produkteliminierung

Produkteliminierung bedeutet, dass die **Herstellung** bestimmter Produkte **eingestellt** wird. Dies ist besonders bei Produkten mit einem negativen Deckungsbeitrag der Fall.

Beispiel:

Eine Spedition beschließt, bestimmte Relationen nach Osteuropa einzustellen, da sie mit den Dumpingpreisen von Mitbewerbern aus Polen und Ungarn nicht mithalten kann.

■ Produktdiversifikation

Sie stellt einen Sonderfall der Produktpolitik dar. Produktdiversifikation ist die Aufnahme neuer Produkte in das Programm, die insbesondere neuen Kundengruppen angeboten werden.

Beispiele:

Eine Spedition bietet nicht nur den Transport von T-Shirts aus Hongkong an, sondern gründet eine eigene Gesellschaft, um die T-Shirts einzufärben, zu etikettieren usw.

5.1 Einteilung nach Marktsegmenten

In der Logistikbranche lässt sich eine Produkteinteilung nach möglichen Marktsegmenten treffen:

I. „Bulk"- bzw. Punkt-Punkt-Ladungstransporte mit den Untersegmenten
  1. nationale Massengutlogistik
  2. nationaler allgemeiner Ladungsverkehr
  3. Schwertransporte und Krandienste
  4. nationale Tank- und Silotransporte
  5. nationaler sonstiger Ladungsverkehr mit speziellem Equipment (Tiertransporte, Kühltransporte, Jumbofahrzeuge)

II. Stückguttransporte und sonstige handlingsbedürftige Güter mit den Untersegmenten
  1. nationaler allgemeiner Stückgutverkehr
  2. Konsumgüterdistribution und -kontraktlogistik (artikelbezogene, nicht einzeln an bestimmte Empfänger etikettierte Lagerung und Transport)
  3. industrielle Kontraktlogistik, insbesondere industrielle Produktionsversorgung, Ersatzteildistribution und sonstige „Business-to-Business"-Kontraktlogistik
  4. hängende Kleiderlogistik
  5. Hightech-Güter, Messelogistik, Neumöbel- und Umzugstransporte
  6. KEP – Paket-, echte Kurier- und spezialisierte Expressdienste
  7. Terminaldienste, nicht integrierte Lagerei-, Umschlags- und sonstige logistische Zusatzleistungen

III. Internationale Transporte
  1. grenzüberschreitende Transport- und Speditionsleistungen, Schwerpunkt Straße/Schiene
  2. grenzüberschreitende Transport- und Speditionsleistungen, Schwerpunkt Seeschifffahrt/Seehafenspedition
  3. grenzüberschreitende Aircargo-Carrier und Leistungen der Luftfrachtspedition

IV. sonstige
Mail-Postdienste der Drucksachen und Briefbeförderung

Beispiel:

Schenker schafft eigene Produkte für seine Produktpalette mit den Namen „Schenker logistics-outsourcing, Schenker logistics-extra, Schenker logistics-inside, Schenker logistics spare parts, Schenker automotive sourcing" u. Ä.

Gefco Deutschland startet
24-Stunden-Garantieservice
Produktpalette weiter komplettiert

(hec) Um einen 24-Stunden-Garantieservice erweitert Gefco Deutschland ihr Angebot an Premium-Produkten im nationalen Systemverkehr. Das teilte das Unternehmen mit Hauptsitz in Mörfelden mit. „Gegen einen geringen Aufpreis wird dem Kunden die garantierte Zustellung seiner Sendungen am Folgetag zugesichert. Sonst bekommt er sein Geld zurück", so Dittmar Zeich, Leiter Marketing und Sales Gefco Deutschland GmbH.

Gefco bietet innerhalb seines nationalen Netzwerkes bereits die Premiumprodukte 8-, 10- sowie 12-Uhr-Garantie an. Mit dem 24-Stunden-Garantieservice verfügt das Unternehmen über eine vollständige Produktpalette mit nationalen und internationalen, getakteten Verkehren in Europa, betont das Unternehmen. In Deutschland ist das Unternehmen an 19 Standorten plus 13 Niederlassungen der Cargo-Concept-Partner mit über 1 000 Mitarbeitern vertreten. Gefco unterhält 800 Transportlinien im Nahverkehr, 300 im nationalen Fernverkehr und rund 100 international. Die Gefco-Gruppe erzielt einen Umsatz von 2,6 Mrd. EUR.

Quelle: DVZ 10.02.2004

5.2 Produktlebenszyklus

Mit dem Produktlebenszykluskonzept wird versucht, die Lebensdauer eines Produktes in verschiedene charakteristische Phasen zu unterteilen. Lässt sich die Lebensphase für ein Produkt genau festlegen, kann man die marketing-politischen Instrumente effektiver gestalten.

Das Modell des Produktlebenszyklus wird in 5 Phasen unterteilt: Einführung, Wachstum, Reife, Sättigung und Rückgang. Diese sind idealtypisch, können in der Realität ganz anders aussehen. Je nach Produkt kann der Lebenszyklus unterschiedlich lang sein; bei einem modischen Bekleidungsstück sehr kurz, bei einem Arzneimittel sehr lang.

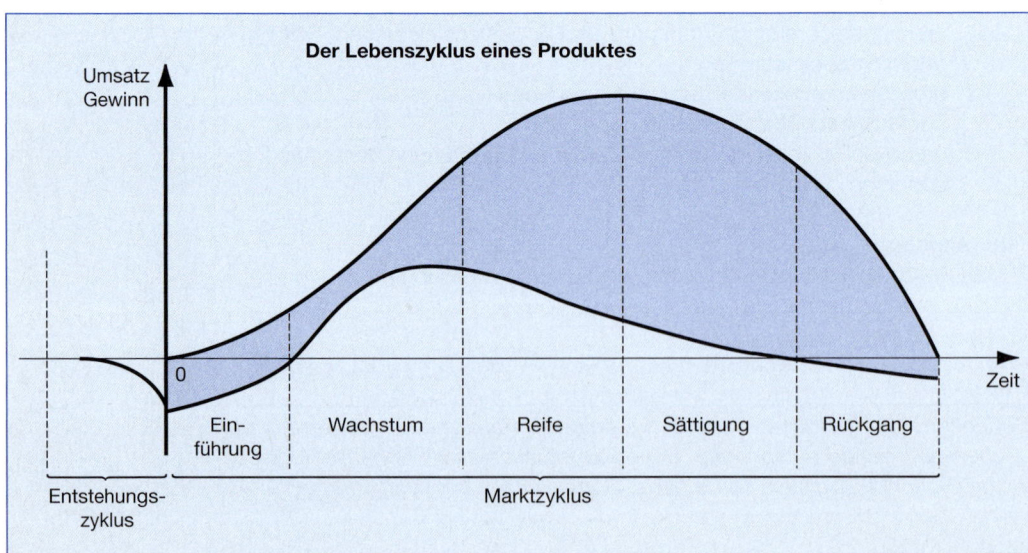

■ Einführungsphase

In der Einführungsphase werden zunächst **geringe Umsätze** verzeichnet, da das **Produkt** dem Käufer erst **bekannt** gemacht werden muss. Erst mit zeitlicher Verzögerung fragt der Kunde das Produkt nach. Besonderer Wert wird auf **Kundendienst** gelegt, um noch auftretende Mängel am Produkt zu beheben ("Kinderkrankheiten"). In der Produkteinführungsphase werden zunächst keine Gewinne erzielt, da am Anfang die Kosten höher sind als der Umsatz.

■ Wachstumsphase

Ist das Produkt ein Verkaufserfolg, tritt in der Wachstumsphase der **Umsatz- und Gewinnboom** ein. Das Produkt erreicht das **Gewinnmaximum**. Je nach verfolgter Preispolitik werden in dieser Phase die **Preise** sukzessive gesenkt bzw. erhöht. Hinzu kommt in dieser Phase eine starke **Konkurrenz** durch Nachahmer, die ähnliche Produkte anbieten. Diese starke Konkurrenz hat Auswirkungen auf die Preissituation.

■ Reifephase

In dieser Phase erreicht der **Umsatz** seinen **Höhepunkt**. Der immer größeren Konkurrenz kann das Unternehmen durch vermehrte **Werbung** oder **Kundendienstleistungen** entgegentreten. Die Produktpolitik hat in dieser Phase die Aufgabe, **Modifikationen** des bisherigen Produktes auf den Markt zu bringen und neue Anwendungsmöglichkeiten und damit neue Abnehmerkreise zu erschließen.

■ Sättigungsphase

Umsatz und **Gewinn** gehen in dieser Phase ständig **zurück**. Als Käufer treten nur noch Personen auf, die in ihrem Kaufverhalten konservativ, besonders markentreu oder sehr preisbewusst sind. Oft sind die Unternehmen in der Sättigungsphase zu starken **Preiszugeständnissen** gezwungen. Spätestens jetzt sollte das Unternehmen mit einem Nachfolgeprodukt, d. h. einer Produktinnovation auf den Markt kommen.

■ Rückgangsphase

In der Rückgangsphase verfällt der Umsatz immer mehr. **Verluste** stellen sich ein. Das Produkt hat nur noch einen **Restmarkt**. Viele Kunden sind bereits auf **Konkurrenzprodukte** umgestiegen. Die Preispolitik versucht durch Anhebung der Preise die stark angestiegenen Kosten zumindest teilweise abzufangen; dadurch wird der Verfall des Marktes aber zusätzlich beschleunigt.

5.3 Analyseinstrument Portfolio-Analyse

Die Portfolio-Analyse hat die **Planung** eines ausgewogenen **Produktprogramms** zum Ziel, das die voraussichtliche zukünftige Ertragsentwicklung in finanzwirtschaftlicher sowie in produktions- und absatzwirtschaftlicher Hinsicht berücksichtigt.

Definition

In der ursprünglich von der US-Unternehmensberatungsgesellschaft Boston Consulting Group entwickelten 4-Felder-Matrix werden als Schlüsselgrößen

- der **relative Marktanteil** (Quotient aus dem Marktanteil des Unternehmens und jenem des stärksten Konkurrenten) und
- das **Marktwachstum** erfasst.

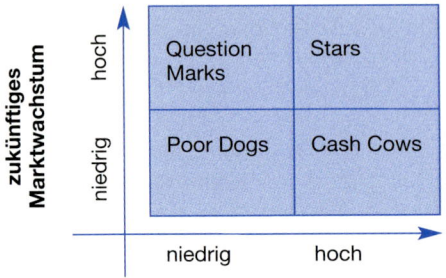

Aus der Positionierung **strategischer Geschäftseinheiten** (SGE) in der 4-Felder-Matrix lassen sich strategische Verhaltensweisen als so genannte **„Normstrategien"** ableiten:

- Für die **„Stars"** empfiehlt sich eine Investitionsstrategie,
- für die **„Question Marks"** entweder eine Offensiv- oder Desinvestitions-strategie, (Verkauf oder Stilllegung)
- für die **„Cash Cows"** eine Abschöpfungsstrategie und
- für die **„Poor Dogs"** eine Desinvestitionsstrategie.

Zugleich wird die Verbindung zum Produktlebenszykluskonzept deutlich: Bei den „Question Marks", handelt es sich um Produkte, die sich in der Einfüh-rungsphase des Produktlebenszyklus befinden. Sie versprechen u. U. ein star-kes Wachstum, weisen aber noch einen geringen Marktanteil auf. Die „Stars" bringen im Allgemeinen Gewinne hervor, die aber zur Sicherung und weiteren Verbesserung ihrer eigenen Marktposition reinvestiert werden müssen. Bei einem verlangsamten Wachstum oder bei einer Stagnation werden die „Stars" zu „Cash Cows". Hierbei handelt es sich um Produkte, die im Lebenszyklus die Reifephase erreicht haben. Die „Poor Dogs" sind demgegenüber meistens der Sättigungs- bzw. Rückgangsphase zuzuordnen.

5.4 Qualitätsmanagement im Rahmen der Produktpolitik

Spediteure als logistische Dienstleister sind verantwortlich in Beschaffung, Produktion und Distribution von Industrie und Handel. Daher verlangen die Auftraggeber vermehrt, dass genau definierte Qualitätsstandards eingehalten werden, denn auch die Auftraggeber der Spediteure haben ihren jeweiligen Kunden eine bestimmte Qualität ihrer Produkte und Dienstleistungen zuge-sichert.
Das Deutsche Institut für Normung (DIN) hat in einer Norm (DIN 8402) festge-legt, was ganz allgemein unter „Qualität" zu verstehen ist.

Qualität ist die Gesamtheit von Eigenschaften und Merkmalen eines Produkts oder einer Dienstleistung, die sich auf deren Eignung zur Erfüllung festgelegter oder vorausgesetzter Erfordernisse bezieht.

Definition

Aus dieser Definition wird sichtbar, dass Qualität nicht etwas ist, das man exakt aus einer Norm ablesen kann. Qualität liegt vor, wenn die erbrachte Dienstleistung mit den Qualitätsanforderungen der Kunden übereinstimmt. Welche Forderungen stellen Kunden (Versender) gewöhnlich an speditionelle Dienstleistungen? Hier sind die Dinge zu nennen, die aus der täglichen Speditionspraxis bekannt sind:

- Zuverlässigkeit,
- Pünktlichkeit,
- kurze Beförderungszeiten,
- Vermeiden von Transportschäden,
- schnelle Informationen über den Status einer Sendung (durch Sendungsverfolgungssysteme),
- schnelle, unbürokratische Reklamationsbearbeitung,
- Umweltverträglichkeit.

■ Qualitätsmanagement – Qualitätssicherung

Nach DIN ISO 8402 umfasst der Begriff Qualitätsmanagement alle Tätigkeiten der Gesamtführungsaufgabe, welche die Qualitätspolitik, Ziele und Verantwortung festlegen, sowie diese durch Mittel wie Qualitätsplanung, Qualitätslenkung, Qualitätssicherung und Qualitätsverbesserung im Rahmen des Qualitätsmanagements verwirklichen."

Definition

Qualitätsmanagement ist daher der Oberbegriff, Qualitätssicherung ist ein Mittel des Qualitätsmanagementsystems (QMS). Von **Total Quality Management** (TQM) spricht man, wenn die Unternehmensleitung anstrebt, alle Ziele des Qualitätsmanagements zu erreichen.

■ Nachweis der Qualitätssicherung

Bis in die 70er-Jahre zeigte sich der Qualitätsruf eines Unternehmens („Hart wie Kruppstahl" oder „Made in Germany") an der Zuverlässigkeit des Endproduktes oder der erbrachten Dienstleistung. Danach trat ein völlig neuer Gedanke in den Vordergrund: Unternehmen mussten ihren Kunden nachweisen, dass sie bestimmte **Qualitätsanforderungen** (Zuverlässigkeit, Pünktlichkeit, Sicherheit) erfüllen können, und zwar nicht, indem sie erstklassige Produkte vorzeigten oder einige Probeaufträge zur Zufriedenheit erledigten, sondern durch eine **Dokumentation** über ein bestehendes Qualitätsmanagementsystem. In einheitlichen **Normen** wurde festgelegt, wie ein Qualitätsmanagementsystem aufzubauen und zu unterhalten ist.

Maßgebend sind das **DIN** – Deutsches Institut für Normung – und die **ISO** – International Organization for Standardization. Die DIN ISO 9000 ff. legen fest, welche Anforderungen an ein Qualitätsmanagement gestellt werden. System bedeutet an dieser Stelle, dass hier ein umfangreiches Anforderungsprofil entwickelt worden ist. Letztlich geht es darum, die Aufbau- und Ablauforganisation eines Unternehmens systematisch zu dokumentieren. Welche Abläufe zu dokumentieren sind, geht aus den DIN-Vorschriften hervor. Das Regelwerk besteht aus den Normen 9000 bis 9004. Wesentlich sind die Normen DIN ISO 9001 und 9002. Daher sollen ihre Bausteine (Elemente) näher betrachtet werden. Die Elemente zeigen die organisatorischen Bereiche, die in einem Qualitätsmanagementsystem sorgfältig analysiert und dokumentiert werden sollen, z. B. die Identifikation und Rückverfolgbarkeit von Produkten.

Die **DIN ISO 9001** besteht aus folgenden Bausteinen:

Bausteine DIN ISO 9001			
Nr.	**Text**	**Nr.**	**Text**
1	Verantwortung der obersten Leitung	10	Prüfungen
2	Qualitätssicherungssystem	11	Prüfmittel
3	Vertragsprüfung	12	Prüfstatus
4	Designlenkung (Entwicklung und Konstruktion)	13	Lenkung fehlerhafter Produkte
5	Lenkung der Dokumente	14	Korrekturmaßnahmen
6	Beschaffung	15	Handhabung, Lagerung, Verpackung und Versand
7	Vom Auftraggeber beigestellte Produkte	16	Qualitätsaufzeichnungen
		17	Interne Qualitätsaudits
8	Identifikation und Rückverfolgbarkeit von Produkten	18	Schulung
		19	Kundendienst
9	Prozesslenkung (in Produktion und Montage)	20	Statistische Methoden

Welche DIN-Norm eignet sich für eine Spedition? Die DIN ISO 9000 ff. sind für unterschiedlichste Unternehmen anwendbar. Die Wortwahl, z. B. „Konstruktion", „Produktion" und „Montage" zeigt aber, dass bei der Formulierung der Normen der Industriebetrieb im Vordergrund stand. Da in Speditionen gewöhnlich keine Produkte im eigentlichen Sinne entwickelt werden, entscheiden sich Dienstleistungsunternehmen in der Regel für die DIN ISO 9002 und verzichten auf die Elemente 4 und 19. Speditionen, die aber z. B. als logistische Dienstleister maßgeschneiderte „Produkte" entwickeln, verwenden auch die DIN ISO 9001.

Das QM-System wird auf drei Ebenen dokumentiert:

Ebene	Dokumentationsform	Bezug
1	Qualitätsmanagement-Handbuch	unternehmensbezogen
2	Verfahrensanweisungen	abteilungsbezogen
3	QM-Arbeitsanweisungen	arbeitsplatzbezogen

Inhalte des QM-Handbuches

Das Handbuch beschreibt das Qualitätsmanagementsystem eines Unternehmens, das von der Leitung entwickelt und in Kraft gesetzt und dessen praktische Anwendung laufend überwacht und angepasst wird. Es handelt sich dabei um ein Dokument mit Weisungscharakter. Es bezieht sich auf das Unternehmen als Ganzes und enthält gewöhnlich folgende Abschnitte:

- Eine Beschreibung der Qualitätspolitik des Unternehmens
- Eine Beschreibung des Unternehmens einschließlich Aufbau- und Ablauforganisation
- Aussagen über Zuständigkeiten und Verantwortung von Mitarbeitern mit qualitätswirksamen Tätigkeiten sowie deren Beziehungen untereinander
- Aussagen zur Überprüfung und Aktualisierung des Handbuches

Das QM-Handbuch gibt dem Leser einen schnellen Überblick über die Qualitätsziele des Unternehmens und die Funktionsweise des QM-Systems. Das Handbuch kann auch Kunden überlassen werden, weil es keine betriebsinternen Abläufe beschreibt.

Verfahrensanweisungen

In ihnen werden Grundzüge von **organisatorischen Abläufen** festgelegt. Sie richten sich an die Abteilungen eines Unternehmens. Mithilfe von Verfahrensanweisungen wird auch dem **einzelnen Mitarbeiter** das Unternehmen **transparent** gemacht. Er kann dadurch seinen Platz im Gesamtbetrieb erkennen und die Bedeutung seiner qualitätsgerechten Aufgabenerfüllung einschätzen.

Eine Verfahrensanweisung regelt in einer Spedition Beschaffungsvorgänge in allgemeiner Form. Besonderheiten, die bei der Beschaffung von Betriebsmitteln oder beim Einkauf fremder Dienstleistungen zu beachten sind, werden in Arbeitsanweisungen festgelegt.

Arbeitsanweisungen

Sie regeln detailliert, wie bestimmte **Arbeitsaufgaben** durchzuführen sind. Arbeitsanweisungen gelten für einen konkreten **Arbeitsplatz**. Arbeitsanweisungen sind ein Hilfswerkzeug für jeden Mitarbeiter, damit er seine Aufgaben qualitätsgerecht erfüllen kann. Die einzelnen Arbeitsschritte werden häufig in **Flussdiagrammen** festgehalten.

■ Zertifizierung

Bei der Zertifizierung handelt es sich um die **Begutachtung** eines Qualitätsmanagementsystems in einem speziellen Verfahren (externes **Qualitätsaudit**) durch einen unabhängigen Dritten, z. B. durch den TÜV. So wie bei einer Kfz-Hauptuntersuchung die Funktionsfähigkeit eines Fahrzeugs überprüft wird, stellt hierbei ein Team von Fachleuten fest, ob ein funktionsfähiges QM-System existiert. Dazu befragen die Fachleute (das sog. Audit-Team) die Unternehmensleitung, werten das QM-Handbuch aus und vergleichen in Stichproben die in Verfahrens- und Arbeitsanweisungen beschriebenen Abläufe mit den Vorgängen in der Praxis. Abweichungen zwischen den schriftlichen Unterlagen und der Realität werden protokolliert und müssen vom Unternehmen überarbeitet werden. Sind alle Korrekturen durchgeführt worden, wird ein Zertifikat für die Dauer von 3 Jahren erteilt. Während dieser Zeit wird in Zwischenprüfungen festgestellt, ob der im Zertifikat bescheinigte Qualitätsstandard auch eingehalten wird.

6 Distributionspolitik

Definition

Die Distributionspolitik im klassischen Marketing beschäftigt sich mit der Frage, wie und auf welchen Wegen die Produkte zu den Kunden gelangen.

Bei der Distributionsentscheidung geht es um folgende Entscheidungen:
- Wahl des Standortes der Unternehmung?
- Soll der Absatz mit einer unternehmenseigenen Organisation oder mithilfe selbstständiger Absatzbetriebe durchgeführt werden?
- Sollen Absatzmittler eingesetzt werden?
- Werden die Produkte zusätzlich auf Messen und Ausstellungen angeboten?

Der Spediteur ist mit der **physischen Distribution für andere** beschäftigt. Für Logistik-Dienstleister ist **Distributionspolitik gleichzeitig Produktpolitik**, denn das Erbringen von Transporten – die Distribution für den Auftraggeber – ist identisch mit der Produktion der eigenen speditionellen Dienstleistung.

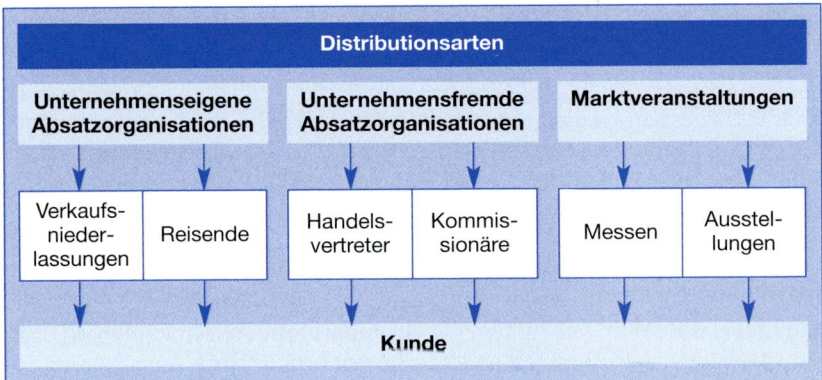

6.1 Unternehmenseigene Absatzorgane

■ Wahl des Standortes der Unternehmung

Hier muss ein geografischer Ort gefunden werden, an dem ein Unternehmen Produktionsfaktoren einsetzt, um Leistungen zu erbringen.

Beispiel:

Der Wirtschaftsstandort Köln verfügt für Speditionen über eine sehr gute Infrastruktur, da auf fast alle Verkehrsträger zugegriffen werden kann: Lkw (Autobahnring um die Stadt Köln), Binnenschiff (Rhein), Flugzeug (Konrad-Adenauer-Flughafen) und Bahn (GVZ Köln-Eifeltor).

■ Verkaufsniederlassungen

Große Unternehmen haben oft eigene Niederlassungen, um Kunden räumlich näher zu sein (schnellere, bessere Beratung, Kundendienstmöglichkeiten, unverzügliche Belieferung). Große Logistik-Dienstleister beschränken ihr Filialnetz dabei nicht nur auf das Inland – wobei durchaus innerhalb einer Stadt Filialen am Flughafen, an der Messe, am Hafen, am Güterbahnhof oder sogar bei Großkunden, betrieben werden –, sondern errichten auch im Ausland Niederlassungen. Ein gut ausgebautes Niederlassungsnetz verursacht zwar hohe Kosten, wirkt sich aber image- und verkaufsfördernd aus und gewährleistet außerdem hohe Marktpräsenz.

■ Reisende

Der Reisende ist ein Absatzmittler des direkten Absatzweges. Er ist Angestellter der Unternehmung, der die Kunden in regelmäßigen Abständen aufsucht. Der Reisende ist an Weisungen der Unternehmung gebunden. Dafür erhält er neben einem festen Gehalt (Fixum) als zusätzlichen Leistungsanreiz eine umsatzabhängige Provision sowie Kostenersatz in Form von Spesen. Da der angestellte Reisende dem Arbeitgeber ganz zur Verfügung steht, kann er den Markt besser bearbeiten als der Handelsvertreter. Er konzentriert seine Arbeit auf den Absatz der Produkte eines Unternehmens.

■ Verkaufsabteilungen

In den Verkaufsabteilungen werden Verkaufsaktivitäten geplant, Entscheidungen hinsichtlich dieser Aktivitäten gefällt, Anordnungen zur Umsetzung getroffen und Kontrollen vorgenommen. Die Mitarbeiter in der Verkaufsabteilung können sich auf bestimmte Verkehrsträger konzentrieren (Luftfracht), bestimmte Gebiete bedienen oder ausgewählte Großkunden (Key-Accounts) betreuen.

6.2 Unternehmensfremde Absatzorgane

■ Handelsvertreter

Im Gegensatz zu Reisenden sind Handelsvertreter selbstständige Gewerbetreibende, die für mehrere Unternehmen Geschäfte vermitteln und abschließen. Sie erhalten für ihre Tätigkeit in der Regel eine umsatzabhängige Provision, die mit einem Fixum gekoppelt sein kann.

■ Kommissionäre

Während der Handelsvertreter in fremdem Namen und für fremde Rechnung arbeitet, übernimmt es der Kommissionär gewerblich, Waren oder Wertpapiere auf Rechnung eines anderen im eigenen Namen zu kaufen oder zu verkaufen. Die Vergütung besteht aus Provisionen und Kommissionen, die vom Umsatz abhängig sind.

6.3 Marktveranstaltungen

Messen sind Veranstaltungen, bei denen viele Unternehmen ein umfassendes Angebot aus einem oder mehreren Wirtschaftszweigen darbieten. Zutritt zu Messen haben i. d. R. nur Fachbesucher. Mit der Teilnahme an Messen streben die Aussteller vor allem folgende Ziele an:

• Kontakt zu neuen Kunden aufnehmen
• einem Fachpublikum das eigene Angebot vorstellen
• Bekanntheitsgrad erhöhen und Imagesteigerungen erzielen
• Verträge abschließen

Beispiel:

EuroCARGO, die internationale Fachmesse für Gütertransport, Logistik und Telematik

Ausstellungen sprechen, im Unterschied zu Messen, nicht nur Fachbesucher, sondern auch die Allgemeinheit an. Sinn und Zweck der Ausstellungen ist in erster Linie die öffentlichkeitswirksame Darstellung von Wirtschaftszweigen und von Produkten.

Aufgaben

1. Welche der genannten „Trends" können Sie in Ihrem eigenen Unternehmen beobachten und wie wirken sie sich aus?

2. Gibt es in Ihrem Unternehmen eine eigene Marketing-Abteilung? Erkundigen Sie sich gezielt, welche Aufgabengebiete Ihre Marketing-Abteilung wahrnimmt.

3. Auf welches Marketinginstrument legt Ihr Unternehmen den größten Wert und welche Maßnahmen werden ergriffen? Suchen Sie nach Gründen für diese Entscheidung.

4. Überlegen Sie, welche Werbemittel für eine Spedition geeignet sind. Begründen Sie Ihre Entscheidung.

5. Betreibt Ihr Unternehmen Maßnahmen zur Qualitätssicherung? Wenn ja, wie wirkt sich das auf Ihre Arbeit aus?

6. Ihr Unternehmen hat sich entschlossen, zukünftig Transporte von Köln nach Dublin anzubieten. Entwerfen Sie einen Werbebrief, in dem Sie auf Ihre Dienstleistung aufmerksam machen.

7. Durch welche Maßnahmen der Preis-, Kommunikations-, Produkt- und Distributionspolitik kann die Dienstleistung aus Aufgabe 6 unterstützt werden? Entwickeln Sie in Gruppen ein Marketing-Konzept.

8. Erstellen Sie aus den folgenden Umsatzdaten eine ABC-Analyse, aus der die Kundenkategorie hervorgeht.

Kunde	Umsatz in EUR
Möller, Peter	3 000
Branger GmbH	10 800
Lahn GmbH	43 130
Etak GmbH	9 600
Holz & Partner	1 100
Käster GmbH	43 550
Szybulski, Erna	9 800
Strauch & Söhne	49 040
Trapp & Sohn	51 800
B & S GmbH	7 350
Meier GmbH	1 016
Rast & Söhne	1 025
Fracht System	2 900
Becker GmbH	1 031
Maschinen Urs	46 900
Duve	2 900

Kunde	Umsatz in EUR
Jansen AG	4 400
Fahrzeugtechnik Abts	3 200
Schiefer Elektro	5 000
Fassbender KG	31 600
Kunststoffe Bahr	6 700
Flock & Söhne OHG	1 800
Riepen GmbH	47 785
TS-Klebetechnik	8 400
Toss & Schuster	1 068
Elbak GmbH	7 900
Kahm, Michael	1 022
AST Industrie GmbH	5 300
Klemm GmbH	971
C + D Edelstahl	989
Büser GmbH	44 470

Tragen Sie das Ergebnis Ihrer Berechnung in eine Tabelle ein:

Nr.	Kunde	Kunden-anteil in % kumuliert	Umsatz in EUR	Umsatz in %	Umsatz in % kumuliert	Kategorie A, B oder C
01	Trapp & Sohn	3,23	51 800,00	11,37	11,37	
02	Strauch & Söhne	6,45	49 040,00	10,77	22,14	
03	Riepen GmbH	9,68	47 785,00	...	...	...
...	...	...	...	...	...	...
Summe			455 547,00			

9. Welche der folgenden Begriffe treffen auf die unten stehenden Erklärungen zu?

Tragen Sie die Ziffer vor dem jeweils zutreffenden Begriff ein.

Begriffe:
(1) Werbekosten
(2) Marketing
(3) Werbefaktoren
(4) Public Relations
(5) Werbeerfolgskontrolle
(6) Werbeetat

Erklärungen:
a) Selbstdarstellung einer Spedition, um Ansehen und Vertrauen in der Bevölkerung zu gewinnen

b) Maßnahmen, die der Vorbereitung des Verkaufs einer Transportleistung dienen

c) Feststellung der durch Werbung erzielten Umsatzsteigerung unter Berücksichtigung der Kosten

d) Verwendung von Schrift, Ton und Bild in Werbematerialien

10. Welche der folgenden Marketing-Maßnahmen einer Spedition gehören zu
   (1) Produktpolitik
   (2) Distributionspolitik
   (3) Preispolitik
   (4) Kommunikationspolitik?
   Marketing-Maßnahmen:
   a) In Stuttgart wird eine Niederlassung eröffnet.
   b) Im Termindienst wird bei Nichteinhaltung eine „Geld zurück"-Garantie gegeben.
   c) Für einen Bekleidungshersteller wird neben der Beförderung auch die Verpackung der Sendung übernommen.
   d) Es wird bundesweit der Verladerschaft ein Garantieverkehr mit einer Laufzeit von maximal 24 Stunden angeboten.

11. Ergänzen Sie Ihre Lernkartei, indem Sie sich mit Ihrem Nachbarn über sinnvolle Kartenüberschriften austauschen und die Karteikarten entsprechend ausfüllen.

1 Ökonomisches Handeln und ökologische Verantwortung

Einstiegssituation

Auszug aus einem Gespräch mit Dennis Meadows, der vor über 30 Jahren mit der vom Club of Rome beauftragten Studie „Die Grenzen des Wachstums" enormes Aufsehen erregte. Darin warnten die Experten vor dem unvermeidlichen Zusammenbruch der auf materielles Wachstum programmierten Industriegesellschaft.

MEADOWS: ... Wir müssen ein ganz neues Konzept des Wirtschaftens entwickeln, eines, in dem die Menschen weniger daran interessiert sind, materielle Dinge anzuhäufen. Nur dann lässt sich nachhaltiges Wachstum erreichen.

ZEIT: Glauben Sie wirklich, dass Regierungen, die miteinander um Investoren konkurrieren, Schritte in diese Richtung unternehmen können?

MEADOWS: Kaum. Nachhaltiges Wachstum anzupeilen, beispielsweise mithilfe von Umweltstandards oder Ökosteuern, ist heute schwieriger als noch vor 30 Jahren. Deshalb halte ich die Integration der Weltwirtschaft, die Globalisierung, für einen äußerst negativen Trend. Der Weltmarkt zwingt alle Nationen auf den kleinsten gemeinsamen Nenner.

ZEIT: Sie bereiten gerade die dritte Auflage des Buches über die Grenzen des Wachstums vor. Haben Sie neue Erkenntnisse?

MEADOWS: Wir haben vor allem die Daten auf den neuesten Stand gebracht und damit unsere Computermodelle gefüttert.

ZEIT: Und?

MEADOWS: Die wichtigste Erkenntnis daraus ist, dass die Menschheit 30 Jahre verloren hat. Wenn wir in den 70er-Jahren begonnen hätten, Alternativen zum materiellen Wachstum zu entwickeln, könnten wir heute gelassener in die Zukunft blicken.

ZEIT: Immerhin wird mittlerweile allerorten von nachhaltiger Entwicklung geredet.

MEADOWS: Auch ich halte das für eine gute Vision. Aber viele, die den Begriff im Munde führen, tun genau das Gegenteil.

ZEIT: Was ist denn nachhaltig?

MEADOWS: Erstens dürfen nicht erneuerbare Ressourcen, beispielsweise die Ölvorräte in der Erdkruste, nicht schneller verbraucht werden, als sich erneuerbare Alternativen wie Sonnenenergie entwickeln. Zweitens dürfen Gewässer, Luft und Boden nicht dermaßen verschmutzt werden, dass sie sich nicht regenerieren können. Und drittens muss für mehr Gleichheit in der Welt gesorgt werden. Solange die Kluft zwischen Arm und Reich so immens ist wie heute, wird es keine nachhaltige Entwicklung geben.

ZEIT: Was muss geschehen?

MEADOWS: Das Wichtigste ist, den Zeithorizont von Politikern, Managern und Bürgern zu erweitern. Die Leute müssen die langfristigen Konsequenzen ihres Tuns und Lassens begreifen – so, wie es in den meisten Familien schon heute der Fall ist. Eltern bringen Opfer, damit ihre Kinder eine bessere Zukunft haben. Diese Einstellung muss in sämtlichen Lebensbereichen Platz greifen.

ZEIT: Indem ein wohlmeinender Diktator oder eine zentrale Planungsbehörde verordnet, was zu tun und zu lassen ist?

MEADOWS: Überhaupt nicht. Die Geschichte hat doch gezeigt, dass es so nicht funktioniert. Ich setze darauf, dass die Menschen sich vernünftig verhalten, wenn sie über die Konsequenzen ihrer Entscheidungen wirklich informiert sind ...

ZEIT: ... und deshalb beispielsweise weniger Auto fahren. Nur: Wie entstehen dann die dringend notwendigen Jobs?

MEADOWS: Es geht doch nicht um Jobs. Die Menschen wollen eine ordentliche Behausung haben, Nahrung, Wärme, Respekt, Unterhaltung und so weiter. Unglücklicherweise sind moderne Gesellschaften so organisiert, dass all das nur bekommt, wer einen hoch bezahlten Job hat. Das muss aber nicht so sein.

ZEIT: Also viel mehr Umverteilung als heute. In Wirklichkeit sind Sie doch ein Optimist, oder?

MEADOWS: Ich hoffe immer das Beste – und rechne mit dem Schlimmsten.

Quelle: Die ZEIT Nr. 8, 2004

1.1 Bedürfnisse und Güter

■ Bedürfnisse

Jeder Mensch empfindet eine Vielzahl von Wünschen, die in der Sprache der Wirtschaft Bedürfnisse genannt werden. Bedürfnisse entstehen gefühlsmäßig. Sie sind zwar individueller Natur, werden aber in hohem Maße durch die Umwelt beeinflusst, in der der einzelne Mensch lebt.

Definition | Ein **Bedürfnis** ist das Gefühl des Mangels, verbunden mit dem Bestreben, diesen Mangel zu beseitigen.

Beispiel

Das Bedürfnis nach Nahrungsaufnahme entsteht aus dem Empfinden eines Mangels, den wir als Hunger bezeichnen. Dieses Mangelempfinden löst Handlungen des Menschen aus, Nahrungsmittel zu beschaffen, um den Hunger zu stillen, d. h. den Mangel zu beseitigen.

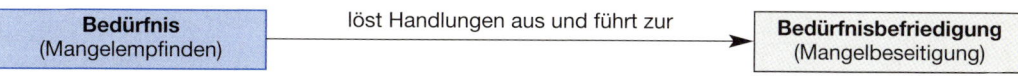

Bedürfnis | löst Handlungen aus und führt zur → | **Bedürfnisbefriedigung**
(Mangelempfinden) | | (Mangelbeseitigung)

Bedürfnisarten

Die Bedürfnisse des Menschen unterscheiden sich in ihrer Dringlichkeit. Da der Mensch mit den begrenzt vorhandenen Mitteln nicht alle seine Bedürfnisse zugleich befriedigen kann, wird er die Bedürfnisse entsprechend ihrer Dringlichkeit zu befriedigen suchen.

Nach der **Dringlichkeit der Bedürfnisse** unterscheidet man zwischen Existenz- und Wahlbedürfnissen.

Existenzbedürfnisse (Grundbedürfnisse) sind Bedürfnisse, deren Befriedigung zur Sicherung der Lebensgrundlagen des Menschen notwendig ist.

Definition

Beispiel

Niemand kann auf Dauer ohne Unterkunft, Kleidung und ohne Grundnahrungsmittel wie Brot, Gemüse, Fett, Milch usw. leben.

Wahlbedürfnisse sind die Kultur- und Luxusbedürfnisse.

Definition

Beispiel

Verfügt der Einzelne über mehr Geldmittel, als zum „nackten" Leben erforderlich sind, so kann er wählen, welche Bedürfnisse er darüber hinaus befriedigen will. Der eine legt besonderen Wert auf modische Kleidung, der andere besucht gerne Feinschmeckerlokale, ein Dritter erfüllt sich den Wunsch nach einer Videokamera.

Mit zunehmendem Wohlstand und fortschreitender kultureller und technischer Entwicklung treten die Wahlbedürfnisse in den Vordergrund.

Es ist nicht immer leicht, Existenz-, Kultur- und Luxusbedürfnisse voneinander abzugrenzen.

- *Die unterschiedlichen Lebens- und Umweltbedingungen führen dazu, dass das Verlangen nach Pelzkleidung von den Eskimos als Existenzbedürfnis, in unseren Breitengraden dagegen als Luxusbedürfnis empfunden wird.*
- *Der Wunsch nach einem zuverlässigen Auto wird in seiner Dringlichkeit von einem Taxifahrer höher eingestuft, als von jemandem, der das Auto nur zu Ausflugsfahrten benutzt.*

Vielfach richtet sich das Streben der Menschen auf die Erlangung von Statussymbolen, um den eigenen Wohlstand und gesellschaftlichen Rang zu demonstrieren.

Nach der **Bewusstheit der Bedürfnisse** unterscheidet man zwischen offenen und latenten Bedürfnissen.

* **Offene Bedürfnisse** sind dem Menschen bewusst.
* **Latente Bedürfnisse** sind Wünsche, die erst durch die Umwelt geweckt werden müssen, bevor sie als Bedürfnis empfunden werden.

Beispiel

Die Werbung versucht, die Bedürfnisse der Menschen zu beeinflussen. Andererseits erforschen die Unternehmen die offenen und latenten Bedürfnisse der Verbraucher, um die gewünschten Produkte herzustellen und für sie einen Absatzmarkt zu finden.

Nach der **Art der Bedürfnisbefriedigung** unterscheidet man zwischen Individual- und Kollektivbedürfnissen:

* **Individualbedürfnisse** kann der Einzelne im Rahmen seiner finanziellen Möglichkeiten allein befriedigen.
* **Kollektivbedürfnisse** können nur von mehreren oder allen Mitgliedern der Gesellschaft gedeckt werden.

Beispiele

Straßen, Schulen, geordnete Rechtsprechung, saubere Umwelt.

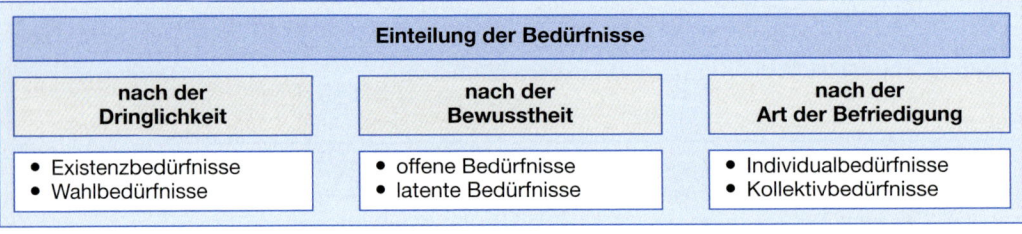

Art und Zahl der Bedürfnisse unterliegen im Verlauf der wirtschaftlichen, technischen und kulturellen Entwicklung einem ständigen Wandel.

Beispiel

Galt vor 40 Jahren ein Farbfernsehgerät als ausgesprochener Luxusartikel, den sich nur Besserverdienende „leisten" konnten, so ist heute der Besitz eines DVD-Players oder eines Videorekorders für die meisten bereits zur Selbstverständlichkeit geworden.

Die Bedürfnisse des Menschen sind unbegrenzt. Sie bilden den Ausgangspunkt wirtschaftlichen Handelns.

■ Bedarf

Nur ein Teil der Bedürfnisse kann befriedigt werden, denn das Ausmaß der Bedürfnisbefriedigung hängt davon ab, ob die hierzu notwendigen Geldmittel zur Verfügung stehen. Angesichts der begrenzten finanziellen Möglichkeiten des Einzelnen bleiben deshalb viele Bedürfnisse unerfüllt.

Zur sinnvollen Verwendung seiner Mittel wird der Mensch seine Bedürfnisse zunächst ihrer Dringlichkeit nach ordnen und sodann entscheiden, mit welchen Gütern er diese Bedürfnisse befriedigen will.

Der Bedarf ist die Summe aller Bedürfnisse, die mit den vorhandenen Geldmitteln befriedigt werden sollen.   **Definition**

■ Nachfrage

Der individuelle Bedarf tritt auf dem **Markt** als **Nachfrage** in Form von Kaufwünschen in Erscheinung.

Beispiel

Nach einem anstrengenden Berufsschultag hat die Auszubildende Lisa Röltgen Lust, ins Kino oder Theater zu gehen. Sie informiert sich über das Angebot, prüft, ob sie genügend Geld hat, und entscheidet sich für einen Kinobesuch. Sie löst an der Kinokasse eine Eintrittskarte zum Preis von 7,00 EUR für den Film „Der Herr der Ringe".

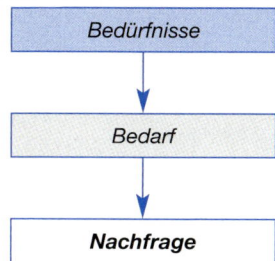

■ Güter

Als Güter bezeichnet man die Mittel, die der Bedürfnisbefriedigung des Menschen dienen. Sie stiften einen Nutzen, indem sie helfen, die vorhandenen Bedürfnisse zu befriedigen.   **Definition**

Nach der **Verfügbarkeit der Güter** unterscheidet man zwischen **freien** und **knappen** Gütern.

Freie Güter sind im Verhältnis zu den Bedürfnissen reichlich vorhanden und können ohne Einschränkungen von jedermann erlangt werden.

Nahezu alle Güter, die der Mensch benötigt, stellt die Natur entweder nicht in ausreichender Menge oder nicht in sofort verwertbarem Zustand zur Verfügung. Die Knappheit dieser Güter zwingt den Menschen, mit ihnen zu wirtschaften. Er muss versuchen, seine unbegrenzten Bedürfnisse mit den nur in begrenzter Menge vorhandenen Gütern durch sparsames und planvolles Handeln in Einklang zu bringen.

Nur die **knappen Güter** sind Gegenstand des Wirtschaftslebens. Man bezeichnet sie daher auch als **Wirtschaftsgüter**. Gradmesser für die Knappheit bzw. den Wert der Wirtschaftsgüter ist die Höhe des Preises, den man bezahlen muss, um in ihren Besitz zu gelangen.

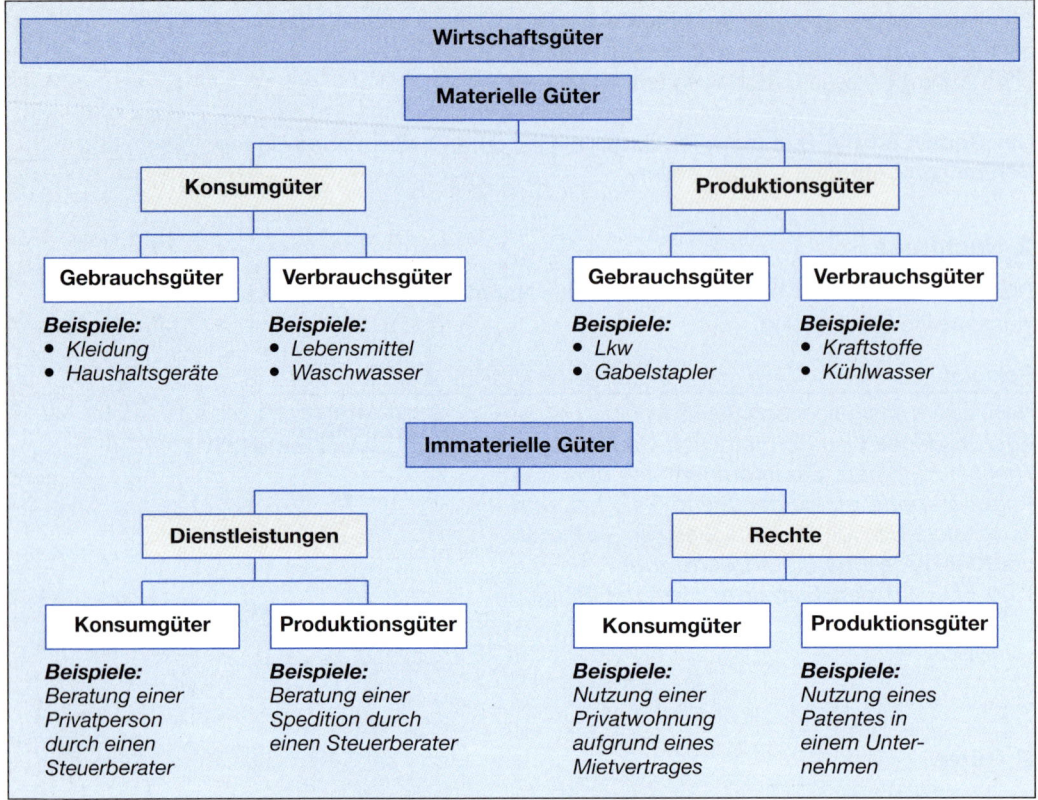

Nach der **Beschaffenheit der Güter** lassen sich materielle und immaterielle Güter unterscheiden:
- **Materielle** (stoffliche) Güter sind Sachgüter.
- **Immaterielle** (stofflose) Güter sind Dienstleistungen und Rechte.

Nach der wirtschaftlichen **Verwendung der Güter** unterscheidet man zwischen Konsumgütern und Produktionsgütern.
- **Konsumgüter** dienen unmittelbar der Bedürfnisbefriedigung des Menschen.
- **Produktionsgüter** (Investitionsgüter) dienen dagegen nur mittelbar der Bedürfnisbefriedigung. Sie werden hergestellt und eingesetzt, um damit andere Güter zu produzieren.

Ein Gut kann sowohl als Produktions- als auch als Konsumgut verwendet werden.

Nach der **Nutzungsdauer der Güter** unterscheidet man schließlich zwischen Gebrauchs- und Verbrauchsgütern:
- **Gebrauchsgüter** können über einen längeren Zeitraum genutzt werden.
- **Verbrauchsgüter** können nur einmal verwendet werden.

1.2 Das ökonomische Prinzip

Zwischen der Knappheit der Güter auf der einen Seite und der tendenziellen Unbegrenztheit der menschlichen Bedürfnisse auf der anderen Seite besteht ein naturgegebenes Spannungsverhältnis, das die Menschen zwingt, mit den vorhandenen Mitteln zu wirtschaften.

Wirtschaften ist die planvolle Beschaffung und Verwendung knapper Güter zur bestmöglichen Befriedigung menschlicher Bedürfnisse.   **Definition**

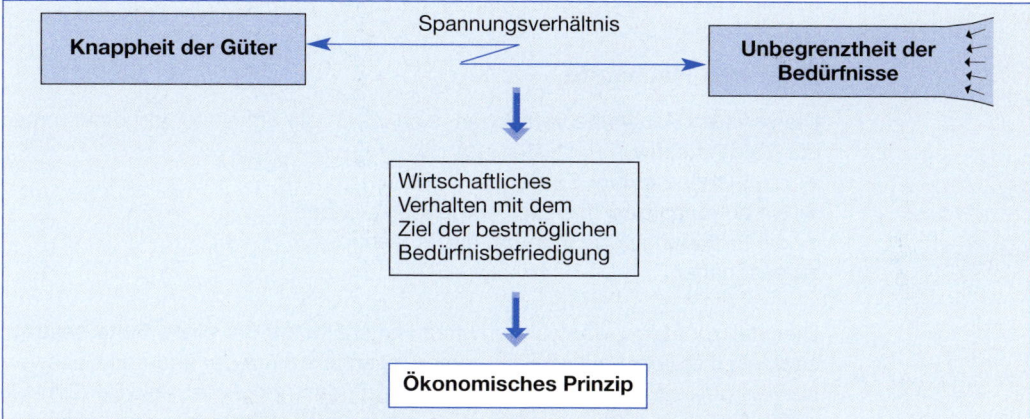

Das ökonomische Prinzip (Rationalprinzip) kann als **Maximal-** oder **Minimalprinzip** formuliert werden. Es entspricht vernunftgemäßem Verhalten, wenn der Mensch versucht, mit den ihm gegebenen Mitteln einen möglichst großen Erfolg zu erzielen oder aber einen bestimmten Zweck mit einem möglichst geringen Einsatz von Mitteln zu erreichen.

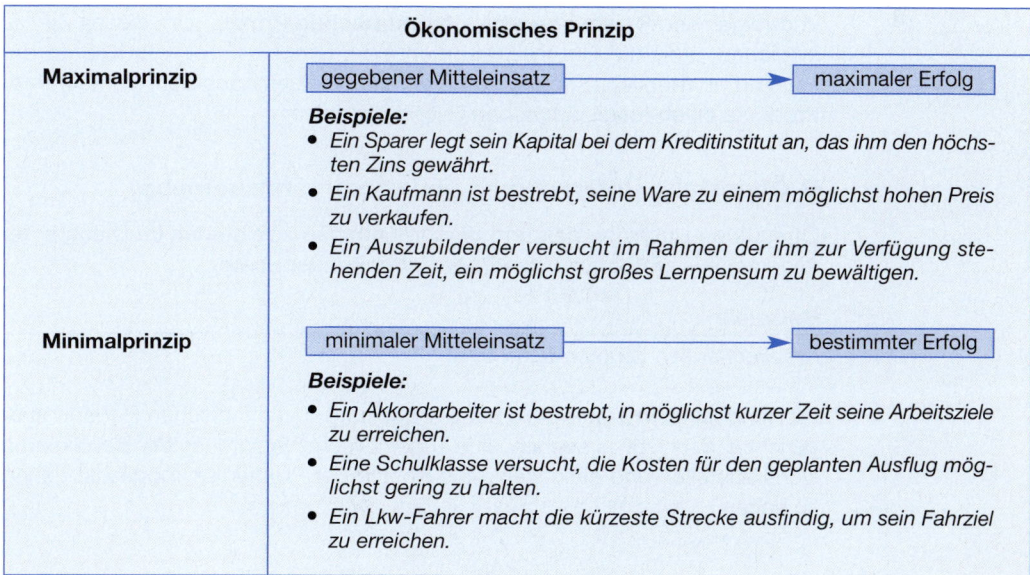

Die Beachtung des ökonomischen Prinzips trägt dazu bei, das Spannungs-verhältnis zwischen der Knappheit der Güter und der Unbegrenztheit der Bedürfnisse zu mildern.

1.3 Ziele der Wirtschaftssubjekte

Alle Teilnehmer am Wirtschaftsleben verfolgen mit ihrem wirtschaftlichen Handeln charakteristische Ziele.

■ Private Haushalte

Die privaten Haushalte versuchen, sich durch die Erzielung von Einkommen die Geldmittel für
- die Sicherung ihrer Existenz,
- ein angenehmes, finanziell sorgenfreies Leben,
- die Erlangung von Eigentum und Ansehen

zu beschaffen.

Dies hat zur Folge, dass die privaten Haushalte auf der einen Seite bestrebt sind, ein möglichst hohes Einkommen zu erzielen. Auf der anderen Seite ver-suchen sie, ihr Einkommen so zu verwenden, dass möglichst viele Bedürfnisse befriedigt werden, d. h. sie folgen dem Prinzip der **Nutzenmaximierung.**

■ Private Unternehmungen

Das langfristige Ziel der Unternehmen in der Marktwirtschaft besteht in der *Maximierung* des *Gewinns* (Erwerbs), d. h., sie versuchen, eine möglichst hohe Differenz zwischen den betrieblichen Erträgen und Aufwendungen zu erzielen und folgen somit dem **erwerbswirtschaftlichen Prinzip**. Um dieses Ziel zu erreichen, sind die Unternehmungen einerseits bestrebt, die Kosten der Produktion möglichst gering zu halten, andererseits aus dem Verkauf ihrer Produkte einen möglichst hohen Erlös zu erzielen.

■ Öffentliche Unternehmen und Versorgungsbetriebe

Öffentliche Unternehmen und Versorgungsbetriebe stehen im Dienste der Allgemeinheit. Für sie gilt das **Bedarfsdeckungsprinzip.**

Beispiele

Krankenhäuser, Verkehrsbetriebe

Ihr Handeln ist in erster Linie auf die Deckung des öffentlichen Bedarfs aus-gerichtet, d. h., sie versuchen, eine angemessene Versorgung der Bevölkerung sicherzustellen und gleichzeitig die Kosten der Produktion möglichst gering zu halten.

Wer die Dienstleistungen öffentlicher Versorgungsbetriebe in Anspruch nehmen möchte, muss zwar in aller Regel hierfür einen Beitrag leisten, doch reichen diese Beiträge gewöhnlich nicht aus, um die Kosten zu decken.
Wird die Kostendeckung nicht erreicht, sind Subventionen der öffentlichen Hand notwendig, um den Betrieb aufrechtzuerhalten.

Beispiel

Die Deutsche Bahn AG hat in den vergangenen Jahren versucht, durch die Aufgabe unrentabler Strecken ihre Kosten zu senken. Dieses Handeln ist am erwerbswirtschaftlichen Prinzip ausgerichtet.
Kritiker der Streckenstillegungen fordern dagegen, dass die Deutsche Bahn AG ihr Handeln auch am Bedarfsdeckungsprinzip zu orientieren habe, d. h. so lange Beförderungsdienstleistungen anzubieten habe, wie ein entsprechender Bedarf existiert.

■ Öffentliche Haushalte und Verwaltungseinrichtungen

Diese und sonstige **staatliche Institutionen** sind notwendig, um die Volkswirtschaft funktionsfähig zu erhalten, die öffentliche Ordnung sicherzustellen sowie Rechtssicherheit zu gewährleisten. Ganz allgemein wird hier vom Prinzip der **Wohlfahrtsmaximierung** gesprochen.

Beispiele

Bund, Länder, Gemeinden

Sie erfüllen ihre Aufgaben aufgrund eines öffentlichen (= gesetzlichen) Auftrags.

Die notwendigen Geldmittel entstammen hauptsächlich dem Steueraufkommen. Der *Bundesrechnungshof* bzw. die *Landesrechnungshöfe* wachen darüber, dass die Kosten des Betriebs möglichst gering gehalten und keine unnötigen Ausgaben getätigt werden.

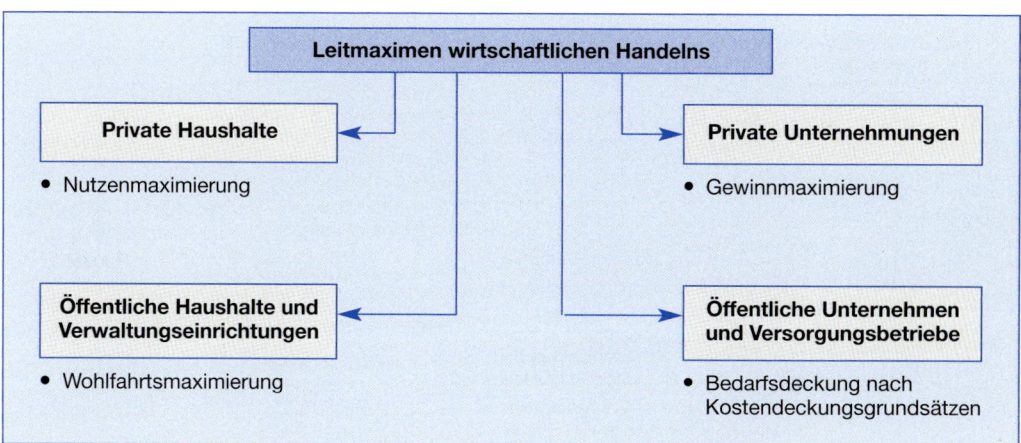

1.4 Volkswirtschaftliche Arbeitsteilung

An der Bereitstellung des in seiner Fülle und Differenziertheit kaum noch überschaubaren Güterangebots sind verschiedene Bereiche der Wirtschaft beteiligt, die sich auf die Erstellung bestimmter Güter spezialisiert haben.

Eine Vielzahl von Unternehmen muss in der Regel zusammenwirken, um ein einzelnes Wirtschaftsgut zu produzieren.

Beispiel

Die vereinfachte Darstellung des Weges eines Möbelstückes durch seine Produktionsstufen, angefangen von der Gewinnung der Rohstoffe bis hin zur Belieferung des Konsumenten durch den Einzelhandel, vermittelt einen Eindruck von der Kooperation und Arbeitsteilung innerhalb der Wirtschaft.
Die Speditionen nehmen in dieser vereinfachten Übersicht eine besondere Stellung ein. Ihr Dienstleistungsangebot ist an allen mit einem Pfeil gekennzeichneten Verbindungspunkten gefragt.

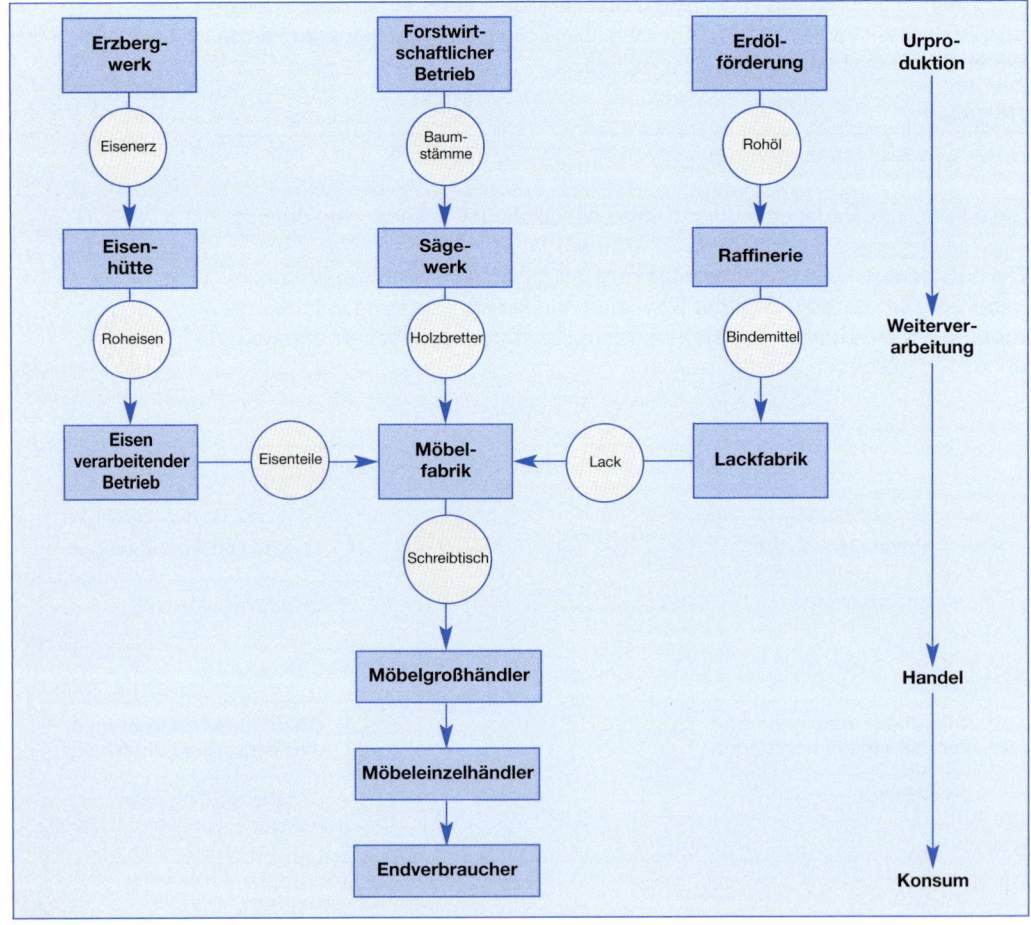

Die Arbeitsteilung innerhalb der Wirtschaft, der wir unseren hohen Lebensstandard verdanken, nimmt mit dem technischen Fortschritt zu. Sie bewirkt aber auch, dass niemand mehr in der Lage ist, sich mit den zum Leben benötigten Wirtschaftsgütern selbst zu versorgen.

Unter der **volkswirtschaftlichen Arbeitsteilung** versteht man die Spezialisierung der Unternehmen auf die Produktion bestimmter Güter und Dienstleistungen.   **Definition**

Jede arbeitsteilige Volkswirtschaft weist drei **Wirtschaftsbereiche** auf:

Wirtschaftsbereiche		
Urproduktion	**Produzierendes Gewerbe**	**Dienstleistungen**
↓	↓	↓
Primärer Sektor	**Sekundärer Sektor**	**Tertiärer Sektor**
• Landwirtschaft • Forstwirtschaft • Fischerei	• Bergbau • Energieversorgung • Grundstoffindustrie • Investitionsgüterindustrie • Konsumgüterindustrie • Baugewerbe • Handwerk	• Handel • Gastgewerbe • Verkehr • Kreditinstitute, Versicherungen • Speditionen • Sonstige Dienstleistungen

■ Entwicklung der Arbeitsteilung

Bereits in der frühen Menschheitsgeschichte gab es einfache Formen der Arbeitsteilung. Die Menschen lebten damals in **geschlossenen Hauswirtschaften**, die aus einem größeren Familienverbund, einer Sippe bestand. In einer solchen Gemeinschaft produzierte man in erster Linie für den eigenen Konsum. Ein Güteraustausch mit anderen Hauswirtschaften kam nur ausnahmsweise vor.

Die Arbeitsteilung blieb daher auf die Angehörigen einer solchen Hauswirtschaft beschränkt.

Beispiel

Der Mann jagte, die Frau nähte die Kleidung aus dem Fell der erlegten Tiere.

Aufgrund der besonderen Kenntnisse und Fähigkeiten, die von einigen Menschen im Laufe der Zeit erworben wurden, entstanden die ersten **Berufe**. Die Entstehung der Berufe und die damit verbundene Spezialisierung auf einen engeren Arbeitsbereich führte zur Notwendigkeit des **Tauschhandels**.

Beispiel

Jemand, der die Kunst der Metallerzeugung und -bearbeitung erlernt hatte, betätigte sich als Schmied. Die von ihm zum Leben benötigten Güter tauschte er gegen die von ihm hergestellten Güter ein.

Die Entstehung neuer Techniken und die Weiterentwicklung des beruflichen Wissens und Könnens führte im Laufe der Zeit zu einer weiteren **Spezialisierung** innerhalb eines Berufes.

Beispiel

Aus dem Beruf des Schmieds entstanden die Berufe des Waffenschmieds, des Hufschmieds usw.

Es zeigte sich bald, dass durch die Zerlegung eines Arbeitsvorgangs in einzelne Teilverrichtungen die Produktivität der menschlichen Arbeitsleistung noch weiter gesteigert werden konnte.

Beispiel

Bei der Fließbandarbeit ist der einzelne Arbeiter auf bestimmte Handgriffe spezialisiert. Er ist innerhalb des Produktionsprozesses nur für einen eng umrissenen Teilvorgang verantwortlich, nicht mehr jedoch für das ganze Endprodukt.

Die **Arbeitszerlegung** und der begleitende Einsatz hochwertiger Maschinen ermöglichen die **Massenproduktion**. Einfache Verrichtungen, die früher von den Menschen ausgeführt wurden, werden von hochtechnisierten Produktionsanlagen übernommen. Die Automation des Produktionsprozesses reduziert die Aufgabe des Menschen auf die Übernahme von Steuerungs- und Kontrollfunktionen.

Zwischenbetriebliche Arbeitsteilung

Heute werden nur noch selten Güter in ihrer Gesamtheit in einem einzigen Betrieb hergestellt. Die Aufteilung der Produktion entspricht dem der Arbeitsaufteilung auf viele Menschen und deren Spezialisierung auf bestimmte Arbeitsvorgänge.

Beispiel

Die Automobilproduzenten verlangen immer häufiger von ihren Zulieferern die Lieferung gesamter Systemkomponenten, z. B. die komplett montierte Vorder- oder Hinterachse, das mit den gesamten Instrumenten ausgestattete Armaturenbrett, den vollständig aufgebauten Sitz oder die mit Scheinwerfern bestückte Stoßstange.

Die auf spezialisierte Betriebe verlagerte Produktion wird als **Produktionsteilung** bezeichnet.

Internationale Arbeitsteilung

Neben der Arbeitsteilung zwischen den Unternehmen innerhalb einer Volkswirtschaft existiert auch eine **weltweite Arbeitsteilung** zwischen den Ländern.

Zwei Gründe sind hierfür vorhanden:
- Manche Güter sind aufgrund der natürlichen Gegebenheiten (Klima, geographische Lage) in einzelnen Ländern überhaupt nicht oder nur in sehr geringem Umfang verfügbar.

Beispiele

Bodenschätze, Pflanzen, Tiere

- Der Entwicklungsstand der einzelnen Volkswirtschaften ist unterschiedlich. Dies führt zu unterschiedlichen Produktionsergebnissen und -kosten.

Beispiele

Die Produktionskosten können im Ausland aufgrund des niedrigeren Lohnniveaus geringer als im Inland sein.
Voraussetzung für die Entwicklung und Nutzung moderner Technologien bei der Produktion ist ein hoher Stand beruflichen Wissens und Könnens, über den die Entwicklungsländer vielfach nicht verfügen.

Voraussetzung für die internationale Arbeitsteilung ist der ungehinderte *Import* und *Export* von Gütern.

Ein freier Welthandel sorgt für das Funktionieren des internationalen Güteraustauschs. Durch eine internationale Arbeitsteilung kann das Güterangebot in den einzelnen Volkswirtschaften zum Nutzen der dort lebenden Menschen verbessert und erhöht werden.

Die **Globalisierung** ist ein Ausdruck für die weltweite Öffnung der Märkte, das Entsehen multinational operierender Unternehmer („Global Player") und den freien Austausch von Gütern, Dienstleistungen und Informationen.

■ Wirtschaftliche Bedeutung der Arbeitsteilung

Durch die Arbeitsteilung ist es möglich, dass die menschliche Arbeitskraft in der Arbeitszeit mehr Güter produziert bzw. für die Gütermenge weniger Zeit zur Herstellung benötigt. Dieses Ergebnis verdanken die Menschen folgenden Gründen:

- die Arbeitskraft jedes Einzelnen wird durch **Spezialisierung** intensiver genutzt
- die Produktion wird durch die **Verwendung von Maschinen** erleichtert oder sogar erst möglich

Der Vorteil der **Rationalisierung** (Übernahme gefährlicher, körperlich anstrengender und monotoner Arbeiten durch Maschinen) hat aber auch arbeitsmarktpolitische Konsequenzen. Die menschliche Arbeitskraft wird ersetzt durch Maschinen und führt zur Freisetzung von Arbeitskräften.

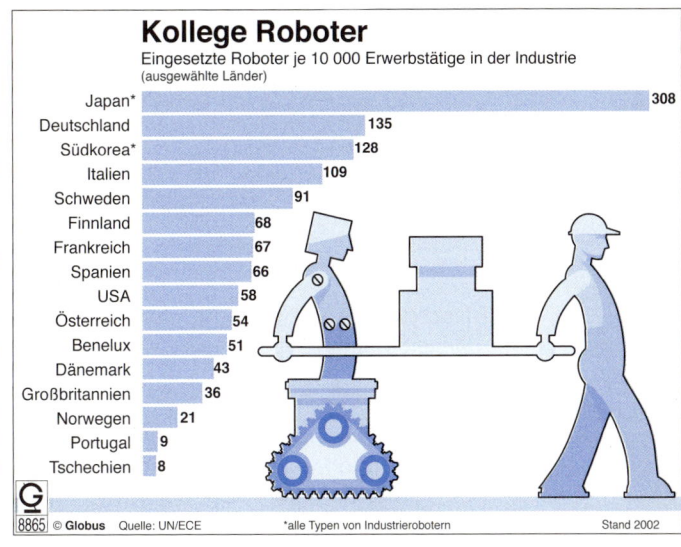

Kollege Roboter
Eingesetzte Roboter je 10 000 Erwerbstätige in der Industrie
(ausgewählte Länder)

Japan*	308
Deutschland	135
Südkorea*	128
Italien	109
Schweden	91
Finnland	68
Frankreich	67
Spanien	66
USA	58
Österreich	54
Benelux	51
Dänemark	43
Großbritannien	36
Norwegen	21
Portugal	9
Tschechien	8

8865 © **Globus**   Quelle: UN/ECE   *alle Typen von Industrierobotern   Stand 2002

Arbeitsteilung		
	Vorteile	**Nachteile**
für den einzelnen Wirtschaftsteil- nehmer	• Einkommenssteigerung • Berücksichtigung individueller Fähigkeiten und Neigungen • Erhöhung des Lebensstandards • Arbeitszeitverkürzung • die Einrichtung behindertengerechter Arbeitsplätze wird erleichtert	• Spezialistentum spricht weite Bereiche der geistigen/schöpferischen und körperlichen Fähigkeiten des Menschen nicht mehr an • Maschinen fordern von den Menschen ungewöhnliches Arbeitstempo und einseitige, monotone Bewegungsabläufe • Verlust der Einsatzbereitschaft und des Zugehörigkeitsgefühls zum Unternehmen • Arbeitsplatzabbau durch Rationalisierung • Vermittelbarkeit auf dem Arbeitsmarkt bei spezialisierter Berufsausübung eingeschränkt
für die Gesamt- wirtschaft	• Nachfrage höherwertiger Güter durch höheren Lebensstandard • Versorgung der Wirtschaft mit mehr Gütern • Erhöhung der Tauschfähigkeit mit ausländischen Gütern • Verbesserung der Ausschöpfung wirtschaftlicher Leistungsmöglichkeiten im in- und ausländischen Waren- und Leistungsverkehr	• Erhöhung der Abhängigkeiten innerhalb der Volkswirtschaft (Hemmung der Abläufe in der Gesamtwirtschaft bei Ausfall weniger Betriebe) • Erhöhung der Abhängigkeiten im internationalen Waren- und Dienstleistungsverkehr (Industrieländer von den rohstoffproduzierenden Ländern, rohstoffexportierende Länder von den Gütern der Industrieländer)

1.5 Nachhaltiges Wirtschaften – Sustainable Development

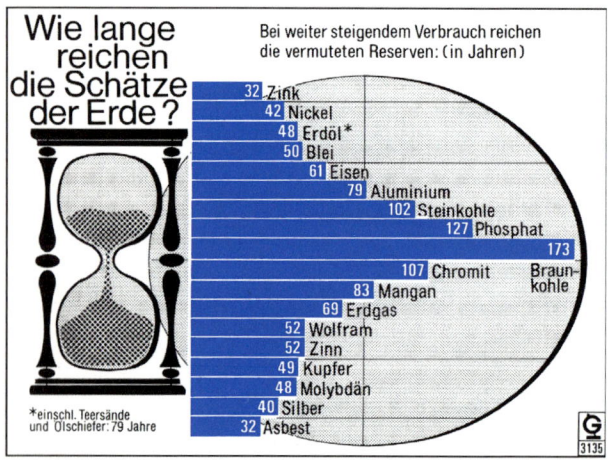

Wirtschaft und Gesellschaft sind vor die Aufgabe gestellt, Ökonomie und Ökologie in Einklang zu bringen und gleichzeitig den sozialen Grundkonsens innerhalb der Gesellschaft zu erhalten.

Um zu einer Konfliktlösung zwischen den Zielen der Wohlstandsmehrung und Umwelterhaltung zu gelangen, ist im Jahr 1987 von der Weltkommission für Umwelt und Entwicklung in dem Abschlussbericht „Unsere gemeinsame Zukunft" (Brundland-Bericht) erstmals das Prinzip der Nachhaltigkeit als Leitvorstellung formuliert worden. Nachhaltige Entwicklung wird von dieser Kommission als „Sustainable Development" bezeichnet.

Definition   Unter **nachhaltigem Wirtschaften – Sustainable Development –** versteht man eine wirtschaftliche Entwicklung, die die Bedürfnisse der Gegenwart befriedigt, ohne zu riskieren, dass künftige Generationen ihre eigenen Bedürfnisse nicht befriedigen können. Es ist der Versuch, wegzukommen von einer ausschließlich wachstumsorientierten Wirtschaft, die zumindest teil-

weise auf einem unwiederbringlichen Ressourcenabbau und einer starken Ungleichverteilung der verfügbaren Ressourcen basiert.

Diese Definition wird inzwischen allgemein verwendet. Gemeint ist ein Wirtschaftsprozess, der langfristig aufrechterhalten werden kann, ohne das „Ökosystem Erde" zu überlasten.

Das Prinzip der Nachhaltigkeit stammt ursprünglich aus der Forstwirtschaft, wo es seit vielen Jahren praktiziert wurde. Dort galt die Regel, dass der jährliche Holzeinschlag nicht größer sein durfte als die nachwachsende Holzmenge.

Umweltkonflikte entstehen immer dann, wenn Wirtschaftssubjekte zwischen alternativen Verhaltensweisen entscheiden können und ein ökologisch sinnvolles Verhalten zu scheinbaren ökonomischen Nachteilen führt.

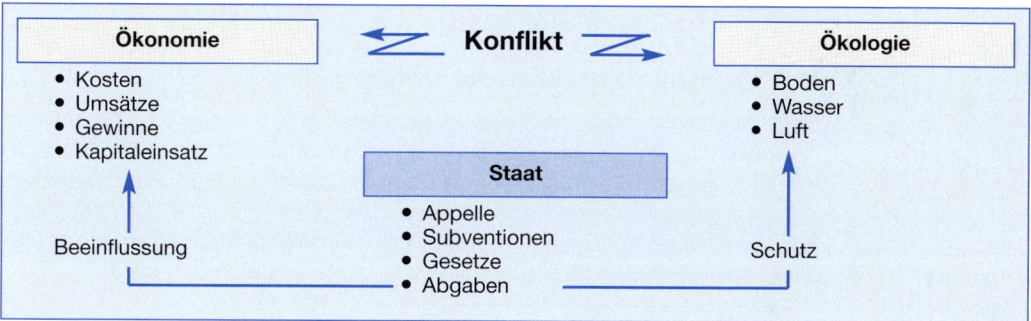

Die vorrangige Aufgabe besteht darin, Wege eines ökologisch verträglichen Wirtschaftens zu finden. Das bedeutet zunächst, ganzheitlich statt wachstumsorientiert zu denken und den effektiven Naturverbrauch und die erforderlichen Reparaturkosten des Ökosystems in die **wirtschaftliche Gesamtrechnung** einzubeziehen. Ein kurzfristiges Gewinn- und Erfolgsstreben verhindert langfristiges „nachhaltiges Wachstum" unter Einschluss vertretbarer **ökologischer Kosten**. Um nachhaltiges Wachstum zu erreichen, sind tiefgreifende Reformen des Energie-, Verkehrs- und Steuersystems und die Verbesserung der Umweltverträglichkeit der Güterproduktion und des Konsums vonnöten, denn – vordergründig betrachtet –

- sind umweltverträgliche Güter oft teurer.
- genügen umweltverträgliche Güter vielfach nicht den Qualitätsansprüchen *(z. B. Recyclingpapier)*.
- erfordern umweltverträgliche Fertigungsverfahren einen höheren Kapitaleinsatz.
- führen umweltverträgliche Produktionsmengen zu geringeren Absatzmengen und damit zu höheren Kosten pro Stück.

Mit der Lösung dieser Konflikte im Sinne der Umwelt sind die privaten Wirtschaftssubjekte oft überfordert. Hier greift der Staat mit mehr oder weniger scharfen Maßnahmen ein.

1.6   Umweltpolitik

Aufgabenbereiche der Umweltpolitik	
Schutz der Natur vor nachteiligen Wirkungen menschlicher Eingriffe	Beseitigung bereits eingetretener Naturschäden

Handlungsbereiche der Umweltpolitik	
• Luft- und Wasserreinhaltung • Abfallwirtschaft/Recycling von Abfallstoffen • Förderung umweltgerechter Energiequellen • Lärmbekämpfung/Lärmschutz	• umweltgerechte Verkehrs- und Städteplanung • Naturschutz und Landschaftspflege • Altlastensanierung/Rekultivierung

Ziel: Sicherung einer lebenswerten Umwelt

■ Instrumente/Prinzipien der Umweltpolitik

Der Umweltpolitik steht ein breites Instrumentarium zur Verfügung. Diese Vielfalt ist notwendig, um die unterschiedlichen Aufgaben des Umweltschutzes erfüllen zu können. Die Auffassungen über die „richtigen" umweltpolitischen Konzepte sind kontrovers. Die einzelnen Instrumente können sich ergänzen. Einigkeit besteht allerdings darüber, dass Umweltpolitik nur im engen Zusammenwirken aller gesellschaftlichen Kräfte erfolgreich sein kann.

Vermeidungsprinzip

Das Vermeidungsprinzip zielt darauf ab, Umweltschäden vorbeugend zu vermeiden bzw. möglichst gering zu halten.

Voraussetzung hierfür ist, dass private Haushalte, Unternehmungen und staatliche Einrichtungen bei allen ihren Entscheidungen und Verhaltensweisen mögliche Umweltauswirkungen berücksichtigen. Dies wiederum setzt ein hohes Maß an Eigenverantwortung voraus und ist nur durch Schärfung des Umweltbewusstseins und Verankerung einer Umweltethik innerhalb der Bevölkerung zu erreichen.
Der Handel mit Emissionszertifikaten verbindet das Vermeidungs- und das Vermarktungsprinzip.

Verursacherprinzip

Das Verursacherprinzip zielt darauf ab, die Kosten zur Beseitigung und Verhinderung von Umweltbelastungen und -schäden dem Verursacher aufzubürden.

Das bedeutet, dass diese Kosten in den Preis des Produktes eingerechnet werden müssen und auf diese Weise der jeweilige Verbraucher damit belastet wird.

Es ist jedoch häufig schwierig bzw. nahezu unmöglich, die tatsächlichen Kosten des Umweltschutzes und der Umweltschädigungen zu ermitteln.

Beispiel

Ein Autofahrer trägt tatsächlich nur den Kaufpreis für sein Auto, die Benzin-
kosten und die Kosten für die Kfz-Versicherung und Kfz-Steuer. Diese Kosten
nennt man innere Kosten. Nicht abgedeckt sind die Kosten des Lärmschutzes,
der Verpestung der Luft und der dadurch hervorgerufenen Gesundheitsschä-
den, des Waldsterbens, des Treibhauseffektes usw.

Voraussetzung einer verursachungsgerechten Umweltschutzpolitik ist die
Sichtbarmachung und Erfassung der Umweltfolgen wirtschaftlichen Handelns,
der so genannten **externen Effekte**, ihre monetäre Bewertung und die Über-
wälzung der dadurch hervorgerufenen **externen Kosten**.

Externe Kosten sind solche Kosten, die der Allgemeinheit durch Umwelt-   **Definition**
belastungen entstehen, jedoch im betrieblichen Rechnungswesen bzw. in
der Wirtschaftsrechnung der privaten und öffentlichen Haushalte nicht berücksichtigt werden.

Gemeinlastprinzip

Das Gemeinlastprinzip zielt darauf ab, die Kosten zur Beseitigung und Vermeidung von Umweltbelastungen und -schäden auf alle Bürger zu übertragen. Das bedeutet, dass diese Kosten in Form allgemeiner Steuern auf die
Bevölkerung übergewälzt werden.

■ Finanzpolitische Maßnahmen

Der Staat kann versuchen, durch finanzpolitische Maßnahmen in Form spezie-
ler Abgaben (Lkw-Maut, Ökosteuern) umweltschädliches Verhalten zu „bestra-
fen" oder in Form von Subventionen umweltfreundliches Verhalten zu „belohnen".

Umweltsteuern sollen umweltschädigende Produkte bzw. Produktions-   **Definition**
verfahren verteuern, um entsprechende Marktreaktionen bei den Unternehmen und Konsumenten auszulösen und um dadurch wiederum umweltverträgliche Alternativen lohnend zu machen.

Die Festlegung der entsprechenden Steuersätze ist politisch festzulegen, da
die externen Umweltkosten in der Regel nicht exakt genug quantifiziert werden können.

Allgemeine Verbote und Auflagen

Der Staat kann durch Verbote, Auflagen und Haftungsvorschriften versuchen,
umweltverträgliches Verhalten zu erzwingen. Diese sind zwar schnell wirksam,
haben jedoch den Nachteil, dass solche Produzenten bzw. Konsumenten, die
keine Ausweichmöglichkeit haben, hart betroffen sind. Umweltschutzdirigismen
müssen folglich ausgewogen eingesetzt werden, um die übrigen wirtschaftspolitischen Ziele nicht zu gefährden.

Beispiele

Umweltverträglichkeitsprüfung, Kohlendioxid-Grenzwertauflagen, generelles
FCKW-Verbot

Das **Bundesimmissionsschutzgesetz** schützt vor schädlichen Umwelteinwirkungen durch Luftverunreinigungen, Lärm, Erschütterungen und ähnlichen Vorgängen. Die betroffenen Unternehmen müssen sich einem Genehmigungsverfahren unterziehen.

Beispiele

Chemieanlagen, Müllverbrennungsanlagen, Eisen- und Stahlgießereien, Tankstellen, Autowaschanlagen, tierwirtschaftliche Anlagen

Das **Umwelthaftungsgesetz** regelt Schadenersatzansprüche bei Beeinträchtigungen von Luft und Boden durch den Betrieb einer gefahrgeneigten Anlage. Kerngedanke der Gefährdungshaftung im Umweltrecht ist, dass eine Schadenersatzpflicht des Verursachers auch dann eintritt, wenn ihm kein fahrlässiges oder vorsätzliches Verschulden nachzuweisen ist. Allein die Errichtung und Unterhaltung einer erhöhten Gefahrenquelle stellt eine Gefährdung dar, die zur Haftung führen kann.

1.6.1 Speditionen und Umweltschutz

Die Speditionen erzielen mit ihrem unternehmerischen Handeln interne und externe umweltbezogene Wirkungen. Ein dem Umweltgedanken sich verpflichtendes Speditionsunternehmen berücksichtigt neben den ökonomischen und sozialen Aspekten auch die ökologischen Aspekte seiner Geschäftstätigkeit.

■ Interne umweltbezogene Wirkungen des Speditionsgeschäftes

Definition

Die **internen umweltbezogenen Wirkungen** des Speditionsgeschäftes beziehen sich auf den eigenen Ressourcenverbrauch und die durch das Speditionsunternehmen und seine Mitarbeiter verursachten Umweltbelastungen.

Indikatoren der internen umweltbezogenen Wirkungen sind u. a:
- Energieverbrauch
- Wasserverbrauch/Abwasserentsorgung
- Papierverbrauch
- Abfall
  – Vermeidung
  – Wiederverwendung
  – Recycling
  – Entsorgung
- Dienstreisen *(z. B. mit Pkw, Bahn, Flugzeug)*
- Bodenverunreinigungen in unternehmenseigenen Garagen, Kfz-Werkstätten und Tankstellen
- Energieverbrauch und Abgasreinigung der eigenen Fahrzeuge
- Einkaufsrichtlinien mit ökologischer Ausrichtung
- Betriebliches Vorschlagswesen mit Hinweis auf den Umweltschutz

Eine Umweltbilanz/Umweltberichterstattung hat den Zweck, den Ressourcenverbrauch des Unternehmens zu erfassen, zu analysieren und aus den ermittelten Umweltkennzahlen Ansatzpunkte zu einer Effizienzverbesserung des
Ressourcenverbrauchs und der Reduzierung von Umweltbelastungen abzu-
leiten.

■ Externe umweltbezogene Wirkungen des Speditionsgeschäftes

Definition

Die externen umweltbezogenen Wirkungen des Speditionsgeschäftes beziehen sich auf die durch das Leistungsprogramm der Spedition verursachten Umweltwirkungen.

Indikatoren der externen umweltbezogenen Wirkungen sind u. a.
- Optimale Tourenplanung
- Konflikt Straße – Schiene
- Auswahl von Frachtführern, die ihrerseits ökologisch verantwortlich handeln
- Schadstoffemissionen der eingesetzten Verkehrsträger
- Lärmimmissionen der eingesetzten Verkehrsträger
- Gefahrgut-Transporte
- Reinigungsverfahren für Silos
- Verpackungen

Die einzel- und gesamtwirtschaftlichen Aufwendungen zur Vermeidung und
Beseitigung von Umweltschäden nehmen stetig zu. Damit steigt auch auto-
matisch die Forderung der Öffentlichkeit an die Speditionen, ökologische
Aspekte in Unternehmensentscheidungen einzubeziehen.

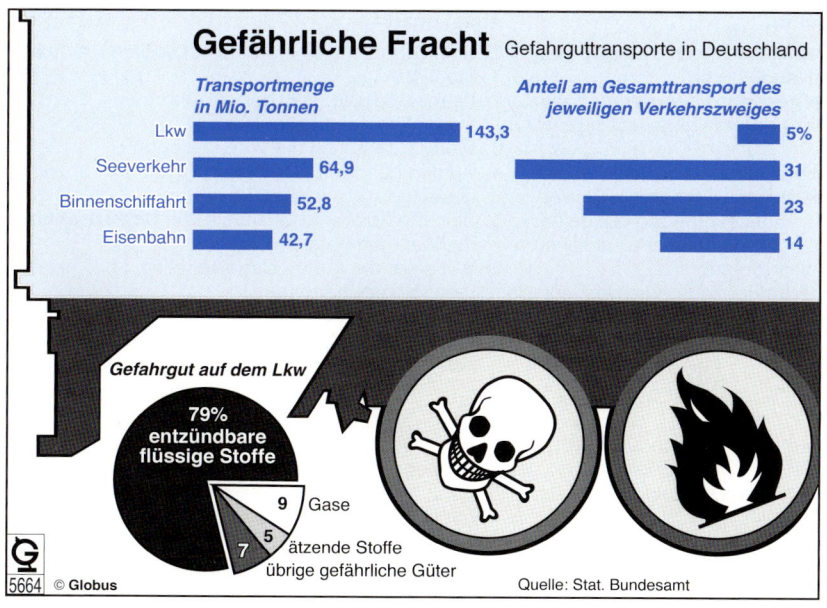

Gefährliche Fracht Gefahrguttransporte in Deutschland

	Transportmenge in Mio. Tonnen	Anteil am Gesamttransport des jeweiligen Verkehrszweiges
Lkw	143,3	5%
Seeverkehr	64,9	31
Binnenschiffahrt	52,8	23
Eisenbahn	42,7	14

Gefahrgut auf dem Lkw

79% entzündbare flüssige Stoffe
9 Gase
5 ätzende Stoffe
7 übrige gefährliche Güter

5664 © Globus

Quelle: Stat. Bundesamt

1.6.2 Umweltregeln

Durch die Festlegung von **Umweltregeln** für die Geschäftstätigkeit und das Mitarbeiterverhalten im Zusammenhang mit dem betrieblichen Ressourcenverbrauch kann das ökologische Bewusstsein der Mitarbeiter geschärft werden.

Vor der verbindlichen Festlegung von Umweltregeln muss eine Analyse sämtlicher Unternehmensbereiche stehen, in der unvoreingenommen untersucht wird, wo umweltrelevante Entscheidungen getroffen und umgesetzt werden.

Checkliste zur Erstellung von Umweltregeln

Management und Öffentlichkeitsarbeit

1. Wie bereitet sich das Unternehmen auf zukünftige Entwicklungen im Umweltschutz vor?
2. Wie ernst nimmt das Unternehmen seine eigenen ökologischen Maßnahmen?
3. Ist der Umweltschutzgedanke im Unternehmensleitbild verankert?
4. Bemerkt man im Unternehmen Änderungen im Umweltbewusstsein bei den Kunden und reagiert man darauf?
5. Nutzt das Unternehmen Methoden des Umweltmarketings oder des Umweltsponsorings?
6. Hat das Unternehmen eine(n) Umweltschutzbeauftragte(n)?
7. Gibt es ein Umwelt-Vorschlagswesen?
8. Hat das Unternehmen eine Umweltabteilung?
9. Verwendet man im Unternehmen umweltfreundliche Arbeitsmittel?

Technologie

1. Welche Rohstoffe werden verwendet? Aus welchen Lieferländern stammen sie?
2. Werden Material-, Energie- und Wassersparmaßnahmen ausgeschöpft?
3. Gibt es integrierte Produktionskreisläufe oder wird versucht, die Emissionen durch End-of-the-Pipe-Maßnahmen zu verringern?
4. Entstehen beim Produktionsprozess gefährliche Abfälle oder Abwässer?
5. Werden die Abfälle und Abwässer ordnungsgemäß entsorgt?
6. Besteht die Gefahr der Bodenverunreinigung und der Entstehung von ‚neuen‘ Altlasten?
7. Werden recyclingfähige Materialien verwendet?
8. Gibt es auch bei Dienstfahrten Umweltüberlegungen (Fahrrad, Pkw, Bahn, Flugzeug)

Controlling und Planung

1. Erstellt das Unternehmen eine Öko-Bilanz oder führt es ein Umwelt-Audit durch?
2. Auf welchen Feldern ist das Unternehmen von den Bestimmungen der Umweltgesetzgebung betroffen?
3. Kann das Unternehmen notwendige Investitionen oder mögliche Sanktionen, die durch eine Verschärfung der Umweltgesetzgebung ausgelöst werden könnten, aus den Erlösen seiner üblichen Geschäftstätigkeit finanzieren?
4. Wie könnte ein innerbetriebliches Umweltinformationssystem aussehen und wer könnte es erstellen?

Absatzmarkt

1. Sind eventuelle Übergänge auf andere Produkte möglich?
2. Werden bei der Wahl der Verkehrsträger Alternativen offen gehalten?
3. Woraus bestehen die Verpackungen?
4. Wird in Länder mit anders entwickelter Umweltgesetzgebung geliefert?
5. Sind die Abnehmer ihrerseits von Umweltschutzmaßnahmen betroffen?
6. Wie sieht die Auftragslage vor allem im Umwelttechnologie-Sektor aus?
7. Betreibt das Unternehmen aktive Öffentlichkeitsarbeit mit Umweltbezug? Stellt sich das Unternehmen in dieser Hinsicht glaubhaft dar?

Produktentwicklung

1. Betreibt das Unternehmen eine innovative Produktentwicklung?
2. Gibt es umweltfreundlichere Produktalternativen auf dem Markt?
3. Werden die Produkte mit Qualitätsgütesiegeln oder Umweltzeichen versehen?
4. Auf welchen Kriterien beruhen diese Auszeichnungen?
5. Bestehen möglicherweise Produkthaftungsrisiken mit Umweltrelevanz?

1.7 Unternehmensleitlinien – Corporate Identity

Das Zielsystem der Unternehmung findet seinen Ausdruck häufig in Unternehmensleitlinien.

Unternehmensleitlinien sind schriftlich formulierte Grundsätze, die dazu dienen, gemeinsame Vorstellungen von Management und Mitarbeitern zu artikulieren und den unternehmerischen Kurs für die Zukunft festzulegen.

Definition

Unternehmensleitlinien bieten Orientierungshilfen bei der Tätigkeit jedes einzelnen Mitarbeiters in der Weise, dass alle Beteiligten ihr Verhalten daraufhin überprüfen können, ob es mit den Unternehmensleitlinien übereinstimmt.

Die Umsetzung der Unternehmensleitlinien verleiht der Unternehmung eine spezielle **Corporate Identity**, also eine spezifische, möglichst unverwechselbare Identität. Die Unternehmensleitlinien werden – um akzeptiert zu werden – im Idealfall von Mitarbeitern und Management gemeinsam entwickelt. Nur so lässt sich die gewünschte Identifikation mit der Unternehmung und mit der von dem einzelnen Mitarbeiter jeweils übernommenen Aufgabe erreichen. Unternehmensleitlinien prägen somit nicht nur das Selbstverständnis und die Unternehmenskultur nach innen, sondern auch das Erscheinungsbild der Unternehmung nach außen.

Die Verpflichtung der Mitarbeiter auf klar definierte Unternehmensleitlinien ist besonders dann wichtig, wenn
- Selbstständigkeit, Eigenverantwortung und Teambildung gefördert,
- Hierarchieebenen im Unternehmen abgebaut
- und Entscheidungskompetenzen delegiert

werden.

Nur so ist gewährleistet, dass die Unternehmung ihre klare Orientierung gegenüber den Marktpartnern behält.
Unternehmensleitlinien bedürfen von Zeit zu Zeit einer Überprüfung und gegebenenfalls einer Aktualisierung, um nicht ihre Leitbildfunktion zu verlieren.

1.8 Der Wirtschaftskreislauf

Durch die moderne Arbeitsteilung, in der
- die privaten Haushalte als Orte des Konsums,
- die Unternehmen als Einrichtungen der Produktion,
- der Staat als verwaltende und dienstleistende Instanz und
- das Ausland mit vielfältigen Wirtschaftsbeziehungen zum Inland

zusammenwirken, ist es für den ungeschulten Beobachter schwer möglich, den Überblick über das Funktionieren der Wirtschaft zu behalten und die Zusammenhänge zu verstehen. Eine Hilfe bietet das **Modell des Wirtschaftskreislaufes**. Es handelt sich dabei um eine typische Modellbetrachtung, wie wir sie aus vielen anderen Lebensbereichen kennen.

Die Idee des Wirtschaftkreislaufs

Der französische Arzt Francois Quesney (1694-1774) hatte die Idee, das volkswirtschaftliche Geschehen als Kreislauf darzustellen. Er entwickelte erstmalig ein Kreislaufschema, das die Wirtschaft als ein wechselseitiges Geflecht von Geld- und Güterströmen zeigt.

Im 19. Jahrhundert geriet der Kreislaufgedanke fast in Vergessenheit.

Nach der Weltwirtschaftskrise in den 30er-Jahren des letzten Jahrhunderts wurde die Kreislaufbetrachtung wieder aufgegriffen. Man hatte erkannt, dass auch der Laie das komplexe und unübersichtliche Geschehen einer modernen Marktwirtschaft nur sehr schwer erfassen konnte. In der Tat ist es wirklich kaum zu verstehen, wie Zigmillionen von Menschen mehr oder weniger geordnet zusammenwirken und sich als Produzenten, Dienstleister, Mitarbeiter, Verkäufer, Käufer, Konsumenten usw. engagieren und zu einem vernünftigen Ergebnis kommen. Mit dem Kreislaufmodell, das auf viele Einzelheiten des Wirtschaftsgeschehens verzichtet und sich dafür auf die wesentlichen Strukturen und Beziehungen innerhalb der Wirtschaft beschränkt, wurde der Grundaufbau der Wirtschaft für jedermann verstehbar gemacht.

Beispiele

- *Eine Fahrradkarte „Schleswig-Holstein" konzentriert sich auf die Fahrradwege und vernachlässigt andere Verkehrswege;*
- *Der Elektroinstallationsplan für einen Neubau zeigt nur die für den Elektriker wesentlichen Informationen.*

■ Einfacher Wirtschaftskreislauf

Das Kreislaufmodell geht davon aus, dass

- die privaten Haushalte so viel sparen, wie die Unternehmungen für ihre Investitionen benötigen,
- die Unternehmungen so viele Konsumgüter produzieren, wie die privaten Haushalte kaufen wollen und können,
- der Staat in dem Umfang über Einnahmen verfügt, wie zur Bestreitung der Staatsausgaben erforderlich sind,
- der Austausch von Waren, Dienstleistungen und Kapital mit anderen Volkswirtschaften ausgeglichen ist.

Der Wirtschaftskreislauf besteht in seiner einfachsten Form aus zwei – meist gegenläufigen – Wertströmen: dem **Geldstrom** und dem **Güterstrom**.

Dies ist einfach dadurch begründet, dass auf der einen Seite die Einkommen die Gegenleistung der Unternehmungen für die Bereitstellung der Produktionsfaktoren durch die Haushalte, und auf der anderen Seite die Konsumausgaben die Gegenleistung der Haushalte für die bezogenen Konsumgüter darstellen. Produktivgüterstrom und Einkommenstrom einerseits sowie Konsumgüterstrom und -ausgabenstrom andererseits stimmen folglich wertmäßig überein.

Da die Produktionsfaktoren in den Unternehmungen und die Konsumgüter in den Haushalten aufgebraucht, „verzehrt" werden, müssen sie immer wieder neu in den Güterkreislauf eingebracht werden.

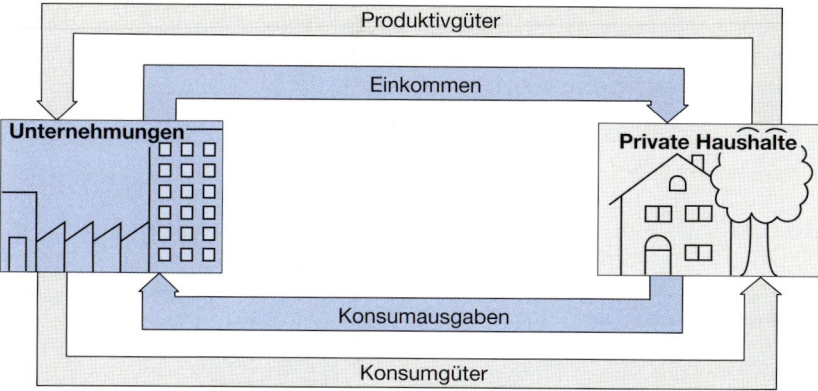

Beispiele

- *Die Lkw einer Spedition haben nur eine begrenzte Lebensdauer und müssen daher in bestimmten Zeitabständen ersetzt werden.*
- *Die Mitarbeiter der Speditionen müssen ihre Arbeitskraft jeden Tag neu zur Verfügung stellen.*

Das Geld führt dagegen einen dauernden Kreislauf aus. Eine bestimmte Geldmenge reicht folglich aus, um den Wirtschaftskreislauf dauerhaft aufrecht zu erhalten.

■ Erweiterter Wirtschaftskreislauf

Im Modell des einfachen Wirtschaftskreislaufs ist unterstellt worden, dass die privaten Haushalte ihr gesamtes Einkommen für den Kauf von Konsumgütern ausgeben. Auch die Rolle des Staates wird in diesem Modell nicht berücksichtigt. Beides ist wirklichkeitsfremd.

Einbeziehung der Kreditinstitute

Sparen ist der Verzicht darauf, einen Teil des Einkommens zu verbrauchen.   **Definition**

Die privaten Haushalte können frei entscheiden, ob sie ihr Einkommen konsumieren, also zum Kauf von Konsumgütern verwenden, oder ob sie einen Teil davon zurücklegen und sparen.

Dieser Konsumverzicht ist jedoch nur vorübergehend. Zu einem späteren Zeitpunkt, wenn das Sparziel erreicht ist, dienen die bei den **Kapitalsammelstellen** angesammelten Sparbeträge einem konsumtiven Zweck.
Die **Sparquote** gibt an, wie viel Prozent des verfügbaren Einkommens in einer Volkswirtschaft durchschnittlich gespart wird.

$$\text{Sparquote} = \frac{\text{private Ersparnis} \cdot 100}{\text{verfügbares Volkseinkommen}}$$

Investition ist die Mittelverwendung für Unternehmenszwecke.   **Definition**

Die Kreditinstitute vermitteln die bei ihnen angelegten Geldbeträge an die Unternehmungen weiter. Diese Geldmittel geben den Unternehmungen die Möglichkeit, Investitionen vorzunehmen.

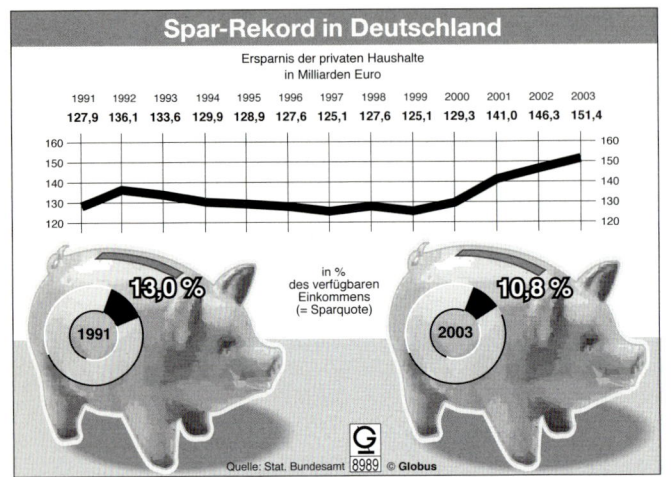

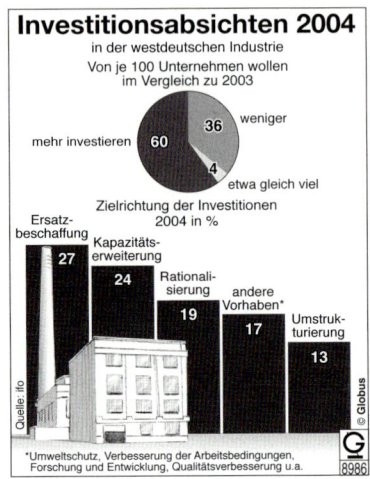

Die Investitionsvorhaben können durch langfristige Kredite oder durch Bereitstellung von zusätzlichem Eigenkapital finanziert werden.

Vorübergehend nicht benötigte Geldmittel können auf der anderen Seite von den Unternehmungen bei Kreditinstituten *(z. B. in Form von Termineinlagen)* verzinslich angelegt werden.

Beispiel

Die Spezialtransporte AG stellt eine zunehmende Nachfrage nach ihrer neuesten Dienstleistung, dem Transport von Betonfertigteilen, fest. Die vorhandenen Fahrzeugkapazitäten reichen nicht mehr aus, um alle Kundenwünsche fristgerecht erfüllen zu können.

Für weitere Investitionen werden 3 000 000,00 EUR benötigt.

Der Kapitalbedarf soll durch einen Investitionskredit und durch die Ausgabe zusätzlicher Aktien gedeckt werden.

Die Dresdner Bank gewährt den Investitionskredit und vermittelt die neuen Spezialtransporte AG-Aktien an ihre Kunden.

Voraussetzung für die Durchführung von Investitionen in den Unternehmungen ist eine entsprechende Ersparnisbildung der privaten Haushalte.

Im Kreislaufmodell wird deutlich, dass nur solche Geldbeträge für Investitionen zur Verfügung stehen, die bei Kreditinstituten angelegt werden. Geldbeträge, die stattdessen gehortet werden („im Sparstrumpf verschwinden"), werden dem Geldkreislauf vorübergehend entzogen und können deshalb nicht produktiv verwendet werden.

Einbeziehung des Staates

Zum Wirtschaftssektor Staat zählen

- Bund, Länder und Gemeinden sowie andere Gebietskörperschaften
- die Träger der gesetzlichen Rentenversicherung

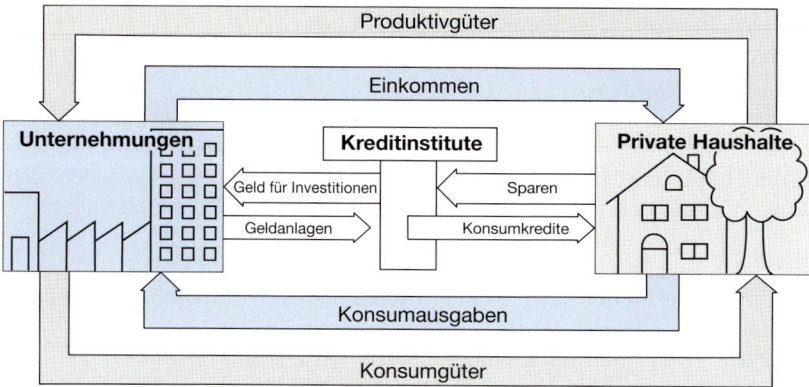

- die Bundesagentur für Arbeit
- die öffentlich-rechtlichen Krankenkassen
- die Pflegeversicherung
- die gesetzliche Unfallversicherung

Öffentliche Unternehmen sind nicht dem Sektor Staat, sondern dem Sektor Unternehmen zugeordnet.

Die Rolle des Staates ist aus den Volkswirtschaften der Gegenwart nicht mehr wegzudenken. Seine vielfältigen Aufgaben in den Bereichen der öffentlichen Verwaltung, der Rechtsprechung, der Landesverteidigung, des Zivilschutzes, des Umweltschutzes, im Gesundheits-, Bildungs- und Sozialwesen kann der Staat nur erfüllen, wenn er über entsprechende Einnahmen verfügt.
Nur über die finanziellen Anstrengungen der gesamten Bevölkerung können diese Aufgaben bewältigt werden.

Die **Staatseinnahmen** setzen sich zum überwiegenden Teil aus den verschiedenen **Steuern** zusammen, die der Staat zwangsweise bei den privaten Haushalten und Unternehmungen erhebt.
Daneben erzielt der Staat Einnahmen aufgrund von Gebühren und Beiträgen, die das Entgelt für die Inanspruchnahme staatlicher Leistungen darstellen.

Beispiele

Beiträge zur gesetzlichen Renten-, Kranken- und Arbeitslosenversicherung; Ausstellungsgebühr für einen neuen Reisepass

Schließlich finanziert der Staat einen Teil seiner Ausgaben durch die Aufnahme von Krediten, indem Schuldverschreibungen ausgegeben und durch die Vermittlung der Kreditinstitute an Kapitalanleger verkauft werden.

Beispiel

Ein privater Kapitalanleger kauft für 10 000,00 EUR Bundesobligationen, die mit $4\tfrac{1}{4}\,\%$ p. a. verzinst werden und eine Laufzeit von 5 Jahren haben.

Als **Staatsausgaben** fließen die vereinnahmten Geldmittel des Staates wieder an die Unternehmungen und die privaten Haushalte zurück.

Der Geldstrom an die privaten Haushalte umfasst:
- Arbeitsentgelte für die Bediensteten des Staates
- Transferzahlungen.

Definition

Transferzahlungen sind unentgeltliche Leistungen des Staates an anspruchsberechtigte Privatpersonen. Durch diese Ausgaben versucht der Staat, innerhalb der Volkswirtschaft für soziale Gerechtigkeit zu sorgen.

Beispiele

Renten und Pensionen für aus dem Erwerbsleben ausgeschiedene Personen und deren Hinterbliebene;
Sozialleistungen wie Arbeitslosengeld, Wohngeld, Kindergeld usw.

Der Geldstrom an die Unternehmungen umfasst die Entgelte für Sachleistungen der Unternehmungen an den Staat und die Subventionen.

Beispiele

Das Land NRW plant die Errichtung einer achtspurigen Rheinbrücke. Nach Ablauf des öffentlichen Ausschreibungsverfahrens erhält die REGO Hochbau AG aufgrund ihres Angebotes über 35 000 000,00 EUR den Zuschlag;
die Schulmöbelfabrik ASS KG beliefert die Stadt Dresden mit 200 Schulbänken zur Ausstattung einer städtischen Berufsschule zum Preis von 25 000,00 EUR.

Definition

Subventionen sind unentgeltliche Zuwendungen des Staates an bestimmte Unternehmungen zu deren Unterstützung sowie zur Förderung einzelner Wirtschaftsregionen oder Wirtschaftsbranchen (direkte Subventionen).
Die Gewährung von Subventionen kann auch in Form von Steuererleichterungen erfolgen (indirekte Subventionen).

Beispiele

Förderung der Grundlagenforschung zur Nutzung der Sonnenenergie; Unterstützung der Stahlindustrie zum Erhalt von Arbeitsplätzen

Einbeziehung des Auslandes

Der Wirtschaftssektor Ausland besteht aus der Zusammenfassung aller ausländischen Wirtschaftssubjekte.

Definition

Der **Außenwirtschaftsverkehr** umfasst den Austausch von Waren, Dienstleistungen und Kapital mit fremden Volkswirtschaften.

Für Deutschland spielen die Beziehungen zum Ausland eine besondere Rolle: Deutschland ist ein vergleichsweise rohstoffarmes Land und muss deshalb eine Vielzahl der zur Güterherstellung benötigten Produkte aus dem Ausland einführen. Auch können viele Dinge des täglichen Verbrauchs, die wir sehr schätzen *(z. B. bestimmte Lebensmittel)*, nur aus dem Ausland bezogen werden. Schließlich sind die Deutschen sehr reisefreudig und verbringen gerne ihren Urlaub im Ausland.
Das dazu benötigte Geld muss im Gegenzug durch entsprechende Wirtschaftsleistungen für das Ausland „verdient" werden.

Da über 30 % der bei uns erzeugten Produkte an das Ausland verkauft werden, ist eine Vielzahl von Arbeitsplätzen im Inland von der Nachfrage des Auslandes abhängig.
Voraussetzungen für möglichst ungehinderte Wirtschaftsbeziehungen mit ausländischen Volkswirtschaften sind
- geordnete wirtschaftliche und politische Verhältnisse im In- und Ausland,
- vergleichbare Rechtsordnungen,
- stabile Wechselkurse zwischen den Währungen,
- keine Handelsbarrieren.

Unter Einbeziehung der Kreditinstitute, des Staates und des Auslandes ergibt sich der **erweiterte Wirtschaftskreislauf**.

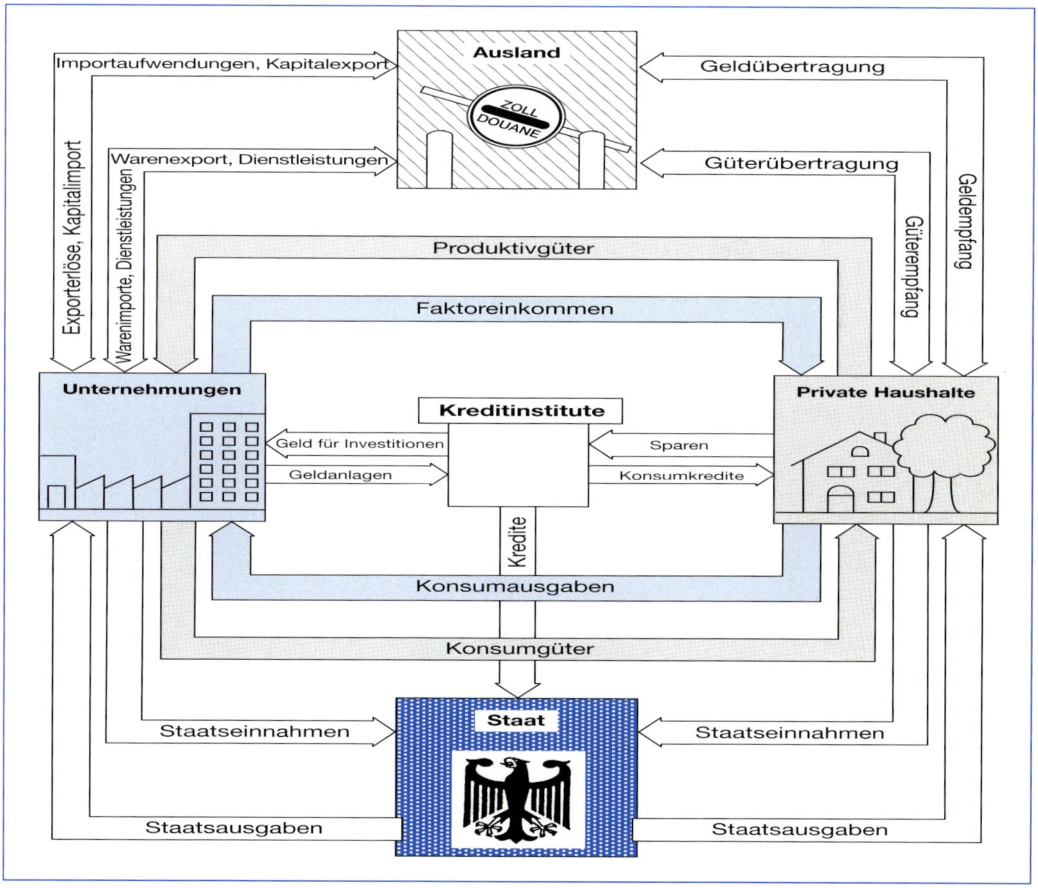

Aufgaben

1. Lesen Sie das Gespräch mit Dennis Meadows auf Seite 363 und schreiben Sie dazu 5 Fragen auf, die Sie sich anschließend von Ihrem Nachbarn beantworten lassen.

2. Der amerikanische Psychologe A. Maslow unterscheidet Bedürfnisse nach verschiedenen Ebenen und hat dazu die folgende Bedürfnispyramide entwickelt.

   a) Zeichnen Sie die Pyramide und ordnen Sie den einzelnen Hierarchieebenen die nachstehenden Bedürfnisse zu:

   (1) Wunsch nach Kontakten und Geselligkeit
   (2) Wunsch nach Anerkennung
   (3) Wunsch nach erfülltem Leben
   (4) Hunger
   (5) Abschluss einer Lebensversicherung
   (6) Teilnahme am Lottospiel
   (7) Verlangen nach Schlaf
   (8) Lebensglück
   (9) Geborgenheit
   (10) Eigene Selbstverwirklichung
   (11) Designerkleidung
   (12) Freundschaft
   (13) Riesterrente

   b) Von welchen Überlegungen könnte Maslow ausgegangen sein, als er die Bedürfnisse in Ebenen hierarchisiert hat?

3. Skizzieren Sie die Wechselbeziehung zwischen Bedürfnissen und Produktion anhand von Beispielen.

4. Kopieren und vervollständigen Sie das Schaubild durch Zuordnung unten stehender Begriffe:

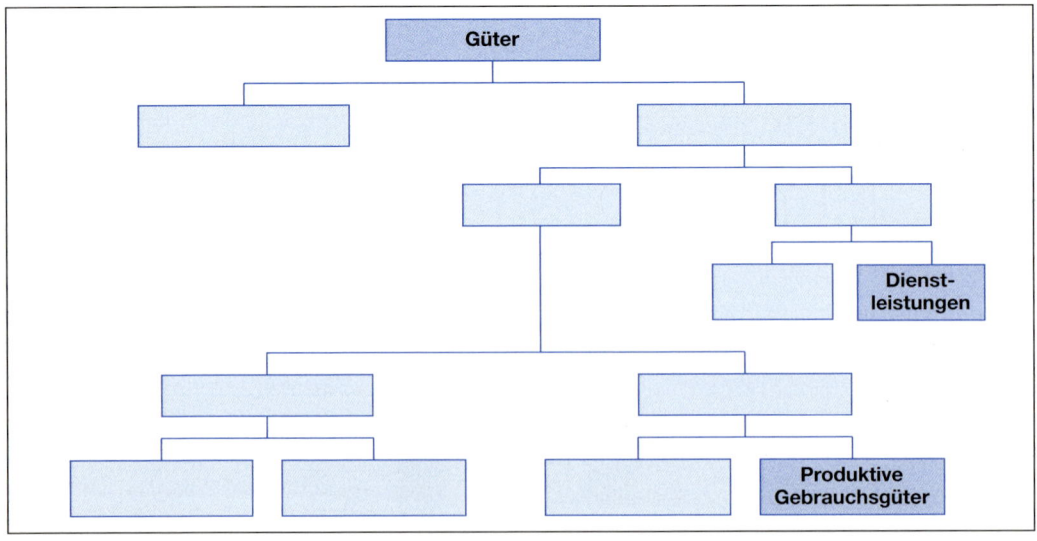

a) materielle Güter

b) immaterielle Güter

c) Investitionsgüter

d) freie Güter

e) Rechte

f) Gebrauchsgüter

g) knappe Güter

h) Verbrauchsgüter

i) Konsumgüter

j) konsumtive Verbrauchsgüter

5. In der Theorie handeln Menschen und Unternehmen nach dem ökonomischen Prinzip: Angenommen, ein Autokäufer zieht im direkten Vergleich den VW Golf einem Opel Astra vor; er findet den Opel im zweiten Vergleich jedoch besser als den Ford Focus.

   a) Wie müsste der Autokäufer im dritten Vergleich den VW finden?

   b) Handelt dieser Autokäufer nach dem ökonomischen Prinzip, wenn er den Ford kauft?

6. Die Wirtschaftssubjekte richten ihre Handlungen nach

   (1) dem Minimalprinzip

   (2) dem Maximalprinzip

   (3) anderen Kriterien

   Ordnen Sie bitte die folgenden Fälle entsprechend zu!

   <u>Fallbeispiele:</u>

   a) Ein Unternehmen beabsichtigt, aus einer Reihe von Angeboten das preiswerteste auszuwählen.

   b) Käufer boykottieren ein Unternehmen, das seine Produkte durch Kinder in Indien herstellen lässt.

   c) Schiffbrüchige rationieren ihre Trinkwasservorräte.

   d) Ein Taxiunternehmen sucht Fahrer, damit die Fahrzeuge möglichst 24 Stunden täglich unterwegs sein können.

   e) Eine Spedition erlaubt, dass ihre volljährigen berufsschulpflichtigen Auszubildenden nach der Berufsschule nicht mehr in den Betrieb kommen. Die versäumte Arbeitszeit muss weder vor- noch nachgearbeitet werden.

7. a) Erstellen Sie einen Wirtschaftskreislauf mit den Sektoren private Haushalte, Unternehmen, Staat und Kreditinstitute. Zeichnen Sie die Geldströme ein.

1. Lohnzahlungen der Unternehmen	1 800,00 EUR
2. Konsumausgaben	1 400,00 EUR
3. Gehaltszahlungen des Staates	200,00 EUR
4. Entgelte für empfangene Sachleistungen des Staates	320,00 EUR
5. indirekte Steuern	60,00 EUR
6. direkte Steuern und Sozialabgaben der Haushalte	280,00 EUR
7. direkte Steuern und Sozialabgaben der Unternehmen	320,00 EUR
8. Transferzahlungen	160,00 EUR
9. Subventionen	120,00 EUR

   b) Wie viel Euro können die privaten Haushalte den Kreditinstituten als Ersparnis überweisen?

8. Ergänzen Sie Ihre Lernkartei, indem Sie sich mit Ihrem Nachbarn über sinnvolle Kartenüberschriften austauschen und die Karteikarten entsprechend ausfüllen.

2 Produktionsfaktoren

Einstiegssituation

Die Leitung der Dietz & Potthoff Speditions AG ist mit dem Geschäftsergeb-
nis nicht zufrieden. Das Umsatzziel wurde zwar erreicht, aber trotzdem hat
es nur mit Ach und Krach zu einer schwarzen Null gereicht. Gegen verschiedene Bedenken holt sich die Spedition daraufhin eine Unternehmensberatung ins Haus, die Schwachpunkte aufdecken und Verbesserungsvorschläge vorlegen soll. Das Beratungsergebnis ist genau so, wie es der
Betriebsrat befürchtet hatte. Bereits in der Einleitung des Beratungs-
protokolls finden sind u. a. folgende Sätze:

- Das Unternehmen lebt von der Substanz.
- Die Personalkosten sind in Relation zu vergleichbaren Unternehmen zu
  hoch.
- In der Arbeitsproduktivität besteht ein Rückstand gegenüber dem
  Branchendurchschnitt.
- Die technische Ausstattung des Unternehmens ist nicht auf neuestem
  Stand.
- Der Produktionsfaktor Arbeit ist in einer noch zu vereinbarenden Anzahl
  von Fällen durch den Produktionsfaktor Kapital zu substituieren.
- Verschiedene Abteilungen (z. B. die betriebseigene Kfz-Werkstatt) sollten
  aufgelöst und outgesourct werden, um aus fixen Kosten variable Kosten
  zu machen.

*Was meint die Unternehmensberatung mit dem Vorschlag, den Produk-
tionsfaktor Arbeit in einer noch zu vereinbarenden Anzahl von Fällen durch
den Produktionsfaktor Kapital zu substituieren? Auf welche rechtlichen und
persönlichen Hindernisse stößt so ein Vorschlag im Unternehmen?*

So wie die Güter in der Natur vorgefunden werden, stehen sie noch nicht für
den Konsum bereit. Der Einsatz von Arbeit und Geräten ist notwendig, um die
Güter konsumreif zu machen.

Beispiel

*Das Obst muss geerntet, die Bäume müssen gefällt und zu Möbelstücken ver-
arbeitet werden.*

Definition

Grundlage der Gütererzeugung sind die Produktionsfaktoren: **Arbeit, Boden**
und **Kapital.**

2.1 Arbeit

■ Begriff und Arten der Arbeit

Ohne menschliche Arbeit ist jede wirtschaftliche Tätigkeit undenkbar. In den
Produktionsfaktor Arbeit gehen die Fähigkeiten des Menschen in unterschiedlicher Weise ein.

Volkswirtschaftlich versteht man unter Arbeit auf Entgelterzielung gerichtete menschliche Tätigkeit.   **Definition**

Beispiele

Ein Disponent verrichtet exekutive Arbeit. Er erzielt Einkommen aus nicht-
selbstständiger Arbeit.
Der Geschäftsführer einer GmbH verrichtet dispositive Arbeit. Auch er erzielt
als Arbeitnehmer Einkommen aus nichtselbstständiger Arbeit.

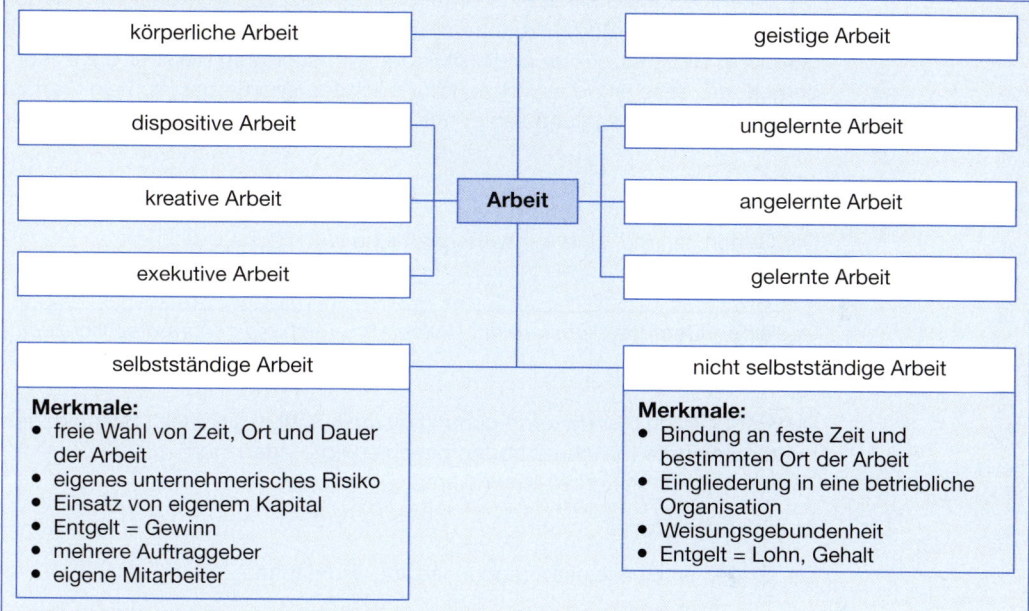

körperliche Arbeit	geistige Arbeit
dispositive Arbeit	ungelernte Arbeit
kreative Arbeit	**Arbeit**	angelernte Arbeit
exekutive Arbeit	gelernte Arbeit

selbstständige Arbeit

Merkmale:
- freie Wahl von Zeit, Ort und Dauer der Arbeit
- eigenes unternehmerisches Risiko
- Einsatz von eigenem Kapital
- Entgelt = Gewinn
- mehrere Auftraggeber
- eigene Mitarbeiter

nicht selbstständige Arbeit

Merkmale:
- Bindung an feste Zeit und bestimmten Ort der Arbeit
- Eingliederung in eine betriebliche Organisation
- Weisungsgebundenheit
- Entgelt = Lohn, Gehalt

■ Bestimmungsgrößen des volkswirtschaftlichen Arbeitspotenzials

Quantität und Qualität des Arbeitspotenzials einer Volkswirtschaft werden bestimmt durch:
- die Bevölkerungszahl
- die Bevölkerungsstruktur hinsichtlich Alter und Geschlecht
- die Erwerbsquote
- die Qualifikation der Erwerbspersonen
- die Arbeitsmentalität
- die Mobilität der Erwerbspersonen

$$\text{Erwerbsquote} = \frac{\text{Erwerbspersonen}}{\text{Wohnbevölkerung}} \cdot 100$$

Erwerbspersonen sind alle Personen zwischen 15 und 65 Jahren, die eine entgeltliche Tätigkeit ausüben oder suchen.
Die Leistungsfähigkeit des Produktionsfaktors Arbeit ist zunächst bestimmt durch die beruflichen Fertigkeiten und Kenntnisse, über die der Einzelne verfügt. Auf der anderen Seite ist sie abhängig vom Ausmaß der praktizierten **Arbeitsteilung**, die eine Spezialisierung auf bestimmte Arbeitsbereiche erlaubt und eine Steigerung der **Arbeitsproduktivität** (= Produktionsmenge je Arbeitsstunde) ermöglicht.

2.2　Boden

Definition

Der Produktionsfaktor **Boden** ist im weitesten Sinne die zu wirtschaftlichen Zwecken genutzte Natur; er umfasst alle natürlichen Ressourcen.

Beispiele

Bodenschätze, Bodenfläche, Gewässer, Klima

Die zunehmende Bevölkerungsdichte und die wachsende Produktion hat den Produktionsfaktor Boden zu einem besonders knappen und wertvollen Gut gemacht. Gegenüber den anderen Produktionsfaktoren weist er die Besonderheit auf, dass er weder vermehrbar noch transportierbar ist. Sein Wert ist damit von seiner Lage und seiner natürlichen Beschaffenheit abhängig.

■ Anbauboden

Der Boden ist land- und forstwirtschaftliche Nutzfläche.

Beispiele

Getreide-, Gemüse-, Obstanbau, Weideland, Teichanlagen für die Fischzucht, Waldfläche

Der Boden kann hier dauernd genutzt werden, weil er sich selbstständig, ggf. durch geeignete Düngemethoden beschleunigt, regeneriert.

■ Abbauboden

Der Boden ist Quelle nicht regenerierbarer Rohstoffe.

Beispiele

Kohle- und Erzbergwerke, Öl- und Gasvorkommen, Steinbrüche, Kiesgruben

Die einmal abgebauten Rohstoffe sind nicht mehr regenerierbar. Diese „Einmaligkeit" zeigt den Menschen die Grenzen eines auf der Ausbeutung der Natur begründeten Wirtschaftswachstums auf und verpflichtet sie gegenüber den nachfolgenden Generationen zum Schutz der Natur und zur weitgehenden Erhaltung der natürlichen Ressourcen.

■ Standortboden

Der Boden ist Grundfläche für Wirtschaftszwecke.

Beispiel

Der Boden ist Standort für die Produktionsstätten der Industrie, für Handelsbetriebe, Verkehrs- und Freizeitanlagen und nicht zuletzt für die Wohnungen und Häuser der Menschen.

Für jede Unternehmung muss genau überlegt werden, welcher Standort für sie der günstigste ist. Je nach dem Unternehmensgegenstand können bei der

Wahl des geeigneten Standortes die einzelnen Standortfaktoren eine unterschiedliche Bedeutung haben.

Standortfaktoren

- Beschaffungsmöglichkeiten für die benötigten Rohstoffe
- Vorhandensein eines quantitativ und qualitativ ausreichenden Arbeitskräftereservoirs
- Absatzmöglichkeiten für die angebotenen Produkte bzw. Dienstleistungen
- Anbindung an Verkehrswege und -mittel
- steuerliche Gegebenheiten
- Energienähe
- Konkurrenznähe
- Tradition
- Grundstückskosten
- Subventionen
- Wohnungsmieten
- Kulturangebot

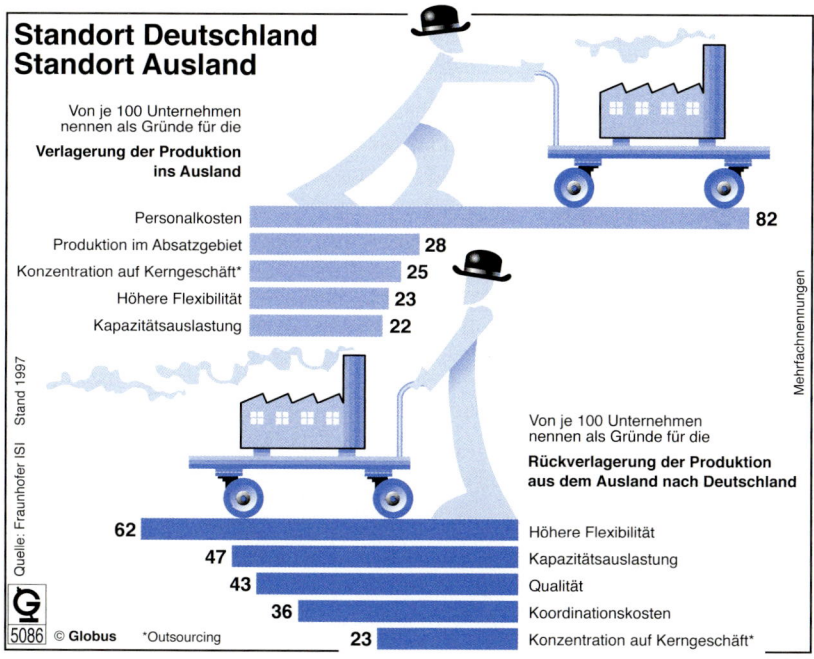

Standort Deutschland
Standort Ausland

Von je 100 Unternehmen
nennen als Gründe für die
**Verlagerung der Produktion
ins Ausland**

Personalkosten	82
Produktion im Absatzgebiet	28
Konzentration auf Kerngeschäft*	25
Höhere Flexibilität	23
Kapazitätsauslastung	22

Von je 100 Unternehmen
nennen als Gründe für die
**Rückverlagerung der Produktion
aus dem Ausland nach Deutschland**

62	Höhere Flexibilität
47	Kapazitätsauslastung
43	Qualität
36	Koordinationskosten
23	Konzentration auf Kerngeschäft*

Quelle: Fraunhofer ISI   Stand 1997

Mehrfachnennungen

5086 © **Globus**   *Outsourcing

Für Speditionen sind bei der Standortwahl folgende Faktoren von besonderer Bedeutung:

- Verkehrswege (Autobahn, Hafen, Flughafen, Schiene)
- Wirtschaftsstruktur
- Kundennähe
- Kosten für geeignete Büro- und Lagerräume
- Parkmöglichkeiten

Internationale Standortfaktoren

Mit den politischen Umwälzungen in Mittel- und Osteuropa und mit der zunehmenden Konkurrenz durch die südostasiatischen Schwellenländer haben sich auch die Strukturen der internationalen Arbeitsteilung verändert.

Der zunehmende Wettbewerbsdruck aus dem Ausland hat in Deutschland eine Diskussion um die Attraktivität des Wirtschaftsstandortes Deutschland ausgelöst. Die Standortfaktoren im internationalen Wettbewerb um Investitionen sind quantitativer und qualitativer Natur.

Quantitative Standortfaktoren	Qualitative Standortfaktoren
• Kosten der Produktionsfaktoren (Personalkosten, Anlagen) • Arbeitsproduktivität • Wochenarbeitszeit • verlorene Arbeitstage durch Arbeitskämpfe • Steuerbelastung, Subventionen • Umweltschutzaufwand • Umsatzrentabilität • Währungsausgleich • Kommunikations- und Transportkosten	• Qualifikation der Arbeitskräfte • Produktqualität • Service • Rechtssicherheit • Infrastruktur • Lebensqualität • politische Stabilität • Kundennähe

2.3   Kapital

Arbeit und Boden werden als **ursprüngliche** (originäre) Produktionsfaktoren bezeichnet. Wäre der Mensch nur auf sie allein gestellt, könnte er seine Lebensbedingungen nur in geringem Umfang verbessern.

Durch seinen Erfindungsgeist angespornt, sucht der Mensch jedoch ständig nach Möglichkeiten, den Erfolg seiner Arbeit zu steigern. Durch die Herstellung und den Einsatz von Werkzeugen, Maschinen, Transportmitteln, Microprozessoren usw. wird die Produktivität, das Ergebnis der Arbeitsleistung, erheblich gesteigert.

Definition

Der Produktionsfaktor Kapital umfasst alle Produktionsmittel, die bei der Gütererzeugung eingesetzt werden.

Kapital wird als **abgeleiteter** (derivativer) Produktionsfaktor bezeichnet, weil zu seiner Entstehung die Kombination von Arbeit und Boden notwendig ist.

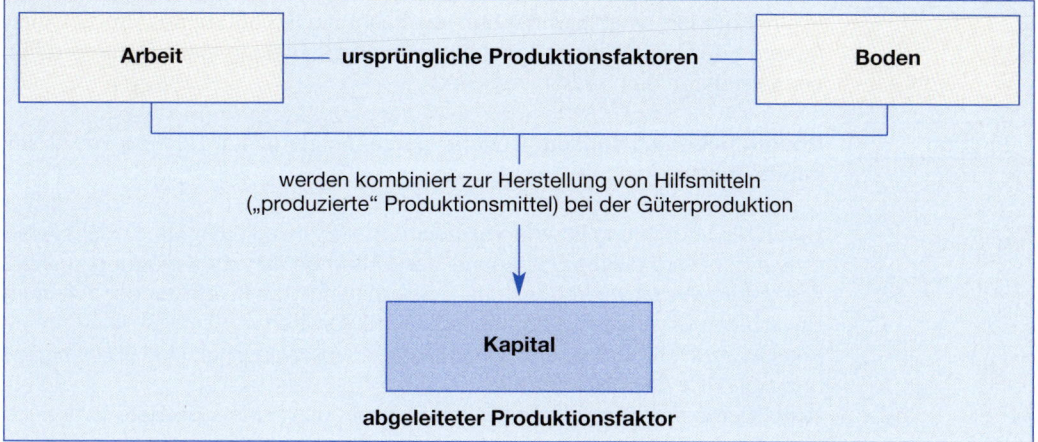

Beispiel

Als Robinson Crusoe auf der einsamen Insel strandete, hatte er zunächst nur seine Arbeitskraft und die Natur mit ihren Pflanzen, Tieren und Bodenschätzen – so wie er sie vorfand – zur Verfügung, um sein Leben zu fristen.

Anfangs ernährte sich Robinson von Fischen, die er mit seinen bloßen Händen mühselig aus dem Wasser griff. Bald überlegte er, wie er seinen Fischfang verbessern könnte.

Er verbrauchte in den nächsten Tagen nicht seine gesamte Fischbeute, sondern legte so lange einen Teil der gefangenen Fische als Vorrat zurück, bis er eine ganze Tagesration „gespart" hatte. Als er so weit war, konnte er einen Tag lang seine ganze Arbeitskraft in die Herstellung einer Angel stecken. Zur Ernährung verbrauchte er seinen Fischvorrat. Mit der neu geschaffenen Angel gelang es ihm, in kurzer Zeit seinen Tagesbedarf an Fischen zu decken. In der gewonnenen Zeit stellte er als Nächstes eine Reuse, ein Netz und ein kleines Boot her. Jetzt konnte er nicht nur in noch kürzerer Zeit, sondern auch wesentlich bequemer seinen Bedarf an Fischen decken. Er wäre sogar in der Lage gewesen, weitaus mehr an Fischen zu fangen, als er selbst zu seinem eigenen Lebensunterhalt benötigte.

Bald darauf baute er Geräte und Werkzeuge, die ihn beim Bau einer Hütte, bei der Bestellung des Ackers und der Viehhaltung unterstützten.

Durch die Schaffung und den Einsatz des Produktionsfaktors Kapital gelang es Robinson, seine Lebensbedingungen im Laufe der Jahre immer weiter zu verbessern.

■ Sparen

Das Beispiel macht deutlich: Die Entstehung des Produktionsfaktors Kapital ist nur möglich, wenn der Mensch auf die konsumtive Verwendung eines Teils seines Einkommens verzichtet.

Beispiel

Robinson musste zunächst seinen Fischkonsum einschränken und einen Vorrat anlegen.

In einer modernen Volkswirtschaft geschieht die Schaffung des Produktions-faktors Kapital nicht mehr unmittelbar durch die Bildung eines Gütervorrates, sondern durch das Sparen von Geld.

Definition

Sparen bedeutet Konsumverzicht, der in der Regel zur Bildung von Geld-kapital führt.

Durch die Vermittlung von *Kapitalsammelstellen* (Kreditinstitute, Lebensversi-cherungen) wird dieses Geldkapital den Unternehmen zur Verfügung gestellt. Die Unternehmen verwenden das Geldkapital für ihre Investitionen, d. h. zum Erwerb von Maschinen, Fabrikanlagen und Vorräten.
Voraussetzung für das Sparen innerhalb einer Volkswirtschaft sind *Sparfähigkeit* und *Sparwille* der Bevölkerung.
Kein Sparen im volkswirtschaftlichen Sinne ist das *Horten*, bei dem zwar auch Konsumverzicht geleistet wird, aber keine produktive Geldverwendung erfolgt („Strumpfsparen"). Das Geld wird dem Wirtschaftskreislauf entzogen.

Freiwilliges Sparen

Der Konsumverzicht wird aufgrund der freiwilligen Entscheidung der Sparer geleistet.
Die gesparten Geldmittel können in verschiedenen Formen angelegt werden.

Sparformen sind:
- Spar- und Termineinlagen
- Wertpapiere
- Bausparen
- Kapitallebensversicherungen

Sparmotive sind:
- Vorsorge für die Zukunft
- Erzielung von Kapitaleinkünften (Zinsen, Dividenden)
- Geldansammlung für konkrete Anschaffungen und größere Ausgaben *(z. B. Autokauf, Urlaubsreise)*

Auch Unternehmen können „sparen", wenn auf die Ausschüttung eines Teils der erwirtschafteten Gewinne verzichtet wird. Diese Geldmittel stehen damit für weitere unternehmerische Zwecke zur Verfügung.

Zwangssparen

Der Konsumverzicht wird unfreiwillig geleistet, indem von den Einkommens-beziehern ein bestimmter Teil ihres Einkommens in Form von **Steuern** und **Sozialabgaben** (Renten-, Kranken-, Pflege-, Arbeitslosenversicherung) an den Staat bzw. die Sozialversicherungsträger abzuführen ist.
Das Steigen der Preise führt ebenfalls zu einem unfreiwilligen Konsumverzicht und bedeutet Zwangssparen: Die Inflation „verzehrt" Einkommen, das für den Konsum hätte ausgegeben werden können.

■ Investieren

Definition

Investieren bedeutet die Verwendung von Geldkapital für Unternehmens-zwecke.

Die der Unternehmung von ihren Kapitalgebern (Kreditinstituten, Eigentümern) zur Verfügung gestellten Geldmittel werden durch Investitionen in Realkapital (Sachkapital) umgewandelt.

Anlageinvestitionen

Das Geld wird für die Beschaffung von dauerhaft verwendbaren Produktionsmitteln verwendet.
Die Anlageinvestitionen umfassen *Ausrüstungen* und *Bauten*.

Beispiele

Ausrüstungen: Maschinen, Betriebsausstattungen, Geschäftseinrichtungen, Werkzeuge, Fahrzeuge
Bauten: Fabrikbauten, Lagerhallen, Verwaltungsgebäude, Stromleitungen

Ersatzinvestitionen (Reinvestitionen) dienen der Erhaltung des vorhandenen Anlagenbestandes (Kapitalerneuerung), indem abgenutzte oder veraltete Anlagen durch neue ersetzt werden. Die ursprüngliche Produktionskapazität bleibt gleich.
Erweiterungsinvestitionen dienen dem Wachstum der Unternehmung (Kapitalneubildung), indem zusätzliche Produktionsanlagen angeschafft werden. Die vorhandene Produktionskapazität wird erweitert (Nettoanlageinvestitionen).

Bruttoinvestitionen		
Anlageinvestitionen		
Reinvestitionen	Erweiterungsinvestitionen (Nettoanlageinvestitionen)	Lagerinvestitionen
	Nettoinvestitionen	

Vorrats-/Lagerinvestitionen

Das Geld wird für die Beschaffung von Vorräten bzw. Warenlagern verwendet.

Beispiel

Roh-, Hilfs- und Betriebsstoffe, Fertigerzeugnisse

Die Unternehmensinvestitionen entscheiden über die Entwicklung und die Zukunft einer Volkswirtschaft.

Das Ausmaß der Investitionstätigkeit hängt ab von den
- Absatzmöglichkeiten für die erzeugten Produkte,
- Investitionskosten,
- allgemeinen Zukunftserwartungen (politische Stabilität, sozialer Friede, Höhe der Unternehmenssteuern).

Die Summe aus Vorrats- und Erweiterungsinvestitionen wird auch als Netto-investitionen bezeichnet.

Rationalisierungsinvestitionen dienen der Kostensenkung und der Steigerung der Produktivität. Häufig wird hierbei der Produktionsfaktor Arbeit durch den Produktionsfaktor Kapital ersetzt (substituiert).

Beispiel

Durch die Anschaffung einer computergesteuerten Paketverteilanlage werden weniger Arbeitskräfte benötigt.

2.4 Grundbegriffe betriebswirtschaftlicher und volkswirtschaftlicher Leistungsmessung

Betriebliche Kennzahlen sollen messen, in welchem Ausmass die betrieblichen Ziele erreicht worden sind. Sie geben Aufschluss darüber, wie sich die Entscheidungen des Managements im Zeit- oder Branchenvergleich ausge-wirkt haben. Sie dienen der Planung künftiger und der Kontrolle vergangener Maßnahmen.

Wichtige betriebliche Kennzahlen sind die **Produktivität**, die **Wirtschaftlichkeit** und die **Rentabilität**.

■ Produktivität

Definition

Unter der Produktivität versteht man das Verhältnis zwischen *mengen-mäßigem* **Produktionsergebnis und dem Einsatz an Produktionsfaktoren.**

Arbeitsproduktivität	Kapitalproduktivität	Bodenproduktivität
$\dfrac{\text{Ausbringungsmenge}}{\text{Arbeitseinsatz}}$	$\dfrac{\text{Ausbringungsmenge}}{\text{Kapitaleinsatz}}$	$\dfrac{\text{Ausbringungsmenge}}{\text{Bodeneinsatz}}$
Die Arbeitsproduktivität kann gemessen werden in Ausbringungsmenge je Arbeitsstunde oder Arbeitnehmer	Die Kapitalproduktivität kann gemessen werden in Ausbringungsmenge je Maschinenstunde oder je Maschine	Die Bodenproduktivität kann gemessen werden in Ausbringungsmenge je Bodeneinheit (z. B. ha)

Beispiel

Die Arbeitsproduktivität einer Exportsachbearbeiterin wird durch die Anschaffung eines neuen DV-Systems gesteigert. Während vorher 50 Akkreditive pro Monat bearbeitet werden konnten, können bei gleicher Arbeitszeit jetzt 55 Akkreditive bearbeitet werden.

Um die Produktivität zwischen Volkswirtschaften vergleichen zu können, wird die gesamtwirtschaftliche Produktivität berechnet.

Gesamtwirtschaftliche Produktivität
Bruttoinlandspodukt
Erwerbstätige · durchschnittliche Arbeitszeit je Erwerbstägigem

Weil über den Wert der erzeugten Ausbringungsmenge, die Leistung, und den Wert des Faktoreinsatzes, die Kosten, nichts ausgesagt wird, lässt sich mit einer Produktivitätskennziffer auch keine Aussage über die Wirtschaftlichkeit oder die Rentabilität der Produktion treffen. So kann eine Produktivitätssteigerung durchaus unwirtschaftlich sein, wenn sie mit hohen Kosten verbunden ist, oder wenn sie aus Absatzmangel nicht genutzt werden kann.

■ Wirtschaftlichkeit

Mit der Wirtschaftlichkeitskennziffer lässt sich rechnerisch darstellen, wie erfolgreich das ökonomische Prinzip umgesetzt wurde.

Die **Wirtschaftlichkeit** ist das wertmäßige Verhältnis von Leistung (= Wert der Produktion) und Kosten (= Wert der eingesetzten Produktionsfaktoren).

Definition

$$\text{Wirtschaftlichkeit} = \frac{\text{Erlöse}}{\text{Kosten}}$$

Beispiel

Von einer Exportsachbearbeiterin werden pro Monat 50 Akkreditive bearbeitet. Der Betriebserlös beträgt jeweils 125,00 EUR. Die monatlichen Kosten für Gehalt, Arbeitsmittel usw. betragen 5 500,00 EUR. Aufgrund der Anschaffung eines neuen DV-Systems könnte die Anzahl der bearbeiteten Akkreditive monatlich um 5 erhöht werden. Gleichzeitig steigen die monatlichen Kosten um 144,00 EUR.

$$W_1 = \frac{50 \text{ Stück} \cdot 125,00 \text{ EUR}}{5\,500,00 \text{ DM}} = \underline{\underline{1,14}}$$

$$W_2 = \frac{55 \text{ Stück} \cdot 125,00 \text{ EUR}}{5\,644,00 \text{ DM}} = \underline{\underline{1,22}}$$

Die Anschaffung des neuen DV-Systems ist wirtschaftlich, da mit jedem als Kosten eingesetztem Euro nach der Rationalisierungsmaßnahme 0,08 EUR mehr erwirtschaftet werden kann.

Eine höhere Produktivität führt also nur dann auch zu einer Verbesserung der Wirtschaftlichkeit, wenn die Ausbringungsmenge in einem stärkerem Maß steigt als die Produktionskosten.

■ Rentabilität

Die Wirtschaftlichkeit ist die Leitmaxime für das Handeln nach dem ökonomischen Prinzip. Sie sagt jedoch nichts darüber aus, ob mit Hilfe des eingesetzten Kapitals ein Gewinn erwirtschaftet wird.

Definition   Die **Rentabilität** misst die Verzinsung des eingesetzten Kapitals

Beispiele

Der Sparer legt sein Geld da an, wo er die höchsten Zinsen erhält. Der Unternehmer investiert da, wo er den höchsten Gewinn (= Verzinsung des eingesetzten Kapitals) erwartet.

Über die Rentabilität entscheidet letztlich der Markterfolg der Unternehmung, also die am Markt tatsächlich erzielten Umsatzerlöse.

Definition   Die **Eigenkapitalrentabilität** misst die Verzinsung des eingesetzten Eigenkapitals.

Beispiel

Die Bilanz der Münchener Flitzer GmbH weist ein Eigenkapital von 180 000,00 EUR aus.

$$\text{Eigenkapitalrentabilität} = \frac{\text{Gewinn}}{\text{eingesetztes Eigenkapital}} \cdot 100$$

Summe der jährlichen Erträge	*1 323 200,00 EUR*
Summe der jährlichen Aufwendungen	*1 280 000,00 EUR*
Jahresgewinn	*43 200,00 EUR*

$$\text{Eigenkapitalrentabilität} = \frac{43\,200,00\ EUR \cdot 100}{180\,000,00\ EUR} = 24\,\%\ p.\,a.$$

Definition   Die **Gesamtkapitalrentabilität** (Unternehmungsrentabilität) gibt an, mit wie viel Prozent sich das gesamte eingesetzte Kapital, also die Summe aus Eigenkapital und Fremdkapital, verzinst hat.

$$\text{Gesamtkapitalrentabilität} = \frac{\text{Gewinn + Fremdkapitalzinsen}}{\text{Eigenkapital + Fremdkapital}} \cdot 100$$

Durch einen Vergleich der Eigenkapitalrentabilität mit der Gesamtkapitalrentabilität lässt sich feststellen, wie sich der Einsatz von Fremdkapital auf die Eigenkapitalrentabilität ausgewirkt hat.

Definition   Die **Umsatzrentabilität** gibt den Gewinn je 100,00 EUR Umsatz (= die prozentuale Gewinnspanne) an.

$$\text{Umsatzrentabilität (Umsatzrendite)} = \frac{\text{Gewinn}}{\text{Umsatzerlöse}} \cdot 100$$

Die Umsatzrentabilität eignet sich besonders gut als Vergleichskennziffer und Erfolgsmaßstab für verschiedene Unternehmen derselben Branche. Eine Unternehmung mit einer im Branchenvergleich überdurchschnittlichen Umsatzrentabilität verfügt über eine gesicherte Marktposition. Sie kann Kostensteigerungen leichter verkraften und ist bei einer Verschärfung der Wettbewerbssituation eher zu Preiszugeständnissen in der Lage bzw. bei einem Preisrückgang vor Verlusten geschützt.

■ Lohnstückkosten

Häufig wird argumentiert, dass in Deutschland die Löhne zu hoch seien und deshalb die Produktion im Ausland günstiger sei. Diese auf den ersten Blick einleuchtende Aussage greift zu kurz, da sie nicht die Produktivitätsunterschiede zwischen In- und Ausland berücksichtigt. Man berechnet die Lohnstückkosten, weil sie das Verhältnis von Lohnkosten und Produktivität in einer Messgröße zusammenfassen.

Unter **Lohnstückkosten** versteht man die Lohnkosten je produzierter Einheit. **Definition**

$$\text{Lohnstückkosten} = \frac{\text{Lohnkosten}}{\text{produzierte Stückzahl}}$$

Beispiel

Ein deutscher Automobilhersteller hat Lohnkosten von 40,00 EUR je Stunde, und für die Produktion eines Fahrzeuges werden 29 Arbeitsstunden benötigt. Ein ausländischer Mitbewerber hat nur 25,00 EUR Lohnkosten je Stunde, aber für ein vergleichbares Fahrzeug werden 45 Arbeitsstunden gebraucht. In diesem Fall betragen die Lohnstückkosten des deutschen Herstellers 1 000,00 EUR und die Lohnstückkosten des ausländischen Herstellers 1 125,00 EUR.

Aufgaben

1. Führen Sie diejenigen Standortfaktoren auf, die für Ihren Ausbildungsbetrieb zutreffend gewesen sein könnten.

2. Weisen Sie anhand eines Zahlenbeispiels nach, ob es möglich ist, dass die Produktivität bei abnehmender Produktion steigt.

3. Einem multinationalen Automobilkonzern liegen folgende Zahlen für das zurückliegende Jahr vor:
   Das Werk in Großbritannien beschäftigte 7 000 Mitarbeiter, die wöchentlich 40 Stunden arbeiteten (49 Arbeitswochen p. a.) und dabei 338 765 Fahrzeuge produzierten.
   Die vergleichbaren Zahlen für das Werk in Deutschland lauten: 12 500 Mitarbeiter, 38^1/$_2$-Stundenwoche, 48 Arbeitswochen, 855 555 Fahrzeuge.
   Wie viel Prozent beträgt der Produktivitätsvorsprung des deutschen Werkes?

4. In einer Volkswirtschaft gibt es nur zwei Unternehmen.
   Die Schlussbilanzen des Jahres 1 und des Jahres 2 sowie die Gewinn- und
   Verlustrechnungen des Jahres 1 haben folgendes Bild:

Bilanz Unternehmen A

Aktiva			Passiva		
	Jahr 1	Jahr 2		Jahr 1	Jahr 2
BGA	1 000	1 010	EK	1 500	1 600
Lager	300	340			
Kasse	200	250			
	1 500	1 600		1 500	1 600

Bilanz Unternehmen B

Aktiva			Passiva		
	Jahr 1	Jahr 2		Jahr 1	Jahr 2
BGA	500	650	EK	800	1 000
Lager	200	200			
Kasse	100	150			
	800	1 000		800	1 000

GuV Unternehmen A

Aufwend.		Erträge	
Löhne	80	Umsatz	1 000
Material	750		
Abschreib.	70		
Gew.	100		
	1 000		1 000

GuV Unternehmen B

Aufwend.		Erträge	
Löhne	300	Umsatz	800
Material	170		
Abschreib.	130		
Gewinn	200		
	800		800

Bitte ermitteln Sie für diese Volkswirtschaft
a) die Höhe der Reinvestitionen
b) die Höhe der Bruttoinvestitionen
c) um wie viel Euro die Nettoinvestitionen von Unternehmen A hinter den
   Nettoinvestitionen von Unternehmen B lagen?

5. In einer kleineren Industrieunternehmung sind Maschinen im Wert von
   3.000.000,00 EUR im Einsatz. Im Rahmen von Rationalisierungsmaßnahmen
   werden diese Maschinen für 2.500.000,00 EUR modernisiert.
   Die Daten in der Tabelle kennzeichnen die Situation vor und nach Abschluss
   der Rationalisierungsmaßnahmen.

Produzierte und verkaufte Menge		Mitarbeiter	Preis/Stück	Kosten
vorher	10 000	21	450,00 EUR	3 900 000,00 EUR
nachher	11 000	15	380,00 EUR	3 300 000,00 EUR

Ermitteln Sie für die Zeit nach Abschluss der Rationalisierung
a) die Arbeitsproduktivität in Stück
b) die Wirtschaftlichkeit
c) den Gewinn (in Tausend EUR)
d) die Kapitalrentabilität
e) die prozentuale Veränderung der Arbeitsproduktivität
(Ergebnisse ggf. auf 2 Stellen nach dem Komma runden).

6. Ergänzen Sie Ihre Lernkartei, indem Sie sich mit Ihrem Nachbarn über sinnvolle Kartenüberschriften austauschen und die Karteikarten entsprechend
   ausfüllen.

3   Markt und Preisbildung

Einstiegssituation

Die Reise geht in Richtung Oligopol

Studie der DVB Group zu Unternehmensübernahmen

Frankfurt/Main (hel)
Die Konzentrationstendenzen auf den internationalen Verkehrsmärkten werden sich unvermindert fortsetzen. Die Mehrzahl der Marktsegmente wird sich sehr langfristig zu engen Oligopolen mit drei bis fünf Anbietern oder zu weiten Oligopolen mit sechs bis zehn Anbietern entwickeln. Zu diesem Ergebnis kommt eine Studie der DVB Group (Deutsche VerkehrsBank AG) zum Thema Mergers & Acuisitions (M&A; Unternehmensübernahmen), die gestern in Frankfurt/Main vorgestellt wurde.

Treiber der Konzentrationstendenzen auf den Verkehrsmärkten ist die wachsende Unternehmenskonzentration in der verladenden Wirtschaft und die Globalisierung aufseiten der Verlader. Dadurch würden verstärkt kontinentale und weltweite Logistiknetzwerke nachgefragt. Gleichzeitig reduzieren die Verlader die Zahl ihrer Dienstleister.

Die DVB Group sieht bei den Unternehmensübernahmen zwei wichtige Stoßrichtungen:
• Zum einen kann ein Anstieg kontinentübergreifender M&A-Aktivitäten erwartet werden, die momentan noch in den Kinderschuhen stecken.
• Zum anderen werden vertikale Unternehmensübernahmen zunehmen. Damit sind Übernahmen gemeint, die dem Käufer ermöglichen, ganze Transportketten abzubilden – sie ermöglichen Angebote aus einer Hand.

Als gangbare Alternative zu Übernahmen sieht die DVB strategische Allianzen zwischen großen Anbietern.

Der Trend zu mehr Größe bedroht durchaus mittelständische Anbieter. Sie geraten in die Schere zwischen den Großen und Kleinbetrieben, die als Subunternehmer aktiv sind. Für den Mittelstand bleiben nach Ansicht der DVB Group zwei strategische Handlungsalternativen: entweder Nischenspezialist werden oder mit anderen Mittelständlern kooperieren.

Quelle: DV 23.04.2002

■ Märkte

Unter einem **Markt** versteht man jedes Zusammentreffen von Angebot und Nachfrage, gleichgültig, an welchem Ort, zu welcher Zeit und unter welchen Umständen dies geschieht.

Aufgabe des Marktes ist der Ausgleich von Angebot und Nachfrage.

Man unterscheidet *organisierte* und *nicht organisierte* Märkte.

Bei einem **organisierten Markt** ist das Zusammentreffen von Angebot und Nachfrage lokalisiert und zeitlich begrenzt. Weil hier eine Vielzahl von konkurrierenden Anbietern und Nachfragern gleichzeitig auftreten und für alle Marktteilnehmer eine gute Markttransparenz (Marktübersicht) besteht, sind gute Voraussetzungen für einen intensiven Wettbewerb geschaffen.

Beispiele

Börsen, Messen, Wochenmärkte

Nach der Art der angebotenen und nachgefragten Güter unterscheidet man:

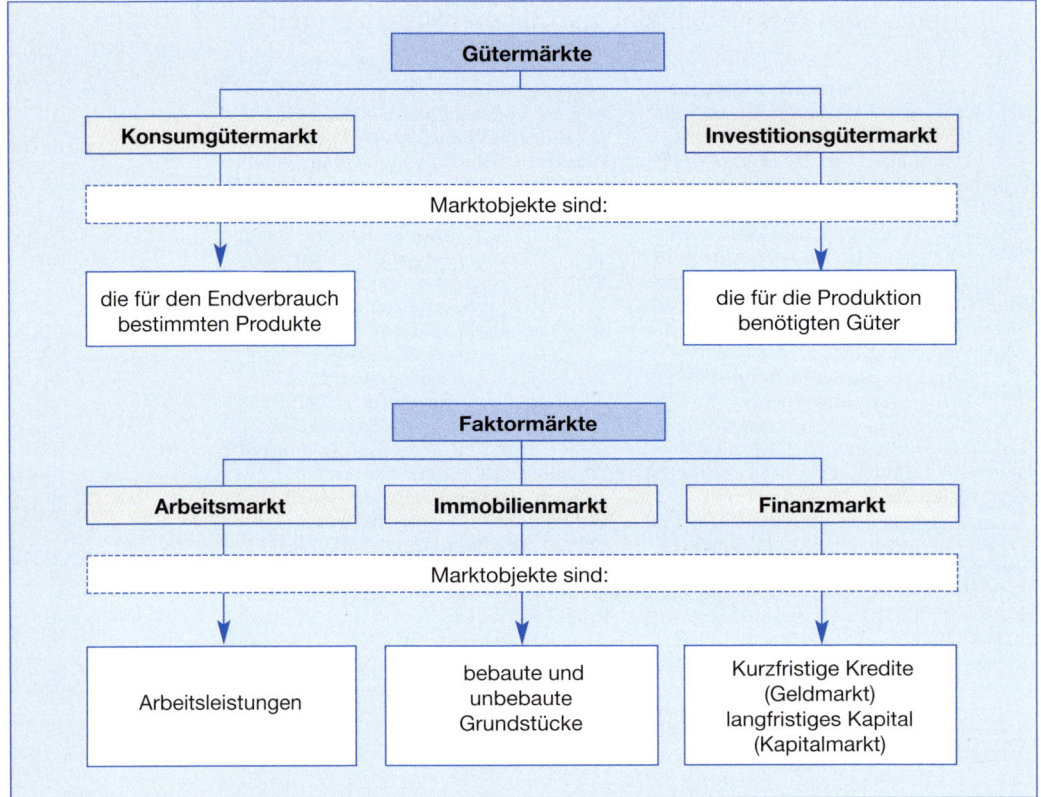

Einen Markt, der von einer starken Position der Anbieter geprägt ist, bezeichnet man als **Verkäufermarkt**. Umgekehrt spricht man von einem **Käufermarkt**, wenn die Nachfrager aufgrund ihrer Verhandlungsstärke auf den Preis und die Qualität des Angebots Einfluss nehmen können.

Beispiel

Im Winter ist während einer lang anhaltenden Kälteperiode die Position der Heizöl-Lieferanten relativ stark; der Marktpreis wird daher deutlich steigen. Im Sommer dagegen besteht für die Anbieter eine Absatzflaute. Die Position der Nachfrager ist dadurch relativ stark; sie können den Preis drücken und sich günstig einen Vorrat für den Winter anlegen.

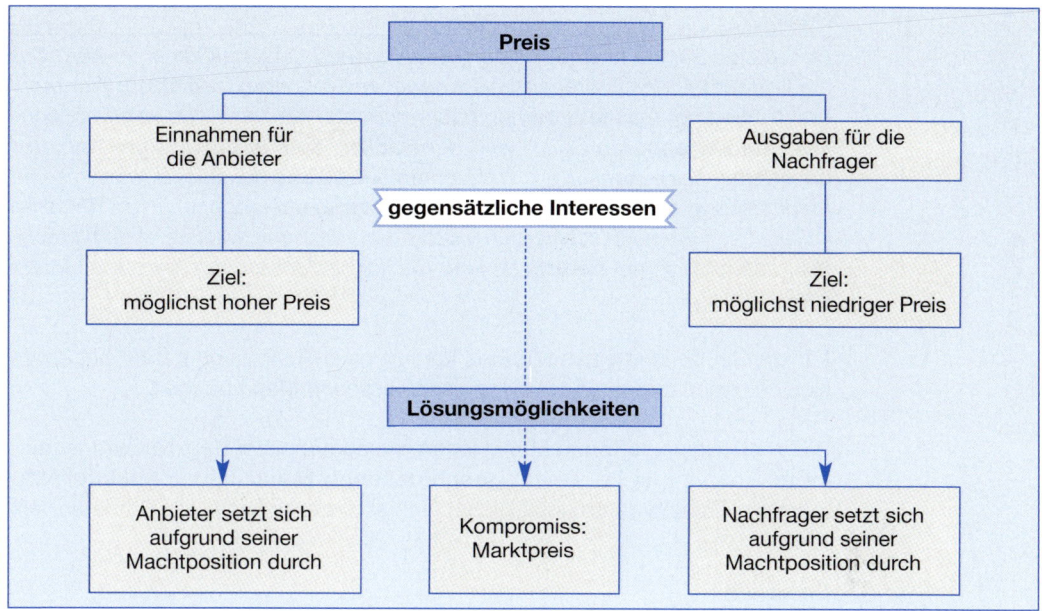

■ Marktformen

Von zentraler Bedeutung für das Marktgeschehen ist, wie viele Anbieter und wie viele Nachfrager auf dem Markt auftreten.

Beispiel

Wenn ein Top-Profifußballspieler von einem Verein an einen anderen Verein verkauft wird, unterliegt dieser Vorgang anderen Marktgesetzmäßigkeiten, als wenn an einer Wertpapierbörse zwischen einer Vielzahl von Marktteilnehmern Aktien einer großen Chemie-AG gehandelt werden.

Je nach Anzahl und relativer Größe der Marktteilnehmer auf der Angebots- bzw. der Nachfrageseite lassen sich verschiedene Marktformen unterscheiden:

Zahl der Anbieter / Zahl der Nachfrager	viele kleine	wenige mittlere	ein großer
viele kleine	Polypol	Angebots-oligopol	Angebots-monopol
wenige mittlere	Nachfrage-oligopol	zweiseitiges Oligopol	beschränktes Angebotsmonopol
ein großer	Nachfrage-monopol	beschränktes Nachfragemonopol	zweiseitiges Monopol

Die Marktform und die Möglichkeit des Marktzutritts für neue Marktteilnehmer sind für das Ausmaß des Wettbewerbs von zentraler Bedeutung.

Beispiel

Der einzige Bäcker in einer kleinen, abgelegenen Ortschaft kann, vordergründig betrachtet, den Brötchenpreis weitgehend autonom festsetzen: Wer morgens unbedingt frische Brötchen haben möchte, hat keine Ausweichmöglichkeit. Auf der anderen Seite weiß der Bäcker, dass er als einziger Anbieter unmittelbar keine Konkurrenz zu fürchten hat. Würde der Bäcker jedoch seine Marktstellung zu sehr ausnutzen und einen völlig überzogenen Preis für seine – vielleicht auch noch schlechten – Brötchen verlangen, müsste er damit rechnen, dass sich schon bald ein anderer Bäcker niederlässt und ihm seinen Markt streitig macht.

Für die Beurteilung eines Marktes kommt es deshalb auch darauf an, ob es sich um einen *offenen* oder einen *geschlossenen* Markt handelt.

Während in einen **offenen Markt** jederzeit neue Anbieter bzw. Nachfrager eintreten können, ist bei einem **geschlossenen Markt** neuen Marktteilnehmern der Zugang durch gesetzliche, technische oder finanzielle Barrieren versperrt.

Beispiele

* *Der Staat hat das Monopol der Beförderung von Briefen bis 200 g und Massendrucksachen bis 50 g bis zum Jahr 2007 an die Deutsche Post AG verliehen (Briefmonopol). Anderen Marktteilnehmern ist der Marktzugang gesetzlich versperrt.*
* *Zum Bau eines Kraftwerkes ist ein Kapitalbedarf in Milliardenhöhe und ein besonderes technisches Wissen erforderlich. Nur ein großes Energieversorgungsunternehmen verfügt über das entsprechende Know-how und ist in der Lage, das notwendige Kapital aufzubringen.*

Steht der Marktmacht der einen Marktseite keine entsprechende Gegenmacht gegenüber, so besteht die Gefahr, dass der Wettbewerb eingeschränkt oder im Extremfall sogar aufgehoben wird.

Die relative Stärke eines Marktteilnehmers gegenüber der Marktgegenseite drückt sich in seiner Fähigkeit aus, den Marktpreis beeinflussen zu können.

Beispiel

Auf eine Erhöhung der Benzinpreise können die Verbraucher nur durch Umsteigen auf andere Verkehrsmittel reagieren; einen Einfluss auf die Preisgestaltung der Mineralölkonzerne haben sie nicht.

3.1 Bestimmungsgründe des Nachfrageverhaltens

In der Nachfrage der privaten Haushalte kommt der Wunsch der Konsumenten zum Ausdruck, eine bestimmte Menge von Gütern zu erwerben.
Der primäre Grund für die Nachfrage der privaten Haushalte ist darin zu sehen, dass jeder Mensch Bedürfnisse hat, die er mit den ihm gegebenen finanziellen Mitteln befriedigen muss bzw. möchte.

Im Einzelnen betrachtet wird man feststellen, dass die Nachfrage nach einem Gut von mehreren Faktoren abhängig ist.

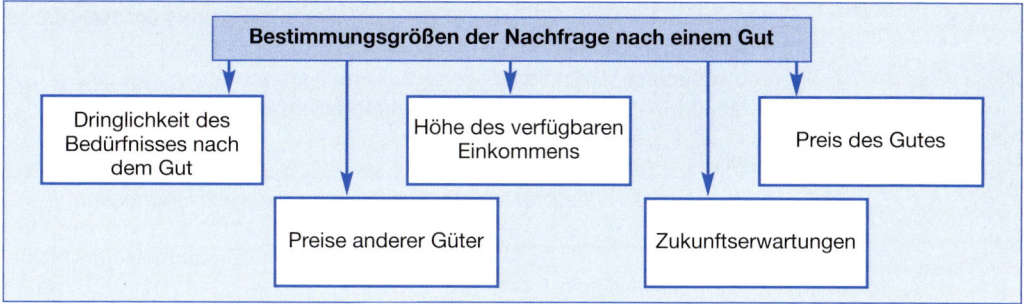

■ Dringlichkeit des Bedürfnisses nach dem Gut

Die Haushalte versuchen, zunächst die Güter nachzufragen, die sie am dringlichsten benötigen bzw. sich wünschen. Jeder private Haushalt entwickelt dabei unterschiedliche Bedürfnisse.

Beispiele
In dem einen Haushalt wird besonderer Wert auf Essen und Trinken gelegt, für den anderen Haushalt ist gute Kleidung besonders wichtig, für einen dritten Haushalt steht die jährliche Urlaubsreise im Vordergrund des Interesses.

Die **Bedürfnisskala** eines Menschen spiegelt die Reihenfolge der Bedürfnisse entsprechend ihrer individuell empfundenen Dringlichkeit wider. Das subjektive Mangelgefühl wird vielfach durch Werbung und das gesellschaftliche Umfeld, in dem der Einzelne lebt, beeinflusst oder sogar erst geweckt.
Je dringlicher der Wunsch nach einem bestimmten Gut empfunden wird, desto höher ist auch der Preis, den man zu zahlen bereit ist.

■ Höhe des verfügbaren Einkommens

Bei steigendem Einkommen kann man sich mehr Wünsche erfüllen. Dies bedeutet, dass man entweder von einem bestimmten Gut eine größere Menge kauft oder dass man auf höherwertige, teurere Güter umsteigt.

Beispiel
Es ist zu beobachten, dass bei steigendem Einkommen die Verbrauchsausgaben für Grundnahrungsmittel wie Brot und Kartoffeln sinken, während für teurere Lebensmittel wie exotische Obst- und Gemüsesorten mehr ausgegeben wird.

Ein steigendes Einkommen führt daher in der Regel zu einer Änderung der Bedürfnisskala. Die absolute Höhe des verfügbaren Haushaltseinkommens begrenzt die Möglichkeiten der Bedürfnisbefriedigung.
Die Haushalte versuchen, ihr Einkommen so aufzuteilen, dass mit den verfügbaren Mitteln möglichst viele Bedürfnisse befriedigt werden können.

■ Preis des Gutes

Wer sich etwas kaufen möchte, schaut zunächst auf den Preis.

Je höher der Preis eines Gutes, desto geringer wird im Normalfall die Nachfrage nach diesem Gut sein. Umgekehrt wird bei sinkendem Preis die Nachfrage nach dem Gut zunehmen.

Wenn die Nachfrager in dieser Weise auf Preisveränderungen bei einem Gut reagieren, spricht man von einer **preiselastischen Nachfrage**.

Beispiel

Bei stark sinkenden Flugpreisen steigt die Nachfrage nach Flugreisen.

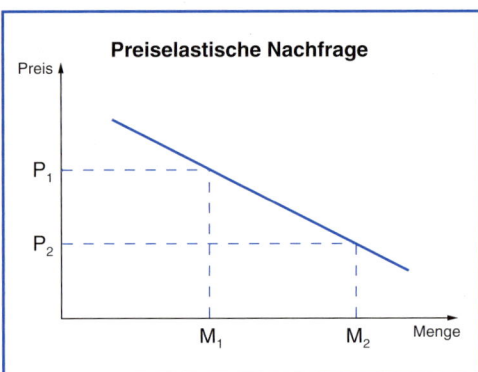

Den Zusammenhang von Preis und nachgefragter Menge kann man in einer **Nachfragekurve** veranschaulichen. Sie macht deutlich, wie die Käufer auf Preisveränderungen der von ihnen nachgefragten Güter reagieren. In dieser Grafik führt eine Senkung des Preises von P_1 nach P_2 zu einer Ausweitung der nachgefragten Menge von M_1 nach M_2.

■ Preise anderer Güter

Die Nachfrage nach einem Gut kann steigen (oder sinken), wenn sich der Preis eines anderen Gutes verändert.

Beispiel

Bei Erhöhung der Dieselpreise sinkt die Nachfrage nach Dieselfahrzeugen, aber es steigt die Nachfrage nach Normalkraftstoff.

■ Zukunftserwartungen

Rechnen die Nachfrager damit, dass das Gut bald nicht mehr zu haben ist oder dass es in Zukunft zu einem Anstieg der Preise kommen wird, werden sie unter Umständen bereits heute das Gut kaufen.

Beispiel

Kauf von Aktien in Erwartung steigender Kurse

3.2 Bestimmungsgründe des Angebotsverhaltens

Primäre Antriebsfeder für das Anbieterverhalten von Unternehmungen in einer Marktwirtschaft ist die Gewinnerzielungsabsicht:

Die Unternehmungen versuchen auf der einen Seite, die Kosten der Produktion möglichst gering zu halten, und auf der anderen Seite, für die von ihnen erzeugten Produkte einen möglichst hohen Preis zu erzielen.

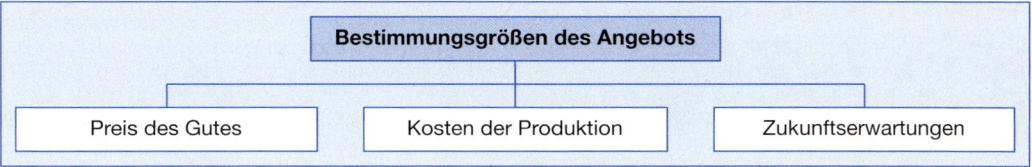

Bestimmungsgrößen des Angebots		
Preis des Gutes	Kosten der Produktion	Zukunftserwartungen

■ Preis des Gutes

Je höher der am Markt erzielbare Preis für ein Gut ist, desto mehr Unternehmer sind grundsätzlich bereit, dieses Gut zu produzieren. Umgekehrt wird bei sinkendem Preis die Anzahl der Unternehmen, die das Gut produzieren wollen, geringer.
Wenn die Unternehmungen in dieser Weise auf Preisänderungen reagieren, spricht man von einem **preiselastischen Angebot**.

Beispiel

Steigen aufgrund einer besonderen Nachfrage die Preise für handgefertigte Marzipanhasen, so führt dies dazu, dass Unternehmen, die diese Marktlücke erkennen, die sich bietenden Gewinnchancen wahrnehmen und ihre Produktion entsprechend ausweiten.

■ Kosten der Produktion

Die Kosten der Produktion sind für die Produktionsentscheidungen einer Unternehmung ebenso wichtig wie der am Markt erzielbare Preis, denn der Gewinn der Unternehmung ist die Differenz zwischen den Verkaufserlösen und den durch die Produktion verursachten Kosten.

Unter Kosten versteht man den bei der betrieblichen Leistungserstellung verursachten Verbrauch an Gütern und Dienstleistungen.   **Definition**

Man unterscheidet zwischen **fixen** und **variablen** Kosten.

Fixe Kosten sind von der Beschäftigungslage der Unternehmung unabhängig. Man spricht daher auch von den Kosten der Betriebsbereitschaft.

Beispiel

Gehälter für die Mitarbeiter, zeitanteilige Abschreibungen für die Lkw, Mietkosten, Zinsaufwendungen

Variable Kosten sind von der Beschäftigungslage abhängig. Sie steigen (sinken) mit zunehmender (abnehmender) Produktionsmenge.

Beispiel

Kraftstoffkosten, Akkordzuschläge, Materialkosten

Addiert man die fixen und die variablen Kosten, so ergeben sich die Gesamtkosten der Unternehmung.

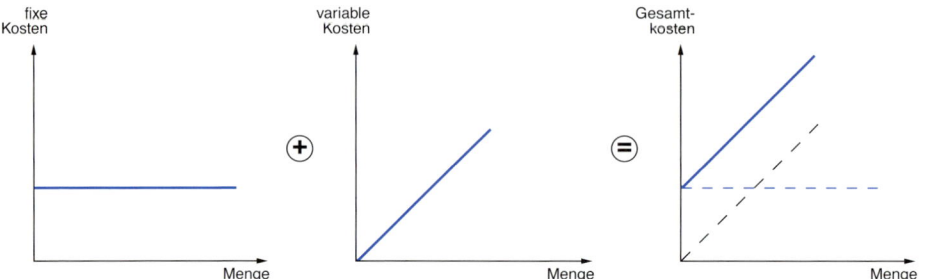

Bei Dienstleistungsbetrieben bestehen die Gesamtkosten überwiegend aus fixen Kosten.

■ Gesetz der Massenproduktion

Während die variablen Kosten pro Stück unabhängig von der Produktionsmenge konstant bleiben, nehmen die fixen Kosten pro Stück mit zunehmender Kapazitätsauslastung ab. Die Stückkosten sinken daher mit steigender Produktionsmenge (Stückkostendegression).

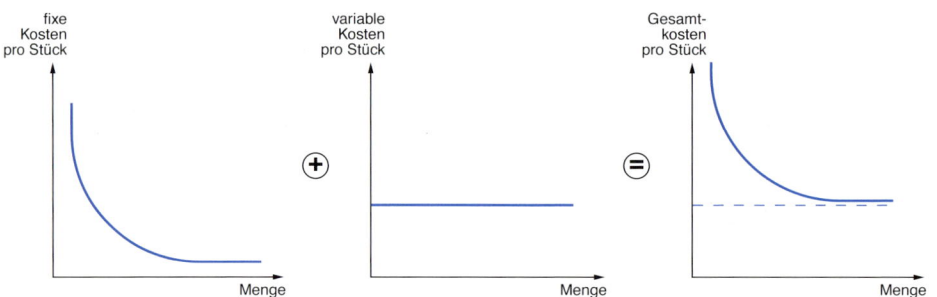

$$\textbf{Stückkosten} = \frac{\text{fixe Kosten}}{\text{Produktionsmenge}} + \text{variable Kosten pro Stück}$$

Beispiel

Die fixen Kosten eines Spezial-Reifen-Produzenten betragen 600 000,00 EUR pro Jahr. Die variablen Kosten je Reifen betragen 80,00 EUR.
Die Produktionskapazität beträgt 15 000 Stück pro Jahr.

Produktionsmenge (Stück)	variable Kosten (EUR)	fixe Kosten pro Stück (EUR)	Stückkosten (EUR)
1	80,00	600 000,00	600 008,00
100	80,00	6 000,00	6 080,00
1 000	80,00	600,00	680,00
10 000	80,00	60,00	140,00
15 000	80,00	40,00	120,00

3.3 Vollkommener Markt

Das ideale Marktgeschehen spielt sich auf einem Markt ab, der frei von jeglichen Wettbewerbsbeschränkungen ist. Ein solcher Markt wird als **vollkommener Markt** bezeichnet.

Definition

Der vollkommene Markt ist kein Markt der Wirklichkeit, sondern nur ein theoretisches Modell, das für das Verständnis des Zusammenspiels von Angebot und Nachfrage besonders hilfreich ist.

Für einen vollkommenen Markt müssen folgende **Voraussetzungen** erfüllt sein:

- **Rationale Verhaltensweisen der Marktteilnehmer**
  Die Marktteilnehmer handeln streng nach dem Rationalprinzip: Die *Anbieter* (Unternehmungen) streben *Gewinnmaximierung*, die *Nachfrager* (Konsumenten) *Nutzenmaximierung* an.

- **Polypolistische Konkurrenz**
  Die Anzahl der Marktteilnehmer ist so groß bzw. die Marktmacht des einzelnen Marktteilnehmers so gering, dass niemand aus seiner Marktposition heraus in der Lage ist, den Marktpreis zu beeinflussen.

- **Homogenität der Güter**
  Die auf dem Markt gehandelten Güter sind in jeglicher Hinsicht gleichartig; d. h., sie weisen keinerlei Unterschiede hinsichtlich Qualität, Aussehen und Verpackung auf.
  Beispiel

  EURO-Paletten verschiedener Hersteller

- **Keine persönlichen Präferenzen**
  Käufer und Verkäufer dürfen sich nicht gegenseitig bevorzugen. Es kommt auf diesem Markt also nicht vor, dass jemand aufgrund einer besonders freundlichen Aquisiteurin eine bestimmte Spedition bevorzugt.

- **Keine räumlichen Präferenzen**
  Angebot und Nachfrage treffen an einem bestimmten Ort zusammen. Zwischen Anbietern und Nachfragern bestehen keine räumlichen Unterschiede, d. h. es handelt sich um einen *Punktmarkt*.
  Beispiel

  Frachtenbörse

- **Keine zeitlichen Präferenzen**
  Angebot und Nachfrage treffen zeitgleich aufeinander, d. h., es gibt z. B. keine unterschiedlichen Lieferfristen oder Öffnungszeiten.

- **Vollständige Markttransparenz der Marktteilnehmer**
  Anbieter und Nachfrager verfügen über eine vollständige Marktübersicht: Die Anbieter sind darüber informiert, welche Mengen und zu welchen Preisen die Nachfrager kaufen wollen, umgekehrt wissen die Nachfrager, welche Mengen und zu welchen Preisen die Anbieter verkaufen wollen.

- **Unendlich schnelle Reaktionsgeschwindigkeit der Marktteilnehmer**
  Anbieter und Nachfrager sind in der Lage, auf Preisänderungen sofort zu
  reagieren: Die Anbieter können ohne zeitlichen Verzug die Güterproduktion
  aufnehmen oder einstellen, d. h., es gibt hierbei keine produktionstechni-
  schen Hemmnisse.

3.4 Preisbildung auf vollkommenen Märkten

Die Entstehung des Marktpreises ist das Ergebnis des Zusammentreffens von
Angebot und Nachfrage.

Beispiel

Ausgangspunkt für die folgenden Überlegungen ist der Markt für Fahrräder.

*Es wird unterstellt, dass die Bedingungen des vollkommenen Marktes erfüllt
sind:*
- *Die Marktteilnehmer handeln rational; sie haben weder zeitliche, räumliche
  noch persönliche Präferenzen und verfügen über eine vollständige Markttransparenz.*
- *Es existiert nur eine Art von Fahrrädern (Typ „Standard").*
- *Die Anzahl der Anbieter und Nachfrager ist so groß, dass es keine Rolle
  spielt, ob einer von ihnen ausscheidet oder hinzukommt; keiner der Marktteilnehmer kann von sich aus den Marktpreis beeinflussen.*

Die Gegenüberstellung zeigt, dass angebotene und nachgefragte Menge nur
beim Preis von 300,00 EUR gleich groß sind. Der mengenmäßige Umsatz
beträgt bei diesem Preis 40 000 Stück.

Preis (EUR)	Angebot Menge (Stück)	Nachfrage Menge (Stück)	Marktumsatz Menge (Stück)	Nachfrage-/ Angebotsüberhang Menge (Stück)
100,00	10 000	60 000	10 000	NÜ 50 000
150,00	15 000	55 000	15 000	NÜ 40 000
200,00	30 000	50 000	30 000	NÜ 20 000
300,00	40 000	40 000	40 000	–
400,00	50 000	30 000	30 000	AÜ 20 000
500,00	60 000	20 000	20 000	AÜ 40 000
600,00	70 000	10 000	10 000	AÜ 60 000

Definition
Beim **Gleichgewichtspreis** (= Marktpreis) stimmen angebotene und nachgefragte Menge überein; die dazugehörige Menge heißt Gleichgewichtsmenge.

Am vollkommenen Markt kann kein Anbieter und kein Nachfrager von sich aus
den Marktpreis beeinflussen, weil alle in scharfem Wettbewerb miteinander
stehen, die Zahl der Mitbewerber groß und der eigene Marktanteil sehr gering
ist. Alle müssen sich dem Gleichgewichtspreis anpassen, der durch das
Zusammenspiel von Angebot und Nachfrage entsteht.

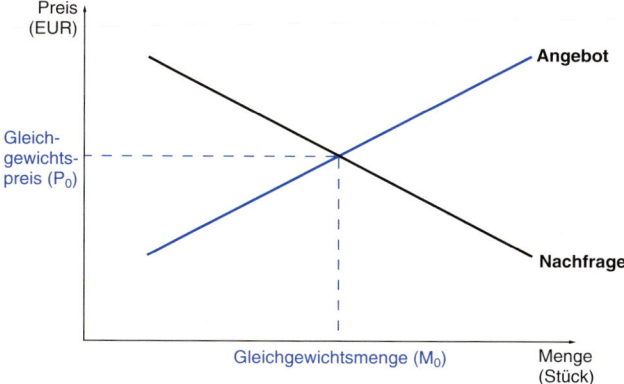

Bei allen Preisen über 300,00 EUR existiert ein **Angebotsüberhang**, der umso größer ist, je höher der Preis ist.

Beispiel

Angenommen, die Unternehmer glaubten, Fahrräder ließen sich zum Preis von 600,00 EUR absetzen. Das Marktangebot betrüge dann insgesamt 70 000 Stück. Die Fahrradhersteller würden jedoch bald feststellen, dass nur wenige Nachfrager bereit sind, diesen hohen Preis zu zahlen, und würden auf dem Großteil der Produktion, nämlich 60 000 Fahrrädern, „sitzen bleiben". Nur durch eine Preissenkung könnten sie ihre Läger von den überteuerten Fahrrädern räumen.

Je weiter der Preis fällt, desto mehr Unternehmer müssen die Produktion von Fahrrädern aufgeben.

Es bleiben schließlich nur solche Unternehmen übrig, die auf Dauer in der Lage sind, zum Preis von 300,00 EUR Fahrräder kostendeckend zu produzieren.

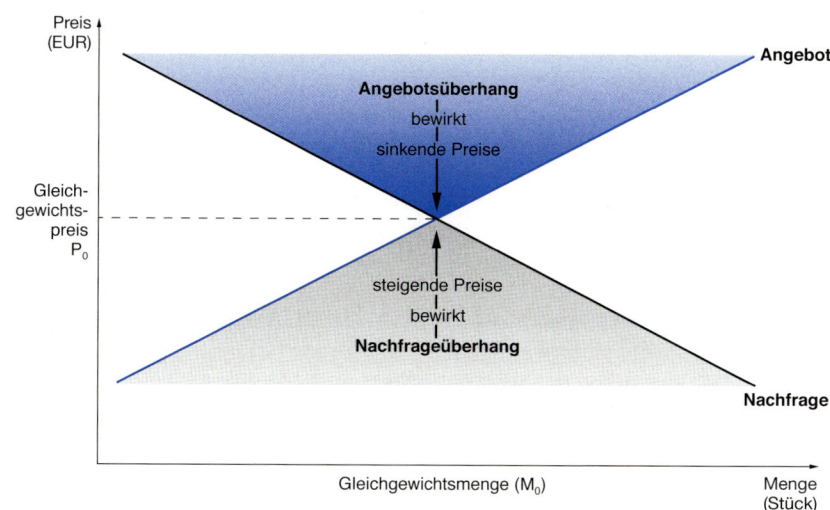

Bei allen Preisen unter 300,00 EUR entsteht ein **Nachfrageüberhang**, der umso größer wird, je niedriger der Preis ist.

Beispiel

Angenommen, die Unternehmen glaubten, Fahrräder ließen sich nur zum Preis von 150,00 EUR absetzen. Das Marktangebot betrüge dann nur 15 000 Stück, da nur wenige, besonders kostengünstig arbeitende Unternehmen in der Lage sind, bei diesem Preis rentabel zu produzieren.

Die Hersteller würden jedoch sofort feststellen, dass ihnen bei diesem Preis die Fahrräder förmlich aus den Händen gerissen werden. Um ihre Gewinne zu erhöhen, würden sie schleunigst die Preise heraufsetzen. Dieser Preisanstieg lockt weitere Unternehmen in diesen Markt. Das Marktangebot würde zunehmen, je höher der Preis steigt. Der Nachfrageüberhang von 40 000 Stück würde so nach und nach abgebaut.

3.5 Unvollkommene Märkte

Definition

Ist nur eine der Voraussetzungen des vollkommenen Marktes nicht erfüllt, so liegt ein unvollkommener Markt vor.

Polypolistische Konkurrenz wird durch die Konzentrationsbewegungen auf den Märkten immer seltener. Durch Produktdifferenzierung, Preisdifferenzierung, variable Ladenöffnungszeiten, Schulung des Verkaufspersonals usw. versuchen Unternehmen, sich und ihren Produkten ein eigenes Profil zu geben. Markttransparenz wird durch schwer vergleichbare Prospekte und Preise oft von vornherein unmöglich gemacht. Daraus folgt eine entsprechend lange Reaktionsgeschwindigkeit auf Änderungen des Verhaltens anderer Marktteilnehmer. Punktmärkte sind höchstens noch in regionalen Marktsegmenten vorzufinden *(z. B. Viehmarkt in einer schleswig-holsteinischen Kleinstadt)*.

Definition

Die in der Wirklichkeit anzutreffenden Märkte sind **unvollkommene Märkte**.

Beispiele

Wegen der vermeintlich besseren Qualität bevorzugen manche Konsumenten ein ganz bestimmtes Waschmittel. Objektiv betrachtet weisen die Konkurrenzprodukte dieselben Wascheigenschaften auf.

Manche kaufen dieses Waschmittel im Gemischtwarenladen direkt um die Ecke, weil der Weg zum billigen Discounter zu weit ist, andere kaufen es dort nicht, weil sie nicht wissen, dass dort das Waschmittel billiger ist.

Wiederum ein anderer kauft das Waschmittel in der teuren Drogerie, weil er sich auf das Wiedersehen mit der netten Verkäuferin freut.

Ein Dritter kauft das Waschmittel um 22:00 Uhr im Bahnhofsgeschäft, weil er für einen Vorstellungstermin am nächsten Morgen noch sein Hemd waschen muss und er vergessen hat, sich das Waschmittel rechtzeitig zu besorgen.

In einem unvollkommenen Markt ist es den Anbietern möglich, innerhalb eines bestimmten Rahmens für ein und dasselbe Gut unterschiedliche Preise zu verlangen.

3.6   Funktionen des Marktpreises

Der Marktpreis erfüllt innerhalb der Volkswirtschaft wichtige Funktionen:

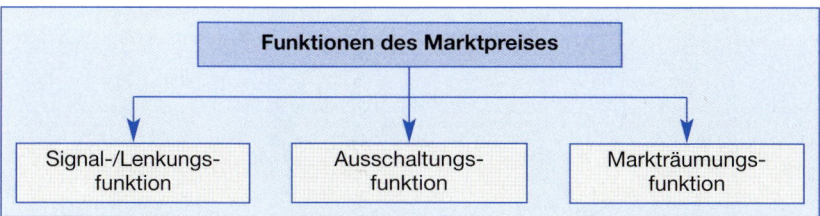

■ Signal-/Lenkungsfunktion

Ein hoher Marktpreis signalisiert die Knappheit eines Gutes und regt die Unternehmen an, dieses Gut zu produzieren.

Die produktiven Kräfte innerhalb der Volkswirtschaft werden dorthin gelenkt, wo sie besonders rentabel (= gewinnbringend) eingesetzt werden können. Die jeweiligen Marktpreise geben ein Bild von der Situation auf den verschiedenen Märkten. Hohe Marktpreise signalisieren den Unternehmungen, wo sich Gewinnchancen bieten und Marktlücken existieren.

Produktionszweige, die aufgrund einer rückläufigen Nachfrage nicht mehr rentabel arbeiten, werden aufgegeben. Die dabei freigesetzten Produktionsfaktoren können jetzt bei der Herstellung solcher Güter eingesetzt werden, die besonders gefragt sind und Zukunft haben.

■ Ausschaltungsfunktion

Unternehmungen, die mit der technischen und wirtschaftlichen Entwicklung nicht Schritt halten können, weil sie im Preis von ihren Konkurrenten unterboten werden und in der Qualität ihrer Produkte hinter anderen Unternehmen zurückstehen, finden bald nicht mehr genügend Abnehmer und werden vom Markt verdrängt.

Der Druck der Konkurrenz lässt die Unternehmen ständig nach günstigeren Produktionsmethoden, nach technischen Neuerungen, nach verbesserten oder neuartigen Produkten suchen. Dies bewirkt einen Fortschritt in der Wirtschaft, der den allgemeinen Lebensstandard hebt und den Verbrauchern zugute kommt.

Grenzanbieter sind diejenigen Anbieter, die beim Marktpreis gerade noch bereit und in der Lage sind, das Produkt herzustellen. Bei einem Preisrückgang sind sie als erste von der Ausschaltung bedroht.   **Definition**

Anbieter dagegen, die aufgrund ihrer besonders kostengünstigen Produktionsweise auch unterhalb des Marktpreises anbieten könnten, erzielen einen Geldvorteil, die Produzentenrente.

Die **Produzentenrente** ist die Differenz zwischen dem Marktpreis des Gutes und dem Preis, zu dem der Unternehmer gerade noch bereit und in der Lage wäre, das Produkt anzubieten.

Die Produzentenrente ist gewissermaßen die „Belohnung" für besondere unternehmerische Tüchtigkeit.

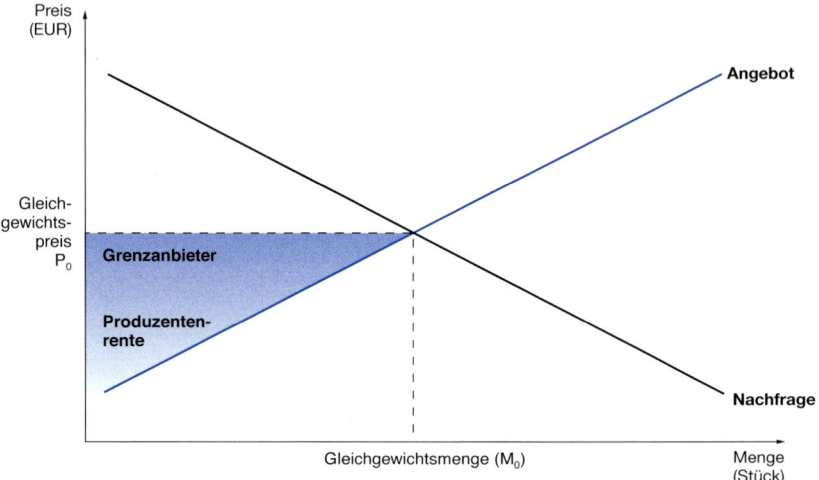

Nachfrager dagegen, die aufgrund ihrer besonders hohen Nutzeneinschätzung für das Gut bereit und in der Lage wären, auch einen höheren Preis als den vorhandenen Marktpreis zu zahlen, erzielen ebenfalls einen Geldvorteil, die Konsumentenrente.

Die **Konsumentenrente** ist die Differenz zwischen dem Marktpreis und dem Preis, den der einzelne Nachfrager gerade noch zu zahlen bereit und in der Lage gewesen wäre.

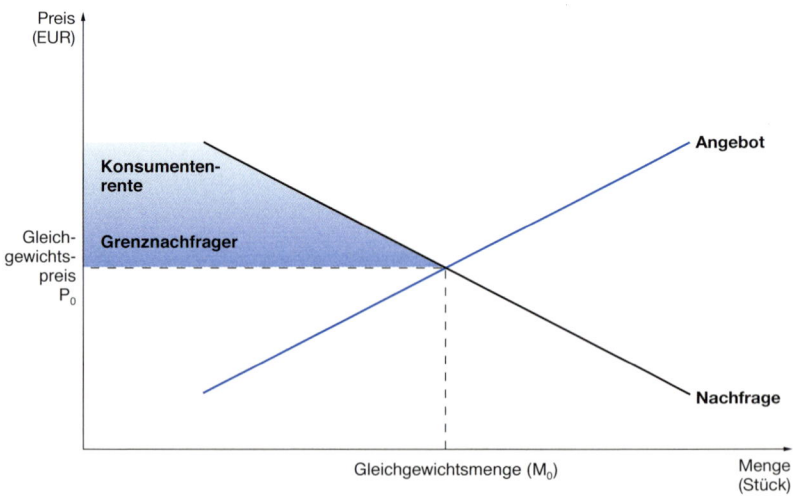

■ **Markträumungsfunktion**

Die Preisbildung sorgt dafür, dass angebotene und nachgefragte Menge einander entsprechen. Ein Angebotsüberhang wird durch sinkende Preise und verringerte Güterproduktion, ein Nachfrageüberhang durch steigende Preise und erhöhte Güterproduktion beseitigt.

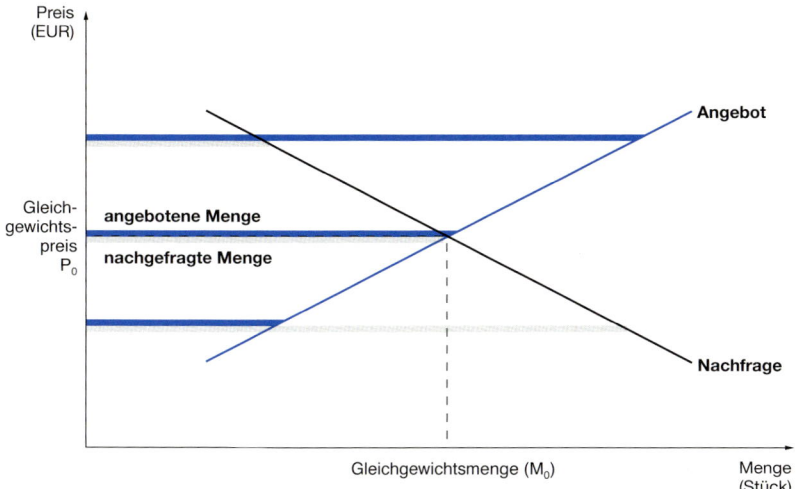

3.7 Eingriffe des Staates in die Preisbildung

Im vollkommenen Markt bildet sich der Marktpreis durch das Zusammentreffen von Angebot und Nachfrage.
Wer als Unternehmer nicht zum Marktpreis anbieten will oder kann, wird von seinen Konkurrenten verdrängt. Wer als Konsument den Marktpreis nicht zahlen will oder kann, geht leer aus.
Marktpreise können aus sozialpolitischen Erwägungen zu hoch oder zu niedrig sein. Oftmals ist der Staat daran interessiert, den Preis für bestimmte Güter zu kontrollieren bzw. zu beeinflussen. Dies könnte ihn dazu veranlassen, in die Preisbildung einzugreifen.

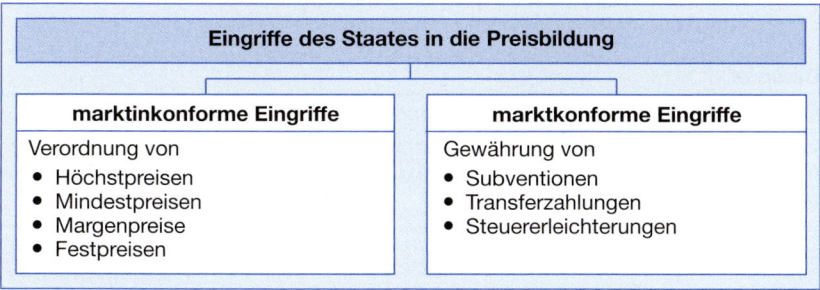

Durch *marktinkonforme* **Eingriffe wird der Preisbildungsprozess außer Kraft gesetzt, während bei** *marktkonformen* **Eingriffen der Preisbildungsprozess im Prinzip erhalten bleibt.**   Definition

Da die Volkswirtschaft der Bundesrepublik Deutschland eine Marktwirtschaft ist, sind die Eingriffe des Staates in den Preisbildungsprozess die Ausnahme. Sie sind nur dann berechtigt, wenn die marktwirtschaftliche Preisbildung unter sozialen Gesichtspunkten zu Ergebnissen führt, die mit dem im Grundgesetz verankerten **Sozialstaatsprinzip** nicht vereinbar sind.

■ Marktinkonforme (direkte) Eingriffe

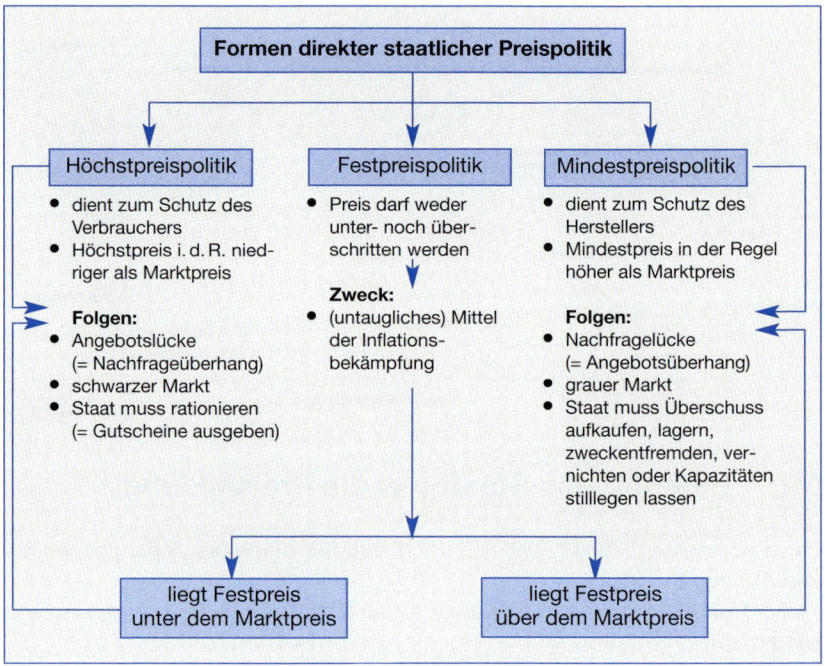

Höchstpreise

Definition   Höchstpreise werden zum Schutz der Konsumenten vor zu hohen Preisen verordnet. Der Höchstpreis liegt immer unter dem Gleichgewichtspreis.

Beispiel

Im Zuge einer allgemeinen Lebensmittelknappheit setzt der Staat den Preis für 1 kg Brot auf 2,50 EUR fest, nachdem der Marktpreis auf 10,00 EUR gestiegen war und einkommensschwache Nachfrager bei diesem Preis nicht mehr ausreichend versorgt waren.

Es zeigt sich, dass der Höchstpreis zu einem Nachfrageüberhang führt. Die Angebotsmenge wird gegenüber der Gleichgewichtsmenge durch den Eingriff des Staates verringert, da eine Reihe von Anbietern nicht mehr in der Lage ist, bei diesem Preis noch kostendeckend zu produzieren. Eine Unterversorgung der Bevölkerung ist damit vorprogrammiert.

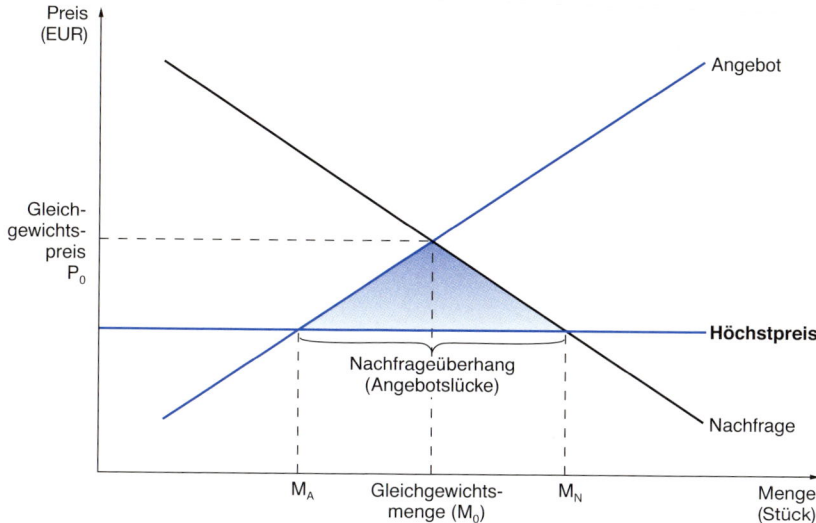

Nur durch Rationierung des begrenzten Angebots *(z. B. mithilfe von Lebens-mittelkarten)* kann der Staat eine gleichmäßige Verteilung des vorhandenen Angebots erreichen.

Warteschlangen vor den Geschäften und die Entstehung illegaler „Schwarz-märkte", auf denen Ware zu „Marktpreisen" gehandelt wird, sind die äußeren Folgen der Höchstpreisverordnung.

Mindestpreise

Mindestpreise werden festgelegt, um den Produzenten ein bestimmtes Mindesteinkommen zu sichern. Der Mindestpreis liegt immer über dem Gleichgewichtspreis.

Definition

Beispiel

Zum Schutz der Landwirtschaft setzt der Staat für 1 Liter Milch einen Mindest-preis von 1,00 EUR fest, nachdem der Marktpreis im Zuge einer allgemeinen Produktivitätssteigerung bei der Milcherzeugung auf 0,50 EUR gefallen war und viele landwirtschaftliche Betriebe dadurch an den Rand ihrer Existenz gedrängt worden waren.

Es zeigt sich, dass der Mindestpreis zu einem Angebotsüberhang führt. Die Angebotsmenge wird gegenüber der Gleichgewichtsmenge durch den Eingriff des Staates erhöht, da nun auch solche Anbieter auf dem Markt auftreten kön-nen, die ansonsten dem marktwirtschaftlichen Ausleseprozess zum Opfer gefallen wären. Ein Überangebot ist damit vorprogrammiert.

Nur durch *Interventionskäufe* kann der Staat sein Ziel erreichen: In Höhe der vorhandenen Nachfragelücke müsste er selbst als Nachfrager auftreten und den Produzenten ihre Ware zum garantierten Mindestpreis abnehmen.

Überproduktion, überhöhte Preise und damit ebenfalls eine Unterversorgung der Konsumenten sind die äußeren Folgen der Mindestpreisverordnung.

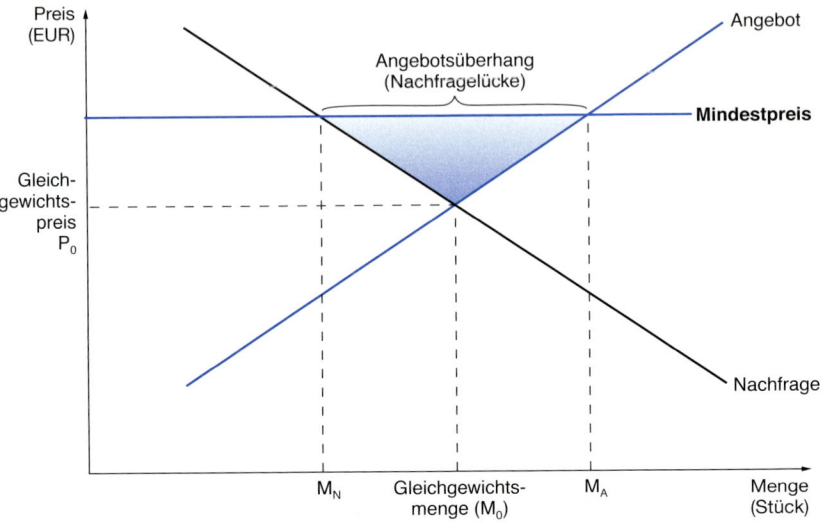

Festpreise

Bei Festpreisen schreibt der Staat für ein Gut bzw. eine Dienstleistung einen bestimmten Preis vor, der weder über- noch unterschritten werden darf.

Die Erfahrungen, die in der Vergangenheit mit marktinkonformen staatlichen Eingriffen gemacht wurden, sind unbefriedigend.
Sie zeigen, dass der Staat damit seine ursprüngliche Zielsetzung auf Dauer nicht erreichen kann und lediglich kurzfristig die äußeren Symptome, nicht jedoch die eigentlichen Ursachen einer wirtschaftlichen Fehlentwicklung bekämpfen kann.

Die Außerkraftsetzung der marktwirtschaftlichen Preisbildung führt vielmehr dazu, dass sich die „heilsamen" Funktionen des Marktpreises nicht mehr entfalten können. Ungleichgewichtigkeiten von Angebot und Nachfrage, Verschleuderung volkswirtschaftlicher Ressourcen, Verlust von Innovationsfähigkeit und Unzufriedenheit der Bevölkerung sind die langfristigen Folgen.

■ Marktkonforme Eingriffe

Die marktinkonformen Eingriffe des Staates haben zur Folge, dass nicht mehr die Marktkräfte, sondern staatliche Stellen den Ausgleich von Angebot und Nachfrage regulieren.
Die relative Erfolglosigkeit derartiger Eingriffe hat dazu geführt, dass der Staat versucht, das Marktgeschehen durch marktkonforme Eingriffe zu lenken.

Definition

Bei marktkonformen Eingriffen bleiben die Funktionen der freien Marktpreisbildung erhalten. Die negativen sozialen Auswirkungen zu hoher oder zu niedriger Marktpreise werden durch Veränderung der Angebots- bzw. Nachfragebedingungen abgefedert.

Maßnahme: Durch Transferzahlungen und Steuererleichterungen werden einkommensschwache Privathaushalte begünstigt.

Beispiel

Die Zahlung von Wohngeld ermöglicht Sozialhilfeempfängern den Bezug solcher Wohnungen, die sie sich normalerweise nicht leisten könnten. Der Vermieter erhält die übliche Marktmiete, so dass der Anreiz, Mietwohnungen zu bauen und zu unterhalten, bestehen bleibt. Würde der Staat statt dessen Miethöchstpreise vorschreiben, die nicht gewinnbringend oder sogar nicht kostendeckend sind, wäre eine Wohnungsnot die langfristige Folge.

Maßnahme: Um Arbeitsplätze zu erhalten bzw. um die Verbraucherpreise niedrig zu halten, werden an Unternehmen bestimmter Branchen Subventionen gezahlt.

Beispiel

Der Steinkohlenbergbau erhält Subventionen, damit die Kohle marktfähig bleibt und Arbeitsplätze erhalten bleiben.

Maßnahme: Durch Erhöhung bestimmter Kostensteuern (Tabaksteuer, Branntweinsteuer, Mineralölsteuer usw.) sollen die Marktpreise der betroffenen Produkte künstlich verteuert werden.

Beispiel

Eine Erhöhung der Mineralölsteuer soll viele Autofahrer dazu bringen, auf öffentliche Verkehrsmittel umzusteigen.

Aufgaben

1. Ein Makler an einer Rohstoffbörse hat folgende Aufträge für einen bestimmten Rohstoff notiert. Sein Job ist es, den Kurs zu ermitteln, bei dem der höchste mengenmäßige Umsatz stattfindet. Für ihn persönlich ist die Aufgabe auch deshalb interessant, weil seine Courtage umsatzabhängig ist.

Kaufaufträge		Verkaufsaufträge	
Stück	**Höchstpreis**	**Stück**	**Höchstpreis**
50	110	20	122
25	112	30	120
35	114	30	118
40	116	30	116
30	118	20	114
50	120	80	112
50	122	40	110

Lösen Sie folgende Aufgaben mittels einer Excel-Tabelle nach unten stehendem Muster.

a) Stellen Sie eine Angebots- und eine Nachfragetabelle auf (Spalte 1 und 3).

b) Zeichnen Sie die ermittelten Werte in ein Koordinatensystem (x-Achse: Menge, Y-Achse: Preis) als Angebots- und Nachfragekurve und bestimmen Sie Gleichgewichtspreis und -menge.
c) Ermitteln Sie die möglichen Umsätze (Spalte 5).
d) Ermitteln Sie Angebots- und Nachfrageüberhang (Spalte 4 und 6).
e) Markieren Sie die Flächen des Angebots- und Nachfrageüberhangs in dem Koordinatensystem (Aufg. b) mit unterschiedlichen Farben.

1	2	3	4	5	6
Gesamt-nachfrage	Preis	Gesamt-angebot	Nachfrage-überhang	Umsatz	Angebots-überhang
	122				
	120				
	118				
	116				
	114				
	112				
	110				

2. Auf dem Markt für Mini-Brennstoffzellen, mit denen Laptops netzunabhängig über Hunderte von Stunden betrieben werden können, stehen auf dem deutschen Markt ein japanischer, ein amerikanischer und ein deutscher Anbieter im Wettbewerb. Die Brennstoffzellen sind technisch gleichwertig und weisen nur Unterschiede im Design und einigen Details auf, die für den Normalkäufer aber nicht erkennbar sind.
Die Interbrain AG aus Erlangen bietet ihr Gerät zurzeit zu 175,00 EUR an und hat damit einen Marktanteil von ca. 33 %. Die Fixkosten betragen 11,74 Mio. EUR, und die variablen Kosten liegen bei 95,00 EUR je Brennstoffzelle. Aus der Marktforschung wissen die Interbrain-Manager, dass das Marktvolumen derzeit bei etwa 1.500.000 Stück pro Jahr liegt. Außerdem erhalten sie von den Marktforschern eine Tabelle mit folgenden Werten:

Verkaufspreis in EUR	300	275	250	225	200	175	150
Mögliche absetzbare Menge	50 000	200 000	400 000	410 000	420 000	500 000	750 000

a) Bei welchem Verkaufspreis und bei welchem Marktanteil erreicht das Unternehmen – unter sonst gleich bleibenden Bedingungen – den höchsten Gewinn?
Lösen Sie diese Aufgabe mittels einer Excel-Tabelle, die Sie selbst entwickeln.
b) Erstellen Sie mit Excel ein Kurvendiagramm, in dem die Abhängigkeit der nachgefragten Menge vom Preis deutlich wird.

3. Die PillaPalle AG in Esslingen tritt mit vollkommen neuen, solargetriebenen On-board-Units (OBU) auf den Markt. Diese Mauterfassungsgeräte sind binnen einer Stunde zu installieren, wartungsfrei, sehr zuverlässig, leicht zu

bedienen und verfügen zusätzlich über eine Freisprechanlage für alle Mobilfunknetze und eine Reihe weiterer Funktionen. Bei der Preisfestsetzung besteht eine gewisse Unsicherheit, da ein derartiges Produkt bisher auf den Märkten nicht angeboten wurde. Gesicherte Kalkulationsdaten liegen nur über die variablen Stückkosten mit 70,00 EUR und über die fixen Kosten mit 3,6 Mio. EUR vor.

Eine Entscheidungshilfe für die Preiskalkulation bietet eine Marktforschungsstudie, die folgende Absatzmöglichkeiten prognostiziert:

Mögliche Absatzmenge in 1000 St.	140	120	100	80	60	40	20
Verkaufspreis je Stück in EUR	105	140	175	210	245	280	305

a) Zeichnen Sie die entsprechende Nachfragekurve.

b) Bestimmen Sie den Preis mit dem höchstmöglichen Gewinn. Begründen Sie Ihren Vorschlag mit einer Tabelle, die Sie am PC erstellen und die alle für die Entscheidung relevanten Daten nachvollziehbar enthält.

4. In der unten stehenden modellhaften Marktsituation ist die Gesamtnachfrage nach einem Gut dargestellt.

   a) Vier Produzenten bieten jeweils 100 kg eines bestimmten Artikels am Markt an. Sie sind bereit, ihre gesamte Menge zu jedem beliebigen Preis anzubieten, sofern dieser mindestens 1 Geldeinheit (GE) je kg beträgt.

      aa) Welcher Gleichgewichtspreis in GE ergibt sich, wenn die Produzenten ihre Güter gleichzeitig und ohne den Versuch einer Preisdifferenzierung am Markt anbieten?

      ab) Welcher Umsatz in GE ergibt sich bei diesem Gleichgewichtspreis?

   b) Nehmen Sie an, die Produzenten würden folgende Absprache treffen: Zwei reduzieren ihr Angebot um je 30 kg, die beiden anderen um je 20 kg. Welcher Gleichgewichtspreis in GE würde sich jetzt – unter sonst gleichen Annahmen – ergeben?

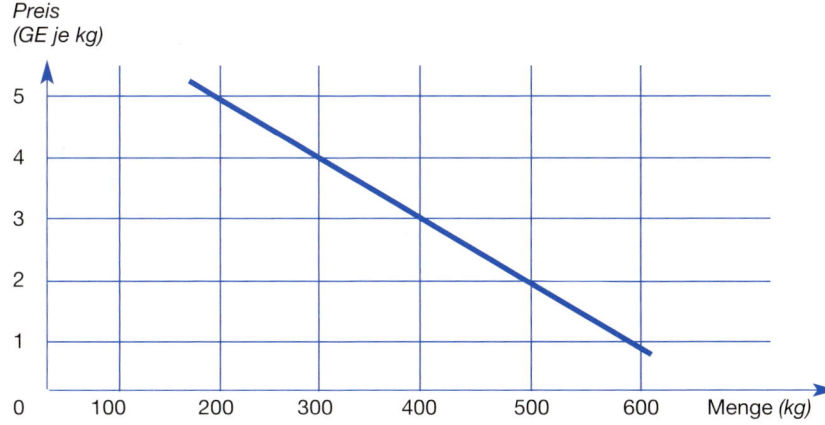

5. Die unten stehenden Angaben sind in der folgenden Zeichnung grafisch dargestellt. Ordnen Sie den Angaben die zutreffende Ziffer aus der Grafik zu.

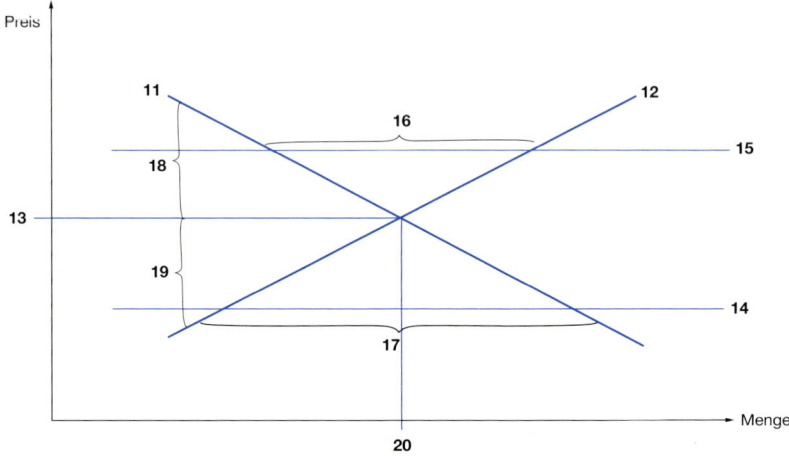

Angaben:

a) Kurve des Nachfrageverlaufs bei sich ändernden Preisen
b) Staatlich festgelegter Mindestpreis
c) Nachfrageüberhang
d) Produzentenrente
e) Staatlich festgelegter Preis zum Schutz der Nachfrager
f) Gleichgewichtspreis
g) Differenz aus geplantem Kaufpreis des Nachfragers und tatsächlich gezahltem Gleichgewichtspreis

6. Es gibt diverse staatliche Steuern, Vorschriften und Vorgaben, die dem Schutz der Umwelt dienen sollen:

Maßnahmen:

(1) Erhebung einer „Ausgleichsabgabe für Eingriffe in Natur und Landschaft", wie z. B. in Baden-Württemberg seit 1973, die 1990 verzehnfacht wurde. Seit 1990 wird für die Entnahme von Boden (etwa in Steinbrüchen und Kiesgruben) ein Mengenentgelt erhoben (je Kubikmeter 0,50 bis 1,50 EUR). Die Mittel fließen der baden-württembergischen Stiftung Naturschutz zu.

(2) Mögliche Einführung von „Öko-Produktsteuern", z. B. für Batterien, normale Glühlampen, tropisches Holz, Waschmittel und Streusalz.

(3) Verbot umweltschädlicher Produkte (z. B. umweltschädliche Treibgase in Sprühdosen).

(4) Einführung von Öko-Abgaben in der Landwirtschaft für Pestizide, Massentierhaltung und Futtermittelimporte.

(5) Erhebung von Müllvermeidungssteuern für Einwegflaschen, Getränkedosen, Kunststoffbehälter und -flaschen, Aluminiumfolien und für Werbezwecke verwendetes Papier.

(6) Rücknahmeverpflichtung für umweltbelastende Produkte, nachdem ihre Nutzungsdauer abgelaufen ist (z. B. Kühlschränke, Autos).

(7) Vorgabe von Abgasgrenzwerten (z. B. für Kraftwerke, Autos).

(8) Handel mit Emissionszertifikaten.

a) Begründen Sie, welche der genannten Maßnahmen als marktkonform und welche als marktkonträr zu bezeichnen sind.

b) Angebot und Nachfrage nach einem umweltschädlichen Gut A verhalten sich nach den Marktgesetzen. Das Gut A wird mit einer Ökosteuer belegt. Stellen Sie mithilfe der Angebots- und Nachfragekurve dar, wie sich Preis und Absatzmenge des Gutes A verändern!

c) Wie könnte sich die Ökosteuer auf das Produkt A auf die Nachfrage nach dem Substitutionsgut B auswirken?

d) Bilden Sie 2 eigene Beispiele für den unter c) beschriebenen Substitutionseffekt.

7. Ordnen Sie den nachfolgenden Aussagen den zutreffenden Marktbegriff zu.

1	„Schwarzer Markt"	4	Käufermarkt
2	vollkommener Markt	5	Verkäufermarkt
3	Faktormarkt	6	„Grauer Markt"

a) Hier wird zu Preisen gehandelt, die über dem staatlich verordneten Preis liegen.

b) Dieser Markt existiert nur als gedankliches Modell.

c) Es handelt sich um einen Sammelbegriff für Märkte, auf denen die Produktivkräfte einer Volkswirtschaft gehandelt werden.

d) Es besteht an diesem Markt aufgrund des Angebotsüberhangs die Tendenz zu Preissenkungen.

8. Kennzeichnen Sie die nachfolgenden Aussagen über Höchst- und Mindestpreise.

1	Höchstpreis trifft zu.
2	Mindestpreis trifft zu.
3	Höchstpreis und Mindestpreis treffen zu.
4	Weder Höchstpreis noch Mindestpreis treffen zu.

a) Staatliche Maßnahmen zur Mengenregulierung sind in der Regel die Folge dieses staatlichen Eingriffs.

b) Dieser staatliche Eingriff dient dem Schutz der Konsumenten.

c) Dieser staatliche Eingriff lässt die Notwendigkeit einer Rationierung entstehen.

d) Dieser staatliche Eingriff führt gewöhnlich zur Entstehung von Schwarzmärkten.

e) Die Ausschaltungsfunktion des Marktpreises wird durch diesen staatlichen Eingriff beeinträchtigt.

f) Es handelt sich um einen marktkonformen Eingriff des Staates.

g) Unrentabel arbeitende Unternehmen werden durch diesen staatlichen Eingriff geschützt.

9. Ergänzen Sie Ihre Lernkartei, indem Sie sich mit Ihrem Nachbarn über sinnvolle Kartenüberschriften austauschen und die Karteikarten entsprechend ausfüllen.

4 Wettbewerbspolitik

Kartellamt erwartet in Zukunft wieder mehr Fusionen

Kampf gegen illegale Absprachen wird zum Arbeitsschwerpunkt der Behörde

dri BERLIN. Das Bundeskartellamt ist in jüngster Zeit mehr mit dem Aufdecken von Kartellen beschäftigt als mit Fusionen. Ulf Böge, Präsident des Amtes, begründete die Verlagerung des Arbeitsschwerpunktes mit einem Rückgang von Unternehmenszusammenschlüssen seit dem Ende des Internet-Booms. Gleichzeitig habe das Kartellamt seit Einführung der Bonus-Regel ein wirksames Instrument gegen Unternehmen, die den Wettbewerb über Preisabsprachen auszuhebeln versuchen, sagte Böge, der gestern seinen Tätigkeitsbericht 2001/2002 in Bonn vorstellte.

Nach dieser Regel werden an Kartellen beteiligte Firmen, die Absprachen anzeigen, von Strafzahlungen verschont. Größter Erfolg der Bonus-Regel war die Zerschlagung des Zementkartells. Insgesamt 661 Mill. EUR Geldbuße müssen die ertappten Baukonzerne zahlen. Allerdings klagen fast alle Unternehmen gegen den Bußgeldbescheid. Nach Meinung Böges sollten Kartellabsprachen künftig Grund für die fristlose Kündigung von Topmanagern sein. Er forderte die Unternehmen auf, in ihren Anstellungsverträgen für Führungskräfte eine entsprechende Klausel aufzunehmen.

Neben den Zementherstellern und der Transportbetonindustrie stehen seit einem Jahr die Versicherungskonzerne unter dem Verdacht, ihre Preise für Industrie-Versicherungen abgesprochen zu haben. Wie hoch dort mögliche Bußgelder ausfallen können, wollte Böge gestern nicht sagen.

Deutschlands oberster Kartellwächter rechnet allerdings damit, dass seine Fusionskontrolleure bald wieder mehr Arbeit bekommen werden. Mit der Stabilisierung des Aktienmarktes sei ein erneutes Anziehen der Fusionsaktivitäten zu erwarten, sagte er. Kapital, das nach einer guten Anlage suche, sei „hinreichend vorhanden". Der für Konzerne steuerlich interessante Verkauf von Beteiligungen, die nicht zum Kerngeschäft zählen, werde weitergehen.

Nach dem Tätigkeitsbericht sank in den Jahren 2001/2002 die Zahl der angemelde-ten Fusionsfälle um 10 % auf gut 100 pro Jahr. Wie in den Vorjahren gab es die meisten Fusionen in der Mineralölwirtschaft, der Strom- und Gasbranche sowie der Chemie- und Pharmaindustrie.

Fusionen werden in den allermeisten Fällen genehmigt. Lediglich 8 Vorhaben lehnte das Kartellamt ab, darunter allerdings so spektakuläre Fälle wie den Kauf der Telekom-Kabelnetze durch den US-Konzern Liberty Media, die Eon-Ruhrgas-Fusion und die Übernahme des Berliner Verlages durch die Verlagsgruppe Georg von Holtzbrinck, in der auch das Handelsblatt erscheint. Eon setzte die Fusion dennoch per Ministererlaubnis durch, Holtzbrinck hat Bundeswirtschaftsminister Wolfgang Clement (SPD) angerufen, der im Herbst, nach einer öffentlichen Anhörung am 8. September, entscheiden will.

Böge sprach sich gestern ausdrücklich für das Instrument Minstererlaubnis aus: Es mache klar, wann eine Fusion aus politischen Gründen gewünscht sei, auch wenn sie wettbewerbsrechtlich bedenklich ist. In anderen Ländern, die keine nachträgliche Erlaubnis abgelehnter Fusionen kennen, werde häufig politisch Druck auf die Wettbewerbshüter ausgeübt.

Clement will bei der im Herbst anstehenden Novelle des Gesetzes gegen Wettbewerbsbeschränkungen (GWB) die Ministererlaubnis stärken, indem Klagen dagegen nur noch in Ausnahmefällen möglich sein sollen. Dagegen regt sich allerdings Widerspruch vor allem seitens der Grünen und der FDP. Die GWB-Novelle soll bis Mitte 2004 das deutsche Kartellrecht an die neuen Rahmenrichtlinien der EU anpassen.

Für Kartellwächter selbst ist zurzeit die spannendste Frage, ob sie die wichtigste Wettbewerbs-Aufsicht über den Strom- und Gasmarkt behalten. Im Herbst will Clement entscheiden, ob der künftige Energie-Regulierer beim Kartellamt, bei der Regulierungsbehörde für Telekommunikation und Post oder bei einer anderen Behörde angesiedelt wird.

Handelsblatt v. 24.07.2003

4.1 Unternehmenszusammenschlüsse

Die wirtschaftliche Realität zeigt, dass sich ein wirksamer Wettbewerb nicht von alleine einstellt und erhält, sondern dass auf der Unternehmensseite häufig die Tendenz besteht, sich dem Konkurrenzdruck durch den Zusammenschluss mit anderen Unternehmen zu entziehen.

Die Wettbewerbskonzentration führt dazu, dass die Anzahl der Wettbewerber abnimmt und sich die Anteile der am Markt verbleibenden Unternehmen auf immer weniger große Anbieter konzentrieren. Sie kann die Innovations-, Ausschaltungs- und Lenkungsfunktion des Wettbewerbs beeinträchtigen.

■ Arten der Zusammenschlüsse nach dem Unternehmensgegenstand

Unternehmenszusammenschlüsse, einerlei in welcher Form sie sich vollziehen, führen zur Konzentration wirtschaftlicher Kraft. Nach der Produktionsstufe lassen sich verschiedene **Arten der Unternehmenszusammenschlüsse** unterscheiden.

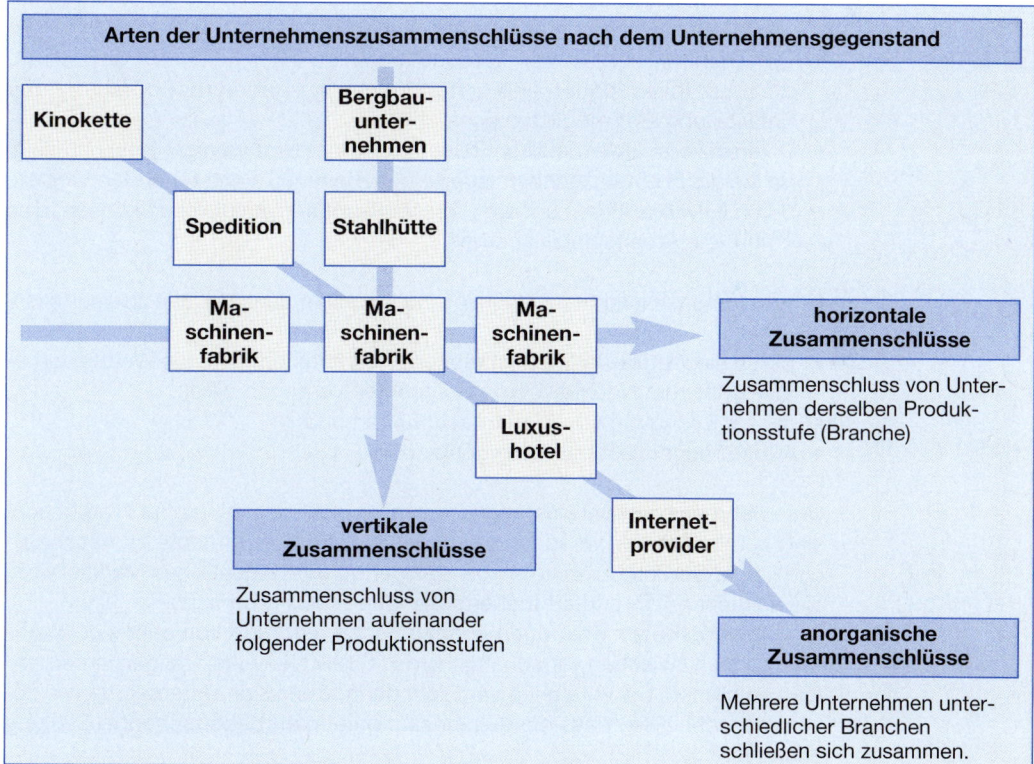

■ Ziele der Unternehmenszusammenschlüsse

Unternehmenszusammenschlüsse können unterschiedlich motiviert sein. Es kann beabsichtigt sein:

- ein **Ausbau der Machtstellung** auf der Beschaffungsseite und/oder auf der Absatzseite
- eine **Kostensenkung** in den betrieblichen Teilbereichen: Zusammenschlüsse können von der Beschaffungs-, Produktions- oder Absatzseite ausgehen

Wirtschaftliche Zusammenschlüsse müssen sehr differenziert beurteilt werden. Eine einseitig negative Beurteilung wäre sachlich falsch:
- Oft entsteht erst durch Unternehmenszusammenschlüsse ein leistungsfähiges Unternehmen, das einerseits dem Druck der Konkurrenz standhalten kann, andererseits für etablierte Wettbewerber zu einem ernstzunehmenden Konkurrenten wird. Zusammenschlüsse können auf diese Weise die Wettbewerbsintensität sogar erhöhen.
- Die industriellen Zusammenschlüsse ermöglichen eine Produktion in großen Stückzahlen. Dadurch können die Stückkosten gesenkt werden (Gesetz der Massenproduktion). Diese Kostenvorteile kommen den Konsumenten in Form niedriger Preise zugute.
- Bestimmte Produkte *(z. B. Flugzeuge, Benzin, Industrieanlagen)* können aus Wirtschaftlichkeitsgründen und aufgrund technischer Gegebenheiten nur von Großunternehmen hergestellt werden.
- Unternehmenszusammenschlüsse führen zu einer größeren Kapitalkraft, die teure Investitionen und umfangreiche Ausgaben für Forschung und Entwicklung erst möglich macht.
- Diversifizierte Unternehmen (Mischkonzerne) sind weniger krisenanfällig, da sie die in einer Geschäftssparte gegebenenfalls entstehenden Verluste durch Gewinne in den anderen Geschäftssparten ausgleichen können; dies erhöht die Arbeitsplatzsicherheit.

Unternehmenszusammenschlüsse sind vor allem dann negativ zu beurteilen, wenn
- durch sie Wettbewerbsbeschränkungen entstehen, d. h. die Wettbewerbsintensität zum Nachteil der Konsumenten verringert wird,
- sie zur Erlangung von Marktmacht führen und
- Marktmacht missbräuchlich genutzt wird.

Unternehmen bzw. Unternehmenszusammenschlüsse mit großer Marktmacht sind zumindest der Versuchung ausgesetzt, ihre Marktmacht zu missbrauchen, d. h. Gewinne zu erzielen, die weniger auf ihrer eigentlichen Marktleistung als vielmehr auf ihrer marktbeherrschenden Stellung beruhen.
Wettbewerbsbeschränkungen können schon aufgrund von eher „lockeren" Absprachen zwischen wirtschaftlich und rechtlich selbstständigen Unternehmen entstehen. Sie entstehen vor allem dann, wenn sich Unternehmen so zusammenschließen, dass sie gemeinsam eine marktbeherrschende Stellung erlangen.

4.1.1   Formen der Kooperation

Definition   **Kooperation** liegt vor, wenn die betreffenden Unternehmen ihre wirtschaftliche und rechtliche Selbstständigkeit behalten.

■ Kartell

Kartelle sind vertragliche Absprachen zwischen Unternehmen derselben Branche u. a. über Preise, Produktqualitäten oder Produktionsmengen.

Definition

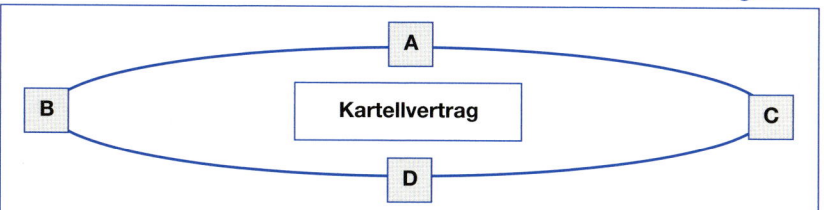

Die Unternehmen behalten ihre rechtliche Selbstständigkeit, geben jedoch ihre wirtschaftliche Selbstständigkeit in den Bereichen auf, die Gegenstand der Kartellabsprache sind.

Kartelle sind in Deutschland **grundsätzlich** verboten.

---

§ 1 GWB

- Vereinbarungen zwischen miteinander im Wettbewerb stehenden Unternehmen,
- Beschlüsse von Unternehmensvereinigungen und
- aufeinander abgestimmte Verhaltensweisen,

die eine Verhinderung, Einschränkung oder Verfälschung des Wettbewerbs bezwecken oder bewirken, sind verboten.

Beispiel

Preis-, Quoten-, Submissions- und Gebietskartelle sind verboten.

Kartelle sind nur zulässig, soweit durch sie der Wettbewerb nicht wesentlich beeinträchtigt wird oder ein übergeordnetes gesamtwirtschaftliches Interesse vorliegt. Sie bedürfen zu ihrer Freistellung vom Kartellverbot entweder einer **Erlaubnis** oder einer **Anmeldung**.

Beispiel

Konditionen-, Strukturkrisen-, Rationalisierungskartelle

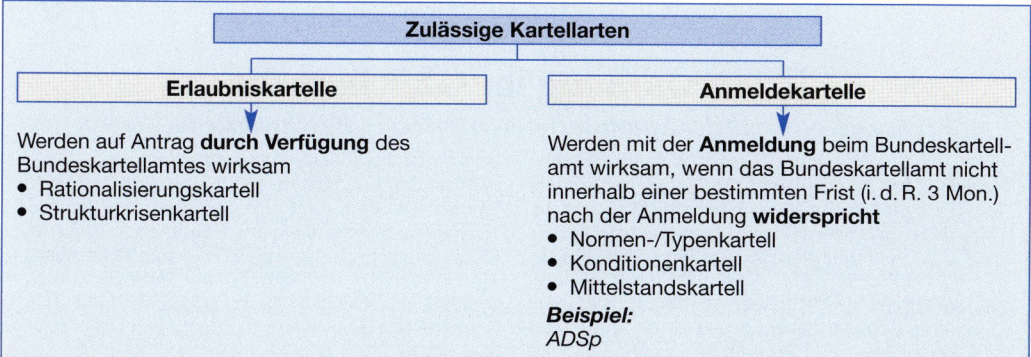

Wenn das Bundeskartellamt eine zulässige Kartellart nicht vom Kartellverbot freistellt, kann sich der Bundesminister für Wirtschaft darüber hinwegsetzen und eine **Ministererlaubnis** für das Kartell erteilen.

■ **Syndikat**

Definition

Das **Syndikat** ist eine Sonderform des Kartells mit eigener Rechtspersönlichkeit: Es wickelt als Verkaufs- und Abrechnungsstelle den gesamten Absatz der beteiligten Unternehmen ab.

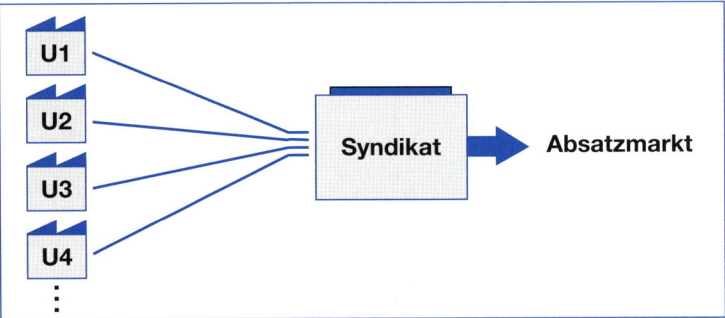

Dieser Zusammenschluss ist also eine besonders straffe Form des Absatzkartells. In der Regel wird es in der Rechtsform einer GmbH geführt.

Es kommt vor allem in Wirtschaftszweigen vor, in denen die Produkte weitgehend standardisiert sind (Kohle, Eisen, Stahl). Sein Vorteil liegt in der zentralen Absatzorganisation, die eine gemeinsame Werbung und Absatzpolitik ermöglicht. Dadurch sind Kostenvorteile erzielbar. Andererseits begeben sich die beteiligten Unternehmen in eine starke Abhängigkeit vom Syndikat und verlieren den direkten Kontakt zu den Kunden. Besonders in der Verbindung mit der Festlegung von Produktionsquoten oder Absatzpreisen ergeben sich auch hier Einschränkungen des Wettbewerbs.

■ **Abgestimmte Verhaltensweisen**

Definition

Abgestimmte Verhaltensweisen sind informelle Absprachen bzw. stillschweigende Übereinkommen (Parallelverhalten) zwischen Unternehmen derselben Branche zum Zweck der Wettbewerbsbeschränkung.

Sie sind häufig in Oligopolmärkten zu beobachten: Preispolitische Entscheidungen eines Unternehmens (Preisführer) üben eine Signalwirkung aus und ziehen gleichgerichtete Preisänderungen bei Konkurrenzunternehmen nach sich. Abgestimmte Verhaltensweisen können in der Regel nur vermutet, letzten Endes aber nicht bewiesen werden.

Preiserhöhung im Gleichschritt
Frühstückskartell der Spanplattenhersteller? – Beschwerde in Berlin

Köln – Helle Aufregung auf der Möbelmesse: Pünktlich zum Messeanfang geben die Spanplattenhersteller erneut eine Preiserhöhung bekannt. Nach einem Aufschlag um 10 % zum Jahresanfang fordern sie nun zum 1. Februar weitere 10 % mehr. Das Fatale für die Hersteller: Ein Ausweichen auf andere Hersteller ist kaum möglich, denn die fünf großen deutschen Spanplatten-Produzenten (Glunz, Hornitex, Egger, Kunz und Pfleiderer) kommen gleichzeitig mit den Preiserhöhungen auf den Markt, und sie decken insgesamt einen Marktanteil von rund 80 % ab. „Ein Frühstückskartell", schimpft denn auch aufgebracht der Hauptgeschäftsführer des Verbandes der Deutschen Möbelindustrie (VDM), Erich Naumann. Er teilte gestern mit, dass der Verband Beschwerde beim Bundeskartellamt in Berlin eingelegt habe. Ein Ausweichen auf ausländische Spanplatten-Hersteller sei unmöglich, weil zum Beispiel etwa auch die entsprechende polnische Industrie bereits im Besitz der deutschen Unternehmen sei.

Gelassener sieht der führende Küchenmöbelhersteller Hans-Dieter Wellmann das Problem. Zwar setze ihn die Preiserhöhung kräftig unter Druck und er wisse nicht, ob er die dafür notwendige Preiserhöhung von rund fünf Prozent auch im Markt durchsetzen könne. Doch seien die deutschen Preise für Spanplatten in den beiden vergangenen Jahren um rund 15 % gefallen. Daher habe er Verständnis dafür, dass es nun wieder aufwärts gehe. Begründet werde dies von der Spanplatten-Branche auch mit den um rund 50 % gestiegenen Preisen in der Forstwirtschaft. Der Beschwerde beim Kartellamt räumt Wellmann („An Wunder glaube ich nicht") keine Chancen ein. Im Gegenteil: Zum 1. April werden Spanplatten noch einmal um 10 % teurer, hat der Firmenchef erfahren.

Quelle: Kölner Stadtanzeiger, 10.03.2004

4.1.2 Formen der Konzentration

Konzentration liegt vor, wenn die betreffenden Unternehmen aufgrund einer Kapitalbeteiligung ihre rechtliche und/oder wirtschaftliche Selbstständigkeit verlieren.

Definition

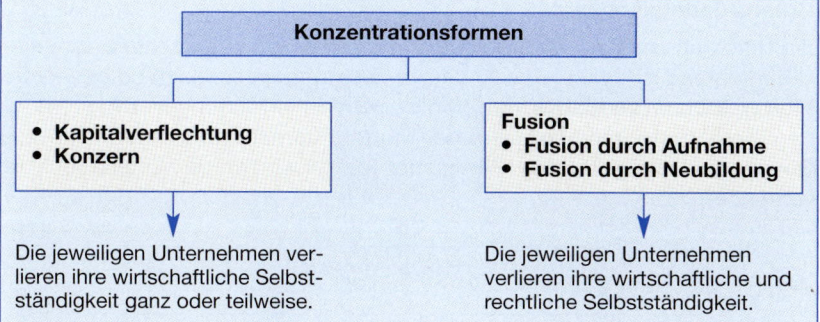

■ Kapitalverflechtung

Kapitalverflechtungen entstehen dadurch, dass sich ein Unternehmen an einem anderen Unternehmen kapitalmäßig beteiligt.
* Minderheitsbeteiligungen
* Schachtelbeteiligungen (über 25 %)
* Mehrheitsbeteiligungen (über 50 %)
* indirekte Beteiligungen (mittelbar)

Die Beherrschung der Tochter erfolgt bei Aktiengesellschaften in drei Stufen:
* Mit 25 % Kapitalanteil (plus 1 Stimme) können Hauptversammlungsbeschlüsse verhindert werden, die eine Dreiviertel-Mehrheit erfordern **(Sperrminorität)**,
* mit 50 % Kapitalanteil (plus 1 Stimme) können die meisten Ziele eines Hauptaktionärs durchgesetzt werden (absolute Mehrheit), und
* mit 75 % Kapitalanteil können praktisch alle eigenen Vorstellungen in der Gesellschaft verwirklicht werden (satzungsändernde Mehrheit).

■ Konzern

Kapitalverflechtungen führen zur Entstehung eines **Konzerns**, wenn ein herrschendes Unternehmen *(Muttergesellschaft)* über ein oder mehrere abhängige Unternehmen *(Tochtergesellschaften)* die einheitliche Leitung ausübt.

Definition

Die einheitliche Leitung ermöglicht es, die wirtschaftlichen Interessen und Aufgaben der Konzernunternehmen aufeinander abzustimmen.
Man unterscheidet zwischen Unterordnungskonzern und Gleichordnungskonzern.

Stinnes AG						
Geschäftsfeld Freight Logistics	Geschäftsfeld Schenker	Geschäftsfeld Intermodal	Vorsitzender	Personal	Controlling/Finanzen	Railion Schienengütertransport
Schienenverkehr/ Spedition/Logistik	Schienenverkehr/ Spedition/Logistik	Kombinierter Verkehr				DB Cargo Carriervertrieb
						Railion Denmark Carriervertrieb
Vertriebs- gesellschaften	Schenker AG inkl. Automotive und Beteiligungen	Vertriebs- gesellschaften KV				Railion Benelux Carriervertrieb

Unterordnungskonzern

Ein Unternehmen kauft die Kapitalmehrheit an einem oder mehreren anderen Unternehmen auf. Durch die Kapitalverflechtung entsteht ein so genanntes **Mutter-Tochter-Verhältnis**, das oft mit einem **Beherrschungsvertrag** (Leitung der Tochterunternehmung wird der Mutterunternehmung unterstellt) oder **Gewinnabführungsvertrag** (Gewinn der Tochter wird an die Mutter abgeführt) verbunden ist.

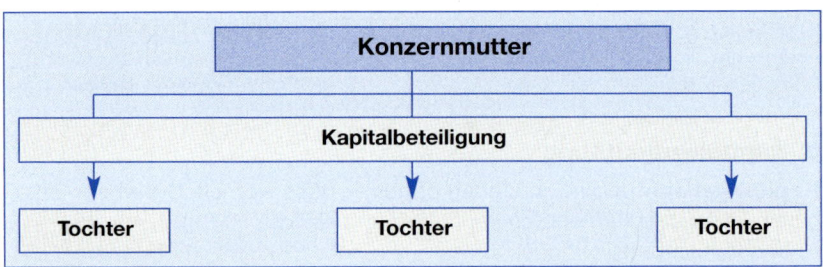

Gleichordnungskonzern

Die Konzernunternehmungen tauschen ihre Kapitalbeteiligungen gleichmäßig aus. Dazu müssen die Unternehmen kein neues Kapital aufbringen. Aufgrund der Ausgewogenheit der Beteiligung besteht ein gleichgewichtiger, gegenseitiger Einfluss. Man spricht dann von **Schwestergesellschaften**. Die einheitliche Leitung entsteht hier durch gegenseitige Abstimmung.

■ Holding

Als Dachgesellschaft stellt sie die Verwaltungsspitze eines Konzerns dar und beherrscht die angeschlossenen Gesellschaften. Sie ist in der Regel reine Verwaltungs- und Finanzierungsgesellschaft. Die beteiligten Unternehmen bleiben rechtlich selbstständig und eigenverantwortlich für das operative Geschäft.

■ Fusion

Es handelt sich um eine Fusion (Verschmelzung), **wenn ein Unternehmen unter Aufgabe seiner rechtlichen und wirtschaftlichen Selbstständigkeit mit dem gesamten Vermögen in ein anderes Unternehmen eingegliedert wird.**

Definition

Die aufzunehmende Unternehmung erlischt durch **Fusion** (Fusion durch Aufnahme). Es ist auch möglich, dass alle fusionierenden Firmen gelöscht werden. Sie übertragen dann ihr gesamtes Vermögen auf eine gemeinsam von ihnen gegründete neue Gesellschaft (Fusion durch Neugründung).

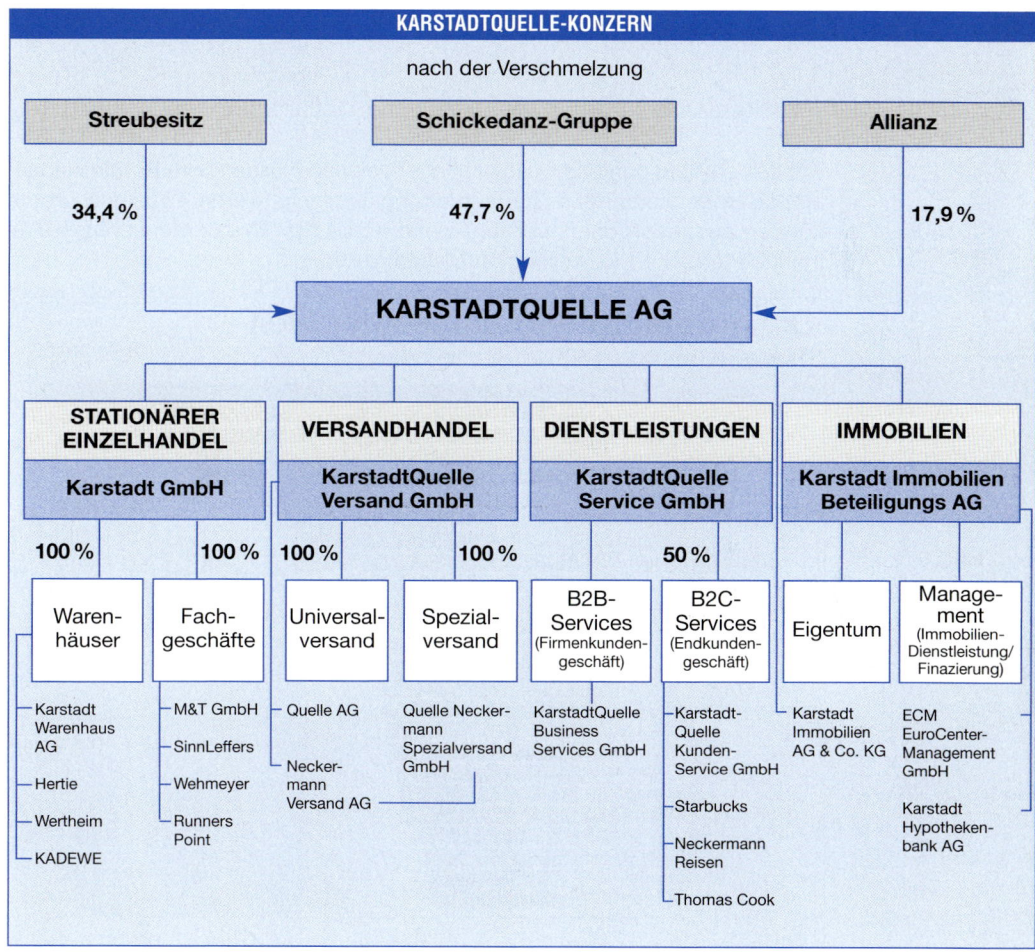

Quelle: Karstadt, April 2004

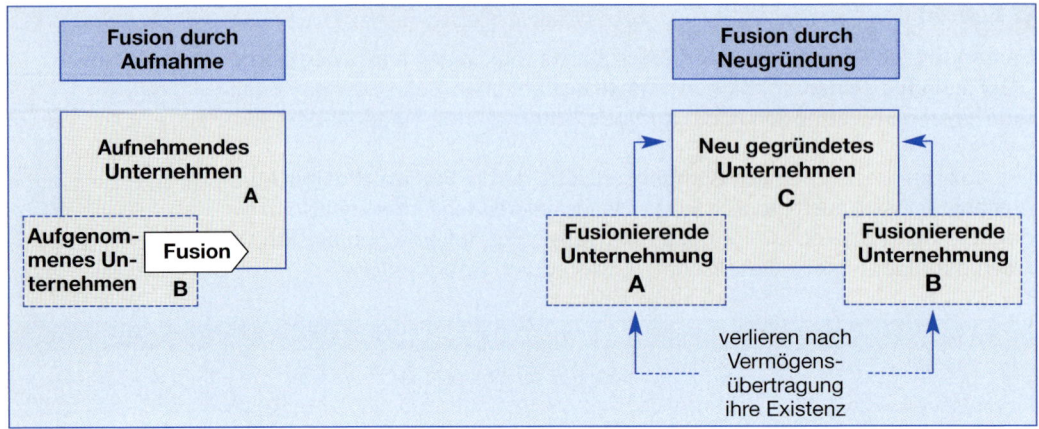

Kapitalbeteiligungen und beabsichtigte Fusionen müssen dem Bundeskartell-amt ab einer bestimmten Größenordnung angezeigt werden. Fusionsverbote können ausgesprochen werden, wenn durch den Zusammenschluss eine marktbeherrschende Stellung entstehen würde.

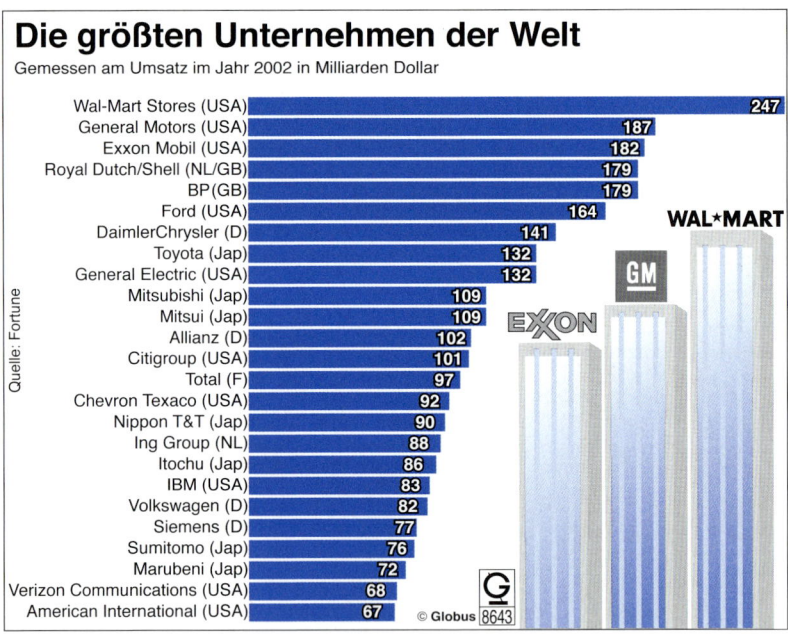

4.2   Ziele und Maßnahmen staatlicher Wettbewerbspolitik

Die **Wettbewerbspolitik** verfolgt zwei Zielrichtungen:
- Auf der einen Seite ist Aufgabe der Wettbewerbspolitik, einen **funktions-fähigen Wettbewerb** zu erhalten und den Konsumenten vor Wettbewerbs-beschränkungen zu schützen.

- Auf der anderen Seite ist es die Aufgabe der Wettbewerbspolitik, **unlautere Wettbewerbspraktiken** zu verhindern, d. h. für einen fairen Wettbewerb zu sorgen.

Der Wettbewerb ist funktionsfähig, wenn die Innovations-, Ausschaltungs- und Lenkungsfunktion des Wettbewerbs gesichert und die Erzielung von „Machtgewinnen" ausgeschlossen ist.

Definition

Bußgeld für Zementkartell erhöht

Kartellamt fordert von den beteiligten Firmen insgesamt 710 Millionen EUR

Bonn – Das Bundeskartellamt hat in seinen Verfahren gegen ein Zementkartell weitere Bußgelder von insgesamt 41 Millionen EUR verhängt. Betroffen seien sechs mittelständische Hersteller und Händler, sagte Kartellamtspräsident Ulf Böge bei der Vorstellung der Jahresbilanz seiner Behörde. Die Namen der Unternehmen wollte er nicht nennen. Mit diesen Bußgeldern seien nun auch die übrigen Verfahren zu diesem Kartell abgeschlossen, sagte Böge. Dazu hatte das Amt bereits im April 2003 gegen die sechs größten Zementhersteller Deutschlands Geldstrafen von insgesamt rund 661 Millionen EUR ausgesprochen. Das war die bisher höchste Geldbuße in der Geschichte der Bonner Behörde.

Die Zementunternehmen hatten nach Ansicht der Wettbewerbshüter zum Teil seit Jahrzehnten wettbewerbswidrige Gebiets- und Quotenabsprachen getroffen. Auf diese Weise wurde laut Kartellamt der Wettbewerb auf dem Markt fast völlig ausgeschaltet. Zementabnehmer und Verbraucher seien massiv geschädigt worden. Insgesamt ordnete die Wettbewerbsbehörde laut Böge in diesem Jahr wegen verbotener Kartellabsprachen Bußgelder von mehr als 710 Millionen EUR an. Zudem durchsuchte das Amt wegen des Verdachts auf ein Kartell bei sieben Aktionen bundesweit rund 200 Unternehmen und Privatwohnungen. Neben der Zementindustrie waren Entsorgungsbetriebe und Pharmagroßhändler betroffen. (dpa)

Das **Gesetz gegen Wettbewerbsbeschränkungen** (*GWB*, kurz *Kartellgesetz* genannt) kann als das „Grundgesetz" der Marktwirtschaft bezeichnet werden. Sein Kerngedanke ist, dass ein funktionsfähiger Wettbewerb den größten Nutzeffekt für die Gesamtwirtschaft, insbesondere aber für die Konsumenten, gewährleistet. Das **Bundeskartellamt** mit Sitz in Bonn beobachtet die Wettbewerbssituation in Deutschland und kann mithilfe seiner wettbewerbspolitischen Instrumente gegen Wettbewerbsbeschränkungen vorgehen. Als „Hüter des Wettbewerbs" versucht das Bundeskartellamt, die künstliche Entstehung von Marktmacht und den Missbrauch bestehender Marktmacht zu verhindern.

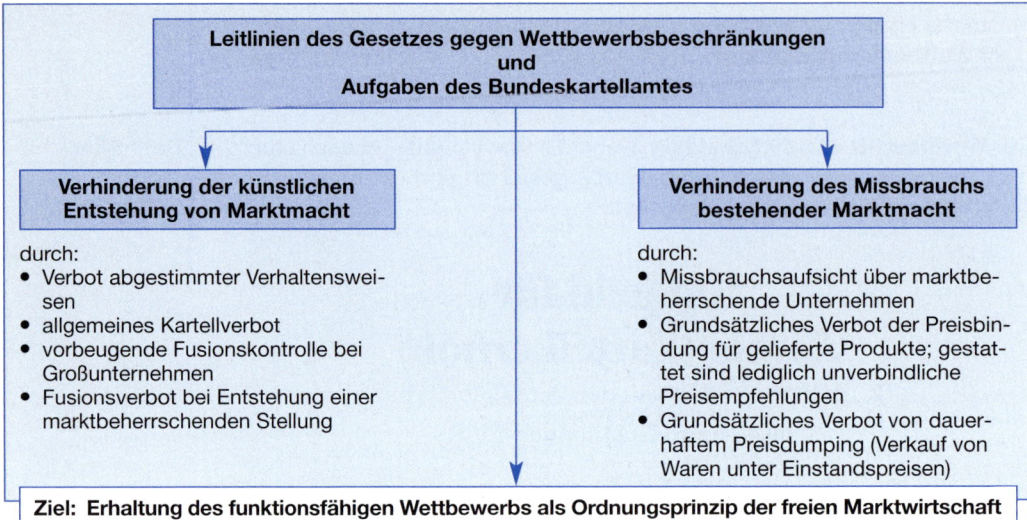

Das **Gesetz gegen den unlauteren Wettbewerb** (*UWG*) soll dafür sorgen, dass der Wettbewerb unter den Anbietern fair, d. h. ausschließlich mit zulässigen Wettbewerbsinstrumenten (Preispolitik, Produktpolitik, Werbung, Vertriebspolitik) geführt wird. Es schützt Unternehmen und Verbraucher vor unlauteren (= unfairen) Wettbewerbspraktiken.

Unlauterer Wettbewerb ist eine Verhaltensweise, durch die ein Anbieter für sich Vorteile gegenüber Konkurrenten erreichen will, die nicht auf seiner Leistung, sondern auf unfairen Wettbewerbspraktiken beruhen.

Wer im geschäftlichen Verkehr zu Zwecken des Wettbewerbs Handlungen vornimmt, die gegen die guten Sitten verstoßen, kann auf Unterlassung und Schadenersatz in Anspruch genommen werden *(§ 1 UWG)*.

BGH: Umgekehrte Versteigerung im Internet zulässig

Ein Autohändler veranstaltete im Internet eine so genannte umgekehrte Auktion. Der Preis des angebotenen Gebrauchtwagens sank hierbei bis zu seinem Verkauf wöchentlich um 300 Mark (der Fall ereignete sich vor Einführung des Euro), bis ein Interessent durch entsprechende Mitteilung seines Kaufentschlusses die „Versteigerung" beendete.

Die Werbung mit einer „umgekehrten Versteigerung" für den Verkauf eines Gebrauchtfahrzeugs verstößt nicht gegen § 1 UWG. Diese Werbemethode führt angesichts der im Allgemeinen mit einem Gebrauchtwagenkauf verbundenen beträchtlichen Investition beim verständigen Verbraucher erfahrungsgemäß nicht dazu, dass er von einer Prüfung der Preiswürdigkeit des Angebots absieht und sich wegen des „Spiels" zu einem Kauf verleiten lässt. Eine solche Werbung stellt in der Regel keine unsachliche Beeinflussung des Kaufentschlusses dar.

Urteil des BGH vom 13.03.2003 I ZR 212/00; NJW 2003, 2096; MDR 2003, 1003

Unlautere und damit sittenwidrige Wettbewerbspraktiken sind:

- Anlocken von Kunden mit unzulässiger Werbung

Beispiel

Schleuderpreise, Lockvogelangebote

- Irreführende Werbung

Beispiel

Unwahre oder täuschende Angaben über Beschaffenheit, Ursprung oder Herstellung einer Ware

- Firmen- und Markenzeichenmissbrauch
- Verleumdung (Diskriminierung) von Konkurrenten
- Bestechung von Geschäftspartnern durch Geschenke oder „Schmiergelder", um im Wettbewerb bevorzugt zu werden.

4.3 Europäisches Wettbewerbsrecht

Aufgabe der Gemeinschaft ist es, durch die Errichtung eines gemeinsamen Marktes und die schrittweise Annäherung der Wirtschaftspolitik der Mitgliedsstaaten   **Definition**
- **eine harmonische Entwicklung des Wirtschaftslebens innerhalb der Gemeinschaft,**
- **eine beständige und ausgewogene Wirtschaftsausweitung,**
- **eine größere Stabilität und eine beschleunigte Hebung der Lebenshaltung und**
- **engere Beziehungen zwischen den Staaten zu fördern, die in dieser Gemeinschaft zusammengeschlossen sind** *(Art. 2 EGV).*

Im Verhältnis zwischen nationalem und europäischen Wettbewerbsrecht gilt das **Subsidiaritätsprinzip**: Die EU-Kommission als übergeordnete „Hüterin des Wettbewerbs" ist erst dann zuständig, wenn Konzentrationsvorgänge den gemeinschaftsweiten Wettbewerb beeinträchtigen.

■ Kartellverbot

Verboten sind alle Vereinbarungen zwischen Unternehmen und aufeinander abgestimmte Verhaltensweisen,   **Definition**
- **die den zwischenstaatlichen Handel beeinträchtigen können,**
- **Wettbewerbsbeschränkungen bewirken oder bezwecken** *(Art. 85 EGV).*

Das Kartellverbot umfasst insbesondere Vereinbarungen, die
- die Aufteilung von Märkten oder Versorgungsquellen bezwecken,
- unterschiedliche Bedingungen bei gleichwertigen Gegenleistungen des Vertragspartners festsetzen,
- die Einschränkung oder Kontrolle der Erzeugung oder des Absatzes zum Ziel haben.

■ Fusionskontrolle

Einerseits wird vom europäischen Binnenmarkt erwartet, dass die Unternehmen ihren Absatz gemeinschaftsweit ausweiten und aufgrund des erhöhten Wettbewerbsdrucks zum Vorteil der Verbraucher zu effizientem Handeln angeregt werden. Andererseits dürfen durch Unternehmenszusammenschlüsse keine Marktsituationen geschaffen werden, die den Wettbewerb dadurch entschärfen, dass ein Unternehmen zum Marktführer wird und dadurch der Wettbewerb beschränkt wird.

Definition

Der **Fusionskontrolle** unterliegen Zusammenschlüsse von gemeinschaftsweiter Bedeutung, wenn
- alle beteiligten Unternehmen zusammen mehr als 5 Mrd. EUR weltweiten Umsatz und
- zumindest zwei Unternehmen mehr als 250 Mio. EUR gemeinschaftsweiten Umsatz aufweisen und
- nicht jeweils mehr als $^2/_3$ ihres gemeinschaftsweiten Umsatzes in einem EU-Mitgliedstaat erzielen.

Ein Zusammenschluss darf nicht vollzogen werden, bis er von der EU-Kommission für vereinbar mit dem Gemeinsamen Markt erklärt worden ist *(Art. 7 EG-FusionskontrollVO)*.

■ Marktmachtmissbrauch

Definition

Verboten ist der **Missbrauch** einer marktbeherrschenden Stellung *(Art. 86 EGV)*.

Als Missbrauch wird betrachtet:
- die Erzwingung unangemessener Geschäftsbedingungen,
- die Einschränkung der Erzeugung, des Absatzes oder der technischen Entwicklung zum Schaden der Verbraucher,
- die Anwendung unterschiedlicher Bedingungen bei gleichwertigen Leistungen gegenüber Handelspartnern,

---

Wettbewerbsrecht

Daimler im Fadenkreuz der EU

Brüssel – Die EU-Kommission hat gegen die Daimler-Chrysler AG ein Verfahren wegen des Verdachts unerlaubter Vertriebspraktiken eröffnet, erklärte ein Sprecher der Behörde. Der Konzern soll seinen Händlern in Deutschland, Belgien, den Niederlanden und Spanien untersagt haben, Autos an EU-Bürger zu verkaufen, die nicht aus diesen Staaten stammen. Sollte sich das bestätigen, muss der Konzern mit einer Geldbuße von bis zu 10 % des Umsatzes rechnen. Daimler-Chrysler wies die Vorwürfe zurück. „Wir haben nie die Abschottung nationaler EU-Märkte verfolgt", sagte ein Sprecher. Innerhalb der EU unterscheiden sich die Autopreise beispielsweise wegen unterschiedlicher Steuerbelastungen erheblich. Der freie Warenverkehr in der EU ermöglicht es den Käufern, diese Preisunterschiede auszunutzen. Gegen die VW AG hatte die Kommission in einem solchen Fall Ende Januar die bisher höchste Buße in einem wettbewerbsrechtlichen Verfahren von 200 Millionen DM gegen ein einzelnes Unternehmen verhängt. Mitarbeiter der EU hatten im Dezember 1996 in der Firmenzentrale und bei Händlern Material gesammelt. Der Auto-Konzern habe zwischen 1985 und 1996 diese Verkaufspraktiken zugelassen, erklärte die Brüsseler Behörde.   (dpa)

Quelle: FAZ, 26.11.2001

- alle anderen Formen der missbräuchlichen Ausnutzung einer beherrschenden Stellung im EU-Raum oder einem wesentlichen Teil davon, soweit sie zu einer Beeinträchtigung des zwischenstaatlichen Handels führen können.

Aufgaben

1. Auf dem Markt für bestimmte elektronische Bauteile sind die Marktanteile wie folgt verteilt:

	Marktanteile in %	
	Deutscher Markt	EU-Markt
Unternehmen A aus Augsburg	35	15
Unternehmen B aus Paderborn	40	10
Mitbewerber aus Japan	5	45
Mitbewerber aus den USA	15	25
Andere	5	5

Die beiden deutschen Unternehmen, die mit etwa 80 Mio. EUR Umsatz gleichauf liegen, zeigen beim Bundeskartellamt an, dass sie fusionieren wollen.
a) Stellen Sie zunächst den Unterschied zwischen einem Kartell und einer Fusion heraus.
b) Welche Gründe könnten für die Fusionspläne der beteiligten Unternehmen maßgeblich sein?
c) Ist das Bundeskartellamt die richtige Adresse für die Anmeldung der Fusion?
d) Welcher Konflikt müsste bei der Entscheidung über den Fusionsantrag gelöst werden?

2. Nehmen Sie an, Sie wären in Ihrer Stadt der einzige Eigentümer einer Wasserquelle. Inwiefern könnte Ihr Verhalten die staatlichen Wettbewerbshüter auf den Plan rufen?

3. Die Deutsche Bahn AG mit ihrem Gleisnetz und die Telekom mit ihrem Telefonnetz verfügen über riesige, in Jahrzehnten gewachsene Einrichtungen.
a) Wer hat das Gleisnetz und das Telefonnetz letztlich bezahlt?
b) Private Bahngesellschaften und private Telefongesellschaften drängen verstärkt auf freien Zugang zu den bestehenden Netzen. Sollten diese Unternehmen hierfür zur Kasse gebeten werden, und wenn ja, woran sollte sich die Preisgestaltung orientieren?
c) Welche Folgen einer vollkommenen Liberalisierung auf den genannten Märkten könnten Sie sich vorstellen für die beteiligten Unternehmen einerseits und die gesamte Volkswirtschaft anderseits?

4. In dem Zeitungsartikel auf Seite 428 geht es um die Arbeit des Bundeskartellamtes.
a) Es ist dort von einer Bonusregel die Rede. Was ist mit der Regel gemeint und wie könnte sie möglicherweise wirken?
b) In welchen Branchen wurden in letzter Zeit Fusionsanträge abgelehnt?

c) Der Präsident des Bundeskartellamtes spricht sich in dem Artikel ausdrücklich für das Instrument der Ministererlaubnis aus. Damit unterstützt er die Erlaubnis von Fusionen, die sein Haus vorher verboten hat. Widerspricht sich der Leiter des Kartellamtes hiermit selbst?

5. Das Gesetz gegen den unlauteren Wettbewerb (UWG) will den Verbraucher schützen und unrechtmäßige Behinderung der Mitbewerber unterbinden. Welche Maßnahme fällt nicht unter das UWG?
   a) Fernmündliches Anbieten von Waren oder Dienstleistungen
   b) Vor- und Nachschieben von Waren bei Aus- und Räumungsverkäufen
   c) Lockvogelangebote
   d) Vergleichende Werbung
   e) Durchführung von Saisonverkäufen außerhalb der gesetzlich festgelegten Zeiten
   f) Werben von Kunden auf der Straße

6. Mit welchen wettbewerbspolitischen Instrumenten und Vorschriften kann unten genannten Verhaltensweisen begegnet werden?

   Instrumente:
   (1) Kartellverbot
   (2) Missbrauchsaufsicht
   (3) Fusionskontrolle
   (4) Verbot der Preisbindung der 2. Hand
   (5) Ministerielles Verbot
   (6) Verbot abgestimmten Verhaltens
   (7) Mit keinen der genannten Instrumente und Vorschriften

   Verhaltensweisen:
   a) Vergleichende Werbung eines Billigfliegers.
   b) Aldi kürzt Lieferantenrechnungen pauschal um 5 % und begründet dies in einem Rundschreiben „mit dem gemeinsamen Wunsch nach Erhaltung der Arbeitsplätze".
   c) Ford und VW teilen dem Bundeskartellamt ihre beabsichtigte Fusion mit.
   d) Zementhersteller einigen sich darauf, die gegenseitigen Heimatregionen der Unternehmen nicht zu beliefern.
   e) Ein bekannter Pralinenhersteller gibt dem Einzelhandel eine Kalkulationshilfe und versieht die Produkte bereits in der Fabrik mit einheitlichen Ladenverkaufspreisen.
   f) Eine bekannte Sportartikelfabrik schließt einen Kunden von der Belieferung aus, da dieser es gewagt hat, die Produkte eines neuen, sehr aggressiv in den Markt drängenden amerikanischen Mitbewerbers in sein Sortiment aufzunehmen.
   g) Mobilfunkkonzerne erhöhen ihre Preise nachweislich in Anlehnung an den Preisführer.

7. Schifffahrtskonferenzen sind fast immer international tätig und fallen damit nicht mehr unter deutsches, sondern unter europäisches Kartellrecht.
   a) Um welche Art eines Kartells handelt es sich bei den Schifffahrtskonferenzen?
   b) Worin könnte der Grund liegen, dass Schifffahrtskonferenzen von der Anwendung des europäischen Kartellrechts freigestellt sind?

8. Stellen Sie tabellarisch die Vor- und Nachteile von Unternehmenszu-sammenschlüssen dar aus Sicht
   a) der beteiligten und betroffenen Unternehmen
   b) von Gesellschaft und Politik
   c) der Verbraucher.

9. Ergänzen Sie Ihre Lernkartei, indem Sie sich mit Ihrem Nachbarn über sinn-volle Kartenüberschriften austauschen und die Karteikarten entsprechend ausfüllen.

5   Geld und Währung

Einstiegssituation

Geldumtausch in Köln

aus Anlaß der Währungsreform

An Alle

Das bisherige Geld – mit Ausnahme des Kleingeldes bis zu 1 RM, das vom 21. Juni 1948 ab mit 10 % gewertet wird – ist vom 21. Juni 1948 ab ungültig. Um der Bevölkerung die ersten Zahlungsmitteln die Hand zu geben, erfolgt am Sonntag, dem 20. Juni 1948, ein Umtausch von Altgeld in Neugeld. Der Kopfbetrag in Neugeld ist einheitlich für jede Person auf 60,- DM. festgesetzt. Der Umtausch erfolgt im Verhältnis 1:1 gegen Abgabe von 60,- RM. Altgeld. Dieser Altgeldbetrag von 60,- RM. ist am 20. Juni 1948 in den Umtausch-stellen voll einzuzahlen. Das Neugeld wird mit 40,- DM. am 20 Juni 1948 und mit 20,- DM. einen Monat später ausgezahlt. Wird ein gerin-gerer Altgeld-Betrag als 60,- RM. eingezahlt, so hat der Einzahler nur Anspruch auf Neugeld in Höhe des eingezahlten Altgeldbetrages.

1. Zahlstellen:
   In den einzelnen Stadtbezirken sind Zahlstellen (Umtauschstellen) eingerichtet, die **von 8 – 20 Uhr geöffnet** sind.
2. Ausweispapiere
   Es sind folgenden Ausweispapiere beim Geldumtausch vorzulegen:
a. die Lebensmittelkarten der 115. Zutei-lungsperiode für sämtliche zum Haushalt gehörenden Personen, und zwar nur die Karten 11-15, 21-25, 31-35 und 41-45; die Zulagekarten brauchen nicht vorgelegt zu werden;
b. der Haushaltsausweis
c. der Personalausweis derjenigen Person, wel-che dem Umtausch vornimmt.
3. Umtauschberechtigte:
   Der Kreis der Empfänger des Kopfbetrages ist derselbe wie der Kreis der Empfänger der Lebensmittelkarten. In den allgemeinen Um-tauschstellen kann der Geldumtausch nur für solche umtauschberechtigten Personen vorge-nommen werden, die im Besitz einer Lebens-mittelkarte sind und ihren ständigen Wohnsitz in Köln haben.

4. Empfangsberechtigte:
   Der Geldumtausch geschieht **haushaltswei-se.** Empfangsberechtigt ist der Haushalts-vorstand, in Ausnahmefällen eine andere zum Haushalt gehörende erwachsene Person. Im Interesse einer beschleunigten Abfertigung in den Zahlstellen wird gebeten, für jeden Haus-halt nur jeweils eine Person für sämtliche Haus-haltsangehörige zur Zahlstelle zu entsenden.
   Der Empfang der Kopfbeträge wird im allge-meinen in der Weise durchgeführt, wie sie beim Lebensmittelkartenempfang üblich ist, d.h., alle Gemeinschaften, für die nur ein Haushalts-ausweis und nur eine Haushaltskarte besteht, müssen auch geschlossen durch eine beauftragte Person den Geldumtausch durchführen.

Zur besonderen Beachtung
Stelle an Hand des veröffentlichten Planes Deine richtige Zahlstelle fest!
   Vergiß keines der erforderlichen Aus-weispapiere!
   Achte darauf, dass auf den Lebensmittel-karten der Name des rechtmäßigen Eigen-tümers angegeben ist!
   Halte die vorgeschriebenen Ausweispapiere geordnet bereit!
   Halte den Einzahlungsbetrag abgezählt – möglichst in großen Scheinen – bereit!
   Halte Deine Umtauschzeit ein!
   Wenn Du diese Verhaltensmaßregeln beach-test, dann trägst Du damit zur schnellen Abfertigung bei, ersparst Dir langes Warten vor den Schaltern und erleichterst dem Abfertigungspersonal die Arbeit!

Köln, den 19. Juni 1948

Der Oberstadtdirektor: Adenauer

5.1 Eigenschaften und Funktionen des Geldes

Geld ist eine jener Selbstverständlichkeiten des Lebens, die man normalerweise nicht erklären muss. Es spielt die zentrale Rolle in einer modernen Volkswirtschaft und ist aus dem Wirtschaftsleben nicht mehr wegzudenken. Kaum jemand kann auf das Geldverdienen verzichten, um seinen Lebensunterhalt und seine Zukunft abzusichern.

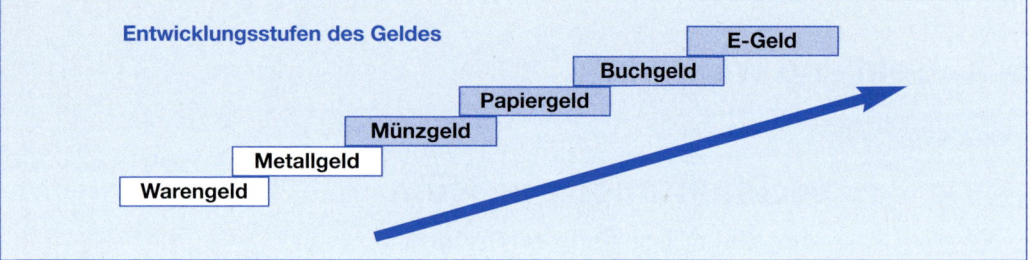

Um als Geld fungieren zu können, muss ein Gut über folgende **Eigenschaften** verfügen:

Es muss
- knapp, allgemein anerkannt und begehrt sein,
- ohne Wertverlust teilbar sein,
- sich als Wertaufbewahrungsmittel eignen, d. h., bei seiner Lagerung darf nicht das Risiko des Verderbs, der Wertminderung oder der Vernichtung bestehen,
- leicht transportierbar sein.

Das Geld erfüllt im Wirtschaftsleben vielfältige **Funktionen**:

- **Geld ist Zahlungsmittel (Tauschmittel).**
Geld kann zum Kauf von Gütern und zur Inanspruchnahme von Dienstleistungen benutzt werden. Diese Funktion ermöglicht die Arbeitsteilung innerhalb der Wirtschaft und die reibungslose Abwicklung der Tauschvorgänge auf den Märkten.

- **Geld ist Wertaufbewahrungsmittel.**
Geld kann gespart werden und damit zur zeitlichen Verschiebung der Konsumausgaben und zur Geldvermögensbildung verwendet werden. Solange die Menschen auf den Wert des Geldes vertrauen, werden sie zum Sparen bereit sein. Auf diese Weise werden die für die Investitionstätigkeit innerhalb der Wirtschaft notwendigen Geldmittel bereitgestellt.

- **Geld ist Rechenmittel.**
Der Wert aller Güter lässt sich in Geldeinheiten ausdrücken, sodass die Güter in ihrem Wert gemessen und verglichen werden können. Geld ist dadurch Grundlage einer geordneten Wirtschaftsführung in den Unternehmungen sowie in den privaten und öffentlichen Haushalten. Die Bilanz und die Gewinn- und

Verlustrechnung einer Unternehmung, die Rentabilität einer Kapitalanlage und der Einnahmen-/Ausgabenplan eines Haushaltes wird in Geldeinheiten ausgedrückt. Die Beachtung des ökonomischen Prinzips wird dadurch erleichtert.

Das Geld kann diese Funktionen auf Dauer nur erfüllen, wenn der Wert des Geldes gesichert ist.

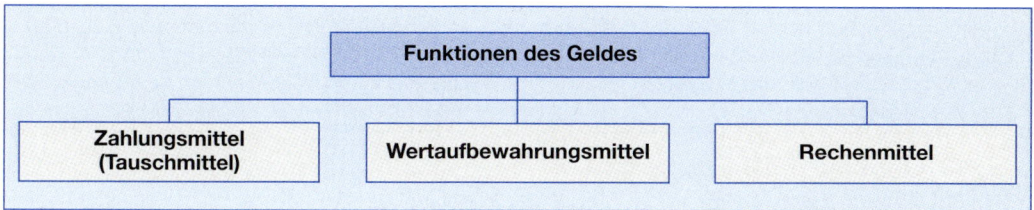

5.2   Währungen

Das Geld ist – wie seine Entwicklungsgeschichte zeigt – aus dem Wunsch nach einem allgemein anerkannten Tauschmittel entstanden, das bei Geschäftsabschlüssen benutzt werden kann und den Warenhandel zwischen den Menschen erleichtern soll. Geld ist ursprünglich ein Gut, das sich als Tauschmittel bewährt hatte.

Die besondere Bedeutung des Geldes für das Wirtschaftsleben hat dazu geführt, dass schon bald die Träger politischer Macht (Könige, Regierungen) das Recht zur Regelung des Geldwesens für sich beanspruchten. Dies geschah ursprünglich zu dem Zweck, um verbindlich festzulegen, welche Münzen zur Bezahlung der Steuern verwendet werden mussten.

Es zeigte sich im Laufe der Zeit, dass das Vertrauen in das Geld und ein geordnetes Geldwesen die Grundvoraussetzungen für eine blühende Wirtschaft darstellen. Der Staat übernahm schließlich die Verantwortung und damit die Gewähr *(wortgeschichtlich: Werunge = Gewähr)* für die Funktionsfähigkeit des Geldwesens.

Die Währungsordnung (Geldverfassung) ist die gesetzlich geregelte Ordnung des Geldwesens eines Staates.   **Definition**

Durch die Währungsordnung sind festgelegt:
- die **Währungsbezeichnung** und **-einheiten**,
- das **Münzregal** (= das Recht zur Prägung von Münzen),
- das **Notenprivileg** (= das Recht zur Ausgabe von Banknoten),
- die Art des **Währungssystems**,
- die Art des **Wechselkurssystems**, d. h. die Regeln, nach denen der Außenwert (= der Wechselkurs) der Landeswährung gegenüber den Auslandswährungen festgelegt wird,
- im weitesten Sinne alle Gesetzesvorschriften, welche die Geschäftstätigkeit der Kreditinstitute sowie den Geld- und Kapitalverkehr regeln.

Währungssysteme	
Gebundene Währungen	**Freie (manipulierbare) Währungen**
• Es besteht eine gesetzlich vorgeschriebene Wertbindung an ein Edelmetall. • Die vorhandene Geldmenge richtet sich nach dem vorhandenen Bestand an Währungsmetall. • Das Vertrauen gegenüber dem Geld beruht auf der Wertbeständigkeit des Währungsmetalls.	• Es besteht keine Bindung des Geldes an stoffliche Werte. • Die Geldmenge ist beliebig veränderbar und kann den jeweiligen wirtschaftlichen Gegebenheiten angepasst werden. • Das Vertrauen gegenüber dem Geld beruht ausschließlich auf seinem Tauschwert.

5.3 Binnenwert des Geldes

Definition

Unter dem **Binnenwert** des Geldes versteht man den Geldwert im Inland.

Da der **Stoffwert** des Geldes durch die Entwicklung der freien Währungen bedeutungslos geworden ist, stellt sich die Frage nach dem **Tauschwert** des Geldes.
Im Unterschied zum aufgedruckten Nennbetrag des Geldes, dem **Nominalwert**, gibt der Tauschwert des Geldes an, welche Gütermenge für eine Geldeinheit gekauft werden kann. Der Tauschwert des Geldes gegenüber den Gütern wird auch als **Realwert** bezeichnet.

■ Preisindex für die Lebenshaltung

Für die Messung des Geldwertes ist in Deutschland das **Statistische Bundesamt** in Wiesbaden zuständig. Es beobachtet und dokumentiert ständig die Preisentwicklung wichtiger Güter und Wirtschaftsbereiche und veröffentlicht deren Entwicklung in Zeitreihen.

Der Preisindex für die privaten Lebenshaltungskosten
• ermöglicht Aussagen über die Veränderung der Kaufkraft der privaten Haushalte und damit des Lebensstandards der Bevölkerung,
• dient bei Tarifverhandlungen als wichtige Orientierungsgröße,
• dient als Indikator bei de Berechnung des realen Wirtschaftswachstums
• leistet Hilfe bei Verträgen mit Wertsicherungsklauseln,
• dient als Indikator für wirtschaftspolitische Entscheidungen,
• ist Grundlage eines Konvergenzkriteriums für die EWWU.

Für die Bevölkerung ist vor allem die Entwicklung der Lebenshaltungskosten interessant.

Definition

Die **Preisindizes für die Lebenshaltung** sollen zeigen, in welchem Maße sich die Lebenshaltung der Haushalte infolge von Preisänderungen, aber unbeeinflusst von Änderungen im Konsumverhalten sowie von Mengen- und Qualitätsänderungen, verteuert oder verbilligt hat.

Sie werden deshalb wie die übrigen amtlichen Indizes auf der Basis einer konstanten Verbrauchsstruktur berechnet. Dabei muss nicht nur die Zusammensetzung des für die laufende Preisbeobachtung ausgewählten Bündels von Waren und Dienstleistungen im Zeitablauf konstant gehalten werden, sondern auch die „Indexgewichte", mit denen die unterschiedliche Ausgabenbedeutung der einzelnen Güter im Warenkorb für die Budgets der Haushalte berücksichtigt werden. Die Indexberechnung unterstellt ein über mehrere Jahre hinweg konstantes Verbraucherverhalten.

Da der für das Basisjahr festgelegte Warenkorb und die Indexgewichte im Laufe der Zeit veralten, wird der Warenkorb jedes Jahr wirklichkeitsfremder. Dieser Mangel wird durch eine regelmäßige Änderung der Basisjahre behoben.

Durch ständige Beobachtung der Entwicklung von ca. 350 000 Einzelpreisen in ausgewählten Geschäften in über 190 Städten und Gemeinden kann Monat für Monat der Preis für den Warenkorb neu bestimmt werden. Es ist aber nicht möglich und auch nicht erforderlich, die Preise für alle angebotenen Güter und Dienstleistungen zu erheben. Es reicht aus, einige Hundert Waren auszuwählen, die stellvertretend den gesamten Verbrauch repräsentieren. Die Gesamtheit dieser Preisrepräsentanten bildet den Warenkorb, der etwa 750 Güter enthält.

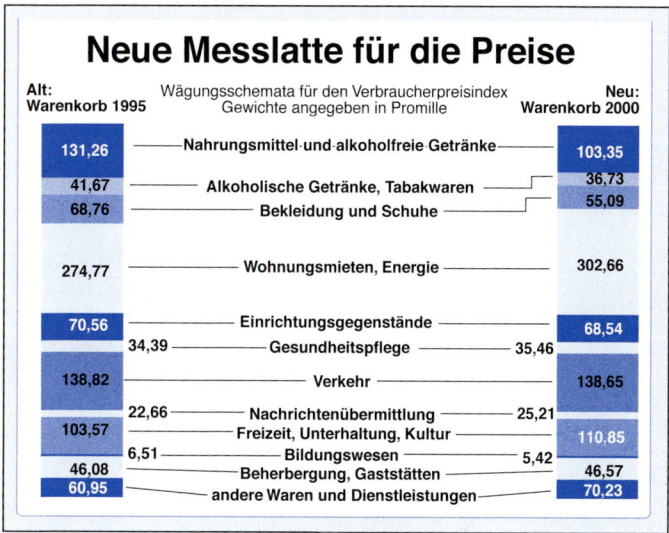

Quelle: Statistisches Bundesamt, April 2004

Indexberechnung

Der EUR-Wert des Warenkorbes im Basisjahr wird mit 100 Prozentpunkten gleichgesetzt, und die Preisänderungen der Folgejahre werden ebenfalls in Prozentpunkten ausgedrückt.

Beispiele

Wert des Warenkorbes im Jahr 2002: 2 000,00 EUR = Preisindex 100 Prozentpunkte

Wert des Warenkorbes im Jahr 2003: 2 200,00 EUR = Preisindex 110 Prozentpunkte

Wert des Warenkorbes im Jahr 2004: 2 400,00 EUR = Preisindex 120 Prozentpunkte

Die prozentualen Preisänderungen werden nun berechnet, indem die Indexzahl des Vorjahres mit 100 % gleichgesetzt wird und auf dieser Basis der prozentuale Wert des aktuellen Jahres berechnet wird.

Auf oben genanntes Beispiel angewendet ergibt sich folgendes Bild:
2002 Preisindex 100 Prozentpunkte = 100,00 %
2003 Preisindex 110 Prozentpunkte = 110,00 % = **Preisanstieg 10 %**
2003 Preisindex 110 Prozentpunkte = 100,00 %
2004 Preisindex 120 Prozentpunkte = 109,09 % = **Preisanstieg 9,09 %**

Die Veränderung der Lebenshaltungskosten lässt sich nach folgender Formel errechnen:

$$\textbf{Änderung des Preisniveaus} = \left(\frac{\text{Neuer Preisindex}}{\text{Alter Preisindex}} \cdot 100 \right) - 100$$

Im Kapitel über die Geldwerttheorie wurde dargestellt, dass sich die Kaufkraft umgekehrt proportional zum Preisniveau entwickelt. Damit ergibt sich folgende Formel für die Kaufkraft:

$$\textbf{Änderungen der Kaufkraft} = \left(\frac{\text{Alter Preisindex}}{\text{Neuer Preisindex}} \cdot 100 \right) - 100$$

Der Preisindex für die Lebenshaltung aller privaten Haushalte hat sich seit 2000 wie folgt entwickelt:

Jahr	2000	2001	2002	2003
Preisindex	100	102	103,4	105,4
Veränderung des Preisniveaus gegenüber dem Vorjahr in %	1,4	2,0	1,4	1,9
Veränderung der Kaufkraft gegenüber dem Vorjahr in %	−1,38	−1,96	−1,35	− 1,89

Beispiel

*Ein Kaufmann für Spedition und Logistikdienstleistung verdient jetzt nach einer Gehaltserhöhung um 3,3 % 2 892,40 EUR, also 92,40 EUR mehr als im Vorjahr. Der Preisindex für die Lebenshaltung ist im gleichen Zeitraum von 107,7 Prozentpunkten auf 110,6 Prozentpunkte gestiegen. Nach der Formel **([Neuer Index : Alter Index] · 100) – 100** ergibt sich daraus eine Steigerung des Preisniveaus um 2,7 %.*
*Die Kaufkraftformel **([Alter Index : Neuer Index] · 100) – 100** zeigt dagegen, dass die Kaufkraft um 2,62 % gesunken ist.*
*Um zu ermitteln, wie sich nach der Gehaltserhöhung die **individuelle Kaufkraft** entwickelt hat, muss die Kaufkraft des alten Gehaltes mit der Kaufkraft des neuen Gehaltes verglichen werden.*

		Jahr 1	Jahr 2
Gehalt		2 800,00 EUR	2 892,40 EUR
Kaufkraft des Gehaltes	*in %*	100 %	97,38 %
Kaufkraft des Gehaltes	*in EUR*	2 800,00 EUR	2 816,62 EUR

Eine Steigerung des Preisniveaus führt zu einer Abnahme der Kaufkraft, da sich die Konsumenten weniger als zuvor für ihr Geld kaufen können. Diese Situation wird als üblich für eine moderne Volkswirtschaft angesehen. Nur einmal (1986) gab es in der Bundesrepublik die umgekehrte Situation, als es durch den Zusammenbruch des OPEC-Kartells und den gleichzeitigen Verfall des Wechselkurses für den USD zu einem Rückgang des Preisniveaus und einer Erhöhung der Kaufkraft kam.

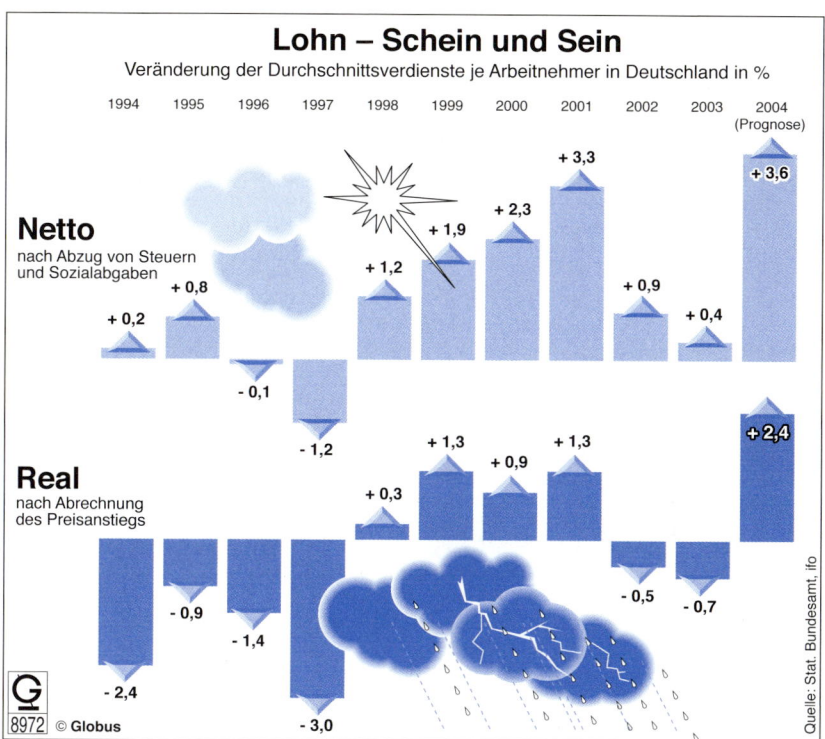

Lohn – Schein und Sein
Veränderung der Durchschnittsverdienste je Arbeitnehmer in Deutschland in %

Der Harmonisierte Verbraucherpreisindex

Im Hinblick auf die Europäische Wirtschafts- und Währungsunion wurde eine Harmonisierung der Preismessung für die Lebenshaltung auf europäischer Ebene entwickelt. Das **Statistische Amt der Europäischen Gemeinschaften (EUROSTAT)** veröffentlicht für den Zeitraum ab 1995 das Ergebnis dieser Preismessung als **Harmonisierten Verbraucherpreisindex (HVPI).** Er beruht auf den nationalen HVPIs, die in allen Staaten des Euro-Währungsgebietes nach einer einheitlichen Methode erstellt werden.

Beispiel

Die nationalen HVPIs werden nach dem Inland-Konzept erstellt. Um die Preisentwicklung in den einzelnen Staaten zu messen, werden Tourismusausgaben von Inländern im Ausland nicht mehr erfasst, dafür aber Tourismusausgaben von Ausländern im Inland.

5.4 Außenwert des Geldes

Schwacher Dollar kostet deutsche Firmen Milliarden

Exportwirtschaft fürchtet weiteren Euro-Anstieg – Furcht vor Handelskrieg lastet auf US-Währung

mjh/HB DÜSSELDORF – Die akute Schwäche des Dollars alarmiert die deutsche Industrie. „Die Schmerzgrenze ist bereits überschritten", kommentierte der Präsident des Bundesverbandes der Deutschen Industrie (BDI) die jüngste Entwicklung. Ein Euro kostete gestern im Tagesverlauf zeitweise knapp 1,28 Dollar – mehr als je zuvor.

Besonders betroffen sind exportorientierte Branchen wie Pharma, Maschinenbau und Automobilindustrie. Ihre Produkte verteuern sich mit steigendem Euro-Kurs außerhalb der Euro-Zone. So hat der VW-Konzern als Folge der Dollar-Schwäche 1,2 Mrd. Euro weniger verdient.

BMW, vor allem aber Porsche gehen lieber auf Nummer Sicher und haben das Gros ihrer Umsätze im Dollar-Raum langfristig abgesichert. Porsche exportiert jeden dritten Sportwagen in die USA.

Die jüngste Dollar-Schwäche wird mit einem drohenden Handelskrieg zwischen den USA und China erklärt. Außerdem ebbt der Kapitalfluss in die USA stetig ab, und es wächst die Sorge über die Konjunkturaussichten der US-Wirtschaft. Nicht alle Konzerne klagen über den schwachen Dollar. Der Stahlkonzern Thyssen-Krupp etwa profitiert sogar vom starken Euro, weil wichtige Einsatzstoffe wie Eisenerz oder Kohle billiger werden. Auch RWE kann sich über die Dollarschwäche freuen: Die Verschuldung des Konzerns ist allein aufgrund von Wechselkursverschiebungen deutlich gesunken. RWE hatte seine milliardenteuren Zukäufe in den USA in Landeswährung finanziert.

Nach Berechnungen der Citigroup kostet ein Anstieg des Euros zum Dollar um 5 % in der Euro-Zone 0,5 Prozentpunkte Wachstum.

Quelle: Handelsblatt vom 20.11.2003

Wenn im Inland jemand etwas kaufen will, weiß er genau, dass der Euro als Zahlungsmittel akzeptiert wird. Er ist nicht nur gesetzliches Zahlungsmittel, sondern auch allgemein anerkannt und begehrt. Der Empfänger des Kaufpreises weiß genau, dass er seinerseits mit Euro bestimmte Mengen an Gütern und Dienstleistungen erwerben kann. Wie sieht es aber im Außenhandel aus?

Beispiele

Ein japanischer Automobil-Importeur möchte deutsche Autos kaufen. Der deutsche Autohersteller wird nur dann bereit sein, japanische Yen anzunehmen, wenn er sich damit etwas kaufen kann. Allerdings dürfte das in Deutschland schwierig sein, da deutsche Arbeiter, deutsche Finanzämter, deutsche Kreditgeber und deutsche Vorlieferanten eine Bezahlung ihrer Forderungen mit Yen ablehnen werden. Damit bleiben dem deutschen Autohersteller zwei Möglichkeiten: Er erwirbt in Japan Waren und bezahlt mit Yen, oder er verkauft die Yen an ein deutsches Kreditinstitut und erhält dafür Euro.

Eine andere Möglichkeit wäre, wenn der japanische Automobil-Importeur von vornherein bei einem japanischen Kreditinstitut die benötigte Euro-Menge gegen Yen erwerben würde. Dies würde aber voraussetzen, das das japanische Kreditinstitut auf dem Devisenmarkt die benötigten Euro erwerben könnte.

Das Beispiel macht auf die verschiedenen Schwierigkeiten aufmerksam, die entstehen, wenn sich unterschiedliche Währungen berühren. Eine problemlose Abwicklung ist nur dann möglich wenn

- die Währungen untereinander frei austauschbar *(konvertibel)* sind.

Beispiel

Der deutsche Autohersteller wird nur dann Yen annehmen, wenn er bei einem deutschen Kreditinstitut oder der EZB dafür Euro erhält.

Eine Währung ist dann **konvertibel**, wenn die nationale Zentralbank bereit ist, die eigene Währung gegen fremde Währungen anzukaufen.   **Definition**

- es eine Leitwährung gibt, die international als Tauschmittel anerkannt und begehrt ist und es so ermöglicht, jede gewünschte Währung der Welt zu erwerben.

Beispiel

Wenn die japanische Notenbank nicht genügend Euro hätte, könnte sie sich diese gegen Dollar bei der EZB besorgen. Damit wäre es denkbar, das gesamte Geschäft sofort in Dollar zu fakturieren.

Wegen ihrer hohen Stabilität fungierten der US-Dollar und das britische Pfund nach dem Zweiten Weltkrieg als Leitwährungen. Für die DM galt von 1949 bis 1961 eine Relation von 4,20 DM/1,00 USD.

Unter dem **Außenwert** versteht man die Kaufkraft der inländischen Währung gegenüber ausländischen Währungen.   **Definition**

5.4.1   Wechselkurssysteme

Wechselkurssysteme		
Freie Wechselkurse	**Feste Wechselkurse mit Bandbreiten**	**Feste (absolut starre) Wechselkurse**
Der Wechselkurs bildet sich durch Angebot und Nachfrage auf dem Devisenmarkt.	Bi-/multilaterale Festlegung des Wechselkurses mit Interventionsverpflichtung zur Kursstützung.	Der Staat legt den Wechselkurs fest.

In modernen Volkswirtschaften wird der Wechselkurs bestimmt durch Devisenangebot und -nachfrage. Nur eine geringe Menge der auf den Devisenmärkten gehandelten Devisen resultiert aus Export- und Importgeschäften. Der überwiegende Teil des Devisenhandels erfolgt spekulativ.

Wechselkurse nach der Art der Kursnotierung

Mengennotierung		Preisnotierung	
Inlandswährung feste Bezugseinheit z. B. 1 EUR	**Auslandswährung** variable Bezugsgröße z. B. 1,25000 USD	**Inlandswährung** variable Bezugsgröße z. B. 0,80000 EUR	**Auslandswährung** feste Bezugseinheit z. B. 1 USD

Die EZB hat für den EUR die Mengennotierung als verbindlich erklärt

1 EUR = ... USD

1,17647
1,16959
1,16279
1,15607

$$\frac{1}{\text{Kurs der Preisnotierung}} = \text{originärer Kurs}$$

... EUR = 1 USD

0,85000
0,85500
0,86000
0,86500

$$\text{inverser Kurs} = \frac{1}{\text{Kurs der Mengennotierung}}$$

Bei der Mengennotierung bedeutet:

Geldkurs = Verkaufspreis der Fremdwährung aus Sicht der Kreditinstitute
Briefkurs = Ankaufspreis der Fremdwährung aus Sicht der Kreditinstitute

USD/EUR   1,2670 – 1,2730
Geldkurs   1,2670 USD
Briefkurs   1,2730 USD

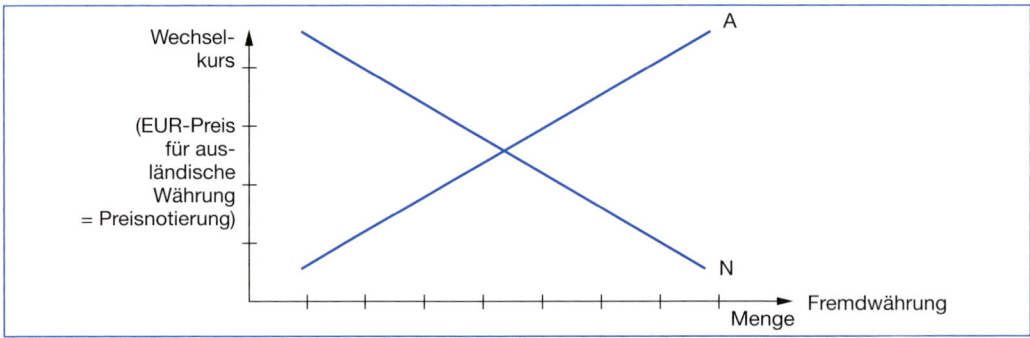

Bank verkauft USD zum Geldkurs

1 EUR

Bank ⟷ Kunde

1,2670 USD

Bank kauft USD zum Briefkurs

1 EUR

Bank ⟷ Kunde

1,2730 USD

Devisen sind Zahlungsmittel in Form von Buchgeld *(z. B. Guthaben bei ausländischen Banken oder Schecks, die auf ausländische Währungen lauten).*

Sorten sind ausländische Banknoten und Münzen. Kreditinstitute handeln in der Regel nur mit Banknoten.

■ Freie Wechselkurse

Definition   Bei **freien Wechselkursen** bildet sich das Austauschverhältnis zwischen den Währungen durch Angebot und Nachfrage. Die Kurse floaten.

Änderungen von Devisenangebot und Devisennachfrage werden hervorgerufen durch

- grenzüberschreitende Kapitalanlagen und Investitionen,
- Devisenspekulationen,
- Exporte und Importe,
- Auslandsreiseverkehr,
- Unentgeltliche Übertragungen.

Eine Zunahme der Devisennachfrage führt zu einem Kursanstieg der Fremdwährung bzw. einem Kursrückgang des Euro.

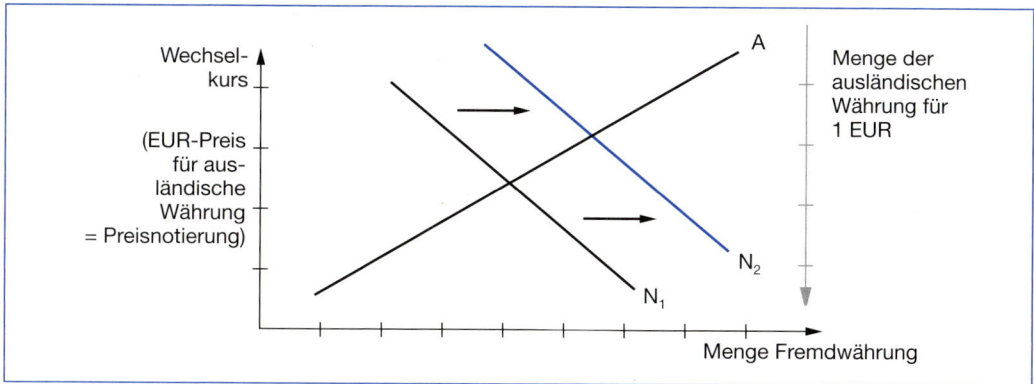

Eine Zunahme des Devisenangebotes führt zu einer Kurssenkung der Fremdwährung bzw. einem Kursanstieg des Euro.

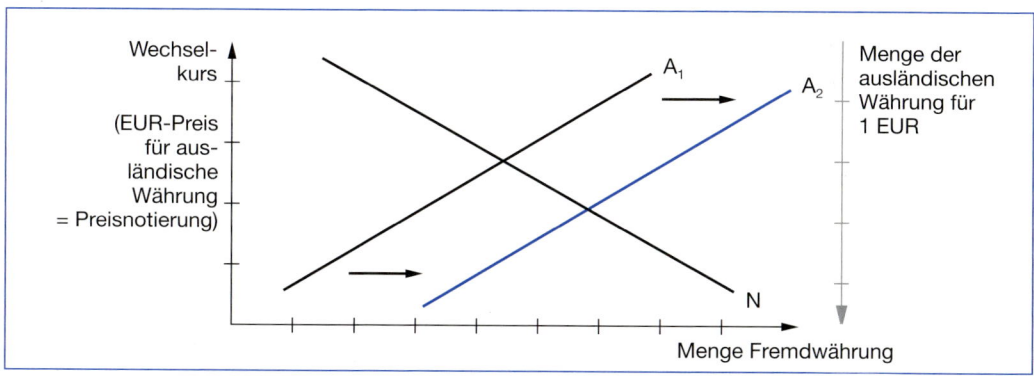

Vorteile freier Wechselkurse	Nachteile freier Wechselkurse
Freie Wechselkurse … • begünstigen eine ausgeglichene Zahlungsbilanz, • fördern den internationalen Wettbewerb, • hemmen die Übertragung von Inflationstendenzen vom Ausland in das Inland und umgekehrt.	Freie Wechselkurse … • erschweren die Kalkulation im Außenhandel, • behindern die internationale Integration.

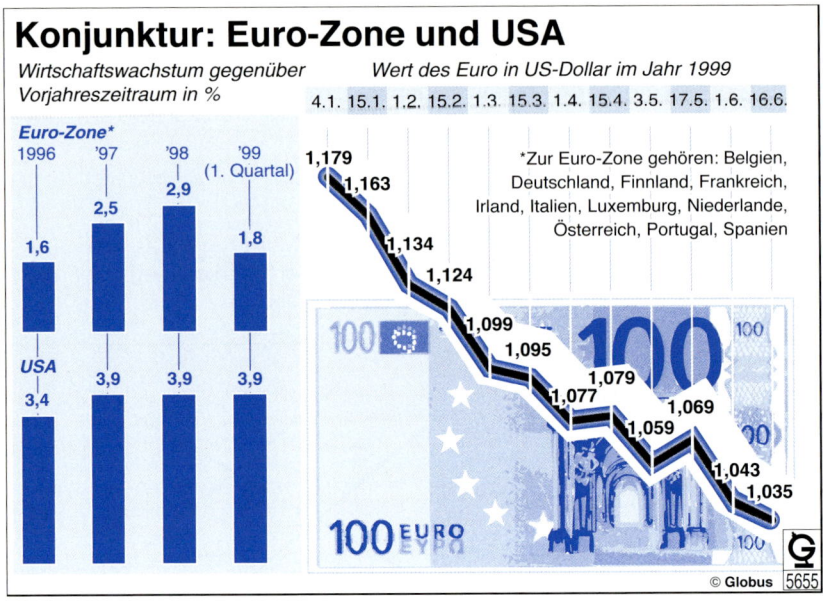

Konjunktur: Euro-Zone und USA

Wirtschaftswachstum gegenüber Vorjahreszeitraum in %

Wert des Euro in US-Dollar im Jahr 1999

4.1. 15.1. 1.2. 15.2. 1.3. 15.3. 1.4. 15.4. 3.5. 17.5. 1.6. 16.6.

Euro-Zone*

1996	'97	'98	'99 (1. Quartal)
1,6	2,5	2,9	1,8

USA

3,4	3,9	3,9	3,9

1,179
1,163
1,134
1,124
1,099
1,095
1,079
1,077
1,069
1,059
1,043
1,035

*Zur Euro-Zone gehören: Belgien, Deutschland, Finnland, Frankreich, Irland, Italien, Luxemburg, Niederlande, Österreich, Portugal, Spanien

© Globus 5655

■ Feste Wechselkurse mit Bandbreiten

Definition

Feste Wechselkurse mit Bandbreiten basieren auf Übereinkunft zwischen den beteiligten Staaten. Sie vereinbaren einen Wechselkurs zwischen ihren Währungen, aber lassen Kursabweichungen durch die Kräfte des Marktes innerhalb definierter Bandbreiten zu.

Die beteiligten Notenbanken haben zu intervenieren, wenn der Wechselkurs den oberen oder unteren Rand der Bandbreite (Interventionspunkt) zu erreichen droht.

Wenn bei einer beteiligten nationalen Zentralbank die starke Währung zum Interventionskurs nachgefragt wird, hat sie zu diesem Kurs zu verkaufen.
Wenn einer beteiligten nationalen Zentralbank die schwache Währung zum Grenzkurs angeboten wird, so muss die Notenbank zur Kursstützung diese Fremdwährung kaufen.

Beispiel

Der Kurs des Euro gegenüber der Dänischen Krone bewegt sich auf den oberen Interventionspunkt zu. In diesem Fall sind alle nationalen Zentralbanken des Eurosystems verpflichtet, DKK gegen EUR zu kaufen. Der Kurs des Euro sinkt, die Situation entspannt sich und der Kurs bleibt innerhalb der vereinbarten Bandbreite.

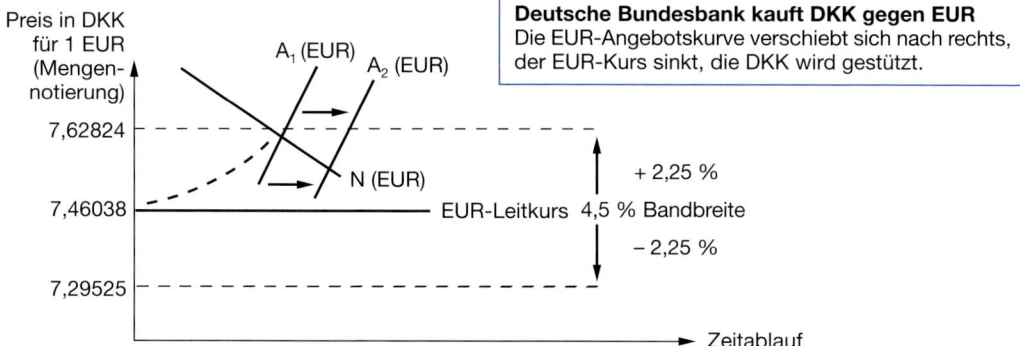

Deutsche Bundesbank kauft DKK gegen EUR
Die EUR-Angebotskurve verschiebt sich nach rechts, der EUR-Kurs sinkt, die DKK wird gestützt.

Für die am Außenhandel beteiligten Unternehmen liegt der entscheidende Vorteil fester Wechselkurse in der erhöhten Kalkulationssicherheit.

Dies gilt allerdings nur, wenn die Bandbreiten relativ eng gezogen sind.

Wenn sich ein Wechselkurs (Parität) als nicht marktgerecht erweist, indem er von den Marktteilnehmern immer wieder an die Interventionsgrenze herangeführt wird und damit allen Interventionsversuchen trotzt, sollte auf Ebene der Regierungschefs eine Neufestlegung der Paritäten vereinbart werden.

Dieser Vorgang, der **Realignment** genannt wird, kann entweder eine Heraufsetzung des Wechselkurses (Abwertung) oder eine Herabsetzung des Wechselkurses (Aufwertung) sein.[1]

■ Absolut starre Wechselkurse

Absolut starre Wechselkurse (feste Wechselkurse) werden administrativ, d. h. von einer staatlichen Stelle, festgelegt.   **Definition**

Dieses Wechselkurssystem gilt heute noch für eine große Anzahl Staaten Schwarzafrikas und Mittelamerikas. Früher waren starre Wechselkurse in den so genannten Staatshandelsländern Osteuropas üblich. Die Wechselkurse wurden stets unterhalb des Kurses, der sich am freien Markt gebildet hätte, fixiert. Die eigene Währung war überbewertet.

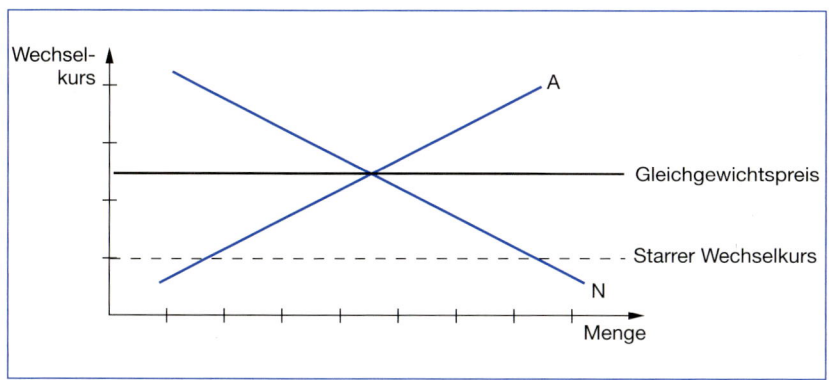

---

[1] *Vgl. Seite 453*

Da der Wechselkurs nicht den Marktverhältnissen entsprach, war die Währung für das Ausland uninteressant. Kein ausländischer Exporteur ist bereit, für seine Güter und Dienstleistungen die Währung anzunehmen. Die daraus folgende Devisenknappheit machte in dem entsprechenden Land eine Devisenbewirtschaftung notwendig. Inländische Exporteure mussten ihre Exporterlöse bei einer staatlichen Stelle gegen Inlandswährung verkaufen, und inländische Importeure erhielten die benötigten Devisen von einer staatlichen Stelle zugeteilt. Diese Bewirtschaftung wurde flankiert durch das Verbot, die Landeswährung oberhalb bestimmter Freibeträge grenzüberschreitend zu transferieren.

Vorteile starrer Wechselkurse	Nachteile starrer Wechselkurse
• Kalkulations- und Planungssicherheit durch staatliche Devisenzuteilung	• Hoher Aufwand an Bürokratie und Kosten für die Devisenbewirtschaftung • Inflexibilität bei Änderungen des Devisenbedarfs

5.4.2 Auf- und Abwertung

Änderungen der Wechselkurse bedeuten immer gleichzeitig eine Auf- oder Abwertung, gleichgültig, ob es sich um feste, freie oder starre Wechselkurse handelt.

Beispiel

Wechselkurs in Deutschland	Wechselkurs in USA
1 EUR/1,10 USD	1 USD/0,90909 EUR
↓ *Wechselkursänderung*	↓
1 EUR/1,05 USD	1 USD/0,95238 EUR

Kursherabsetzung = Abwertung des EUR

Für die gleiche Menge der inländischen Währung erhält man nach der Wechselkursänderung weniger ausländische Währung.

Kursheraufsetzung = Aufwertung des USD

Für die gleiche Menge der ausländischen Währung erhält man nach der Wechselkursänderung mehr inländische Währung.

Die **Aufwertung** der **einen Währung** ist gleichzeitig eine **Abwertung** der **anderen Währung**.

Die Folgen einer Aufwertung der inländischen Währung für den Außenhandel sind zweischneidig:
Der Importeur braucht zukünftig weniger eigene Währung für die ausländische Währung bezahlen und kann somit günstiger einkaufen. Der Exporteur erhält weniger eigene Währung bei Umtausch seiner auf Fremdwährung lautenden Exporterlöse.

Beispiel

Ein deutscher Luxusautomobilhersteller berechnet für einen Sportwagen, der nach Kalifornien exportiert wird, 100 000,00 USD. Bei einem Kurs von 1,05 USD/ EUR schreibt ihm sein Kreditinstitut beim Umtausch 95 238,10 EUR gut.

Nach einer Aufwertung des Euro auf 1,15 USD/EUR beträgt der Exporterlös bei unverändertem Verkaufspreis nur noch 86 956,52 EUR.

Für den konkurrierenden amerikanischen Automobilhersteller, der ein vergleichbares Fahrzeug zu 95 238,10 EUR in Europa anbietet, stellt sich die Situation nach der Abwertung des USD von 0,95238 EUR/USD auf 0,86956 EUR/USD günstiger dar:

Vor der Wechselkursanpassung beträgt der Exporterlös 100 000,00 USD, nach der Abwertung des USD werden beim amerikanischen Exporteur 109 524,47 USD gutgeschrieben.

Da die exportierende Wirtschaft Aufwertungsverluste nur selten über Preiserhöhungen abwälzen kann, ziehen Aufwertungen tendenziell Rückgänge beim Export nach sich.

Bei Abwertungen verhält es sich umgekehrt. Eine Schwächung der eigenen Währung begünstigt den Export. Sie kann u. U. zu Preissenkungen und damit zu einer Stärkung der Position auf den Auslandsmärkten führen.

Gerüchte über bevorstehende Auf- oder Abwertungen können zu spekulationsbedingten Marktverzerrungen führen.

Beispiel

Bei einem Kurs von 1,10 USD/EUR erwirbt ein Amerikaner EUR. Für 1 000 000,00 USD erhält er 909 090,91 EUR. Nach der Aufwertung des EUR auf 1,20 USD/EUR (und Abwertung des USD von 0,90909 EUR/USD auf 0,83333 EUR/USD) verkauft er die erworbenen EUR und erhält 1 090 909,09 USD. Sein Spekulationsgewinn beträgt 90 909,09 USD.

Ein aufwertungsverdächtiges Land wird kurzfristiges ausländisches Geld anziehen. Dies hat eine Erhöhung des inländischen Geldumlaufs und einen Druck auf das inländische Zinsniveau zur Folge.

Aufwertung der Inlandswährung	Abwertung der Inlandswährung
Gründe: • Auslandspreisniveau höher als im Inland • Spekulations- oder zinsniveaubedingte Geldzuflüsse aus dem Ausland Folgen: • Exportrückgang • Importzunahme	Gründe: • Preisniveau im Inland höher als im Ausland • Zins- und spekulationsbedingte Geldabflüsse ins Ausland Folgen: • Exportzunahme • Importrückgang

Aufgaben

1. Die Arbeitnehmerverdienste haben sich von 2000 bis 2004 prozentual folgendermaßen entwickelt:

Jahr	2000	2001	2002	2003	2004
nominal	+ 2,4	+ 0,3	+ 0,5	+ 2,1	+ 2,4
real	+ 1	− 0,5	− 1,0	+ 1,1	+ 0,7

a) Um wie viel Prozent sind die Verdienste seit 2001 nominal gestiegen?

b) Um wie viel Prozent haben sich die realen Verdienste seit 2001 verändert?

2. Das Einkommen einer Familie stieg im Januar 2005 auf 4 000,00 EUR und lag damit genau 100,00 EUR über dem Vorjahresgehalt. Die Sparquote der Familie hat sich im gleichen Zeitraum von 8 % auf 7,5 % verringert. Der Verbraucherpreisindex betrug im Januar 2005 106,4 Prozentpunkte und damit 1,4 Prozentpunkte mehr als ein Jahr zuvor.
   a) Um wie viel EUR hat sich die Sparleistung der Familie verändert?
   b) Wie hat sich die Kaufkraft des verfügbaren Einkommens (in EUR und %) verändert?
   c) Wie viel EUR betrug der reale Konsum im Januar 2005?

3. Welche Funktion des Geldes geht in Zeiten zunehmender Geldentwertung zuerst und welche Funktion geht zuletzt verloren?

4. Worin liegt der Unterschied zwischen Binnenwert und Außenwert einer Währung?

5. Erklären Sie das Indexverfahren bei der Berechnung der Preisentwicklung für die privaten Haushalte.

6. Franz arbeitet in München und erhält ein Jahresgehalt von 20 000,00 EUR. Im zweiten Jahr erhält er eine Gehaltserhöhung um 400,00 EUR.
   Jean arbeitet in Paris und erhält ebenfalls ein Jahresgehalt von 20 000,00 EUR. Im zweiten Jahr erhält er eine Gehaltserhöhung um 1 000 EUR, doch sind die Lebenshaltungskosten in Frankreich um vier Prozent gestiegen. Wer ist zufriedener? Geben Sie eine begründete Antwort.

7. Welche Chancen und Risiken ergeben sich aus freien Wechselkursen für eine deutsche Luftfrachtspedition, die mit ihren Überseekunden Rechnungen in Dollar vereinbart hat?

8. Ihr Chef bereitet eine Dienstreise nach Cincinatti vor. Er ist unschlüssig, ob er überhaupt USD in bar mitnehmen soll oder ob er sich ganz auf bargeldlose Kartenzahlung verlassen soll. Erklären Sie ihm in diesem Zusammenhang die Bedeutung folgender Übersicht auf der Wirtschaftsseite.

Devisen- und Sortenkurse für 1 EUR			
Referenzkurs Euro FX (Devisenkurs) ①		Preis am Bankschalter (Sortenkurs) ②	
Geld ③	Brief ④	Verkauf ⑤	Ankauf ⑥
USD 1,0782	1,0842	1,0530	1,1080

9. Ermitteln Sie die fehlenden Währungsbeträge und entscheiden Sie, ob es sich um Auf- oder Abwertungen handelt.
   a) Ein deutscher Luxusautomobilhersteller berechnet für einen Sportwagen, der nach Kalifornien exportiert wird, 100 000,00 USD. Bei einem Kurs von 0,84 USD/EUR schreibt ihm sein Kreditinstitut beim Umtausch .... EUR gut. Nach einer ....wertung auf 0,81 USD/EUR beträgt der Exporterlös bei unverändertem Verkaufspreis .... EUR.

Für den konkurrierenden amerikanischen Automobilhersteller, der ein vergleichbares Fahrzeug zu 119 047,62 EUR in Europa anbietet, stellt sich die Situation nach der ....wertung des USD von 1,1905 EUR/USD auf .... EUR/USD ungünstiger dar: Vor der Wechselkursanpassung beträgt der Exporterlös 100 000,00 USD, nach der ....wertung des USD werden dem amerikanischen Exporteur ....USD gutgeschrieben.

Da die exportierende Wirtschaft ......wertungsverluste nur selten über Preiserhöhungen abwälzen kann, ziehen ....wertungen tendenziell Rückgänge beim Export nach sich.

Bei .....wertungen verhält es sich umgekehrt. Eine Schwächung der eigenen Währung begünstigt den Export. Sie kann u. U. zu Preissenkungen und damit zu einer Stärkung der Position auf den Auslandsmärkten führen.

b) Gerüchte über bevorstehende Auf- oder Abwertungen können zu spekulationsbedingten Marktverzerrungen führen. Ein ausländischer Spekulant wird also EUR erwerben und nach der Abwertung in den USA verkaufen.

Bei einem Kurs von 0,85 USD/EUR erwirbt ein Amerikaner EUR. Für 4 000 000,00 USD erhält er .... EUR. Nach der ....wertung des EUR auf 0,9500 USD/EUR (und ....wertung des USD von 1,1765 EUR/USD auf .... EUR/USD) verkauft er die erworbenen EUR und erhält .... USD. Sein Spekulationsgewinn beträgt .... USD.

10. Ergänzen Sie Ihre Lernkartei, indem Sie sich mit Ihrem Nachbarn über sinnvolle Kartenüberschriften austauschen und die Karteikarten entsprechend ausfüllen.

6   Konjunktur und Steuerungskonzepte

Einstiegssituation

In den Medien und in der Wirtschaftspolitik wird der Begriff Rezession häufig verwendet, ohne genau zu sagen, was damit gemeint ist.

Einige sprechen von Rezession, wenn sich die Wachstumsraten des BIP gegenüber dem Vorjahr verringern. Andere verstehen unter Rezession nicht nur sinkende Wachstumsraten des BIP, sondern einen Rückgang der gesamtwirtschaftlichen Leistung in 2 aufeinander folgenden Quartalen. Die Bundesbank hält diese zweite Auffassung für durchaus pragmatisch, aber doch sehr vereinfachend. Es ist für sie zu kurz gegriffen von Rezession zu reden, wenn das BIP 2 Quartale hintereinander schrumpft. Rezession könne präziser diagnostiziert werden. Erst wenn ein deutlicher Aktivitätsverlust über die ganze Breite der Sektoren Industrieproduktion, Umsätze im verarbeitenden Gewerbe und im Handel sowie in der Beschäftigung und bei den verfügbaren Einkommen erkennbar ist, könne man von Rezession reden.

Rezessionen in Deuschland
Bruttoinlandsprodukt, Veränderung gegenüber jeweiligem Vorquartal in Prozent

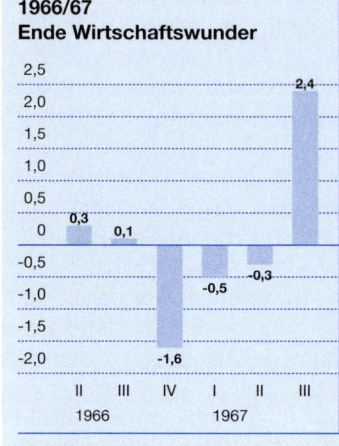

1966/67
Ende Wirtschaftswunder

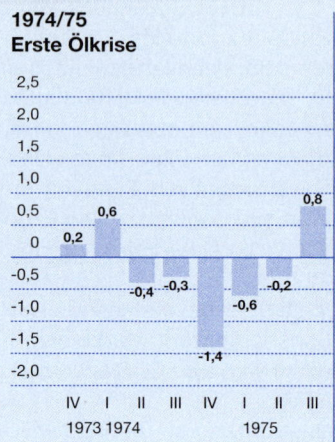

1974/75
Erste Ölkrise

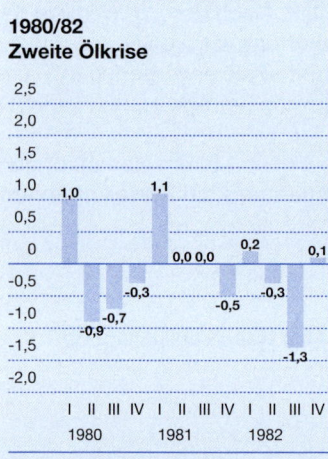

1980/82
Zweite Ölkrise

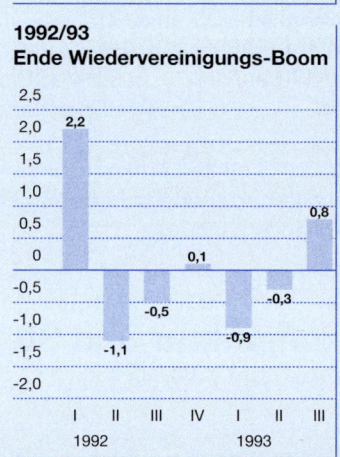

1992/93
Ende Wiedervereinigungs-Boom

Welcher Rezessionsbegriff wird in obiger ZEIT-Grafik deutlich, und welcher Rezessionsbegriff wird auf den nächsten Seiten dieses Buches erkennbar?

Eine völlig gleichmäßige wirtschaftliche Entwicklung ist unter den Bedingungen der Marktwirtschaft nicht zu erreichen.

Veränderte Wünsche der Konsumenten, technische Neuerungen, Kostensteigerungen, die außenwirtschaftliche Lage, aber auch die Zukunftserwartungen und das politische Klima beeinflussen die wirtschaftliche Aktivität innerhalb der Volkswirtschaft und lassen Auf- und Abwärtsbewegungen im Wirtschaftsablauf entstehen.

Definition   Unter **Konjunktur** versteht man die sich wiederholenden Schwankungen der wirtschaftlichen Aktivität einer Volkswirtschaft und die dadurch hervorgerufenen Veränderungen der Beschäftigungslage, der Preisniveauentwicklung und des Wirtschaftswachstums.

6.1   Konjunkturindikatoren

Um zu beurteilen, in welcher konjunkturellen Phase sich eine Volkswirtschaft befindet, bedient man sich bestimmter Messzahlen, der **Konjunkturindikatoren**. Sie sind Grundlage für die Einleitung konjunkturpolitischer Steuerungsmaßnahmen durch die Bundesregierung:

- **Frühindikatoren** zeigen die zukünftige Wirtschaftsentwicklung.
- **Präsensindikatoren** zeigen die aktuelle Konjunkturphase.
- **Spätindikatoren** beschreiben zeitverzögert die Konjunkturentwicklung.

■ Frühindikatoren

Zu den wichtigsten Frühindikatoren gehören die Indizes der Auftragseingänge. Diese wertmäßige Erfassung eingegangener und akzeptierter Bestellungen bei Unternehmen des verarbeitenden Gewerbes mit mehr als 20 Beschäftigten wird vom Statistischen Bundesamt monatlich veröffentlicht. Neben einem Gesamtindikator werden Indizes für einzelne Wirtschaftszweige sowie für den Außenhandel erstellt.

Frühindikatoren sind:
- Auftragseingang
- Geldmengenentwicklung
- Offene Stellen
- Zukunftserwartungen der Unternehmen

Verschiedene überregionale Zeitungen lassen einen kumulierten „Frühindikator" berechnen, der auf gewichteten Einzelindikatoren basiert.

■ Präsensindikatoren

Die Präsensindikatoren informieren zeitnah über das gesamtwirtschaftliche Angebot und die gesamtwirtschaftliche Nachfrage.

Präsensindikatoren sind:
- reales BIP,
- Industrieproduktion,
- Kapazitätsauslastungsgrad,
- Im- und Export.

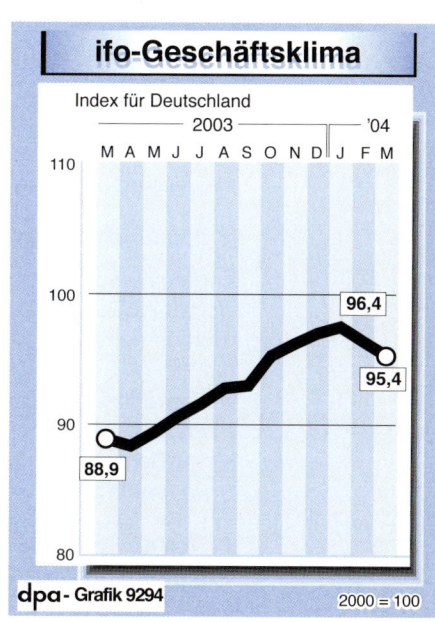

ifo-Geschäftsklima

Index für Deutschland
2003 — '04
M A M J J A S O N D J F M
110
100
96,4
95,4
90
88,9
80

dpa- Grafik 9294   2000 = 100

■ Spätindikatoren

Spätindikatoren sind:
- **Preise**
  Für das Nachhinken der Preise sind die time lags auf den verschiedenen Produktions- und Handelsstufen verantwortlich. Vom Anstieg der industriellen Erzeugerpreise bis zu einem Anstieg des Preisindex für die privaten Lebenshaltungskosten ist mit einer Verzögerung von eineinhalb bis zwei Jahren zu rechnen.

- **Löhne**
  Tariflaufzeiten lassen die Löhne erst mit einer Anpassungsdauer von einem halben bis einem Jahr reagieren.
- **Arbeitslosigkeit**
  Durch die Kündigungsschutzregelungen kommt es auch bei der Beschäftigung zu zeitverzögerten Reaktionen.

Die verzögert wirkenden Indikatoren dienen hauptsächlich der Kontrolle des Mitteleinsatzes, wobei Preisentwicklung und Beschäftigungsgrad zugleich Ziele der Konjunkturpolitik beschreiben.

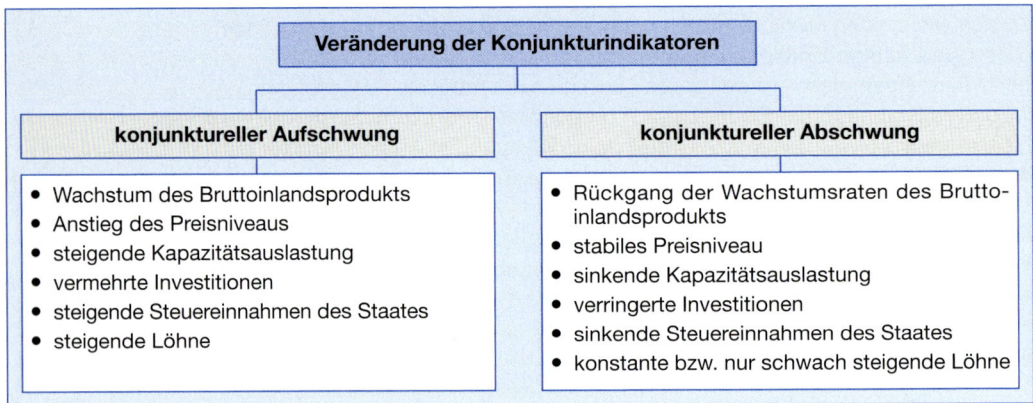

6.2 Darstellungsmöglichkeiten konjunktureller Schwankungen

In den Medien hat sich eine eindimensionale Darstellung des Konjunkturverlaufs durchgesetzt. Unter Außerachtlassung der übrigen Konjunkturindikatoren wird der Konjunkturverlauf auf die Wachstumsraten des Inlandsprodukts reduziert.

Von den **Konjunkturschwankungen** sind zu unterscheiden:

- **Saisonale Schwankungen**

Saisonale Schwankungen sind jahreszeitlich bedingte Schwankungen der wirtschaftlichen Aktivität. Sie dauern wenige Wochen oder Monate und wirken sich oft nur auf einzelne Wirtschaftszweige aus.

- *Der Einzelhandel erzielt im Dezember traditionsgemäß überdurchschnittlich hohe Umsätze.*
- *Im Sommer geht die Produktion durch die Werksferien in der Automobilindustrie zurück.*

- **Trend**

Der Trend ist eine langfristige Darstellung des Wirtschaftsverlaufs. Durch Glättung der Konjunkturschwankungen zeigt der Trend die Entwicklung einer

Volkswirtschaft über mehrere Konjunkturzyklen. Dabei ist zu beachten, dass die Gründe für die Trendentwicklung von den spezifischen Konjunkturursachen abweichen. Sie liegen in wegweisenden Erfindungen, technologischen Umwälzungen sowie in gravierenden Veränderungen der politischen und wirtschaftlichen Ordnung.

6.3 Der Konjunkturzyklus und seine Merkmale

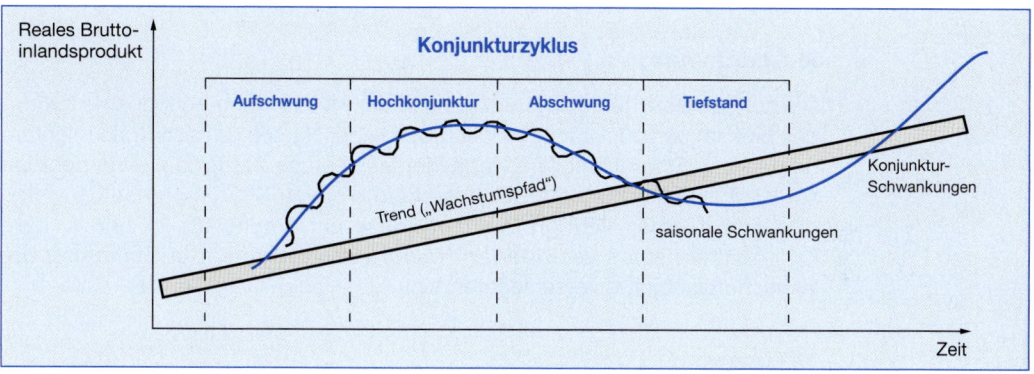

Der idealtypische Konjunkturzyklus verläuft über die Phasen:

- **Aufschwung** (Prosperität)
- **Hochkonjunktur** (Boom)
- **Abschwung** (Rezession)
- **Talsohle** (Tiefstand, Depression)

Über die zeitliche Dauer eines Konjunkturzyklus lassen sich keine präzisen Aussagen treffen. Dies zeigen die Konjunkturzyklen der letzten 50 Jahre. Bei einer Beschreibung der einzelnen Konjunkturphasen muss sehr vorsichtig verfahren werden, da die Phasen mit fließenden Übergängen versehen sind und innerhalb einer Phase durchaus widersprüchliche Konjunkturindikatoren erkennbar werden können.

■ Aufschwung

Eine abwartend positive Grundhaltung setzt sich durch. Die gesamtwirtschaftliche Produktion wird ausgeweitet, und bei langsam zunehmender Kapazitätsauslastung steigen die Gewinne, obwohl die Preise zunächst noch stabil bleiben. Erst im späteren Aufschwung führen notwendige Erweiterungsinvestitionen zu Kostensteigerungen, die über die Preise abgewälzt werden. Falls der Staat nicht regulierend eingreift, kommt es gegen Ende der Aufschwungphase zu einer weiteren Steigerung der Nachfrage und zur Überhitzung. Ein klarer Zusammenhang zwischen Wirtschaftswachstum und Abbau der Arbeitslosigkeit ist in den letzten Konjunkturzyklen nicht erkennbar gewesen.

■ Hochkonjunktur

Es kommt zu einer Überhitzung an den Märkten. Die Nachfrage trifft auf ein unelastisches Angebot und ruft weitere Preissteigerungen hervor. Hohe Lohnforderungen werden mit den zurückliegenden Preissteigerungen und den gestiegenen Unternehmensgewinnen begründet. Die Lohnabschlüsse reichen jedoch nicht aus, um den Kaufkraftverlust auszugleichen. Die Beschäftigung in der Investitionsgüterindustrie geht zurück und führt zu stagnierenden oder sogar – bei Abbau von Überstunden – rückläufigen Einkommen. Die Konsumgüternachfrage ist zunächst noch ungebrochen, aber von Seiten der Unternehmer bestimmt allgemeine Skepsis das Bild.

■ Abschwung

Die auf den Beschäftigungsrückgang in der Investitionsgüterindustrie folgenden Einkommensrückgänge machen sich in der Nachfrage nach Konsumgütern bemerkbar. Eine rückläufige Kapazitätsauslastung zwingt die Unternehmen zur Kostensenkung. Die Arbeitslosenquote steigt. Schrumpfende Gewinne, Absatzprobleme, niedrige Lohnzuwächse und Preisdisziplin sind weitere Kennzeichen eines veränderten Nachfrageverhaltens. Die Stimmung der Wirtschaftssubjekte verschlechtert sich.

■ Tiefstand

Bei nachlassender Nachfrage, rückläufigem Kapazitätsauslastungsgrad und hohen Lagervorräten geraten Löhne und Preise unter Druck. Hohe Arbeitslosigkeit, sinkende Absatz- und Gewinnerwartungen und rückläufige Investitionstätigkeit führen zu einer Abwärtsspirale, die von zahlreichen Unternehmenszusammenbrüchen begleitet wird.

Gegen die eher mittelfristige Annahme der Konjunkturzyklen steht die wiederentdeckte Theorie des russischen Nationalökonomen **Nicolai Kondratjew** (1892-1930). Sie besagt, dass sich die Weltwirtschaft in jeweils etwa 48-60 Jahre währenden **Innovationszyklen** entwickelt. Die Industrialisierung begann mit den Basisinnovationen Dampfmaschine und Baumwolle. Eisenbahn und Stahl schlossen sich an, danach Elektrotechnik und Chemie und zuletzt Petrochemie und Automobil. Der „Fünfte Kondratjew" mit dem Schwerpunkt Informationstechnik sei zurzeit im Gange, und als Kandidaten für den nächsten „Kondratjew" werden Bio-Tech und Nanotechnologie genannt.

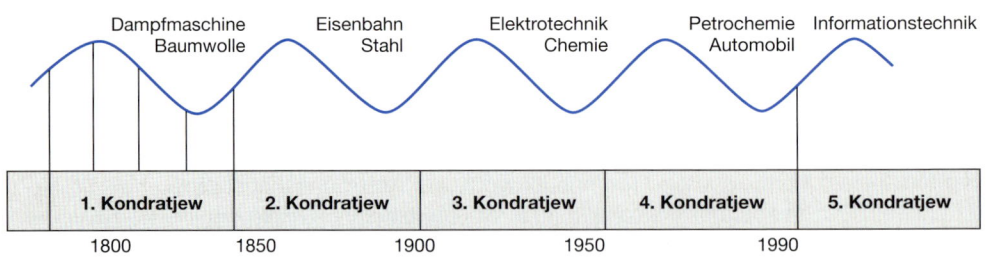

Die langen Wellen der Konjunktur und die jeweiligen Basisinnovationen zeigt diese Kurve.
Quelle: Leo A. Nefiodow, Der fünfte Kondratjew. Strategien zum Strukturwandel in Wirtschaft und Gesellschaft, Frankfurt/Wiesbaden

Übersicht: Bestimmungsfaktoren der konjunkturellen Entwicklung

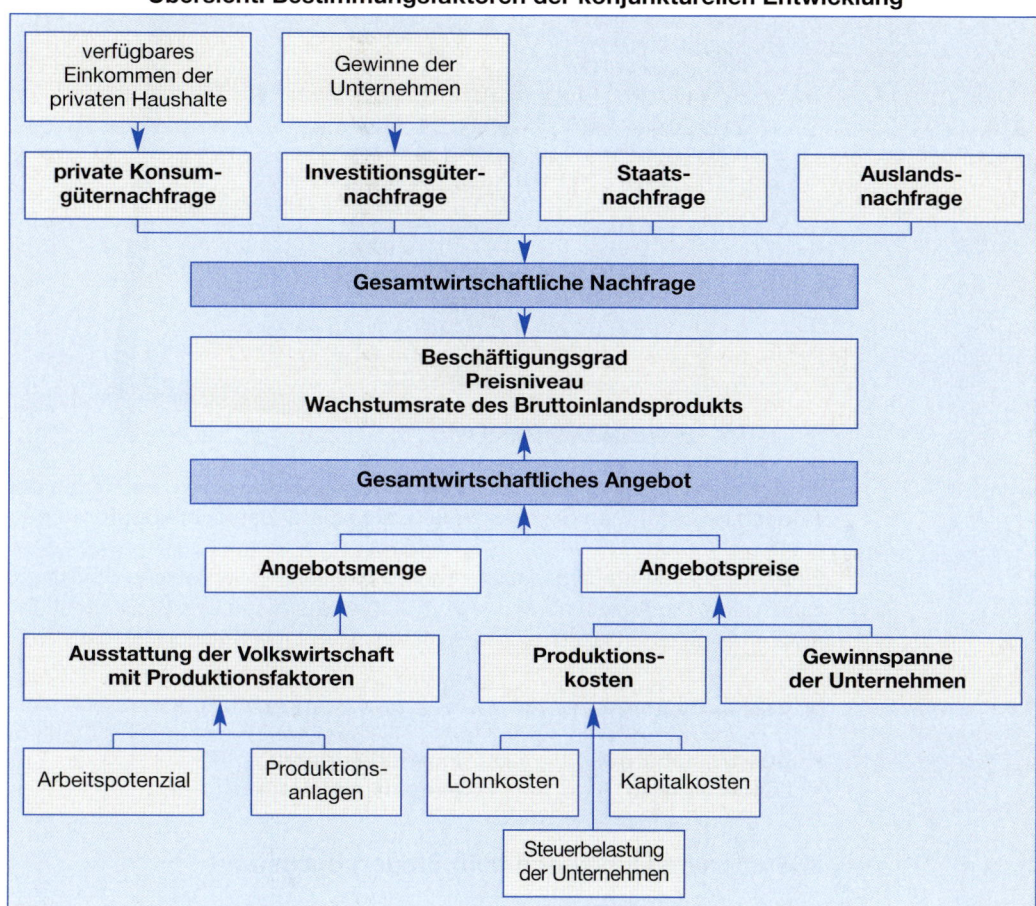

6.4 Staatshaushalt

Dreh- und Angelpunkt staatlicher Politik ist die finanzielle Situation der öffentlichen Haushalte. Nur wenige wirtschaftspolitische Maßnahmen des Staates bleiben ohne direkte oder indirekte Wirkung auf die staatlichen Einnahmen und Ausgaben.

Die **Einnahmen des Staates** resultieren aus

- Steuern,
- Abgaben, Gebühren und Beiträgen,
- öffentlichen Erwerbseinkünften,
- öffentlicher Kreditaufnahme.

Haupteinnahmequelle des Staates sind die Steuern.

Steuern sind „... Geldleistungen, die nicht eine Gegenleistung für eine besondere Leistung darstellen und von einem öffentlich-rechtlichen Gemein-   **Definition**

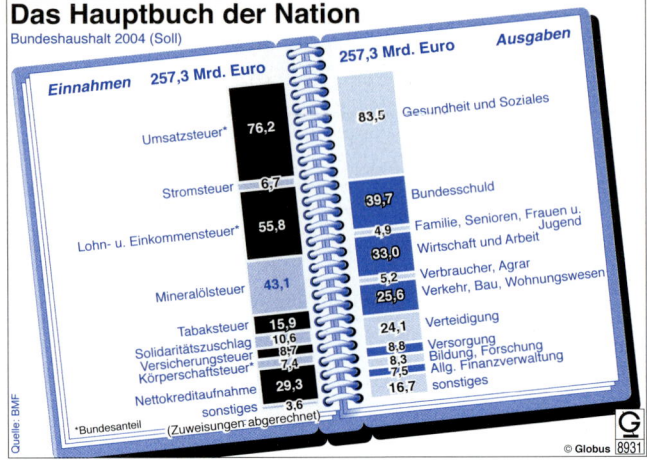

wesen zur Erzielung von Einnahmen allen auferlegt werden, bei denen der Tatbestand zutrifft, an den das Gesetz die Leistungspflicht knüpft."

Eine Vielzahl von Steuergesetzen regelt, in welchen Fällen welche Steuern zu zahlen sind. Die Abgabenordnung *(AO)* enthält das allgemeine Steuerrecht. Die etwa 40 Steuerarten lassen sich nach unterschiedlichen Kriterien kategorisieren.

■ Steuereinteilung nach der Steuerhoheit *(Art. 106 GG)*

- **Bundessteuern**
- **Ländersteuern**
- **Gemeindesteuern**
- **Gemeinschaftsteuern**

■ Steuereinteilung nach dem Steuergegenstand

- **Besitzsteuern**
  Es werden Besitz, Einkommen und Vermögen besteuert.

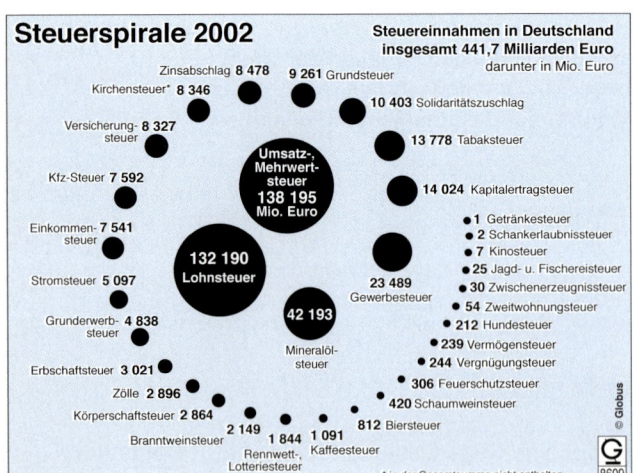

- **Verkehrsteuern**
  Es wird ein wirtschaftlich-rechtlicher Vorgang besteuert.
- **Verbrauchsteuern**

■ Steuereinteilung nach der Art der Erhebung

- **Direkte Steuern**
  Steuerträger und Steuerzahler sind identisch
- **Indirekte Steuern**
  Steuerträger und Steuerzahler sind unterschiedliche Personen, d. h., die Steuerlast wird über den Verkaufspreis einer Ware auf den Konsumenten abgewälzt.

Steuer- und Aufgabenverteilung auf einen Blick (vereinfachte Darstellung)		
	Die wichtigsten Steuereinnahmen	**Wichtige Aufgaben**
Gemeinden	Gemeindeanteil an Lohn und Einkommensteuer, Gewerbesteuer[1], kleinere eigene Steuern (u.a. Hundesteuer, Getränkesteuer, Vergnügungsteuer, Jagd- und Fischereisteuer, Grundsteuer)	Wasser- und Energieversorgung, Müllabfuhr, Kanalisation, Sozialhilfe[2], Baugenehmigungen, Meldewesen
Länder	Länderanteil an Lohn- und Einkommensteuer (einschließlich Kapitalertragsteuer), nicht veranlagte Steuern vom Ertrag, Körperschaftsteuer, Umsatzsteuer, Erbschaftsteuer, Kraftfahrzeugsteuer, Grunderwerbsteuer, Biersteuer, Spielbankabgabe	Schulen, Universitäten, Polizei, Rechtspflege, Gesundheitswesen, Kultur, Wohnungsbauförderung, Steuerverwaltung
Bund	Bundesanteil an Lohn- und Einkommensteuer (einschließlich Kapitalertragsteuer), Körperschaftsteuer, Umsatzsteuer, Mineralölsteuer, Tabaksteuer, Branntweinsteuer, Kaffeesteuer, Versicherungsteuer	Soziale Sicherung (Schwerpunkt Renten- und Arbeitslosenversicherung), Verteidigung, auswärtige Angelegenheiten, Verkehrswesen, Geldwesen, Wirtschaftsförderung, Forschung (Großforschungseinrichtungen)

■ Problem der wachsenden Staatsverschuldung

Die Lücke zwischen geplanten Einnahmen und Ausgaben wird durch Kredite geschlossen. In Deutschland ist der Kreditbedarf in den letzten 20 Jahren fast ununterbrochen gewachsen.

Drei Ursachen sind hierfür verantwortlich.

- Das Wirtschaftswachstum in der langen Aufschwungphase von 1981 bis 1992 und seit 1994 wurde nicht durch Einrichtung neuer Arbeitsplätze, sondern durch Produktivitätsfortschritte erreicht. Dies führte zu verschärften Arbeitsmarktproblemen und einem rasanten Anstieg der Sozialausgaben bei gleichzeitig spärlich sprudelnder Steuerquellen und scharfem Rückgang der Einzahlungen in die Kassen der Sozialversicherung.

- Die Deutsche Einheit machte seit 1991 Transferzahlungen in Höhe von über 500 Mrd. EUR in die neuen Länder erforderlich.

- Durch Ausnutzung steuerlicher Gestaltungsmöglichkeiten hat sich die Entwicklung der veranlagten Einkommensteuer vom Wirtschaftswachstum abgekoppelt.

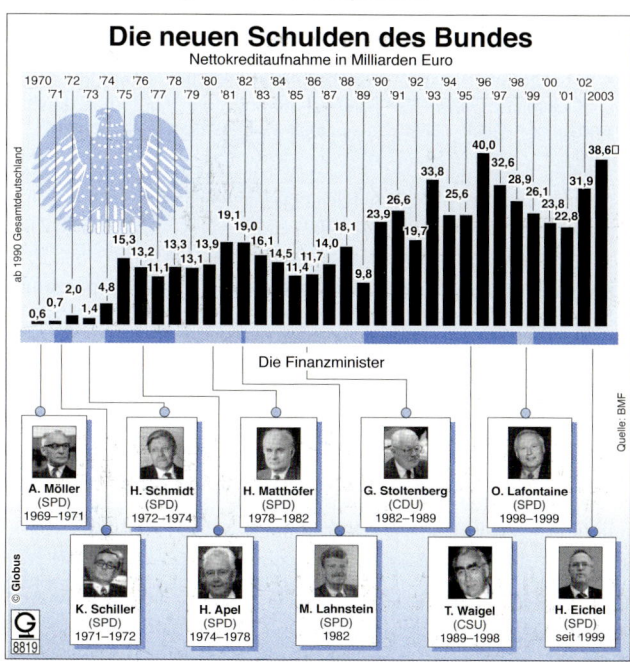

Die neuen Schulden des Bundes
Nettokreditaufnahme in Milliarden Euro

Die Finanzminister

A. Möller (SPD) 1969–1971 · K. Schiller (SPD) 1971–1972 · H. Schmidt (SPD) 1972–1974 · H. Apel (SPD) 1974–1978 · H. Matthöfer (SPD) 1978–1982 · M. Lahnstein (SPD) 1982 · G. Stoltenberg (CDU) 1982–1989 · T. Waigel (CSU) 1989–1998 · O. Lafontaine (SPD) 1998–1999 · H. Eichel (SPD) seit 1999

Quelle: BMF

---

[1] Die Gemeinden führen Teile ihres Gewerbesteueraufkommens in Form der Gewerbesteuerumlage an die Länder und den Bund ab.
[2] Ab 2005 Arbeitslosengeld II

Die Finanzierung der Staatsschuld wird zu einem immer größeren Problem, da im Haushalt zunehmend höhere Summen für die Zinsen einzustellen sind. Schon jetzt können die Zinsen nur über neue Kredite bedient werden. Unter diesen Umständen scheint der Einsatz des „Deficit Spending" ein zweifelhaftes Unterfangen zu sein.

Über kurz oder lang wird der Schuldendienst zulasten allgemeiner staatlicher Aufgaben gehen und damit auch auf Kosten der allgemeinen Wohlfahrt und zukünftiger Generationen. Die Wirtschaftspolitik steht vor einem Dilemma: Die hohe Arbeitslosigkeit belastet nicht nur die Kasse der Bundesagentur für Arbeit (und damit die Kasse des Bundes), sondern führt auch die Rentenversicherung an den Rand der Zahlungsfähigkeit.

6.5 Nachfrage- und angebotsorientierte Wirtschaftspolitik

Nachfrageorientierte Wirtschaftspolitik	Angebotsorientierte Wirtschaftspolitik
Fiskalismus (John Maynard Keynes, Großbritannien)	**Monetarismus** (Milton Friedman, USA)
Grundannahmen: • Marktwirtschaftliche Systeme sind instabil; sie haben keine eigengesteuerte Tendenz zum Gleichgewicht der beiden Seiten des Marktes. Daher ist antizyklisches Gegensteuern durch den Staat erforderlich. • Arbeitslosigkeit baut sich wegen nach unten starrer Löhne nicht von selbst ab. • Bei nach unten starren Nominallöhnen bedeutet Inflation eine Reallohnsenkung. • Privater Konsum hängt vom laufenden Einkommen ab. • Private Sparneigung ist relativ konstant. Daher führen Einkommensänderungen zu Nachfrageänderungen. • „Globalsteuerung" der gesamtwirtschaftlichen Nachfrage ist möglich.	**Grundannahmen:** • Die private Wirtschaft ist stabil, tendiert zum Gleichgewicht, reguliert sich über Preis- und Mengeneffekte selbst. • Antizyklische staatliche Eingriffe („stop and go") sind nicht Reaktion auf, sondern Ursache für Konjunkturschwankungen; sie bedeuten Unsicherheit für den privaten Sektor und führen zu Fehlentscheidungen. • Notwendige Strukturanpassungen der Wirtschaft werden u. a. durch Subventionen und staatliche Reglementierungen behindert. • Arbeitslosigkeit ist vorrangig strukturell bedingt. • Für Investitionen erforderliche Unternehmergewinne werden durch hohe Löhne, Lohnnebenkosten, Steuern und Abgaben geschmälert. • Konsum hängt vom auf Dauer erwarteten Einkommen ab.
Hauptinstrumente zur Konjunktursteuerung • Staat soll in den Ablauf des Wirtschaftsgeschehens eingreifen (Ablaufpolitik) • Gezielte Veränderung von Staatseinnahmen und -ausgaben (Staatshaushalt); daher auch „Fiskalismus" • Finanzpolitik/Fiskalpolitik wirkt über Multiplikatorwirkungen auf die Nachfrage • Im Abschwung müssen zusätzliche Staatsausgaben (Konjunktur- bzw. Beschäftigungsprogramme) durch Verschuldung finanziert werden: so genanntes „Deficit Spending".	**Hauptinstrumente zur Konjunktursteuerung** • Staat soll Rahmenbedingungen verbessern (Ordnungspolitik), anstatt in die Abläufe einzugreifen • Hauptsächliche Steuerungsgröße ist die Geldmenge; daher auch „Monetarismus", also insbesondere die Zinspolitik der EZB • Verstetigung der Geld- und Fiskalpolitik • Spreizung der Löhne und Gehälter nach Arbeitsproduktivität; Einzelvertragliche Entgeltvereinbarungen statt einheitlicher Tariflöhne • Reduzierung der Staatsquote und Abbau der Staatsverschuldung • Abbau staatlicher Vorschriften: Stichwort „Deregulierung", • Flexibilisierung der Arbeitszeit • Senkung der Unternehmensabgaben
Ziel: Erhöhung der Nachfrage nach Investitions- und Konsumgütern und dadurch Zunahme der Beschäftigung und des Wirtschaftswachstums	

■ Nachfrageorientierte Wirtschaftspolitik

Nachfrageorientierte Wirtschaftspolitik bedeutet, dass der Staat in den Wirtschaftsprozess eingreift, um Arbeitsplätze zu schaffen, Investitionen zu fördern und die Preise zu stabilisieren.

| Steigerung/Senkung der gesamtwirtschaftlichen Nachfrage | Steigerung/Senkung der Produktion in den Unternehmungen | Beeinflussung • der Beschäftigung • des Preisniveaus • des Wachstums |

Zur gesamtwirtschaftlichen Nachfrage zählen neben der Nachfrage des Staates auch die Investitionsgüternachfrage von Unternehmen und die Konsumgüternachfrage der privaten Haushalte.

Konjunkturbelebung	Konjunkturdämpfung
• Verzicht auf Staatseinnahmen • Erhöhung der Staatsausgaben	• Erhöhung der Staatseinnahmen • Verminderung der Staatsausgaben

Der Politikeinsatz erfolgt **antizyklisch**, d. h., die Maßnahmen werden so getroffen, dass sie entgegengesetzt zu der jeweiligen Konjunkturphase wirken.

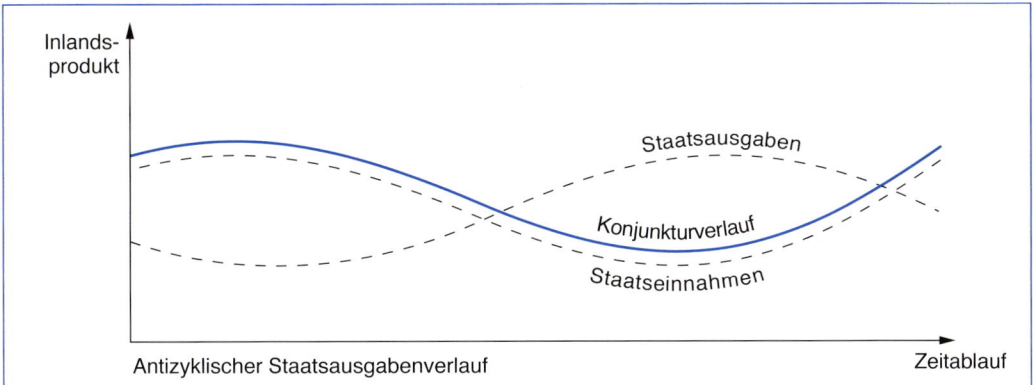

Antizyklischer Staatsausgabenverlauf

Beispiel

In der Hochkonjunktur wird über Steuererhöhungen eine Verringerung der gesamtwirtschaftlichen Nachfrage angestrebt. In der Rezession werden Steuern gesenkt, um die gesamtwirtschaftliche Nachfrage anzukurbeln.

Fiskalpolitik bedeutet die Gestaltung der staatlichen Einnahmen und Ausgaben mit der Absicht, die gesamtwirtschaftliche Nachfrage im Sinne der wirtschaftlichen Zielgrößen zu beeinflussen.

Ziel der antizyklischen Fiskalpolitik ist es, durch geeignete Maßnahmen eine Verstetigung des Konjunkturverlaufs herbeizuführen.

- Im **Konjunkturaufschwung** sollte der Staat seine eigene Nachfrage senken, um die konjunkturelle Aufwärtsbewegung und den damit verbundenen Preisniveauanstieg nicht zu verstärken.
- Im **Konjunkturabschwung** sollte der Staat dagegen seine eigene Nachfrage erhöhen, um die konjunkturelle Abwärtsbewegung und den damit verbundenen Beschäftigungsrückgang zu bremsen.

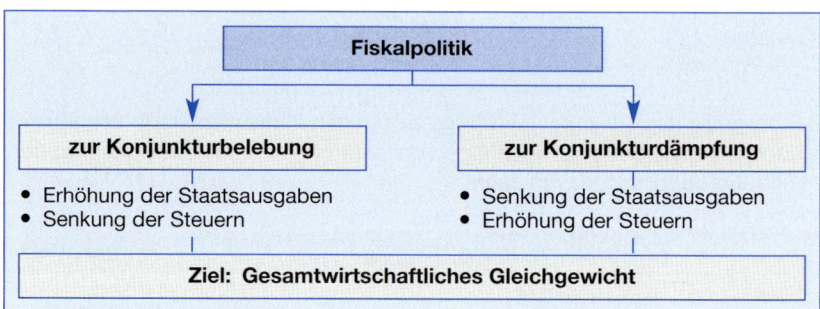

Das Stabilitätsgesetz (Gesetz zur Förderung der Stabilität und des Wachstums der Wirtschaft vom 8. Juni 1967) enthält ein reichhaltiges Instrumentarium, um den Wirtschaftsablauf zur bestmöglichen Verwirklichung des „Magischen Vierecks" zu beeinflussen. Die Maßnahmen und Instrumente des Stabilitätsgesetzes gehören in die Kategorie „nachfrageorientierte Wirtschaftspolitik".
Da sich die Kassen der öffentlichen Haushalte während eines konjunkturellen Aufschwungs aufgrund steigender Steuereinnahmen allmählich füllen, ist es für den Staat natürlich naheliegend (und verführerisch), diese Steuermehreinnahmen auch wieder auszugeben. Ein solches Verhalten würde allerdings die konjunkturelle Aufwärtsentwicklung noch verstärken, also prozyklisch wirken.

Definition
Das Konzept der **antizyklischen Fiskalpolitik** verlangt, dass der Staat seine Einnahmen- und Ausgabenpolitik in den einzelnen konjunkturellen Phasen genau entgegengesetzt zum Verhalten der übrigen Wirtschaftssubjekte (Unternehmen, private Haushalte), also antizyklisch, gestaltet.

Zum Konzept der nachfrageorientierten Wirtschaftspolitik gehört die Idee des **„Deficit Spending"**. Notfalls soll der Staat seine Maßnahmen zur Ankurbelung der Konjunktur über Kreditaufnahmen finanzieren. Die Rückzahlung der Neuverschuldung soll über die Steuermehreinnahmen, die das erwartete zusätzliche Wirtschaftswachstum mit sich bringt, finanziert werden.

Gegen eine nachfrageorientierte Wirtschaftspolitik gibt es wichtige Einwände.
- Konjunkturprogramme führen nur zu Strohfeuereffekten.
- Die Steuereinnahmen steigen nicht im gewünschten Umfang, sodass die Staatsverschuldung steigt.
- Die staatliche Kreditaufnahme beansprucht den Kapitalmarkt so stark, dass Zinserhöhungen unausweichlich sind.
- Es kommt zu Mitnahmeeffekten, so dass die Wirksamkeit einzelner Maßnahmen schwer überprüfbar ist.

Beispiel

Die Bundesregierung kündigt eine befristete Investitionszulage in Höhe von 10 % ab dem 1. Januar des kommenden Jahres an. Unternehmen werden ihre geplanten Investitionen auf das Folgejahr verschieben, um in den Genuss der Investitionszulage zu kommen.

- Eine Wirtschaftspolitik, in der von Fall zu Fall bestimmte Instrumente eingesetzt werden (Stop-and-go-Policy), ist unberechenbar und kann bei den betroffenen Wirtschaftssubjekten unerwartete Reaktionen hervorrufen.
- Die erhofften Wirkungen treten mit zeitlicher Verzögerung ein und entfalten sich unter Umständen zum „falschen" Zeitpunkt, sodass sie prozyklisch wirken.

■ Angebotsorientierte Wirtschaftspolitik

Grundüberlegung dieser Strategie ist, dass die Beschäftigungslage und die Höhe des Volkseinkommens bestimmt werden durch die Rentabilität der Produktion.
Der Staat versucht daher, die Antriebskräfte der Marktwirtschaft zu stärken und die Anreize zum Investieren, zu Innovationen, zur Leistung und zur Anpassung an neue Umweltbedingungen zu verbessern.
Staatliche Auflagen, Gesetze und Subventionen, aber auch die Steuerbelastung sollen hierbei auf das Notwendigste beschränkt werden, um die Eigeninitiative und die schöpferischen Kräfte der Menschen als Triebfeder der Marktwirtschaft zu fördern und damit die wirtschaftliche Dynamik zu erhalten.
Durch Stärkung der Angebotsseite und Erleichterung der Angebotsbedingungen sollen Beschäftigung und Nachfrage verbessert werden:
- Privatisierung öffentlicher Unternehmen
- Senkung der Lohnnebenkosten
- Rückverlagerung von gemeinschaftlichen Risiken auf den Einzelnen
- Abbau von Arbeits- und Kündigungsschutzregelungen
- Stärkung der Subsidiarität (Selbstvorsorge)
- Abbau von Subventionen
- Öffnung öffentlicher Monopole
- potenzialorientierte Geldpolitik

Die Angebotssteuerung der Volkswirtschaft beruht auf der Überlegung, dass die Verbesserung der Investitionsbedingungen für die Unternehmungen zu erhöhter Beschäftigung und mehr Wirtschaftswachstum führt. **Definition**

- Verbesserung des Investitionsklimas
- motivierendes Steuersystem
- weniger Staat, mehr Markt

- verbesserte Gewinnaussichten
- mehr Investitionen
- steigende Produktion

Steigerung
- des Wirtschaftswachstums
- der Beschäftigung

In Deutschland scheint sich in den letzten Jahren der Trend zur angebotsorientierten Wirtschaftspolitik zu verstärken. In einem der letzten Gutachten riet der Sachverständigenrat z. B.,
- die Sozialversicherungssysteme umzustellen,

- den Standort Deutschland durch Kostensenkungen attraktiv zu erhalten,
- direkte Steuern zu Lasten von indirekten Steuern umzuschichten,
- bei Lohnerhöhungen unter dem Produktivitätsfortschritt zu bleiben und
- die Investitionsbedingungen zu verbessern.

Aufgaben

1. Bei dieser Überschrift ist dem Redakteur ein schwerer Fehler unterlaufen.

Sachverständige: Der Aufschwung ist bis 2005 gesichert

Konjunktur lange Dauer prophezeit

Zwar mehr Beschäftigte, aber kaum weniger Arbeitslose

von unserem Redakteur Heinz Murmann

Bonn – Der volkswirtschaftliche Sachverständigenrat rechnet mit einem wirtschaftlichen Aufschwung und steigender Beschäftigung auch über 2004 hinaus. Bei der Vorstellung ihres Jahresgutachtens am Freitag in Berlin meinten die Professoren, **bis 2010 könnten mehr als eine Million neuer Arbeitsplätze entstehen. Der Vorsitzende des Gremiums machte jedoch darauf aufmerksam, zu einem deutlichen Abbau der Arbeitslosigkeit werde es zunächst nicht kommen.**

Quelle: Kölner Stadtanzeiger, 23./24.11.2003

a) Warum ist die Überschrift nicht korrekt?
b) Machen Sie einen Vorschlag, wie die Überschrift richtigerweise lauten könnte.

2. In der Öffentlichkeit wird oft die Gleichung

> Wachstum = Arbeitsplätze

aufgestellt.
a) Gehen Sie anhand des Schaubildes auf Seite 478 der Frage nach, ob diese Formel heute noch Gültigkeit hat.
b) Erstellen Sie eine aussagefähige Grafik, mit der Sie Ihre Antwort untermauern.
c) Welche Gründe könnten für die Entwicklung in den letzten 30 Jahren verantwortlich sein.

3. Der Konjunkturzyklus kann mit den Phasen
(1) Aufschwung (3) Abschwung
(2) Hochkonjunktur (4) Rezession
dargestellt werden.

a) Bestimmen Sie anhand unten stehender Konjunkturindikatoren, in welcher Konjunkturphase sich die Volkswirtschaft befand im
aa) Jahr 3? ab) Jahr 6? ac) Jahr 10? ad) Jahr 11?

Jahre:	1	2	3	4	5	6	7	8	9	10	11	12
Kapazitäts-auslastungsgrad	96	94	91	95	97	99	98	97	99	96	92	90
Arbeitslosenquote	4,7	4,8	6,1	5,5	4,9	4,7	4,8	5,1	5,2	6,6	8,7	8,6
Inflationsrate	3,3	3,5	1,7	1,7	1,9	3,4	5,3	5,9	6,9	6,5	6,0	4,5
Wachstum des BIP (real) %	5,5	2,5	− 1	6,5	7,9	5,9	3,3	3,6	4,9	0,4	− 2	5,1
Anteil der Staatsausgaben am BIP in %	14	14	15	14	13	13	13	13	13	113	15	14

b) Auf welche Konjunkturphase deuten folgende Sachverhalte hin?
   ba) Die Stückkosten sinken.
   bb) Eine steigende Sparquote weist auf die psychologische Verfassung vieler Konsumenten hin.
   bc) Während die Konsumgüternachfrage noch ungebrochen ist, schmelzen die Auftragspolster des Investitionsgütergewerbes zusammen und spätestens jetzt wird das Phänomen der „Preis-Lohn-Spirale" beobachtbar.
   bd) Diese Phase hat es in der Bundesrepublik bisher fünfmal gegeben.

4. Ergänzen Sie die unten stehenden Satzteile unter Verwendung der aufgeführten Zahlen zur Wirtschaftsentwicklung in Deutschland.

Jahr	2001	2002	2003
Erwerbstätige in Mio.	33,4	33,7	34,4
Arbeitsvolumen (Gesamtzahl der geleisteten Arbeitsstunden, 2000 = 100)	100,1	100,7	102,5
Produktivität (BIP in Preisen von 2000 je geleisteter Arbeitsstunde)	107,3	110,8	113,7

a) Aus der Betrachtung von Erwerbstätigenzahlen und Arbeitsvolumen ergibt sich, dass im angegebenen Zeitraum die Arbeitszeit je Erwerbstätigem
   aa) gesunken ab) gestiegen ac) unverändert geblieben ist.
b) Das Zusammenwirken von Arbeitsvolumen und Produktivität führte in den Jahren 01 bis 03 insgesamt zu einer Erhöhung des realen BIP
   ba) zwischen 3–6 % bb) über 6–9 % bc) über 9–12 %
c) Der Produktivitätsanstieg ist wesentlich zurückzuführen auf
   ca) Produktionssteigerung
   cb) Arbeitszeitverlängerung
   cc) Bessere Kapitalausstattung der Arbeitsplätze
   cd) Zunahme der Erwerbstätigenzahl

5. In der Analyse der konjunkturellen Situation unterscheidet man verschiedene Indikatoren. Welche der unten stehenden Indikatoren werden als Frühindikatoren bezeichnet?

   a) Arbeitslosenquote

   b) Geschäftserwartungen

   c) Offene Stellen

   d) Auftragseingänge

   e) Kapazitätsauslastung

   f) Anzahl der Insolvenzen

6. Die konjunkturelle Lage kann man an verschiedenen Indikatoren ablesen.

   a) Arbeitslosenquote

   b) Preissteigerungen

   c) Auftragsbestand

   d) Umfang der Kreditnachfrage

   e) Auslastung der Kapazitäten

   In welcher Aussage ist die Entwicklung dieser Indikatoren richtig dargestellt, wenn sich die Konjunktur im Abschwung befindet?

	Zunahme	Abnahme
1	b)	a), c), d),e)
2	a)	b) bis e)
3	c) und e)	a) und d)
4	c) bis d)	a) und b)
5	a) und e)	b) bis d)

7. Erklären Sie, welchen Steuerungsgedanken die Abschaffung der Kfz-Steuer zugunsten einer Mineralölsteuererhöhung verfolgt und welcher Konflikt zwischen Bund und Ländern damit verbunden ist.

8. Verschaffen Sie sich über das Internet eine Übersicht über die Entwicklung der Staatschulden seit 1970. Entwickeln Sie sodann ein Szenario der Verschuldung (Schulden, Neuverschuldung, Zinslast) für die nächsten Jahre. Stellen Sie das Szenario grafisch mit einer von Excel zur Verfügung gestellten Vorlage dar.

9. In Art. 115 GG werden die Grenzen der staatlichen Kreditaufnahme gezogen. „Die Einnahmen aus Krediten dürfen die im Haushaltsplan veranschlagten Ausgaben für Investitionen nicht überschreiten; Ausnahmen sind nur zulässig zur Abwehr einer Störung des gesamtwirtschaftlichen Gleichgewichts." Der Begriff der Investitionen wird aber nicht definiert. Somit könnte man auch die Personalausgaben für Lehrer als Investitionen bezeichnen, da Aufwendungen für die Bildung die Zukunft der folgenden Generationen begünstigen. Ebenso wenig sagt das Grundgesetz, wann von einer Störung des gesamtwirtschaftlichen Gleichgewichts auszugehen ist. Folglich kann eine objektive Grenze über die Höhe der Staatsverschuldung aus dem Grundgesetz nicht abgeleitet werden.

   So ist es allzu natürlich, dass die gegenwärtige Staatsverschuldung geteilte Meinungen hervorruft.

Es wird eingewendet, dass der staatliche Schuldendienst – Zinsen und Tilgung – einen zunehmenden Anteil am Staatsbudget ausmache. Dadurch werde die finanzpolitische Manövrierfähigkeit stark eingeengt, denn ohnehin basiere ein großer Teil der Staatsausgaben auf vertraglichen oder gesetzlichen Verpflichtungen. Da bei der EZB staatliche Kredite nicht aufgenommen werden dürften, bleibe nur die Kreditaufnahmen bei privaten Unternehmen, z. B. Banken und Versicherungen sowie bei Privathaushalten. Damit treibe der Staat die Zinsen in die Höhe und bremse die private Kreditaufnahme, die Investitionstätigkeit und damit das Wirtschaftswachstum. Außerdem würden die zukünftigen Generationen in unzulässiger Höhe belastet, da sie die Schulden, die heute gemacht würden, zurückzuzahlen hätten.

Gegen diese Einwendungen wird aufgeführt, dass es sich nur um Vermutungen handele. Die EZB wache bei uns über die Zinshöhe und steuere sie. Staatliche Kreditaufnahme habe keinen Einfluss auf das Zinsniveau. Außerdem wisse jeder, der das Modell des Wirtschaftskreislaufs kenne, dass der Staat seine Kredite für zusätzliche Ausgaben verwende. Das Geld fließe somit wieder in die Wirtschaft zurück und führe dort zu

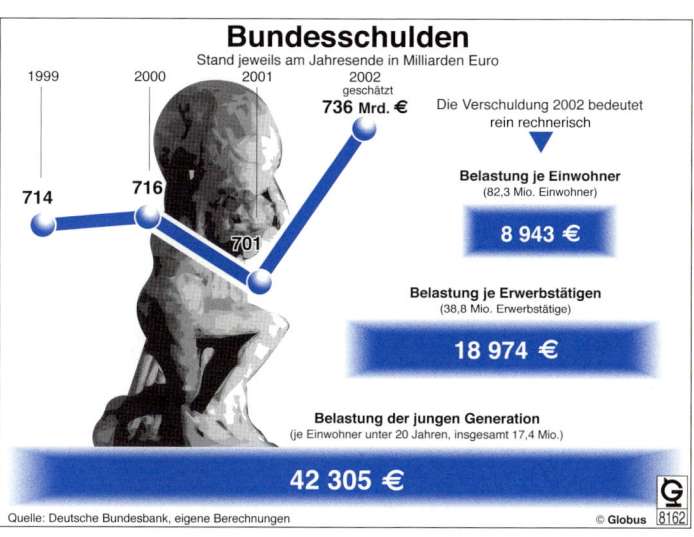

Wachstum, Beschäftigung und Einkommen. Daraus folgten höhere Steuereinnahmen einerseits und andererseits verringerten sich die Aufwendungen für die Kassen der Bundesagentur für Arbeit und der Rentenversicherungsträger. Eine Ausweitung der Staatsausgaben sei geradezu geboten, denn sie mache eine spätere Rückführung des Schuldenstandes möglich.

Stellen Sie eine Tabelle mit den Pro- und Kontra-Argumenten zur Staatsverschuldung auf und fügen Sie eigene Argumente hinzu.
Bewerten Sie die Argumente und formulieren Sie eine eigene Stellungnahme.

10.
> Eine Politik, die angebotspolitische und nachfragepolitische Ansätze miteinander zu verbinden sucht, steht vor dem Problem, wie sich beide miteinander in einer konsistenten Strategie vereinbaren lassen. Inkonsistent ist es, wenn der Gebrauch nachfragepolitischer Instrumente, weil nicht situationsgerecht, die Angebotsbedingungen beeinträchtigt. Dann bleibt nicht nur der erhoffte Erfolg aus; die Lage verschlechtert sich vielmehr noch. Negative Erfahrungen mit verfehlter Nachfragepolitik sind in der Vergangenheit in nicht

wenigen Ländern gemacht worden. Wird bei nachfrageorientierter Politik mitbedacht, dass sie nicht zu ungünstigeren Angebotsbedingungen führen darf, so werden ihre Grenzen deutlich. Sie ist nicht geeignet – und hat bei richtigem Verständnis auch nicht das Ziel – Probleme zu lösen, die durch unflexible Strukturen und mangelnde Anpassungsfähigkeit an die Marktverhältnisse bedingt sind.

Angebotsorientierte Politik setzt bei den Voraussetzungen für die Schaffung von Arbeitsplätzen an. Dabei muss der dynamische Charakter des Prozesses gesehen werden, in dem durch Wettbewerb und Strukturwandel ständig Arbeitsplätze entstehen, aber auch immer wieder Arbeitsplätze aufgegeben werden müssen. Es geht also, will man die Arbeitslosigkeit reduzieren, nicht darum, die bestehenden Arbeitsplätze unbedingt zu erhalten und nur noch dafür zu sorgen, dass neue zur Beschäftigung der noch Arbeitslosen zustande kommen. Dass durch Wettbewerb und Strukturwandel ständig in erheblichem Umfang Arbeitsplätze entfallen, entspricht den Regeln einer dynamischen Wirtschaft. Soll mehr Beschäftigung geschaffen und damit die Arbeitslosigkeit abgebaut werden, so müssen in bestehenden und neu gegründeten Unternehmen mehr neue Arbeitsplätze gewonnen werden als an anderer Stelle verloren gehen.

Daraus ergibt sich, was eine auf Bekämpfung der Arbeitslosigkeit gerichtete Wirtschaftspolitik zu leisten hat: Sie hat bestmögliche Grundlagen dafür zu schaffen, dass die unternehmerische Aktivität zustande kommt, aus der sich die gewünschte Beschäftigungsdynamik entwickeln kann. Angebotsorientierte Wirtschaftspolitik, richtig verstanden, zielt darauf, dass auf lange Sicht verlässliche Rahmenbedingungen für unternehmerisches Wirtschaften hergestellt werden, die der Wahrnehmung von Marktchancen förderlich sind und die von der Aussicht auf Gewinnerzielung ausgehenden Anreize voll zur Wirkung kommen lassen, die einer flexiblen Anpassung auf sich wandelnde Marktbedingungen nicht entgegenstehen, dies alles jedoch, ohne in das durch den Wettbewerb bestimmte Marktgeschehen einzugreifen. Oberster Grundsatz muss sein, dass alle Unternehmen, kleine wie große, in gleicher Weise Erfolgschancen auf dem Markt wahrnehmen können, ebenso aber auch das Risiko von Fehlschlägen zu tragen haben; die Wirtschaftspolitik soll unternehmerische Investitionsentscheidungen nicht lenkend beeinflussen, aber auch nicht durch Subventionen die Folgen von Fehlentscheidungen abmildern.

Welche Möglichkeiten besitzt Ihrer Auffassung nach eine angebotsorientierte Wirtschaftspolitik, wenn es um die Schaffung neuer Arbeitsplätze und den Abbau der Arbeitslosigkeit geht?

11. Ergänzen Sie Ihre Lernkartei, indem Sie sich mit Ihrem Nachbarn über sinnvolle Kartenüberschriften austauschen und die Karteikarten entsprechend ausfüllen.

7 Hauptziele der Wirtschaftspolitik – das Magische Viereck

Einstiegssituation

Die Lage in Deutschland 1966/67
Zur Zeit der Entstehung des Stabilitätsgesetzes befand sich die Bundesrepublik Deutschland in der ersten Rezession der Nachkriegszeit. Im Jahr 1967 war das reale Bruttosozialprodukt nach 15 Jahren ständiger Wachstumsraten erstmalig gegenüber dem Vorjahr gesunken (– 0,2 %). Die Anzahl der Arbeitslosen war von 161.000 Personen im Jahr 1966, was einer Arbeitslosenquote von 0,7 % entsprach, auf 459 000 Personen (2,1 %) nach oben geschnellt. Die Zahlen waren aus damaliger Sicht so dramatisch, dass es in Bonn zu einem Regierungswechsel kam. Nach nur 3 Jahren musste Ludwig Erhard sein Amt als Bundeskanzler aufgeben. Er wurde von Kurt Georg Kiesinger abgelöst, der die SPD unter Willy Brandt mit in die Regierungsverantwortung hineinnahm und damit die erste und bis dahin einzige große Koalition aus CDU/CSU und SPD in Bonn bildete.

Können Sie sich vorstellen, wie es in Deutschland aussähe, wenn die Arbeitslosenquote heute genauso hoch wäre wie am Ende der Ära Ludwig Erhard?

Die verantwortliche Rolle des Staates innerhalb der sozialen Marktwirtschaft hat zur Folge, dass die wirtschaftliche Entwicklung neben den Selbststeuerungskräften des Marktes abhängig und beeinflusst ist von den Zielen und Maßnahmen der staatlichen Wirtschaftspolitik.

Wirtschaftspolitik			
Sozial- und Einkommenspolitik	**Wettbewerbs- und Ordnungspolitik**	**Konjunkturpolitik**	**Strukturpolitik**
globale und spezielle Maßnahmen zur Verbesserung der sozialen Gerechtigkeit und zur Erhaltung des sozialen Friedens	globale Maßnahmen zur Aufrechterhaltung der marktwirtschaftlichen Ordnung durch Förderung des Wettbewerbs und Beseitigung von Wettbewerbsbeschränkungen	globale Maßnahmen zur Beeinflussung des Konjunkturverlaufs durch Stimulierung der gesamtwirtschaftlichen Nachfrage und des gesamtwirtschaftlichen Angebots	spezielle Maßnahmen zur Unterstützung bestimmter Wirtschaftsregionen und -branchen, die aufgrund von Standortnachteilen oder aufgrund des wirtschaftlichen und technischen Wandels mit besonderen Anpassungsschwierigkeiten zu kämpfen haben

Im *„Gesetz zur Förderung der Stabilität und des Wachstums der Wirtschaft"* von 1967 wurden die gesamtwirtschaftlichen Ziele für die Bundesrepublik Deutschland erstmals gesetzlich verankert.

Bund und Länder haben bei ihren wirtschafts- und finanzpolitischen Maßnahmen die Erfordernisse des gesamtwirtschaftlichen Gleichgewichts zu beachten. Die Maßnahmen sind so zu treffen, dass sie im Rahmen der marktwirtschaftlichen Ordnung gleichzeitig zur Stabilität des Preisniveaus, zu einem hohen Beschäftigungsstand und außenwirtschaftlichem Gleichgewicht bei stetigem und angemessenem Wirtschaftswachstum beitragen *(§ 1 StabG)*.

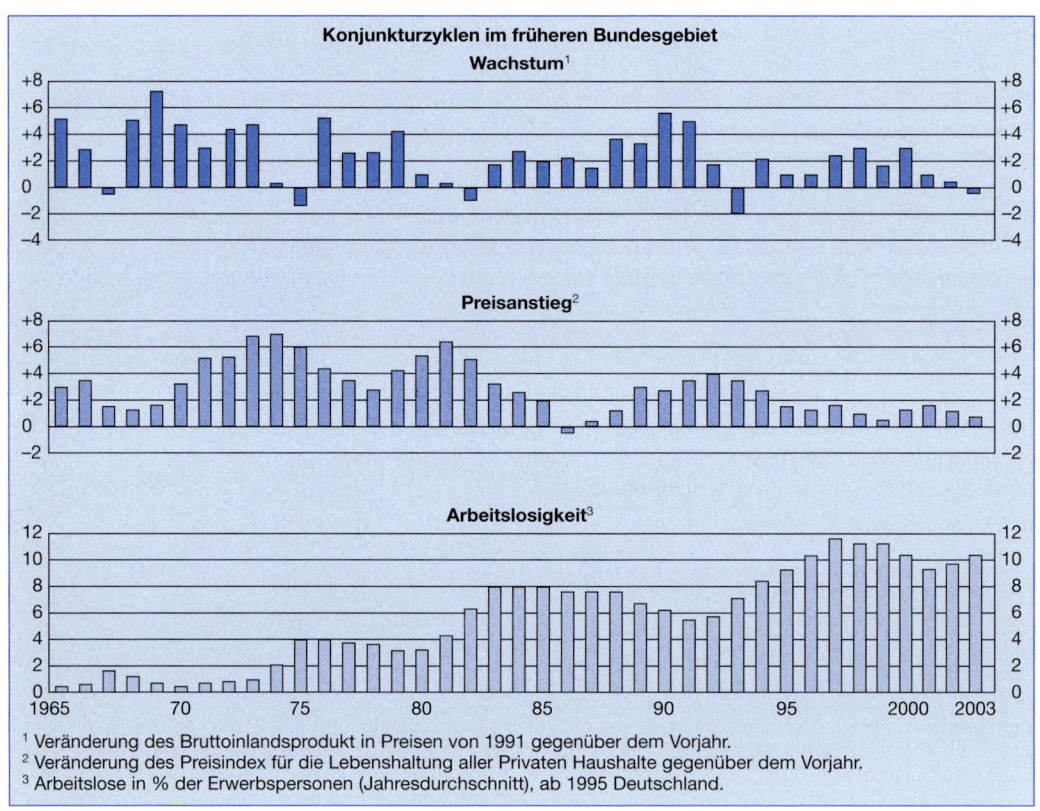

Konjunkturzyklen im früheren Bundesgebiet

Wachstum[1]

Preisanstieg[2]

Arbeitslosigkeit[3]

[1] Veränderung des Bruttoinlandsprodukt in Preisen von 1991 gegenüber dem Vorjahr.
[2] Veränderung des Preisindex für die Lebenshaltung aller Privaten Haushalte gegenüber dem Vorjahr.
[3] Arbeitslose in % der Erwerbspersonen (Jahresdurchschnitt), ab 1995 Deutschland.

■ Gesamtwirtschaftliches Gleichgewicht

Der Begriff „Gesamtwirtschaftliches Gleichgewicht" ist bereits im Grundgesetz aufgeführt.

> Bund und Länder sind verpflichtet, bei allen wirtschafts- und finanzpolitischen Maßnahmen das gesamtwirtschaftliche Gleichgewicht zu beachten *(Art. 109 GG)*.

Eine Konkretisierung des gesamtwirtschaftlichen Gleichgewichts erfolgt durch die vier im Stabilitätsgesetz genannten Ziele
- **angemessenes und stetiges Wachstum,**
- **hoher Beschäftigungsstand,**
- **Stabilität des Preisniveaus,**
- **außenwirtschaftliches Gleichgewicht**,

ohne genau zu definieren, ab wann die Ziele als erreicht gelten. Die Offenheit lässt den Entscheidungsinstanzen politische Spielräume bei der Festlegung der Zielgrößen.

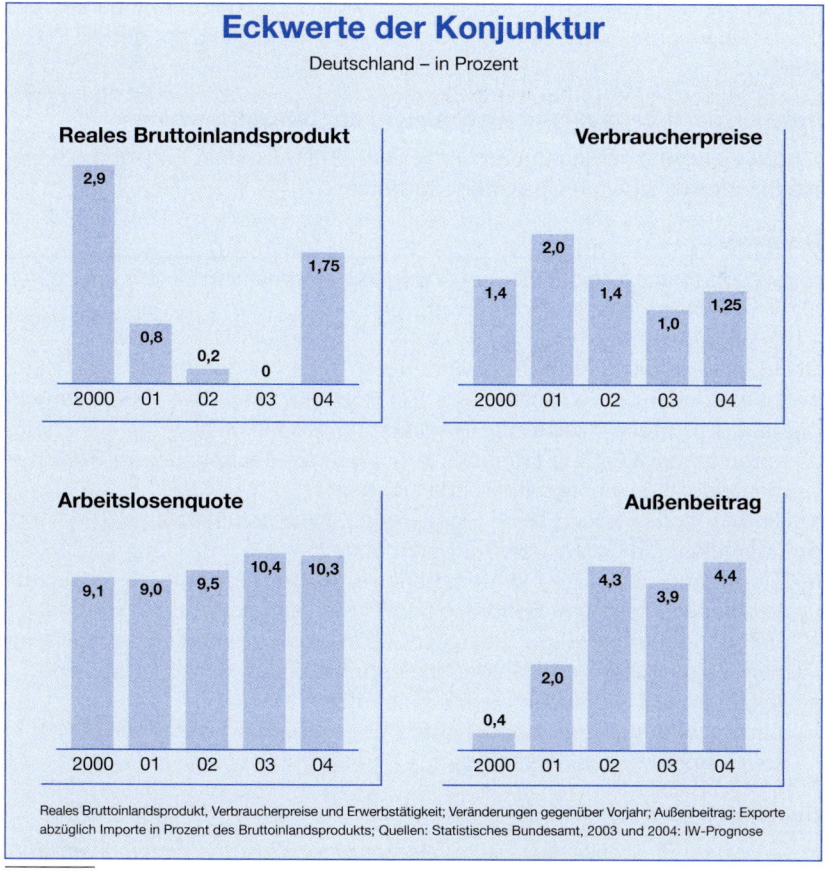

Eckwerte der Konjunktur
Deutschland – in Prozent

Reales Bruttoinlandsprodukt

2000	01	02	03	04
2,9	0,8	0,2	0	1,75

Verbraucherpreise

2000	01	02	03	04
1,4	2,0	1,4	1,0	1,25

Arbeitslosenquote

2000	01	02	03	04
9,1	9,0	9,5	10,4	10,3

Außenbeitrag

2000	01	02	03	04
0,4	2,0	4,3	3,9	4,4

Reales Bruttoinlandsprodukt, Verbraucherpreise und Erwerbstätigkeit; Veränderungen gegenüber Vorjahr; Außenbeitrag: Exporte abzüglich Importe in Prozent des Bruttoinlandsprodukts; Quellen: Statistisches Bundesamt, 2003 und 2004: IW-Prognose

Quelle: Institut der deutschen Wirtschaft Köln, Januar 2004

7.1   Preisniveaustabilität

In einem marktwirtschaftlichen System kommt es durch die Kräfte der Wirtschaft und die sich verändernden rechtlichen, politischen und sozialen Rahmenbedingungen zu ständigen Veränderungen des Geldwertes.
- Bei einer Verringerung des Geldwertes spricht man von **Inflation**.
- Bei einer Erhöhung des Geldwertes spricht man von **Deflation**.

7.1.1   Inflation

Die nach den beiden großen Inflationen in Deutschland tief verwurzelte Inflationsfurcht führt zu einer nicht immer ganz emotionsfreien Diskussion über dieses Phänomen.

Definition

Inflation (lat. „inflare = aufblähen") ist ein fortgesetzter Anstieg des Preisniveaus.

■ Inflationsarten

Formen der Inflation lassen sich unterscheiden nach der Erkennbarkeit des Geldentwertungsprozesses und nach der Geschwindigkeit, mit der die Preise steigen.

Inflation nach der äußeren Erscheinung der Geldentwertung

Sind die Preissteigerungen und damit der Kaufkraftverlust für jeden erkennbar, handelt es sich um eine **offene Inflation**.

Beispiele

Eigene Wahrnehmung der Preiserhöhungen beim Kauf von Gütern oder durch die Veröffentlichung des Verbraucherpreisindex.

Bei der **verdeckten Inflation** wird durch einen allgemeinen Preis- und Lohnstopp oder durch Festsetzung von Höchstpreisen die Inflation zurückgestaut. Für breite Kreise der Bevölkerung erscheint dies als ein erfolgversprechender Weg zur Inflationsverhinderung. Bei genauerem Hinsehen werden jedoch gewichtige Einwände sichtbar:
- Der Marktpreis verliert seine Signal- und Lenkungsfunktion.
- Es entsteht die Gefahr von Schwarzmärkten.
- Ein umfangreicher und kostenintensiver Kontrollapparat mit Gesetzen, Sanktionsvorschriften, Behörden und Personal muss errichtet werden.
- Steigende Importpreise müssen entweder von der Vorschrift ausgenommen werden oder sie gefährden die importierenden Wirtschaftszweige.
- Je länger und wirksamer die administrativen Maßnahmen greifen, desto stärker wird sich der Inflationsstau bei Aufhebung der Maßnahmen in Preissteigerungen niederschlagen.

Beispiel

In den neuen Bundesländern gab es Begrenzungen bei den Wohnungsmieten. Nach der Wiedervereinigung kam es zu extremen Mietpreissteigerungen.

Inflation nach der Geschwindigkeit der Geldentwertung

Der Umfang des jährlichen Preisanstiegs wird mit
* schleichender,
* trabender oder
* galoppierender Inflation (Hyperinflation)

umschrieben. Eine Zuordnung von Prozentsätzen zur Kennzeichnung der Geschwindigkeit ist wegen der unterschiedlichen wirtschaftlichen Situation und Inflationsmentalität in den jeweiligen Volkswirtschaften nicht möglich.

■ Ursachen und Erscheinungsformen der Inflation

Preissteigerungen können auf einer Vielzahl unterschiedlicher Ursachen beruhen. Da die Preissteigerungen an den Märkten entstehen, lässt sich die Inflation vom Markt und seinen Teilnehmern her erklären.

Ursachen der Inflation	
Nachfrageinduzierte Inflation	**Angebotsinduzierte Inflation**

• Konsuminflation
• Investitionsinflation
• Staatsinflation (Fiskalinflation)
• Importierte Inflation
	• Kosteninflation
	  – Kosten inländischer Produktionsfaktoren
	  – durch Importe
	• Gewinninflation
	• Inflation durch staatlich administrierte Preise

Nachfrageinduzierte Inflation (demand pull inflation)

Wenn die gesamtwirtschaftliche Nachfrage bei konstantem gesamtwirtschaftlichem Angebot zunimmt, entsteht ein Nachfragesog, der die Preise nach oben zieht.

Voraussetzung ist, dass das Angebot elastisch oder unelastisch reagiert und die Nachfrageerhöhung über eine zusätzliche Geldschöpfung finanziert wird. Wenn allerdings die Angebotsseite aufgrund unausgelasteter Kapazitäten vollkommen elastisch reagieren kann, bleiben die preissteigernden Effekte aus.

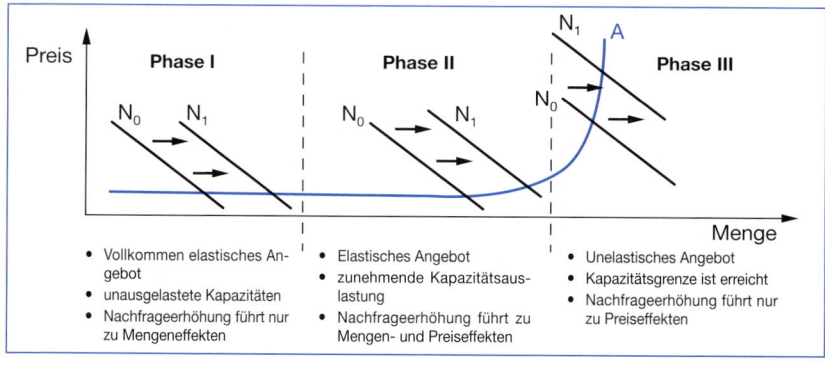

- **Konsuminflation**

Die privaten Haushalte weiten ihre Nachfrage nach Konsumgütern aus und finanzieren ihre Nachfrageerhöhung aus Ersparnissen oder durch Kreditaufnahme. Wenn das Konsumgüterangebot nicht ausreicht, werden die Nachfrager bereit sein, höhere Preise zu bezahlen, und die Anbieter werden nicht nur mit steigenden Mengen, sondern auch mit Preiserhöhungen reagieren.

- **Investitionsinflation**

Wenn die Unternehmen ihre über Kredite finanzierte Nachfrage nach Investitionsgütern erhöhen und auf ein nicht ausreichendes Investitionsgüterangebot treffen, kommt es ebenfalls zu einem Nachfragesog, der Preiserhöhungen nach sich zieht.

- **Staatsinflation**

Wenn der Staat selbst als Nachfrager auftritt und dies über eine weitere, geldmengenwirksame Verschuldung finanziert, kann dies zu einem Nachfrageüberhang und damit zu inflatorischen Wirkungen führen.

Beispiel

Im Dritten Reich gründete die Regierung die Metallforschungs-GmbH. Diese Unternehmung hatte die Aufgabe, die vom Staat in Auftrag gegebenen Rüstungsgüter zu finanzieren. Die Zahlung erfolgte, indem die Metallforschungs-GmbH mit einer Reichsbankgarantie ausgestattete Drei-Monats-Wechsel der Rüstungsindustrie akzeptierte. Bei Fälligkeit wurde die Wechsellaufzeit auf fünf Jahre verlängert. Die Industrie wollte aber nicht so lange auf ihr Geld warten und verkaufte die Wechsel an die Geschäftsbanken, die wegen der Reichsbankgarantie die Wechsel hereinnahmen. Als die Wechsel schließlich fällig wurden, prolongierte der Staat noch einmal, da für die Einlösung der Wechsel kein Geld vorhanden war.

Erst später verzichtete der Staat auf den Finanzierungsumweg und nahm direkt bei der Reichsbank Kredite auf. Da nicht mehr auf die Geldmittel, die der Kapitalmarkt bereithielt, zurückgegriffen wurde, kam es damit zu einer zusätzlichen Geldschöpfung.

Der Geldmantel wurde immer weiter, während das Angebot an Investitionsgütern und Konsumgütern ständig zugunsten der volkswirtschaftlich nutzlosen Rüstungsgüterproduktion abnahm. Durch einen Lohn- und Preisstopp wurde der Geldentwertungsprozess verdeckt. Der Bargeldumlauf hatte 1935 6,3 Mrd. Reichsmark betragen, lag im Mai 1945 bei 73 Mrd. Reichsmark und stieg schließlich bis 1948 auf ca. 100 Mrd. Reichsmark. Der Geldwert war somit vollends zerrüttet und veranlasste die Alliierten zur Einführung eines neuen Zahlungsmittels, der Deutschen Mark.

- **Importierte Inflation**

Wenn bei festen Wechselkursen die Exporte die Importe übersteigen, kommt es im Inland zu einer Abnahme der Gütermenge. Gleichzeitig bläht sich die Geldmenge auf, da die Exporterlöse bei der Notenbank in Inlandswährung umgetauscht werden.

Es entsteht ein Ungleichgewicht zwischen Güter- und Geldmenge und damit die Gefahr einer importierten Inflation. Ursächlich für die Exportüberschüsse und die daraus resultierende inländische Güterlücke sind bei gegebenen Wechselkursen vor allem die unterschiedlichen Inflationsraten der beteiligten Länder und die Dringlichkeit der Importnachfrage.

Angebotsinduzierte Inflation

Bei der angebotsinduzierten Inflation versuchen die Anbieter, über Preiserhöhungen eine Verschlechterung ihrer Kostensituation auszugleichen oder eine Verbesserung ihrer Gewinnsituation herbeizuführen.

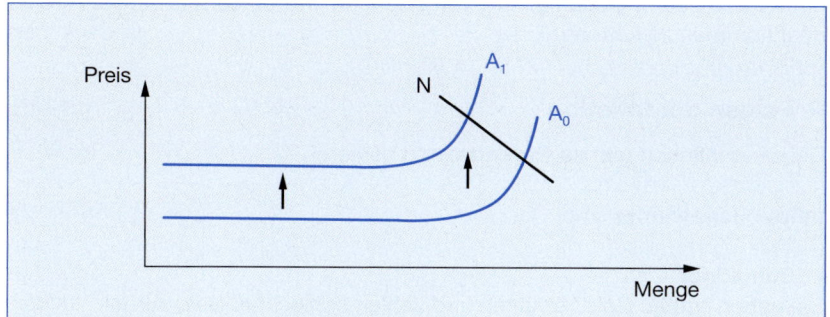

- **Kosteninflation (cost push inflation)**
Die Unternehmen geben gestiegene Kosten über die Preise weiter, sofern sie den Kostendruck nicht über Produktivitätssteigerungen kompensieren können oder bereit sind, Gewinneinbußen hinzunehmen.

- **Lohn-Preis-Spirale oder Preis-Lohn-Spirale**
Wenn die Lohnstückkosten steigen – wofür nicht nur Tariferhöhungen, sondern auch Lohnnebenkosten verantwortlich sein können –, kann es zu Preissteigerungen kommen. Bei der nächsten Tarifrunde werden die Gewerkschaften einen Lohnausgleich durchsetzen, der wiederum den Unternehmen als Motiv für weitere Preissteigerungen dient. Je nach politischem Standpunkt wird dieser Prozess Lohn-Preis-Spirale oder Preis-Lohn-Spirale genannt.
In diesem Zusammenhang wird auch von einer Anspruchsinflation gesprochen, da hier die Ansprüche der gesellschaftlichen Gruppen an der Verteilung des Volkseinkommens zur Förderung der Inflation beitragen.

- **Importierte Inflation**
Wenn die Kostensteigerungen aus dem Import ausländischer Produkte resultieren, erfolgt eine Abwälzung der gestiegenen Importkosten auf die Verkaufspreise im Inland. Weil diese Verteuerungen von Entwicklungen im Ausland ausgehen, wird auch hier von importierter Inflation gesprochen.

- **Gewinninflation**
Wenn Unternehmen ohne ökonomische Notwendigkeit Preiserhöhungen durchsetzen, kann dies eine Gewinninflation verursachen. Diese Form des missbräuchlichen Ausnutzens von Marktmacht droht am häufigsten auf oligopolistischen Märkten und bei Angebotsmonopolen.

- **Inflation durch staatlich administrierte Preise**

Bei vielen Gütern und Dienstleistungen bestimmt der Staat mittelbar oder unmittelbar den Preis und trägt durch Preiserhöhungen zur Inflation bei.

Auf den ersten Blick scheint es paradox, wenn der Staat, der Preisniveau-stabilität zum wirtschaftspolitischen Ziel erklärt, die Inflation anheizt, indem die staatlich administrierten Preise stärker als die anderen Preise ansteigen. Die Erklärung für diese Situation ist einfach: Wenn die Staatseinnahmen durch Steuerausfälle sinken, kann der Staat nicht im gleichen Maße seine Ausgaben kürzen, da ein Großteil seiner Aufgaben gesetzlich vorgeschrieben ist. Folglich erhöht er Steuern, Gebühren und Abgaben, um seinen Verpflichtungen weiter nachkommen zu können.

■ Folgen der Inflation

Bei einer Inflation gibt es Gewinner und Verlierer.

Inflationsgewinner sind:

- **Schuldner**

Sie haben „gutes Geld" erhalten und zahlen schlechtes Geld zurück

Beispiel

Bei Bauherren, die langfristige Darlehen mit Festzinsvereinbarung aufnehmen, verringert sich von Jahr zu Jahr der prozentuale Anteil ihrer Belastung am Einkommen, da das Einkommen inflationsbedingt steigt, aber die monatliche Belastung konstant bleibt. Außerdem haben Bauherren den Vorteil, dass der Wert ihrer kreditfinanzierten Immobilie steigt.

- **der Staat**

Einerseits entwerten sich die Staatsschulden, andererseits nehmen infla-tionsbedingt und strukturell bedingt (Steuerprogression) die Staatseinnahmen zu.

- **vermögende Personen**

Da sie ihr Vermögen häufig in Sachwerten (vor allem in Immobilien) angelegt haben, steigt der Nominalwert ihres Vermögens.

Inflationsverlierer sind:

- **Bezieher fester Einkommen** (Arbeiter, Angestellte, Beamte, Rentner)

Erst mit Verzögerung kommt es zu Einkommenserhöhungen und damit zum Kaufkraftausgleich. Bei Rentnern ist die Verzögerung durch das System der nettolohnbezogenen Rentenanpassungen noch ausgeprägter. Sie erhalten immer erst dann einen Kaufkraftausgleich, wenn die Inflation schon fortge-schritten ist.

- **Empfänger von Unterhaltsleistungen und Studenten**

Transferzahlungen und Freibeträge werden oft in sehr langem zeitlichen Abstand erhöht.

Beispiele

Kindergeld, Elternfreibeträge beim Bafög

- **Gläubiger, Sparer und andere Geldanleger**

Die Zinserträge werden durch die Geldentwertung real geschmälert, so dass die Kaufkraft des Gesparten nur wenig steigt oder gar abnimmt.

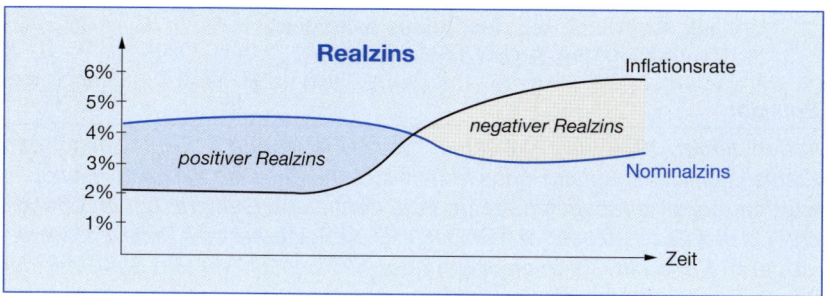

Bei drohender Inflation erhalten Personen mit erheblichem Geldvermögen meistens über den Anlageberater bei ihrem Kreditinstitut oder ihren Steuerberater Hinweise zur „Flucht in die Sachwerte". Für Kleinanleger ergibt sich dieser Weg nicht, da ihnen häufig entsprechende Informationen fehlen und ihr Geldvermögen für die Flucht in die Sachwerte nicht ausreicht. Sie gehen in ihren Überlegungen vom **Nominalzins** aus und beachten nicht den **Realzins**. Die Inflation hat negative Folgen für die soziale Symmetrie in der Bevölkerung. Es kommt zu einer Gefährdung der sozialen Sicherheit und zu Wohlstandseinbußen. Länder mit hohen Inflationsraten gefährden ihre internationale Wettbewerbsfähigkeit. Insbesondere in Ländern mit einer sehr exportorientierten Wirtschaft geraten Produktion und Beschäftigung unter Druck.

7.1.2   Deflation

Deflation ist eine fortgesetzte Senkung des Preisniveaus.

Definition

Das Preisniveau kann nicht im gleichen Maße sinken wie es bei der Inflation steigen könnte, da den Unternehmen für Preissenkungen Grenzen gesetzt sind.
- Bei den Löhnen müssen die Unternehmen die Tarifvereinbarungen beachten,
- für importierte Rohstoffe sind Preise zu zahlen, die mit deflatorischen Entwicklungen im Inland nichts zu tun haben.

■ Ursachen der Deflation

- **Rückgang der Nachfrage**
  - des Staates, wenn er seine Investitionstätigkeit stark drosselt,
  - des Auslandes, wenn Exporte drastisch zurückgehen,
  - der privaten Haushalte, die zu Lasten des Konsums vermehrt sparen und die Unternehmen zu Produktionseinschränkungen zwingen.

- **Preissenkungen durch die Unternehmen**, weil
  - ihre Kapazitäten nicht ausgelastet sind,
  - die Märkte gesättigt sind.

- **Rückgang der nachfragewirksamen Geldmenge**, weil
  - die Wirtschaftssubjekte aus Gründen der Vorsicht und in Erwartung fallender Preise Kaufzurückhaltung üben und damit zu einer Senkung der Umlaufgeschwindigkeit des Geldes beitragen,
  - die Zentralbank das Geldvolumen reduziert.

Beispiel

In den Jahren 1930 bis 1932 versuchte die Regierung in Deutschland, den Staatshaushalt mit untauglichen Mitteln zu sanieren. Öffentliche Investitionen wurden radikal zurückgefahren, und die Löhne und Gehälter der im öffentlichen Dienst Beschäftigten wurden gekürzt. Die Folge war eine Deflationsspirale, an deren Ende die Geldmenge um über 30 % gesunken und das Heer der Arbeitslosen auf 6 Millionen gestiegen war.

■ Folgen der Deflation

Die schrumpfende Geldmenge und der Preisverfall führen zu
- Nachfragesenkungen bei Konsum- und Investitionsgütern,
- Produktionseinschränkungen,
- Beschäftigungs- und Einkommensrückgang,
- Senkung des Steueraufkommens.

Begünstigte der Deflation sind Bezieher fester Einkommen sowie Gläubiger und Geldanleger. Dagegen werden Schuldner mit langfristigen Verbindlichkeiten von der Deflation hart getroffen.
Nach herrschender Meinung sind die Folgen der Deflation dramatischer als die der Inflation. Die Gefahr einer Deflation wird aber als beherrschbar eingeschätzt, wenn ihr mit einer Kombination von aggressiver Zinspolitik und entschlossener Fiskalpolitik begegnet wird.

7.1.3 Stagflation

Stagflation ist eine Wortschöpfung aus **Stag**nation und In**flation**. Damit ist eine Phase schleichender Inflation bei stagnierender wirtschaftlicher Tätigkeit gemeint. Die Bundesrepublik hat eine solche Phase in den Jahren 1973 und 1974 erlebt. Auf rückläufige Nachfrage reagieren die Unternehmen mit Produktionseinschränkungen und Beschäftigungsabbau. Entgegen der Theorie, wonach die Preise bei einem Nachfragerückgang sinken, kommt es aber zu Preisniveauerhöhungen, da die fixen Stückkosten zunehmen und die Unternehmen Verschlechterungen der Erlös – Kosten – Relation nicht hinnehmen wollen.

7.2 Hoher Beschäftigungsstand

Als 1967 das Ziel „Hoher Beschäftigungsstand" gesetzlich verankert wurde, hielt man eine Arbeitslosenquote von 1% für erreichbar. Inzwischen ist man bescheidener geworden und verzichtet auf Zahlenangaben. Die hohe Arbeitslosigkeit ist heute ein Problem, unter dem sehr viele Volkswirtschaften leiden.

Beispiel

Allein in der Euro-Zone sind ca. 12 Millionen Menschen arbeitslos.

- **Unterbeschäftigung**
Der Produktionsfaktor Arbeit ist mangelhaft ausgelastet, so dass ein Teil des gesamtwirtschaftlichen Potenzials brachliegt.

- **Vollbeschäftigung**
Ziel ist Vollbeschäftigung, also die optimale Auslastung des Produktionsfaktors Arbeit. Optimal meint in diesem Zusammenhang, dass ein gewisses Arbeitskräftepotenzial als Reserve nicht beschäftigt ist und bei Engpässen Pufferfunktionen übernehmen kann.

- **Überbeschäftigung**
Bei Überbeschäftigung gibt es diese Reserve nicht, so dass es zu Überhitzungen am Arbeitsmarkt kommt.

Beispiele

Überzogene Lohnforderungen und Abwerbungen von Arbeitskräften sind typische Merkmale der Überbeschäftigung. Die Anwerbung ausländischer Gastarbeiter zu Beginn der 60er-Jahre war ebenfalls ein Ergebnis der Überbeschäftigung.

7.2.1 Ursachen und Folgen der Arbeitslosigkeit

Die Arbeitslosigkeit hat objektive und subjektive Gründe.

Objektive Ursachen der Arbeitslosigkeit Primär in sachlichen Gegebenheiten begründet	**Subjektive Ursachen der Arbeitslosigkeit** Primär in der Person des Arbeitnehmers begründet

• Konjunkturelle Arbeitslosigkeit
• Rationalisierungs-/technologische Arbeitslosigkeit
• Saisonale Arbeitslosigkeit
• Strukturelle Arbeitslosigkeit
  – sektoral (branchenspezifisch)
  – regional
  – demographisch
• Kosten
	• Qualifikationsmängel
	• Alter
	• Nationalität
	• Krankheit/Behinderung
	• Geschlecht
	• Charakterliche Eigenschaften
	• Langzeitarbeitslosigkeit
	• Friktionelle Arbeitslosigkeit (fluktuationsbedingte Arbeitslosigkeit)

■ Objektive Ursachen der Arbeitslosigkeit

Die Ursachen der objektiven Arbeitslosigkeit liegen vorwiegend in gesamtwirtschaftlichen Gegebenheiten.

Konjunkturelle Arbeitslosigkeit

In Phasen eines Rückgangs der gesamtwirtschaftlichen Nachfrage sehen sich viele Unternehmen zu Entlassungen veranlasst.

Rationalisierungs-/Technologische Arbeitslosigkeit

Um im Wettbewerb mithalten zu können, sehen sich die Unternehmen vor die Daueraufgabe „Kostensenkung" gestellt. Dabei werden nicht nur betriebliche Abläufe optimiert, sondern menschliche Arbeit wird durch Einführung neuer Techniken ersetzt.

Saisonale Arbeitslosigkeit

Beschäftigung erfolgt in Anlehnung an saisonale veränderliche Bedingungen.

Beispiel

Service-Personal in Feriengebieten

Strukturelle Arbeitslosigkeit

Die Aufsplittung des Begriffs in **sektorale (branchenspezifische)** und in **regionale** Arbeitslosigkeit verdeutlicht, ob bestimmte Wirtschaftszweige Arbeitsplätze abbauen oder ob in gewissen Regionen aufgrund gegebener Standortfaktoren besonders wenig Wirtschaftsunternehmen angesiedelt sind.

Beispiele

* *Branchenspezifische Arbeitslosigkeit: Im Bergbau, in der Stahlindustrie oder im Schiffbau kommt es zu Entlassungen.*
* *Regionale Arbeitslosigkeit: Wegen fehlender Standortfaktoren ist die Arbeitslosigkeit in Teilen Mecklenburg-Vorpommerns besonders hoch.*

Verschiedentlich wird auch die Bevölkerungsstruktur für die hohe Arbeitslosigkeit verantwortlich gemacht. Diese Art struktureller Arbeitslosigkeit wird als **demographische** Arbeitslosigkeit bezeichnet.

Beispiel

Geburtenstarke Jahrgänge strömen auf den Arbeitsmarkt, der aber nicht in der Lage ist, in kurzer Zeit diese Zugänge mit Arbeit zu versorgen.

* **Kosten als Ursache der Arbeitslosigkeit**

Die Arbeitgeber und ihnen nahe stehende Vertreter haben die Diskussion über die Gründe der Arbeitslosigkeit auf die Kosten gelenkt. Für die hohe Arbeitslosigkeit werden u. a. folgende Punkte mitverantwortlich gemacht:

* Die Lohnkosten, insbesondere in den unteren Lohngruppen, sind zu hoch.
* Die Lohnnebenkosten sind so hoch, dass sie die Arbeitgeber unangemessen stark belasten.
* Flächentarifverträge berücksichtigen regionale Gegebenheiten nur unzureichend und verhindern somit die Einstellung neuer Mitarbeiter.
* Die Umweltschutzregelungen und -kosten sind überzogen.
* Die Regelungen des sozialen Arbeitsschutzes machen Neueinstellungen letztlich zu teuer.

Die Bundesregierung hat in den letzten Jahren eine Reihe von Maßnahmen und Regelungen beschlossen, um auf der Kostenseite Abhilfe zu schaffen. Anhand eines Vergleichs der Unternehmensumsätze und Unternehmensgewinne mit der Entwicklung von Erwerbstätigen- und Arbeitslosenzahlen im gleichen Zeitraum lässt sich erkennen, ob und in welcher Richtung die Maßnahmen der Bundesregierung gewirkt haben.

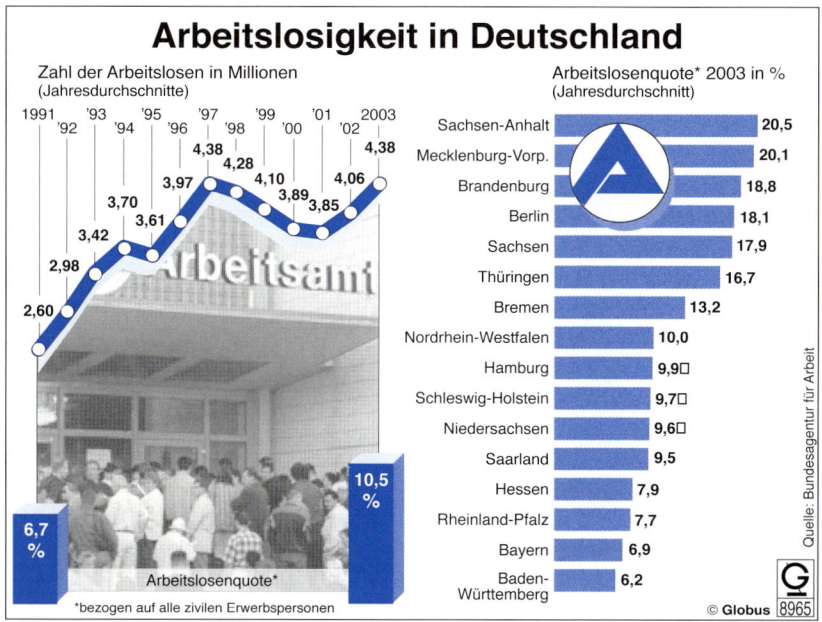

Arbeitslosigkeit in Deutschland

Zahl der Arbeitslosen in Millionen (Jahresdurchschnitte)

Arbeitslosenquote* 2003 in % (Jahresdurchschnitt)

Sachsen-Anhalt	20,5
Mecklenburg-Vorp.	20,1
Brandenburg	18,8
Berlin	18,1
Sachsen	17,9
Thüringen	16,7
Bremen	13,2
Nordrhein-Westfalen	10,0
Hamburg	9,9
Schleswig-Holstein	9,7
Niedersachsen	9,6
Saarland	9,5
Hessen	7,9
Rheinland-Pfalz	7,7
Bayern	6,9
Baden-Württemberg	6,2

Quelle: Bundesagentur für Arbeit

Arbeitslosenquote*

*bezogen auf alle zivilen Erwerbspersonen

© Globus 8965

■ Subjektive Ursachen der Arbeitslosigkeit

Die Ursachen der Arbeitslosigkeit liegen in der Person des Arbeitnehmers, seiner persönlichen Disposition oder seinem Verhalten.
Drei Personengruppen haben besonders schlechte Chancen, wieder eine Beschäftigung zu finden, wenn sie erst einmal arbeitslos geworden sind. Das sind Personen
- ohne berufliche Qualifikation,
- mit gesundheitlichen Beeinträchtigungen,
- die älter als 55 Jahre sind,
- die ein Jahr und länger ohne Arbeit sind.

Über 36 % der Arbeitslosen waren 2003 den so genannten **Langzeitarbeitslosen** (über 12 Monate arbeitslos) zuzurechnen. Deren Vermittlung wird mit zunehmender Zeitdauer immer schwieriger, da ihre Qualifikation nicht mehr den Anforderungen eines neuen Arbeitsplatzes entspricht. „Unter diesen Langzeitarbeitslosen befinden sich", so der Sachverständigenrat, „überproportional viele Personen, die zwei oder drei der vermittlungshemmenden Merkmale – fehlende abgeschlossene Berufsausbildung, gesundheitliche Einschränkungen oder ein Alter von mehr als 55 Jahren – aufweisen." Vermutlich wird das Problem der Langzeitarbeitslosigkeit auch durch die psychische

Disposition der Arbeitslosen und Erwartungshaltungen und Vorurteile der Unternehmen verstärkt.

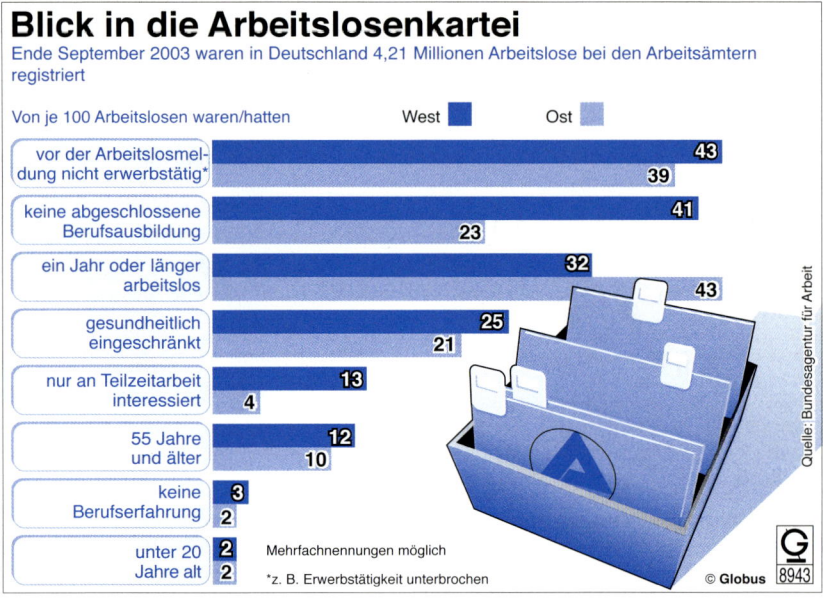

Blick in die Arbeitslosenkartei

Ende September 2003 waren in Deutschland 4,21 Millionen Arbeitslose bei den Arbeitsämtern registriert

Von je 100 Arbeitslosen waren/hatten   West ▉   Ost ▉

	West	Ost
vor der Arbeitslosmeldung nicht erwerbstätig*	43	39
keine abgeschlossene Berufsausbildung	41	23
ein Jahr oder länger arbeitslos	32	43
gesundheitlich eingeschränkt	25	21
nur an Teilzeitarbeit interessiert	13	4
55 Jahre und älter	12	10
keine Berufserfahrung	3	2
unter 20 Jahre alt	2	2

Mehrfachnennungen möglich

*z. B. Erwerbstätigkeit unterbrochen

Quelle: Bundesagentur für Arbeit

© Globus 8943

Langzeitarbeitslose ohne Chance

Die Zahl der Langzeitarbeitslosen in Deutschland ist nach einer Untersuchung des Soziologischen Forschungsinstitutes (SOFI) Göttingen deutlich höher als bisher angenommen. Die Studie kommt zu dem Schluss, dass rund 40% aller arbeitslosen Männer seit mindestens zwei Jahren ohne Beschäftigung sind. Drei Viertel dieser Arbeitslosen hätten resigniert und alle eigenen Bemühungen um Arbeit eingestellt. Diese Dauerarbeitslosen bilden nach Auffassung der Autoren eine neue soziale Schicht.

Bevor sich Arbeitslose vom Arbeitsmarkt zurückziehen, haben sie in aller Regel viele vergebliche Versuche hinter sich, eine Stelle zu finden. Dabei werde ihnen „drastisch vor Augen geführt, dass sie am Arbeitsmarkt nicht mehr zählen". Weil sie die Kluft zwischen ihrer Hoffnung und der Realität nicht mehr ertragen können, hören sie auf, „der immer unwahrscheinlicher werdenden Restchance nachzujagen, die sie am Arbeitsmarkt noch haben mögen". Der Begriff Langzeitarbeitslose verharmlose die soziale Realität dieser Menschen. Es seien in Wirklichkeit Dauerarbeitslose, die wahrscheinlich für immer von Erwerbsarbeit ausgeschlossen seien. Die Existenz der neuen sozialen Schicht stellt nach Auffassung der Wissenschaftler die Gesellschaftsordnung in Frage. Arbeitslosigkeit werde zum politischen Sprengstoff. Ohne eine „überzeugende gesellschaftspolitische Antwort" biete sich hier ein wachsendes Rekrutierungsfeld für politische Manipulation.

Missbrauch von Arbeitslosengeld

Bonn (NZ/AP). Durch Missbrauch von Arbeitslosengeld und illegale Beschäftigung gehen dem Staat nach Angaben des Bundesarbeitsministers jährlich bis zu sieben Milliarden EUR verloren. Der Politiker kündigte in einem Interview drastische Maßnahmen gegen Leistungsmissbrauch und Schwarzarbeit an und forderte zugleich eine Bekämpfung des Steuer- und Subventionsbetrugs, wofür Zöllner bei den Finanzämtern eingesetzt werden könnten, deren Stellen nach Öffnung der europäischen Grenzen frei geworden sind.

Der Präsident der Bundesagentur für Arbeit spricht von rund 190 000 Missbrauchsfällen, die aufgedeckt wurden. Über 100 Millionen EUR habe man zurückfordern können. Die Arbeits- und Sozialminister der Länder hatten sich bei ihrer jüngsten Tagung in München übereinstimmend gegen die Kürzungen von Sozialleistungen ausgesprochen. Die deutsche Einheit dürfe nicht mit einer Benachteiligung der sozial Schwachen erkauft werden, hieß es in einer Entschließung.

Friktionelle Arbeitslosigkeit (Sucharbeitslosigkeit) besteht in der Zeit, die der Arbeitslose braucht, um sich auf dem Arbeitsmarkt umzusehen, Vorstellungstermine zu vereinbaren und wahrzunehmen, Alternativen abzuwägen, eventuell einen Wohnungswechsel vorzubereiten und durchzuführen, um schließlich in ein neues Arbeitsverhältnis einzutreten. Arbeitnehmer können diese Art von Arbeitslosigkeit verhindern oder verkürzen, wenn sie sich bereits in ihrem alten Beschäftigungsverhältnis nach einer neuen Arbeit umsehen und dann nach ihrem Resturlaub nahtlos eine neue Stelle antreten.

■ Folgen der Arbeitslosigkeit

- **Soziale Folgen:** Die Folgen für den Einzelnen liegen nicht nur in der Verschlechterung seiner materiellen Situation, sondern vor allem auch im psychischen Bereich. Der Arbeitslose gibt soziale Kontakte zu Arbeitskollegen auf und verliert an gesellschaftlicher Anerkennung und persönlicher Selbstverwirklichung.
Nicht selten ist eine Stigmatisierung die Folge. Der Arbeitslose wird für die Entlassung selbst verantwortlich gemacht, seine Leistungsfähigkeit und Qualifikation scheinen nicht auszureichen. Bei der Suche nach einem neuen Arbeitsplatz muss begründet werden, warum man entlassen worden ist.

Was Arbeitslosigkeit bedeutet

„Man ist ja doch irgendwie angeschlagen durch die ganze Geschichte." Richard Mayer sitzt in Strickjacke und Trainingshose in seinem einfachen Wohnzimmer. Der Kohleofen brennt auf der niedrigsten Stufe. Richard Mayer erzählt seine Geschichte. Er ist fünfzig Jahre alt, schlank, bärtig, freundlich, Junggeselle, arbeitslos. Er ist ein wenig aus dem Rhythmus: „Wenn man arbeitet, braucht man sich keine Gedanken zu machen. Der Wecker rappelt, man geht zum Betrieb. Dann nimmt man sich abends noch was vor. Und jetzt? Da weiß man morgens nix mit sich anzufangen, mittags nix und abends. Ich weiß nicht, ob die Jüngeren das leichter haben. Die haben diesen Rhythmus vielleicht noch nicht so drin."

Seit früher Jugend hat Mayer im Saarland im Stahlwerk gearbeitet, als Walzwerker. Das ist eine angelernte Beschäftigung: 1500 Mark netto im Monat, Schichtdienst, nur dreizehn freie Sonntage. Dann kamen Stahlkrise und Massenentlassungen. „Demnächst bist du auch dran, habe ich gedacht." Er ließ sich beim Arbeitsamt beraten. „Die sagten: ,Sie sollten einen Berufsabschluss nachholen, sonst sind Ihre Aussichten schlecht.'". Umzug nach Frankfurt, weil sich hier die Möglichkeit einer Umschulung ergab. Nach gut zwei Jahren schafft er die Prüfung als Elektromechaniker einschließlich Elektronik-Zusatzausbildung.

Dann war er zum ersten Mal arbeitslos. „Beim Alter haben die die Nase gerümpft." Er fand eine auf drei Monate befristete Anstellung. Danach mußte er wieder eine Arbeit suchen. Er schrieb auf jede in Frage kommende Stellenanzeige, wurde schließlich auch vorgeladen und zu seiner eigenen Überraschung eingestellt. Zwei Jahre lang arbeitete Facharbeiter Mayer in einem Unternehmen für Meß- und Regeltechnik, prüfte Fehler und reparierte defekte Instrumente. Das hat ihm Spaß gemacht.

„Freitag mittag kommt der Meister. Ich soll mal ins Personalbüro kommen." Hundert Mitarbeitern soll gekündigt werden. Mayer ist am kürzesten in der Abteilung, hat keine Kinder, ihn trifft es also. Hatte er das Gefühl, dass der Mann vom Personalbüro die Kündigung unter die Haut ging? „Nein", sagt Mayer, „das geht bei denen ganz rechnerisch. Von Gefühl hat man da nichts gemerkt."

Quelle: FAZ, 15.10.2001

- **Volkswirtschaftliche Folgen:** Arbeitslosigkeit bedeutet eine erhebliche Belastung der öffentlichen Hand, da Sozialversicherungsbeiträge ausfallen, aber Transferzahlungen gezahlt werden müssen. Eine hohe Arbeitslosigkeit kann zu einer spürbaren Senkung der Inlandsnachfrage führen und eine konjunkturelle Abwärtsbewegung hervorrufen.

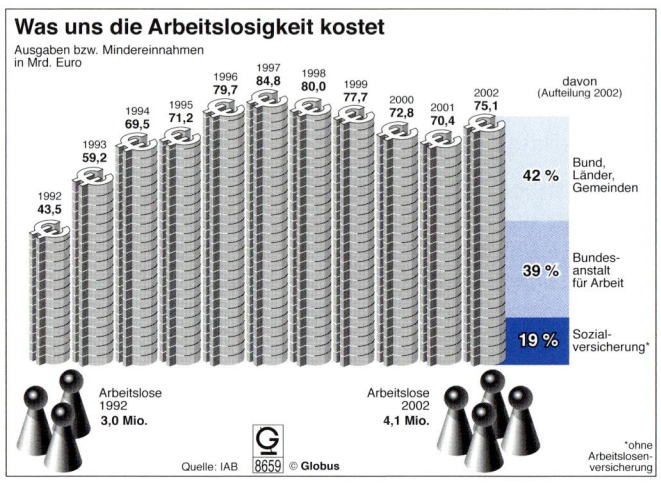

7.2.2 Grenzen der Arbeitsmarktstatistik

In Deutschland werden zwei unterschiedliche Arbeitslosenquoten veröffentlicht.
Die Bundesagentur für Arbeit veröffentlicht die

$$\textbf{Arbeitslosenquote 1: } \frac{\text{Arbeitslose} \cdot 100}{\text{Abhängige Erwerbspersonen}}$$

Die Deutsche Bundesbank veröffentlicht die weiter gefasste

$$\textbf{Arbeitslosenquote 2: } \frac{\text{Arbeitslose} \cdot 100}{\text{Erwerbspersonen}}$$

Beispiele

In einer Volkswirtschaft gibt es 100 Erwerbspersonen, davon 15 Selbstständige und 5 Arbeitslose.

100 Erwerbspersonen		
85 Abhängige Erwerbspersonen		15 Selbstständige
5 Arbeitslose	80 Abhängige Beschäftigte	
95 Erwerbstätige insgesamt		

Nach der ersten Berechnungsart ergibt sich die Arbeitslosenquote 1:

$$\frac{5 \cdot 100}{85} = \underline{5,88\ \%}$$

Nach der zweiten Berechnungsart ergibt sich die Arbeitslosenquote 2:

$$\frac{5 \cdot 100}{100} = \underline{5,00\ \%}$$

Für die Arbeitslosenquote macht es einen deutlichen Unterschied, ob als Bezugsgröße die Anzahl der abhängigen Erwerbspersonen oder die Anzahl der Erwerbspersonen einschließlich der Selbstständigen gewählt wird. In vielen Veröffentlichungen sucht man vergebens nach einem Hinweis auf die Bezugsgröße.

Im internationalen Vergleich der Arbeitslosigkeit taucht die Frage nach den unterschiedlichen Konzepten zur Messung der Arbeitslosigkeit noch deutlicher auf. Beispielsweise werden in Deutschland und Frankreich die Arbeitslosenzahlen der Agenturen für Arbeit verwendet, wogegen in den USA und in Japan die Zahlen auf stichprobenartigen Befragungen in den Haushalten basieren. Auch bei den Teilzeitarbeitslosen werden die unterschiedlichen Abgrenzungen deutlich. Personen, die eine Teilzeitbeschäftigung von 18 Stunden suchen, werden in Deutschland als arbeitslos erfasst, in Frankreich jedoch nicht.

Unabhängig von den nationalen Gesetzgebungen führen die Europäische Union und die OECD eigene Befragungen zur Beschäftigung durch, die wiederum zu anderen Ergebnissen führen.

Wodurch wird die Arbeitslosenzahl künstlich verkleinert?

Durch eine Reihe von Tatbeständen wird die Arbeitslosenzahl künstlich verkleinert. Dadurch kommt es zu einer **verdeckten Arbeitslosigkeit**. In erster Linie zählen dazu die arbeitsmarktpolitischen Maßnahmen der Bundesagentur für Arbeit.

Offene und verdeckte Arbeitslosigkeit in Deutschland[1] Tausend Personen

Zeitraum[2]	Offene und verdeckte Arbeitslose (2) + (3)	Registrierte (offene) Arbeitslose[4]	zusammen (4) bis (11)	beschäftigungsschaffenden Maßnahmen[4][5]	beruflicher Weiterbildung in Vollzeit[4][6]	Deutsch-Sprach-lehr-gängen[4]	Personen nach § 428 SGB III[7]	Freistellungsphase Altersteilzeit[4][8]	Altersrente wegen Arbeitslosigkeit[9]	Leistungsempfänger nach § 126 SGB III[10]	Kurz-arbeit: Arbeits-losen-äqui-valent[11]	Anzahl der Kurz-arbeiter
								davon				Nachricht lich
				Teilnehmer an			Personen in vorzeitigem Ruhestand					
				Verdeckt Arbeitslose[3]								
	(1)	(2)	(3)	(4)	(5)	(6)	(7)	(8)	(9)	(10)	(11)	(12)
Deutschland												
1999	6030	4099	1931	430	333	27	200	16	810	65	50	119
2000	5699	3889	1810	316	324	28	192	32	797	75	46	86
2001	5612	3852	1760	243	315	25	228	49	765	76	59	123
2002	5810	4060	1749	193	300	24	294	61	705	85	88	207
2003	5995	4383	1612	138	217	22	357	69	632	88	88	202

[1] Zu den Einzelheiten siehe Anhang, IV B. [2] Abweichungen in den Summen durch Runden der Zahlen. Jahreswerte aus gerundeten Quartalswerten berechnet. 4. Vierteljahr 2003 und Jahreswert 2003 eigene Schätzung. [3] Einschließlich weiterer Personen in vorzeitigem Ruhestand (Empfänger von Altersübergangsgeld und Vorruhestandsgeld, im Jahr 1998: 1440 Personen, 1999: 527 Personen). [4] Vierteljahresdurchschnitte aus Monatsendständen berechnet, wobei der Stand am Ende des letzten Monats des Vorquartals und am Ende des dritten Monats des Berichtsquartals jeweils zur Hälfte berücksichtigt werden. [5] Neben den Teilnehmern an Arbeitsbeschaffungsmaßnahmen (§§ 260 bis 271, 416 SGB III) sind auch die Teilnehmer an Strukturanpassungsmaßnahmen (§§ 272 bis 279, einschließlich § 415 SGB III bis 31.12.2002) und in beschäftigungsschaffenden Infrastrukturmaßnahmen (§ 279a SGB III) berücksichtigt. [6] Erfasst nach dem Wohnortprinzip (ohne Einarbeitung). [7] 58-Jährige und ältere Leistungsempfänger, die der Arbeitsvermittlung nicht mehr zur Verfügung stehen müssen und nicht als registrierte Arbeitslose gezählt werden. [8] Personen in vorzeitigem Ruhestand, die sich in der Freistellungsphase Altersteilzeit befinden (nur von der Bundesagentur für Arbeit geförderte Fälle). [9] 60- bis unter 65-Jährige. Eigene Schätzung nach Angaben des BMWA, des VOR und der Bundesknappschaft; früheres Bundesgebiet und Berlin-West, neue Bundesländer und Berlin-Ost. [10] Arbeitsunfähige Personen, die Leistungen empfangen, aber nicht als registrierte Arbeitslose gezählt werden. [11] Anzahl der Kurzarbeiter multipliziert mit ihrem durchschnittlichen Arbeitsausfall.

Die registrierte Arbeitslosenzahl wird durch weitere Tatbestände gesenkt. Ausländische Arbeitnehmer erhalten Abfindungen zur vorzeitigen Auflösung ihrer Arbeitsverträge, um ins Ausland zurückzukehren, ohne bei den Agenturen für Arbeit als arbeitslos erfasst zu werden. Hinzu kommen Schulabgänger, die nach der Schulentlassung einen Ausbildungsplatz suchen. Sie werden in der „Statistik der Ausbildungsplatzsuchenden" und nicht in der Arbeitslosenstatistik erfasst.

Zur **„stillen Reserve"** gehören diejenigen Personen, die nicht erwerbstätig sind, aber unter bestimmten Voraussetzungen eine Arbeit aufnehmen würden. Insbesondere zählen hierzu Frauen, die in Zeiten des Aufschwungs eine Stellung annehmen und bei einer Verschlechterung der Arbeitsmarktsituation nach Erlöschen des Anspruchs auf Arbeitslosengeld in die stille Reserve zurückkehren. Quantitative Angaben sind hier nicht möglich.

4,6 Millionen Arbeitslose Ende 2003, doch …

… eigentlich gibt es viel weniger Arbeitslose, denn die Zahl wird künstlich erhöht durch	… eigentlich gibt es viel mehr Arbeitslose, denn die Zahl wird künstlich gesenkt durch

• Scheinarbeitslose,
 • Schüler und Studenten zwischen zwei Ausbildungsabschnitten,
 • leistungsberechtigte Frauen, die nach der Elternzeit zu Hause bleiben,
 • Sozialhilfeempfänger,
 • Rentenanwärter,
 • Arbeitsunwillige,
 • Personen, die im Rahmen der Zumutbarkeitsverordnung Arbeitsangebote ausschlagen,
 • Arbeit suchende Erwerbstätige, die weniger als 18 Std. pro Woche arbeiten,
 • Schwarzarbeiter.
	• Arbeitsmarktpolitische Instrumente,
	  – Arbeitslosenäquivalent der Kurzarbeiter,[1]
	  – Teilnehmer an Arbeitsbeschaffungsmaßnahmen,
	  – Teilnehmer an Fortbildungs- und Umschulungsmaßnahmen,
	  – Teilnehmer an Deutschlehrgängen,
	  – Empfänger von Vorruhestands- und Altersübergangsgeld,
	 • Ausbildungsplatz suchende Schulabgänger,
	 • arbeitslose Ausländer, die Rückkehrprämien erhalten,
	 • stille Reserve.

7.2.3 Arbeitsmarktpolitische Instrumente

Für den Arbeitsmarkt gelten nur teilweise die gleichen Gesetzmäßigkeiten wie für Gütermärkte. Die Gemeinsamkeiten erschöpfen sich darin, dass Unternehmen Arbeit möglichst billig nachfragen und Arbeitnehmer ihre Arbeitskraft möglichst teuer anbieten. Es ist aber schon bei der Preisfindung (Lohn) zweifelhaft, ob hier ein echter Kompromiss nach den Gesetzen des Marktes gefunden wird, da Lohn- und Gehaltstarife in aller Regel nur in einer Richtung, nämlich nach oben, variabel sind.

Vor allem aber verschließt sich der Arbeitsmarkt den üblichen Marktbedingungen, weil das Gut „Arbeitsleistung" untrennbar mit dem Menschen verknüpft ist. Diese enge Verknüpfung hat eine Reihe von gesetzlichen Schutzregelungen zur Folge, die den Marktmechanismus überdecken oder sogar außer Kraft setzen.

Beispiele

Arbeitsschutzvorschriften; allgemeiner Kündigungsschutz und besonderer Kündigungsschutz für Betriebsräte, Mütter, Behinderte; Arbeitszeitvorschriften; Lohnfortzahlungsvorschriften; Insolvenzausfallgeld; Jugendarbeitsschutzgesetz.

---

[1] *Vgl. Seite 496*

Diese Vorschriften wirken zweischneidig: Sie schützen Arbeitnehmer, die in einem Arbeitsverhältnis stehen, stellen aber für Arbeitslose möglicherweise eine Erschwernis dar, weil Unternehmer das Risiko, besonders geschützte Personen einzustellen, zu vermeiden suchen.

Träger und Instrumente der Arbeitsmarktpolitik

Die Bundesagentur für Arbeit in Nürnberg hat ihre Aufgaben nach den Bestimmungen des *SGB III* zu erfüllen.

Die Maßnahmen nach diesem Gesetz sind im Rahmen der Sozial- und Wirtschaftspolitik der Bundesregierung darauf auszurichten, dass ein hoher Beschäftigungsstand erzielt und aufrechterhalten, die Beschäftigungsstruktur ständig verbessert und damit das Wachstum der Wirtschaft gefördert wird.

Definition

Aktive Arbeitsmarktpolitik ist ein Einwirken auf den Arbeitsmarkt mit dem Ziel, einen möglichst hohen Beschäftigungsstand zu erreichen und Arbeitsuchenden zu passenden Arbeitsplätzen zu verhelfen.

Das Sonderprogramm, das es Ihnen leichter macht.

- **Was wird gefördert?**
Die Einstellung von Langzeitarbeitslosen, also Arbeitslosen, die ein Jahr und länger arbeitslos gemeldet waren.
- **Wie lange wird gefördert?**
Bis zu einem Jahr lang erhalten Arbeitgeber, die Langzeitarbeitslose einstellen, Lohnkostenzuschüsse.
- **Wie hoch ist der Lohnkostenzuschuss?**
  - Mehr als 3 Jahre Arbeitslosigkeit: bis zu 80 % des Arbeitsentgelts im 1. und bis zu 60 % im 2. Halbjahr.
  - 2–3 Jahre Arbeitslosigkeit: bis zu 70 % im 1. und bis zu 50 % im 2. Halbjahr.
  - 1–2 Jahre Arbeitslosigkeit: bis zu 60 % im 1. und bis zu 40 % im 2. Halbjahr.
- **Wie lange dauert das Programm?**
Gefördert werden Beschäftigungsverhältnisse, die bis Ende 1998 begonnen werden.
- **Wer führt es durch?**
Die Bundesagentur für Arbeit mit ihren Agenturen für Arbeit.
- **Wann und wo stellt man den Antrag?**
Arbeitgeber müssen den Antrag vor Beginn des Beschäftigungsverhältnisses bei der zuständigen Agentur für Arbeit stellen.

Fördermittel können Sie auch bekommen, wenn Sie zunächst nur befristet einstellen wollen. Hier schließen Sie mit Ihrem Bewerber ein bis zu drei Monaten befristetes Probeverhältnis ab.

Wenn Sie beabsichtigen, den Langzeitarbeitslosen dann zu übernehmen, erhalten Sie für die Dauer der Probezeit 75% des Lohnkostenzuschusses, der bei einem unbefristeten Arbeitsverhältnis geleistet würde. Bei einer Übernahme in eine unbefristete Beschäftigung gilt ab diesem Zeitpunkt die normale Förderung. Die Probezeit wird allerdings auf die Gesamtförderungszeit angerechnet.

Sie sehen: Die Einstellung von Langzeitarbeitslosen eröffnet jede Menge Chancen.

Quelle: BA

Berufsberatung

Die Berufsberatung, für die die Bundesagentur das Monopol besitzt, versucht sehr frühzeitig bei den Berufsanfängern oder Berufswechslern durch Beratung und Information Fehlentscheidungen vermeiden zu helfen.

Arbeitsberatung

Die Arbeitsberatung informiert Arbeitslose über Möglichkeiten des Arbeitsmarktes und spezielle Förderungskonzepte.

Arbeitsvermittlung

Mit der Arbeitsvermittlung sollen Arbeitnehmer und Arbeitgeber zum Abschluss eines Dienstvertrages geführt werden.

Neben der Bundesagentur für Arbeit beteiligen sich ca. 1000 lizenzierte Unternehmen, so genannte Personalseviceagenturen, an der Arbeitsvermittlung.

Das Konzept: Auf Vorschlag der Agenturen für Arbeit stellen die Agenturen Arbeitslose ein. Die PSA behalten diese externen Mitarbeiter längstens 9 Monate unter Vertrag und verleihen sie in dieser Zeit wie eine Zeitarbeitsfirma an andere Unternehmen. Diese, so die Theorie, behalten die Leiharbeiter dann unter Umständen auch dauerhaft (Klebeeffekt).

Die Finanzierung: Die Bundesagentur für Arbeit zahlt den Betreibern der PSA pro externen Mitarbeiter eine Pauschale von etwa 1 000 Euro. Diese sinkt nach 3 Monaten auf 75 % und nach 6 Monaten auf 50 %. Die Abstufung gilt auch für die Prämien für Vermittlungen in den ersten Arbeitsmarkt.

Leistungen zur Erhaltung und Schaffung von Arbeitsplätzen

Hierzu gehört das Kurzarbeitergeld, das allen Beteiligten Vorteile bringt: Die Beschäftigten werden nicht arbeitslos, sondern erfahren nur eine überschaubare Einkommensminderung. Das Unternehmen kann seine Kosten entsprechend der Leistung reduzieren und spart Kosten für Neuanwerbung von Arbeitskräften bei Verbesserung der Auftragslage. Die BA zahlt anstatt Arbeitslosengeld nur Kurzarbeitergeld. Es werden weiterhin Beiträge an die Sozialversicherung gezahlt.

Beispiel
___

Ein Unternehmen leidet unter Auftragsmangel und müsste 50 % seiner 500 Mitarbeiter entlassen. Es meldet deswegen bei der Agentur für Arbeit für eine bestimmte Zeit Kurzarbeit an. Während dieser Zeitdauer, für die gesetzliche Höchstgrenzen festgelegt sind, arbeiten die Beschäftigten nur 50 % der üblichen Arbeitszeit und erhalten einen entsprechend reduzierten Lohn. Die BA zahlt dazu Kurzarbeitergeld an die Arbeitnehmer, damit die Differenz zum Normaleinkommen nicht zu groß wird. Da ohne Kurzarbeitergeld 250 Beschäftigte entlassen werden müssten, beträgt das Arbeitslosenäquivalent 250 Personen.

Mit Maßnahmen zur Arbeitsbeschaffung (ABM) werden zeitlich befristet Arbeitsplätze geschaffen, wobei die Agenturen für Arbeit einen Großteil der Lohnkosten übernehmen.

Zur aktiven Arbeitsmarktpolitik gehören ferner vielfältige finanzielle Hilfen.

Beispiel
___

Hilfen zur beruflichen Rehabilitation oder zu Verbesserung der beruflichen Qualifikation der Arbeitsuchenden durch Umschulung und Fortbildung, Umzugskostenerstattungen, Einarbeitungszuschüsse.

Mit den Mitteln der **passiven Arbeitsmarktpolitik** wird den Arbeitslosen finanzielle Unterstützung in ihrer Situation gewährt. Diese Lohnersatzleistungen sind hauptsächlich **Arbeitslosengeld** und **Arbeitslosenhilfe**.

■ Alte Modelle und neue Ideen zur Bekämpfung der Arbeitslosigkeit

Die Bekämpfung der Arbeitslosigkeit ist ein zentrales Thema der Wirtschaftspolitik. Sie ist aber nicht nur Aufgabe der Regierung, sondern auch der Arbeitgeber und der Arbeitnehmer, der Tarifpartner und der Gesellschaft insgesamt.
Da jeder Vorschlag gegen die Arbeitslosigkeit Vor- und Nachteile aufweist und
damit die Interessen bestimmter gesellschaftlicher Gruppen berührt, ist die
Durchsetzung stets mit Hindernissen verbunden.

Wer bekämpft die Arbeitslosigkeit?	Mit welchen Mitteln wird der Arbeitslosigkeit begegnet?
Regierung	• Beschäftigungsprogramme • Ankurbelung der Binnennachfrage aufgrund einer umfassenden Steuerreform • Senkung der gesetzlichen Lohnnebenkosten • Schaffung eines gesetzlichen Rahmens, um vermehrt - Investivlohn zahlen zu können • Vermehrte Bildungs- und Forschungsinvestitionen • Förderung des Eintritts in die Selbstständigkeit • Reformierung bestehender Ausbildungsgänge • Errichtung neuer Ausbildungsgänge *Beispiele: Medien-, EDV- und andere Dienstleistungsberufe* • Kombilohn (Lohn besteht aus Arbeitseinkommen und staatlicher Unterstützung) • Verbot von Lohn-Dumping • Durchsetzung und Kontrolle des Gesetzes gegen Schwarzarbeit
Bundesagentur für Arbeit	• Aktive Arbeitsmarktpolitik • Verbesserung der Arbeitsvermittlung • Verbesserung der Winterbauförderung
Arbeitgeber	• Vermehrung von Teilzeitarbeitsplätzen • Einrichtung von Jobsharing-Arbeitsplätzen • Abbau von Überstunden • Einrichtung von Arbeitszeitkonten
Arbeitnehmer	• Erhöhung der beruflichen und regionalen Mobilität • Bereitschaft, sich im Zweifel für eine Arbeit und gegen öffentliche Unterstützung zu entscheiden • Bereitschaft, Arbeit unter Lohnverzicht mit anderen zu teilen
Tarifpartner	• Tariföffnungsklauseln • Arbeitszeitverkürzung ohne Lohnausgleich • Rationalisierungsschutzabkommen

7.3 Außenwirtschaftliches Gleichgewicht

7.3.1 Bedeutung der Außenwirtschaft

Deutschland gehört zu den größten Handelsnationen der Welt.

Beispiel

Zusammen mit den USA und Japan bestreitet Deutschland 30 % des Welthandels. Von 1986 bis 1990 war Deutschland „Exportweltmeister". Als Importeur steht Deutschland an zweiter Stelle in der Welt hinter den USA. 2003 hat Deutschland den Titel „Exportweltmeister" zurückerobert.

Wegen der Knappheit an Bodenschätzen ist Deutschland auf den Bezug von Rohstoffen aus dem Ausland angewiesen. Die für die Bezahlung dieser Importwaren benötigten Devisen müssen über Exportgeschäfte verdient werden. Für Deutschland waren bisher die hohe Qualität, der hohe technische Standard und die breite Produktpalette Garanten für die Exporterfolge.

Allerdings zeigt sich in den neunziger Jahren ein erheblicher Wandel. Die Globalisierung der Märkte führt dazu, dass nicht mehr ausschließlich die Güter, sondern zunehmend der Produktionsfaktor Kapital zu den ausländischen Märkten strebt. Die Produktionsverlagerungen erfolgen dabei nicht nur aus Gründen der Marktnähe, sondern auch unter Kostenaspekten. Hinzu kommt, dass fernöstliche Länder zu ernsthaften Konkurrenten auf den Weltmärkten gereift sind. Bedrohlich für die traditionellen Industrieländer ist dabei, dass die Schwellenländer Asiens mehr und mehr qualitativ hochwertige und technologisch anspruchsvolle Investitions- und Konsumgüter liefern. Der immer härter werdende internationale Wett-

Partner im Außenhandel
Die wichtigsten Handelspartner Deutschlands im Jahr 2003

Die größten Kunden
Ausfuhr in Milliarden Euro

Frankreich	70,0
USA	61,7
Großbritannien	55,3
Italien	48,8
Niederlande	41,0
Österreich	35,2
Belgien	33,4
Spanien	32,5
Schweiz	25,9
China	18,2
Tschechien	16,7
Polen	16,4
Schweden	14,3
Russland	12,1
Ungarn	11,9
Japan	11,8
Dänemark	11,3

Die größten Lieferanten
Einfuhr in Milliarden Euro

Frankreich	48,8
Niederlande	44,4
USA	39,0
Italien	33,7
Großbritannien	33,0
Belgien	25,8
China	25,0
Österreich	21,0
Japan	19,1
Schweiz	19,0
Tschechien	17,5
Spanien	16,4
Polen	15,8
Irland	13,9
Russland	13,4
Norwegen	13,3
Ungarn	12,2

Quelle: Statistisches Bundesamt   © Globus 9103

Die deutschen Export-Trümpfe
Ausfuhren im Jahr 2002 in Milliarden Euro (die wichtigsten Warengruppen)

Autos und Autoteile	123,9
Maschinen	91,7
Chemische Erzeugnisse	76,5
Nachrichtentechnik, Radio, TV, elektron. Bauelemente	31,4
Elektrotechnik	31,2
Eisen- u. Stahlerzeugnisse, NE-Metalle u.a.	29,0
Fahrzeuge (ohne Autos)	28,0
Medizin-, Mess-, Steuerungs- u. Regeltechnik, Optik	26,1
Nahrungsmittel	22,8
Gummi- und Kunststoffwaren	21,3
Metallerzeugnisse	19,6
Büromaschinen, EDV-Geräte	16,4
Papier	14,2
Textilien	11,6
Möbel, Schmuck, Spiel- u. Sportwaren, Musikinstrumente u.a.	11,3

© Globus 8405

Quelle: Statistisches Bundesamt

bewerb lässt vielfach den Nachweis der Außenwirtschaftstheorie außer Acht, dass ein freier Außenhandel den Wohlstand der beteiligten Länder fördert. In vielen Volkswirtschaften lassen sich Formen von Protektionismus (Handelsbeschränkungen) beobachten, die stets zum Ziel haben, die einheimischen Anbieter vor ausländischer Konkurrenz zu schützen. Mit sehr viel Energie und Phantasie wurde eine ganze Reihe nichttarifärer Handelshemmnisse aufgebaut. Zölle (tarifäre Handelshemmnisse) wurden dagegen nachhaltig verringert.

Zu den protektionistischen Maßnahmen zählen:
- Einfuhrkontingente, -lizenzen, -zölle, -monopole
- Zwang zu unverhältnismäßig umfangreicher Beibringung von Urkunden und anderen Bescheinigungen
- Besondere Vorschriften über Sicherheit, Verpackung, Etikettierung und Gewicht
- Bevorzugung bestimmter Ländergruppen zulasten anderer Länder
- Exportsubventionen

Fleischexporte ruinieren Kleinbauern

Die Europäische Gemeinschaft (EG) zerstört die Rinderzucht in Afrika, indem sie dort große Mengen gefrorenen Rindfleisches von minderwertiger Qualität auf den Markt wirft, heißt es in einer Studie der Hilfsorganisation Christian Aid. In dem Bericht heißt es weiter, die EG gefährde durch die billige Abgabe von fast einer Million Tonnen überschüssigen Fleisches den Lebensunterhalt von mehr als vier Millionen Afrikanern, die in der Sahelzone ausschließlich von Rinderzucht lebten.

In Ghana wird das Rindfleisch aus den EG-Beständen wegen einer „Ausfuhrvergütung" für den halben Preis des vor Ort produzierten Fleisches angeboten. Die Vergütung dient dazu, Einzelhändlern in der EG einen Anreiz zum Verkauf ihres Fleisches auf anderen Kontinenten zu geben. Ohne diese Vergütung des Unterschiedes zwischen den hohen EG-Preisen und dem niedrigen Weltmarktpreis würde Rindfleisch aus der EG doppelt so teuer angeboten werden.

„Auf den ersten Blick scheint billiges Fleisch für die Bewohner der westafrikanischen Küstenstädte eine gute Sache zu sein", heißt es in dem Bericht der Hilfsorganisation. „Doch die meisten Menschen in dem Gebiet sind auf Bohnen und andere Hülsenfrüchte angewiesen. Billiges Fleisch kommt hier fast ausschließlich den wohlhabenden Schwarzen zugute."

Im Jahre 1991 verwendete die EG etwa 125 Mill. DM an Exportanreizen, um fettiges Rindfleisch im Wert von nur 45 Mill. DM nach Afrika zu schaffen. Die verheerende Lage lässt sich besonders deutlich am regionalen Rindermarkt in Burkina Fasso ablesen. Farmer sind hier gezwungen, Hunderte von Kilometern zu fahren, um ihre Ochsen zu verkaufen, und erhalten selbst dann häufig nur geringe Preise, weil der lokale Markt mit europäischem Fleisch überschwemmt ist.

Quelle: Handelsblatt

■ Nord-Süd-Konflikt

Eine der ungelösten und dringendsten Aufgaben der Menschheit ist die Lösung des Nord-Süd-Konfliktes. Zwischen Entwicklungsländern und Industrieländern besteht ein außenwirtschaftlicher und verteilungspolitischer Interessenkonflikt aufgrund der ungleichen Macht- und Einflusspotenziale.

Die Ursachen für dieses Ungleichgewicht sind vielfältig:
- Klima
- Bevölkerungsexplosion
- Tradition, Religion und Weltanschauung
- Erziehung und Bildung

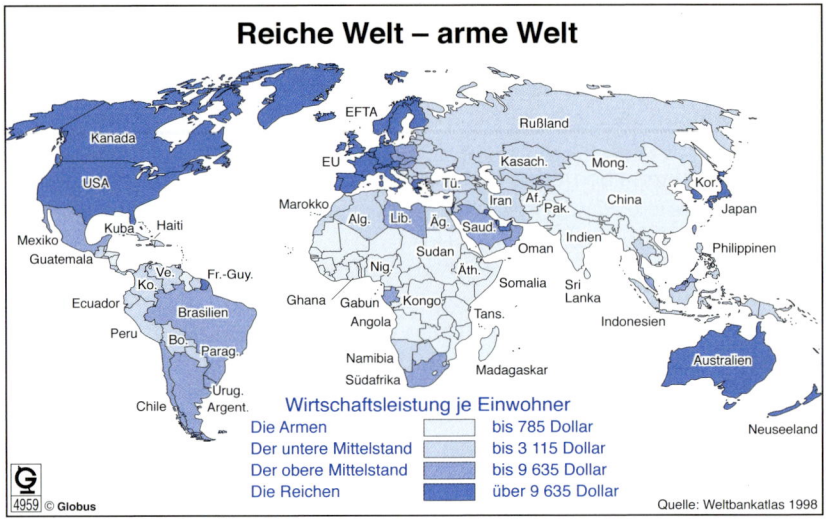

- Unkenntnis moderner Anbau- und Produktionsmethoden
- Korruption
- Rohstoff- bzw. Kapitalmangel
- fehlende Verkehrsmittel und -wege
- Mängel in der Gesundheitsversorgung
- fehlende Infrastruktur für Kommunikation und Nachrichtenübermittlung

Beispiel

Auf der Nordhalbkugel leben zwar nur ca. 25 % der Weltbevölkerung, aber sie verfügen über zwei Drittel des Welteinkommens. Das Pro-Kopf-Einkommen beträgt im Norden 13 600,00 US-Dollar pro Jahr. In den ärmsten Ländern des Südens ist es nicht einmal ein halber Dollar pro Tag.

Mit der Ölkrise zu Beginn der 70er-Jahre trat der Nord-Süd-Konflikt erstmals in das Bewusstsein der Öffentlichkeit. Die ölfördernden Staaten hatten sich in der „Organisation erdölexportierender Staaten" (OPEC) zu einem Preis- und Quotenkartell zusammengeschlossen. Den Industrieländern wurde über Nacht ihre Rohstoffabhängigkeit deutlich. Die Dritte Welt erkannte, wie sie durch solidarisches Handeln ein Gegengewicht zu den etablierten Industrienationen aufstellen konnte.

Von dem langen Forderungskatalog der Entwicklungsländer, der von einer neuen Weltwirtschaftsordnung über ein integriertes Rohstoffprogramm, eine neue Weltwährungsordnung, eine Neuregelung der Meeresnutzung bis zu einer neuen Weltinformationsordnung reichte, ist so gut wie nichts erreicht worden.

■ Rohstoffe

Die Industriestaaten des Nordens (z. B. USA und Russland) besitzen selbst eine große Menge an Rohstoffen. Bei vielen wichtigen Rohstoffen jedoch sind die Entwicklungsländer die „Reichen" und die Industriestaaten von ihnen abhängig. Dieser Reichtum hat auch seine Schatten-seiten: Manche Entwicklungsländer sind von der Ausfuhr ihrer Produkte so abhängig geworden, dass sie in ernste wirtschaftliche Schwierigkeiten geraten, wenn die Preise für ihre Waren auf dem Weltmarkt plötzlich fallen oder die Nachfrage sinkt.

Die Gründe für den Rückfall der Entwicklungsländer in die alte Ohnmachtsposition liegen nicht nur in dem Mangel an Solidarität in den Entwicklungsländern, sondern auch in dem Verfall der Rohstoffpreise, der Ernährungs- und Schuldenkrise der Dritten Welt in den 80er-Jahren und dem Protektionismus der Industrieländer.

„Ist dir klar, dass ich dich in der Hand habe?"

Täglich sterben 24 000 Kinder an Mangelernährung und Krankheiten. Der Teufelskreis der Armut schließt sich immer wieder aufs Neue. Die bisherigen Formen der Entwicklungshilfe haben keine nachhaltige Verbesserung der Lebensverhältnisse herbeigeführt, sondern in vielen Ländern zu einem unbezwingbaren Schuldenberg geführt. Entgegen häufiger Annahmen wurde öffentliche Entwicklungshilfe in der Regel nicht als „Geschenk", sondern als verzinslicher Kredit gewährt. Dabei wurde der Kreditnehmer verpflichtet, mit dem Kredit im Gläubigerland Güter und Dienstleistungen zu erwerben. Somit blieb das Geld im Lande, wurde dort nach-fragewirksam und trug zur Sicherung von Arbeitsplätzen bei. Die Tilgungs- und Zinsverpflichtungen der Empfängerländer stiegen aber in unermessliche Höhen.

■ Terms of Trade

Die Terms of Trade sind das Verhältnis zwischen Exportpreisindex und Import-preisindex.
Aus Sicht der Entwicklungsländer zeigen sie an, wie sich die Preise importier-ter Fertigwaren und exportierter Rohstoffe entwickeln.

Beispiel

Eine kolumbianische Kaffee-Genossenschaft muss tausend Sack Kaffee à 30,00 EUR nach Deutschland exportieren, um sich einen deutschen Traktor kaufen zu können. Vier Jahre später ist der Preis für einen Traktor um 3 % gestiegen, und durch ein Überangebot auf den Weltmärkten ist der Kaffeepreis je Sack auf 27,00 EUR gesunken.

Jahr	Kolumbien	Wert	Deutschland
2000	1.000,00 Sack Kaffee	30 000,00 EUR	1 Traktor
2004	1.144,44 Sack Kaffee	30 900,00 EUR	1 Traktor

Ein Wirtschaftsforschungsinstitut berichtet in diesem Zusammenhang, dass der Ausfuhrpreisindex bei 103 Prozentpunkten und der Einfuhrpreisindex bei 90 Prozentpunkten liegt (Basisjahr 2000).

$$\text{Terms of Trade } \left(\frac{103}{90} \times 100 \right) - 100 = 14{,}44$$

Das Entwicklungsland muss 14,44 % mehr Waren exportieren, um die gleiche Gütermenge wie 2000 einführen zu können.

7.3.2 Europäische Wirtschafts- und Währungsunion (EWWU)

Kaum ein anderes europapolitisches Thema hat die Menschen in der letzten Zeit mehr bewegt als die angestrebte **Europäische Wirtschafts- und Währungsunion (EWWU)**. Zu Beginn des Jahres 2002 wurden die nationalen Währungen der Mitgliedsländer durch eine einheitliche neue Währung – den **EURO** – abgelöst.

■ Maastrichter Vertrag

Grundlage der Währungsunion ist der 1992 von den damals 12 EU-Mitgliedsländern geschlossene Vertrag von Maastricht. Zu seinen Inhalten zählt nicht nur die Schaffung einer einheitlichen Währung in den EU-Mitgliedsländern, sondern auch die Förderung des politischen Zusammenwachsens der Länder in Europa. Durch eine verstärkte Kooperation in der Außen-, Innen- und Rechtspolitik soll langfristig eine politische Union aller Länder Europas erreicht werden.

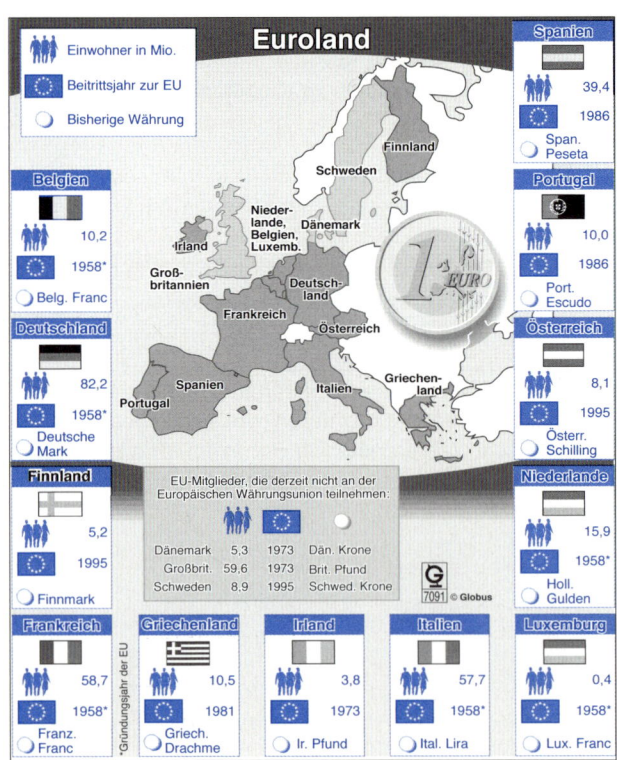

■ Der Weg nach Europa

Das sind die Ziele ...	... und das wurde bisher erreicht
• Abschaffung jeglicher Zölle sowie Export- und Importkontingente zwischen den Mitgliedsstaaten • Gemeinsame Außenzölle • Freier Personen-, Dienstleistungs- und Kapitalverkehr innerhalb der Gemeinschaft • Gemeinsame Landwirtschaftspolitik • Gemeinsame Verkehrspolitik • Vereinheitlichung des Arbeits-, Sozial- und Steuerrechts • Gemeinsame Wirtschaftspolitik • Gemeinsame Währung • Gemeinsame Außenpolitik	• Zwischen den Mitgliedsstaaten gibt es keine Zölle mehr • Gegenüber Drittländern besteht ein gemeinsamer Außenzoll • Grenzkontrollen innerhalb der Gemeinschaft gibt es nur in Ausnahmefällen • Eine einheitliche Handelspolitik ist gewährleistet, denn Handelsverträge mit Drittländern müssen über EU-Institutionen abgeschlossen werden • Rechtliche und wirtschaftliche Rahmenbedingungen wurden z. T. harmonisiert • Die gemeinsame europäische Währung wurde eingeführt

7.3.3   Internationale Organisationen in der Außenwirtschaft

■ World Trade Organization (WTO)

Hauptziel der WTO ist die Liberalisierung des Welthandels und die Sicherung und der Ausbau der Regeln für den ungestörten Austausch von Gütern.   **Definition**

Die Welthandelsorganisation WTO mit Sitz in Genf wurde 1995 gegründet. Vorläufer der WTO war der **GATT-Vertrag** (GATT = General Agreement on Tariffs and Trade). Dieses internationale Zoll- und Handelsabkommen hatte sich vor allem die folgenden Prinzipien gegeben:

- **Liberalisierung:** Verzicht auf den Aufbau neuer Zollschranken, den Abbau bestehender Zölle
- **Gegenseitigkeit:** Bei Zollverhandlungen sollen Leistungen und Gegenleistungen gleichwertig sein
- **Nichtdiskriminierung/Meistbegünstigungsklausel:** Kein Mitgliedsland darf ein anderes Mitgliedsland unterschiedlich behandeln und insbesondere nicht gegenüber Drittländern schlechter stellen. Für jedes Mitgliedsland muss der günstigste Zollsatz gelten.

Insbesondere soll der Abbau von tarifären und nichttarifären Handelshemmnissen vorangetrieben werden. Neben den Zielen des GATT, die vorwiegend auf die Förderung des internationalen Warenaustauschs zielen, überwacht die WTO auch das **Allgemeine Übereinkommen über den Handel mit Dienstleistungen (GATS)**. Das GATS hat sich die gleichen Prinzipien wie das GATT gegeben und beinhaltet Regelungen für Finanzdienstleistungen, Medien, Bau- und Konstruktionsleistungen, Tourismus und Verkehr sowie für jede andere Form des Handels mit Dienstleistungen.

Das dritte wichtige Abkommen im Aufgabenbereich der WTO ist das **Übereinkommen über handelsbezogene Aspekte der Rechte am geistigen Eigentum (TRIPS)**. Dieses Übereinkommen dient dazu, den internationalen Konventionen über den Schutz geistiger Eigentumsrechte zu größerer Wirkung zu verhelfen.

Die WTO hat den Fortschritt der Entwicklungsländer zu fördern und ihre Politik nach den Erfordernissen des Umweltschutzes auszurichten.

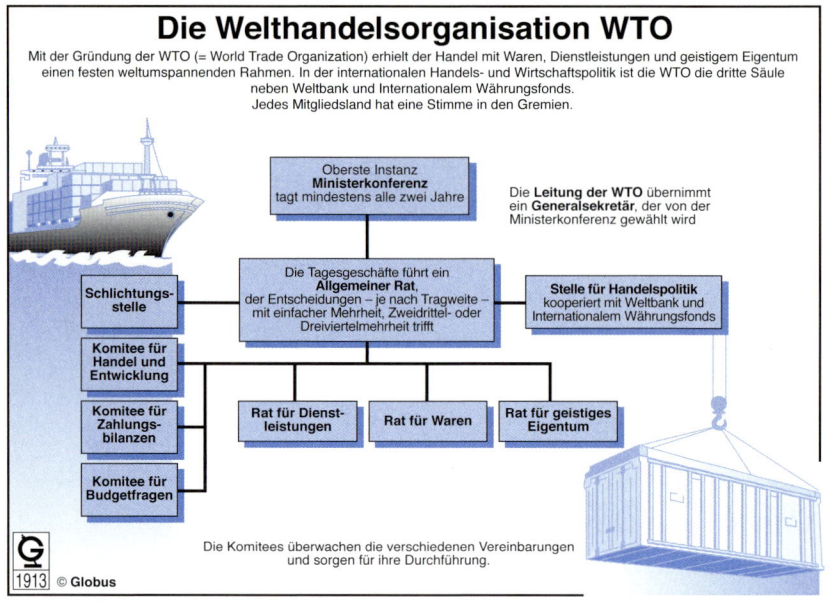

Die Welthandelsorganisation WTO

Mit der Gründung der WTO (= World Trade Organization) erhielt der Handel mit Waren, Dienstleistungen und geistigem Eigentum einen festen weltumspannenden Rahmen. In der internationalen Handels- und Wirtschaftspolitik ist die WTO die dritte Säule neben Weltbank und Internationalem Währungsfonds.
Jedes Mitgliedsland hat eine Stimme in den Gremien.

Oberste Instanz Ministerkonferenz tagt mindestens alle zwei Jahre

Die **Leitung der WTO** übernimmt ein **Generalsekretär**, der von der Ministerkonferenz gewählt wird

Schlichtungs-stelle

Die Tagesgeschäfte führt ein **Allgemeiner Rat**, der Entscheidungen – je nach Tragweite – mit einfacher Mehrheit, Zweidrittel- oder Dreiviertelmehrheit trifft

Stelle für Handelspolitik kooperiert mit Weltbank und Internationalem Währungsfonds

Komitee für Handel und Entwicklung

Komitee für Zahlungs-bilanzen

Rat für Dienst-leistungen

Rat für Waren

Rat für geistiges Eigentum

Komitee für Budgetfragen

Die Komitees überwachen die verschiedenen Vereinbarungen und sorgen für ihre Durchführung.

1913 © Globus

■ Internationaler Währungsfonds (IWF)

Die Gründung des IWF mit Sitz in Washington wurde 1944 auf der „Internationalen Währungs- und Finanzkonferenz" von 45 Teilnehmerländern beschlossen. Heute gehören dem IWF 184 Staaten an. Deutschland trat dem IWF 1952 bei.

Ziele des IWF

- Förderung und Ausweitung des Welthandels
- Aufhebung der Devisenzwangswirtschaft
- Förderung der Währungsstabilität
- Internationale währungspolitische Zusammenarbeit
- Gewährung von Hilfestellung bei Zahlungsbilanzungleichgewichten

Mittelausstattung des IWF

Jedem Mitgliedsland wird eine bestimmte Quote zugewiesen, die sich nach den volkswirtschaftlichen Daten des Landes richtet. Nach der Quote bemessen sich
- die Einzahlungsverpflichtung (Subskription),
- das Recht zur Kreditinanspruchnahme (Ziehung) beim Fonds und
- das Stimmrecht.

Die Mitglieder zahlen in Höhe ihrer Quote beim IWF Fremdwährung, Sonderziehungsrechte und eigene Währung ein. Die Summe der Quoten erhöht die Reservetranche, die das Finanzierungspotenzial des IWF darstellt. So ist erklärbar, dass es in der Vergangenheit eine Reihe von Quotenaufstockungen gab. Der deutsche Quotenanteil erhöhte sich am 22. Januar 1999 – bei einer neuen Quote von 13 Mrd. SZR – von 5,66 % auf 6,11 %. Hierin spiegelt sich die Zunahme des weltwirtschaftlichen Gewichts Deutschlands seit der letzten Quotenüberprüfung wider.

Sonderziehungsrechte (SZR)

Die Sonderziehungsrechte kann man als eine Art Kunstgeld bezeichnen. Der IWF teilt seinen Mitgliedern bestimmte Mengen dieser künstlichen Währung zu. Dies führt bei den Notenbanken der betreffenden Länder – nach Bildung eines Ausgleichspostens auf der Passivseite – zu einer Bilanzverlängerung. Bei einem Finanzierungsbedarf wendet sich der Teilnehmer an den IWF, der ihn an ein reservestarkes Land verweist. Dieses Land gibt die gewünschte Währung ab und erhält dafür SZR und eine Verzinsung für die abgegebenen Devisen.
Die Ankaufspflicht von SZR endet, wenn das Dreifache der eigenen Zuteilung erreicht ist.

Der Wert des SZR ergibt sich aus dem Marktwert eines Währungskorbs, der feste Beiträge der vier wichtigsten Währungen enthält.   **Definition**

Als Basis für die einzelnen Währungsbeträge dienen bestimmte volkswirtschaftliche Kennziffern (Außenhandel, Bedeutung der eigenen Währung für andere Währungen). Alle fünf Jahre findet eine Überprüfung der Währungen und ihrer Korbgewichte statt.
Börsentäglich ermittelt der IWF den Tageswert des SZR in US-Dollar, indem er die Währungsbeträge im Korb zu deren US-Dollarkursen am Devisenmarkt bewertet. Der SZR-Wert aller übrigen Währungen wird dann über die repräsentativen Kurse dieser Währungen zum US-Dollar errechnet. Durch diese Form der Bewertung wird gewährleistet, dass alle auf SZR lautenden Vermögenswerte nur geringen Wechselkursrisiken ausgesetzt sind.

SZR-Bewertung			
Zusammensetzung des Währungskorbs		Ermittlung des SZR-Wertes vom 2. Januar 2001	
Währung	Betrag in jeweiliger Währung	Wechselkurs	Gegenwert in US-Dollar
	1	2	3
US-Dollar	0,5770	1,00000	0,577000
Euro	0,4260	0,94510	0,402613
Japanischer Yen	21,0000	114,95000	0,182688
Pfund Sterling	0,0981	1,49090	0,146705
Insgesamt			1,309006

Hieraus ergibt sich für den 2.1.2001: 1 SZR = 1,0901 US-Dollar. Den Euro-Gegenwert für 1 SZR erhält man durch Division des US-Dollarwertes für 1 SZR durch den von der EZB festgelegten Euro-Referenzkurs zum US-Dollar: 1 SZR = 1,30901 : 0,9423 = 1,38916 Euro. – **1** Die genannten Währungsbeträge gelten seit dem 1.1.2001 und entsprachen bei ihrer Neufestsetzung den am 29.12.2000 den Korbbestandteilen zugrunde gelegten Gewichten: US-Dollar 45 %; Euro 29 %, Yen 15 %; Pfund Sterling 11 %. Die Zusammensetzung des Währungskorbs, das Gewicht und die Menge der einzelnen Währungsbeträge werden alle fünf Jahre überprüft und gegebenenfalls angepasst. – **2** Der Wechselkurs des japanischen Yen ist ausgedrückt in Yen pro US-Dollar; für die anderen Währungen (Euro und Pfund Sterling) ist der Dollarbetrag pro Währungseinheit angegeben. Maßgebend sind die Mittelkurse am Londoner Devisenmarkt um 12 Uhr mittags. – **3** Währungsbetrag in Spalte (1) dividiert durch den Wechselkurs in Spalte (2); im Falle des Euro und des Pfund Sterling werden die beiden Werte multipliziert.

Quelle: Deutsche Bundesbank

7.3.4 Zahlungsbilanz

Definition

Die **Zahlungsbilanz** ist die systematische Darstellung aller ökonomischen Transaktionen zwischen dem Inland und dem Ausland in einem Jahr.

Der Begriff „Bilanz" ist irreführend, da die Zahlungsbilanz keine zeitpunktbezogene Vermögensaufstellung ist, sondern eine in Teilbilanzen aufgegliederte Gegenüberstellung von Wertströmen vom Inland ins Ausland und vom Ausland ins Inland.

Wichtige Posten der Zahlungsbilanz der Bundesrepublik Deutschland (Salden)

	Leistungsbilanz						Vermögensübertragungen und Kauf/Verkauf von immateriellen nichtproduzierten Vermögensgütern[7)]	Kapitalbilanz[7)]	Veränderung der Währungsreserven zu Transaktionswerten[8)]	Saldo der statistisch nicht aufgliederbaren Transaktionen	Nachrichtlich: Veränderung der Netto-Auslandsaktiva der Bundesbank zu Transaktionswerten[8)]
	Saldo der Leistungsbilanz	Außenhandel[1)2)3)]	Ergänzungen zum Warenhandel[4)5)]	Dienstleistungen[6)]	Erwerbs- und Vermögenseinkommen	Laufende Übertragungen					
	Mio Euro										
1999	– 23 407	+ 65 211	– 6 982	– 47 020	– 9 599	– 25 016	– 154	– 22 931	+ 12 535	+ 33 956	– 36 999
2000	– 27 945	+ 59 128	– 7 000	– 49 868	– 1 837	– 28 368	+ 6 823	+ 36 305	+ 5 844	– 21 027	+ 48 230
2001	+ 4 185	+ 95 495	– 5 432	– 51 215	– 7 230	– 27 432	– 387	– 21 419	+ 6 035	+ 11 588	+ 32 677
2002	+ 62 804	+ 132 788	– 5 935	– 38 246	+ 751	– 26 555	– 212	– 86 103	+ 2 065	+ 21 445	– 33 292
2003[0)]	+ 50 888	+ 129 673	– 6 977	– 34 889	– 8 590	– 28 329	+ 465	– 71 311	+ 455	+ 19 513	+ 2 658

[0)] Ab Juli 1990 einschl. Transaktionen der ehemaligen DDR mit dem Ausland. – [1)] Ergebnisse ab Anfang 1993 durch Änderung in der Erfassung des Außenhandels mit größerer Unsicherheit behaftet. [2)] Spezialhandel nach der amtlichen Außenhandelsstatistik: Einfuhr cif, Ausfuhr fob. [3)] Ab Januar 1993 einschl. der Zuschätzungen für nicht meldepflichtige Außenhandel, die bis Dezember 1992 in den Ergänzungen zum Warenverkehr enthalten sind. [4)] Hauptsächlich Lagerverkehr auf inländische Rechnungen und Absetzung von Rückwaren. [5)] S. Fußnote 3. [6)] Ohne die im cif-Wert der Einfuhr enthaltenen Ausgaben für Fracht- und Versicherungskosten. [7)] Kapitalexport. [8)] Zunahme.

Buchungsregeln der Zahlungsbilanz: Die Zahlungsbilanz kann in Staffel-, Konten- oder Spaltenform dargestellt werden. Die Bundesbank bevorzugt die Spaltenform.

Jeder Vorgang wird zweiseitig erfasst. Die Richtung der Wertströme wird durch Vorzeichen (+, –) kenntlich gemacht.

Plusvorzeichen +	Minusvorzeichen –
• Lieferungen inländischer Waren, Dienstleistungen und Faktorleistungen (Ausfuhr) • Abgabe inländischer Eigentums- und Schuldtitel (Kapitalimport) an das Ausland • Unentgeltliche Leistungen des Auslandes an das Inland	• Käufe ausländischer Waren, Dienstleistungen und Faktorleistungen (Einfuhr) • Erwerb von Eigentums- und Forderungstiteln gegen das Ausland (Kapitalexport) • Unentgeltliche Leistungen vom Inland an das Ausland

■ Leistungsbilanz

Die Leistungsbilanz besteht aus den Unterbilanzen

- **Außenhandel**
  Die **Handelsbilanz** umfasst alle **Warenausfuhren** (fob) und alle **Wareneinfuhren** (cif). Übersteigen die Exporte die Importe, wird von einer **aktiven Handelsbilanz** gesprochen. Die **Handelsbilanz ist passiv**, wenn die Importe größer sind.

- **Ergänzungen zum Warenverkehr**
  Diese Bilanz ist vom Volumen her die unbedeutendste und umfasst hauptsächlich Lagerverkehr auf inländische Rechnung. Darunter sind Waren zu verstehen, die vom Ausland in inländische Freihäfen oder Zollfreigebiete eingeführt und anschließend wieder ausgeführt werden.

- **Dienstleistungen**
  Der Dienstleistungssektor hat eine im Außenhandel stark wachsende Bedeutung. Er umfasst die „unsichtbaren Ausfuhren und Einfuhren". Dazu gehören Finanzdienstleistungen, Transportdienstleistungen, Reiseverkehr, Lizenzen, Patente.

- **Erwerbs- und Vermögenseinkommen**
  Die wichtigsten Komponenten der Erwerbs- und Vermögenseinkommen sind Kapitalerträge und Einkommen aus unselbstständiger Arbeit.

- **Laufende Übertragungen**
  Hierunter fallen Leistungen, denen keine unmittelbaren Gegenleistungen gegenüberstehen, z. B. Zahlungen an Haushalte internationaler Organisationen, Überweisungen der Gastarbeiter, Renten.

Der Saldo der Leistungsbilanz, der sich aus den Salden der einzelnen Unterbilanzen ergibt, soll die Transfers berücksichtigen, die Einfluss auf Verbrauch und Einkommen haben. Die Gegenbuchungen erfolgen in der Kapitalbilanz.

> Der **Außenbeitrag** ist die Differenz zwischen Exporten und Importen von Sachgütern und Dienstleistungen.

■ Vermögensübertragungen

Für die Klassifizierung als Vermögensübertragung ist es ausreichend, wenn eine der beiden Seiten den Transfer als einmalig betrachtet (Schuldenerlasse, Erbschaften, Schenkungen).

■ Kapitalbilanz

Die **Kapitalbilanz** erfasst Kapitalexporte und -importe. Hierzu zählen Direktinvestitionen, Wertpapiergeschäfte und Kredite.

Zahlungsbilanzausgleich

> Die Zahlungsbilanz ist ausgeglichen, wenn analytisch bedeutsame Salden innerhalb der Teilbilanzen mit dem Ziel „Außenwirtschaftliches Gleichgewicht" vereinbar sind.

Mögliche Gründe für Störungen des Zahlungsbilanzgleichgewichtes sind Strukturdifferenzen zwischen den Handelspartnern in Bezug auf Ausstattung mit Ressourcen und den Produktionsfaktoren Arbeit und Kapital, internationales Technologiegefälle, einseitig verteite wirtschaftliche Macht, internationales Preisniveau- und Zinsniveaugefälle, politische Entwicklungen.

Eine ausgeglichene Zahlungsbilanz ist ein Ziel des Magischen Vierecks, weil
- die Gefahr importierter Inflation bei zu hohen Exporten eintritt,
- zu hohe Exportüberschüsse die inländische Beschäftigung zu einer starken Abhängigkeit vom Ausland führen,
- es zu außenpolitischem Druck kommt, wenn eigene Exporte bei Handelspartnern konjunkturell unerwünscht sind,
- Exportüberschüsse den Protektionismus fördern können,
- Importüberschüsse zu Devisenknappheit führen,
- Importüberschüsse zu einer Verschuldung gegenüber dem Ausland bis hin zum Verlust der internationalen Kreditwürdigkeit führen können.

7.4 Angemessenes und stetiges Wirtschaftswachstum

Die Verbesserung der Lebensbedingungen ist seit jeher ein Ziel der Menschheit. Wirtschaftswachstum ist umso wichtiger, je niedriger das Versorgungsniveau und der Lebensstandard der Bevölkerung sind.

Wirtschaftswachstum führt jedoch nur dann zu einer Verbesserung der Lebensbedingungen des Einzelnen, wenn die Wachstumsrate des Sozialprodukts größer ist als die Wachstumsrate der Bevölkerung.

Maßstab für das Wirtschaftswachstum ist die jährliche Wachstumsrate des Bruttoinlandsprodukts.

Das Stabilitätsgesetz fordert ein „stetiges" und „angemessenes" Wirtschaftswachstum:
- **„Stetig"** bedeutet, dass das Wirtschaftswachstum gleichmäßig, das heißt, ohne hektische Ausschläge und ohne Wachtumsunterbrechungen erfolgen soll.
- **„Angemessen"** bedeutet, dass das Wirtschaftswachstum nur insoweit erfolgen soll, als es die übrigen Ziele des Stabilitätsgesetzes nach Möglichkeit unterstützt, zumindest aber nicht gefährdet. Das Ziel Wirtschaftswachstum soll also nicht um jeden Preis verfolgt werden.

Da der Wert des Bruttoinlandsprodukts bestimmt wird durch die Menge der produzierten Güter und Dienstleistungen und deren Preise, wird bei einem Anstieg des allgemeinen Preisniveaus das tatsächliche Wachstum des Bruttoinlandsprodukts nicht sichtbar. Man muss daher zwischen dem **nominellen** und dem **realen** Wirtschaftswachstum unterscheiden.

Definition

Das **reale Wirtschaftswachstum** zeigt die jährliche Veränderung des realen (um die Preisänderung bereinigten) Bruttoinlandsprodukts.

Die Knappheit der Rohstoff- und Energievorräte sowie steigende Umweltbelastungen führen zu einem **Spannungsverhältnis zwischen Ökonomie und Ökologie**. Sie zeigen den Menschen zunehmend die Grenzen eines auf der Ausbeutung der Natur begründeten Wirtschaftswachstums auf.

7.4.1 Inlandsprodukt als Messgröße für das Wirtschaftswachstum

Um etwas über die wirtschaftliche Leistungsfähigkeit und Entwicklung einer Volkswirtschaft zu erfahren, muss man den gesamten Umfang der Produktion und seine Veränderung im Zeitablauf messen.

Das **Inlandsprodukt** ist der Gesamtwert aller Sachgüter und Dienstleistungen, die während eines Jahres innerhalb einer Volkswirtschaft produziert bzw. geleistet werden.

Definition

Bildlich gesehen kann man sich das Inlandsprodukt als einen riesigen Berg von Gütern vorstellen, der all das umfasst, was in der Volkswirtschaft während eines Jahres hervorgebracht worden ist, einerlei, ob es sich um Sachgüter (z. B. Autos) oder Dienstleistungen (z. B. Kinobesuche) handelt.
Die Menge der verfügbaren Produktionsfaktoren und der Wirkungsgrad ihres Einsatzes bestimmen das mögliche Ausmaß des Inlandsprodukts einer Volkswirtschaft.
Um das Inlandsprodukt wertmäßig genau bestimmen zu können, werden die Güter mit ihren Herstellungspreisen, also ohne Mehrwertsteuer und sonstige Gütersteuern, beurteilt.

Das Inlandsprodukt wird traditionell als **Wohlstandsindikator**, d. h. als Maßstab für den materiellen Wohlstand einer Volkswirtschaft benutzt. Sein Wachstum wird als eine Verbesserung des Lebensstandards der Bevölkerung angesehen.

Beispiel

	2000	2001	2002	2003
Inlandsprodukt (real)	*1 963,8*	*1986,2*	*1989,7*	*1987,4*
Wachstum gegenüber dem Vorjahr in Mrd. EUR in %	*56,3* *3,0*	*22,4* *1,1*	*3,5* *0,2*	*–2,3* *– 0,1*

Ausdruck für das **Wirtschaftswachstum** einer Volkswirtschaft ist im Allgemeinen der Anstieg des Inlandsprodukts.

Ob ein quantitatives Wachstum jedoch *tatsächlich* die Lebensbedingungen der Bevölkerung verbessert, wird zunehmend kritisch betrachtet.

Die traditionelle Inlandsproduktsberechnung berücksichtigt nämlich nicht die Schäden und Nachteile, die durch die Mehrproduktion verursacht sind:
* Umweltbelastungen und -schäden durch Raubbau an der Natur (Waldsterben)[1],
* Klimabelastungen (Ozonloch),
* Zivilisationskrankheiten,
* Verlust an Lebensqualität durch Lärm, Verkehrsdichte, Hektik und Stress im Alltag und Beruf.

---
[1] *Vgl. Umweltpolitik Seite 378*

■ Wertschöpfung der Unternehmung

Um festzustellen, wie groß das Inlandsprodukt ist, muss man die einzelnen Produktionsleistungen am Ort ihrer Entstehung erfassen.

Beispiel

Ein forstwirtschaftliches Unternehmen verkauft Holz zum Preis von 10 000,00 EUR an ein Sägewerk.

Das Sägewerk schneidet das Holz zu Brettern und verkauft sie zum Preis von 16 000,00 EUR an eine Möbelfabrik.

Die Möbelfabrik verarbeitet die Bretter zu Naturholzmöbeln und verkauft diese zum Preis von 25 000,00 EUR an eine Möbelhandlung.

Die Möbelhandlung verkauft die gelieferten Erzeugnisse als Bio-Möbel nach und nach zum Preis von 38 000,00 EUR an die Endverbraucher.

Es ist leicht zu erkennen, dass die beteiligten Unternehmen jeweils einen unterschiedlichen Beitrag zur Herstellung des Endproduktes geleistet haben:

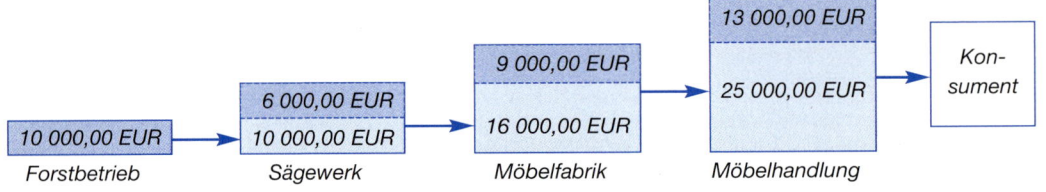

	Vorleistungen	Bruttowertschöpfung	Produktionswert
Forstbetrieb	–	10 000,00 EUR	10 000,00 EUR
Sägewerk	10 000,00 EUR	6 000,00 EUR	16 000,00 EUR
Möbelfabrik	16 000,00 EUR	9 000,00 EUR	25 000,00 EUR
Möbelhandlung	25 000,00 EUR	13 000,00 EUR	38 000,00 EUR
	51 000,00 EUR	38 000,00 EUR	89 000,00 EUR

Die Bruttowertschöpfung der Unternehmung ist die Differenz zwischen dem Verkaufserlös der eigenen Leistungen, dem sog. Produktionswert, und dem Kaufpreis der von anderen Unternehmen bezogenen Vorleistungen.

Definition　　Die **Wertschöpfung** in der Unternehmung geschieht durch Kombination der Produktionsfaktoren Arbeit, Boden und Kapital.

Die Besitzer der Produktionsfaktoren, also die Arbeitnehmer, Kapitalanleger, Grundstücksbesitzer und Unternehmer erhalten für ihre Leistungen ein Entgelt in Form von Löhnen und Gehältern, Zinsen, Mieten, Pachten, Gewinnausschüttungen.

Diese Zahlungen stellen das Einkommen der privaten Haushalte dar.

Aufgrund des Produktionsprozesses werden die in der Unternehmung eingesetzten Produktionsanlagen und -mittel abgenutzt, so dass sie nach Ablauf ihrer Nutzungsdauer wieder erneuert werden müssen.

Die entstandenen Wertminderungen des Sachkapitals stellen Aufwendungen dar und werden als **Abschreibungen** erfasst. Die Abschreibungsbeträge sind

in die Verkaufspreise mit einkalkuliert und fließen damit beim Verkauf der Produkte in die Unternehmung zurück. Die Abschreibungsgegenwerte dienen später der Finanzierung der **Ersatzinvestitionen**.
Die Nettowertschöpfung ist somit identisch mit den Einkommen, die den privaten Haushalten zufließen.

Produktionswert		
Vorleistungen	Bruttowertschöpfung	
	Abschreibungen	Nettowertschöpfung

Beispiel

Die Möbelfabrik aus dem obigen Beispiel hat an die Mitarbeiter Gehälter in Höhe von 5 500,00 EUR, an die Kreditgeber Zinsen in Höhe von 500,00 EUR und an die Eigentümer des Firmengrundstücks Miete in Höhe von 1 000,00 EUR zu zahlen. Die Abschreibungen für die eingesetzten Maschinen und Geräte betragen 800,00 EUR.

Wertschöpfungsrechnung			
Vorleistungen	*16.000,00 EUR*	*Verkaufserlöse*	*25.000,00 EUR*
Abschreibungen	*800,00 EUR*		
Nettowertschöpfung	*8.200,00 EUR*		
Gehälter *5.500,00 EUR*			
Zinsen *500,00 EUR*			
Miete *1.000,00 EUR*			
Gewinn *1.200,00 EUR*			

■ Drei Wege der Inlandsproduktsberechnung

Das Inlandsprodukt kann auf drei verschiedenen Wegen ermittelt werden, wobei jeweils ein anderer Untersuchungsaspekt im Vordergrund steht:

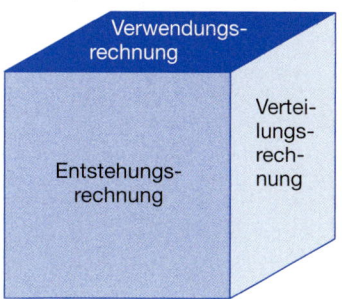

- **Entstehungsrechnung:** Wo ist das Inlandsprodukt entstanden?
  Wie viel haben die einzelnen Wirtschaftsbereiche zum gesamtwirtschaftlichen Ergebnis beigetragen?
- **Verwendungsrechnung:** Wie wird das Inlandsprodukt verwendet?
  Wurde es konsumiert, investiert oder exportiert?
- **Verteilungsrechnung:** Wie werden die bei der Entstehung des Inlandsprodukts erzielten Einkommen verteilt?

Entstehungsrechnung

Das Inlandsprodukt ist das Ergebnis der wirtschaftlichen Tätigkeit in den verschiedenen Wirtschaftsbereichen. Die Entstehungsrechnung weist die Beiträge der einzelnen Wirtschaftsbereiche zum Inlandsprodukt aus. Die Veränderung dieser Beiträge im langfristigen Zeitablauf spiegelt die strukturellen Veränderungen der Volkswirtschaft wider.

Im **Europäischen System volkswirtschaftlicher Gesamtrechnungen 1995 (ESVG95)** wird zwischen folgenden **Wirtschaftsbereichen** unterschieden:

Entstehung des Inlandsprodukts (2003)	Mrd. EUR
Produzierendes Gewerbe (ohne Baugewerbe)	445,9
+ Baugewerbe	85,9
+ Handel, Gastgewerbe und Verkehr	373,7
+ Finanzierung, Vermietung und Unternehmensdienstleister	598,0
+ Öffentliche und private Dienstleister	395,0

Institutionell wird das Bruttoinlandsprodukt von den **volkswirtschaftlichen Sektoren**

- Nichtfinanzielle Kapitalgesellschaften
- Finanzielle Kapitalgesellschaften
- Staat
- Private Haushalte
- Private Organisationen ohne Erwerbszwecke

erwirtschaftet.

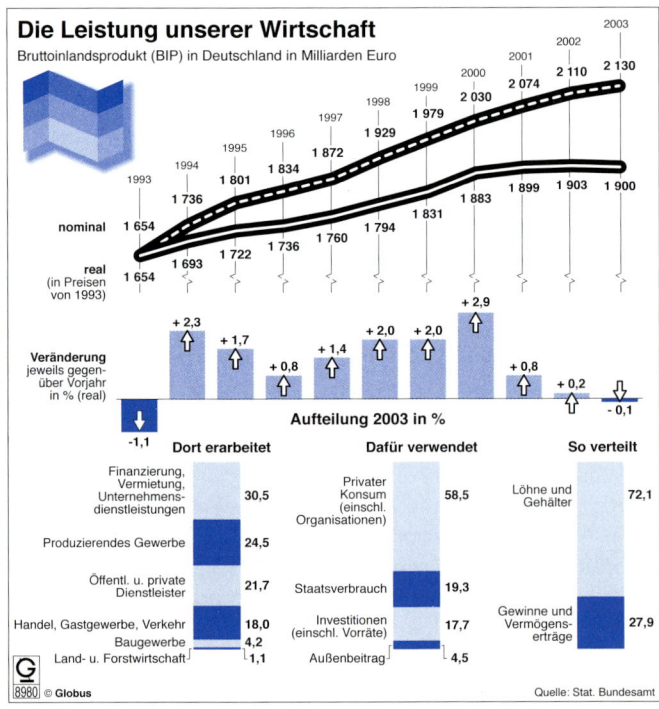

512

Verwendungsrechnung

Die Verwendung des Inlandsprodukts gibt Auskunft darüber, von welchen Wirtschaftssubjekten die produzierten Güter beansprucht werden bzw. für welche Zwecke sie eingesetzt werden.

Verwendung des Inlandsprodukts (2003)	Mrd. EUR	Prozent
Private Konsumausgaben	1 123,4	56,5
+ Konsumausgaben des Staates	391,4	19,7
+ Ausrüstungen	146,4	7,4
+ Bauten	209,7	10,6
+ Sonstige Anlagen	27,9	1,4
+ Vorratsveränderungen	– 8,0	– 0,4
= Inländische Verwendung	1 890,4	95,1
+ Außenbeitrag (Exporte – Importe)	97,0	4,9
= **Bruttoinlandsprodukt**	1 987,4	100,0

Die **privaten Konsumausgaben** umfassen alle Käufe von Sachgütern und Dienstleistungen durch die privaten Haushalte.   **Definition**

Die **Konsumausgaben des Staates** umfassen die Güterkäufe des Staates für seinen laufenden Bedarf sowie die Einkommensleistungen an die öffentlich Bediensteten.   **Definition**

Ausrüstungen (Maschinen, Fahrzeuge, sonstige Produktionsmittel), **Bauten** (Häuser, Straßen, Brücken, Verwaltungsgebäude) und **sonstige Anlagen** (EDV-Software, Urheberrechte) bilden zusammen die **Bruttoanlageinvestitionen**. Addiert man hierzu die **Vorratsveränderungen** (Differenz zwischen den Anfangs- und Endbeständen bei den Vorräten (Halb-, und Fertigprodukte, Roh-, Hilfs-, Betriebsstoffe)) so erhält man die **Bruttoinvestitionen**.   **Definition**

Bruttoinvestitionen abzüglich der Abschreibungen ergeben die **Nettoinvestitionen**.

Der **Außenbeitrag** ist die Differenz zwischen Exporten und Importen von Sachgütern und Dienstleistungen.   **Definition**

Die Höhe und Entwicklung des Bruttoinlandsprodukts kann in **nominalen** und **realen** bzw. in **absoluten** und **relativen** Werten ausgedrückt werden.
- **Nominales BIP**
Die einzelnen Positionen sind in den jeweiligen, also den aktuellen Preisen ausgedrückt. Die Veränderungen im Zeitablauf können somit auf Veränderungen der tatsächlichen Menge der erzeugten Güter und Dienstleistungen und auf Veränderungen der Preise zurückzuführen sein.
- **Reales BIP**
Die einzelnen Positionen sind in den Preisen eines bestimmten Jahres, des so genannten Basisjahres, ausgedrückt. Die Veränderungen im Zeitablauf sind so-

mit nur auf Veränderungen der tatsächlichen Menge zurückzuführen. Mit dem realen Bruttoinlandsprodukt wird also ausgesagt, wie hoch das Bruttoinlandsprodukt wäre, wenn die Preise seit dem Basisjahr konstant geblieben wären.

- **Veränderung in absoluten Werten**

Gemessen wird lediglich die in Geldeinheiten ausgedrückte Differenz zwischen den betrachteten Jahren.

- **Veränderung in relativen Werten**

Gemessen wird lediglich die in Prozent ausgedrückte Differenz zwischen den betrachteten Jahren.

Beispiel

	Jahr 1	Jahr 2	Jahr 3
nominelle Entwicklung des BIP	*200,0 GE*	*210,0 GE*	*231,0 GE*
absolute Veränderung des BIP gegenüber dem Vorjahr	*-*	*+ 10,0 GE*	*+ 21,0 GE*
relative Veränderung des BIP gegenüber dem Vorjahr	*-*	*+ 5,0 %*	*+ 10,0 %*
Preisentwicklung gegenüber dem Vorjahr		*+ 2,0 %*	*+ 3,5 %*
reale Entwicklung des BIP (in Preisen des Jahres 1)	*200,0 GE*	*205,9 GE*	*218,8 GE*
absolute Veränderung des BIP gegenüber dem Vorjahr	*-*	*+ 5,9 GE*	*12,9 GE*
relative Veränderung des BIP gegenüber dem Vorjahr	*-*	*+ 3,0 %*	*+ 6,3 %*

■ Verteilungsrechnung

Die **Verteilungsrechnung** gibt Auskunft über die Höhe und die Arten der Faktoreinkommen, die von den Inländern innerhalb eines Jahres aufgrund ihrer Wertschöpfungsbeiträge im In- und Ausland erzielt worden sind.

Aus Vereinfachungsgründen wird hierbei nur zwischen zwei Einkommensquellen unterschieden:

- Das **Arbeitnehmerentgelt** ist die Summe aller Arbeitnehmereinkommen; es beinhaltet die Bruttolöhne und -gehälter zuzüglich der Lohnnebenkosten in Form von Arbeitgeberbeiträgen zur Sozialversicherung und weiterer Sozialaufwendungen der Arbeitgeber.

- Das **Unternehmens- und Vermögenseinkommen** ist die Summe aller übrigen Faktoreinkommen:
  - Gewinne der Unternehmen
  - Zinsen und sonstige Kapitaleinkünfte
  - Mieten und Pachten

7.4.2 Vom Bruttoinlandsprodukt zum verfügbaren Einkommen

Das Bruttoinlandsprodukt (BIP) schließt nur die innerhalb des eigenen Wirtschaftsraumes erwirtschafteten Leistungen ein. Dabei spielt es keine Rolle, ob diese von Inländern oder Ausländern erzielt wurden.

Beispiele

- *Ausländische Arbeitnehmer aus grenznahen Gebieten zu Deutschland sind häufig bei deutschen Unternehmen beschäftigt. Die von diesen Arbeitnehmern erzielten Einkommen sind im deutschen Bruttoinlandsprodukt enthalten.*

- *Auch das Gehalt eines Profi-Fußballspielers, der seinen Wohnsitz in Belgien hat, aber bei einem deutschen Bundesligaverein spielt, ist im deutschen Bruttoinlandsprodukt enthalten.*

Das **Bruttoinlandsprodukt (BIP)** umfasst die während eines Jahres inner- **Definition** halb des eigenen Wirtschaftsraumes, also im *Inland*, von Inländern **und** Ausländern erwirtschafteten Wertschöpfungen.

Nach dem Wohnort- oder Produktionsortprinzip gelten alle Wirtschaftssubjekte als Inländer, die ihren ständigen Sitz in Deutschland haben, also auch die hier lebenden Arbeitnehmer fremder Nationalitäten und die Tochtergesellschaften ausländischer Unternehmen.

■ Bruttonationaleinkommen

Wenn man jedoch das Volumen der nur von den Inländern erwirtschafteten Wertschöpfungen ermitteln möchte, muss man zum Bruttoinlandsprodukt den Saldo der Primäreinkommen aus der übrigen Welt addieren.

Primäreinkommen der Inländer aus der übrigen Welt
– Primäreinkommen der Ausländer aus dem Inland
= **Saldo der Primäreinkommen aus der übrigen Welt**

Das **Bruttonationaleinkommen (BNE)** umfasst die wirtschaftlichen Leistun- **Definition** gen aller **Inländer**, einerlei, ob diese im Inland oder Ausland erzielt werden.

Beispiele

- *Die Zinseinkünfte, die ein deutscher Kapitalanleger aufgrund einer Kapitalanlage im Ausland erzielt, sind Vermögenseinkommen aus dem Ausland und im deutschen Bruttonationaleinkommen enthalten.*
- *Das Preisgeld, das ein ausländischer Tennisstar bei einem Tennisturnier in Deutschland gewinnt, ist jedoch nicht im deutschen Bruttonationaleinkommen enthalten.*

■ Nettonationaleinkommen

Im Bruttonationaleinkommen enthalten sind die Produktionsleistungen, die zur Erhaltung des in der Volkswirtschaft vorhandenen Sachkapitals notwendig sind.
Die hierzu erforderlichen Geldmittel werden durch die Abschreibungen bereitgestellt. Somit sind die Abschreibungen wertgemäß identisch mit den Ersatzinvestitionen.
Ohne Ersatzinvestitionen würde die Leistungsfähigkeit der Volkswirtschaft ständig abnehmen.

Abschreibungen	≙	**Ersatzinvestitionen**

Während also das Bruttonationaleinkommen die gesamte Produktionsleistung der Inländer einschließlich der Ersatzinvestitionen erfasst, stellt das Nettonationaleinkommen nur die neu geschaffene Produktionsleistung dar, klammert also die durch die Abschreibungen erfassten Wertminderungen des vorhandenen Sachkapitals aus.

Bruttonationaleinkommen – Abschreibungen
= **Nettonationaleinkommen** (= Primäreinkommen)

■ Volkseinkommen

Werden die produzierten Güter ausschließlich mit den Kosten der zu ihrer Entstehung eingesetzten Produktionsfaktoren bewertet, erhält man das **Volkseinkommen**.

Der Unterschied zwischen dem Volkseinkommen und dem Nettonationaleinkommen ist zunächst dadurch begründet, dass der Staat den Verbrauch bestimmter Güter und den Verkauf von Waren und Dienstleistungen mit **Produktions- und Importabgaben** belastet.

Da diese sog. **Kostensteuern** im Verkaufspreis enthalten sind und damit auf den Verbraucher umgewälzt werden, spricht man von **indirekten Steuern**.

Indirekte Steuern sind z. B.:
- Umsatzsteuer (Mehrwertsteuer)
- Mineralölsteuer
- Tabaksteuer

Die indirekten Steuern machen ein Produkt also teurer, als es gemessen an seinen Entstehungskosten eigentlich ist.

Auf der anderen Seite gewährt der Staat manchen Unternehmen **Subventionen**. Dies führt dazu, dass die von diesen Unternehmen erzeugten Produkte billiger angeboten werden können, als sie es von ihren Entstehungskosten eigentlich sind.

Nettonationaleinkommen – Produktions- und Importabgaben + Subventionen
= **Volkseinkommen**

Die Kosten für die Beschaffung der zur Produktion benötigten Produktionsfaktoren sind aus der Sicht der Empfängerseite, also der privaten Haushalte, Einkommenszahlungen.

Definition

Das **Volkseinkommen** ist die Summe aller von den Inländern während eines Jahres erzielten Faktoreinkommen.

Bruttonationaleinkommen	Abschreibungen	
	Nettonationaleinkommen	– Produktions- und Importabgaben + Subventionen
		= **Volkseinkommen**

■ Lohn- und Gewinnquote

Verteilung des Volkseinkommens	2000		2001		2002		2003	
	Mrd. EUR	%	Mrd. EUR	%	Mrd. EUR	%	Mrd. EUR	%
Arbeitnehmerentgelt	1099	72,9	1121	72,7	1130	71,9	1132	72,0
Unternehmer- und Vermögenseinkommen	410	27,1	421	27,3	441	28,1	440	28
Volkseinkommen	1 509	100,0	1542	100	1571	100	1572	100

Die **Lohnquote** drückt den relativen Anteil der Arbeitnehmerentgelte am Volkseinkommen aus. Ziel der gewerkschaftlichen Tarifpolitik ist es u. a., die Lohnquote zu erhöhen.

$$\text{\textbf{Lohnquote}} = \frac{\text{Arbeitnehmerentgelt}}{\text{Volkseinkommen}} \cdot 100$$

Die Lohnquote gibt keine Auskunft über die Höhe der Einkommen, die insgesamt von den Arbeitnehmerhaushalten erzielt werden, da in ihr weder die Transferleistungen des Staates noch die Einkünfte der Arbeitnehmerhaushalte aus anderen Quellen, z. B. aus Vermietung und Verpachtung und anderen Formen der Geldanlage, berücksichtigt sind (**Sekundärverteilung** des Volkseinkommens).

Beispiel

Das Monatsgehalt der Kauffrau für Spedition und Logistikdienstleistung Monika Stoye beträgt 2 500,00 EUR. Sie hat eine Eigentumswohnung geerbt und für 1 200,00 EUR pro Monat vermietet. Sie besitzt ein Wertpapiervermögen im Gesamtwert von 60 000,00 EUR, das zu 6 % Zinsen p. a. angelegt ist und jährlich 3 600,00 EUR an Kapitaleinkünften erwirtschaftet. Sie erzielt somit ein durchschnittliches Gesamteinkommen in Höhe von 4 000,00 EUR pro Monat.

Die Lohnquote gibt auch keine Auskunft über die Gerechtigkeit der Einkommensverteilung innerhalb der Volkswirtschaft, da in ihr nicht die Einkommensunterschiede und auch nicht die Anzahl der Selbstständigen berücksichtigt werden.

Beispiel

Das Jahresgehalt eines Top-Profifußballspielers in Höhe von 800 000,00 EUR wird ebenso in der Lohnquote erfasst wie das Monatsgehalt einer Verkäuferin in Höhe von 1 100,00 EUR.

Bezieht man das Unternehmens- und Vermögenseinkommen auf das Volkseinkommen, so erhält man die **Gewinnquote**.

$$\text{Gewinnquote} = \frac{\text{Unternehmens- und Vermögenseinkommen}}{\text{Volkseinkommen}} \cdot 100$$

Lohnquote und Gewinnquote addieren sich immer zu 100%.

■ Verfügbares Einkommen

Das Volkseinkommen ist allerdings nicht identisch mit dem Einkommen, das den privaten Haushalten tatsächlich zur Verfügung steht, denn der Staat entzieht den privaten Haushalten Einkommensteile in Form von direkten Steuern und Sozialabgaben und zahlt einkommenserhöhende Transferleistungen.

Zusammenfassung: Vom Bruttoinlandsprodukt zum verfügbaren Volkseinkommen
Bruttoinlandsprodukt
+ Primäre Einkommen der Inländer aus der übrigen Welt
− Primäre Einkommen der Ausländer aus dem Inland
= **Bruttonationaleinkommen**
− Abschreibungen
= **Primäreinkommen (Nettonationaleinkommen)**
− Produktions- und Importabgaben
+ Subventionen an Unternehmen
= **Volkseinkommen**   – *setzt sich zusammen aus:*   • Arbeitnehmerentgelt   • Unternehmens- und Vermögenseinkommen
− direkte Steuern
− Sozialabgaben
+ Transferzahlungen
= **verfügbares Einkommen**   – *wird verwendet für:*   • Privater Verbrauch   • Private Ersparnis

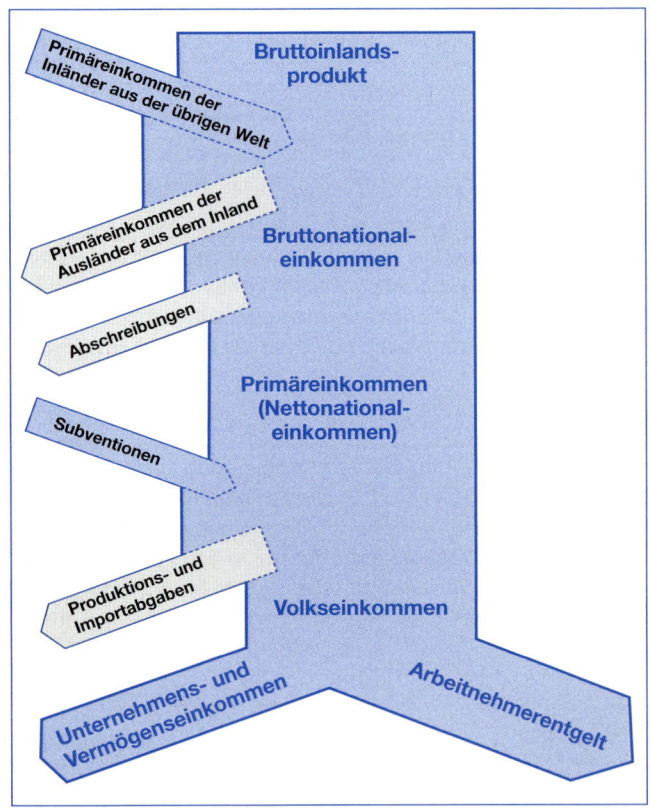

7.5 Zielerweiterungen

■ Sozialverträgliche Einkommens- und Vermögensverteilung

Das Ziel Wirtschaftswachstum gewinnt dann eine besondere Bedeutung, wenn das Ziel einer sozialverträglichen Einkommens- und Vermögensverteilung in den wirtschaftspolitischen Zielkatalog aufgenommen wird.

Das liegt daran, dass in einer wachsenden Wirtschaft eine Einkommensumverteilung leichter durchzuführen ist als in einer stagnierenden Wirtschaft. In einer wachsenden Wirtschaft nämlich könnten den Beziehern niedriger und mittlerer Einkommen gegenüber den besser gestellten Bevölkerungsgruppen höhere Zuwachsraten ihrer Einkommen zugebilligt werden. In einer stagnierenden Wirtschaft (Nullwachstum) dagegen müsste eine beabsichtigte Einkommensumverteilung zwangsläufig zu einer Einkommensminderung des reicheren Bevölkerungsteils führen, was bei diesem aufgrund des Besitzstandsverlustes zu Unsicherheit, Motivationsverlust und Widerständen führen könnte.

Was ist eine gerechte Einkommens- und Vermögensverteilung?

Ist eine ausschließlich an der individuellen Leistung orientierte Verteilung von Einkommen und Vermögen gerecht? Oder verspricht das Gleichheitsprinzip größtmögliche Gerechtigkeit?

Das sind die Extrempositionen bei der Beantwortung einer Frage, die die Menschen seit jeher bewegt und für die es noch keine gültige Antwort gibt. Denn einen objektiven Maßstab für Gerechtigkeit gibt es in diesem Zusammenhang nicht.

Für die Marktwirtschaft gilt: Wer qualifiziert, initiativ und tüchtig ist und bereit ist, Verantwortung und Risiko zu tragen, wird mit relativ hohem Einkommen und Vermögen belohnt. Wer jedoch wenig Initiative entfaltet, das Risiko scheut oder weniger qualifiziert ist, erzielt allenfalls ein durchschnittliches Einkommen. Und: Durch den marktwirtschaftlichen Verteilungsprozess wird nur solchen Personen Einkommen zugeteilt, die sich am Wirtschaftsleben als Erwerbstätige oder Kapitalgeber beteiligen.

Das verfassungsrechtlich verankerte Sozialstaatsprinzip verpflichtet den Staat, für soziale Sicherheit und Gerechtigkeit innerhalb der Gesellschaft zu sorgen. Seine Sozialpolitik zielt u. a. darauf ab, den Einzelnen bei Krankheit, Unfall, Invalidität und Arbeitslosigkeit zu schützen und wirtschaftlich benachteiligte oder schwache Bevölkerungskreise zu unterstützen.

Instrumente der sozialen Umverteilungspolitik sind u. a.:
- die progressive Besteuerung der Einkommen natürlicher Personen,
- die progressive Besteuerung ererbten Vermögens,
- die staatliche Förderung der Vermögensbildung,
- die staatliche Förderung des privaten Wohnungsbaus,
- Transferzahlungen: Renten, Pensionen, Arbeitslosenunterstützung, Kindergeld, Wohngeld, BAFöG-Zahlungen,
- Steuererleichterungen aufgrund der Abzugsfähigkeit von Sonderausgaben und außergewöhnlichen Belastungen bei natürlichen Personen.

Umweltschutz

Die Erhaltung einer lebenswerten Umwelt ist national und international zu einem erklärten Ziel der Wirtschaftspolitik geworden. Sie ist Bestandteil in den Programmen der politischen Parteien und findet sich auch in den Statuten internationaler Organisationen wie der UNO und der WTO wieder. Auf dem Umweltgipfel in Rio de Janeiro wurde 1992 eine weltweite Initiative zur Schonung der Umwelt vereinbart. Neben den völkerrechtlich verbindlichen Klimaschutz- und Artenschutzabkommen wurde der Aktionskatalog „Agenda 21" verabschiedet, der vier Schwerpunkte setzt:
- Veränderung der Konsumgewohnheiten der Industrieländer mit Blick auf die Armut und das Bevölkerungswachstum in der Dritten Welt,

- Schutz der Erdatmosphäre, Erhaltung der Artenvielfalt, Bekämpfung der Wüstenbildung,
- Verteilung der Aufgaben im Prozess der nachhaltigen Entwicklung auf staatliche Einrichtungen, Nichtregierungsorganisationen und andere Institutionen,
- Instrumente zur technischen Umsetzung und Finanzierung der „Agenda 21".

Zur Überprüfung der Zielerreichung werden Umwelt-Informationssysteme aufgebaut. In der Bundesrepublik Deutschland ist hierfür das Statistische Bundesamt zuständig, das eine **Umweltökonomische Gesamtrechnung** (UGR) aufstellt.

7.6   Zielkonflikte im Magischen Viereck

Der Gesetzgeber hat es bei der Formulierung des Stabilitätsgesetzes vermieden, zwischen den Zielen Preisniveaustabilität, hoher Beschäftigungsstand, außenwirtschaftliches Gleichgewicht und Wirtschaftswachstum eine Rangordnung aufzustellen.

Den verantwortlichen Politikern ist damit der gesetzliche Auftrag erteilt, die gleichzeitige Verwirklichung der genannten Ziele anzustreben, bzw. wenn dies nicht möglich ist, die Wirtschaftspolitik auf das am meisten gefährdete Ziel zu konzentrieren.

Die Erfahrungen der Gegenwart und der Vergangenheit zeigen, dass es in der Realität offensichtlich nur unter besonders günstigen Bedingungen möglich ist, alle vier Ziele gleichzeitig zu erreichen.

Grund hierfür ist, dass zwischen den Zielen Konflikte bestehen, d. h., es existieren Abhängigkeitsbeziehungen, die dazu führen können, dass die Verfolgung des einen Ziels gleichzeitig die Erreichung eines oder mehrerer der übrigen Ziele gefährdet. Man spricht auch von dem **„Magischen Viereck"**, weil es offensichtlich magischer Kräfte bedürfte, alle Ziele gleichzeitig zu erreichen.

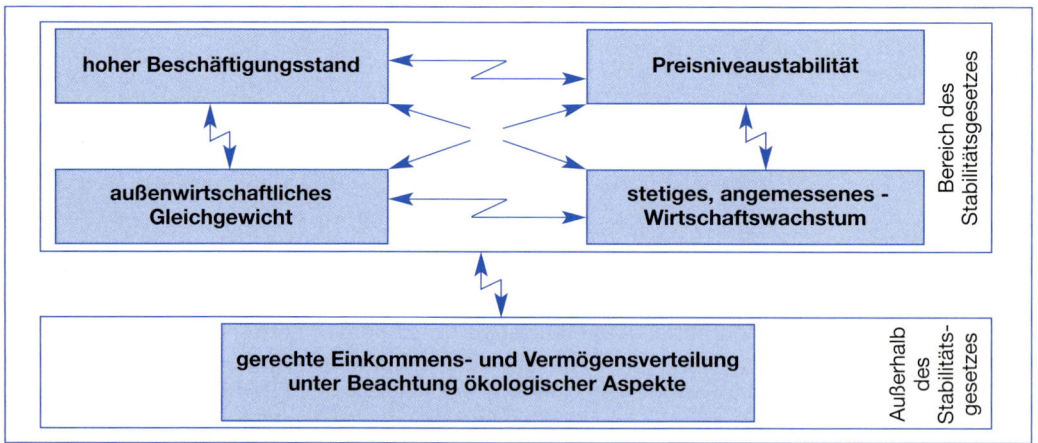

Ausgangssituation I	**Mögliche Folgen**
• Unterbeschäftigung • stabile Preise • ausgeglichene Leistungsbilanz • geringes Wirtschaftswachstum	• Nachfrageerhöhung und Wachstum • Preissteigerungen • Rückläufiger Export wegen Preissteigerungen

Maßnahme der Wirtschaftspolitik

• Investitionsförderungsprogramme

Ausgangssituation II	**Mögliche Folgen**
• hohe Preissteigerungsraten • Vollbeschäftigung • ausgeglichene Leistungsbilanz • Wachstumsrate bei 3 %	• Nachfragerückgang und rückläufige Beschäftigung • Wachstumsrate sinkt • Stabilisierung des Preisniveaus • Belebung der Exporte durch günstige Inlandspreise

Maßnahme der Wirtschaftspolitik

• Verringerung der Geldmenge durch die EZB

Aufgaben

1. Von dem früheren Bundeskanzler Helmut Schmidt soll die Bemerkung stammen: „Lieber 5 % Inflationsrate als 5 % Arbeitslose."
   a) Auf welchen Konflikt des magischen Vierecks ist diese Bemerkung gemünzt?
   b) Beurteilen Sie die vermeintliche Bemerkung von Helmut Schmidt und notieren Sie Ihre Stellungnahme stichwortartig.

2. Erklären Sie, welche Inflationsursachen hinter dem Begriff „Importierte Inflation" stehen.

3. a) Theo Schäuffler finanziert ein Häuschen mit 50.000,00 EUR Ersparnissen und einem Kredit über 200.000,00 EUR, Festzinssatz 4 % für 10 Jahre, anfängliche Tilgung 1 %. Die durchschnittliche jährliche Inflationsrate beträgt 2,5 %. Das Jahreseinkommen von Theo Schäuffler steigt im gleichen Zeitraum von 30.000 auf 40.000 EUR.
   Im Zusammenhang mit einer Umschuldung nach Ende der Zinsbindungsfrist wird das Haus geschätzt. Schäuffler ist über den Schätzwert von 330.000,00 EUR überrascht und erfreut.
      aa) Wie viel hat Schäuffler in den ersten 10 Jahren an Zins und Tilgung für das Haus bezahlt? (Hinweis: Siehe Kapitel Kreditarten)
      ab) Wie hoch ist die Restschuld nach 10 Jahren? Entwickeln Sie zu dieser Berechnung eine Formel in Excel.

ac) Wie hoch ist der prozentuale Anteil von Zins und Tilgung am Monatsgehalt zu Beginn des ersten Jahres und zum Ende des zehnten Jahres?

ad) Um wie viel Prozent sind die Preise in den 10 Jahren insgesamt gestiegen?

ae) Wie hat sich die jährliche Inflationsrate auf Einkommen und Vermögen von Schäuffler ausgewirkt?

af) Ist es möglich, dass bestimmte Bevölkerungsgruppen durchaus Sympathien für die Inflation entwickeln?

b) Geänderte Situation:

Theo Schäuffler finanziert ein Häuschen mit 50.000,00 EUR Ersparnissen und einem Kredit über 200.000,00 EUR, Festzinssatz 4 % für 10 Jahre, anfängliche Tilgung 1 %. Aber: Die Preise sinken über 10 Jahre jährlich um 0,5 %. Das Jahreseinkommen von Theo Schäuffler fällt im gleichen Zeitraum von 30.000,00 EUR auf 28.000,00 EUR. Im Zusammenhang mit einer Umschuldung nach Ende der Zinsbindungsfrist wird das Haus geschätzt. Schäuffler ist über den Schätzwert von 200.000,00 EUR überrascht und erschrocken.

ba) Wie hoch ist der prozentuale Anteil von Zins und Tilgung am Monatsgehalt zu Beginn des ersten Jahres und zum Ende des zehnten Jahres?

bb) Um wie viel Prozent sind die Preise in den 10 Jahren insgesamt gefallen?

bc) Wie hat sich die jährliche Deflationsrate auf Einkommen und Vermögen von Schäuffler ausgewirkt?

bd) Ist es möglich, dass bestimmte Bevölkerungsgruppen durchaus Sympathien für die Deflation entwickeln?

4. Anlässlich der Pressekonferenz zur Eröffnung eines neuen Autowerkes in Bochum sagte ein Spitzenmanager: „Mit jedem neuen Nachfolgemodell werden Arbeitsplätze vernichtet." Was ist mit dieser Aussage gemeint?

5. Es gibt zwei unterschiedliche Methoden zur Berechnung der Arbeitslosenquote.

a) Berechnen Sie auf Basis der folgenden Arbeitsmarktdaten – soweit diese benötigt werden – nach beiden Methoden die Arbeitslosenquote.

b) Welche der beiden Methoden wird von der Bundesregierung bevorzugt? Begründen Sie, warum das so ist!

Arbeitsmarktdaten: Erwerbspersonen 80 Mio., Selbstständige 5 Mio., abhängig Beschäftigte 67,5 Mio., Kurzarbeiter 2,5 Mio.; offene Stellen 2 Mio.

6. Welche Probleme können sich für Deutschland und die jeweiligen Handelspartner aus der Tatsache ergeben, dass Deutschland ständig erhebliche Handelsbilanzüberschüsse erzielt?

7. Die Wirtschaftsordnung ist nur ein Teilbereich der allgemeinen Gesellschaftsordnung. Weisen Sie dies mithilfe von 4 selbst gewählten Beispielen nach, in denen Sie die Wechselwirkungen zwischen Wirtschafts-, Rechts- und Gesellschaftsordnung darstellen.

8. Das Statistische Bundesamt hat folgende Statistik veröffentlicht:

	1999	2000	2001	2002	2003
Position	Mrd. EUR				
in Preisen von 1995					
I. Entstehung des Inlandsprodukts					
Produzierendes Gewerbe (ohne Baugewerbe)	430,5	447,3	444,3	443,8	445,9
Baugewerbe	105,1	102,1	95,8	90,1	85,9
Handel, Gastgewerbe und Verkehr[1]	334,5	353,5	367,6	371,3	373,7
Finanzierung, Vermietung und Unternehmensdienstleister[2]	546,6	570,9	589,7	595,9	598,0
öffentliche und private Dienstleister[3]	382,1	388,4	389,6	394,8	395,0
Alle Wirtschaftsbereiche	1823,5	1886,7	1911,5	1919,9	1922,3
Nachr.: Unternehmenssektor	1596,1	1658,5	1684,3	1693,4	1696,9
Wirtschaftsbereiche bereinigt[4]	1730,5	1786,4	1806,6	1815,2	1815,8
Bruttoinlandsprodukt	1914,8	1969,5	1986,2	1989,7	1987,4

Quelle: Statistisches Bundesamt; Rechenstand: Januar 2004. Erstes vorläufiges Ergebnis. [1] Einschl. Nachrichtenübermittlung. [2] Kredit- und Versicherungsgewerbe, Grundstückswesen, Vermietung und Unternehmensdienstleister. [3] Einschl. Häusliche Dienste. [4] Bruttowertschöpfung nach Abzug unterstellter Bankgebühr, jedoch ohne Gütersteuern (saldiert mit Gütersubventionen).

a) Welcher Wirtschaftsbereich hat seinen relativen Anteil an der Entstehung des BIP im abgebildeten Zeitraum
   aa) kontinuierlich verringert
   ab) kontinuierlich erhöht
   ac) am wenigsten verändert?
b) Muss ein Wachstum des BIP zwangsläufig bedeuten, dass es den Menschen in dem entsprechenden Land besser geht und ihr Wohlstand steigt? Bitte geben Sie eine begründete Antwort.

9. Lesen Sie den folgenden Text von E. Erdsiek-Eucken und geben Sie mit eigenen Worten wieder, was unter dem Gesetz der Interdependenz zu verstehen ist.

> Wer das Gesetz der Interdependenz verstanden hat, ist in der Lage, „vernetzt denken" zu lernen. Erläutern Sie diese Feststellung anhand eines eigenen Beispiels!
>
> An dieser Stelle tritt mit voller Kraft die zweite Grundwahrheit hervor, die wir wissen sollten: Es ist das Gesetz der Interdependenz. Auf eine kurze Formel gebracht: Alles hängt mit allem zusammen. Das wirtschaftliche Leben steht nicht für sich allein. Die Ordnung der Wirtschaft ist vielmehr Teil einer alles umfassenden Gesamtordnung. Es gibt nicht hier: die Wirtschaft, auf sich selbst beschränkt und von allem Übrigen abgetrennt, dort die Politik, dort die Kultur. Die Ordnung der Wirtschaft ist mit den Ordnungen des Staates, des Rechts, des geistigen Lebens verflochten. Und wie keine dieser Ordnungen aus einzelnen Punkten besteht, die unabhängig voneinander existieren, so besteht auch das Ganze unseres Lebens nicht aus isolierten Bereichen. Ein großer Zusammenhang geht durch alles hindurch. Und jedes Einzelne kann nur aus dem Zusammenhang heraus verstanden werden. Was immer an Wesentlichem geschieht, hat seine Folgen oft weit vom ursprünglichen Ausgangspunkt entfernt. Und die Folgen haben wieder ihre Rückwirkungen. In dieser gegenseitigen Bedingtheit liegt das alles durchdringende, kaum je genug beachtete Gesetz der **Interdependenz**.

10. Nennen Sie die Ihnen bekannten 6 wirtschaftspolitischen Ziele und beschreiben Sie kurz deren Inhalt.

11. Beurteilen Sie, ob in den nachstehenden Fällen Zielharmonie, Zielindifferenz oder Zielkonflikt besteht.

    a) In einer Volkswirtschaft wirkt das „Gesetz der Massenproduktion". Die Wirtschaft ist unterbeschäftigt. Die Regierung beschließt, die Staatsausgaben (bei gleich bleibenden Einnahmen) zu erhöhen. Ihre vorrangigen wirtschaftspolitischen Ziele sind zurzeit die Vollbeschäftigung und die Preisniveaustabilität.

    b) In einer mit dem Ausland stark verflochtenen Volkswirtschaft übersteigen die Exporte seit längerer Zeit die Importe. Die Wirtschaft ist unterbeschäftigt. Die Regierung beschließt die Senkung der Importzölle und die Aufhebung bisheriger Exportförderungsmaßnahmen. Ihre vorrangigen wirtschaftspolitischen Ziele sind zurzeit außenwirtschaftliches Gleichgewicht, Preisniveaustabilität und Vollbeschäftigung.

    c) In einer vollbeschäftigten Volkswirtschaft steigen die Preise jährlich um ca. 10 %. Es bestehen laufende Exportüberschüsse. Das Wirtschaftswachstum beträgt im kommenden Jahr voraussichtlich 3 %. Der Grad der Umweltverschmutzung ist sehr hoch, sodass die Lebenserwartung der Bevölkerung zu sinken beginnt. Die derzeitige Einkommens- und Vermögensverteilung wird als „gerecht" empfunden. Die Regierung beschließt, die Grenzen weiter zu öffnen, um die Importe zu steigern. Die 6 magischen Ziele der Wirtschaftspolitik werden von der Regierung als gleichrangig betrachtet.

12. Ergänzen Sie Ihre Lernkartei, indem Sie sich mit Ihrem Nachbarn über sinnvolle Kartenüberschriften austauschen und die Karteikarten entsprechend ausfüllen.

8   Geldpolitik im Europäischen System der Zentralbanken (ESZB)

Einstiegssituation

Die Europäische Zentralbank kommt zunehmend unter Druck

Die Geschichte der Europäischen Zentralbank (EZB) ist noch jung. Dennoch wird 2003 als ein denkwürdiges Jahr in die Annalen der EZB eingehen. Nach der gut fünfjährigen Aufbauphase war der Wechsel im Amt des Präsidenten eine erste Zäsur. Am 1. November löste der Franzose Jean-Claude Trichet den Niederländer Wim Duisenberg ab. Einige Mitgliedstaaten hebelten den Stabilitäts- und Wachstumspakt, der die Europa-Währung finanzpolitisch absichert, aus. Und nicht zuletzt rüttelte die Politik an den Grundfesten der Währungsunion – der im Vertrag von Maastricht verankerten Unabhängigkeit der EZB und ihrer Verpflichtung zur Preisstabilität. Immer mehr Parlamentariern sind die EZB und das von ihr erzwungene Diktat der Geldwertstabilität ein Dorn im Auge.

Ein Beleg dafür ist die Mitte Dezember 2003 in Brüssel gescheiterte neue EU-Verfassung. Darin sollte Preisstabilität gar nicht mehr unter den Zielen der Union verankert sein. Es genüge, wenn dieses Ziel im Zusammenhang mit der EZB genannt werde, beruhigten die Väter des Verfassungsentwurfs. Notenbanker befürchteten indessen eine Aufweichung des Stabilitätsziels. Zu Recht. Denn Anfang Dezember ließ EU-Ratspräsident Berlusconi die Katze aus dem Sack:

Die EZB sollte neben der Gewährleistung von Preisstabilität auch die Aufgabe erhalten, das Wirtschaftswachstum zu fördern.

Berlusconis Vorstoß legt die Vermutung nahe, dass auch die übrigen Änderungen im Verfassungsentwurf zur EZB kein Zufall und weniger harmlos sind, als der Verfassungskonvent es darstellt: So wird die Unabhängigkeit der nationalen Notenbanken kleiner geschrieben als im Vertrag von Maastricht. Außerdem ist nicht eindeutig geregelt, ob die EZB als Organ der EU gesehen wird und als solches zur „loyalen Zusammenarbeit" mit anderen EU-Organen verpflichtet werden kann.

Die EZB soll geschwächt werden. Die Politik wünscht sich Einfluss auf die Geldpolitik. Die Zinspolitik soll in den Dienst der Konjunktur- und Wachstumspolitik gestellt werden. Höhere und steigende Inflationsraten würden die ausufernden Staatsfinanzen mehrerer Mitgliedstaaten entwerten. Wenn der erwartete Konjunkturaufschwung ausbleibt und die Steuereinnahmen nicht bald wieder ansteigen, muss die EZB mit weiteren Attacken rechnen. Von der ersten Besetzung des Direktoriums war bekannt, dass sie auf dem Boden des Vertrags von Maastricht stand. Seither wurden einschließlich des Präsidenten drei Mitglieder ausgetauscht: Im Frühjahr 2002 ersetzte der Grieche Lucas Papademos den Franzosen Christian Noyer als Vize; im Mai machte die Finnin Sirkka Hämäläinen für die Österreicherin Gertrude Tumpel-Gugerell Platz. Im Rat folgte Noyer Trichet als Gouverneur der Banque de France nach.

Auffallend ist, dass sich der EZB-Rat in dem jüngsten Streit um die Unabhängigkeit der Notenbank eher zurückgehalten hat. Kritiker vermuten in dem Gremium Kräfte, die einer Aufweichung des Stabilitätsziels nicht abgeneigt sind. Der neue EZB-Präsident steht in dem Ruf, die Preisstabilität kompromisslos zu verteidigen. Man kann nur hoffen, dass ihm das gelingt – nach innen und gegenüber der Politik.

(Handelsblatt, 23.12.2003)

Das **Europäische System der Zentralbanken** ist föderal aufgebaut und besteht aus der **Europäischen Zentralbank** (EZB) und den **nationalen Zentralbanken** (NZB) der Mitgliedsstaaten, d. h., es umfasst außer den Mitgliedern des Eurosystems auch die nationalen Zentralbanken, die den Euro nicht zu Beginn der dritten Stufe der EWWU eingeführt haben.

Das **Eurosystem** umfasst die EZB und die nationalen Zentralbanken der Teilnehmerländer, die den Euro zu Beginn der dritten Stufe der EWWU eingeführt haben. Das Gebiet der Mitgliedsstaaten ist das **Euro-Währungsgebiet**.

■ Autonomie (Weisungsunabhängigkeit) des Europäischen Systems der Zentralbanken

Bei der Wahrnehmung ihrer Befugnisse, Aufgaben und Pflichten darf
- weder die EZB,
- noch eine nationale Zentralbank,
- noch ein Mitglied ihrer Beschlussorgane

Weisungen von Organen oder Einrichtungen der Gemeinschaft, Regierungen der Mitgliedstaaten oder anderen Stellen einholen oder entgegennehmen *(Art. 107 EGV)*.

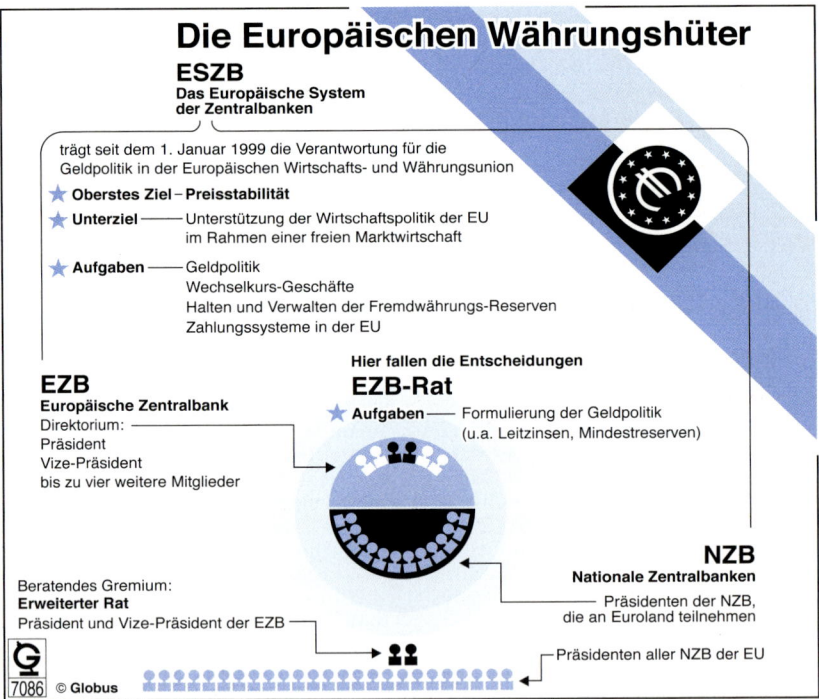

■ Ziele und Aufgaben des Europäischen Systems der Zentralbanken

Definition   Das vorrangige Ziel des **Europäischen Systems der Zentralbanken** ist es, die Preisstabilität zu gewährleisten *(Art. 105 Abs. 1 EGV)*.

Soweit dies ohne Beeinträchtigung der Preisstabilität möglich ist, hat die Europäische Zentralbank die allgemeine Wirtschaftspolitik in der Europäischen Gemeinschaft zu unterstützen *(Art. 105 Abs. 1 EGV).*

Die **Aufgaben der Europäischen Zentralbank** bestehen darin,
- die Geldpolitik der Gemeinschaft festzulegen und auszuführen,
- Devisengeschäfte durchzuführen,
- die Währungsreserven der Mitgliedsstaaten zu verwalten,
- das Funktionieren der Zahlungssysteme zu fördern *(Art. 105 Abs. 2 EGV).*

Notenprivileg und Münzregal

Die Europäische Zentralbank hat das ausschließliche Recht, die Ausgabe von Banknoten innerhalb der Gemeinschaft zu genehmigen. Die Europäische Zentralbank und die nationalen Zentralbanken sind zur Ausgabe von Banknoten berechtigt. Dies sind die einzigen Banknoten, die in der Gemeinschaft als gesetzliches Zahlungsmittel gelten.

Die Mitgliedsstaaten haben das Recht zur Ausgabe von Münzen, wobei der Umfang der Genehmigung durch die Europäische Zentralbank bedarf *(Art. 105 a Abs. 1 und EGV).*

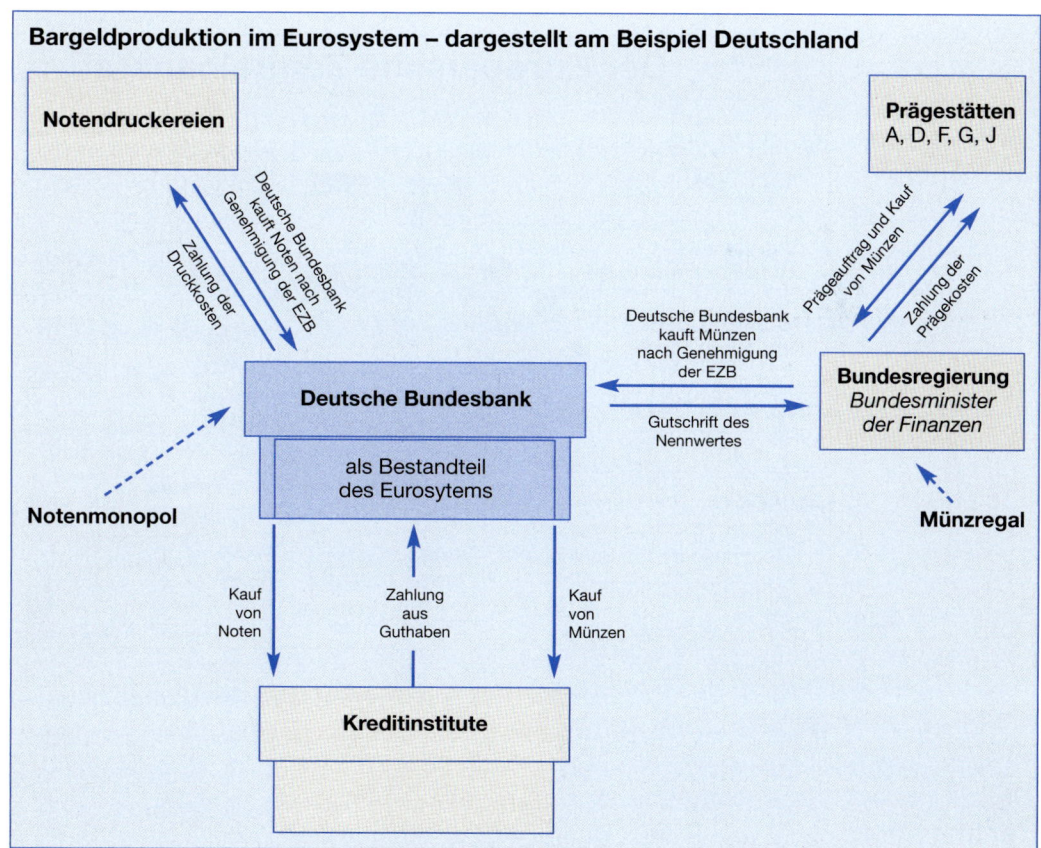

Bargeldproduktion im Eurosystem – dargestellt am Beispiel Deutschland

8.1 Europäische Zentralbank

Kernstück des Europäischen Systems der Zentralbanken ist die Europäische Zentralbank. Die wichtigsten Organe der EZB sind der EZB-Rat und das Direktorium.

■ Europäischer Zentralbankrat (EZB-Rat)

Mitglieder des Europäischen Zentralbankrates sind
- die Präsidenten der Nationalen Zentralbanken
  und
- die Mitglieder des Direktoriums.

> Der **EZB-Rat** bestimmt die Geld- und Währungspolitik der Europäischen Zentralbank

Die Beschlüsse werden grundsätzlich mit einfacher Mehrheit gefasst. Nur bei Fragen der Kapitalausstattung, der Währungsreserven und der Gewinnvertei- lung verfügen die nationalen Zentralbanken über ein gewichtiges Stimmrecht, das sich nach Höhe ihres Kapitalanteils richtet. Bei diesen Abstimmungen haben die Mitglieder des Direktoriums kein Stimmrecht

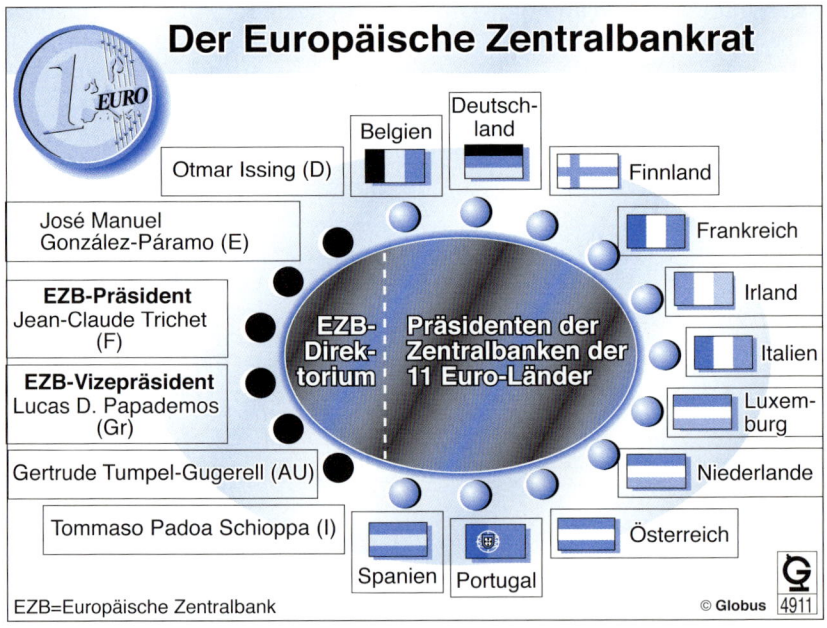

Der Europäische Zentralbankrat

Otmar Issing (D) — Belgien — Deutsch-land — Finnland

José Manuel González-Páramo (E) — Frankreich

EZB-Präsident Jean-Claude Trichet (F) — Irland

EZB-Direktorium — Präsidenten der Zentralbanken der 11 Euro-Länder — Italien

EZB-Vizepräsident Lucas D. Papademos (Gr) — Luxem-burg

Gertrude Tumpel-Gugerell (AU) — Niederlande

Tommaso Padoa Schioppa (I) — Österreich

Spanien — Portugal

EZB=Europäische Zentralbank

© Globus 4911

Direktorium

Mitglieder des Direktoriums sind
- der EZB-Präsident,
- der Vizepräsident,
- bis zu vier weitere Mitglieder.

Aufgaben des Direktoriums

Das Direktorium führt die Geldpolitik nach den Beschlüssen des EZB-Rates aus. Wenn die Beschlüsse von den nationalen Zentralbanken vollzogen werden, erteilt das Direktorium die entsprechenden Anweisungen.
Es gilt das **Subsidiaritätsprinzip**. Die Europäische Zentralbank führt nur diejenigen Aufgaben aus, die von den Nationalen Zentralbanken nicht in gewünschter Weise ausgeführt werden können.

8.2 Deutsche Bundesbank im ESZB

Die **Deutsche Bundesbank** ist die Zentralbank der Bundesrepublik Deutschland. Sie hat Niederlassungen in den einzelnen Bundesländern.

Als **nationale Zentralbank** innerhalb des Europäischen Systems der Zentralbanken (ESZB) ist die Deutsche Bundesbank aufgrund einer Genehmigung der Europäischen Zentralbank zur Ausgabe von Banknoten berechtigt. Als **Mitglied des Europäischen Systems der Zentralbanken** führt die Deutsche Bundesbank die in ihren Zuständigkeitsbereich fallenden geldpolitischen Beschlüsse der Europäischen Zentralbank aus.

Als **Bank des Staates**
- vertritt die Deutsche Bundesbank die Bundesrepublik Deutschland in internationalen Währungsbehörden *(z. B. Internationaler Währungsfonds)*,
- verwaltet sie die nationalen Währungsreserven, soweit sie nicht an die EZB übertragen sind,
- wirkt sie mit bei der Bankenaufsicht,
- wirkt sie mit bei der Kreditaufnahme des Bundes und der Länder auf den Geld- und Kapitalmärkten.

8.3 Die geldpolitischen Instrumente der EZB

Über die Beeinflussung des Zinsniveaus steuert die EZB die Geldmenge im Euro-Währungsgebiet. Sie stattet die Volkswirtschaften des Eurosystems entsprechend dem vorgegebenen Geldmengenziel mit Liquidität aus. Auf diesem Weg soll das vorrangige Ziel der EZB, die Preisstabilität, gewährleistet werden.

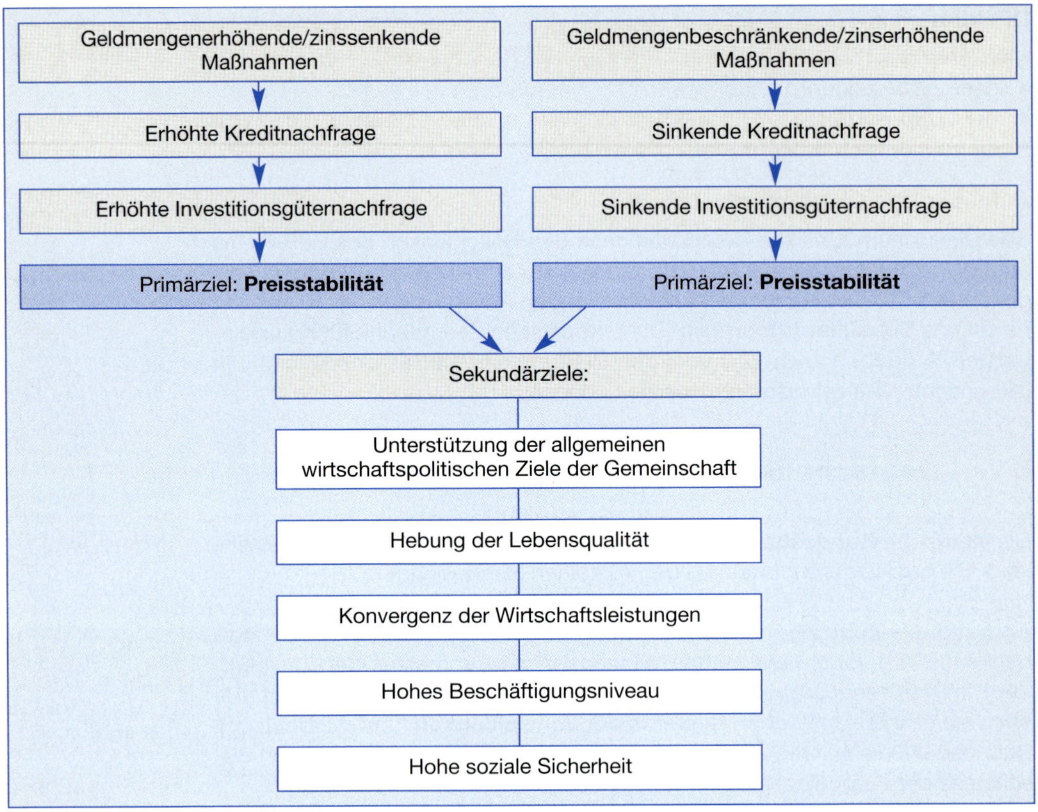

Geldmengenerhöhende/zinssenkende Maßnahmen	Geldmengenbeschränkende/zinserhöhende Maßnahmen
▼	▼
Erhöhte Kreditnachfrage	Sinkende Kreditnachfrage
▼	▼
Erhöhte Investitionsgüternachfrage	Sinkende Investitionsgüternachfrage
▼	▼
Primärziel: **Preisstabilität**	Primärziel: **Preisstabilität**

Sekundärziele:

Unterstützung der allgemeinen wirtschaftspolitischen Ziele der Gemeinschaft

Hebung der Lebensqualität

Konvergenz der Wirtschaftsleistungen

Hohes Beschäftigungsniveau

Hohe soziale Sicherheit

Die geldpolitischen Instrumente der EZB lassen sich in zwei wesentliche Bereiche unterteilen: Der Schwerpunkt liegt bei den „geldpolitischen Operationen" **Offenmarktgeschäfte** und **Ständige Fazilitäten**. Daneben gibt es die **Mindestreservepflicht**, die es bisher schon in Deutschland gab, im gesamten Euro-Währungsgebiet.

Sollten Kreditinstitute überschüssige Liquidität haben, so können sie diese über Nacht zum **Einlagezinsssatz** bei der EZB anlegen.

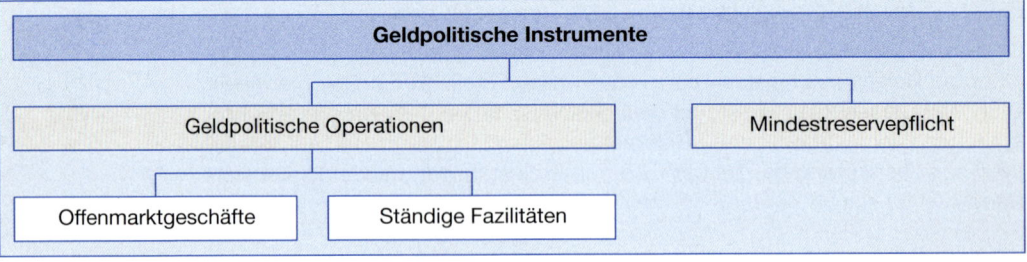

■ Offenmarktgeschäfte

Offenmarktgeschäfte spielen für die Geldpolitik des Europäischen Systems der Zentralbanken die zentrale Rolle. Sie sind ihr **Hauptrefinanzierungsinstrument** und werden eingesetzt, um die Zinsen und die Liquidität am Markt zu steuern sowie Signale bezüglich des geldpolitischen Kurses zu setzen. Hauptsächlich führt die EZB ihre Offenmarktgeschäfte in Form von befristeten Transaktionen durch.

Die Kreditinstitute erhalten von der EZB für einen befristeten Zeitraum, i. d. R. 7 Tage, gegen entsprechende Sicherheiten Geld zur Verfügung gestellt. Dieses Geld müssen die Banken verzinsen. Der Zinssatz heißt **Hauptrefinanzierungszinssatz.** Die Banken „verleihen" das Geld und geben diese Kreditkosten bei der Kreditvergabe an ihre Kreditkunden weiter. Durch die Gestaltung des Hauptrefinanzierungszinssatzes möchte die EZB Einfluss auf die Preisgestaltung der Kreditinstitute nehmen. Deswegen wird der Hauptrefinanzierungszinssatz auch als **Leitzins** bezeichnet. Bei einem hohen Hauptrefinanzierungszinssatz soll die Kreditvergabe gebremst werden, bei einem niedrigen Hauptrefinanzierungszinssatz soll die Kreditvergabe angeregt werden.

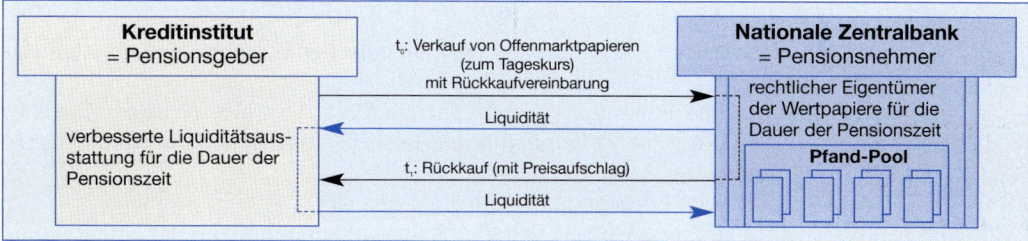

■ Ständige Fazilitäten

Die ständigen Fazilitäten (ständig angebotene Kreditlinien) dienen dazu, den Kreditinstituten Übernacht-Liquidität bereitzustellen.

■ Mindestreserven

Die Kreditinstitute sind verpflichtet, einen bestimmten Prozentsatz ihrer Verbindlichkeiten als Guthaben auf ihrem Konto bei der nationalen Zentralbank zu unterhalten.

Je höher die Mindestreservesätze von der EZB festgesetzt werden, desto geringer ist für die Kreditinstitute der Spielraum für die Gewährung von Krediten. Die Erhöhung der Mindestreservesätze führt darüber hinaus zu einer Verknappung des Geldangebotes und damit zu einer Erhöhung der Zinsen.

Beispiel

Der EZB-Rat beschließt eine Mindestreserve auf Spareinlagen in Höhe von 2 %. Bei der Sparkasse KölnBonn werden Spareinlagen in Höhe von 300 Mio. EUR unterhalten. Die Sparkasse KölnBonn muss 6 Mio. EUR auf ihrem BBK-Konto als Mindestreserveguthaben unterhalten, sodass ihr nur 294 Mio. EUR für eine andere Verwendung (z. B. Kreditvergabe) zur Verfügung stehen.

Bei der Senkung der Mindestreservesätze treten die umgekehrten Wirkungen ein.

Geldpolitik	
expansive Geldpolitik	**kontraktive Geldpolitik**
• Senkung der Zinsen im Offenmarktgeschäft und in der Spitzenrefinanzierungsfazilität • Senkung der Zinsen für die Einlagenfazilität und Termineinlagen • Erhöhung des Refinanzierungsvolumens (der Zuteilung) im Tenderverfahren • Senkung der Mindestreservesätze • Definitive Verkäufe zentralbankfähiger Aktiva (z. B. Devisen)	• Erhöhung der Zinsen im Offenmarktgeschäft und in der Spitzenrefinanzierungsfazilität • Erhöhung der Zinsen für die Einlagefazilität und Termineinlagen • Verringerung des Refinanzierungsvolumens (der Zuteilung) im Tenderverfahren • Erhöhung der Mindestreservesätze • Definitive Käufe zentralbankfähiger Aktiva • Emission eigener Schuldverschreibungen

Aufgaben

1. Beschreiben Sie die Struktur des Europäischen Systems der Zentralbanken.

2. Deutsche Erfahrungen haben dazu geführt, dass eine politische Einflussnahme auf die Entscheidungen der EZB ausdrücklich ausgeschlossen wurde.
   a) Welche Erfahrungen sind hiermit gemeint?
   b) „Die Europäische Zentralbank kommt zunehmend unter Druck" lautet die Überschrift auf Seite 525. Erklären Sie diese Überschrift, indem Sie den Artikel in 6 Sätzen zusammenfassen.

3. In welcher Weise haben deutsche Repräsentanten Einfluss auf die Beschlüsse der EZB?

4. Erklären Sie den möglichen Weg neuer Banknoten und Münzen von der Produktionsstätte bis in die Hände von Privatpersonen.

5. Erkundigen Sie sich nach den aktuellen Zinssätzen der EZB und versuchen Sie, diese vor dem aktuellen konjunkturellen Hintergrund zu begründen.

6. Erläutern Sie anhand des Hauptrefinanzierungsinstrumentes, wie die EZB Einfluss auf Geldmenge und Zinsniveau nimmt.

7. Ergänzen Sie Ihre Lernkartei, indem Sie sich mit Ihrem Nachbarn über sinnvolle Kartenüberschriften austauschen und die Karteikarten entsprechend ausfüllen.

Abkürzungsverzeichnis

Abs.	Absatz	e. V.	eingetragener Verein
ADSp	Allgemeine Deutsche Spediteursbedingungen	ec	Eurocheque
		EG	Europäische Gemeinschaft
AG	Amtsgericht	EG-Fusion-	EG-Fusionskontrollver-
AG & Co.	Aktiengesellschaft & Co.	kontrollVO	ordnung
AGB	Allgemeine Geschäfts- bedingungen	EGV	Vertrag zur Gründung der Europäischen Gemeinschaft
AGV	Arbeitsgemeinschaft der Verbraucher	ESt	Einkommensteur
		EStDV	Einkommensteuerdurch- führungsverordnung
AktG	Aktiengesetz	EStG	Einkommensteuergesetz
AN	Arbeitnehmer	EStR	Einkommensteuerrichtlinien
AO	Abgabenordnung	ESVG	Europäisches System Volk-
ArbG	Arbeitsgericht		wirtschaftlicher Gesamt-
ArbPlSchG	Arbeitsplatzschutzgesetz		rechnungen
ArbZG	Arbeitszeitgesetz	ESZB	Europäisches System der
Art.	Artikel		Zentralbanken
AVmG	Altersvermögensgesetz	EU	Europäische Union
BAFöG	Bundesausbildungsförde- rungsgesetz	EuGH	Europäischer Gerichtshof
		EUR	Euro
BAG	Bundesarbeitsgericht	EUVA	Europäische Verkehrs-
BBiG	Berufsbildungsgesetz		akademie
BDA	Bundesvereinigung der Arbeitgeberverbände	EWWU	Europäische Wirtschafts- und Währungsunion
BDI	Bundesverband der Deutschen Industrie	EZB	Europäische Zentralbank
BDSG	Bundesdatenschutzgesetz	F & E	Forschung und Entwicklung
BErzGG	Bundeserziehungsgeldgesetz	FG	Finanzgericht
BetrVG	Betriebsverfassungsgesetz	GATT	General Agreement on Tariffs
BFH	Bundesfinanzhof		and Trade
BGB	Bürgerliches Gesetzbuch	GE	Geldeinheit
BGH	Bundesgerichtshof	GenG	Genossenschaftsgesetz
BIP	Bruttoinlandsprodukt	GewO	Gewerbeordnung
BLZ	Bankleitzahl	GG	Grundgesetz
BNE	Bruttonationaleinkommen	GmbH	Gesellschaft mit beschränkter
BR	Betriebsrat		Haftung
BSG	Bundessozialgericht	GmbHG	GmbH-Gesetz
BVerwG	Bundesverwaltungsgericht	GWB	Gesetz gegen Wettbewerbs-
DAG	Deutsche Angestellten- gewerkschaft		beschränkungen
		HGB	Handelsgesetzbuch
DAV	Deutsche Außenhandels- und Verkehrsakademie	HR	Handelsregister
		HV	Haftpflichtversicherung
DIHK	Deutscher Industrie- und Handelskammertag	HWF	Höhere Wirtschaftsfachschule
		i. A.	im Auftrag
DKK	Dänische Krone	i. V.	in Vertretung
e. G.	eingetragene Genossenschaft	ICC	Internationale Handelskammer
e. K.	eingetragener Kaufmann		
e. Kfm.	eingetragener Kaufmann	IHK	Industrie- und Handels-
e. Kfr.	eingetragene Kauffrau		kammer

InsO	Insolvenzordnung	ppa. (pp.)	per prokura
IT	Informationstechnologie	ProdHaftG	Produkthaftungsgesetz
JarbSchG	Jugendarbeitsschutzgesetz	PV	Pflegeversicherung
JPY	Japanischer Yen	RV	Rentenversicherung
KG	Kommanditgesellschaft	SchbG	Schwerbehindertengesetz
KGaA	KG auf Aktien	ScheckG	Scheckgesetz
KiSt	Kirchensteuer	SG	Sozialgericht
KSchG	Kündigungsschutzgesetz	SGB III	Sozialgesetzbuch (SBG) –
KV	Krankenversicherung		Drittes Buch (III)
LArbG	Landesarbeitsgericht	SolZ	Solidaritätszuschlag
LSt	Lohnsteuer	StabG	Gesetz zur Förderung der
LStDV	Lohnsteuerdurchführungs-		Stabilität und des Wachstums
	verordnung		der Wirtschaft
LStR	Lohnsteuerrichtlinien	SZR	Sonderziehungsrechte
LZB	Landeszentralbank	TA	Technische Anleitung
MFI	Monetäres Finanzinstitut	TVG	Tarifvertragsgesetz
MitbestG	Mitbestimmungsgesetz	TzBfG	Gesetz über Teilzeitarbeit und
	1976		befristete Arbeitsverträge
Mo	Gleichgewichtsmenge	UGR	Umweltökonomische
MuSchG	Mutterschutzgesetz		Gesamtrechnung
NZB	Nationale Zentralbank	UNO	Vereinte Nationen
o. Ä.	oder Ähnliche	USD	US-Dollar
OHG	Offene Handelsgesellschaft	UStG	Umsatzsteuergesetz
OLG	Oberlandesgericht	UWG	Gesetz gegen unlauteren
OPEC	Organisation erdölexpotie-		Wettbewerb
	render Staaten	VermBG	Vermögensbildungsgesetz
p. m.	pro Monat	VG	Verwaltungsgericht
p.a.	pro Jahr	VO	Verordnung
PartGG	Partnerschaftsgesellschaft-	WTO	World Trade Organization
	gesetz	ZertG	Zertifizierungsgesetz
PG	Partnerschaftsgesellschaft	ZPO	Zivilprozessordnung
Po	Gleichgewichtspreis	ZugabeVO	Zugabeverordnung

Stichwortverzeichnis

4PL 335
4PL-Dienstleistungen 334

A

ab Werk 235
Abbuchungsauftrag 286, 287
ABC-Analyse 348
Ablauforganisation 52, 59, 356
Abmahnung 80
Abrechnung 126
Absatzorgane 358
Absatzplanung 228
Abschlussprüfung 29
Abschreibungen 511, 517
Abschwung 463, 464
Absonderung 192
Abwehraussperrung 90
Abwertung 456, 457
Abzahlungsdarlehen 317
AG 180, 184, 185
AGB 231, 246, 268
AIDA-Formel 341
Akkordlohn 120, 121
AktG 175
Aktien 176, 179
Aktiengesellschaft 175, 181
– kleine 181
Aktionär 179
Allgemeine Geschäftsbedingungen 268
Allgemeinverbindlichkeitserklärung 88
Altersruhegelder 101
Altersvermögensgesetz 113
Altersvorsorge 113, 114
– betriebliche 114
– private 113
Altersvorsorgevertrages 115
Altersvorsorgezulage 116
Amtsgericht 142, 214
Anfechtbarkeit 221, 222
Anfrage 231
Angebot 240, 411
Angebotslücke 421
Angebotsüberhang 415
Angebotsvergleich 231
Angriffsaussperrung 90
Anhörungspflicht 76
Annahme 223, 241, 250
Annahmeverzug 249, 253
Annuitätendarlehen 317
Anordnungsbefugnis 55
Anschaffungsdarlehen 315
antizyklisch 469
Antrag 223, 241
Antragsveranlagung 135
Arbeit 392, 397
Arbeitgeberverbände 84
Arbeitgebervereinigungen 85
Arbeitnehmerüberlassung 65
Arbeits- und Zeitplanung 12, 13, 17

Arbeitsbeschaffung 104
Arbeitsförderung 103
Arbeitsgericht 75
Arbeitsgerichtsbarkeit 199
Arbeitskämpfe 91
Arbeitsleistung 76, 119
Arbeitslosengeld 104, 496
Arbeitslosenhilfe 104
Arbeitslosenquote 492
Arbeitslosenunterstützung 104
Arbeitslosenversicherung 96, 103
Arbeitslosenzahl 493
Arbeitslosigkeit 487, 488, 489, 491, 493, 497
Arbeitsmarktpolitik 495, 496
Arbeitsmarktpolitische Instrumente 494
Arbeitsmarktstatistik 492
Arbeitsplatzgestaltung 12, 17
Arbeitsplatzsicherung 104
Arbeitspotenzial 393
Arbeitsrecht 72
Arbeitsschutz 34, 35
– gesetzlicher 35
– sozialer 35
– technischer 35
Arbeitssicherheit 34
Arbeitstechniken 11
Arbeitsteilung 372, 373, 374, 375, 376
Arbeitsverhältnis 207
Arbeitsvertragsrecht 73
Arbeitszeit 36, 37
Arbeitszeitkonten 66
Arbeitszeitmodelle 65
Arbeitszeitregelungen 65
Arbeitszerlegung 374
Arbeitszeugnis 82
Arglistige Täuschung 222
Art 233, 239
Artvollmacht 150
Aufbauorganisation 52, 356
Aufgabenanalyse 53
Aufgabensynthese 53
Aufhebungsvertrag 77
Aufschwung 463
Aufsichtsrat 173, 177, 178
Aufwertung 456, 457
Ausbildender 30
Ausbilder 30
Ausbildungsberufsbild 28
Ausbildungsbetrieb 27
Ausbildungsdauer 31
Ausbildungsordnung 26, 27
Ausbildungsplan 28
Aushilfsarbeitsverhältnis 83
Auslandsüberweisung 285
Ausschaltungsfunktion 417
Außenbeitrag 507, 513
Außenfinanzierung 303, 308
Außenwert 450, 451
Außenwirtschaftsverkehr 388, 389

Aussonderung 192
Aussperrung 89, 90
Auszubildende 30
Auszubildendenvertretung 46, 48

B
Bargeld 277
Bargeldlose Zahlung 278
Barscheck 288
Barzahlung 278, 279
Bedarf 366
Bedarfsdeckungsprinzip 370
Bedrängnissituation 270
Bedürfnis 364, 365
Beendigungsgründe 77
Beförderungskosten 239
Befristetes Arbeitsverhältnis 77
Behalten fördern 16, 17
Beherrschungsvertrag 434
Belastung 133, 134, 135
– außergewöhnliche 133, 134, 135
– zumutbare 134
Beratungsrecht 47
Berichtsheft 28, 29
Berufliche Fortbildung 26
Berufliche Umschulung 26
Berufsausbildung 24, 25, 26
Berufsausbildungsverhältnis 30, 83
Berufsausbildungsvertrag 30
Berufsausübung 31
Berufsbildungsgesetz 26, 27
Berufsgenossenschaft 41, 142
Berufsgenossenschaften 107
Berufsschulbesuch 37
Berufsschule 27
Beschaffenheit 233
Beschaffenheit und Güte 239
Beschaffungsplanung 228
Beschäftigungsstand 479, 520
– hoher 479, 520
Beschäftigungsverbot 37
Beschäftigungsverbote 38, 39
Beschwerderechte 45
Besitz 212
Besitzkonstituts 322
Besonderer Kündigungsschutz 81
Bestellmenge 229
Bestellung 240
Bestimmungskauf 232
Beteiligungsfinanzierung 308, 309
Beteiligungslohn 120, 122
Beteiligungsrechte 45
Betreuung 208
Betriebsausgaben 131
Betriebsausschuss 46
Betriebseinnahmen 131
Betriebshierarchie 55
Betriebsrat 46, 74, 75
Betriebsvereinbarungen 88
Betriebsverfassungsgesetz 49
Betriebsversammlung 47
Betriebswirt 32

Beurteilungsgespräch 69
Beweislastumkehr 244
Beweisurkunde 279
Bezugsquellenermittlung 230
BGB-Gesellschaft 184, 185
Bilanzgewinn 180
Binnenwert 446
BIP 513, 515
– Nominales 513
– Reales 513
Boden 394, 397
Bonus 233
Bruttoinlandsprodukt 514, 518
Bruttoinvestitionen 399
Bruttonationaleinkommen 515
Buchgeld 277
Bundesagentur für Arbeit 103, 495
Bundesimmissionsschutzgesetz 380
bürgerlicher Kauf 245
Bürgschaft 318, 319, 320

C
Cash Cows 354
Club of Rome 363
Corporate Identity 383

D
Darlehen 269, 317
Darlehensnehmer 269
Darlehensvertrag 224
Dauerauftrag 284
Deficit Spending 470
Deflation 485, 486
Deliktfähigkeit 209
Delkrederefunktion 311
Dennis Meadows 363
Deutsche Bundesbank 529
Devisen 452
Dienstleistungen 368
Dienstverhältnis 207
Dienstvertrag 73, 224
DIN ISO 9001 356
Direktorium 529
Distributionspolitik 336, 337, 358
Dividende 180
Divisionalisierung 57, 58
Drittelparität 49
Duale Ausbildung 26

E
Effektivzinsberechnung 316
eidesstattliche Versicherung 255
Eigenkapitalrentabilität 402
Eigenschaften 444
Eigenschaftsirrtum 222
Eigentum 212
Eigentumserwerb 212
Eigentumsübertragung 213
Eigentumsvorbehalt 253, 254, 318
Einflüsse auf das Lernen 11, 12, 17
– äußere 12, 17
– innere 12, 17

Eingetragener Verein 160
Einigung 212
Einigungsmangel 221
Einigungsstelle 47
Einkommen 129, 409
– zu versteuerndes 129
Einkommensteuer 127
Einkommensteuererklärung 127
Einkommensteuerschuld 135
Einkunftsermittlung 129
Einlagezinsssatz 530
Einliniensystem 55
Eintragungen 148
– deklaratorische 148
– konstitutive 148
Einzelabtretung 324
Einzelunternehmung 156, 157, 158, 159, 184, 185
Einzelwerbung 343
Einzugsermächtigung 286, 287
Elektronische Form 219
Elternzeit 40
Entlohnungsformen 120
Entstehungsrechnung 511, 512
Erfüllungsgeschäft 218, 242
Erfüllungsort 236, 237, 238, 240
Ergänzungsprüfung 29
Erklärungsirrtum 222
Ersatzinvestitionen 399, 511
Ersatzlieferung 246
Erweiterungsinvestitionen 399
Erwerbsminderung 101
Erziehungsgeld 40
ESZB 525
EUROCARD 297, 298
Europäische Zentralbank 526, 527
EWWU 502
Existenzbedürfnisse 365
Exzerpieren 15
EZB 526, 529
EZB-Präsident 529
EZB-Rat 528

F
Factoring 310, 311
Fällig ist 251
Fälligkeit 249
Fazilitäten 530, 531
– ständige 530, 531
Fernabsatzvertrag 270, 271
Fertigungsplanung 228
Festpreise 422
Finanzamt 142
Finanzgerichtsbarkeit 201
Finanzierung 108, 300, 302
Finanzierungsarten 303
Finanzierungsprobleme 99, 105, 106
Firma 145, 146, 158, 172, 176
Firmenausschließlichkeit 146
Firmenbeständigkeit 146
Firmenklarheit 146
Firmenöffentlichkeit 146
Firmenrecht 145

Firmenwahrheit 146
Firmenwert 147
Fiskalismus 468
Fiskalpolitik 470
Fixgeschäft 246
Fixkauf 232
Flipchart 20
Folie 19
Folien 20
Forderungsabtretung 310
Formfreiheit 73
Formkaufmann 143, 144, 172
Formmangel 221
Formvorschrift 269
Formvorschriften 219, 220
Fortbildung 32
Frachtbasis 235, 239
Frachtparität 235, 239
Fragerecht 74
frei Haus 235
freiwillig Versicherte 97, 100, 107
Fremdfinanzierung 308, 309
Friedenspflicht 89
Fristenkongruenz 303
Fristsetzung 249
Frühindikatoren 461
Führungsstil 67
– autoritärer 67
– kooperativer 67
Führungstechniken 66
Funktionen 444
Funktionsorientierung 59
Fürsorgepflicht 76
Fusion 433, 435, 436
Fusionskontrolle 438, 440
Fusionsverbot 438

G
Garantie 247, 318
Gattungskauf 232
Gattungswaren 211
GbR 184, 185
Gebrauchsgüter 368
Gefahrenschutz 38
Gefahrenvorsorge 112
Gehaltsabrechnung 124
Gehaltsermittlung 124
Gehaltsgruppe III 87
Gehaltstabelle 87
Gehaltsverträge 87
Gehorsamspflicht 76
Geistesstörung 208
Gekauft wie gesehen 232
Geld 443, 444
Geldentwertung 481
GeldKarte 295
Geldleistungen 98, 106
Geldpolitik 532
Geldpolitische Instrumente 529
Geldschuldner 237
Geldstrom 384
Gemeinlastprinzip 379

Gemeinschaftswerbung 343
Generalvollmacht 153
Gerichtsstand 237, 238, 240
Geringfügige Beschäftigungsverhältnisse 83
Gesamtbetrages der Einkünfte 130
Gesamtbetriebsrat 46
Gesamtkapitalrentabilität 402
Geschäftsbesorgungsvertrag 224
Geschäftsbetrieb 207
– selbstständiger 207
Geschäftsfähigkeit 205, 206
– beschränkte 206
Geschäftsführung 162, 174
Geschäftsunfähigkeit 205, 221
Gesellschaft bürgerlichen Rechts 160
Gesellschaft mit beschränkter Haftung 171
Gesellschafterversammlung 173
Gesellschaftsvertrag 160, 182, 224
Gesetzesrecht 197
Gesetzliche Kündigungsfristen 78
Gesetzliche Pflegeversicherung 105
Gesetzliche Unfallversicherung 106
Gesetzliches Verbot 221
Gestaltungsfreiheit 73
Gestik 21
Gesundheitsschutzkennzeichnung 42
Gewährleistungsfrist 244
Gewerbeaufsichtamt 142
Gewerbefreiheit 142
Gewerkschaften 84, 85
Gewinnabführungsvertrag 434
Gewinnmaximierung 371
Gewinnquote 517, 518
Gewinnverteilung 164, 175, 183
Gewinnverwendung 179
Gewohnheitsrecht 197
Gläubigerversammlung 191
Gleichgewicht 418, 479, 520
– außenwirtschaftliches 520
Gleichgewichtsmenge 415, 418
Gleichgewichtspreis 414, 415
Gleichordnungskonzern 434
Globalzession 324
GmbH 171, 184, 185
GmbH & Co. KG 181
Goodwill 147
Grenzanbieter 417
Grundbuch 150, 213, 214
Grundpfandrecht 316, 325
Grundschuld 325
Güter 367, 368
Güterstrom 384
Güteverhandlung 199
Gutgläubiger Eigentumserwerb 213
GWB 437

H
Haftbefehl 255
Haftpflichtversicherung 117
Haftung 164, 169, 183
Halbbare Zahlung 278
Handelsgesetzbuch 141

Handelsgewerbe 143
Handelskauf 244, 245
Handelsrecht 141
Handelsregister 142, 147, 149, 151, 152, 182
Handelsvertreter 358, 359
Handlungsvollmacht 150, 151
Hauptrefinanzierungsinstrument 531
Hauptrefinanzierungszinssatz 531
Hauptversammlung 177, 179
Haushalte 370
Haustürgeschäfte 270
Hemmung 259, 260
Hierarchie 55
Hinterbliebene 101
Hochkonjunktur 463, 464
Höchstbestand 230
Höchstpreise 420
Hoher Beschäftigungsstand 487
Holding 434
HVPI 449
Hypothek 325

I
Indexberechnung 447
Individualarbeitsrecht 73
Individualbedürfnisse 366
Individualversicherung 112
Industriegesellschaft 24
Inflation 480, 481, 482, 483, 484
Informationspflicht 76
Informationsrecht 47
Inhaberscheck 288
Inhalte visualisieren 16
Inhaltsirrtum 222
Inlandsprodukt 509
Innenfinanzierung 303, 304
Innere Einflüsse 13
Insolvenzmasse 192
Insolvenzplan 191
Insolvenzverfahren 188, 190, 260
Instanzen 53
Instanzenbreite 53
Instanzentiefe 53
Internet 438
Investieren 398
Investition 300, 301, 385, 386
Investivlohn 122, 497
ISO 8402 355
Istkaufmann 143
IWF 504

J
Jobsharing 64
Jugendarbeitsschutz 36
Jugendarbeitsschutzgesetz 36
Jugendvertretung 46, 48
Juristische Personen 204, 208

K
Kannkaufmann 143, 144
Kapital 396, 397
Kapitalgesellschaften 156

Kapitalherabsetzung 190
Kapitalverflechtung 433
Kartell 431
Kartellamt 428, 438
Kartellgesetz 437
Kartellverbot 438, 439
Kauf auf Abruf 232
Kauf auf Probe 232
Kauf in Bausch und Bogen 232
Kauf nach Probe 232
Kauf zur Probe 232
Käufermarkt 406
Kaufkraft 448, 449
Kaufleute 141
Kaufvertrag 228, 231, 240, 242
KEP 351
Kernkompetenzen 334
Key-Account-Management 349
KG 184, 185
Klageantrag 257
Klageschrift 257
Klageverfahren 257
Kleingewerbetreibende 143, 144
Koalitionsfreiheit 84
Kollektivarbeitsrecht 84
Kollektivbedürfnisse 366
Kommanditgesellschaft 166, 167, 182
Kommanditisten 169
Kommissionäre 358, 359
Kommunikationspolitik 336, 337, 339, 340
Komplementäre 169
Konjunktur 459, 460, 479
Konjunkturbelebung 469
Konjunkturdämpfung 469
Konjunkturindikatoren 461, 462
Konjunkturpolitik 477
Konjunkturschwankungen 462
Konjunktursteuerung 468
Konsumentenrente 418
Konsumgüter 368
Konto 279, 280
Kontokorrentkredit 280, 313, 314
Konzentration 12, 14, 17, 433
Konzern 433
Konzernbetriebsrat 46
Kooperation 430
Körperhaltung 21
Körpersprache 21
Kosten 411, 412
– fixe 412
– variable 411, 412
Kosten, extern 379
Kosten, ökologisch 377
Kostendeckungsgrundsätze 371
Kostenorientierte Preissetzung 338
Krankenkasse 142
Krankentagegeldversicherung 113
Krankenversicherung 95, 96
– gesetzliche 95
Krankenversicherungskarte 97
Krankheitskostenversicherung 113
Kreditarten 313

Kreditkarte 297
Kreditlinie 313
Kreditsicherungen 318
Kreditvertrag 322
Kulanz 247
Kulturbedürfnisse 365
Kündigung 39, 77, 78, 79, 82
– außerordentliche 78
– ordentliche 78, 82
– sozial ungerechtfertigt 79
Kündigungsarten 78
Kündigungsfristen 79
– Einzelvertragliche 79
– Tarifvertragliche 79
Kündigungsgründe 80
Kündigungsschutz 79
Kündigungsschutzverfahren 81
Kurzarbeitergeld 104

L
Lagerinvestitionen 399
Lastschrift 286
Lastschriftverkehr 288
Leasing 312
Lebensrisiken 111
Lebensversicherung 116, 117
Leiharbeit 65
Leiharbeitsverhältnis 83
Leihvertrag 224
Leistungen 97, 98, 100, 101, 103, 106, 108
Leistungsbilanz 507
Leistungslohn 120, 121
Leitungssysteme 55
Leitzins 531
Lenkungsfunktion 417
Lern- und Arbeitstechniken 15, 17
Lernen 17
Lerninhalte 17
Lernkartei 17, 18
Lernspiele 18
Lerntechniken 11
Lerntyp 12, 17
Lerntypen 13
Lesen 15
– richtig 15
Lieferungsbedingungen 239
Lieferungsverzug 253
Lieferzeit 239
Liquidation 188, 192, 193
Lkw-Maut 379
Logistik 332, 333, 335
Logistikbranche 330, 331, 333, 347, 351
Logistikmarkt 330, 335
Lohn-Preis-Spirale 483
Lohnfortzahlung 39
Lohnquote 517
Lohnsteuer 125, 126, 128
Lohnsteuerkarte 125, 137
Lohnsteuerklassen 125
Lohnstückkosten 403
Lohntarifverträge 87

Lösende Aussperrung 90
Luxusbedürfnisse 365

M

Maastrichter Vertrag 502
Magisches Viereck 477, 520
Mahnbescheid 255, 260
Mahnung 249, 251, 254
Mahnverfahren 254, 256
Managementtechniken 66
Mangelhafte Lieferung 253
Mängelrüge 244
Manteltarifverträge 87
Marketing 335, 336, 358
Marketing-Mix 337
Marketinginstrumente 337
Markieren 15
Markt 405, 413
– vollkommener 413
Marktabschöpfungsstrategie 339
Marktanteil 354
Marktformen 407
marktinkonforme 419, 420
marktkonforme 419
Marktkonforme Eingriffe 422
Marktmachtmissbrauch 440
Markträumungsfunktion 417, 419
Marktsegmenten 351
Markttransparenz 337, 413
Massenkommunikation 340
Massenproduktion 374, 412
Maximalprinzip 369
Medieneinsatz 19
Mehrleistungen 98
Mehrliniensystem 56
Meldebestand 229, 230
Menge 233
Mengennotierung 452
Mietvertrag 224
Mimik 21
Minderung 246, 253
Mindestbestand 229, 230
Mindestpreise 421
Mindestreserven 531
Mindestreservepflicht 530
Mindmap 17
Minijobs 83
Minimalprinzip 369
Ministererlaubnis 431
Missbrauchsaufsicht 438
Mit Inhalten wiederholt arbeiten 17
Mitarbeiterauswahl 63
Mitarbeitermotivation 68
Mitbestimmung 44, 47
Mitbestimmungsgesetz 49
Mitschreiben 15
– aktiv 15
Mitwirkung 44, 47, 75
Monetarismus 468
Monopol 407
Montan-Mitbestimmungsgesetz 48
Motivation 12, 14, 17

Motivirrtum 223
Münzregal 445, 527
Muttergesellschaft 433
Mutterschaftsgeld 39
Mutterschaftshilfe 38
Mutterschutz 39

N

Nachbesserung 246
Nacherfüllung 245, 246, 253
Nachfrage 367, 409
Nachfragekurve 410
Nachfragelücke 422
Nachfrageorientierte Preissetzung 337
Nachfrageüberhang 415, 416
Nachfrist 248
Nachhaltiges Wirtschaften 376
Natürliche Personen 204
Nettoinvestitionen 399
Nettonationaleinkommen 515
Neubeginn 259, 260
Neutralitätsgebot 91
Nicht-Rechtzeitig-Lieferung 253
Nicht-Rechtzeitig-Lieferung (Lieferungsverzug) 247
Nicht-Rechtzeitig-Zahlung 251, 253
Nicht-Rechtzeitig-Zahlung (Zahlungsverzug) 250
Nichtigkeit 221
Niedriglohnsektor 84
Nominalwert 446
Nominalzins 485
Nord-Süd-Konflikt 499
Notarielle Beurkundung 219
Notenmonopol 527
Notenprivileg 445, 527
Notverkauf 250
Nutzenmaximierung 370, 371
NZB 526

O

Offene Handelsgesellschaft 160
Offenmarktgeschäfte 531
Öffentliche Beglaubigung 219
Öffentliches Recht 197, 198
Öffentlichkeitsarbeit 340, 345, 346
OHG 160, 161, 162, 184, 185
Ökonomisches Prinzip 369
Ökosteuern 379
Oligopol 337, 405, 407
Ölkrise 460, 500
Orderscheck 288
Ordnungssystem 12, 17
Organigramm 54
Organisation 51
Organisationsbegriff 52
Outsourcing 65, 334, 351

P

Pachtvertrag 224
Penetrationsstrategie 339
Personalbeschaffung 63, 64
Personalbeurteilung 68
Personaleinsatz 65

Personalführung 66
Personalleasing 64, 65
Personalplanung 62
Personalwesen 61
Personalzusatzkosten 122
Personengesellschaften 156, 159
Personenversicherung 112
Persönliche Kommunikation 340
Persönlicher Verkauf 346
Pfandrecht 318, 320, 321, 323
Pfändung 256, 258
Pflegepflichtversicherung 113
Pflegeversicherung 96
Pflichtverletzungen 249, 253
Pflichtversicherte 97, 100, 107
Pinnwand 20
Politische Ordnung 196
Polypol 407
Poor Dogs 354
Portfolio-Analyse 353
POZ 295, 296
Präferenzen 413
Prämienlohn 120, 121
Präsensindikatoren 461
Präsentation 18, 19
Präsentationstechniken 11, 17, 18
Präsentationsverhalten 20
Preis 233, 239, 410, 411
Preisangabenverordnung 272
Preisbildung 414, 419
Preisdifferenzierung 338, 339
preiselastische Nachfrage 410
Preisführer 432
Preisgestaltung 338, 339
Preisindex 446, 448
Preisniveau 448, 449
Preisniveaustabilität 480, 520
Preisnotierung 452
Preispolitik 336, 337
Preispolitische Strategien 338
Preisstabilität 529
Primärer Sektor 373
Prinzip, erwerbswirtschaftlich 370
Privatrecht 197, 198
Produkt- und Technologiezyklen 332
Produktdifferenzierung 350
Produktdiversifikation 349, 350
Produkteliminierung 349, 350
Produkthaftungsgesetz 272
Produktinnovation 349
Produktionsfaktoren 358, 392, 510
Produktionsgüter 368
Produktivität 400, 401
Produktlebenszyklus 352
Produktmodifikation 349, 350
Produktpolitik 336, 337, 349, 350, 354
Produktvariation 350
Produzentenrente 418
Projektor 19, 20
Prokura 151, 152
Public Relations 340, 345, 346
Publizität 147, 148

– negative 148
– positive 147

Q
QM-Handbuch 357
qualifizierte elektronische Signatur 219
Qualitätsmanagement 354, 355
Qualitätsmanagement-Handbuch 356
Qualitätssicherung 355
Quesney 384
Question Marks 354
Quittung 278, 279

R
Rabatt 233, 234
Rahmenabtretung 324
Rahmenlehrplan 27
Rangordnung 55
Ratenkredite 315
Ratenzahlung 236
Rationalisierungsinvestitionen 400
Realignment 455
Realkredite 316
Realwert 446
Realzins 485
Rechenmittel 445
Recht 198
– dispositives 198
– zwingendes 198
Rechte 211
Rechtsfähigkeit 208
Rechtsgeschäfte 216, 217, 218, 221
– Form 218
Rechtsnormen 196
Rechtsobjekte 203, 209
Rechtsordnung 196
Rechtsprechung 198
Rechtsquellen 196
Rechtssubjekte 203, 204
Recycling 333
Regelleistungen 98
Register 147, 149
Rehabilitation 101
Reinvestitionen 399
Reisende 358, 359
Rentabilität 402
Rentenversicherung 96, 99
– gesetzliche 99
Rentenzahlungen 101
Restschuldbefreiung 274
Rezessionen 460
Rohstoffe 500
Rücklagen 179
Rücklagenauflösung 189
Rückstellungen 307
Rücktritt 245, 246, 249, 250, 251, 253
Rügefristen 245

S
Sachdarlehensvertrag 224
Sachen 209, 210
Sachleistungen 98, 106

Sachmängel 243
Sachversicherung 112
Sales Promotion 340, 345
Sammelüberweisung 285
Sammelwerbung 343
Sanierung 188, 189
Säulen der Sozialversicherung 96
Schadenersatz 246, 248, 251, 253
Scheck 288
Scheckurkunde 290
Scheingeschäft 221
Scheinkaufmann 144
Schenkungsvertrag 224
Scherzgeschäft 221
Schlechtleistung 253
Schlechtleistung (Mangelhafte Lieferung) 243
Schlichtung 89
Schriftform 219, 220
– gewillkürte 220
Schuldmitübernahme 318
Schutzbestimmungen 38
Schutzvorschriften 38
Schwankungen 462
– saisonale 462
Schwerbehinderte 40
Sekundärer Sektor 373
Selbstfinanzierung 304, 305
Selbsthilfeverkauf 250
Sicherheitskennzeichnung 42
Sicherungsabtretung 323
Sicherungsübereignung 318, 321, 322, 323
Sicherungszession 318
Signalfunktion 417
Sittenwidrigkeit 221
Skonto 233, 234
Sonderausgaben 132, 135
Sondervollmacht 150, 151
Sorten 452
Soziale Sicherung 94
Sozialer Arbeitsschutz 36
Soziales Netz 109
Sozialgerichtsbarkeit 200
Sozialgesetzgebung 94
Sozialleistungen 109
Soziallohn 120, 122
Sozialordnung 196
Sozialpartner 84
Sozialpolitik 95
Sozialstaatsprinzip 94
Sozialversicherung 95, 112, 126
Sparen 385, 397, 398
Sparkassencard/Bankcard 293, 294, 295
Sparquote 385
Spartensystem 57, 58
Spätindikatoren 461
Sperrminorität 433
Spezieskauf 232
Spezieswaren 211
Spezifikationskauf 232
Spickzettels 18
Splitting 129
Staatsausgaben 387

Staatseinnahmen 387
Staatshaushalt 465
Staatsverschuldung 467
Stabilität des Preisniveaus 479
Stabilitätsgesetz 479
Stablinien-System 56
Stagflation 486
Standort 394
Standortfaktoren 396
Stars 354
Statistische Landesamt 142
Stellenbeschreibung 53, 54
Steuergesetze 127
Steuern 387, 465
Steuerpflicht 128
Stiftung Warentest 267
Stille Gesellschaft 170
stille Reserve 494
Stoffwert 446
Störungen bei der Erfüllung des Kaufvertrages 243
Streik 89
Streikbrecher 90
Streikformen 90
Stückkauf 232
Stückkosten 412
Subsidiaritätsprinzip 439
Subventionen 379, 388, 516
Survey – Question – Read – Recite – Review 15
Suspendierende Aussperrung 90
Sustainable Development 376
Syndikat 432
SZR 505

T
Talsohle 463
Tara 233
Tarifautonomie 87
Tarifkonflikte 89
Tariföffnungsklauseln 497
Tarifpartner 84
Tarifregister 87
Tarifverhandlungen 89
Tarifverträge 86
Tarifvertragsarten 87
Tarifvertragsgesetz 86
Tarifvertragsparteien 84
Taschengeldgeschäfte 207
Tauschmittel 445
Tauschwert 446
Teamsystem 58
Technischer Arbeitsschutz 41
Teillieferungskauf 232
Teilzeitarbeitsverhältnis 83
Terms of Trade 501
Tertiärer Sektor 373
Textform 219
Tiefstand 464
Tilgungsrecht 269
Tochtergesellschaft 433
Total Quality Management 355
Transferzahlungen 388, 423

Trend 462
Treuepflicht 76

U
Überalterung 102
Überbeschäftigung 487
Übermittlungsirrtum 222
Überweisung 281, 282
Überweisungsgesetz 272
Überweisungsvertrag 284
Überziehungskredit 269
Umsatzrentabilität 402
Umweltbilanz 380
Umwelthaftungsgesetz 380
Umweltpolitik 378
Umweltregeln 382
Umweltschutz 380, 519
Umweltsensibilität 333
Umweltsteuern 379
Unbestellte Ware 241
Unfallfolgen 106, 107
Unfallschutz 41
Unfallverhütung 106, 107
Unfallverhütungsvorschriften 41
Unfallversicherung 96, 117
– private 117
Unterbeschäftigung 487
Unternehmensform 155
Unternehmensleitlinien 383
Unternehmer 204
Unternehmung 142
Unternehmungen 370
Unterordnungskonzern 434
Unvollkommene Märkte 416
Urabstimmung 90
Urlaub 76
UWG 438

V
Verbot von Lohn-Dumping 497
Verbraucher 204, 252
Verbraucherdarlehen 269
Verbraucherinsolvenzverfahren 272, 273
Verbraucherschutz 265, 266
Verbraucherschutzrechte 268
Verbrauchsgüter 368
Verbrauchsgüterkauf 245
Verbrauchsgüterkaufvertrag 224
Vergütung 119
Vergütungspflicht 76
Verjährung 258
Verjährungsfrist 259
Verkäufermarkt 406
Verkaufsabteilungen 359
Verkaufsförderung 340, 345
Verkaufsgespräch 347
Verkehrsbetriebswirt 33
Verkehrsfachwirt 32
Verlustverteilung 164
Vermeidungsprinzip 378
Vermögensbildung 123
Vermögensversicherung 112

Verpackungskosten 234, 239
Verpflichtungsgeschäft 218, 242
Verrechnungsscheck 288
Versandkosten 235
Verschwiegenheitspflicht 76
Versendungskauf 237
Versicherte 99, 103, 105, 107
Versicherungspflicht 95
Verteilungsrechnung 511, 514
Vertragsfreiheit 73
Vertragsrecht 197
Vertragstypen 224
Vertretenmüssen 249
Vertretungsmacht 163
Verursacherprinzip 378
Verwahrungsvertrag 224
Verwaltungsakte 197
Verwendungsrechnung 511, 513
Verzug 248, 249
Verzug ab 252
Verzugszinsen 251, 252
Visualisieren 19
Visualisierung 19
Vizepräsident 529
Volkseinkommen 516, 518
Vollbeschäftigung 487
Vollmacht 208
Vollmachten 150
Vorlegungsfrist 292, 293
Vorsorgeaufwendungen 132
Vorstand 177, 178
Vorteilsgeschäfte 207
Vortrag 18, 20, 21

W
Wachstum 479
– angemessenes 479
– stetiges 479
Wahlversammlung 45
Währungen 445
Währungsordnung 445
Währungssysteme 446
Wandzeitung 20
Wechselkurse 454, 455
Wechselkurssysteme 451
Wehrdienstleistende 40
Weiterbildung 32
Werbebrief 347, 348
Werbedurchführung 343
Werbeelemente 341, 342
Werbeerfolg 342
Werbeerfolgskontrolle 344
Werbegrundsätze 341
Werbemittel 341
Werbewirksamkeit 342
Werbung 340, 341, 353
Werbungskosten 131, 135
Werkvertrag 224
Wertaufbewahrungsmittel 445
Wertschöpfung 510
Wesentliche Bestandteile 210
Wettbewerbsorientierte Preissetzung 337

Wettbewerbspolitik 428, 436
Wettbewerbsrecht 439
Wettbewerbsverbot 76, 162, 174
Widerrechtliche Drohung 222
Widerrufsrecht 269, 270
Widerspruchsrecht 47
Willenserklärung 205, 217, 223, 241
Winterausfallgeld 104
Wirkung 143
– deklaratorische 143
– konstitutive 143
Wirtschaftlichkeit 400, 401
Wirtschaftsausschuss 46, 47
Wirtschaftskreislauf 383, 384, 385
Wirtschaftsordnung 196
Wirtschaftspolitik 468, 469, 471, 477
– angebotsorientierte 468
– nachfrageorientierte 468, 469
Wirtschaftswachstum 508, 509, 520
– angemessenes 520
Wohlfahrtsmaximierung 371
WTO 503

Z
Zahlungsart 240
Zahlungsbedingungen 236, 240
Zahlungsbilanz 506
Zahlungsmittel 277, 445
Zahlungspflicht 252
Zahlungsschwierigkeiten 187
Zahlungstermin 235
Zahlungsunfähigkeit 187, 190
Zahlungsverkehr 276
Zahlungsverzug 253
Zeitarbeit 65
Zeitlohn 120
Zeitorientierung 59
Zertifizierung 357
Zession 324
Zeugnispflicht 76
Zielkonflikte 520
Zubehör 211
Zug um Zug 235
Zuhören 15
– aktiv 15
Zusammenschlüsse 429
– anorganische 429
– horizontale 429
– vertikale 429
Zwangssparen 398
Zwangsvollstreckung 255, 321
– Zwischenprüfung 29